CAMINHOS DA APRENDIZAGEM E INCLUSÃO: ENTRETECENDO MÚLTIPLOS SABERES

VOLUME 2

CAMINHOS DA APRENDIZAGEM E INCLUSÃO: ENTRETECENDO MÚLTIPLOS SABERES

VOLUME 2

ORGANIZADORES

ÂNGELA MATHYLDE SOARES

JALMIRIS REGINA OLIVEIRA REIS SIMÃO

LUÍS MIGUEL NEVES

Artesã

Pearson

Caminhos da aprendizagem e inclusão: entretecendo múltiplos saberes. Volume 2

COORDENAÇÃO EDITORIAL
Karol Oliveira

DIREÇÃO DE ARTE
Tiago Rabello

REVISÃO
Débora Andreza Zacharias

CAPA
Karol Oliveira

IMAGEM DE CAPA
Chrystiane Corrêa

PROJETO GRÁFICO E DIAGRAMAÇÃO
Conrado Esteves

C183

Caminhos da aprendizagem e inclusão : entretecendo múltiplos saberes : volume 2 / organizadores: Angela Mathylde Soares , Jalmiris Regina Oliveira Reis Simão , Luís Miguel Neves . – Belo Horizonte : Artesã, 2019.

572 p. ; 23 cm.

ISBN: 978-85-7074-033-5

1. Educação inclusiva. 2. Neurociências. I. Soares, Angela Mathylde. II. Simão, Jalmiris Regina Oliveira Reis. III. Neves, Luís Miguel.

CDU 376

Catalogação: Aline M. Sima CRB-6/2645

IMPRESSO NO BRASIL
Printed in Brazil

(31)2511-2040 (31)99403-2227
www.artesaeditora.com.br
Rua Rio Pomba 455, Carlos Prates - Cep: 30720-290 | Belo Horizonte - MG
/artesaeditora

Sumário

Prefácio

O capital mental consiste em um conjunto amplo de recursos cognitivos, comportamentais e emocionais que carregamos ao longo da vida. Esses recursos serão preciosos para lidarmos com as mais diversas adversidades, sejam elas na escola, na família, no trabalho, no lazer, ou em qualquer situação em que encontremos desafios cognitivos, comportamentais e emocionais. O capital mental inclui processos como a nossa inteligência geral, a flexibilidade e eficiência no processo de aprendizagem, nossos recursos socioemocionais e a nossa capacidade de resolver problemas e lidar com adversidades no dia a dia. Ele é construído a partir de uma intrincada relação entre o que trazemos em nossa biologia e as diversas formas de interação com o meio. Como qualquer tipo de recurso, o capital mental pode aumentar ou diminuir. Pode ser bem ou mal alocado. Pode servir para fins produtivos, para a destruição de si mesmo ou de um grupo amplo de indivíduos.

O capital mental se relaciona a um outro aspecto de nossa saúde mental: o bem-estar – estado mental dinâmico no qual o indivíduo é capaz de realizar atividades de forma saudável, eficiente, produtiva e criativa, construindo laços sociais saudáveis e gerando produtos socialmente úteis e valorizados. Capital mental e bem-estar interagem entre si de forma recíproca.

No final da década passada, foram publicados os resultados de uma força tarefa destinada a orientar o governo do Reino Unido sobre os desafios e as formas eficientes de lidar com o capital mental e o bem-estar nas décadas seguintes (Beddington *et al.*, 2008, Foresight Project, 2008, Cooper, 2010). O material publicado foi resultado dos esforços de centenas de especialistas e é composto por um número substancial de artigos muito bem fundamentados e de interesse de profissionais de saúde, educação, ciências sociais aplicadas, ciências econômicas, gestores públicos, entre outros.

Alguns pontos importantes desse projeto nos mostram a necessidade do investimento no capital mental e no bem-estar ao longo de toda vida, respeitando os desafios, as peculiaridades e as demandas de cada fase, da infância à velhice. Os achados reportados mostram que o Estado deve potencializar o capital mental e o bem-estar da população com medidas muito conhecidas por nós, profissionais de saúde e educação, ente as quais destaco a estimulação cognitiva ao longo de todo o ciclo vital, os diagnósticos e intervenções precoces, os investimentos em prevenção de transtornos e desfechos ruins, no caso de transtornos instaurados, a atenção aos extremos (ex.: altas habilidades – deficiência intelectual) e o investimento em boas condições para aprendizagem e trabalho.

Um dos pontos fundamentais do documento é a proposição de que na infância, mais do que o ensino do conteúdo, a formação da identidade do aprendiz deve ser o alvo principal das iniciativas envolvendo profissionais e familiares. Aprender a aprender, ter interesse e recursos mentais para buscar e aplicar conhecimentos, ressignificar aprendizagens e atualizar conteúdos fazem parte dessa construção de identidade. Para isso, não basta apenas ter acesso à boa informação, também é preciso uma estimulação bem embasada em boas práticas formativas.

E é justamente nesta perspectiva de integrar conhecimentos de múltiplas áreas de atuação, que o livro *Caminhos da Aprendizagem e Inclusão: entretecendo múltiplos saberes (volume II)*, fornece a oportunidade para que reflitamos sobre diversas práticas educacionais voltadas para a potencialização da aprendizagem em crianças com desenvolvimento típico e também recursos para a inclusão daquelas que apresentam necessidades específicas, que serão direcionadas às práticas pedagógicas inclusivas. Composto por 35 capítulos, o livro aborda peculiaridades de transtornos do neurodesenvolvimento, métodos de avaliação e intervenção nesses transtornos, o impacto da exposição infantil às novas tecnologias para fins pedagógicos e recreacionais, a formação do professor, entre outros.

Em uma época em que muito se fala sobre inclusão e integração de conhecimentos de diversas áreas, o livro *Caminhos da Aprendizagem e Inclusão: entretecendo múltiplos saberes (volume II)* nos dá um recado claro: ele é um exemplo de que muito mais do que uma ideia abstrata, a interlocução entre profissionais de várias áreas e perspectivas é algo palpável e que gera bons frutos! O investimento na potencialização do capital mental e do bem-estar de nossas crianças e adolescentes passa justamente pelo caminho do entretecimento de conhecimentos!

Boa leitura!

Leandro Fernandes Malloy-Diniz

Referências

Beddington, J., Cooper, C. L., Field, J., Goswami, U., Huppert, F. A., Jenkins, R., Kirkwood, T. B. L., ... Jones, H. S. (2008). The mental wealth of nations. *Nature, 455,*(7216), 1057-1060.

Cooper, C. L. (2010). *Mental capital and wellbeing.* Oxford: Wiley-Blackwell

Foresight Project. (2008). *Mental capital and wellbeing: Making the most of ourselves in the 21st century.* London: Government Office for Science.

Prefácio

Este livro fará você amar o que lê e admirar o que aprende!

Caro leitor, espero sinceramente que você tenha encontrado nesta obra um presente, a magia de esclarecimentos, o início de muitos questionamentos e de muitas possibilidades. Que a leitura dos textos mostre a cada um, com suas questões e reflexões, um caminho a ser seguido.

Encontrar palavras, nem sempre é tarefa fácil, mas falar de inclusão e do cérebro é discernir encontros e descobertas, desvendar o mais íntimo emaranhado que penetra no âmago dos pensamentos. A leitura enfatiza a importância de se conhecer e entender o que é a inclusão e como o cérebro está envolvido nesta jornada; leva à investigação de estratégias de ensino-aprendizagem para a inclusão, com suporte na Neurociência.

Este livro nos leva a navegar num mar sem fim, mostrando as belezas que cada um tem em seu conhecimento. Ele nos fará mergulhar entre corais desse imenso oceano de palavras encantadas sobre a inclusão e o cérebro. São temas memoráveis e de interesse, que transcendem em registros importantes, que estabelecem claramente a natureza de cada capítulo. Com certeza todo o conhecimento sobre o assunto e as emoções e experiências podem estar refletidos em cada palavra e em cada tema.

Linguagens simples, de uma simplicidade que leva aos meandros da aprendizagem, como se reconectar e reencontrar com saberes que apontam os caminhos da leitura. As palavras foram reunidas aqui para contribuir com a sabedoria de cada ledor, na esperança de atingir e satisfazer o conhecimento. Cada leitura deverá levar aos sonhos, sonhos que certamente estão ligados às experiências.

O livro tem a intenção de desprender, alçar vôos, despertar, libertar e encontrar caminhos balsâmicos, em busca de respostas. Com certeza levará vocês, ledores, a flutuar e a abraçar, num colorido de luz. Vocês vão querer lê-lo, senti-lo, vivê-lo e ele os levará a brotar em seus corações um desejo de querer saber cada vez mais. O livro oferece bases científicas e facetas que compõem o cérebro e suas conexões, favorecendo as estratégias e a compreensão dos avanços teóricos e científicos, sob os preceitos da inclusão e da neurociência. Com certeza, auxiliará profissionais para fomentar a discussão sobre a inclusão, o cérebro e o processo ensino e aprendizagem, dando um suporte e servindo de base para futuros estudos.

A proposta do livro é educar, proporcionar oportunidades e orientar para novas aquisições, novos comportamentos e despertar o interesse pelo assunto. Os novos tempos exigem novos conhecimentos e mostram ações renovadas, que contribuem muito para um melhor entendimento desse funcionamento neural, para que possamos ressignificar a prática pedagógica. A obra aborda temas de inclusão, assim como de neurociência, agregando conhecimentos que mostram a verdadeira face da inclusão e a importância de se conhecer a biologia cerebral, tão diversificada, que adentra nossas salas de aulas (como nossa querida Marta Pires Relvas ressalta em seu livro "Que Cérebro É Esse que Chegou à Escola?").

Tenho uma dívida de gratidão aos organizadores da obra por acreditarem em mim para prefaciar este livro.

Fátima Alves

Fonoaudióloga, Sócio-terapeuta Ramain-Thiers, Psicomotricista, Mestre em Ensino de Ciências da Saúde e do Ambiente, Docente de Graduação e Pós-graduação presencial e a distância de algumas Faculdades, coordenadora dos cursos de Pós-graduação de Psicomotricidade e de Letramento e Alfabetização da AVM Educacional, Conselheira e Ex Presidente da ABP, Autora e Co-Autora de livros, Conferencista em eventos Nacionais e Internacionais de Educação, Autora, coordenadora, tutora e professora do curso: Para Entender a Síndrome de Down da Ofbox Educação Profissional.

Apresentação

Apresentar um livro é sem dúvida alguma um trabalho de múltiplas faces, pois, neste momento de grande intensidade, é preciso mostrar ao leitor a beleza de seu conteúdo e dar ao autor, ou aos diferentes autores, o respeito e a admiração pelo escrito. Assim, me foi dada a incumbência de apresentar este novo livro, o que é um privilégio.

Escrever é um dom, e quando falamos de escrita científica, este dom se transforma em algo inexplicável. Ao mesmo tempo que é preciso mostrar a metodologia, o conhecimento teórico e pragmático, a prática e o uso da pesquisa realizada, temos que transformar a escrita em algo mais simples, menos sofisticado em seu linguajar, algo que possa garantir a compreensão de qualquer leitor, para que este leitor transforme o lido mais uma vez em conhecimento e aproveite, de maneira completa, conteúdo e forma. Ao escrever, buscamos a curiosidade, a motivação e o interesse do leitor. Mas também expomos o que é fruto de muito trabalho e, principalmente, de muita vontade de fazer com que se aprenda com a prática/teórica.

Assim se produz conhecimento; no vai e vem de buscas, no entrelaçamento de vontades, no engajamento de saberes, na multidisciplinariedade, que hoje, mais do que nunca, se faz necessária.

A elaboração de um livro como este, com diferentes autores de grande renome em suas áreas de atuação, e com diversos livros escritos, remete-me à ideia de tecer uma "colcha de retalhos", ir encaixando os tecidos, transformando-os em quadrados, criando forma e ajustes para torná-lo um tralho manual bem feito, e ser exposto como uma obra de pura arte. Assim é um livro como este, trabalho de múltiplas mãos, que chega à um belo resultado.

Ao começar pelo título, *Caminhos da aprendizagem*, nos deparamos com uma verdade irrefutável: a aprendizagem tem muitos caminhos expressos pelo conceito e cada autor o expõe de sua forma, buscando um objetivo comum, que é mostrar que o ato de aprender depende da forma traçada e que ele sempre vai acontecer, sendo lento ou não, criativo ou não, usando caminhos neurais diferentes ou não.

Continuando com o título, em seu segundo momento, aborda os *múltiplos saberes*, pois cada autor traduziu em seu capítulo a sua forma de conhecimento, seja neurológica, neuropsicológica, fonoaudiológica, psicopedagógica, de modo único ou integrado, mostrando ao leitor como se faz o caminho do aprendizado desde o diagnóstico até o processo interventivo.

Além destes dois aspectos de especial importância, ainda vemos no título o *incluir*. Este verbo tão difícil de usar nos dias de hoje, onde vivemos uma realidade social tão diversa, onde às vezes o incluir se torna banal ou, em outras ocasiões, se torna confuso, de complexa prática e com diferentes tipos de aceitação. Todos os autores que aqui escreveram são *lutadores* da prática inclusiva e, conhecendo todos como tenho a honra de conhecer, sei que esta luta é, para eles e para todos nós, *o bom combate*, e que de fato só os fortes, como os representados aqui, podem lidar e fazer surgir um processo inclusivo, no qual se insira a criança com produção e criatividade para mostrar que a aprendizagem se faz de todas as formas e por diferentes caminhos.

Cada leitura provoca diversos sentimentos e, lendo cada capítulo, tive reações boas por perceber que estamos no caminho certo. Por momentos, observei que a aplicabilidade de vários trabalhos nos leva há uma realidade promissora, tanto para o conhecimento da aprendizagem efetiva, como para que o contexto inclusivo se realize.

A preocupação ao se fazer um livro é trazer conhecimento. Isto feito, o livro cumpriu seu objetivo. Os autores terão a felicidade de propagar este maravilhoso mundo do ensinar versus aprender; eles serão transformadores. Os leitores abrirão seu olhar para diferentes saberes e serão críticos daquilo que lerão, selecionando e aprimorando o que mais lhe convém, gerando novos conhecimentos e os divulgando. É assim, em uma linguagem poética de Piaget, que se dá o desenvolvimento da aprendizagem: *em uma espiral em busca do infinito*, sem começo ou fim, mas sempre evoluindo.

Minhas sinceras homenagens a quem realizou esta obra, uniu saberes e, principalmente, provocou perguntas, que gerarão críticas e, portanto, aprendizagem.

Sylvia Maria Ciasca

Profa. Associada de Neurologia Infantil, FCM/UNICAMP

Coordenadora do Laboratório de Distúrbios da Atenção e Aprendizagem – DISAPRE, FCM/UNICAMP

PARTE 1

Transtornos e dificuldades - intervenções possíveis

CAPÍTULO 1

Práticas de ensino e inclusão escolar: desafios e alternativas docentes

Eugênio Cunha

Os movimentos para a inclusão ganharam ênfase nos últimos anos em consequência das ações pelos direitos sociais e das reivindicações de grupos, até então excluídos, dos espaços escolares. A luta pela ampliação do acesso à escola e pela qualidade da educação especial culminou com a proposta de Educação Inclusiva, hoje amparada e promovida pela legislação em vigor. No entanto, esse não tem sido um processo fácil. Professores sentem-se sobrecarregados, em decorrência das novas funções que lhes são atribuídas pelas políticas de universalização do ensino. Demandas familiares são transferidas cotidianamente para a sala de aula. Além disso, há notórios problemas na formação docente, mesmo para o trabalho com alunos neurotípicos. Decerto, esses aspectos se intensificam com educandos da educação especial, trazendo dificuldades no exercício das práticas docentes.

Os sistemas de ensino encontram-se diante das demandas da sociedade contemporânea. Sem dúvida, sobre os professores recaem as maiores exigências. Estes, inegavelmente, necessitam de maior apoio dos governos, como forma de viabilização das políticas educacionais. As reformas ocorridas nas políticas de educação no Brasil nos últimos anos deram incontestável ênfase ao exercício docente no que tange à formação e às práticas de ensino, na perspectiva de uma educação inclusiva e para a diversidade.

Maneiras de incluir ou de excluir?

Pesquisas acerca da inclusão escolar, dentre elas as de Taveira (2008), Costa (2011), Melo (2010), Pintor (2011), Mendes, Silvia e Pletsh, (2011) e Pintor, Llerena e Costa, (2012) revelam alguns aspectos recorrentes quanto às dificuldades para incluir, que resumimos a seguir:

Há diferenças na interação dos professores com alunos da educação especial, em comparação com os demais. Em muitos casos, por causa das suas dificuldades, o aluno é excluído de atividades realizadas pela sua turma ou realiza apenas atividades específicas isoladamente. Essa postura dos professores decorre em grande parte da ideia de que quem aprende precisa adaptar-se à instituição escolar, pois o problema está centrado no aprendente, deixando implícita uma visão equivocada do papel da escola.

Muitos professores afirmam que, em alguns casos, nem todos os estudantes são bem-vindos, seja porque apresentam distúrbios de aprendizagem, ou porque são procedentes de famílias desestruturadas, ou porque manifestam condutas indisciplinadas e agressividade. Além disso, os docentes afirmam que a inserção de alguns alunos com deficiência ameaça a segurança dos professores, em termos de vigilância e de controle. Em decorrência, promove-se o isolamento do aluno com deficiência, localizado nas primeiras carteiras e vigiado em suas atitudes e comportamentos. (Taveira, 2008).

As práticas pedagógicas, mesmo planejadas com cuidado, não contribuem para o êxito da aprendizagem e as políticas administrativas não têm gerado o sucesso escolar, comprometendo a proposta da escola inclusiva. Assim, por exemplo, algumas práticas orientadas para o desenvolvimento individual do aluno são realizadas individualmente. Isso dificulta a sua socialização, uma vez que, mesmo propostas para os grupos, elas atendem às especificidades das necessidades educativas de cada um deles. (Mendes, Silvia, & Pletsh, 2011).

As pesquisas revelam outras situações: alguns docentes preferem que o aluno com deficiência "fique quietinho, no fundo da sala, sem aparecer...", pois os professores não sabem lidar com ele (Taveira, 2008), revelando dificuldades em relação ao ensino, ao quefazer pedagógico. Além disso, ainda são desenvolvidas práticas educacionais de ensino e aprendizagem centradas no professor, com pouca escuta e participação dos alunos. A cultura escolar da homogeneização e a dificuldade de respostas a distintos comportamentos deixam o espaço da sala de aula marcado pela exigência de ordem disciplinar. Visto como um desafio, o encontro com as diferenças comportamentais, a multiplicidade de características sociais, emocionais, físicas e intelectuais dos discentes tornam o ambiente da escolarização imprevisível na visão do professor e estes aspectos parecem provocar os sentimentos de angústia, insatisfação e medo, deflagrando mecanismos de defesa (Taveira, 2008).

Glat, Pletsch e Fontes (2009) ressaltam o fato de que existe um grupo de alunos incluídos em classes comuns que não recebe qualquer tipo de suporte especializado. Além disso, há controvérsias quanto aos critérios de avaliação pedagógica e de encaminhamento dos alunos das classes especiais para o ensino comum, sobretudo nos casos de deficiência intelectual, deficiências múltiplas e transtornos comportamentais. De modo geral, esses critérios passam pelo domínio de conhecimentos básicos adquiridos pelo aprendente (escrever o próprio nome, algumas palavras), a observação do comportamento do aluno em sala de aula e o diagnóstico (até mesmo se o aluno tem ou não "acompanhamento clínico").

Para as autoras, as práticas avaliativas ainda seguem, predominantemente, o modelo da integração. Há discrepâncias entre o discurso oficial — que rejeita o diagnóstico clínico como fator determinante para o encaminhamento para esta ou aquela modalidade de ensino, privilegiando a "avaliação do processo educacional do aluno" — e a prática dos professores e demais profissionais, que ainda consideram a avaliação clínica como seu principal referencial.

Observações em sala de aula

A fim de aprofundarmos os debates acerca do tema, observamos as práticas de professores que têm alunos incluídos em suas classes. Dessa forma, acompanhamos 12 educandos durante 41 horas, em quatro escolas, sendo que quatro alunos frequentam a educação infantil e oito frequentam o ensino fundamental. Os alunos apresentam as seguintes condições: a) uma aluna com mutismo eletivo; b) quatro alunos com deficiência intelectual; c) um aluno com déficit de atenção; d) dois alunos com autismo grave; e) um aluno com autismo leve; f) um aluno com transtorno de déficit de atenção/hiperatividade; g); um aluno com dislalia; h) uma aluna com paralisia cerebral.

Foi observado que os professores não se sentem preparados para receber esses educandos. Por conseguinte, encontram dificuldades na elaboração de programas específicos em sala de aula comum, diante da premência de atender alunos com deficiência e sem deficiência ao mesmo tempo. Quando contam com a presença de um mediador, os professores tendem a se eximir da responsabilidade de ensinar, e mesmo de interagir com os alunos da educação especial deixando por conta do mediador tal tarefa. Por outro lado, observamos que, na sala de aula comum, os mediadores costumam recorrer às práticas herdadas culturalmente no espaço escolar (Tardif, 2012), aplicando exercícios elementares, como colagem e pintura. Diante das dificuldades de as escolas elaborarem atividades, principalmente para os alunos com deficiência intelectual, os programas, quando elaborados, são direcionados à sala de recursos, que é frequentada no turno normal do aluno e não no contraturno.

Buscando ter maior controle sobre o aluno incluído, o professor demarca uma localização em sala para ele, principalmente nos casos em que há a incidência de comportamentos disruptivos, como no TDAH e no autismo grave. É necessário ressaltar que o comportamento e a condição intelectual são os elementos que mais contribuem para o fator inclusão/exclusão.

Os professores, diante das carências encontradas em suas condições de trabalho e em sua formação, não veem muitas alternativas de ensino, recorrendo comumente a práticas inspiradas no modelo da integração escolar, com base na normalização, privilegiando a permanência em sala apenas dos intelectualmente mais hábeis e dos que têm bom comportamento. Presume-se, então, que as dificuldades de ensino no campo da inclusão escolar não se originam somente do desconhecimento dos professores acerca da natureza dos transtornos de aprendizagem ou das deficiências, mas, também, do desconhecimento acerca dos processos de ensino e aprendizagem, diante de diferentes contextos escolares e desafios comportamentais.

Não se deve culpabilizar o professor, que cotidianamente busca realizar seu trabalho da melhor maneira possível, porém em precárias condições. Tal cenário contribui para a formação de suas expectativas acerca da inclusão, as quais, por sua vez, incidem sobre suas práticas. Há, em todas as instituições pesquisadas, a intenção de incluir, tanto por parte da direção e coordenação das escolas, quanto por parte dos professores. Todavia, os impedimentos encontrados acabam por trazer diferentes resultados no processo de inclusão. Vê-se que as políticas de inclusão escolar têm alcançado resultados tímidos e heterogêneos, uma vez que a efetivação desta depende muito mais da capacidade das escolas e dos professores de superarem os desafios, do que da eficácia dessas políticas.

Comparando nossas observações com as políticas voltadas para a inclusão, bem como com as normas emanadas pelas Secretarias de Educação, parece possível identificar indícios do fator ideológico nas estratégias acerca da melhor forma e atender o aluno da educação especial. Segundo Abric (2003), quanto mais o objeto é distante do sujeito, isto é, quando o sujeito tem pouco contato com o objeto, o discurso torna-se mais ideológico. A distância entre os que elaboram as políticas e o que ocorre nas salas de aula torna as ações mais afastadas das necessidades relativas ao processo de inclusão. As observações por nós realizadas também mostram a distância que há entre a teoria e a prática e o quanto os professores se sentem sozinhos diante da missão de incluir.

Apesar de resultados diversos quanto ao sucesso da inclusão dos alunos observados, identificamos elementos comuns nas práticas das instituições pesquisadas por nós: a posição em sala do aluno incluído, o comportamento disciplinar como elemento fundamental para a inclusão, a proximidade entre mediador e aluno, e a natureza das práticas utilizadas. Nas escolas pesquisadas, o aluno incluído tem sua posição em sala demarcada, geralmente no fundo da sala, junto à mediadora e com pouco contato com a professora regente. Essa posição dificulta a interação com a professora da turma e com os demais colegas, além de sinalizar sua condição de aluno com necessidades educacionais especiais. Esse procedimento deve-se também às questões disciplinares e comportamentais, historicamente institucionalizadas na escola, numa tentativa de observar o aluno incluído e controlar seu comportamento, por meio de uma posição definida em sala de aula.

Outro aspecto registrado diz respeito ao fato de que, quando o comportamento do aluno incluído interfere nas atividades da classe, há certo desânimo do professor no que tange ao esforço de fazê-lo aprender. A proximidade entre mediador e aluno incluído se dá principalmente porque é muito difícil para o professor regente atender às demandas da classe e as demandas do aluno da educação especial.

Os professores que fazem a mediação escolar são, em sua maioria, contratados e, em sua totalidade, inexperientes. Na necessidade de se ausentar, em algumas situações, a mediadora leva o aluno com ela, configurando, assim, um acompanhamento integral. Fávero (2013, p. 23) afirma que tal situação é constrangedora, pois contraria os princípios de uma educação inclusiva. Vimos, porém, professores sem alternativas e sem condições para fazerem diferente, diante das condições impostas pelo sistema de ensino.

Como agem, então, esses mediadores diante dos percalços que encontram na educação? Viu-se que os eles tentam se familiarizar com o desconhecido repetindo as práticas comuns de professores do ensino regular e não de professores da educação especial, o que incluiria um currículo adaptado e atividades específicas, de acordo com as necessidades do educando. Mas o professor mediador usa os recursos aprendidos na educação do aluno do ensino regular, porque esses recursos já são conhecidos.

De fato, a cultura acadêmica, estabelecida por gerações de professores influenciam, sem dúvida, as expectativas acerca do aluno, o trabalho pedagógico e a inclusão escolar. Os saberes dos professores partem também da história pessoal e social, crenças e influências dos grupos de pertença, incorporados ao trabalho por mecanismos sociais (Tardif, 2012). No caso das práticas dos professores, o comportamento fica carregado de significações e os conceitos são realçados pela convivência com os pares, pois não há nada que oriente mais os docentes do que a cultura escolar vivenciada por eles. Na dinâmica dessa cultura, escolas podem ter atitudes diferentes, ainda que sob as orientações de uma mesma política educacional, como ocorre no campo da inclusão. Nesse sentido, a análise das atitudes, veiculadoras de valores, assumem importância significativa.

Algumas alternativas

Como podemos mudar um quadro exclusão e transformá-lo em inclusão? Algumas estratégias podem ser adotadas. Todavia, é importante que a escola tenha uma estrutura pedagógica e administrativa que possibilite ações inclusivas.

Conforme orientam os documentos oficiais, nenhuma escola poderá alcançar objetivos significativos, para os alunos e para a comunidade na qual se encontra inserida, se não tiver um projeto que norteie e dê suporte para a ação de cada um de seus agentes.

Cabe ao gestor mobilizar professores e funcionários. A direção de uma escola precisa ser dinâmica, comprometida e motivadora estimulando a participação de todos os atores sociais. Estabelecer laços positivos nas relações interpessoais, exercendo, ainda, a liderança em todo o processo de inclusão.

As famílias precisam ser ouvidas, dividindo a responsabilidade, o cuidado e o sucesso da inclusão. A participação da família e da comunidade, favorece o cumprimento do papel social da escola. Não existe educação fora das sociedades humanas.

Ao coordenador pedagógico compete o suporte e a condução de todo o processo ligado ao ensino e a aprendizagem, além da formação do corpo docente.

Nas propostas pedagógicas, precisamos compreender o currículo não como uma proposição acabada. Precisamos compreendê-lo como relacional à cotidianidade discente, que não é inerte, mas vivente. É a partir do aluno que modelamos os quefazeres da sala de aula. Não devemos ver o currículo tão somente como um instrumento do formalismo, nem tampouco como resultado de ações improvisadas.

O currículo precisa ir do formalismo ao lúdico e do lúdico ao formalismo. Da rotina escolar, que ajuda incluir, à criatividade. Seu mote é a autonomia discente, dentro de um processo educativo de prazer pedagógico, criatividade e valorização do conhecimento compartilhado.

É necessário que o currículo escolar esteja articulado com as dinâmicas sociais, provenientes dos conhecimentos e da cultura dos educandos, por meio de políticas culturais, intelectuais e pedagógicas. Porém, um currículo que parta do cotidiano do aluno não pode se esgotar nele mesmo, mas deve se estender ao conhecimento formal trazendo dimensões ainda não experienciadas por ele em seus atributos afetivos, sociais e intelectuais.

Saber ler e escrever com qualidade ou fazer contas são essenciais para a vida social. O que acontece, algumas das vezes, é que estudantes incluídos precisam primeiramente ter funcionalidade e autonomia na vida diária.

O que o aluno precisa primordialmente? O que é mais importante ensinar? São questões que necessitam ser respondidas para o início da organização curricular, a partir das carências e potencialidades do educando, em seus aspectos afetivos, sociais e pedagógicos.

Então, o primeiro passo está na avaliação para saber quais habilidades necessitam ser conquistadas. Quais aptidões básicas, motoras e acadêmicas necessitam ser desenvolvidas.

Ademais, é preciso estimular as dimensões afetivas do aluno. Podemos dizer que o afeto é o instrumento pedagógico material ou imaterial que produz o desejo de aprender.

Faz tempo que educadores valorizam as distintas habilidades de seus alunos como forma de abrir caminhos para a aprendizagem. Tais habilidades são grandemente influenciadas pelas cargas afetivas e são inerentes ao ser humano, indissociáveis do seu caráter. Normalmente, gostamos de fazer o que fazemos bem. Todos nascem com alguma aptidão e com a condição de desenvolver novas habilidades e de melhorar as já existentes.

Pesquisas no campo da neurociência trouxeram maior clareza a respeito das múltiplas habilidades ou múltiplas inteligências. Inegáveis contribuições para os educadores. Confirmam o que durante anos foi objeto de estudo de Piaget, Montessori, Vygotsky, Freire e outros. Certamente, todos reconhecem que a inteligência humana é produto de uma carga genética, com influência também de estímulos recebidos durante o desenvolvimento do ser. De fato, essa inteligência nos leva a aprender e, inegavelmente, ela é grandemente estimulada por cargas afetivas.

Quando amamos o que fazemos, nosso cérebro libera impulsos eletroquímicos que produzem a sensação de prazer. Em momentos assim, ficamos naturalmente mais aptos para o bem-estar de nossas vidas. Biologicamente, esses impulsos eletroquímicos resultam em funções mentais, pensamentos, sentimentos, alegria e movimentos. O nosso interior liga-se à vida cotidiana, transmitindo informações que, posteriormente, transmutam-se em conhecimentos. Este mecanismo natural da nossa inteligência possui um instrumento fundamental para o seu sucesso: o afeto.

O afeto é científico: ao consumar o afeto, o cérebro recompensa o corpo através da sensação de prazer e de alegria. Ser afetivo não é ser edulcorado. Ser afetivo é trabalhar com as qualidades, as emoções, os interesses e os sonhos que temos. Há três dimensões afetivas no ambiente escolar que podem ser estimuladas:

Pessoal: desenvolvendo a autoestima do professor e do aluno, revelando as raízes da motivação e do interesse. Emoções e desejos não ficam isolados de nossas experiências cognitivas, ao contrário, modificam-nas, dão-lhes maior qualidade. Podemos perceber isso quando tarefas que parecem difíceis, ou até impossíveis, são superadas em razão da força interior do indivíduo. Conforme assinala Csikszentmihalyi (1999), geralmente, quanto mais difícil é uma tarefa mental, maior esforço para se concentrar nela. Mas, quando a pessoa gosta do que faz e está motivada a fazê-lo, focalizar a mente se torna fácil, mesmo em presença de grandes dificuldades objetivas.

Social: estabelecendo as relações com aqueles que estão no campo escolar e que podem tornar o ambiente estimulante para a aprendizagem, pulsando vida, num espaço de expressão e de experimentação. A escola é um núcleo social extremamente importante para o estabelecimento de laços de afetividade.

Pedagógica: estimulando os vínculos do aluno e do professor com o objeto de estudo, produzindo a afinidade com o processo de aquisição do conhecimento, na troca de saberes docentes e discentes, na cumplicidade de fazer o percurso tão prazeroso quanto a chegada, amando o trabalho pedagógico e o espaço de aprendizagem

Concluindo nossa conversa

Dois fatores incisivos que incrementam as dificuldades dos professores são as condições de trabalho e a sua formação. Escolas que têm professores bem formados e que oferecem suporte para o ofício docente estabelecem melhores oportunidades ao educando, ampliando as possibilidades de sucesso. Políticas educacionais que garantam a presença do Estado no espaço escolar e práticas pedagógicas interativas e com criatividade podem reduzir a vulnerabilidade dos estudantes

De fato, todos são dotados de inteligência educativa. Nosso cérebro processa incansavelmente sensações, informações, sentimentos, dando significado a tudo que é percebido pelos nossos canais sensoriais. Num fugaz momento, ativa-se diversas regiões do córtex cerebral para produzir conhecimento. Podemos não perceber, mas isso acontece todos os dias, em todos os momentos. Trata-se de aprendizagem. Independentemente de dificuldades ou deficiências, todos, ao seu modo, têm capacidade de realizar essa dinâmica cognitiva complexa e sofisticada.

Porém, o desconhecimento desses processos sinápticos, comuns a todos, tem trazido entraves à inclusão escolar e social, pois há ainda quem ache que algumas pessoas não são capazes de aprender. Há pessoas com deficiências ou dificuldades impedidas de terem acesso ao ensino comum, porque se questiona sistematicamente suas condições de aprendizagem. Em muitos casos, mesmo aqueles estudantes que têm altas habilidades são considerados incapazes, porque não se adequam ao sistema escolar. Fato corriqueiro da educação infantil ao ensino superior.

Para que a educação ocorra, é preciso que haja empatia em quem aprende e, principalmente, em quem ensina. Ter empatia significa ter a capacidade de impregnar-se da humanidade do ofício educativo; de partilhar emoções e significados. Em outras palavras, colorir e fazer parte do mosaico da vida, dos matizes que nos permitem estabelecer relações de equidade. É possível que o aprendente desenvolva suas competências em sala de aula, desde que as práticas pedagógicas tragam sentido e funcionalidade.

Não se deve desprezar a inteligência de ninguém, mesmo nos casos de maiores comprometimentos intelectuais. Como vimos em nossa pesquisa, a capacidade cognitiva e o comportamento são os dois fatores mais determinantes para a exclusão escolar. As instituições educacionais e a sociedade precisam entender que a inteligência é da natureza humana. Trata-se de uma indelével condição biológica. Ninguém está destituído desse especial atributo. Ademais, educar é construir um percurso pedagógico, em que primeiramente aprendemos e depois ensinamos.

Referências

Abric, J. C. (2003). Abordagem estrutural das representações sociais: desenvolvimentos recentes. In P. H. Campos, & M. S. Loureiro. *Representações Sociais e práticas educativas*. Goiânia, GO: ABEU.

Costa, V. A. da. (2011). Políticas públicas, educação e sociedade: desafios da inclusão. In H. Maia. (Org.). *Neurociência: a relação entre saúde e educação*. Rio de Janeiro, RJ: WAK, 2011.

Csikszentmihalyi, M. (1999). *A Descoberta do Fluxo: a Psicologia do envolvimento com a vida cotidiana*. Rio de Janeiro: Rocco.

Fávero, E. A. G. (2013). Alunos com deficiência e seu direito à educação: trata-se de uma educação especial? In M. T. Mantoan. *O desafio das diferenças nas escolas*. Petrópolis, RJ: Vozes.

Melo, M. M. de, & Carvalho, M. do R. (2012). Na sala de aula tem aluno; tem aluno na sala de aula: representações sociais de docência por licenciando em formação. In C. P. Sousa, L. P. S. Villas Bôas, & R. T. ENS. *Representações Sociais: políticas educacionais, justiça social e trabalho docente.* Curitiba, PR: Champagnat.

Mendes, G. M. L., Silva, F. C. T., & Pletsh, M. D. (2011) Atendimento educacional Especializado: por entre Políticas, práticas e currículo – Um espaçotempo de inclusão? *Revista Contrapontos, 11*(3), 255-265.

Pintor, N. A. M. (2011). *Uma Análise do Projeto Espaço Integrado de Desenvolvimento e Estimulação (Eide) na Rede Municipal de Ensino de Niterói/RJ Período 2008-2009.* (Tese de Doutorado em Ciência da Saúde da Criança e da Mulher). Linha de Pesquisa: Genética Aplicada à Saúde da Criança e da Mulher. Programa de pós- graduação do Instituto Fernandes Figueira – FIOCRUZ., Rio de Janeiro, RJ, Brasil.

Pintor, N. A. M., & Llerena, J. C., Jr, & Costa, V. A. (2012). Educação e saúde: um diálogo necessário às políticas de atenção integral para pessoas com deficiência. *Revista Educação Especial.* 25(43), pp. 203-216.

Tardif, M. (2012). *Saberes docentes e formação profissional.* (13a ed.) Petrópolis, RJ: Vozes.

Taveira, C. C. (2008). *Representações sociais de professores sobre a inclusão de alunos com deficiência em turmas regulares.* (Dissertação de Mestrado). Orientadora: Profª. Drª. Lucia Velloso Mauricio. Universidade Estácio de Sá. Rio de Janeiro, RJ.

CAPÍTULO 2

Intervenção em habilidades linguísticas em crianças com dificuldades de aprendizagem

Jéssika Santiago da Rocha
Cíntia Alves Salgado Azoni

As dificuldades de aprendizagem podem ocorrer em crianças de diferentes contextos educacionais, sociais e culturais. No cenário brasileiro, a realidade dos problemas relacionados à leitura tem evidenciado a emergente necessidade de modificar esta situação, visto os números alarmantes de baixos índices de desempenho em leitura (INEP, 2019).

A identificação precoce de sinais de risco dos problemas de aprendizagem possibilita a busca pelo diagnóstico e o início imediato da intervenção, permitindo estimular as habilidades cognitivo-linguísticas de crianças ainda em fase de maior plasticidade cerebral (Andrade, Andrade, & Capellini, 2014).

Apesar dos diferentes sistemas educacionais, no contexto mundial, a estimulação das habilidades preditoras de leitura em pré-escolares tem sido descrita de forma positiva quanto à identificação e intervenção nas crianças com dificuldades no processo de aprendizagem, o que proporciona melhora no desempenho nas tarefas de leitura. (Delgado & Sancho, 2014).

Diante dessa necessidade de intervir em escolares de forma precoce no que diz respeito às dificuldades de aprendizagem, o modelo educacional de Resposta à Intervenção (RTI) traz esse suporte quanto à intervenção, o que possibilita auxílio a estes escolares por meio de atividades que estimulam coletivamente determinadas habilidades.

Assim, é possível oferecer oportunidade de melhora e/ou estratégias para desenvolver a leitura e, consequentemente, o desempenho escolar geral e a identificação daqueles com sinais preditivos de transtornos específicos de aprendizagem, proporcionando assim uma intervenção imediata (Machado & Almeida, 2014).

Esse modelo ganhou força nos Estados Unidos após a reformulação da Lei de Pessoas com Deficiências na Educação (IDEA), em 2004, pois as autoridades começaram a perceber o alto número de crianças com necessidades educacionais especiais, uma vez que, até então, a Lei em vigor determinava esperar o fracasso da criança, para só então ser dada a oportunidade de ingresso no processo de intervenção. Com a reautorização da Lei, foi ampliado o público que pode passar por essa intervenção, desfocando somente da educação especial e, assim, abrindo para a educação em geral (Tan, 2018, Martín, Law, Lindsay, & Martín, 2011). No entanto, esta possibilidade no Brasil ainda é remota, visto que a implementação de programas de RTI ainda são incipientes.

Na composição do modelo de RTI com enfoque no desenvolvimento da leitura, alguns estudos nacionais utilizam um dos submodelos mais conhecidos, o de Três Níveis/Camadas, composto por: Camada I – Instrução em sala de aula; Camada II – Intervenção em grupos menores; Camada III – Intervenção individual. O modelo consiste na prática do professor capacitado para realizar a triagem e aplicar um programa de intervenção com seus alunos, durante determinado período de tempo, com toda a turma; depois, ocorre a reavaliação dos indivíduos; aqueles que apresentarem dificuldades de aprendizagem seguem para o auxílio pedagógico grupal/individual ou intervenção fonoaudiológica individual, a depender do caso. Sendo assim, por meio do RTI é possível conhecer precocemente os estudantes que possuem risco para transtornos de aprendizagem e intervir adequadamente. (Machado, & Almeida, 2014). Uma característica do RTI é que as crianças que passarão pelas camadas II e III sejam em quantidade menor, do que as que iniciaram a camada I. Se esse pressuposto é falho, o RTI não obteve viabilidade (Carta, Greenwood, Atwater, McConnell, Goldstein, & Kaminski, 2015).

Apesar da implementação na fase pré-escolar ainda ser bem discutida, alguns autores defendem que essas fases iniciais (pré-escola e os primeiros anos do ensino fundamental) da vida escolar das crianças são as de maiores benefícios para implementação dessa camada, pois permite a intervenção precoce e, impede que os escolares cheguem a séries mais avançadas com problemas de aprendizagem mais acentuados. (Andrade, Andrade, & Capellini, 2014, Carta, Greenwood, Atwater, McConnell, Goldstein, & Kaminski, 2015). No entanto, não significa que a intervenção em anos posteriores não seja eficaz, pelo contrário, se considerarmos as poucas possibilidades de intervenção para aquelas com problemas de aprendizagem.

A fim de observar o efeito do RTI, pesquisadores selecionaram crianças de 30 escolas diferentes dentro de um distrito escolar no Canadá, que foram divididas em dois grupos, um com as que possuíam o inglês como primeira língua e o outro com as que a utilizavam como segunda língua; foram estudadas longitudinalmente do jardim de infância até o 7° ano. As crianças foram avaliadas nesse período e foram monitoradas pelo RTI. Foram incorporadas às classes das crianças participantes do jardim de infância e do 1° ano atividades direcionadas à estimulação da consciência fonológica e de outras habilidades de alfabetização; os alunos que nesse período já demonstraram risco para problemas de leitura foram direcionados para a intervenção de pequenos grupos em que eram estimuladas essas habilidades de forma mais intensiva. A partir do 2° ano, foi acrescentado um programa de leitura que, além do incentivo de habilidades, apresentavam-se estratégias para facilitá-las. Por fim, percebeu-se que o modelo RTI possibilitou a redução de alunos com problemas de leitura em séries mais avançadas em ambos os grupos, uma vez que identificou e interveio precocemente nesses problemas (Lipka & Siegel, 2010).

Outra aplicação com sucesso foi realizada em crianças do primeiro ano do fundamental. As crianças foram estimuladas 3 vezes semanais pelo período aproximado de 6 meses, com foco nas habilidades de consciência fonológica, consciência morfológica, vocabulário e consciência ortográfica (Kim, Apel, Al Otaiba, 2013).

Estudos nacionais também mostram a aplicabilidade e eficácia do RTI. Autores utilizaram atividades baseadas nas habilidades cognitivas relacionadas à leitura, englobando assim, o reconhecimento de letras, a consciência fonológica, o vocabulário, a percepção, a atenção e a memória, para foco da intervenção. O mesmo ocorreu durante 3 meses, com sessões de quarenta minutos cada, três vezes semanais. (Almeida, Toledo Piza, Cardoso, & Miranda, 2016)

Em escolares do 4º e 5º ano de escolas públicas de São Paulo, foi observado melhora no desempenho leitor pós intervenção, mostrando a eficácia do RTI também nessa fase posterior ao início do processo de alfabetização. (Machado & Almeida, 2012). Autores ainda defendem o uso do RTI em tutorias para crianças com dislexia, argumentando haver, além de melhora nos quadros, a diminuição de casos de falso-positivos. (Machado & Capellini, 2014)

No entanto, apesar da prática do RTI ainda ser preconizada em países desenvolvidos, e estudos nacionais já evidenciarem a sua eficácia, a realidade brasileira ainda é complexa quanto à implementação como possibilidade de política pública educacional. Desta forma, vale salientar a necessidade de intervenção das habilidades linguísticas precursoras para o desenvolvimento da leitura, especialmente naquelas crianças com dificuldades escolares. Por outro lado, é preciso que esteja inserido na formação do professor o conhecimento do desenvolvimento da linguagem oral e escrita, para que seja possível o aprimoramento deste na sistemática de sua prática pedagógica. Um estudo atual evidenciou que os professores que haviam realizado formação e certificação para atuar na estimulação destas habilidades apresentavam maior conhecimento quanto aos aspectos da consciência fonológica para proporcionar melhor qualidade de ensino aos seus estudantes com dificuldades de leitura (McMahan, Melissa, Oslund, & Odegard, 2019).

Depreende-se, assim, que estas habilidades, tais como a consciência fonológica, o vocabulário, o reconhecimento de letras, a memória (Lipka & Siegel, 2010, Machado & Almeida, 2012, Kruse, Spencer, Olszewski, & Goldstein, 2015; Almeida, Toledo Piza, Cardoso, & Miranda,, 2016), a consciência sintática (Machado & Capellini, 2014) e a compreensão leitora (Al Otaiba, *et al*, 2011) devem ser amplamente estimuladas no contexto educacional e clínico. As estratégias devem considerar não apenas a ludicidade e uso de materiais concretos, como, por exemplo, o alfabeto móvel, cartões com figuras e jogos diversos (Machado & Almeida, 2014, Almeida, Toledo Piza, Cardoso, & Miranda, 2016), bem como a cultura a que esta criança está exposta, contextualizando a sua realidade às necessidades de aquisição de conhecimento de mundo acerca da leitura.

O uso de atividades e estratégias podem variar para cada público alvo, porém, é importante ressaltar que, independentemente do diagnóstico de transtorno de aprendizagem ou mesmo uma dificuldade de origem educacional, a estimulação das habilidades linguísticas é essencial para o sucesso na construção da leitura. Abaixo, são sugeridas algumas estratégias e atividades baseadas em programas de remediação fonológicos (Salgado-Azoni, 2010) e prática clínica que podem ser utilizadas para aprimorar tais habilidades:

Consciência fonológica

1. Habilidade: aliteração

Nome da atividade: *Jogo da Memória das silabas iniciais*

Distribua em cada grupo o jogo da memória com cartas pares com sílabas iniciais iguais, por exemplo, "**ba**nana" e "**ba**tata". As cartas devem ficar viradas para baixo e um a um dos participantes terão a oportunidade de revirar duas delas. Se as cartas escolhidas forem um par, o jogador tem o direito de jogar novamente. Caso não seja, o jogador as coloca no lugar e passa sua vez ao jogador do lado. Ganha o jogador que no final tiver o maior número de pares de sílabas iniciais iguais.

Observação: Pode-se aumentar o nível de dificuldade e utilizar a estratégia para o nível do fonema. O jogo contará com cartas pares de mesmo fonema inicial, por exemplo, "**p**ato" e "**p**eão".

2. Habilidade Rima

Nome da atividade: *Baú das Rimas*

O condutor deve iniciar falando sobre um personagem. Ele retira um objeto/figura do baú e passa para uma das crianças. A criança deve continuar a história usando o nome do objeto/figura e uma rima. Por exemplo: "Era uma vez o João. Ele adorava comer mamão (tirada do baú), mas toda vez que comia mamão ele sentia dor na mão (rima)." Depois, é a vez da criança ao lado. O ideal é que seja dada continuação à história. Caso uma das crianças tenha dificuldade, ela pode solicitar um "conselheiro" (uma outra criança que essa escolherá para a ajudar).

3. Habilidade: Reconhecimento de palavras

Nome da atividade: *Igual ou diferente?*

São apresentadas oralmente palavras (reais ou inventadas) para que as crianças identifiquem se são iguais ou diferentes. Inicialmente, utilize palavras com maior diferença fonêmica e menor quantidade de sílabas, posteriormente, é possível dificultar esta atividade para trissílabas e polissílabas e diminuir as diferenças fonêmicas entre elas. Exemplos: lua-rua / casaco-macaco.

4. Habilidade: Consciência fonêmica

Nome da atividade: *Descobrindo os sons das letras*

O(a) professor(a) terá que passar duas caixas com letras entre os alunos, feitas de qualquer material, uma que contenha consoantes e outra vogais. A metade da turma terá que ficar com alguma vogal e a outra com consoante. Quando cada aluno estiver com uma letra, o(a) professor(a) ordenará que se juntem em duplas para formarem sílabas. Após isso, a professora formará uma fila com as duplas, o componente que tiver pego a consoante, da dupla que estiver na frente, terá que pronunciar o som (fonema) da consoante e, depois, a sílaba que formaram, e ao sair da fila, depositará cada letra em sua caixa correspondente. Ao final, inverter os grupos para que os que pegaram vogais na rodada passada executem a mesma tarefa com as consoantes.

5. Habilidade: Consciência fonêmica

Nome da atividade: *Formando novas palavras*

Apresente oralmente uma palavra e peça aos alunos para retirarem o fonema final, como, lençol – lenço; garçom – garço; não há problema se na retirada do fonema a nova palavra se transforme em uma pseudopalavra. Posteriormente, apresente outras palavras para que os alunos retirem o fonema inicial, como caçador – açador; casa – asa. Após os alunos terem realizado suas tentativas, dê o retorno visual escrevendo a palavra e retirando os grafemas correspondentes àqueles que a criança retirou.

Vocabulário:

1. Contação de história:

Contar uma história para as crianças e questioná-las sobre os personagens e objetos de cena.

Observação: Pode ser realizada em outras aulas, a recontagem da história por meio de estratégias diferentes, como exemplo, pedir as crianças que desenhem cenas da história.

2. Apontem a figura:

A criança será apresentada a palavras novas por meio de figuras. Depois será solicitado que ela aponte determinada figura, dentre várias dispostas na mesa. É importante considerar a realidade cultural daquele grupo de crianças para que a estimulação do vocabulário faça sentido para a sua vida diária.

Reconhecimento de letras:

1. *Caixa mágica das letras*

Letras de plástico/madeira são colocadas dentro de uma caixa. Cada criança deve retirar uma letra da caixa e dizer o nome e/ou som dessa palavra.

2. *Boliche das letras*

Cole letras de papel nos pinos do boliche. Cada criança deve jogar a bola a fim de acertar os pinos. Os pinos que caírem, a criança deve dizer o nome e/ou som da letra correspondente.

3. *Letras de massinha*

Utilizando massinha de modelar, peça para as crianças montarem determinadas letras.

Memória:

Papagaio maluco

É dita uma pseudopalavra por vez a cada criança. Ela deve repetir imediatamente sua palavra. São utilizadas pseudopalavras em ordem crescente de dificuldade, iniciando por palavras de uma sílaba, indo até as de seis sílabas.

Observação: Pode ser utilizado sequência de números invés de pseudopalavras.

Consciência sintática:

Complete a frase

A criança ouvirá ou lerá uma frase faltando uma palavra e deve completar com uma palavra que seja coerente com o contexto da frase. A atividade dependerá do nível de desenvolvimento do grupo de crianças, se ainda não fazem leitura, a atividade deverá ser somente oral, caso já façam, pode ser utilizada a leitura como apoio.

Será que é verdade?

A criança ouvirá uma frase com um erro gramatical e/ou semântico e deve dizer se a frase é verdadeira ou não, corrigindo-a no final.

Leitura, escrita e compreensão leitora:

1. *Leitura de texto*

São utilizadas histórias em ordem crescente de dificuldade, iniciando por textos mais simples e ampliando para textos mais complexos. A criança lê em voz alta um texto, tendo ajuda inicial, se necessário.

2. *Recontagem por meio da escrita*

A criança pode recontar a história lida por meio da escrita, como também, pode escrever sobre o que entendeu da história.

3. *Escrita temática*

A criança escreve um texto após ser dado o tema. Em seguida, ela deve ler texto em voz alta e discutir sobre o que entendeu.

Considerações finais

As estratégias e atividades aqui sugeridas podem ser estimuladas no contexto clínico e educacional. No entanto, a eficácia da resposta à intervenção está moldada na sistematicidade e monitoramento contínuo das crianças com dificuldades de aprendizagem, especialmente aquelas com risco para dislexia (Salgado-Azoni & Pereira, 2017).

O desafio atual envolve as facetas da interdisciplinaridade, especialmente quanto à formação do professor, no estímulo das habilidades de linguagem no ambiente educacional, proporcionando acesso ao conhecimento sobre o desenvolvimento da leitura, o que torna de fato possível que nossas crianças recebam a intervenção adequada e sintam-se incluídas na sociedade.

Referências

Almeida, R. P. de, Toledo Piza de, C. J. M., Cardoso, T. D. S. G., & Miranda, M. C. (2016). Prevenção e remediação das dificuldades de aprendizagem: adaptação do modelo de resposta à intervenção em uma amostra brasileira. *Revista Brasileira de Educação, 21*(66), 611-630.

Al Otaiba, S., Folsom, J. S., Schatschneider, C., Wanzek, J., Greulich, L., Meadows, J., ... & Connor, C. M. (2011). Predicting first-grade reading performance from kindergarten response to tier 1 instruction. *Exceptional children*, 77(4), 453-470.

Andrade, O. V. C. A., Andrade, P. E., Capellini, S. A. (2014). *Modelo de Resposta a Intervenção RTI Como Identificar e Intervir Com Crianças de Risco Para os Transtornos de Aprendizagem*. São José dos Campos, SP: Pulso.

Carta, J. J., Greenwood, C. R., Atwater, J., McConnell, S. R., Goldstein, H., & Kaminski, R. A. (2014). Identifying preschool children for higher tiers of language and early literacy instruction within a response to intervention framework. *Journal of Early Intervention, 36*(4), 281-291.

Delgado, M. P. N.; Sancho, M. S. (2014). Prerrequisitos para el proceso de aprendizaje de la lectura y la escritura: conciencia fonológica y destrezas orales de la lengua. *Lengua y habla*, (18), 72-92.

INEP/IDEB. (2019). Índice de desenvolvimento da educação básica. Recuperado de: http://inep.gov.br/ideb.

Kim, Y. S., Apel, K., & Al Otaiba, S. (2013). The relation of linguistic awareness and vocabulary to word reading and spelling for first-grade students participating in response to intervention. *Language, Speech, and Hearing Services in Schools*. 44(4).

Kruse, L. G., Spencer, T. D., Olszewski, A., & Goldstein, H. (2015). Small groups, big gains: Efficacy of a tier 2 phonological awareness intervention with preschoolers with early literacy deficits. *American Journal of Speech-Language Pathology, 24*(2), 189-205.

Lipka, O., & Siegel, L. S. (2010). The improvement of reading skills of L1 and ESL children using a Response to Intervention (RTI) Model. *Psicothema, 22*(4), 963-969.

Machado, A. C., & Almeida, M. A. (2012). Desempenho em tarefas de leitura por meio do modelo RTI: resposta à intervenção em escolares do ensino público. *Revista Psicopedagogia, 29*(89), 208-214.

Machado, A. C., & Almeida, M. A. (2014). O modelo RTI-Resposta à intervenção como proposta inclusiva para escolares com dificuldades em leitura e escrita. *Revista Psicopedagogia, 31*(95), 130-143.

Machado, A. C., Capellini, S. A. (2014). Tutoria em leitura e escrita baseado no modelo de RTI – Resposta à Intervenção em crianças com dislexia do desenvolvimento. *Revista CEFAC*, 16(4), 1161-1167.

McMahan, K. M., Oslund, E. L., & Odegard, T. N. (2019). Characterizing the knowledge of educators receiving training in systematic literacy instruction. *Annals of dyslexia, 69*(1), 21-33.

Martín, J. L. (2011). Legal implications of response to intervention and special education identification. *RTI Action Network*. Recuperado de: http://www.rtinetwork.org/learn/ld/legal-implications-of-response-to-intervention-and-special-education-identification

Salgado-Azoni, C.A. *Programa de remediação fonológica, de leitura e escrita em crianças com dislexia do desenvolvimento.* (2010). Tese (Doutorado em Ciências Médicas). Faculdade de Ciências Médicas da Universidade Estadual de Campinas – Unicamp, São Paulo.

Salgado-Azoni, C.A; Pereira, J. S. (2017). Identificação precoce de crianças de risco para os transtornos de leitura e estratégias preventivas. In J. F. Salles, A. L. Navas. *Dislexias do desenvolvimento e adquiridas.* (p. 39-50). São Paulo, SP: Pearson Clinical Brasil.

Tan, F. (2018). Response to Intervention (RTI) Model. *The TESOL Encyclopedia of English Language Teaching.*

CAPÍTULO 3

A mediação escolar na educação inclusiva de alunos com transtorno do espectro autista

Dayse Serra

Durante a realização de um congresso, foi possível observar inúmeras e valiosas leituras sobre os estudos do cérebro humano e o quanto as pesquisas de diferentes especificidades da educação e da saúde têm sido produtivas para o aprimoramento das práticas de intervenção. Longe de uma educação tradicional e conteudista, concebemos hoje o estudante como um ser que é ativo do ponto de vista filogenético e ainda recebe todas as interferências que nos cercam, como tecnologias, intervenções farmacológicas e mudanças de parâmetros sociais que atingem diretamente às famílias.

Muito embora o autismo, Transtorno do Espectro Autista (TEA), como denominamos após a publicação do DSM-5, ainda possua causa desconhecida, pesquisas de diferentes áreas sugerem formas de intervenções que possibilitam a ampliação da capacidade de aprender desses indivíduos. Da educação infantil à universidade, o direito de estudar com qualidade se faz legítimo e a nós cabe planejar e executar as melhores formas de promover o desenvolvimento desses alunos.

Quando tratamos da inclusão do aluno com TEA, pensamos em igualdade de direitos e na sua aprendizagem e desenvolvimento. De acordo com o DSM-5, publicado no ano de 2013 (APA, 2013), o TEA é definido como, especialmente, um transtorno neurobiológico que afeta principalmente o desenvolvimento da linguagem e da interação social. Há níveis de gravidade e uma infinidade de combinações de sintomas que fazem de cada quadro uma situação muito peculiar. Conforme já foi citado em recente artigo (Serra, 2016), temos um preocupante quadro no cenário mundial. Estamos trabalhando com a proporção de 1:68. Isso significa, 1 caso para 68 nascimentos. Há quinze anos, falávamos na proporção de 5:10.000 e o que pesquisadores do tema se perguntam é se há de fato um aumento em progressões geométricas ou se estamos nos aprimorando na forma de identificar o TEA. É fato que, independentemente de não sabermos ainda as razões para um aumento tão preocupante, existe uma urgência para que o Estado promova políticas públicas de atenção a pessoa com TEA e seus familiares (Teixeira, Mecca, Velloso, Bravo, Ribeiro, Mercadante, & Paula, 2013).

Pretendemos, com este artigo, discutir o cenário da educação inclusiva do aluno com TEA e os desafios que encontramos no cotidiano das escolas, especialmente os efeitos da presença do mediador na classe regular a partir da Lei 13.146/2015.

O aluno com TEA na escola regular

Por escola regular, entendemos aquelas que possuem classes inclusivas, ou seja, não trabalham com classes especiais nas quais os alunos são matriculados de forma segregada e separada por suas deficiências. As escolas regulares têm sido lugar de conflitos pelos desafios impostos a cada dia. De um lado, os familiares falam da recusa da matrícula quando anunciam, na recepção, que seus filhos possuem um diagnóstico de TEA, quando relatam as angústias em relação ao futuro e das dificuldades que encontram em relação ao acompanhamento da aprendizagem dos seus filhos. (Serra, 2016) Há dúvidas sobre todo o processo pedagógico e quais são os efeitos sobre o desenvolvimento de seus filhos. Por outro lado, profissionais da educação não se sentem preparados para atuar no campo das deficiências, termo usado pela Lei Brasileira de Inclusão, que passou a vigorar em primeiro de janeiro de 2016. Além das dificuldades do cotidiano, os profissionais de educação também falam do número de alunos, da formação insuficiente para elaborar planos educacionais e adaptar as atividades de maneira que tenham um mínimo de certeza de estar no caminho certo (Santos, 2014).

Diagnóstico, família e escolarização

Entre o diagnóstico médico do TEA e a escolarização de um aluno com TEA temos um problema global de educação e formação. Global, porque iniciamos com a formação médica do pediatra e adiante encontramos problemas na formação do professor. Vamos explicitar as dificuldades encontradas.

A causa do autismo ainda é desconhecida. Quando um bebê com deficiências sensoriais ou físicas ou mesmo com quadros sindrômicos nasce, há evidências desde os primeiros dias após o seu nascimento que intervenções precoces no campo da saúde e da educação deverão acontecer para que o desenvolvimento da criança seja o melhor possível. Existem exames disponíveis para a verificação do diagnóstico e os melhores caminhos a seguir. Como o autismo, não é assim que ocorre. O transtorno se mostra aos poucos e, de fato, provoca níveis altos de estresse nos familiares, já que as dúvidas costumam ser torturantes, muito mais do que qualquer certeza (Teixeira, Mecca, Velloso, Bravo, Ribeiro, Mercadante, & Paula, 2013).

O problema da educação global começa quando, diante da percepção que o desenvolvimento da criança não ocorre dentro do esperado. o primeiro profissional procurado é o pediatra. Em raríssimas exceções a criança é levada à avaliação neurológica ou psiquiátrica com tenra idade. No meio médico, encontramos o pediatra que, por melhor que tenha sido a sua formação, a sua residência e a dedicação profissional, não teve em sua instrução, os conhecimentos específicos para a detecção precoce do TEA. As avaliações e suspeitas são feitas pela avaliação diferencial e em 89,7% dos casos, com a suspeita da surdez, pois uma queixa presente por parte dos familiares é que, quando acriança é chamada pelo seu nome, ela não atende. Entre o diagnóstico diferencial de surdez e outros inúmeros exames, temos em média um tempo perdido (sim, o termo é este) de pelo menos dois anos, na melhor das hipóteses. Perdido porque a literatura é muito clara quando afirma que a intervenção precoce deve ocorrer até os 5 anos de idade e o que conseguimos em termos de desenvolvimento típico até os 5 anos não conseguimos depois desta idade. Uma segunda oportunidade, mas com menos recursos neurofisiológicos, se dará até os 7 anos de idade (Brasil, 2012). Após esta idade, poderemos contar com a plasticidade do cérebro, mas não com a mesma qualidade que poderíamos ter no desenvolvimento. Dessa forma, a pior coisa que podemos fazer, dentro de um quadro de TEA, é esperar. Uma frase muito comum ouvida pelos pais é a de que cada criança é uma criança e que, portanto, devemos esperar. Isso pode ser muito nocivo para o desenvolvimento da criança. O autismo não se resolve de forma espontânea, sem intervenções e, quanto mais precoce for o trabalho, melhores serão os resultados (Brasil, 2002).

Felizmente, temos uma literatura vasta sobre o desenvolvimento típico e sobre as características e comportamentos de uma criança com TEA antes dos dois anos de idade. Os marcadores de desenvolvimento e as falhas nos precursores de linguagem nos mostram se há problemas no desenvolvimento e como devemos intervir. Se os pediatras forem adequadamente preparados para identificar as falhas e os riscos no desenvolvimento do bebê, já a partir dos seis meses de idade, poderão encaminhar de maneira que crianças e familiares adquiram qualidade de vida e desenvolvimento típico. Para que isso ocorra necessitamos de uma revisão na formação médica e aprimoramento na interlocução das políticas públicas de saúde, educação e ação social; discutiremos esse ponto no decorrer do presente trabalho. A articulação das áreas se faz tão séria e necessária que, posteriormente, pode reverberar, nos processos de alfabetização do aluno com TEA. Se o professor desconhece de que forma os precursores de linguagem se desenvolvem, a alfabetização dos alunos poderá não se efetivar, visto que, por estudos contemporâneos, percebemos que representam requisitos para a leitura e escrita funcionais.

Como ponto inicial da necessidade desta articulação, podemos citar o quanto somente a revisão da formação médica não é suficiente, pois os pediatras que já identificam os problemas de desenvolvimento nos trazem a questão: agora que já detectamos determinadas características, para qual creche ou escola de educação infantil encaminhamos a criança? Qual sistema de educação infantil estaria preparado para receber e educar crianças com TEA diagnosticadas precocemente? Entramos no contexto da formação do professor e, desta vez, pensaremos que os mais experientes deverão trabalhar com a tenra idade, e não mais, dentro de uma visão conteudista, os professores mais experientes abarcarem os anos de escolaridade mais altos, em nome de um programa a cumprir.

A inclusão escolar do aluno com TEA

Em julho do ano de 2015, foi instituída a Lei Brasileira de Inclusão, a lei 13.146. Mesmo com a existência de muitos documentos legais como portarias, decretos e deliberações, sempre tivemos relatos do descumprimento das legislações sobre inclusão. Na esfera da educação, as dificuldades são tão intensas e desafiadoras que os saberes que habilitaram os educadores durante as suas formações e a formação continuada, não dão conta da demanda da diversidade no contexto da escola. Criamos, com nossas práticas equivocadas, e acreditamos que estamos praticando a inclusão. O norte para as práticas de fato inclusivas seria a construção de um projeto político-pedagógico que contemple a inclusão. Uma única educação, praticada em todas as escolas, daria conta da diversidade de cada aluno, pois educar um sujeito no campo das suas diferenças já faria parte do cotidiano das instituições. Discutimos nas escolas as situações que envolvem autismo, TDAH, orientação sexual, problemas emocionais, ou seja, a diversidade é tão ampla e seu corpo tão extenso que precisamos discutir se de fato cabe criarmos um segmento da educação denominado *educação inclusiva* ou se podemos repensar a Educação como direito de qualquer pessoa, sem adjetivos (Santos, 2008).

Ao afirmarmos que a é escola inclusiva, podemos não ter plena consciência, mas afirmamos que fomos preparados para educar os "iguais" ou os "típicos" (nome politicamente correto para nomear o que antes a sociedade chamava de "normal"), mas abrimos uma exceção para receber os que possuem uma diferença física, cognitiva, sensorial ou de qualquer outra ordem.

A presença de um aluno com deficiência no ambiente escolar, tal qual como ele está estruturado, provoca muitos desafios em boa parte das instituições escolares. Nosso formato de sala de aula e de escola é extremamente antigo, não necessariamente ultrapassado (Serra, 2016).

Para que a inclusão educacional se torne uma realidade e que o aluno seja sujeito desse processo, além do principal beneficiado, é necessário ressignificar o que é currículo, o que entendemos por aprendizagem, fazer escolhas sobre quais conteúdos serão trabalhados, como serão ensinados e avaliados, se tais conteúdos são realmente importantes para os alunos, qual é o número adequado de alunos por turma e quais profissionais serão necessários. Além disso, como a inclusão se insere na proposta pedagógica da escola e no projeto político-pedagógico. A inclusão precisa representar um movimento da escola que faz como parte da sua filosofia de educação e não algo que precisamos cumprir sob a forma da lei para evitar as sanções legais (Serra, 2016).

A avaliação inicial como ponto de partida

Quando propomos uma avaliação inicial para incluir um aluno, podemos receber críticas por parecer sugerir um modelo clínico ou medicalizante. Não se trata disso, mas de conhecer o sujeito que se pretende educar. Iniciar a educação de um aluno com TEA sem antes avaliar qual é o seu comportamento, se existem ou não habilidades pré-acadêmicas e principalmente, qual é o seu repertório pedagógico, significa realizar um voo sem rota. Infelizmente, não é uma metáfora para orientar o texto, mas representa o cotidiano desses alunos, que muitas vezes frequentam as escolas anos a fio, sem nenhum desenvolvimento pedagógico. A permanecia dos alunos com TEA na escola regular se reduz e se justifica pela socialização e a aprendizagem que gera desenvolvimento não ocupa um lugar prioritário (Paula, 2013).

No processo de avaliação inicial, perceberemos o comportamento que precisa ou não ser regulado para favorecer a aprendizagem, as alterações na percepção e demais habilidades que produzem a aprendizagem e o que o aluno traz consigo, o seu repertório. Somente a partir destas informações teremos condições de planejar o ponto inicial do plano pedagógico de nossos alunos.

Há a recomendação legal que os alunos com TEA e com outras necessidades especiais frequentem o ano de escolaridade compatível com a sua idade, mas muitas vezes o hiato pedagógico é muito extenso. É exatamente aí que a importância das adaptações curriculares se efetiva. A orientação do MEC a esse respeito não é recente. Desde 2001, no documento "Diretrizes Nacionais para a Educação Especial na Educação Básica" orienta que é direito do aluno ter o currículo adaptado segundo o seu repertório e com vistas ao objetivo que se deseja alcançar. As diretrizes são claras quando recomendam que podemos e devemos adaptar conteúdos, objetivos, métodos, estratégias, recursos, tempo, sistema de avaliação, dentre outros elementos pedagógicos. Dentro de uma visão mais contemporânea, poderíamos substituir os objetivos por competências, procurando dar ao aluno com TEA o saber fazer no lugar do simples saber (Paula, 2013). Seja qual for a situação, a prioridade do currículo em educação inclusiva deve ser a construção da autonomia do sujeito. A meta será sempre a independência.

As formas de apoio no contexto escolar

De julho de 2015 a janeiro de 016 foi um período de grande tensão entre instituições escolares, familiares e o judiciário. A lei de inclusão trouxe várias modificações também positivas para as práticas escolares e nos direitos da pessoa com deficiência, mas um ponto nevrálgico sempre foi a mediação escolar. O mediador é o profissional que apoia o aluno quando este não possui autonomia física, sensorial, comportamental ou cognitiva para aprender. Ainda não é considerada uma profissão, mas uma ocupação profissional. O termo "mediador" pode variar de município para município e existe uma variação extensa quando analisamos o perfil profissiográfico, bem como a experiência e a formação de cada um dos mediadores (Serra, 2016). A discussão mais contundente é sobre a responsabilidade financeira da contratação do mediador. Sem uma definição sobre a formação, funções e piso salarial, a maioria das escolas condicionava a matrícula dos alunos com necessidades educacionais especiais à presença de um mediador que deveria ser custeado pela família. A lei 13146/15, dentre as suas mudanças, define que a mediação passa a ser, então, uma obrigação financeira e pedagógica das instituições de ensino. Para tentar garantir alguns acordos, as partes, famílias e mediadores elaboraram contratos de gaveta e acordos de cavalheiros, sem nenhuma proteção jurídica. Curiosamente, a mesma justiça do trabalho que não permitia a formalização da função, acatava a ação dos profissionais da mediação contra as famílias, quando o vínculo chegava ao fim de forma não amigável (Serra, 2016).

A recusa dos alunos com necessidades especiais nas escolas ainda é muito grande, ou porque a escola não possui estrutura, ou porque ainda é assustador realizar um trabalho no campo das diferenças e, sem dúvida, como já citamos em outros trabalhos, a pior das exclusões é a inclusão mal planejada e mal executada. (Serra, 2008). Não podemos restringir a inclusão ao modelo no qual a matrícula é aceita, porque a permanência da criança pode acabar ficando resumida à convivência social e a aprendizagem sistemática acaba não sendo concretizada (Stainback & Stainback 1999). É preciso que os familiares tenham o direito da matrícula e a garantia de que as instituições proverão a aprendizagem de seus filhos. É preciso que o Estado seja de fato assessor e gestor do processo de inclusão educacional, provendo recursos e apoio para que as instituições escolares se mantenham e executem um trabalho de excelência com todos os alunos (Michels, 2016).

Quem é o aluno que tem direito a inclusão?

Há um aumento significativo de alunos especiais nas escolas regulares, mais acesso à matrícula não significa que tenhamos um processo educacional realizado a contento (Santos & Paulino, 2006). Os diagnósticos e as avaliações interdisciplinares são de extrema importância para elaborar os melhores caminhos pedagógicos, mas em boa parte das situações, o trabalho clínico poderia ser evitado se modificássemos as condutas pedagógicas.

O diagnóstico precoce é indispensável e resgata o desenvolvimento típico. O TEA, Transtorno do Espectro Autista, é um exemplo disso. A literatura sobre o tema é clara: quando não detectamos e intervimos rapidamente, perdemos uma criança. Perdemos a possibilidade de ver seu desenvolvimento típico ocorrer e eliminar ou minimizar as dificuldades encontradas na vida. (Duarte, Schwartzman, Matsumoto, & Brunoni, 2016)

Para a lei Brasileira de Inclusão, são os alunos que precisam de apoios diferenciados:

> Art. 2º-Considera-se pessoa com deficiência aquela que tem impedimento de longo prazo de natureza física, mental, intelectual ou sensorial, o qual, em interação com uma ou mais barreiras, pode obstruir sua participação plena e efetiva na sociedade em igualdade de condições com as demais pessoas. § 1º-A avaliação da deficiência, quando necessária, será biopsicossocial, realizada por equipe multiprofissional e interdisciplinar e considerará:
>
> I – os impedimentos nas funções e nas estruturas do corpo; II – os fatores socioambientais, psicológicos e pessoais; III – a limitação no desempenho de atividades; e IV – a restrição de participação (Lei 13.146)

A lei em questão afirma que as avaliações serão realizadas *quando necessárias* (grifo nosso). Significa que as escolas não necessitarão ter um laudo para matricular as crianças e que as avaliações, quando necessárias, devem nos servir para delinear os melhores caminhos e não para estigmatizar ou excluir os alunos (Serra, 2016). O trabalho interdisciplinar é bem-vindo e muito necessário, a parceria com profissionais que tratam os alunos da escola é indispensável, mas não a ponto de eliminar ou ferir a autonomia da escola. O trabalho colaborativo é indispensável quando proporciona a parceria para discutir as características da criança e como ela poderá aprender. Discutir as melhores formas de ensinar e não partir de impedimentos é tarefa da escola. (Silva, 2016).

Dentro de um contexto de inclusão, a presença e atuação do mediador na classe regular é indispensável, pois ele será um tradutor dos elementos pedagógicos para o aluno mediado. Além de colaborar com a regulação do comportamento, analisar a avaliação inicial do aluno com TEA, monitorar o desenvolvimento da aprendizagem de cada aluno e avaliar os progressos obtidos, nos levará ao efetivo plano de inclusão. O desenvolvimento e a aprendizagem serão garantidos sem que haja uma redução do aprender frente a socialização.

Considerações finais

Necessitamos que haja uma articulação das políticas públicas que envolvem saúde, educação e ação social. A saúde, porque precisamos que os profissionais médicos estejam aptos a reconhecer os sinais de riscos e atrasos no desenvolvimento da criança com TEA. Diante desse reconhecimento, encaminhar para as escolas infantis e creches e então, o melhor dos mundos é que o professor e equipe pedagógica como um todo saiba de que forma agir para educar adequadamente os alunos com TEA. O domínio de técnicas e procedimentos fará toda a diferença na educação desses alunos e poderá ser decisiva. Costumamos dizer que a escola é a "melhor das terapias". Embora não tenha uma finalidade clínica, é neste espaço que a criança permanece por mais de quatro horas diárias, tem contato com os seus pares e é estimulada por um espaço pedagógico que promove a aprendizagem.

Todo aluno com necessidades especiais precisa ter o Plano de Atendimento Educacional Especializado. Este documento é um importante norteador para a promoção da aprendizagem dos alunos que necessitam de atendimento especializado. É necessário que ele represente o projeto político-pedagógico da instituição e os princípios da inclusão. Deve representar as metas a alcançar com cada aluno, suas características e o quanto necessitará de adaptações no currículo para que a acessibilidade seja incluída (Vilaronga & Mendes, 2016).

A Lei 13146/15 afirma que o poder público deverá acompanhar todo o processo pedagógico. Queremos crer que esse acompanhamento seja uma assessoria aos profissionais de educação com formação continuada de qualidade e acompanhamento e forma de consultoria e não de fiscalização (Serra, 2016; Santos, 2016).

Concluindo este trabalho, percebemos que a inclusão sob a força da lei impõe uma realidade que nem sempre produz os melhores resultados pedagógicos. Houve, sem dúvida, ganhos com a Lei Brasileira de Inclusão, em especial na definição do custeio da mediação, que deixa de onerar as famílias, mas falta a definição sobre o perfil do mediador e várias outras discussões sobre a Pedagogia do aluno com TEA.

A amplitude tão generalizada pode ressaltar ainda mais uma tendência ao estigma e à negação das diferenças como parte integrante da condição humana, logo, é preciso que as escolas tenham autonomia para também decidir quem precisará de apoio diferenciado no âmbito pedagógico e em qual momento esse apoio é necessário.

Referências

APA – American Psychiatric Association. Autism Spectrum Disorder. American Psychiatric Association. 2013. Recuperado de: http://www.dsm5.org/Documents/Autism%20Spectrum%20Disorder%20Fact%20Sheet.pdf

Brasil. Ministério da Saúde. (2013). *Diretrizes de atenção à reabilitação da pessoa com transtorno do espectro autista*. Brasília: Secretaria de Atenção à Saúde. p. 5-74.

Duarte, C. P., Schwartzman, J. S., Matsumoto, M. S., & Brunoni, D. (2016). Diagnóstico e intervenção precoce no Transtorno do Espectro do Autismo: relato de um caso. In V. L. Caminha, J. Huguenin, L. M. Assis, & P.P. Alves (Orgs.). *Autismo: vivências e caminhos. Blucher Open Access*. 45-56.

Lei 13.146 de 06 de julho de 2015. Institui a Lei Brasileira de Inclusão da Pessoa com Deficiência (Estatuto da Pessoa com Deficiência). Recuperado de: http://www.planalto.gov.br/ccivil_03/_ato2015-2018/2015/lei/l13146.htm

Michels, M. H. (2006). Gestão, formação docente e inclusão: eixos da reforma educacional brasileira que atribuem contornos à organização escolar. *Revista Brasileira de Educação, 11*(33), 406-423.

Paula Nunes, D. R. de, Azevedo, M. Q. O. de, & Schmidt, C. (2013). Inclusão educacional de pessoas com Autismo no Brasil: uma revisão da literatura. *Revista Educação Especial, 26*(47), 557-572.

Stainback, S., & Stainback W. (1999). *Inclusão – Um guia para educadores.* Porto Alegre, RS: Editora Artes Médicas Sul.

Santos, M. P. dos, & Paulino, M. M. (2006). *Inclusão em educação: culturas, políticas e práticas.* São Paulo, SP: Cortez.

Santos, W. (2016). Deficiência como restrição de participação social: desafios para avaliação a partir da Lei Brasileira de Inclusão. *Ciência & Saúde Coletiva, 21*, 3007-3015.

Serra, D. C. G. (2009). Entre a esperança e o limite: um estudo sobre a inclusão de alunos com autismo em classes regulares. *Psicologia Clínica, 21*(2), 488-488.

Silva, S. S. da, & Carneiro, R. U. C. (2016). Inclusão escolar de alunos público-alvo da educação especial: como se dá o trabalho pedagógico do professor no ensino fundamental I? *Revista Ibero-Americana de Estudos em Educação, 11*(2esp), 935-955.

Teixeira, M. C. T. V., Mecca, T. P., Velloso, R. D. L., Bravo, R. B., Ribeiro, S. H. B., Mercadante, M. T., & Paula, C. D. (2010). Literatura científica brasileira sobre transtornos do espectro autista. *Rev Assoc Med Bras, 56*(5), 607-14.

Vilaronga, C. A. R., & Mendes, E. G. (2016). Ensino colaborativo para o apoio à inclusão escolar: práticas colaborativas entre os professores. *Revista Brasileira de Estudos Pedagógicos, 95*(239).

CAPÍTULO 4

Neuropsicologia Clínica – dos conceitos a avaliação e reabilitação por meio do jogo digital MentalPlus®

Lívia Stocco Sanches Valentin

A disfunção cognitiva é evento adverso frequente em várias patologias neurológicas e psíquicas, bem como também é associada a diversos quadros clínicos. A maioria dos testes específicos para a avaliação das funções neuropsicológicas foi desenvolvida baseada na sintomatologia de quadros neurológicos e psiquiátricos que afetam a cognição. Os testes neuropsicológicos habitualmente utilizados para o diagnóstico de disfunção cognitiva são de aplicação demorada e com sensibilidade e especificidade variáveis, dificultando o uso rotineiro.

A dificuldade de aplicação da bateria de testes cognitivos diminui a viabilidade da adoção de medidas para aumento da reserva cognitiva e de métodos para prevenção, diagnóstico e reabilitação destes casos. Esta limitação para o uso e aplicação dos testes tem conduzido a comunidade científica à uma procura constante por métodos diagnósticos alternativos. Jogos digitais podem mudar o funcionamento cerebral dos jogadores.

Estudos científicos comprovam que os jogos digitais estimulam funções cognitivas e aprimoram habilidades como a criatividade, a busca de estratégias, a tomada de decisão e habilidades voltadas à visuopercepção (Blumberg & Fisch, 2013). Em pesquisas clínicas, os games, nomeados de jogos digitais estão deixando de ser apenas diversão e estão sendo utilizados como ferramentas para o estímulo e aprimoramento de capacidades e habilidades das funções neuropsicológicas, podendo exercer mudanças na estrutura e funcionamento da arquitetura cerebral (Green & Bavelier, 2012, Fernández-Aranda *et al,* 2012).

O uso de jogos virtuais para estimular as funções cognitivas bem como equilibrar as emoções e moldar o comportamento humano já está posto na literatura científica como possível e factível. No entanto, o uso de jogos virtuais para a avaliação da integridade das funções neuropsicológicas ainda é inexistente. A maioria dos instrumentos de avaliação cognitiva disponíveis atualmente foi desenvolvida e validada para diagnosticar comprometimentos cognitivos advindos de patologias neurológicas ou psiquiátricas e sempre são testes em papel para avaliação destas funções.

Além de ser um método precário de avaliação pois a correção pode ser desviada a partir do crivo e subjetividade do avaliador, processo de adaptação destes testes para outras populações específicas pode interferir na sua confiabilidade e validade. O desenvolvimento e a validação de um teste neuropsicológico de fácil aplicação como um jogo digital pode contribuir para uma melhor compreensão da cognição de uma pessoa em diversas situações clínicas, além de que sua correção seria obtida por um crivo mais preciso; por meio de dados computacionais obtidos a partir dos resultados obtidos da jogabilidade do jogador.

Estudos estão sendo desenvolvidos para a utilização de jogos digitais objetivando a melhora do desempenho de tarefas cognitivas, como para a sustentação do controle inibitório, a resistência a um fator distrator e o aumento da concentração (Oei & Patterson, 2013, Boot, W. R., Blakely & Simons, (2011).

O uso do jogo digital como um instrumento para a reabilitação neuropsicológica em pacientes com doenças neurológicas tem contribuído com o tratamento holístico de pessoas comprometidas (Hommel & Colzato, 2010, Merabet, Connors, Halko & Sánchez, 2012, Thompson, Blair, Chen, & Henrey, 2013). As habilidades cognitivas podem ser aprimoradas, quando os jogos digitais são aliados ao tratamento psicoterapêutico (Sanchez, 2012, Deveau, Lovcik, & Seitz, 2014).

Antes que adentremos no mundo virtual do jogo digital MentalPlus® exploraremos as funções cognitivas de um ser humano e a necessidade da integração e integridade de todas elas para uma boa qualidade de vida e bom desenvolvimento psíquico e físico.

Quais são as funções cognitivas de um ser humano? Existem algumas funções chamadas de primárias e cruciais para que outras, **não menos importantes**, mas chamadas de secundárias, funcionem harmoniosamente e gerenciem a vida de uma maneira plena.

A primeira função cognitiva é a atenção. Esta função é a primeira função acionada em todos os aspectos de uma vida, desde o nascimento do ser humano. Ao nascer, o ser humano entra em um processo de alerta chamado de processo atencional, explorando o mundo com seus órgãos sensoriais buscando identificar o mundo ao seu redor. A atenção é a função que faz com que o ser humano seja capaz de perceber estímulos externos e internos e consiga eleger estes estímulos em detrimento a outros estímulos de distração.

Existem muitos autores que definem a atenção. Sem presunção alguma, tentarei definir com minhas próprias palavras a atenção, bem como as demais funções cognitivas, cunhando desta forma neste artigo algumas definições. A atenção, portanto, pode ser dividida em subitens, o primeiro deles é a capacidade de excitação ou o que eu falei anteriormente de alerta. A excitação faz alusão ao nível de ativação e nível de atenção exigida durante uma ação. Outras subdivisões atencionais são: a atenção focada, que faz alusão à habilidade para focar ou eleger um estímulo em detrimento a vários outros nos ambientes externos ou internos; atenção sustentada, que é a habilidade para eleger ou focar em um estímulo e manter este foco durante toda uma tarefa por um longo período de tempo; existe também a atenção seletiva, que é a habilidade de selecionar e centrar um único estímulo em detrimento de vários outros distratores que desviam a atenção global durante uma atividade; a atenção alternada, que é a habilidade para alternar ou desviar a atenção entre um estímulo e outro durante uma tarefa mesmo na presença de vários outros estímulos, e por fim a atenção dividida, que é a habilidade para centrar ou ater a atenção a diferentes estímulos ao mesmo tempo. Não vou entrar no mérito anatômico, pois aqui deveria ser um capítulo a parte, mas apenas a título de curiosidade o sistema responsável pela atenção é o Sistema de Ativação Reticular (SAR) ou também conhecido como Sistema de Alerta; Sistema Atencional Posterior (SAP) ou Sistema de Orientação e o Sistema

Atencional Anterior (SAA) ou Sistema de Execução. Localizam-se nas áreas frontais, sistemas límbicos, tálamo e gânglios basais bem como no córtex parietal posterior e pré-frontal dorsolateral, orbito-frontal e cingulado anterior.

Em relação a função mnemônica temos também algumas divisões, mas antes disto vamos a definição global. Memória é a capacidade de memorizar e armazenar informações adquiridas ao longo da vida para a evocação de um conteúdo em um determinado tempo com um determinado propósito. Vamos aos propósitos mnemônicos e ao armazenamento do conteúdo mnemônico. Didaticamente existem duas memórias; a de longo-prazo e a de curto-prazo. A memória de longo-prazo pode ser dividida em grupos pequenos chamados de declarativa e procedural. A memória declarativa consiste no conhecimento adquirido através do conhecimento acadêmico, como por exemplo, as datas comemorativas, e os conhecimentos adquiridos por gerações. A memória procedural faz alusão ao aprendizado cotidiano e rotineiro após treinamento, como aprender a nadar, andar de bicicleta ou dirigir um carro automático. A memória de curto-prazo é uma memória com capacidade de reter informações temporárias por um curto período, como lembrar-se de um número de telefone apenas para fazer uma ligação. Após o telefonema ou a digitação desse número a memória se esvai, por ser desnecessário seu armazenamento.

A linguagem é a habilidade de transmitir uma mensagem ao interlocutor. Esta função pode ser adotada de várias formas. Existe a linguagem pictórica, a falada, a imagética, a gestual. Toda a forma de comunicação é considerada como função cognitiva de linguagem. Portanto, para mim, linguagem é a habilidade para expressar os pensamentos e sentimentos através das expressões orais, gestuais e pictóricas.

Por fim descreverei a função executiva, pois engloba várias outras como a visuopercepção, visuoconstrução, raciocínio fazendo com que você seja capaz de entender estas outras funções cognitivas. A função executiva é a habilidade de buscar uma estratégia, planejar uma ação, raciocinar sobre um problema para a sua melhor e mais adequada solução. Esta função exige do ser humano a integração de várias funções cognitivas para que uma tarefa seja realizada a contento. Exige-se em uma tarefa prática que a visuoconstrução seja ativada, que o pensamento seja estimulado, que o conhecimento seja colocado a prova para que a tarefa seja executada. Da mesma forma a função executiva exige para uma tarefa intelectual os mesmos processos de ativação apenas alternando entre funções, como por exemplo ao invés de exigir a ativação da função visuoconstrutiva exige-se a ativação da função visuoperceptiva. A função executiva também exige a manutenção de fatores primordiais para sua integridade que são a capacidade do controle inibitório e o controle dos impulsos durante determinada tarefa, seja esta tarefa intelectual ou física, como por exemplo, ter o discernimento de inibir um estímulo e evocar outro durante uma tomada de decisão.

Seguindo o raciocínio, já discorremos sobre disfunção cognitiva, testes neuropsicológicos, jogos digitais, funções cognitivas. Vamos agora falar sobre o MentalPlus®.

É um jogo digital que tem por objetivo avaliar e reabilitar as funções cognitivas; atenção, memória, percepção, linguagem e executiva.

O MentalPlus® é embasado em regras, planejamento de tarefas e a busca de estratégias para a tomada de uma decisão. MentalPlus® está em um estudo multicêntrico internacional para demonstrar a utilidade desse jogo como instrumento para o diagnóstico e uso na reabilitação da disfunção cognitiva em várias patologias psiquiátricas, neurológicas e intervenções cirúrgicas sob anestesia geral ou regional, profunda ou superficial (Valentin, 2017). Estas patologias incluem dificuldades de aprendizado como disgrafia, dislexia, Déficit de Atenção e Hiperatividade entre outros comprometimentos na capacidade de aprender o conteúdo acadêmico. Estudo já realizados com o MentalPlus® mostram resultados significativos de reabilitação em pessoas que apresentavam dificuldades de aprendizado e após reabilitação melhoraram seus resultados no jogo digital MentalPlus®. Outros estudos foram realizados e mostraram a eficácia do jogo como instrumento para avaliação das funções cognitivas.

O estudo com o jogo MentalPlus® foi submetido à Comissão de Ética para Análise de Projetos de Pesquisa do Hospital das Clínicas e da Faculdade de Medicina da Universidade de São Paulo, aprovado e está registrado à Plataforma Brasil sob CAAE: 49463315.5.1001.0068. Tem o registro no Clinicaltrials.gov NCT02551952; os dados da pesquisa estão sendo armazenados no sistema RedCap-HCFMUSP. Existem vários colaboradores de pesquisa no projeto multicêntrico MentalPlus®, vários estados brasileiros e países estão participando. A coleta de dados está sendo realizada no Hospital das Clínicas da Faculdade de Medicina da Universidade de São Paulo em seus institutos IOT, INCOR, IC, IPq, INRAD, Alphacor Cardiologia Clínica e Diagnóstica, Centro de Estudo e Pesquisa Clínica Saúde-CEPCS; nos Estados de Minas Gerais; nos Estados Unidos, em Cleveland Clinic, UCLA, Caltech, Harvard Medical School; na Alemanha, no Max Planck Institute e Humboldt University estão sendo analisados os resultados das neuroimagens, Ressonância Magnética funcional e PETScan, produzidas em alguns braços da pesquisa; na Suécia, no Karolinska Institute estão sendo analisados os dados produzidos pelo jogo em suas fases e interfaces; na Dinamarca, na Universidade de Copenhagen estão sendo realizados estudos com pacientes idosos submetidos a anestesia geral profunda; por fim no Japão, Iraq e Egito estão sendo realizadas pesquisas sobre cirurgias para retiradas de tumores cerebrais e medulares e câncer mamário com pesquisadores independentes.

No início MentalPlus® foi aplicado somente em pacientes maiores de 20 anos até 80 anos, que soubessem ler e escrever e que fossem candidatos a alguma cirurgia sob anestesia geral profunda, para que pudesse ser avaliada a capacidade do instrumento de avaliar disfunções cognitivas, quando comparadas com testes já validados e normatizados para uma população igual a amostra. MentalPlus® foi aplicado em conjunto com testes que avaliam a cognição global; Telephone Interview Cognitive Status (TICS); Atenção; Trail Making Test (TMT); memória; Verbal Learning Test (VLT); além de testes que aferem a qualidade de vida; Patient Health Questionnaire (PHQ-9) e Estados Emocionais (SF8™) e para a função executiva foi utilizado o efeito STROOP. Foram excluídos todos os pacientes analfabetos, que tivessem limitação motora dos membros superiores, acuidade visual prejudicada e significativo retardo mental que comprometesse o entendimento das instruções do jogo. Todos as pessoas que jogam o MentalPlus® até hoje recebem um termo de consentimento livre e esclarecido (TCLE) explicando o objetivo dos estudos realizados com o jogo e o convite a participação à pesquisa.

Atualmente, o MentalPlus® está sendo utilizado em alguns estudos combinado com outras técnicas de reabilitação cognitiva, como o uso concomitante do jogo com a técnica de estimulação transcraniana por corrente contínua (ETCC) ou individualmente, investigando disfunção cognitiva em específicas patologias psiquiátricas ou neurológicas.

Agora que já foi descrito como o jogo digital MentalPlus® foi criado e para que foi construído, vamos conhecer como ele funciona. Antes disto, cabe ressaltar que o MentalPlus® **já está patenteado e registrado na Fundação Biblioteca Nacional de acordo com a Lei** nº 9.610/98, sob direito autoral nº 663.707 (Valentin, Valentin, Carmona, Aguilar, Pires, ... & Garcia, 2014, Valentin, Valentin, Carmona, Garcia, Correa, ... & Gondim, 2014). Ele identifica os déficits neuropsicológicos nas funções – Atenção / Memória / Executiva. A tarefa consiste de atividades para a função executiva no que tange ao planejamento, busca de estratégia, flexibilidade do pensamento e controle inibitório, atenção, resistência ao estímulo distrator, controle dos impulsos, sustentação da atenção e memória. A tarefa despende 25 minutos de seu início ao término, cumprindo todas as etapas do jogo em suas dificuldades. O MentalPlus® possui 12 versões com temas lúdicos diferentes, criadas especificamente para dirimir o efeito de aprendizado.

MentalPlus® foi construído para ser um teste para avaliação e reabilitação da função cognitiva em forma de jogo digital. Foi desenvolvido usando o Game Engine, Unity 3D, permitindo suporte para renderizar arquivos tridimensionais e bidimensionais. A ilustração foi criada por imagens vetoriais para edição e arquivos em sequência de imagens em formato.png. A linguagem de programação utilizada foi C Sharp (C#) para a criação de lógica, funcionamento, verificação e registo de dados e criação de *logs* do jogo. Esta linguagem gera arquivos em (.csv) e envia os dados para o servidor parse.com que armazena os dados.

MentalPlus® foi criado em um modelo-personagem semelhante aos desenhos animados infantis. Esta proposta foi idealizada após uma pesquisa realizada pela equipe de divulgação de imagem e propaganda da IZOTONIC Studios, uma empresa especializada em criação de jogos digitais que construiu o instrumento. A empresa afirma que jogos com personagens com características de desenhos animados agradam desde o público infantil até o público adulto, principalmente os idosos.

Por se tratar de um jogo digital proposto para ser um instrumento de avaliação das funções cognitivas, MentalPlus® tem uma tela inicial para a inserção dos dados sócio demográficos dos jogadores. Nesta tela o pesquisador ou o profissional obtêm informações sociodemográficas para novas pesquisas, bem como dados relevantes e necessários para publicações de manuscritos pertinentes a pesquisa realizada. Assim, a tela inicial oferece um cadastro do sujeito, que é registrado em um banco de dados para posterior análise. Composto por nome, data de nascimento, gênero, nível educacional, atividade laboral, estado civil e renda familiar.

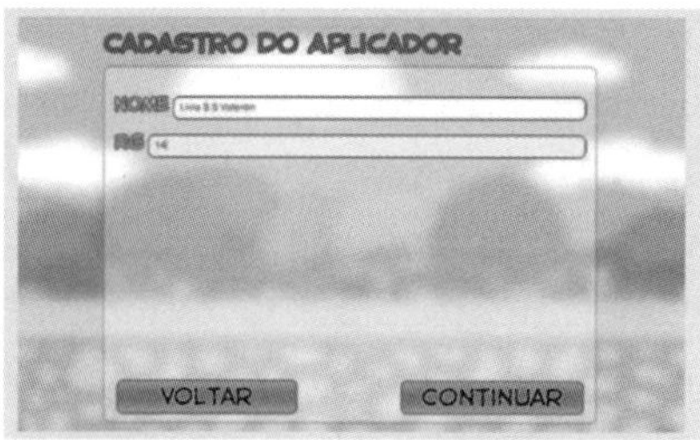

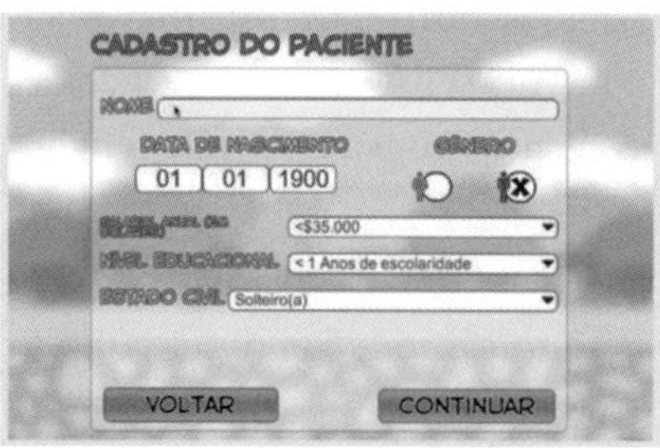

O jogo possui as línguas Português, Inglês, Francês, Espanhol, Japonês, Árabe e Tailandês que devem ser escolhidas na tela inicial antes do início do jogo.

O botão "Jogar" só é habilitado para o jogador iniciar a tarefa após o completo preenchimento do banco de dados.

Doze temas podem ser escolhidos para o jogo. A opção pelo tema não altera o jogo em sua dificuldade e estrutura mantendo-se o game-play. A finalidade da mudança temática adapta-se à necessidade do aplicador.

Depois da escolha de tema, o botão jogar estará habilitado para o início do jogo. Cada fase do jogo, que corresponde a uma função cognitiva, tem um modelo autoexplicativo da tarefa que deve ser cumprida pelo jogador, que são as instruções oferecidas em forma de tutorial.

A primeira função a ser avaliada é a memória de longo-prazo. Quinze figuras aleatórias (com os temas de cada jogo) ficam expostas na tela do tablet ou celular por 2 minutos. O jogador deve observar e memorizar as figuras e recordar a maior quantidade delas ao final de 25 minutos, quando serão expostas com outras figuras confundidoras, compondo um total de 25 figuras.

Durante o jogo, os objetos de concentração estão estáticos, em uma posição fixa na parte superior da tela. O cenário andará, dando a impressão de movimento (paralaxe). Os estímulos foram feitos por sete figuras diferentes relacionadas aos temas de cada jogo, com duas cores distintas e perceptíveis mesmo para portadores de daltonismo, totalizando doze elementos.

Menos na a função de memória de longo-prazo, todas as demais funções cognitivas são avaliadas pelo MentalPlus® de maneira randômica, para diminuir a possibilidade do efeito aprendizado, caso o jogador volte a jogar outro tema do MentalPlus® futuramente para reavaliação cognitiva após algum procedimento cirúrgico, medicamentoso ou terapêutico ou quando usado para a reabilitação das funções cognitivas.

A função atenção é avaliada nas modalidades atencional, focada, seletiva e alternada. É avaliada em quatro fases, duas delas em movimento sacádico dos olhos e duas no movimento contrassacádico ocular. A intenção das provas em movimentos sacádico e contrassacádico é avaliar a capacidade de flexibilidade do cérebro na busca ativa da informação visual para o controle das habilidades motoras. A incapacidade ou lentidão da busca visual nestes movimentos denota distúrbios como déficit de atenção, dislexia ou discalculia.

A fase que avalia a memória de curto-prazo é composta de sete estímulos para serem memorizados pelo jogador durante um minuto, até que estes estímulos se apaguem da tela do tablet por completo. Esta fase também possui os movimentos sacádico e contrassacádico ocular.

A função executiva é avaliada em relação a capacidade de planejamento, busca de estratégia e controle do impulso, ao exigir do jogador a tomada de decisão para acertar no estímulo correto em detrimento de qualquer outro estímulo apresentado aleatoriamente.

Existem, no decorrer do jogo, estímulos distratores que aparecem com trajetória e deslocamento aleatórios, avaliando a capacidade de resistência à distração do jogador.

A interface do jogo, visualmente construída para o jogador, foi desenhada pelos artistas Gabriel Barletta Gondim e Julian Yokomizo Pires e César Loose, a animação do jogo foi realizada por Vinícius Yokomizo Pires e a sua programação feita por Tiago Stocco Sanches Valentin e Rafael Cosentino Garcia.

A interface por trás do jogo, a face que o jogador não vê, é chamada de estrutura do jogo. Por fim, o jogo gera arquivos de *log* em formatos cvs. (Comma separated values). O objetivo desses arquivos de log é gerar um relatório com o desempenho do jogador. Este desempenho é apresentado por meio de gráficos e tabelas, expondo os dados em porcentagem e números de erros/acertos e omissões cometidas pelo jogador. Estes gráficos e tabelas oferecem ao profissional a noção do desempenho do jogador durante o teste ou o progresso, obtido após sessões de reabilitação, e podem ser usados como comparativos em suas doze aplicações. Os gráficos e tabelas podem ser armazenados no próprio tablet do profissional ou enviados por DropBox para qualquer e-mail registrado antecipadamente.

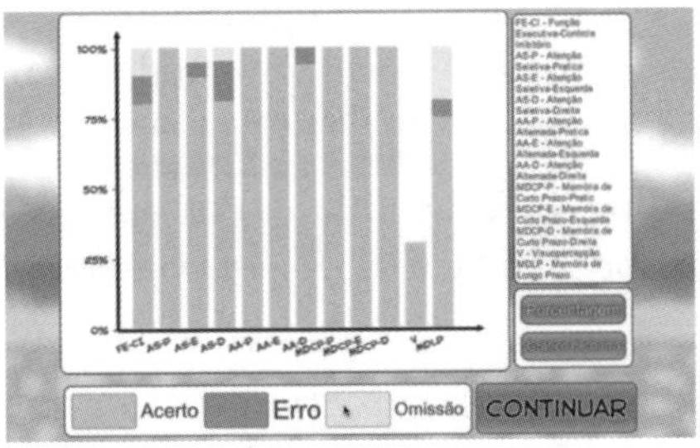

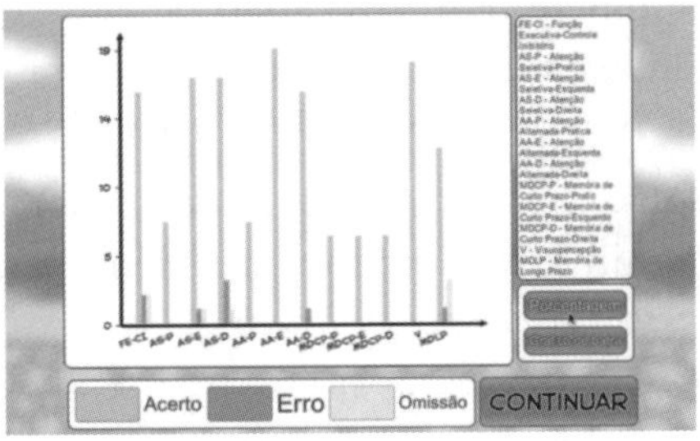

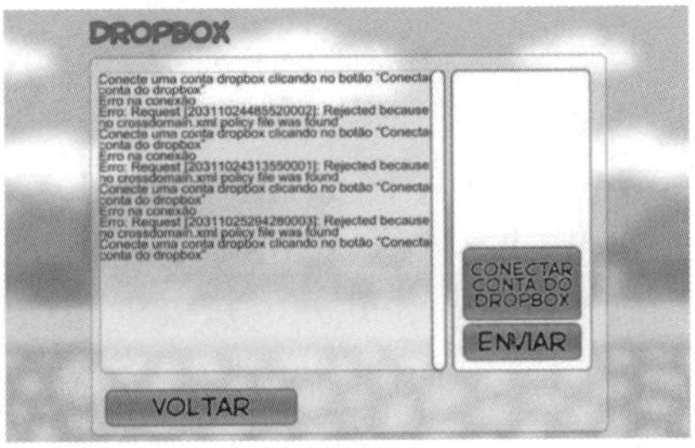

MentalPlus® é um teste digital que consegue avaliar as funções cognitivas de forma rápida e lúdica. É um recurso que pode ser utilizado por vários profissionais das áreas da saúde e educação com a intenção de identificar problemas possíveis de serem reabilitados pelo próprio instrumento. A intenção é que o MentalPlus® seja futuramente um teste de domínio público, disponibilizando recursos avaliativos e reabilitadores para a população de baixa renda no Brasil e em outros países. Como este objetivo, foi criada uma Organização Não Governamental (ONG) chamada Projeto MentalPlus® para que o teste, não somente pelo aspecto científico, mas no contexto social, pudesse oferecer a oportunidade para pessoas de todos os níveis culturais terem a chance de um diagnóstico e de um possível tratamento reabilitador, minimizando o impacto da limitação mental, tão importante em termos individuais como social.

Referências

Anguera, J. A., Boccanfuso, J., Rintoul, J. L., Al-Hashimi, O., Faraji, F., Janowich, J., ... & Gazzaley, A. (2013). Video game training enhances cognitive control in older adults. *Nature, 501*(7465), 97.

Bavelier, D., Green, C. S., Pouget, A., & Schrater, P. (2012). Brain plasticity through the life span: learning to learn and action video games. *Annual review of neuroscience, 35*, 391-416.

Blumberg, F. C., & Fisch, S. M. (2013). Introduction: Digital games as a context for cognitive development, learning, and developmental research. *New directions for child and adolescent development, 2013*(139), 1-9.

Boos, G. L., Soares, L. F., & Oliveira Filho, G. R. D. (2005). Postoperative cognitive dysfunction: prevalence and associated factors. *Revista brasileira de anestesiologia, 55*(5), 517-524.

Boot, W. R., Blakely, D. P., & Simons, D. J. (2011). Do action video games improve perception and cognition? *Frontiers in psychology, 2*, 226.

Burkhart, C. S., & Steiner, L. A. (2012). Can postoperative cognitive dysfunction be avoided? *Hospital Practice, 40*(1), 214-223.

Cardoso-Leite, P., & Bavelier, D. (2014). Video game play, attention, and learning: how to shape the development of attention and influence learning? *Current opinion in neurology, 27*(2), 185-191.

Damuleviciene, G., Lesauskaite, V., & Macijauskiene, J. (2010). Postoperative cognitive dysfunction of older surgical patients. *Medicina, 46*(3), 169-175.

Deveau, J., Lovcik, G., & Seitz, A. R. (2014). Broad-based visual benefits from training with an integrated perceptual-learning video game. *Vision Research, 99*, 134-140.

Fernández-Aranda, F., Jiménez-Murcia, S., Santamaría, J. J., Gunnard, K., Soto, A., Kalapanidas, E., ... & Konstantas, D. (2012). Video games as a complementary therapy tool in mental disorders: PlayMancer, a European multicentre study. *Journal of Mental Health, 21*(4), 364-374.

Gentile, D. A., Choo, H., Liau, A., Sim, T., Li, D., Fung, D., & Khoo, A. (2011). Pathological video game use among youths: a two-year longitudinal study. *Pediatrics, 127*(2), e319-e329.

Green, C. S., & Bavelier, D. (2012). Learning, attentional control, and action video games. *Current biology, 22*(6), R197-R206. PubMed PMID: 22440805.

Hommel, B., & Colzato, L. S. (2010). Games with (out) Frontiers: toward an integrated science of human cognition. *Frontiers in psychology, 1*, 2.

Hudetz, J. A., Iqbal, Z., Gandhi, S. D., Patterson, K. M., Hyde, T. F., Reddy, D. M., ... & Warltier, D. C. (2007). Postoperative cognitive dysfunction in older patients with a history of alcohol abuse. *Anesthesiology: The Journal of the American Society of Anesthesiologists, 106*(3), 423-430.

Kühn, S., Lorenz, R., Banaschewski, T., Barker, G. J., Büchel, C., Conrod, P. J., ... & Mann, K. (2014). Positive association of video game playing with left frontal cortical thickness in adolescents. *PloS one, 9*(3), e91506. PubMed PMID: 24633348.

Kühn, S., Gleich, T., Lorenz, R. C., Lindenberger, U., & Gallinat, J. (2014). Playing Super Mario induces structural brain plasticity: gray matter changes resulting from training with a commercial video game. *Molecular psychiatry, 19*(2), 265.

Maclin, E. L., Mathewson, K. E., Low, K. A., Boot, W. R., Kramer, A. F., Fabiani, M., & Gratton, G. (2011). Learning to multitask: effects of video game practice on electrophysiological indices of attention and resource allocation. *Psychophysiology, 48*(9), 1173-1183.

Mathewson, K. E., Basak, C., Maclin, E. L., Low, K. A., Boot, W. R., Kramer, A. F., ... & Gratton, G. (2012). Different slopes for different folks: alpha and delta EEG power predict subsequent video game learning rate and improvements in cognitive control tasks. *Psychophysiology, 49*(12), 1558-1570.

Merabet, L. B., Connors, E. C., Halko, M. A., & Sánchez, J. (2012). Teaching the blind to find their way by playing video games. *PloS one*, 7(9), e44958. PLoS One. 2012;7(9):e44958.

Montag, C., Weber, B., Trautner, P., Newport, B., Markett, S., Walter, N. T., ... & Reuter, M. (2012). Does excessive play of violent first-person-shooter-video-games dampen brain activity in response to emotional stimuli? *Biological psychology, 89*(1), 107-111.

Oei, A. C., & Patterson, M. D. (2013). Enhancing cognition with video games: a multiple game training study. *PLoS One, 8*(3), e58546.

Patel, A., Schieble, T., Davidson, M., Tran, M. C., Schoenberg, C., Delphin, E., & Bennett, H. (2006). Distraction with a hand-held video game reduces pediatric preoperative anxiety. *Pediatric Anesthesia, 16*(10), 1019-1027.

Pereira, V. F. A., & Valentin, L. S. S. (2018). The MentalPlus® digital game might be an accessible open source tool to evaluate cognitive dysfunction in heart failure with preserved ejection fraction in hypertensive patients: a pilot exploratory study. *International journal of hypertension, 2018.*

Rosser, J. C., Lynch, P. J., Cuddihy, L., Gentile, D. A., Klonsky, J., & Merrell, R. (2007). The impact of video games on training surgeons in the 21st century. *Archives of surgery, 142*(2), 181-186.

Russoniello, C. V., O'Brien, K., & Parks, J. M. (2009). EEG, HRV and Psychological Correlates while Playing Bejeweled II: A Randomized Controlled Study. *Annual review of cybertherapy and telemedicine*, 7(1), 189-192.

Saleem, M., Anderson, C. A., & Gentile, D. A. (2012). Effects of prosocial, neutral, and violent video games on children's helpful and hurtful behaviors. *Aggressive Behavior, 38*(4), 281-287.

Sanchez, C. A. (2012). Enhancing visuospatial performance through video game training to increase learning in visuospatial science domains. *Psychonomic Bulletin & Review, 19*(1), 58-65.

Thompson, J. J., Blair, M. R., Chen, L., & Henrey, A. J. (2013). Video game telemetry as a critical tool in the study of complex skill learning. *PloS one, 8*(9), e75129. PubMed PMID: 24058656.

Valentin, L. S. S. (2017). Can Digital Games Be a Way of Improving the Neuroplasticity in Stroke Damage? Can the Adult Brain Grow New Cells or Rewire Itself in Response to a New Experience. *Open Journal of Medical Psychology, 6*(02), 153. 30.

Valentin LSS, Valentin TSS, Carmona MJC, Aguilar G, Pires VY, Garcia RC, et al. Digital Game Test Neuropsychology. Fundação Biblioteca Nacional. 2014.

Valentin LSS, Valentin TSS, Carmona MJC, Garcia RC, Correa RD, Gondim GB, et al. Mental Plus. INPI – Instituto Nacional da Propriedade Intelectual. 2014.

Youngblom, E., DePalma, G., Sands, L., & Leung, J. (2014). The temporal relationship between early postoperative delirium and postoperative cognitive dysfunction in older patients: a prospective cohort study. *Canadian Journal of Anesthesia/Journal canadien d'anesthésie, 61*(12), 1084-1092.

CAPÍTULO 5

O efeito visual e a leitura

Luciana Mendes

A entrada da informação para a leitura é dependente de condição sensorial, sendo a visão essencial para a decodificação, por isso é importante correlacionar o aspecto visual com o processamento de decodificação e compreensão da leitura. Já houve a ênfase no processamento auditivo para distúrbios de linguagem e aprendizagem e, atualmente, os estudos têm mostrado também dados de processamento visual, talvez pelo uso intensivo da visão para telas, pela possibilidade de estudar mais do que acuidade visual, pelo estudo do processamento para fins de propaganda, comunicação complementar etc. Muito se quer saber a respeito da percepção visual e processamento visual. O que se aplica na leitura, se aplica na dislexia.

Para dislexia, distúrbio específico de leitura, pensando na leitura como uma imagem de quebra-cabeça no qual a principal peça, aquela que define a imagem, é o nível fonológico da linguagem, e as demais peças: níveis morfológico, sintático, semântico, pragmático; processamento auditivo; processamento visual, que ajudam a entender o quadro completo e complexo. Todas estas habilidades podem influenciar o bom desenvolvimento e corroborar para aliviar a alta demanda de decodificação e compreensão da leitura, ou seja, podem ajudar a entender o distúrbio ao mesmo tempo em que, se estimuladas, melhoram a leitura.

A visão confere situação de vigília permanente enquanto os olhos estiverem abertos, pois estes nunca estão parados, precisam buscar a todo o momento um ponto ou mais para parar e observar. Ela é um dos sentidos que proporciona conhecer o mundo e ajuda a criar concepções, a processar informações. Juntando-se às demais informações sensoriais, a visão arquiva na memória o conceito ou a imagem que poderá ser acessada a qualquer momento da vida. Os movimentos dos olhos rastreiam o mundo, podendo ser rápidos ou lentos, longos ou curtos e em todas as direções (direita, esquerda, para cima e para baixo), podem saltar em alguns estímulos, negligenciar outros e assim inferir sobre diferentes aspectos da vida e ajudar o indivíduo a formar conceitos e memórias (Dehaene, 2012, Maia, 2015). Os olhos leem o mundo por imagens, objetos e, também, por palavras. E da mesma forma, permitem ao homem escrever a sua história e deixar pistas para seus ancestrais perpetuarem o conhecimento e entenderem experiências vivenciadas. (Mlodinow, 2015)

Pensando na dislexia, desde os primórdios, entre 1872 e 1897, os pesquisadores já a descreviam a partir de pesquisas de oftalmologistas, questionando a condição visual, mas entendendo que o problema ia além, envolvendo algo de funcionamento cerebral. Desde então, as pesquisas nesta área sempre permearam funções linguísticas, neurológicas, pedagógicas, emocionais etc. Sabe-se hoje, de forma inquestionável, que a dislexia é um distúrbio específico da leitura em seu componente fonológico da linguagem, primariamente, e que outras habilidades linguísticas, sensoriais e cognitivas podem estar comprometidas, secundariamente, por complexidade do funcionamento cerebral, que nunca ocorre isolado.

Processamento visual e a evolução humana

O processamento visual é realizado no córtex occipital esquerdo, área conhecida por ser ativada por recrutamento da linguagem. O reconhecimento e entendimento de imagens, rostos, palavras e objetos é disposto nesta região, dividindo-se em camadas pareadas do ventre para a periferia da área cerebral. É originalmente uma área que não processa palavras, mas foi adaptada para tal função. Topograficamente, o reconhecimento de figuras (paisagens, por exemplo) parece ser mais ventral, próximo à linha mediana que divide os hemisférios cerebrais. Mais para o bordo lateral do cérebro está a região destinada ao reconhecimento de rostos, seguida do sulco occipito temporal ventral, região especializada em palavras. A próxima camada desta sequência, localizada na direção dos bordos do cérebro, é a região que reconhece objetos e instrumentos, no córtex temporal inferior. (Dehaene, 2012)

Palavras e rostos são processados na mesma área do cérebro inicialmente, só que em hemisférios diferentes (palavras no hemisfério esquerdo, e os rostos, no hemisfério direito). A separação entre os hemisférios se dá após a triagem do formato de ambos os estímulos, observando as curvas, linhas, superfície que os caracterizam, dentre outros aspectos de forma (Dehaene, 2012, 2013). Logo, ao avistar um rosto, por exemplo, esta área será ativada, precisando triar maiores informações do formato (existência de retas e curvas, intersecções e as dimensões) para então ser reconhecido como a face de uma pessoa e não um nome. O mesmo ocorre ao contrário, após triar maiores informações, que palavras serão distinguidas de rostos. Por isso, não é ao acaso que as letras se parecem com formas dos objetos do cotidiano e podem ser tão familiares.

Historicamente, a humanidade registra por símbolos e desenhos nas cavernas, pictografando nas paredes e em pedras imagens, e ícones para descrever o seu dia a dia e, de alguma forma, registrar informações que não poderiam ficar perdidas. Desde sempre, o registro foi necessário para quantificar em atividades mercantilistas e comerciais. No decorrer do tempo, estas imagens foram se aprimorando e tornando-se mais econômicas, proporcionando ao homem desenvolver-se mais intelectualmente e cognitivamente. Os desenhos deixaram de ser usados, transformando-se em símbolos por economia e passaram a obedecer a uma estrutura sequencial nos registros, o que pode ser entendido como a criação de mais do que sentenças, frases e textos, evoluindo de gravuras e desenhos para símbolos icônicos e posteriormente letras. Assim, os registros deixaram de ter caráter mercadológico mna necessidade de contar produtos, por exemplo, para refletir sobre as coisas da vida e guardar o conhecimento através dos tempos. Graças a esta evolução cognitiva e linguística, é possível escrever poesias, música e ainda registrar todo o conhecimento científico, expandindo-o a cada nova descoberta. (Mlodinow, 2015)

Desta forma, a escrita define a condição de civilização. Ela permite registros, apesar do distanciamento temporal e espacial entre as pessoas por conta do registro. Registro este que foi adaptado de sistemas pré-existentes na história da humanidade, que podem ser reconhecidos desde antes de 3.000 a.C. na Suméria. (Mlodinow, 2015).

A partir do momento que os símbolos, letras e ícones são um registro, é preciso decodificá-los para compreender uma informação. Sem a instrução formal, podem ocorrer falhas de decodificação e interpretação, uma vez que há hierarquia e sistematicidade da linguagem escrita, que não é inata. A leitura envolve habilidades que foram adaptadas a partir de outras, evolutivamente. Para aprender a ler foi preciso reciclar circuitos cerebrais. Os símbolos também evoluíram para haver regularidade e possibilitar o uso por certos grupos. Assim, os símbolos da escrita, letras e números foram criados derivados de imagens que a retina humana foi capturando ao longo dos tempos e armazenando na memória visual. Essa constância nos símbolos – sistematicidade – é que permite associar símbolos, imagens e figuras já vistas com letras. A regularidade do sistema e a correlação com imagens tem um limite de tolerância e só é possível porque há análise do todo em pequenas partes, fragmentando traço a traço. (Capovilla & Capovilla, 2000, Capovilla, Macedo, & Capovilla, 2002, Mousinho & Correa, 2009).

Para ler palavras, a informação visual parte do córtex occipital e é levada diretamente para a área da linguagem (especificamente na região occípito-temporal ventral esquerda), e depois transformada em uma representação auditiva no córtex temporal posterior. Milissegundos após, há ativação da região occipital ventral esquerda (área da palavra ouvida), evidenciando a relação entre as áreas da audição e linguagem na leitura. Isto ocorre universalmente, independentemente do tipo de escrita (logográfica, ideográfica, silábica ou alfabética) ou língua, sempre será ativada a mesma região do cérebro ao olhar palavras (Lent, 2005, Scliar-Cabral, 2010; 2013, Dehaene, 2012, 2013).

Graças a reciclagem de áreas cerebrais, seguindo os mesmos princípios da teoria darwiniana da evolução das espécies, os sensores da retina enviam o sinal luminoso para a área primária da visão e codifica-os como manchas pulverizadas, inicialmente, e depois estruturadas em traços invariantes primários, ditas protoletras (T, Y, F, J ou 8). Protoletras são formas que o cérebro seleciona como invariáveis ao longo do desenvolvimento humano, e constituem um repertório útil para decodificação de cenas visuais. Elas estão presentes nas junções dos objetos, por exemplo, e não são acidentais, fazem parte do que é aceitável para o cérebro, armazenando e relacionando a um repertório de signos que se repetem – como alfabeto, por exemplo. Estes estímulos são processados em paralelo no córtex occipital ventral de ambos os hemisférios, permitindo a sua articulação com imagens mais complexas e, consequentemente, o reconhecimento dos objetos, inclusive das faces, independentemente do ângulo de visão, da distância ou da iluminação (Scliar-Cabral, 2010, Dehaene, 2012, 2013).

Os neurônios humanos, como de outros primatas, são aptos para o reconhecimento de traços elementares invariantes de face e objeto. Sendo assim, em qualquer posição que sejam apresentadas, o cérebro é capaz de processar as informações como rostos e artefatos, desprezando distinções entre direção (esquerda/direita, para cima/para baixo). Neste caso, os neurônios tendem a tornar a informação simétrica, para que a resposta inicial ao estímulo seja mais rápida.

Então, para ler, o cérebro desenvolveu especificidades funcionais, tais como:

- *plasticidade neuronal*, que permite detecção de invariâncias de formas de traços, favorecendo a dessimetrização – possível graças às especializações secundárias e terciárias dos neurônios que se moldam de acordo com experiências culturais;
- *arquitetura neuronal*, que articula as áreas cerebrais para distinguir diferentes estímulos e realiza processamento paralelo do estímulo, realizado de forma não serial e unidirecional, para articular a letra vista com a memória semântica (valor sonoro, por exemplo) da mesma;
- *matriz cognitiva humana,* que permite o crescimento exponencial da informação armazenada, já que esta pode ser associada a conceitos aprendidos.

Além disso, a necessidade de sistematizar e economizar os registros e a demanda cognitiva do reconhecimento dos estímulos garantiu a evolução das letras do estilo alfabético, espelhando ou mimetizando imagens e figuras mais frequentes na realidade visual da humanidade (Scliar-Cabral, 2010, 2013, Dehaene, 2012, 2013). Por isso conseguimos ver um L no canto, dentro da figura que representa uma casa, ou C nos bordos de uma imagem de folha de árvore, por exemplo. As letras foram sistematizadas a partir de informações visuais bem frequentes no mundo, seja em qualquer estilo de letra.

A aprendizagem da leitura e a habilidade visual

Ao ingressar na escola a criança tem o cérebro capaz de reconhecer objetos, imagens, ler estas imagens, extraindo informações relevantes, e assim iniciar o aprendizado do código da escrita. Código este que já é altamente exposto e frequente em sua vida, por sinalizações: placas de rua, símbolos do dia a dia, outdoors, logomarcas etc. Mas na escola os professores mediarão a aprendizagem da leitura para favorecer a decodificação da leitura de palavras e textos – ensino formal e sistemático. Muitas associações podem ser exploradas nas crianças, visto que as informações arquivadas ao longo do seu desenvolvimento auxiliam este aprendizado e favorecem a automatização. (Cagliari & Cagliari, 1999, Scliar-Cabral, 2010, 2013, Dehaene, 2012, 2013).

Nesta época do aprendizado da leitura, algumas habilidades devem ser observadas pelos professores, pais e profissionais que estiverem envolvidos neste processo, como a noção de consciência fonológica, reconhecimento de letras, memória de trabalho, atenção e percepção auditiva, atenção e percepção visual, dentre outras. É a partir deste momento que podem ser evidenciadas falhas de aprendizagem e, consequentemente, a dislexia.

O ato de ler envolve abstração do significado de uma informação visual, seja esta em formato de imagens, figuras, caracteres ou letras. Neurobiologicamente, a leitura é o resultado de uma varredura dos olhos no material escrito, posteriormente, mecanismos de decodificação e processamento auditivo são acionados para alcançar a compreensão. Estudos de imagens funcionais mostram que há ativação durante a leitura de regiões do córtex visual, bilateralmente; regiões perisilvianas parietais e temporais, abrangendo a área de Wernicke, giro angular e giro supramarginal; e regiões do córtex pré-frontal inferior esquerdo, perto da área de Broca (Lent, 2005).

Uma das técnicas que auxilia o entendimento do processamento visual, a sua influência no aprendizado da leitura e a dislexia é o rastreamento ocular. Este tem se mostrado muito eficiente por não ser invasivo e por mapear o movimento dos olhos durante a contemplação de um estímulo. Trata-se do uso de um parelho, *eyetracker*, que afere os padrões de fixação e de movimentação dos olhos quando se visualiza letras, palavras, frases, imagens, rostos, figuras etc. Entre as várias métricas, pode-se usar a duração das fixações oculares totais ou a duração da primeira fixação numa área. Estas são medidas diretas e precisas para auxiliar a entender os processos de cognição visual e desenvolver modelos de processamento da linguagem (Maia, 2015).

Macedo, Lukasova, Capovilla, Capovilla, & Schwartzman (2005) estudaram os movimentos oculares durante a leitura, correlacionando tarefas de compreensão de sentença escrita e *eyetracker*. Eles concluíram que as medidas de decisão lexical são úteis na identificação dos estágios de reconhecimento de palavras e as medidas de movimentos oculares possibilitam estimulação da janela de tempo em que o acesso lexical ocorre. Logo, a integração de medidas comportamentais e neurais permite compreender o que acontece em tempo real tanto no leitor típico quanto daqueles com dislexia.

Mendes (2015) rastreou disléxicos e bons leitores, observando o reconhecimento de figuras dispostas em pares iguais, pares diferentes por características horizontais, verticais e diferenças diversas. Após análise, concluiu que os disléxicos, de uma forma geral, não vão direto ao ponto alvo, vagam com os olhos por todo o espaço, diferente das crianças boas leitoras, que vão direto buscar diferenças em pontos chaves da figura, como os vértices. Se os traços são descontínuos nas figuras, como visto também nesta pesquisa, atrapalham mais ainda os disléxicos que falham em detectar diferenças em figuras deste tipo. Parece que a continuidade do traçado guia a percepção dos disléxicos, tal como nos primórdios da percepção humana, quando não se realizava simetrização entre estímulos. A simetrização permite ao indivíduo reconhecer qualquer objeto, mesmo que rotacionado em seu eixo. Esta capacidade foi garantida pela reciclagem neuronal e pela migração de células na composição das sinapses para a leitura na humanidade (Dehaene, 2012, 2013, Scliar-Cabral, 2013). As crianças sem dislexia não acharam relevante a continuidade ou não do traçado, buscaram outras características das figuras para perceber diferenças e igualdades. Nessa mesma pesquisa, foi observado também que disléxicos trataram da mesma forma as figuras diferentes, não apresentando diferença no comportamento para horizontalidade, verticalidade ou quaisquer outras diferenças. Então, é muito relevante favorecer o processamento visual na leitura, não como foco central, mas como necessário no reconhecimento de formas e letras, principalmente em indivíduos disléxicos (Mendes. Mousinho & Maia, 2016).

Em continuidade, Mendes (2015), em outra pesquisa utilizando *eyetracker*, desta vez com diferentes estilos de letra, evidenciou que alguns estilos são mais facilmente processados que outros. Observando o comportamento das fixações oculares de crianças diante de três tipos comuns de letras usadas no aprendizado da leitura, o maiúsculo, o script e o cursivo, crianças sem dislexia foram mais rápidas ao processar letra maiúscula, seguida das *script* e cursiva, mantendo um padrão gradativo entre estes estilos de letra. Crianças disléxicas também preferiram letras maiúsculas, no entanto, as letras *script* e cursiva demandaram o mesmo esforço cognitivo. (Mendes, 2015, Mendes, 2018)

A justificativa seria pelo fato das letras no estilo *script* possuírem menos traços retos em relação às maiúsculas e possuírem mesclas de retas e arredondamentos, confundindo vértices e curvas, variando muito o *design* da letra. Esta característica pode confundir a identificação, já que a busca pelos vértices pode ser prejudicada, lentificando, assim, o processamento deste tipo de estímulo (Dehaene, 2012, 2013). Parece que esta condição de previsibilidade e constância, característica mais primária no desenvolvimento visual humano, é relevante para os disléxicos. Resultados como estes já tinham sido sugeridos em outras pesquisas sobre letras maiúsculas e minúsculas, mas sem a análise do rastreamento. Nestas pesquisas se evidenciou que o sistema visual se adaptaria à variância das formas e tamanhos das letras. (Dehaene, Le Clec'H, Poline, Le Bihan, & Cohen 2002).

Pensando a partir destes pontos aqui descritos e unindo a experiência de intervenção com crianças com dificuldade para aprender e os distúrbios da aprendizagem, sugerem-se algumas medidas que podem ser mais bem estimuladas na época da aprendizagem formal da leitura para favorecer todas as crianças e mais ainda as crianças com dificuldade de leitura, ou de percepção visual ou com suspeita de dislexia.

Favorecimento da leitura sob a ótica do aspecto visual

A primeira leitura que a criança faz de um livro ou texto é simplesmente olhar o material e buscar pistas visuais nas imagens das letras ou das ilustrações. Estas pistas auxiliam na compreensão do que está escrito, diminuem a ansiedade frente à leitura, exercitam correlações com conhecimentos prévios, ativam o vocabulário e preparam para a decodificação.

Para crianças do ensino infantil, iniciando a aprendizagem dos signos e símbolos, é preciso mostrar que o mundo das letras e símbolos é econômico e auxilia na comunicação. As letras são comuns em várias línguas de mesmo sistema linguístico, mesmo que a combinação entre elas gere palavras diversas. O treino visual, neste caso, deve ser voltado para associação com imagens e figuras, obedecendo ao que é confortável evolutivamente e favorecendo o exercício da simetrização/dessimetrização tão importante ao aprendizado da leitura. Para tanto, é preciso:

- estimular a detecção de diferenças/igualdades em imagens e figuras, pois ajuda na percepção de detalhes e sutis diferenças que existem nas letras e que pode mudar todo o sentido (as letras l/I; c/ç; b/d; p/q dentre outras, são muito parecidas, mas não são iguais sonoramente, em contrapartida, a letra A/a tem estilos diferentes e mesmo som). São indicados jogos tipo 7 erros, sombras, pareamento de iguais, procurar itens em separado numa cena inteira, dentre outros;
- propiciar a comparação entre formas geométricas e cenas, buscando as formas numa figura, pois ajuda na compreensão da parte pelo todo, treina visualmente a capacidade de rotacionar imagens e correlacionar. Revistas infantis de banca de jornal, livros com caneta de quadro branco ajudam muito deste tipo de atividade, além de várias outras atividades deste tipo que estão disponibilizadas para impressão na internet, dentre outras;
- treinar a relação figura e fundo em imagens, pois ajuda na percepção de detalhes, parte-todo, e posteriormente na interpretação de textos que podem ter mais de um ponto de vista. Atividades como: observar quadros em museus, jogo de quebra-cabeça, filmes rápidos de transformação com passagem de tempo (envelhecer de uma pessoa ou nascer de uma flor desde a semente em câmera rápida), dentre outros;
- comparar o nome da criança com o nome dos amigos ou familiares, pois ajuda na percepção que as letras se repetem para escrever coisas diferentes, ajuda a compreender que tudo tem nome e que pode ser escrito para ajudar na comunicação sem sobrecarga de memória. Ou buscar letras do nome da criança em palavras escritas em *outdoors*, cartazes etc., dentre outros;

- estimular contação de história a partir das figuras de um livro, pois a leitura não é só de palavras, sentenças e frases, ela também é de imagens e figuras. As figuras e imagens contêm informações que comunicam algo e podem complementar a escrita e vice-versa. Quando a criança ainda não sabe ler, é preciso estimulá-la a simplesmente contar o que está descrito nas imagens dos livros, ou qualquer imagem, usando a imaginação;
- deixar letras disponíveis no ambiente da criança, seja na sequência do alfabeto, ou nomeando figuras, pois a criança já vai se habituando a associar estes ícones de escrita a algo que pode ser associado a figuras. As letras precisam ser familiares em diversos estilos tal como as figuras geométricas, por exemplo.

Nesta fase do aprendizado a prioridade é a associação por meio de brincadeira, exploração e não aprender palavras. O universo da criança é lúdico por natureza e muito rico em aprendizado, por isso pode ser favorecido e mediado para preparar para a formalidade necessária ao ensino da leitura. O contato com o adulto mediando e com outras crianças é fundamental! Principalmente na relação direta e interpessoal.

No próximo segmento, ensino fundamental, a criança precisa ser apta a manter maior tempo de atenção numa atividade. Assim, ela consegue usar memória de trabalho para arquivar todo o aprendizado que está tendo para a leitura, a percepção dos sons e noções de segmentação silábica, rima e aliteração. Explicitamente, os estímulos visuais podem ser de letras em estilos variados, mesmo que a preferência por decodificação seja do estilo maiúsculo nesta fase. É preciso atentar ao fato que favorecer é diferente de exigir! Então é preciso:

- favorecer maior exposição aos *variados* estilos de grafia para **todas** as crianças, explicitando a igualdade sonora, na diferença de estilos, neste caso é uma atividade de metalinguagem – as letras podem ser "desenhos" diferentes, mas terem o mesmo som;
- treinar visualmente as letras, imagens, figuras e cenas do mesmo tipo indicado para o ensino infantil, aumentando a complexidade;
- direcionar o foco e atenção visual da criança para as diferenças e igualdades em figuras e imagens;

- ensinar explicitamente a correspondência sonora das letras e treinar a decodificação para favorecer a fluência de leitura.

Nessa fase, as brincadeiras com palavras escritas e faladas são bem--vindas! Elencar uma letra e listar vocábulos com o mesmo som inicial, ou que esteja dentro do mesmo campo semântico; parear palavras escritas iguais dentre várias palavras; reconhecer sílabas ou rimas em textos ou listas de palavras. Fazer busca visual de letras dentro de uma cena; buscar letras iguais em palavras escritas em estilos de letra diferentes, dentre outras atividades. A partir do momento que a criança já inicia leitura, as atividades podem ser mais complexas e cada vez mais escritas. O importante é respeitar a preferência de estilo de letra da criança e gradativamente oferecer a ela outras opções, desde que esta estimulação seja clara e explícita, não tenha que partir do tempo da criança, porque assim só se perde tempo.

Considerações Finais

Ler é uma atividade prazerosa, significa abrir os olhos para conectar informações e formar concepções a respeito do mundo a partir de suas vivências e conhecimento adquiridos. Não pode ser um problema ou esforço. Inicialmente pode o processo pode ser lento, já que a criança precisa aprender todo o mecanismo, adquirir fluência, decodificar e compreender simultaneamente. Aos poucos, se torna quase automático e instantâneo, já que basta olhar para qualquer coisa escrita para querer decifrar o conteúdo.

> O poder da escrita é verdadeiramente mágico – não porque ela seja um dom divino, mas porque ela amplia consideravelmente as competências do nosso cérebro. (...) É uma feliz fortuna que disponhamos de uma rede cerebral que religa precisamente as áreas visuais com as da linguagem e que possa se readaptar ao uso das letras (Dehaene, 2012).

Ler propicia a mágica de viajar entre mundos e a possibilidade de transportar-se, sem sair do lugar. Atualmente, com o avanço das redes sociais, exercitamos a leitura por muito tempo nas telas dos celulares, *tablets* e computadores. Estes veículos midiáticos mesclam letras com figuras e imagens, facilitando a decodificação e compactando a informação. Precisamos nos adaptar a este formato todos os dias, pois a comunicação está cada vez mais instantânea e globalizada. Sem expandir muito o assunto, mas trazendo-o para a reflexão, faz-se necessário tornar a leitura sempre mais automática, fluida e prazerosa para que caminhemos na evolução, expandindo o pensamento e criando caminhos de interação. Assim, é preciso favorecer o vínculo da criança com a leitura e auxiliar na conduta com crianças com dificuldade para ler.

Este capítulo busca trazer para a reflexão a evolução do processamento visual humano e os primórdios da leitura, para entender seus processos iniciais e a forma de torná-lo bem natural, porém, algo que deve ser ensinado à criança. Logo, o processamento visual é uma das habilidades para a leitura, complementando a arquitetura necessária para o aprendizado junto com a linguagem, processamento auditivo, funções cognitivas etc. Este é um dos aspectos a ser estimulado na criança em sua fase de aprendizado formal e intensificado quando se pensa em crianças com dificuldade de leitura ou transtorno específico (dislexia).

Mas para isto, é preciso garantir que o ensino da leitura seja explícito e correspondente, de forma que a criança seja esclarecida do que está aprendendo, quais são os sons das letras, segmentando palavras em unidades menores, juntando palavras em sentenças e textos. Em relação aos sons das letras, que sejam claras as possibilidades de correspondência, e, gradativamente, sua a capacidade de uso para hipóteses da escrita. E que o ensino seja fluido e gradativo, sem preocupação excessiva de grafias variadas, mas sim de reconhecimento destes estilos variados de letra, maiúsculo, *script*, cursivo, por exemplo.

O componente visual ajudará nos demais processos relacionados à leitura. Não é único e sim complementar e necessário, tal como todas as peças de um quebra-cabeça.

Referências

Cagliari, G. & Cagliari, L. C. (1999). *Diante das letras: a escrita da alfabetização.* São Paulo, SP:Mercado das Letras.

Capovilla, A. G. S., & Capovilla, F. C. (2000). *Problemas de leitura e escrita: como identificar, prevenir e remediar numa abordagem fônica.* (2a ed.) São Paulo, SP:Memnon.

Capovilla, F. C., Macedo, E. C., & Capovilla, A. G. S. (2002). Usando testes computadorizados de competência de leitura silenciosa e em voz alta para mapear desenvolvimento de rotas de leitura, e testes de compreensão auditiva e de leitura para diagnóstico diferencial da dislexia. In F. C. Capovilla (Org.). *Neuropsicologia e aprendizagem: Uma abordagem multidisciplinar.* São Paulo, SP: Editora: Scortecci

Dehaene, S., Le Clec´H, G., Poline, J. B., Le Bihan, D., & Cohen, L. (2002) The visual word

form area: a prelexical representation of visual words in the fusiform gyrus. *Neuroreport*, v. 13, n. 3, p. 321-325.

Dehaene, S. (2012). *Os neurônios da leitura*: como a ciência explica a nossa capacidade de ler. (L. Scliar-Cabral, Trad.). Porto Alegre, RS: Penso.

Dehaene, S. (2013). A aprendizagem da leitura modifica as redes corticais da visão e da linguagem verbal. *Letras de Hoje, 48*(1), 148-152.

Lent, R. (2005). *Cem bilhões de neurônios.* São Paulo, SP: Atheneu.

Macedo, E. C., Lukasova, K., Capovilla, F. C., Capovilla, A. G. S., & Schwartzman, J. S. (2005). Movimentos oculares durante a leitura: implicações para a compreensão de modelos de processamento lingüístico. *Neuropsicologia e aprendizagem: para viver melhor.* Ribeirão Preto, SP: TecMedd Editora.

Maia, M. (2005). Processamento de Frases. In M. Maia. (Org.). *Psicolinguística,*

psicolinguísticas: uma introdução. São Paulo, SP: Contexto. Mendes, L. (2015). *A dislexia para além de estudos fonológicos – rastreando morfemas, letras*

e imagens. (Tese de Doutorado). Faculdade de Letras, Universidade Federal do Rio de Janeiro, Rio de Janeiro, RJ, Brasil.

Mendes, L; Mousinho, R.; Maia, M. (2016). Figure identification in dyslexia: an eye-tracking study. *International Journal of Psychology and Neuroscience, v.2, p.88.*Mendes, L. (2018). *Leitura, processamento visual e dislexia.* In L. M. Alves, R. Mousinho, & S. A. Capellini, (Orgs). Rio de Janeiro, RJ: Wak Editora.

Mlodinow, L. (2015). *De primatas a astronautas: a jornada do homem em busca do conhecimento.* Rio de Janeiro, RJ: Zahar.

Mousinho, R, & (2009). Correa, J. *Conhecimento ortográfico na Dislexia Fonológica.* In T. Barbosa, C. Rodrigues, C. Mello, S. Capellini, R. Mousinho, & Alves, L. (Orgs.). Porto Alegre, RS:Ed. Artes Médicas.

Scliar-Cabral, L. (2010). Evidências a favor da reciclagem neuronal para a alfabetização. *Letras de Hoje, 45*(3), 43-47.

Scliar-Cabral, L. (2013). Pscolinguística e alfabetização. In M. MAIA (Org.). *Psicolinguística, psicolinguísticas: uma introdução.* São Paulo, SP: Contexto.

CAPÍTULO 6

A relação circulante: aprendizagem, família e o sujeito aprendente

Paula Calçada Pereira

Neusa Hickel

Vivemos em um movimento contemporâneo que nos atravessa e nos coloca diante do desconhecido, como coaprendentes e responsáveis por mudanças e melhorias em diversas áreas da vida. Deparamo-nos com comportamentos agitados, manifestações de desgosto, estímulos excessivos, experimentações, erros e acertos, que não sabemos, por hora, como tudo isso irá se acomodar. São somatórias de tentativas, incertezas, que trazem sofrimentos, desgostos, inqueitações e pressupõem diagnósticos, dúvidas em fase de urgência. Ao prestarmos atenção aos movimentos, podemos pensar que algo está acontecendo com o sujeito aprendente e que há um significado importante para tal comportamento.

O aprender e o não aprender fundem-se e confundem-se neste manejo relacional e desorganizado, principalmente diante da percepção dos pais e por suas expectativas frustradas diante deste cenário desconhecido, que levam ao baixo desempenho do sujeito aprendente; desempenho este que traz as questões da aprendizagem como norteador afetivo, emocional e de aceitação. Muitos aprendentes, de forma insconsiente, relacionam o bom desempenho pedagógico/acadêmico com a aceitação, com o reconhecimento e possíveis compensações vindas afetivamente de seus pais.

Compreender o sujeito e seu funcionamento no campo da aprendizagem, é complexo. Deve ser um ato generoso e respeitoso. É conhecer sobre a sua história de forma ampla e inteira. Coloca-nos próximos de um mar de incertezas e desacertos, na qual as questões emocionais, sociais e cognitivas precisam ser percebidas, acolhidas e compreendidas. É o mesmo que resolver tirar o pause de uma música, sem escutá-la desde o início para envolver-se com a melodia e a letra. O levantamento de hipóteses, a aceitação da família diante de tudo que envolve o sujeito aprendente e o pensar adiante, provocam sentimentos inúmeros que não são fáceis de aceitar, elaborar e envolver-se em uma nova rotina que poderá facilitar a caminhada deste sujeito.

Parafraseando Fernández (1991), quando denúncia, renuncía a eunciar aquele que denuncia. Assim, por se tratar da presença de um elemento importante ao qual denominamos inteligência, os problemas de aprendizagem tornam-se um sintoma, pois esse elemento traz consigo a possibilidade de elaborar angústias. E por isso, todos são impactados pelo referido sintoma, pais e filhos, pois juntos vêm julgamentos, culpas, sentimento de incapacidade, gerando baixa estima e falta de desejo, que acabam aprisionando o sujeito aprendente e a família que os envolve.

Diante da situação relatada, observada e manifestada, tais comportamentos podem gerar desconfortos que atravessam a aprendizagem, provocando uma falta de credibilidade no fazer criativo deste filho, além de uma enxurrada de situações desconcertantes que podem atrapalhar o processo do sujeito em qualquer instante de seu movimento aprendente.

Trazer à luz a compreensão dos sintomas dos problemas de aprendizagem e a relação da família diante deste contexto é um desafio que permeia os ambientes de aprendizagem; pois, entender o funcionamento do sujeito não se concentra no campo da objetividade e merece atenção pela complexidade e pela subjetividade envolvida.

A partir desta reflexão e compreensão ofertada pela Psicopedagogia, a urgência acalma-se e um belo trabalho pode ser realizado. A objetividade diz respeito à realidade externa, em que as leis podem ser modificadas, algo previsível, que pode ser pensado e planejado com base nas operações de pensamento; o processo é amplo, complexo e singular; esbarra no ambiente, nas condições em que essa família acolhe, reconhece e promove as relações vinculares e atencional com o aprendente; fatores, específicos, orgânicos e psicogênicos, também complementam essa teia causuística dos problemas de aprendizagem.

Todo o complexo estrutural que acompanha esse sujeito desde sua concepção, nascimento e desenvolvimento dentro do contexto psicossocial em que está inserido, pode facilitar, dificultar, organziar ou desorganizar suas formas de pensamento. O que chega junto com a dinâmica da aprendizagem está diretamente ligado à ordem da subjetividade que permeia as relações de aprendizagem, trazendo à tona, muitas vezes, a ausência de vínculo, ou o excesso dele, o olhar distante, a fala acelerada, um corpo inquieto ou até o mesmo o silêncio, distanciando o sujeito da interação com o meio, servindo de barreira segura para as relações sociais e a condição não autorizada de aprendente.

Há resistências, omissões, negações, o não dito, o famoso "deixa para depois" que desfavorecem o processo deste sujeito e os pais são os reguladores desta relação. O aprendente chega ao consultório com a credibilidade em si enfraquecida, descrente de suas potecialidades e, o que se percebe após a escuta familiar e o contato com esse sujeito, é que a busca terapêutica, é justificada somente pelo não aprender no ambiente escolar e não por questões de desajustes familiares e vínculos que aprisionam e inibem a aprendizagem em diversas esferas.

Muitas vezes os pais abafam esse aprender por questões veladas, não ditas, ou ainda por excesso de zelo, pela falta de paciência ou tempo, e por trazer a pressa para estancar o processo; estas atitudes tem o poder de interferir, desorganziar e desacomodar a aprendizagem do sujeito em movimento crescente, além de não entender como se dá o processo psicoepdagógico.

Desse modo, a questão mobilizadora para a escrita deste artigo é salientar: de que forma a Psicopedagogia poderá contrubuir a elucidar com família a importância da autonomia de pensamento do sujeito aprendente?

Diante do exposto, é importante trazer à luz possibilidades de reflexão por meio da compilação e análise de referenciais teóricas publicadas, a fim de destacar o quanto o fazer psicopedagógico se faz importante no percurso terapêutico pautado na valorização do pensamento do sujeito aprendente, favorecendo a autonomia do pensamento que circula entre os diversos espaços de aprendizegem deste sujeito. Para isso, utilizaram-se autores contemporâneos como Chamat (1997), Fernández (1991, 2001), Gutfreind (2010), entre outros, para fundamentar esta pesquisa teórica com o intuito de fortalecer reflexões e amparar os questionamentos.

O corpo, organismo e vínculo

O corpo fala, exala e se desdobra para gritar ao mundo que algo dentro de si não vai bem; desacomoda e ao mesmo tempo é obrigado a se calar, a parar de se mexer e quase que proibido de pensar. Tudo o que aquele corpo precisa e espaço para mover-se, para descobrir-se e para tornar-se autor de sua história, atitudes que desacomodam o pensamento ou trazem um descompasso corporal, quase como se o corpo precisasse gritar, e como não grita, desorganiza-se. Esse corpo ganhou forma, foi gerado por outros corpos e foi apresentado ao mundo como filho, em que a mera posição de mulher ganha a oportunidade de constituir-se neste novo mundo como mãe. Para que esse núcleo seja concebido, outro ser constitui-se como pai. Ainda que ambos (pais biológicos) não acompanhem o desenvolvimento e crescimento deste filho, por intercorrências da vida, este sujeito é nomeado e poderá ser amado por outra família, que o escolheu para cuidar, amar e lhe proteger. Parafraseando Gutfreind (2010), ser pais é apropriar-se do filho, assumindo a autoria do desejo, é apropriar-se de sua própria história.

Como é a constituição deste aparelho motor que nos move, que nos faz pensar, nos transporta de um lugar para o outro? Ele é somente físico? A constituição corporal atravessa a forma física, a cor dos olhos, a estatura, ou como este sujeito se enxerga no espelho; tem voz ativa, mesmo que em determinadas composições o silêncio se faça presente. Levin (2001), afirma que se o corpo é algo que o sujeito terá que conquistar e ter, é porque o sujeito não é o mesmo que seu corpo, e por isso que pode brincar de tê-lo. Sob esta ótica, fica claro que não há uma forma somente para se compreender um Corpo, faz-se necessário entender esta constituição e perceber que esse Corpo é construído ao longo de sua história e carrega consigo a missão de torna-se humano, o qual muito antes dele se tornar filho, ele já carregava em si o desejo ou a rejeição de Outros.

Nessa relação, o olhar, o toque, a voz e o cuidado darão a base para o nascimento do vinculo. Segundo, Levin (2001) o toque materno gera postura, porque desde o nascimento o bebê não é capaz de sustentar-se sozinho; o olhar exprime o reconhecimento referencial e essa troca de olhares faz com o bebê se veja por meio do olhar do outro. A voz doce e melódica de quem materna desperta o desejo e abre espaço para a sonoridade afetiva. Gutfreind (2010), traz uma passagem que descreve que a cantiga de ninar, oferece uma ilusão de continuidade, necessária na elaboração de sua falta; além disso, o ritmo aumenta e a sincronia mãe-bebê, gera temporalidade e abre espaço para novas experiências, especialmente quando a noite chega.

Sonhos e medos, palavras doces ou pensamentos duros, já envolvem este sujeito em uma áurea favorável ou não, para sua chegada. Então, "o verdadeiro nascimento não é biológico. Ele é o afetivo, no desejo maternal, primário e doido, de construir o vínculo. E, depois, com os afetos nas ventas, é que vem a tentativa cultural de acolher esta sandice maravilhosa" (Gutfreind, 2010, p. 64).

A subsistência deste corpo depende do fazer do Outro para acolher as necessidades do pequeno que neste mundo está e que, sem auxílio, não poderá contruir de fato um corpo subjetivado. Levin (1991) apresenta que o Outro, de quem a criança depende, tem a função (da linguagem) de apresentar o corpo à criança. Estabelece neste início, por meio da linguagem e gestos, o mapeamento afetivo que fará com que essa criança, diante do afeto e do desejo do Outro, possa iniciar o processo de constituição corporal através dos sentidos e na relação vincular estabelecida entre a mãe e o filho.A referência inicial, o reconhecimento do desejo vem a partir do olhar o outro. Lá na frente, diante de seu desenvolvimento bio-psico-social e a oportunidade da construção da autonomia e do pensamento, o sujeito poderá ter domínio de seu corpo e de suas ações. Parafraseando Levin, a criança necessitará criar um espaço entre ela e sua mãe, e posteriormente, no momento em que houver o primeiro corte – a possibilidade de separação, surge a zona transicional para ambos, mãe e filho.

Neste instante desafiador que configura-se como zona de transição, ocorrerá a possibilidade de suportar a ausência da mãe e a do filho, oportunizada pelo momento do brincar. Levin (1991) sugere que este brincar de presença e ausência irá permitir finalmente à criança encontrar a porta de entrada para separar-se do corpo materno.

A caminhada a partir do brincar, permitirá à criança diversas transformações, conquistas, frustrações, sentimentos, descobertas que este brincar promoverá. Desta forma, ela inicia a separação do corpo da mãe, dominio de seu corpo e passa a exercer o processo simbólico de suas experimentações.

As necessidades geradas por este corpo e o desejo embutido neste organismo, prepara este sujeito para as diversas formas de linguagem, que vêm sendo contituindas desde o nascimento. O olhar de quem materna, o choro atendido, o desconforto descoberto são movimentos acolhidos por quem cuida e por quem atende.

A partir dos questionamentos da mãe, a linguagem está imbricada nesta relação, mesmo que, de forma solitária, reflexiva e confusa, se faz presente entre mãe e filho. A mãe conversa com seu filho, ele ouve, sente e imprime em si as marcas desse cuidado e afeto, ou a falta dele. O soar doce ou o ruído duro também atravessam as bordas desta relação, gerando sensações que farão com que, tanto a imagem e o esquema corporal, possam ser construídos em bases de afeto ou equivocadas. Compreender a diferenciação desses conceitos traz a importância da construção de cada um deles, diante da complexidade do que engloba corpo, organismo e a família.

De quem se fala primeiro? Qual a ordem correta? Esquema ou imagem corporal? O que vem primeiro? De que é formado o sujeito e sua constituição corporal? Onde está a família neste processo? Há necessidade de pertencimento? Para todas as perguntas há respostas, reflexões e aporte teórico. A imagem corporal constitui um sujeito, o esquema corporal é a estrutura corporal do sujeito.

Levin, ao discorrer em sua obra sobre os conceitos, considera que o esquema corporal é a representação do próprio corpo. Quando a criança reconhece as partes de seu corpo – braços, pernas, tronco, olhos etc. – demonstra noção das partes que a constituem, reconhecendo-as em si e em seus pares. Segundo Levin (1991, p. 71) "dentro do esquema corporal encontram-se as noções de proprioceptividade, interoceptividade e exteroceptividade. Na evolução psicomotora da criança, o esquema corporal irá se construindo. É da ordem do evolutivo, atemporal".

A imagem corporal é atemporal e vem da ordem do inconsciente. Constitui-se a partir do mapeamento corporal feito na maternagem, por meio do investimento afetivo desde o nascimento do bebê. A voz doce, as demarcações corporais fazem com que o bebê receba essas informações e as guarde em sua "memória corporal afetiva", trazendo como bagagem emocional preditiva para a contrução do esquema corporal posterior: "A imagem corporal é constituinte do sujeito desejante e, como tal, é um mistério, não é absoluto da ordem do evolutivo, vai se constituindo no devir histórico da experiência subjetiva. Por isso está relacionada com a inscrição, com a marcação mnêmica" (Levin, 1991, p. 71).

Se pensarmos o que difere o sujeito em sua singularidade, não é o esquema corporal, mas a imagem corporal que o constitui enquanto sujeito único. Podemos enxergar o corpo, membros ou a falta deles e a distribuição corporal, mas o que está expresso na imagem faz parte do tesouro de cada indivíduo e do investimento maternado desde seu nascimento, e está impresso e tatuado em sua constituição. Levin sugere que a consiência do corpo é fugaz e nunca totalizante.

Quando paramos para analisar a diferença entre corpo e organismo, segundo Fernández (1991), o organismo memoriza, o corpo recorda, e para que essa recordação faça sentido, é preciso trazer o presente, o que se vive juntamente com as expectativas do futuro. A memória orgânica insiste, persiste e ás vezes incomoda, mas o corpo tem a habilidade de esquecer. Nessa direção, o corpo é o meio para o organismo, quando o organismo não lhe deu espaço, escuta e, tão pouco reconhecimento, pode fazer-se ouvir com movimentos descontínuos, mãos, pés e palavras inquietas. E é neste instante que a Psicopedagogia se faz importante. Fernández (2001), afirma que esta área tem como propósito abrir espaços objetivos e subjetivos de autoria de pensamento. Esse espaço não é construído de uma só vez e para sempre, faz-se necessário transformá-lo e reconstrui-lo permanentemente.

O organismo nos outorga a ver, porém, o corpo escolhe olhar ou ignorar e, por meio de inúmeras ações sensíveis, pode constituir-se de alma, de angústias e de coragem. Desta forma, dar voz ao organismo é autorizar o corpo a desenhar sua autoria, é reconhecer em si e perceber o outro que existe um espaço "entre" que oportuniza vivências, significações e que o organismo possa ser um corpo que deseja, pensa e que pode ser autor de sua própria escolha, mesmo que, num primeiro momento essa escolha esteja emaranhada de dúvidas, permeada de "não sei" e de "não consigo". A beleza está na descoberta e na crença de que esse corpo vive e é capaz de aprender, de desejar suas experimentações e projetar novas aprendizagens.

Se estabelecermos uma relação sob a perspectiva da Psicopedagogia, podemos supor para a relação mãe-feto um espaço *entre*. Gestar é emprestar-se ao outro dentro de um espaço diferente, é desejar ou rejeitar; mas, existe uma demilitação física e psíquica que avança e desenvolve-se, na medida em que esse amadurecimento relacional constitui-se, nas quais as relações de afeto vão transformando esse espaço entre esta primeira morada, que o ser humano se acamoda, habita, se desenvolve e cresce.

Fernández (2001, p. 76) afirma: "o corpo da mulher está provido de uma grande tolerância para as diferenças". Aceitar ou emprestar uma casa transitória para esse ser, que não só se originou de seu desejo, mas também de outros significa uma tolerância às diferenças. "Recebe, mas separa". Abre portas e fecha portas. Abre canais de comunicação e de separação. "Todos temos inscritas esta experiência de tolerância às diferenças, ainda que sendo homens ou mulheres, pois todos habitamos o corpo de uma mulher". (Fernández, 2001, p. 76). A partir deste espaço, nasce o vínculo.

Quando essa mãe ou quem materna ganha essa condição, ela acredita que esse filho é seu para sempre e que esse vínculo uno se multiplicará ao longo desta relação, fundindo-a com esse feto-bebê-sujeito ao longo da vida, e que outro tipo de relação nasce com aquela nova situação. Segundo Levin (1991), para que isso ocorra, deve haver outro personagem, o paterno, que tem como qualidade, como função, a possibilidade de nomeação, afirmando a falta na mãe: "por isso, em torno do complexo da castração afirma-se o nome do pai, possibilidade paterna de nomear" (Levin 1991, p. 53).

Novamente, um espaço, *entre* constitui-se. A maternagem, o reconhecimento e mapeamento afetivo vão surgindo ao longo do tempo; as relações e os investimentos emocionais vão tomando conta desta nova relação em que há a construção da imagem corporal inconsiente, fortificando este sujeito. O distanciamento também faz-se necessário e Fernández (2001, p. 76) descreve que: "quando saímos de um lugar habitado deixamos pegadas que permanecem muito depois de nós. Quando a criança nasce, necessita habitar o corpo da mãe de outra maneira. Cortado o cordão umbilical, cai o umbigo, cicatriz do corte e vestígio da relação habitada: marca da ausência, da presença de outra".

Quando a mãe retoma sua vida profissional, por exemplo, e autoriza a "um outro" fazer o papel de cuidador. Esse bebê autoriza "esse outro" a cuidar dele nesta nova condição de ausência materna e uma nova relação de aprendizagem entre todos torna-se atuante; nasce o medo inconsiente de que esse outro possa ser amado e ela teme perder espaço com seu bebê. Ledo engano. As marcações afetivas estão imbricadas nas relações iniciais que foram estabelecidas diante do vínculo estabelecido e construído ao longo do desejar e do amar; a figura paterna também é beneficiada com o novo papel, sai da condição de filho e passa a construir-se como pai.

Os grupos familiares são envolvidos por algum tipo de vínculo e há um envolvimento entre os integrantes daquele núcleo familiar, que pode ser estabelecido inicialmente na gestação ou na tomada de decisão diante da adoção. O processo relacional ocorre de forma tão ou mais desejada que uma gestação; o que difere é como esse "espaço entre" está desenhado, pois as novas formas de se relacionar estão presentes de forma desejante, harmoniosa e, às vezes, até conflituosa, mas dando oportunidade: o desejo, como este corpo, comunica com o meio, organizando novas formas de relacionar-se com o outro e a construção do vínculo saudável.

Atualmente, as constituições familiares, passam por novas estruturações, a missão da família é cuidar, amar e proporcionar a seus integrantes a possibilidade de crescimento, a valorização da autonomia permeada no amor. Sustentado por raízes fortes e histórias verdadeiras, no qual o "guardado", o não dito, possa servir de alicerce da verdade e ser presenteado à seus fihos, como forma de liberdade e pertencimento. Parafreseando, Gutfreind (2010), estar seguro do amor em casa é preciso para buscar novos amores na vida.

A relação da aprendizagem permeia esse trajeto em que a Psicopedagogia clareia e encoraja mães-filhos-família diante das questões relacionais com as demais aprendizagens da vida e que não só baseiam-se no bom ou mau desempenho escolar do sujeito.

Aprendizagem

"Aprender é tão lindo quanto brincar", dizia Fernández (2001, p. 99). O saber e o desejo precisam fazer parte da alma aprendente, pois envolve nessa beleza: "recordar e aprender se entrelaçam. Sem aprender, o recordar transforma-se na fria memória de máquinas; sem recordar, a aprendizagem tranforma-se num triste treinamento ou na também impessoal cópia das máquinas"; ou seja, para aprender, precisamos relacionar o novo conhecimento com o conhecimento prévio já experimentado, que juntos darão apoio um para o outro e a significação acontece. Significar está relacionado ao aprender diretamente e o recordar é o caminho; se o recordar está embotado e a aprendizagem fica prejudicada, há um desorganização no processo do sujeito aprendente. A aprendizagem é um processo bonito, natural e construído.

A aprendizagem sob os olhos da Psicopedagogia possui um viés relevante, pois percebe o fazer do outro e ocupa-se em transitar no espaço entre aprendente e ensinante; proporciona conhecer o outro, conhecer-se, trazer consigo suas experiências e valorizar as experiências e possibilidades do outro, sendo assim, o movimento do aprender é um processo em construção contínua, de entrega, confiança mútua entre quem aprende e quem ensina.

É autorizar e autorizar-se diante das possibilidades da ensinar. A Psicopedagogia situa-se no espaço entre o conhecer e saber, ao passo que a Pedagogia se situa entre a informação e o conhecer. Na prática psicopedagógica, o significado da palavra conhecimento transforma-se na força e no poder do conhecer, no conhecer-se e apropriar-se da capacidade da autoria, construção, desejo e transformação para aquele que está como sujeito da aprendizagem.

Tratar a aprendizagem sob o olhar psicopedagógico permite-nos combinar situações positivas, saudáveis, lúdicas, de autoria e significância na vida do sujeito, para além das dificuldades, déficits, lacunas ou problemas da ordem do aprender. Ter a capacidade de enxergar o belo, deixar vir o que move o aprendente, respeitar seu movimento processual, abrir espaços de criatividade e oferecer ferramentas que o mobilize a favor da sua autoria de pensamento.

O percurso é longo, mas um dos poderes da interveção psicpedagógica é sempre jogar com a possibilidade. Como estratégia, fazer uso do olhar e da escuta, ou seja, estar atento para acolher e perceber o que aquele sujeito está querendo dizer e não consegue, pois lhe faltam palavras e sobram atitudes.

A fim de complementar a relação da aprendizagem faz-se necessário trazer a junção de duas palavras: ensinante e aprendente, que preenchem com inúmeros valores importantes dentro da trajetória do aprender. Isso não quer dizer que essa combinação não possa permear as demais relações em que a aprendizagem esteja implicada. A Psicopedagogia nos ajuda a perceber a importância dessa relação direta; a Pedagogia indexa ao professor esse "possível" ofício, no qual, somente por meio da prática docente, essa ação do ensinar pode ser compreendida.

Ao ampliar as possibilidades do ensino, abre o espaço para a subjetividade e situa o sujeito em ambos os espaços, ora como aprendente e hora como ensinante. A oportunidade de conhecer-se enquanto aprendente dará ao sujeito a condição de experimentar a autoria de seu fazer e pensar, ao passo que, situar-se como ensinante vivenciará a autoria por outro viés, de outro lugar e da mesma forma, trará a possibilidade de se colocar diante do conhecer e saber e não da informação e o saber.

Falar de sujeito aprendente evoca-se a necessidade de trazer as palavras de Fernández (1991), em que o conceito se constrói a partir do ato relacional com o conceito de sujeito ensinante.

O problema de aprendizagem não é constituído por um único elemento, pois se apresenta de forma multifatorial. A compreensão desta manifestação pode ser explorada, reconhecida e estudada por meio da avaliação diagnóstica psicopedagógica, dando oportunidade ao sujeito apredente de construir sua autonomia, ressignificar sua caminhada, experimentar ser autor de seus projetos, a autorizar o outro para lhe ensinar e a autorizar-se para aprender e reaprender. O sujeito passa a imbuir-se da confiança para além da capacidade potencial que lhe atravessa a partir do desejo, oportunizando- lhe ser novas experiências. A intervenção psicopedagógica se caracteriza pela formulação de espaço de confiança; para além da capacidade evidenciada se abre para o potencial que atravessa este sujeito desejante.

É necessário a oferta de espaços saudáveis de aprendizagem, para que suas perguntas possam ser valorizadas. Para sujeito, é importante ser o autor de suas experimentações, pois a forma como se relaciona com o saber pode contribuir no aprendizado. Essa postura, visto que perpassa corporal e subjetivamente a constituição do sujeito desejante, contribui para o fluxo da aprendizagem,

É neste espaço que o psicopedagogo pode ser outorgado a incluir-se no jogar, enfatizando os aspectos objetivo e subjetivo, conforme diz nossa mestra Fernández, ou seja, trazer ao aprendente-ensinante a possibilidade de encontrar-se com o desejo, de buscar para depois procurar um objeto de conhecimento. Possibilitar a escolha, dentro de um espaço psicopedagógico é autorizar o desejo que se faz preditivo para a caminhada da autonomia.

São algumas das situações, quase que todas, nas quais é preciso autorizar-se para envolver-se, pois o ato de jogar com o outro torna o momento mais atrativo e muito se observa, questiona e reflete neste espaço do brincar. A partir do brincar, dentro de uma visão psicopedagógica, acrescida da possibilidade, através da construção do pensamento, pode-se chegar à autonomia que resulta no pensar, desejar e criar.

O vínculo entre o psicopedagogo e o sujeito aprendente nasce neste espaço. Nasce diante do amparo promovido pela perspectiva de coautoria, confiança que servirá de ponte segura para os desafios ali percebidos, trazidos e *instalados*. Fernández (2001, p. 102), sugere que, "haja um espaço de jogar para que o sintoma ou a formação sintomática, a inibição, ou a formação inibitória, ou ainda o fracasso escolar, possam ressignificar-se".

A partir do lúdico, da brincadeira, das experimentações simbólicas, inúmeras possibilidades de transformações e personalizações poderão emergir, sempre ancoradas no interjogo entre objetividade e subjetividade. A conquista maturacional de suas habilidades cognitivas, corporais, atitudinais e processuais mostrará, ao longo do processo, para os envolvidos com este aprendente, e a ele mesmo, que perceber as possibilidades é um amadurecimento conquistado.

O percurso para a construção da autonomia de pensamento

Os pais buscam o recurso psicopedagógico para seus filhos, indicados pela coordenação escolar ou por profissionais da saúde. Esse contato inicial, geralmente aconteceu por telefone, ou ainda por aplicativos de mensagens eletrônicas. O primeiro contato presencial é sempre com os responsáveis, ou com um deles, sem a presença da criança, para entendimento prévio do caso. É perceptível a necessidade da fala e certa urgência para resoluções, pois o que mais se ouve é que o filho está com dificuldade para aprender e a escola encaminhou antes de sugerir uma avaliação com o neuropediatra. Após chegarem no dia marcado, apresentam o parecer pedagógico, no qual as professoras destacam as fragilidades do aluno, relatando o que eles não conseguem fazer, como: acompanhar a turma, manter-se atento, ficar parado, motivar-se nas atividades propostas. E quando fala do que o aluno faz, geralmente apontam que no recreio só corre de um lado para o outro, além de ser reativo às regras combinadas em sala de aula.

Segundo Fernández (2001), neste momento o pensar é convocado, considerando que a palavra é o gesto e o silêncio no olhar. Abre-se um espaço para que o atendido, mesmo que sejam os pais, num primeiro momento, seja incluído, a fim de trazer suas palavras para o momento presente.

Percebemos que, muitas vezes, faltam aos pais palavras para sustentar que somente estão ali porque a escola solicitou. É no entremeio do atendimento, por ouvirem suas próprias palavras, que as recordações começam a emergir. Os pais, quando movidos pelas pulsões, permeadas por uma descarga emocional provocada pela capacidade atencional que move e comove, se reposicionam diante do processo de aprendizagem que se iniciou desde que o sujeito foi concebido.

Ao se manifestarem diante da história do sujeito, inicia-se uma escrita repleta de grifos e gestos traduzidos pelos semblantes desconfortáveis e pelos segredos não ditos. As palavras se misturam, a angústia toma conta das expectativas e, pelos olhares inseguros, é possível perceber a presença de sentimentos confusos, que estão além do não aprender do sujeito.

Os pais sentem-se em um emaranhado de ações e projeções e que, de modo inconsciente, contemplam a si mesmos na história do próprio filho; no entanto, faz-se necessário uma escuta acolhedora e atenta. Parafraseando Gutfreind (2010), é precioso valorizar o que os pais trazem para a clínica, para que seja possível aprender mais do que ensinar. Então, no primeiro contato presencial com a família, é aberto um espaço de comunicação, em que há uma permissão para historiar e ressignificar suas próprias vivências, nas quais pais e filhos estão imersos na subjetividade de suas histórias.

Filho sonhado ou o filho que se tem? Como é esse filho que estes pais se referem? Estão de acordo com as expectativas trazidas por ele? Há uma longa estrada de aceitação entre o filho sonhado e o existente, que *perturba*, causando equívocos, vinda pelos não ditos, pelo sonho e que sugere o caos. Desse modo, inconscientemente, quando se espera um filho, há um investimento emocional e narcisista que envolve os pais de tal forma que, segundo Gutfreind (2010, p. 75), "essa é a hora em que mães e pais canalizam frustrações – especialmente não historiadas para a satisfação, por intermédio do filho que virá como um redentor (sua majestade o bebê)". Exatamente pela subjetividade, nenhuma das perguntas descritas são possíveis de julgamentos diante da tamanha complexidade. O fato é que: o espaço é aberto para que seja possível iniciar uma narrativa afetiva que inicialmente desorganiza, a fim de ressignificar o fazer, o pensar e o aprender de todos os envolvidos nessa dinâmica aprendente, na qual o sujeito é a intersecção, o objeto a ser referenciado entre família e psicopedagogo.

Diante de palavras, histórias, motivo da consulta e relatos, é possível perceber o modelo de funcionamento que rege aquela família: forma que descrevem o filho, como o percebem, suas expectativas em relação a sua aprendizagem e a tratativa entre o casal e como esse afeto circula entre as três partes envolvidas. A divisão dos papéis, as cobranças referentes à ação de cada um, a forma de se referir ao outro e ao próprio filho. Neste momento é importante observar de que forma esses pais se relacionam com o conhecimento; isso fornece algumas pistas da forma que circula o conhecer e o saber dentro daquele núcleo. Neste sentido: "com os pais que trazem seu filho para consulta, é sempre melhor abrir um espaço para pensar como pensam, o que fazem, em vez de discutir sobre o que fazer. E quando o "que fazer" se impõe, abriremos um espaço para refletir sobre como pensam "o que tem que fazer" (Fernández, 2001).

Faz-se necessário alinhar com os pais as expectativas diante da prática psicopedagógica. Os pais, quando estão diante do profissional, constroem uma ideia de que o diagnóstico é realizado da maneira que imaginam, como uma prova, e que as palavras ouvidas sobre seus filhos como: tem preguiça, não estuda, não quer ler ou não consegue desempenhar satisfatoriamente na escola, serão argumentos únicos e ditos como verdadeiros numa avaliação diagnóstica. O percurso é extenso e requer muita cautela para observação e coleta de dados. O processo diagnóstico tem um tempo próprio, que nem sempre agrada aos pais.

Há que se levantar a história vital desse sujeito, tendo em vista que a anamnese é de extrema importância para que a família possa recordar eventos referentes ao desenvolvimento do sujeito de forma detalhada, a fim de complementar a avaliação. Desde a chegada do bebê à família até os dias atuais. Importante compreender por meio do relato os antecedentes pré-natais, perinatais e neonatais, histórico de doenças familiares, assim como informações sobre o desenvolvimento integral do sujeito. Informações importantes para o estudo do caso. Esses dados poderão contribuir para a construção de hipóteses diagnósticas, entendimento e raciocínio clínico, frente a aprendizagem do sujeito e sua forma de lidar com o conhecimento formal.

Por isso a importância do trabalho psicopedagógico, pois como traz Fernández (2001), o objeto da Psicopedagogia não é o conteúdo ensinado ou aprendido, ou ainda não aprendido, são as condutas ensinantes e aprendentes, e o cruzamento conturbado, entre o conhecer e saber.

É um desafio entender as estruturas de pensamento de quem está neste lugar como aprendente sem buscar entender sua história, ou só apenas ouvir: ele não aprende. Essa reflexão incomoda e nos move a buscar compreender por que muitas famílias buscam o atendimento psicopedagógico com a queixa de que o filho não aprende. Ou ainda, por que a família não sabe diferenciar problema ou dificuldades de aprendizagem e se adianta no manejo por achar que o sujeito tem uma patologia do não aprender. Quando começamos a entrar no entendimento daquele aprendente, percebemos que não permitem que ele aprenda e a *culpa* recai quase sempre no paciente, que não está acompanhando a turma como os demais da sala, pois a família *desconfia* que ele tem um problema orgânico; outros relatam que estão no consultório porque a escola *mandou* ou, ainda, porque o filho é preguiçoso.

Chegado o dia do encontro com o sujeito, o espaço psicopedagógico toma outra forma, iluminando-se com sua presença. Com a possibilidade de conhecer de perto a modalidade de aprendizagem que o circunda, fica possível estabelecer um vínculo para que a avaliação possa acontecer.

Entender as modalidades de aprendizagem traz pistas valiosas para perceber como esse sujeito se relaciona com o objeto da aprendizagem. Traz a relação entre o ser que ensina com a aprendizagem e consigo mesmo, podendo ser reorganizado a favor dele, assim como Fernández (2001) nos ensinou. Acompanhar o funcionamento, os modos de operar nas diferentes situações de aprendizagem, nos orienta para a compreensão das modalidades de aprendizagem. Ao permitir que o sujeito mostre o que sabe fazer, abre-se um espaço de confiança e, "a partir da modalidade de aprendizagem, em cada pessoa vai construindo-se uma modalidade de ensino, uma maneira de mostrar o que conhece e um modo de considerar o outro como aprendente. São modos de organização entre uma série de elementos heterogêneos" (Fernández, 2001). Também," a modalidade de ensino, embora se constitua desde o início da vida, é de algum modo, uma construção a partir da própria modalidade de aprendizagem. Por isso para modificar a modalidade de ensino, é preciso ressignificar a modalidade de aprendizagem" (Fernández, 2001).

Por sua vez, segundo Fernández (2001), quanto mais saudável for a modalidade de aprendizagem de uma pessoa, mais possibilidade terá de construir modalidades de ensino possibilitadoras de aprendizagem para e com os outros. Em Psicopedagogia, a abordagem de Fernández sobre as modalidades de aprendizagem, se coloca como tema genuíno, cuja finalidade é preparar-nos para lidar com a complexidade do sujeito aprendente-ensinante.

Para identificar a modalidade de aprendizagem do sujeito não se faz necessário realizar testagem alguma, basta observar como este indivíduo relaciona-se com objeto do conhecimento, como ele relata acontecimentos, como desenha, qual sua forma de jogar e de que modo usa a criatividade para produzir. A partir da realização de suas produções, será possível identificar e promover a modulação dessas modalidades de aprendizagem, que pode ser realizada por meio da hora do jogo ou da situação da pessoa aprendendo, permitindo ao profissional além de perceber a modalidade, abrir um espaço para o vínculo com o paciente. As demais avaliações serão cuidadosamente pensadas pelo psicopedagogo para avaliar e compreender o sintoma apresentado pela família e observado neste espaço de confiança e autoria

O aprendente está em pleno movimento de desenvolvimento biopsicossocial e, naquele momento. encontra-se desorganizado ou acham que a sua desorganização é culpa dele. Ele poderá apresentar a sensação de não ser capaz de realizar seu próprio querer, implicando em não fazer, falta do desejo e aprisionamento de sua inteligência.

E o que a família mais aguarda é a resposta diante da pergunta: o que é que meu filho tem que não aprende? O acompanhamento clínico, após a avaliação, faz-se de muitas interrogações, pois desconhecemos os efeitos que os dados apurados podem produzir na família. Embora queiram se aquietar quando buscam um atendimento, nem sempre suportam o árduo movimento de dissolução dos sintomas.

Uma relação circulante entre o psicopedagogo e a família

O fazer psicopedagógico nasce da necessidade para compreender o funcionamento do sujeito que aprende diante da interação entre ensinante e aprendente. Sua beleza está na relação do ensinam-te, que promove e oferece, e do aprendente, que se autoriza conhecer-se. Além disso, elabora e produz diante de sua subjetividade e generosidade, transformando e assimilando esse reconhecer; ressignificar em conhecimento. Quando percebemos, o sujeito é autor de sua história e começa explicitar suas novas aprendizagens, mudando de lugar e passando a tomar o gosto de ter seu desejo como motivação para aprender e viver; então, acontece à transformação e a modulação da modalidade de aprendizagem que o engessava e o aprisionava.

Diante desta reflexão, os sintomas da aprendizagem, as reatividades relacionadas ao não aprender permitem certa distância da perspectiva patologizante e medicamentosa, urgente e que, antes, muitos enxergavam em primeiro plano, em vez de uma investigação psicopedagógica cuidadosa.

A Psicopedagogia se encarrega de proporcionar a abertura de espaços objetivos e subjetivos de autoria de pensamento; convida o sujeito aprendente a pensar sobre as situações que o perturbam e que são complicadas de elaborar, no que tange a sua aprendizagem. Lembrando que esse sujeito não é valorizado somente pelo pensar ou pela sua potência cognitiva, mas, sim, há uma tessitura de inteligência e desejo, como dizia Fernández (2001): a inteligência-desejo pode ser dramatizada, representada, tornar-se visível e ser produzida em um corpo. A inteligência se constrói num espaço relacional, diante do vínculo com o outro, das experimentações e autorizações, nas quais se pode escolher para escrever a sua história.

Aprende-se com essa vivência psicopedagógica em circulação que os espaços de autoria de pensamento não acontecem num piscar de olhos, ou numa situação pontual apenas. Esses espaços são construídos aos poucos, ao tempo singular de cada aprendente. Por não serem rígidos, podem sofrer alterações, ressignificações e trazerem a possibilidade de aprendizagem à família, aos atendidos e ao terapeuta.

Quando as famílias chegam aos consultórios de Psicopedagogia, trazem consigo inquietações, sentimentos confusos e que seu filho não crê no seu fazer como resultado de suas escolhas e desejos. Demonstra dificuldade em se reconhecer autor de suas produções, seja ela na forma escrita, em esboços coloridos, numa conversa relatando algum acontecimento ou recordando de fatos. Suas atividades matemáticas provocam desgosto e suas redações lhe dão um prévio cansaço. Segundo Fernández (2001), "não confiam que sua capacidade pensante possa produzir algum efeito". Quando se encontram diante de um resultado positivo em matemática, costumam dizer "adivinhei" ou "acertei". De fato, fica claro em todo o material revisado para este trabalho que, entre as intervenções mais pontuais, destaca-se a necessidade em transmitir ao sujeito aprendente não o reforço positivo como forma comportamental, mas entregar-lhe algo que é dele: o reconhecimento de sua autoria, como produtor daquele feito, participante do ato de produzir algo desejante. Assim sendo, ser autor é algo que alegra as crianças, pois, ao tornar-se protagonista de seu saber, o sujeito tem a possibilidade de vivenciar situações de autonomia e de gestão de ideias (Fernández, 2001).

Quando a relação do sujeito aprendente e do psicopedagogo empaticamente se institue, proporcionada pelo vínculo e pelas intervenções propostas, nascidas no espaço terapêutico, inicia-se uma gama de possibilidades positivas que aproximam o fazer singular de cada um com um saber de *todos*, por meio da ludicidade, por meio do aceitável e escolhido. O respeito é pelo sujeito e não somente pelo o que ele mostra e demonstra saber e conhecer. Valoriza-se o seu fazer, o desejo, mesmo que não se mostre explicitamente; é para este sujeito que se refere e não para o fazer do Outro, dos pais, dos professores ou do próprio do psicopedagogo.

Resultados e discussões

No presente trabalho, destaca-se a importância do fazer psicopedagógico diante dos sintomas do aprender, que permeiam as famílias e desacomoda nossos aprendentes. Faz-se necessário acolher e trazer a família para este crescimento e amadurecimento, convocar o sujeito aprendente a ressignificar e ser autor da sua história, valorizando o seu fazer e redescobrindo o prazer de aprender.

Ao retomar a questão mobilizadora para a escrita deste artigo, qual seja a de que forma a Psicopedagogia pode contrubuir em sua relação com a família, sobre a importância da autonomia de pensamento do sujeito aprendente, observa-se que as respostas são muitas. Porém, na diversidade de perspectivas, o que se destacou e acomodou nossas inquietações foi uma palavra que norteia todo o processo: reconhecimento.

Em relação à família: como esses pais percebem e reconhecem o que seu filho realiza e como eles aceitam, acolhem ou repulsam? A valorização do fazer e do investimento emocional em cada atividade é o que abre a possibilidade de reconhecimento, ou seja, ante um conhecimento construído, o outro, em espelho, acolhe, reconhece a autoria.

Entre conflitos, desgostos, sintomas, a Psicopedagogia abre espaço para o vínculo. Entre psicopedagogo e paciente, ancorado pela família, é possivel pensar o que não se pensava, dizer o que não era dito e começar a fazer o que não se fazia mais. Produzir, criar, partilhar, autorizar-se, conhecer-se e reconhecer-se. Reconhecer em si o potencial adormecido, reconhecer no outro que a relação estabelecida de confiança permitirará avançar e desbravar os espaços objetivos e subejtivos da aprendizagem.

Referências

Chamat, L. S. J. (1997). *Relações vinculares e aprendizagem: um enfoque psicopedagógico.* São Paulo, SP: Vetor.

Fernández, A. (1991). *A Inteligência Aprisionada.* (2a ed.). Porto Alegre, SP: Artes Médicas.

Fernández, A. (2001). *Os idiomas do aprendente: análise de modalidades ensinantes em famílias, escolas e meios de comunicação.* Porto Alegre, RS: Artmed.

Fernández, A. (2001). *Psicopedagogia em psicodrama: morando no brincar.* Petrópolis, RJ: Vozes, 2001.Fernández, A. (2001). *O saber em jogo: a psicopedagogia propiciando autorias de pensamento.* Petrópolis, RJ: Artmed.Gutfreind, C. (2010). *Narrar, ser mãe, ser pai & outros ensaios sobre a parentalidade.* (2a ed.). Rio de Janeiro, RJ: Difel.Levin, E. (2001). *A função do filho: espelhos e labirintos da infância.* Petrópolis, RJ: Vozes.

CAPÍTULO 7

Desenvolvimento da memória de trabalho fonológica do 1° ao 7° ano do ensino fundamental

Carolina Sathler

Renata Mousinho

A memória de trabalho é descrita como um sistema capaz de reter e manipular temporariamente a informação enquanto participa de tarefas cognitivas como raciocínio, compreensão e aprendizagem (Adams & Gathercole, 1995, Alloway, Gathercole, Willis, & Adams, 2004). A memória de trabalho possibilita tanto o armazenamento como o processamento de informações que serão, posteriormente, armazenadas na memória de longo prazo. A quantidade de informações a ser processada por período é limitada e está relacionada a diferentes fatores, como a forma como as informações são apresentadas e sua velocidade de chegada (Baddeley, 2011).

Já que a memória de trabalho fonológica é um sistema de capacidade limitada, encarregada de armazenar brevemente as informações em um código fonológico, de forma a tornar possível o processamento das informações; ela possui um papel fundamental no desenvolvimento da leitura e da escrita (Mousinho & Correa, 2010).

Memória de trabalho

Em 1974, Baddeley e Hitch criaram o modelo que definia a memória de trabalho como um sistema composto por três componentes:

o executivo central, que atuaria como controlador atencional e dois subsistemas de apoio especializados no processamento e na manipulação de quantidades limitadas de informações específicas – a alça fonológica e o esboço visuoespacial (Baddeley & Hitch, 1974). Baddeley (2000) juntou ao modelo dois sistemas de suporte responsáveis pelo arquivamento temporário e pela manipulação de informações, um de natureza visuoespacial e outro de natureza fonológica.

A memória de trabalho consiste em um sistema com quatro componentes: *alça fonológica* (responsável pelo armazenamento de informações auditivo-verbais); *esboço visuo-espacial* (responsável pelo processamento das informações visuais e espaciais); *buffer episódico* (funciona como uma conexão entre os componentes da memória de trabalho e a memória de longo prazo); e *executivo central* (sistema responsável pelo gerenciamento dos demais subsistemas da memória de trabalho. Entre suas funções, está o controle do foco atencional e o gerenciamento das informações advindas da alça fonológica e do esboço visuoespacial). (Baddeley, 2000, 2002, 2003, 2007).

O executivo central seria responsável pelo controle atencional, atuando no processamento de tarefas cognitivas; enquanto o visuoespacial armazena informações visuoespaciais temporariamente, para produzir e realizar manutenções das imagens mentais. Por fim, o componente fonológico da memória de trabalho armazena a informação verbal, codificando as informações fonológicas de forma temporal e sequencial por um curto período de tempo. Para que essas informações não se percam no armazenador fonológico, elas são resgatadas através da alça articulatória, que utiliza um mecanismo de reverberação ou repetição subvocal, mantendo as informações na memória de trabalho fonológica (Corso & Dornelles, 2012).

A alça fonológica processa, portanto, as informações verbalmente codificadas. Para isso, conta com dois componentes: a memória fonológica de curto prazo e a realimentação subvocal. O componente fonológico da memória de trabalho, também chamado de *loop* fonológico, realiza a estocagem de material verbal, que se deteriora rapidamente. A realimentação subvocal ou *loop* articulatório permite resgatar as informações verbais em declínio e manter o material na memória. Ela sofre influência de extensão e frequência do material verbal (Baddeley, 2003a).

Memória de trabalho fonológica, linguagem oral e linguagem escrita

A aptidão em armazenar, manipular e processar informações está ligada, de maneira dinâmica, à possibilidade de resolução de problemas. E, de acordo com o progresso de desenvolvimento da criança, há um avanço no funcionamento cognitivo. Assim, conforme o desenvolvimento da memória de trabalho, o processamento de informações passa a se dar de maneira mais rápida e automática, possibilitando o trabalho com uma maior quantidade de informações de maneira simultânea (Uehara & Landeira-Fernandez, 2010). A memória de trabalho fonológica tem um papel especial para a linguagem, seja ela oral ou escrita.

Há correlação entre memória de trabalho fonológica e linguagem e fala, de modo que a memória aumenta com a idade, de acordo com o aumento da velocidade da repetição subvocal (Grivol e HAGE, 2011). Aos 3 anos de idade, o armazenamento fonológico está estabelecido, pois, nesse período, a criança consegue armazenar de duas a três palavras sequenciais. Aos 4 anos, existe um precursor da alça articulatória, que se consolida aos 7 anos (Uehara & Landeira-Fernandez, 2010).

Zanella e Valentine (2016) exemplificam a sistematização da memória de trabalho fonológica durante a compreensão de uma palavra ouvida. Quando se ouve uma palavra, o som passa pela memória sensorial, de modo que haja o reconhecimento dos padrões sonoros de uma língua; depois, dirige-se à memória de trabalho, para o seu processamento. A partir daí, o significado da palavra é resgatado da memória de longo prazo. Assim, para a compreensão de uma sentença, é necessário o armazenamento das palavras na sequência em que foram ditas/escritas, para a posterior codificação e recuperação da informação e, em seguida, significação do que foi lido ou ouvido (Pires e Estivalet, 2014).

A memória de trabalho é fortemente relacionada às habilidades de leitura. Para a segmentação fonêmica das palavras, é necessário a manutenção da informação enquanto os sons são segmentados e ordenados sequencialmente. Assim, a memória de trabalho está relacionada aos testes de consciência fonológica, visto que é necessário o armazenamento da informação para o entendimento dos enunciados escritos ou falados, além do armazenamento e manipulação dos componentes que formam as palavras. Partindo disso, ela é essencial durante o processo de correspondência grafema-fonema (Pires & Estivalet, 2014)

Já no processo inicial do desenvolvimento da leitura, a memória de trabalho permite aos escolares armazenarem a sequência de sílabas lidas, ainda lentamente, para que ao final eles reconheçam as palavras, encontrando o seu significado. Quanto maior for a palavra, maior será a exigência para a memória de trabalho (Moraes, 2017).

Já nos leitores mais fluentes, a decodificação das sílabas das palavras não é mais necessária – ela é feita por meio do resgate da palavra como um todo. Dessa forma, a capacidade de armazenamento se torna maior, o que possibilita o armazenamento de um maior número de palavras, proporcionando a compreensão de textos com a evolução da vida acadêmica (Mousinho, 2015).

Vários autores mostraram que a memória de trabalho fonológica apresenta correlação significativa com a leitura textual, justamente porque devemos conservar temporariamente na memória o significado da frase lida e, em seguida, atribuir significado ao parágrafo, para, posteriormente, atribuir o significado ao texto (Mousinho & Correa, 2010).

Considera-se a memória de trabalho como preditora para a leitura, a escrita, a compreensão e a lógica matemática, por sua função de armazenamento e manipulação ser essencial ao processo de aprendizagem. O desempenho aquém do esperado dos componentes da memória de trabalho está entrelaçado a dificuldades de aprendizagem, visto que é necessária adequada capacidade em armazenar e manipular informações processadas para que haja uma adequada execução de tarefas acadêmicas ou motoras (Zanella & Valentini, 2016).

Alterações nessas competências são observadas em aprendizes com transtornos de aprendizagem que, consequentemente, apresentam uma leitura lenta e penosa (Oliveira, Cardoso, & Capellini, 2012).

De acordo com Grivol e Hage (2011), a memória de trabalho fonológica pode ser avaliada através dos testes *Span* de dígitos e repetição de não-palavras. Na tarefa de *Span* de dígitos, a ordem direta – repetição da sequência numérica na ordem apresentada – diz respeito à alça fonológica, enquanto a ordem inversa – repetição da sequência numérica após sua transposição – diz respeito ao componente executivo central. Na tarefa da repetição de não-palavras, existe uma maior confiabilidade às habilidades da memória de trabalho fonológica, visto que, ao se apresentar um estímulo fonológico sem significado, existe menor influência lexical, exigindo, assim, uma análise perceptiva e planejamento fonológico.

Uma vez que a memória fonológica é de suma importância para as habilidades de leitura, torna-se de especial importância compreender, a partir de suas respostas a avaliações voltadas para esta análise, como as crianças brasileiras se desenvolvem ao longo do ensino fundamental, objetivo principal deste capítulo.

Método

O projeto foi aprovado pelo Comitê de Ética em Pesquisa do Instituto Deolindo Couto sob o nº 003/07. Todos os pais assinaram o Termo de Consentimento Livre e Esclarecido (TCLE) e concordaram com a participação voluntária na pesquisa.

O estudo, de caráter longitudinal, foi feito por meio da análise das avaliações de 40 crianças de ambos os sexos, com a média de idade de 7,58 anos (desvio padrão de 3,721). As avaliações foram realizadas no projeto de pesquisa *Acompanhamento longitudinal do desenvolvimento linguístico dos estudantes do CAp-UFRJ: atuação na prevenção e na terapia dos transtornos de linguagem*, iniciado no ano de 2007. Todos os escolares ingressados no ano de 2007 que cursaram o no 1° ano do ensino fundamental fizeram parte desta amostra.

A coleta de dados aconteceu no Colégio de Aplicação da Universidade Federal do Rio de Janeiro (CAP-UFRJ), de 2007 a 2015. Do 1° ao 7° ano do ensino fundamental, as crianças realizaram avaliação fonoaudiológica anualmente. O CAp-UFRJ foi escolhido por ser uma instituição pública, na qual as crianças ingressam por meio de sorteio. Desse modo, não há predominância de determinado padrão socioeconômico entre os escolares.

As avaliações que foram realizadas para a avaliação de memória foram repetição de não palavras (Kessler, 1997) e *Span* de dígitos (Bogossian & Santos, 1997), que serão detalhados a seguir.

Repetição de não palavras: a prova de repetição de não palavras consiste na repetição de palavras formadas por sequências fonológicas sem significado. Ela é composta por 30 palavras sem significado, constituídas por estrutura silábica simples, do tipo consoante-vogal, seguindo a estrutura fonológica do Português. As palavras são organizadas em grupos do mesmo número de sílabas, variando de uma a seis sílabas.

Span de dígitos: foi utilizado o Teste Illinois de Habilidades Psicolinguísticas (ITPA), adaptado por Bogossian e Santos (1997). Nessa tarefa, a criança deve repetir uma sequência de dígitos fornecida pelo avaliador. São duas sequências com dois dígitos, três sequências com três dígitos, quatro sequências com quatro dígitos, cinco sequências com cinco dígitos, cinco sequências com seis dígitos e duas sequências com sete dígitos, totalizando 21 itens.

Resultados e discussão

Foi realizada uma análise estatística de frequência através do instrumento SPSS (*StatisticalPackage for Social Sciences*), em sua versão 23.0. Em relação ao *span* de dígitos, pode-se verificar que a repetição da combinação de dois, três e quatro dígitos foi fácil, mesmo nos anos mais básicos. Com cinco dígitos, houve melhora progressiva, atingindo efeito teto nos 6° e 7° anos do ensino fundamental. Já as combinações com seis dígitos e, especialmente, com sete dígitos, foram mais difíceis nos anos escolares investigados.

Tabela 1 – Desenvolvimento do span de dígitos do 1° ao 7° ano do ensino fundamental

	2 dígitos		3 dígitos		4 dígitos		5 dígitos		6 dígitos		7 dígitos	
	Média	DP	Média	DP	Média	DP	Média	DP	Média	DP	Média	DP
1° ano	,99	,079	,98	,158	,82	,247	,57	,322	,26	,311	,08	,242
2° ano	1,00	,000	,99	,053	,91	,167	,85	,254	,44	,348	,15	,304
3° ano	1,00	,000	1,00	,000	,93	,160	,74	,305	,63	,298	,24	,358
4° ano	1,00	,000	1,00	,000	,98	,076	,88	,161	,52	,376	,26	,375
5° ano	1,00	,000	1,00	,000	,99	,040	,86	,175	,58	,359	,35	,427
6° ano	1,00	,000	1,00	,000	1,00	,000	1,00	,000	,80	,268	,64	,438
7° ano	1,00	,000	1,00	,000	1,00	,000	1,00	,000	,91	,181	,78	,339

No que diz respeito à repetição de não-palavras, aquelas com uma, duas, três e quatro sílabas apresentaram bons resultados desde os primeiros anos do ensino fundamental. Com cinco e seis sílabas, os resultados oscilaram mais, tendo um crescimento do início ao fim da faixa estudada.

Tabela 2 – Desenvolvimento da repetição de não-palavras do 1° ao 7° ano do ensino fundamental

	1 sílaba		2 sílabas		3 sílabas		4 sílabas		5 sílabas		6 sílabas	
	Média	DP	Média	DP	Média	DP	Média	DP	Média	DP	Média	DP
1° ano	,99	,044	,96	,166	,97	,110	,89	,217	,73	,306	,52	,347
2° ano	,99	,053	,97	,089	,91	,135	,93	,141	,69	,303	,60	,340
3° ano	1,00	,000	,99	,070	,98	,067	,91	,169	,78	,216	,67	,175
4° ano	1,00	,000	,99	,053	,99	,044	,95	,126	,78	,198	,70	,283
5° ano	1,00	,000	1,00	,000	,99	,044	,95	,111	,90	,150	,79	,297
6° ano	1,00	,000	1,00	,000	1,00	,000	1,00	,000	,88	,230	,90	,207
7° ano	1,00	,000	1,00	,000	1,00	,000	1,00	,000	,96	,081	,92	,134

Ao se analisar os resultados dos testes comparativamente, verificou-se que a repetição de não palavras revelou-se mais fácil do que a repetição de dígitos, o que fica mais evidente na combinação de seis estímulos, tal qual pode ser observado na figura abaixo, em que o eixo vertical mostra a proporção de acerto nos testes e o horizontal indica o ano escolar.

Figura 1 – Análise comparativa dos resultados dos testes de memória de trabalho fonológica

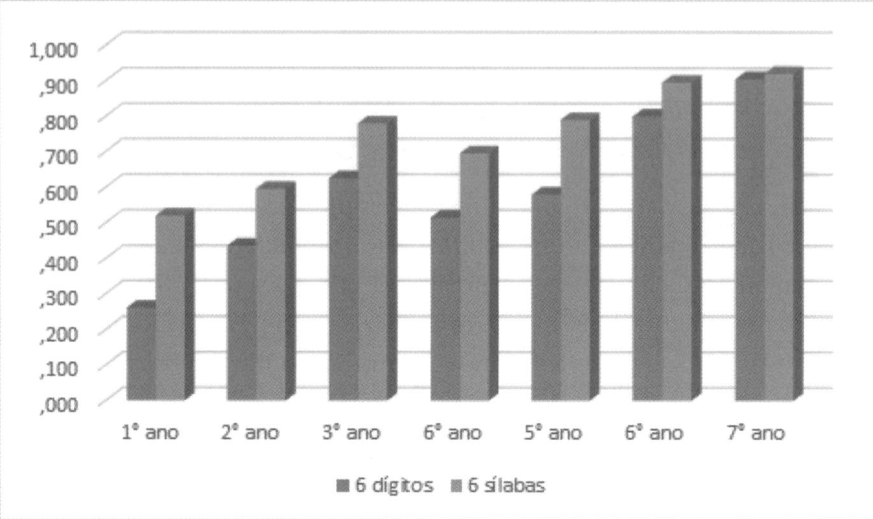

Os resultados encontrados neste estudo corroboram os da literatura, que apontam que, ao longo do desenvolvimento, há a expansão da memória de trabalho associada ao aumento da capacidade de velocidade de subvocalização (Grivol & Hage, 2011) e da realização desta de forma ativa, baseada na fala (Gathercole, Adams, & Hitch, 1994; Gathercole & Hitch, 1993), se considerarmos que as provas de repetição de dígitos exigem ainda mais do componente fonológico.

Ao tratarem do desenvolvimento da memória de trabalho, Gathercole e Baddeley (1993) creem que há um aumento significativo da capacidade de reter material verbal temporariamente, o que reforça os achados do presente estudo. Segundo os autores, isso acontece da infância até a fase adulta.

Gabriel, Morais e Kolinsky (2016) reforçam a visão de Alloway (2006) sobre o desenvolvimento da memória de trabalho ao afirmar que da infância à vida adulta existe um aumento substancial na capacidade de absorver temporariamente material verbal, como uma lista de números, sendo observado o aumento da capacidade de reter informações com o passar dos anos (Moraes, 2017).

É possível mostrar várias maneiras através das quais a memória de trabalho pode ser desenvolvida durante a infância. Um exemplo é que alguns dos itens que fazem o sistema de memória em um adulto poderiam não existir na criança, porque eles são desenvolvidos em um momento específico; ou os componentes já estariam nas crianças, mas suas capacidades seriam desenvolvidas com a maturidade, reiterando o que foi exposto por Gathercole, Alloway, Willis, & Adams (2006).

Implicações educacionais

Já é um consenso na literatura a importância da estimulação das habilidades fonológicas, incluindo a memória de trabalho, para o desenvolvimento da leitura e da escrita. Sabe-se que esta estimulação favorece tanto às crianças com o desenvolvimento típico, quanto àquelas que apresentam fatores de risco, algum transtorno ou dificuldades de aprendizagem. Se fossem inseridas no currículo atividades de estimulação destas habilidades, provavelmente conseguiríamos facilitar um processo tão complexo quanto a aprendizagem da leitura (Bradley & Bryant, 1983, Justi, 2009; Mousinho & Correa, 2009, Mousinho & Correa, 2010).

Nesta perspectiva, Alloway (2006) elaborou estratégias para que o professor possa, de forma objetiva e prática, estimular as habilidades de memória de trabalho. A *repetição frequente de instruções* é uma estratégia em que a criança seria continuamente estimulada a memorizar o que deve ser realizado e como deve ser realizado; seria indicada para tarefas que duram um longo período de tempo. Fazer *rotinas* no quadro auxiliaria esse processo, pois a exposição às instruções seria diária. Da mesma forma que *debater o tema da atividade antes do seu início* facilitaria a compreensão do que deve ser feito e familiarizaria o aluno com o assunto, possibilitando que ele memorize as novas informações. Outra proposta é orientar os escolares a fazerem seu próprio *dicionário* de palavras novas para ajudar na memorização e aumentar o vocabulário. A mesma publicação da autora sugere adaptações para quem tem dificuldade na memória de trabalho como, por exemplo, mudar a estrutura dos exercícios e das provas, fazendo *enunciados objetivos*.

Considerações finais

Os valores de referência observados indicaram que a memória de trabalho melhora com o aumento da idade das crianças, o que possibilita um aumento no armazenamento de curto prazo do material verbal. Os resultados deste estudo podem servir como parâmetros para a educação, para a clínica e para novas pesquisas.

Referências

Adams, A. M., & Gathercole, S. E. (1995). Phonological working memory and speech production in preschool children. *Journal of Speech, Language, and Hearing Research*, *38*(2), 403-414.

Alloway, T. P., Gathercole, S. E., Willis, C., & Adams, A. M. (2004). A structural analysis of working memory and related cognitive skills in young children. *Journal of experimental child psychology*, 7(87), 85-106.

Alloway, T. P. (2006). How does working memory work in the classroom? *Educational Research and reviews*, *1*(4), 134-139.

APA – American Psychiatric Association. (2013). Diagnostic and statistical manual of mental disorders. *BMC Med*, *17*, 133-137.

Baddeley, A. D., & Hitch, G. (1974). Working memory. In G. H. Bower (Org.). The p*sychology of learning and motivation* (Vol. 8, pp. 47-89). Academic press.

Baddeley, A. D. (1997) Human Memory: Theory and practice. *Psychology Press.*

Baddeley, A. D. (1999). Working Memory. In: D. A. BADDELEY. *Essentials of Human Memory*. (Cap. 3, pp. 45-70) New York: Psychology Press.

Baddeley, A. D. (2000). The episodic buffer: a new component of working memory? *Trends in cognitive sciences*, *4*(11), 417-423.

Baddeley, A. D. (2002). Is working memory still working? *European psychologist*, 7(2), 85.

Baddeley, A. D. (2003a). Working memory and language: An overview. *Journal of communication disorders*, *36*(3), 189-208.

Baddeley, A. D.(2003b). Working memory: looking back and looking forward. *Nature reviews neuroscience*, *4*(10), 829. Recuperado de: http://dx.doi.org/10.1038/nrm1201

Baddeley, A. (2007). *Working memory, thought, and action* (Vol. 45). OUP Oxford.

Baddeley, A. D., & Anderson, M. (2011). *Memória*. Porto Alegre, RS: Artmed.

Bradley, L., & Bryant, P. E. (1983). Categorizing sounds and learning to read—a causal connection. *Nature*, *301*(5899), 419.

Baglio, G., Blasi, V., Sangiuliano Intra, F., Castelli, I., Massaro, D., Baglio, F., ... & Marchetti, A. (2007). Social competence in children with borderline intellectual functioning: delayed development of theory of mind across all complexity levels. *Frontiers in psychology.*

Bogossian, M. A. D. S., & Santos, M. J. (1997). *Adaptação brasileira: teste Illinois de habilidades psicolinguísticas.* Florianópolis, SC: Tamasa.

Capellini, S. A., Ferreira, T. D. L., Salgado, C. A., & Ciasca, S. M. (2007). Desempenho de escolares bons leitores, com dislexia e com transtorno do déficit de atenção e hiperatividade em nomeação automática rápida. *Revista da Sociedade Brasileira de Fonoaudiologia*, 12(2), p. 114-119.

Capellini, S. A., & Conrado, T. L. B. C. (2009). Desempenho de escolares com e sem dificuldades de aprendizagem de ensino particular em habilidade fonológica, nomeação rápida, leitura e escrita. *Rev Cefac, 11*(2), 183-93.

Capellini, S. A., Tonelotto, J. M. D. F., & Ciasca, S. M. (2004). Medidas de desempenho escolar: avaliação formal e opinião de professores. *Estudos de Psicologia (Campinas)*, 21(2), p. 79-90.

Capovila, A. G. S., & Capovilla, F. C. (2002). Problemas de aquisição de leitura e escrita: efeitos de déficit de discriminação fonológica, velocidade de processamento e memória fonológica. *Estudos e Pesquisas em Psicologia, 2*(1), 26-50.

Corso, L. V., & Dorneles, B. V. (2012). Qual o papel que a memória de trabalho exerce na aprendizagem da matemática? *Boletim de Educação Matemática, 26*(42 B), 627-647.

Gabanini, A. P. N. (Org.). (2014). *Módulo 2 – Dificuldades e transtornos de aprendizagem:* por que o aluno não aprende? São Paulo, SP: Instituto ABCD.

Gabriel, R., Morais, J., & Kolinsky, R. (2016). A aprendizagem da leitura e suas implicações sobre a memória e a cognição. *Ilha do Desterro: A Journal of English Language, Literatures in English and Cultural Studies, 69*(1), 61-78.

Gathercole S. E., Willis C., & Adams A. M. (2005). Working memory and special educational needs. *Educational & child psychology*, 22(56).

Gathercole, S. E., & Hitch, G. J. (1993). Developmental changes in short--term memory: a revised working memory perspective. In A. COLLINS (Org.). *Theories of Memory.*

Gathercole, S. E., & Baddeley, A. D. Working Memory and Language. (1994). In Gathercole, S. E., Adams, A. M., & Hitch, G. J. (1994). Do young children rehearse? An individual-differences analysis. *Memory & Cognition, 22*(2), 201-207.

Gathercole, S. E., Adams, A. M., & Hitch, G. J. (1994). Do young children rehearse? An individual-differences analysis. *Memory & Cognition, 22*(2), 201-207.

Gathercole, S. E. (1998). The development of memory. *The Journal of Child Psychology and Psychiatry and Allied Disciplines, 39*(1), 3-27.

Gathercole, S. E. (1999). Cognitive approaches to the development of short-term memory. *Trends in cognitive sciences, 3*(11), 410-419.

Gathercole, S. E., Frankish, C. R., Pickering, S. J., & Peaker, S. (1999). Phonotactic influences on short-term memory. *Journal of Experimental Psychology: Learning, Memory, and Cognition, 25*(1), 85-95.

Gathercole, S. E., Alloway, T. P., Willis, C., & Adams, A. M. (2006). Working memory in children with reading disabilities. *Journal of experimental child psychology, 93*(3), 265-281.

Gathercole, S. E., & Pickering, S. J. (2000). Working memory deficits in children with low achievements in the national curriculum at 7 years of age. *British Journal of Educational Psychology, 70*(2), 177-194.

Grivol, M. A., & Hage, S. R. D. V. (2011). Memória de trabalho fonológica: estudo comparativo entre diferentes faixas etárias. *Jornal da Sociedade Brasileira de Fonoaudiologia, 23*(3), 245-251.

Justi, C. (2009). A contribuição do processamento fonológico, da consciência morfológica e dos processos subjacentes à nomeação seriada rápida para a leitura e a escrita no português brasileiro.

Kessler, T. M. (1997). *Estudo da memória de trabalho em pré-escolares* (Dissertação de Mestrado]. Universidade Federal de São Paulo. São Paulo, SP, Brasil.

Kessler, T. M. (1997). *Estudo da memória operacional em pré-escolares.* (Dissertação de Mestrado em Distúrbios da Comunicação Humana) – Universidade Federal de Santa Maria, Santa Maria, Rio Grande do Sul, RS, Brasil.

Menezes, M. L. N. (2003). *A construção de um instrumento para avaliação do desenvolvimento da linguagem: idealização, estudo piloto para padronização e validação* (Doctoral dissertation, Instituto Fernandes Figueira). Curso de Saúde da Criança, Fiocruz/Instituto Fernandes Figueira, Rio de Janeiro, RJ, Brasil.

Morais, J. *A arte de ler.* (1996). São Paulo, SP: Editora da Universidade Estadual.

Moraes, L. D. S. L. (2017). Uma investigação sobre a memória de trabalho e desenvolvimento da leitura e escrita em crianças participantes do Projeto Acerta.

Mousinho, R. (2003). Desenvolvimento da leitura e escrita e seus transtornos. In: M. Goldfeld, *Fundamentos em Fonoaudiologia: linguagem.* (2a ed., p. 39-59) Rio de Janeiro, RJ: Guanabara Koogan.

Mousinho, R. (2014). Transtornos Específicos de Aprendizagem: dislexia. In: MARCHESAN, I.; SILVA, H.; TOMÉ, M. (Org.). *Tratados das Especialidades em Fonoaudiologia.* São Paulo: Guanabara Koogan, cap. 70. p. 577-582.

Mousinho, R, & Correa, J. (2009). Habilidades lingüístico-cognitivas em leitores e não-leitores *Pró-Fono Revista de Atualização Científica*. Abr--jun;21(2): 113-8.

Mousinho, R., & Correa, J. (2010). Interrelação entre processamento fonológico e compreensão leitora do 2° ao 4° ano do ensino fundamental: um estudo longitudinal. *Revista Psicopedagogia*, *27*(82), 27-35.

Mousinho, R. & Correa, J. (2013). Desenvolvimento da velocidade de leitura em crianças com e sem dificuldades: um estudo longitudinal do segundo ao sexto ano do ensino fundamental. In L. Alves, R. Mousinho, S. A. Capellini (Orgs.). *Dislexia: novos temas, novas perspectivas*. (pp. 215-228). Rio de Janeiro, RJ: Wak.

Mousinho, R., & Correa, J. (2013). As habilidades de processamento fonológico e seu desenvolvimento nos dois primeiros ciclos do ensino fundamental. In L. Alves, R. Mousinho, S. A. Capellini (Orgs.). *Dislexia: novos temas, novas perspectivas*. (p. 195-214). Rio de Janeiro, RJ: Wak.

Navas, A. L. G. P., Pinto, J. C. B. R., & Dellisa, P. R. R. (2009). Avanços no conhecimento do processamento da fluência em leitura: da palavra ao texto. *Revista da Sociedade Brasileira de Fonoaudiologia*, 14(4), 553-559.

Navas, A. L. G. P., & Weinstein, M. C. A. (2009). Disturbo específico de Leitura (dislexia): debates necessarios. *Revista CEFAC: Atualizacao Cientifica em Fonoaudiologia e Educacao*, 11(4), 552-553.

Oliveira, A. M. D., Cardoso, M. H., & Capellini, S. A. (2012). Caracterização dos processos de leitura em escolares com dislexia e distúrbio de aprendizagem. *Revista da Sociedade Brasileira de Fonoaudiologia*, 17, 201-207.

Pinheiro, F. H. (2013). Conversando com o professor sobre TDAH – Aspectos fonoaudiológicos. In L. Alves, R. Mousinho, S. A. Capellini (Orgs.). *Dislexia: novos temas, novas perspectivas*. (p. 131- 140). Rio de Janeiro, RJ: Wak.

Pires, M. M., & Estivalet, G. L. (2014). Memória de trabalho: uma proposta de avaliação infantil. *Signo*, *39*(67), 46-57.

Puliezi, S. (2011). *A contribuição da consciência fonológica, memória de trabalho e velocidade de nomeação na habilidade inicial de leitura* (Dissertação de Mestrado). Pontifícia Universidade Católica de São Paulo, São Paulo. São Paulo, SP, Brasil.

Rocco, M. T. F. (1994). A importância da leitura na sociedade contemporânea e o papel da escola nesse contexto. *Série Idéias*, (13), 37-42.

Santos, F. H. D., & Bueno, O. F. A. (2003). Validation of the Brazilian Children's Test of Pseudoword Repetition in Portuguese speakers aged 4 to 10 years. *Brazilian Journal of Medical and Biological Research*, *36*(11), 1533-1547.

Santos, M. R., & Siqueira, M. (2002). Consciência fonológica e memória. *Rev. Fono Atual*, São Paulo, 5(20), p. 48- 53.

Scarborough, H. S. (1998). Predicting the future achievement of second graders with reading disabilities: Contributions of phonemic awareness, verbal memory, rapid naming, and IQ. *Annals of Dyslexia*, *48*(1), 115-136.

Silva, C. (2013). Identificação e intervenção precoce de escolares de risco para a dislexia. In L. Alves, R. Mousinho, S. A. Capellini (Orgs.). *Dislexia: novos temas, novas perspectivas*. (p. 49-62). Rio de Janeiro, RJ: Wak.

Silva, C. D., & Capellini, S. A. (2013). Desempenho de escolares com e sem transtorno de aprendizagem em leitura, escrita, consciência fonológica, velocidade de processamento e memória de trabalho fonológica. *Revista Psicopedagogia*, 3-11.

Tenório, S. M. P. C. P., & de Ávila, C. R. B. (2012). Processamento fonológico e desempenho escolar nas séries iniciais do ensino fundamental. *Revista CEFAC*, *14*(1), 30-38.

Uehara, E., & Landeira-Fernandez, J. (2010). Um panorama sobre o desenvolvimento da memória de trabalho e seus prejuízos no aprendizado escolar. *Ciências & Cognição*, *15*(2), p. 31-41.

Zanella, L. W., & Valentini, N. C. (2016). Como funciona a Memória de Trabalho? Influências na aprendizagem de crianças com dificuldades de aprendizagem e crianças com desordem coordenativa desenvolvimental. *Medicina (Ribeirão Preto)*, *49*(2), 160-174.

CAPÍTULO 8

Nomeação Automatizada Rápida e sua relação com a leitura em crianças disléxicas

Jane Correa
Stella Amaral Varizo
Renata Mousinho

A leitura é uma atividade complexa, que exige do leitor inúmeras habilidades. Ao tentarmos ler palavras de um idioma que não dominamos, podemos até decodificar algumas sílabas, no entanto, não saberemos o significado. Assim, entendemos, de acordo com o Modelo Simples de Leitura (Gough & Tunmer, 1986), que a leitura pode ser descrita como o produto de duas habilidades: a decodificação e a compreensão. Dessa forma, a decodificação refere-se à habilidade de realizar a correspondência entre as letras (grafemas) e os sons (fonemas) para o reconhecimento da palavra escrita (Santos & Navas, 2016). A compreensão, por sua vez, refere-se à habilidade de relacionar a palavra decodificada com o seu significado no dicionário mental (léxico) (Santos & Navas, 2016). Após esse processo, que envolve inúmeras habilidades cognitivas, a criança alcança o objetivo de ler e compreender (Gough & Tunmer, 1986).

É importante ressaltar que ler de maneira precisa e rápida auxilia na compreensão. Assim, podemos destacar algumas habilidades importantes para a leitura, dentre elas: habilidades visuais e automaticidade da leitura.

A importância das habilidades visuais

O processamento visual é um dos primeiros a ser acionado no momento da leitura. Durante a leitura, os olhos se movimentam de maneira rápida por cima da linha do texto e realizam algumas paradas, conhecidas como fixações. Durante essas fixações, o leitor extrai as informações necessárias durante a leitura (Lukasova, Barbosa, Rosa, & Macedo, 2009). Assim, caso a palavra que estivermos lendo seja uma palavra de alta frequência na língua, a leitura é realizada de uma forma global, o que permite relacioná-la com seu o significado de maneira mais rápida. Caso a palavra seja de baixa frequência, a leitura levará mais tempo, uma vez que será necessário decodificar cada pedaço da palavra para depois atribuir o significado.

A habilidade de reconhecer a palavra de uma forma global está relacionada com a extensão visual (*span* de atenção visual). Assim, o *span* de atenção visual pode ser definido como o número de elementos visuais distintos que podem ser processados simultaneamente (Bosse, Tainturier, & Valdois, 2007). Quanto maior experiência com a leitura, maior o número de letras a serem reconhecidas em uma fixação. Ou seja, quanto maior o *span* de atenção visual, mais rápida é a leitura, pois as palavras são processadas de maneira global (Lukasova, Silva, Oliveira, & Macedo, 2017). No entanto, prejuízos na capacidade de processamento visual, juntamente com prejuízos linguísticos, podem ocasionar dificuldades na leitura, resultando em leitura mais lenta (Mendes, Mousinho, & Maia, 2018, Germano & Capellini, 2018).

A importância da automaticidade da leitura

A automaticidade é um componente importante para a leitura habilidosa. Ler de maneira automática consiste em ler com a velocidade adequada, de forma precisa e sem esforço (Norton & Wolf, 2012, Stanovich, 1990).

No início do desenvolvimento da leitura, o reconhecimento de palavras ocorre de forma lenta, decodificando letra por letra ou sílaba por sílaba e recuperando, com esforço, o seu significado. Conforme a criança avança na escolaridade e adquire prática na leitura, esse reconhecimento de palavras passa a ser mais rápido e sem esforço, permitindo que recursos cognitivos sejam deixados para a compreensão (Laberge & Samuels, 1974, Schwanenflugel, Meisinger, & Wisenbaker, 2006). Isto porque as palavras são lidas de forma precisa, rápida, com entonação apropriada, de forma automatizada e com acesso simultâneo ao significado (Correa &

Ramires, 2015). Nos primeiros anos do ensino fundamental, as crianças são capazes de usar seus recursos cognitivos na leitura fluente de texto para auxiliar na compreensão, na leitura de textos não tão complexos (Schwanenflugel, Meisinger, & Wisenbaker, 2006).

A nomeação automatizada rápida é uma tarefa conhecida capaz de medir a automaticidade no processo de reconhecimento de itens familiares (Denckla & Rudel, 1974). Como esta tarefa é o tema principal do presente capítulo, abordaremos a sua relação com a leitura a seguir com mais detalhe.

Nomeação Automatizada Rápida

A tarefa de nomeação automatizada rápida avalia a habilidade de acesso lexical, mensurando o tempo que a criança leva para olhar o estímulo visual e reconhecer o significado no dicionário mental (Denckla & Rudel, 1974, Wolf & Bowers, 1999, Norton & Wolf, 2012). Ou seja, quanto tempo, a partir do processamento visual, a criança leva para resgatar as informações fonológicas da memória de longo prazo (Mousinho & Correa, 2016).

Nesta tarefa, a criança deve nomear o mais rápido e o mais corretamente possível uma sequência de cinquenta estímulos visuais familiares expostos em um cartão no tamanho de uma folha A4. Os estímulos apresentados são objetos e cores, que formam a nomeação figurativa, e números e letras – que formam a nomeação alfanumérica.

As tarefas de nomeação automatizada rápida são realizadas da esquerda para a direita e de cima para baixo, assim como o processo de leitura em línguas alfabéticas ocidentais. Assim, pode-se dizer que a nomeação automatizada rápida e a leitura estão relacionadas, porque ambas exigem o processamento serial da informação visual e ambas exigem a produção oral de nomes específicos, o que requer acesso às representações fonológicas (Protopapas, Altani, & Georgiou, 2013).

Devido a sua similaridade com o processo de leitura, a nomeação automatizada rápida é considerada como um minicircuito da leitura. Igualmente importante, a tarefa de nomeação requer uma sincronização e integração entre diferentes processos, assim como na leitura (Wolf & Bowers, 1999, Norton & Wolf, 2012).

Os processos envolvidos são: processos de atenção ao estímulo; processos visuais para detecção, discriminação e identificação do estímulo;

integração de características visuais com representações ortográficas armazenadas; integração da informação visual e ortográfica com representações fonológicas armazenadas; acesso e recuperação fonológica; ativação e integração da semântica e informações conceituais; ativação motora levando à articulação e pronúncia do estímulo (Wolf & Bowers, 1999, Norton & Wolf, 2012).

A habilidade de ler textos de maneira veloz está relacionada à fluência de leitura. O termo leitura fluente tem sido utilizado para caracterizar uma leitura precisa, veloz e expressiva (Correa & Ramires, 2015). Uma vez que a rapidez é um fator importante para a leitura textual fluente, não é surpreendente que o desempenho em tarefas de nomeação automatizada rápida se correlacione com o desempenho em medidas de leitura fluente e, consequentemente, com a compreensão (Cardoso-Martins & Pennington, 2001). Então, quanto maior a habilidade de reconhecer palavras escritas de maneira rápida, maior a quantidade de recursos intelectuais disponíveis para as tarefas de compreensão de leitura (Cardoso-Martins & Pennington, 2001).

Assim, podemos dizer que a nomeação automatizada rápida se relaciona com a fluência de leitura. Essa relação não é surpreendente, uma vez que em ambas as tarefas o tempo é um componente importante (Araújo, Reis, Petersson, & Faísca, 2015). Ler de maneira rápida ou, também dizendo, de maneira automatizada, somente ocorre quando o processamento da informação da palavra se dá de forma rápida e sem esforço consciente (Jones, Snowling, & Moll, 2016). Assim, nomear de maneira automática facilita o desenvolvimento de uma leitura fluente.

Devido a sua similaridade com a leitura, o desempenho na nomeação automatizada rápida também se mostrou importante para diferenciar leitores mais habilidosos de leitores menos habilidosos (Araújo, Reis, Petersson, & Faísca, 2015, Denckla & Rudel, 1976, Semrud-Clikeman, Guy, Griffin, & Hynd, 2000).

Os leitores habilidosos são capazes de realizar a leitura veloz sem esforço, garantindo a compreensão do material lido. Para este tipo de leitor, a nomeação rápida consiste em um processo automático. No entanto, leitores pouco habilidosos podem apresentar dificuldades de acesso ao léxico, evidenciando demora para reconhecer os estímulos visuais apresentados na nomeação rápida. Dessa maneira, a leitura se torna menos fluente, podendo afetar a compreensão (Bicalho & Alves, 2010).

A dislexia é um transtorno específico na leitura. O termo específico é utilizado para demarcar que a dificuldade enfrentada pelos disléxicos se restringe à leitura, não comprometendo a linguagem oral e o desenvolvimento intelectual. Crianças disléxicas apresentam a leitura de palavras de forma imprecisa ou lenta e com esforço, tendo dificuldade para compreender o sentido do que é lido e dificuldade para ortografar (pode adicionar, omitir ou substituir vogais ou consoantes) (APA, 2014).

Essas dificuldades se iniciam durante os anos escolares, mas podem não se manifestar completamente até que as exigências pelas habilidades acadêmicas afetadas excedam a capacidade da criança. Embora o diagnóstico possa ocorrer nos anos iniciais do ensino fundamental, na perspectiva do modelo de resposta à intervenção (*response to intervention* – RTI), sua confirmação só é realizada caso a criança mantenha as características durante pelo menos 6 meses, apesar de inserida em intervenções dirigidas para tais dificuldades (APA, 2014).

Assim, entendendo a relação entre a nomeação automatizada rápida e a leitura, o objetivo do presente estudo foi analisar quais subtestes da tarefa de nomeação automatizada rápida influenciam de forma significativa o desempenho na velocidade de leitura em crianças disléxicas.

O estudo

Vinte escolares com dislexia foram avaliados pelo projeto de pesquisa "Ambulatório de Transtornos da Língua Escrita – diagnóstico, acompanhamento e capacitação profissional", na Universidade Federal do Rio de Janeiro – UFRJ, Brasil, aprovado em julho de 2010 pelo CEP-INDC, renovado sob o número 5/2013. Todos os pais assinaram o Termo de Consentimento Livre e Esclarecido (TCLE) antes da realização das avaliações, mostrando estarem de acordo com que os dados pudessem ser utilizados para pesquisas.

Foram incluídos nesta investigação escolares cujo diagnóstico de dislexia fora concluído após avaliação da equipe multidisciplinar. Os escolares deveriam ter mais de dois anos de escolaridade na época do diagnóstico e estar cursando até o 4° ano do ensino fundamental. Desta forma, participaram do estudo 20 escolares com dislexia, com idade entre 7 e 10 anos (M = 8 anos e 3 meses; DP = 8 meses).

As tarefas selecionadas foram:

Nomeação Automatizada Rápida (NAR): os escolares realizaram a prova de Nomeação Automatizada Rápida (Denckla & Rudel, 1974, adaptada por Capellini, Ferreira, Salgado, & Ciasca, 2007). Esta prova foi dividida de acordo com a nomeação figurativa: objetos e cores, e alfanumérica (letras e números). Os subtestes compreenderam cinco estímulos diferentes, que se alternaram formando dez linhas sequenciais ao todo, em um total de cinquenta estímulos. Antes do início da aplicação, foi verificado se o escolar reconhecia cada estímulo. A partir disso, foi orientado a nomear o mais rapidamente possível os estímulos apresentados. A prova foi cronometrada, sendo o tempo de execução da tarefa medido em segundos.

Velocidade de Leitura: os escolares foram avaliados em habilidades de leitura por textos de acordo com a escolaridade. Após selecionado o texto, foi solicitado que o escolar o lesse em voz alta. A leitura foi avaliada de acordo com a velocidade (medida por meio do número de palavras lidas por minuto/PPM). Foram utilizados os seguintes textos narrativos: segundo ano – "O Acidente" (Cocco & Hailer, 1995, 196 palavras); terceiro ano – "As travessuras de Afonsinho" (Rocha, 1980, 720 palavras); quarto ano – "A grande novidade" (adaptado de José, 1989, 245 palavras).

Resultados e discussão

Uma vez que as tarefas avaliadas – tanto na nomeação automatizada rápida quanto na velocidade de leitura – apresentam padrões diferentes de acordo com a escolaridade, converteram-se os dados em escores Z. O objetivo era saber o quanto o grupo de crianças com dislexia desviava da média esperada, comparado com crianças de desenvolvimento típico em leitura no Português do Brasil (Mousinho & Correa, 2013, Mousinho, 2015). Assim, na tarefa de nomeação automatizada rápida, valores positivos do escore Z revelam que o grupo necessitou de tempo além da média para nomear os estímulos, ou seja, foram mais lentos ao nomear (Tabela 1). Já na tarefa de velocidade de leitura (M = -1,16; DP = 0,72), os valores negativos do escore Z mostram que os escolares tiveram pior desempenho em relação à média, ou seja, obtiveram menos palavras lidas por minuto.

A análise de correlação de Pearson foi realizada para as tarefas de nomeação automatizada rápida e velocidade de leitura com o objetivo de saber quais subtestes da nomeação automatizada rápida estariam relacionados significativamente com a velocidade de leitura em crianças disléxicas (Tabela 1).

Tabela 1 – Correlação entre a RAN e a Velocidade de Leitura Oral

	M	SD	Velocidade de Leitura
RAN Cores	1,17	0,77	0,28
RAN Objetos	1,41	1,35	0,22
RAN Dígitos	1,28	1,51	0,44*
RAN Letras	1,59	1,34	0,61**

Nota. n =20; *p<0,05; **p<0,01

As tarefas de nomeação rápida de números e letras correlacionaram-se significativamente com a velocidade de leitura em crianças disléxicas. Por sua vez, a nomeação de objetos e cores não apresentou correlação significativa com a velocidade de leitura.

Outros estudos também observaram que a nomeação automatizada rápida de números e letras está mais fortemente correlacionada com o desempenho na leitura do que a nomeação rápida dos estímulos objetos e cores, tanto em leitores típicos como em leitores disléxicos (Bowey, Mcguigan & Ruschena, 2005, Compton, 2003, Donker, Kroesbergen & Bree, 2016, Wolf & Bowers, 1999). Tal relação possivelmente ocorre porque, além de compartilhar a conversão de um estímulo visual em informação linguística (Protopapas, Altani, & Georgiou, 2013), a tarefa de nomeação de letras também compartilha com a leitura os caracteres alfabéticos, uma vez que as letras são empregadas para a representação da sequência fonológica no sistema de escrita alfabético (Bowey, Mcguigan & Ruschena, 2005). Outra explicação possível seria que o desenvolvimento inicial da alfabetização e o aumento da exposição a letras e números favorecem sua automatização, auxiliando o desenvolvimento da leitura (Araújo, Reis, Petersson, & Faísca, 2015, Compton, 2003, Norton & Wolf, 2012).

De forma a analisar melhor a contribuição dos estímulos alfanuméricos para a velocidade de leitura na dislexia, foi realizada uma Análise de Regressão Múltipla, tendo como fatores a RAN de números e a de letras. O resultado da regressão indicou que somente a RAN de letras explicaria 37% da variância (R2Adjusted = 0,33; F (1,18) = 10,46; p < 0,01). A RAN de letras (β = -0,33; p < 0,01) foi considerada a única preditora significativa para a velocidade na leitura oral de texto.

Dessa forma, nossos resultados reforçam o entendimento de que crianças com dificuldades de nomear de maneira rápida e sucessiva as letras apresentam prejuízos em manter rapidez na representação grafofonêmica, ou seja, na conversão de letras em sons. Assim, essa lentidão ao associar cada letra ao seu respectivo som prejudica a velocidade de leitura em escolares com dislexia (Araújo, Reis, Petersson, & Faísca, 2015; Donker, Kroesbergen & Bree, 2016, Protopapas, Altani, & Georgiou, 2013). Com isto, observa-se que a nomeação lenta, principalmente de letras, em crianças disléxicas não seria devido a menor experiência ou prática em leitura ou a um conhecimento limitado dos nomes das letras. Tal desempenho pode ser compatível com a falta de automatização das habilidades para execução da nomeação rápida (Araújo, Reis, Petersson, & Faísca, 2015; Denckla & Rudel, 1976; Jones, Snowling, & Moll, 2016; Semrud-Clikeman, Guy, Griffin, & Hynd, 2000), dificuldades nas representações fonológicas (Poulsen & Elbro, 2013, Protopapas, Altani, & Georgiou, 2013, Wagner & Torgesen, 1987) e, possivelmente também, falhas na percepção visual das letras (Denckla & Rudel, 1976, Mendes, Mousinho, & Maia, 2018).

Considerações Finais

Os achados deste estudo revelam que a nomeação automatizada rápida de números e letras se correlaciona com a velocidade de leitura em crianças disléxicas. Dentre os estímulos alfanuméricos, a nomeação de letras foi considerada a melhor preditora para a velocidade na leitura oral de texto. Tais resultados evidenciam mais uma vez a especificidade do transtorno de leitura das crianças com dislexia em realizar, principalmente, a conversão da letra com o som. Essas dificuldades de leitura observadas em crianças com dislexia impactam de forma negativa o desempenho escolar. Assim, estratégias podem ser usadas em ambiente escolar para que minimizem os impactos que a dificuldade na leitura causa para a criança.

Nota das autoras

Agradecemos à Fundação Carlos Chagas Filho de Amaparo à Pesquisa do Estado do Rio de Janeiro – FAPERJ, ao Conselho Nacional de Pesquisa-CNPq e à Coordenação de Aperfeiçoamento de Pessoal de Nível Superior - CAPES pelo apoio recebido.

Referências

APA – American Psychiatric (2014). Association. *DSM-5: Manual diagnóstico e estatístico de transtornos mentais*. Porto Alegre, RS: Artmed Editora.

Araújo, S., Reis, A., Petersson, K. M., & Faísca, L. (2015). Rapid automatized naming and reading performance: A meta-analysis. *Journal of Educational Psychology, 107*(3).

Bicalho, L. G. R., & Alves, L. M. (2010). A nomeação seriada rápida em escolares com e sem queixas de problemas de aprendizagem em escola pública e particular. *Revista Cefac, 12*(4).

Bosse, M. L., Tainturier, M. J., & Valdois, S. (2007). Developmental dyslexia: The visual attention span deficit hypothesis. *Cognition, 104*(2), 198-230.

Bowey, J. A., McGuigan, M., & Ruschena, A. (2005). On the association between serial naming speed for letters and digits and word-reading skill: towards a developmental account. *Journal of Research in Reading, 28*(4), 400-422.

Capellini, S. A., Ferreira, T. D. L., Salgado, C. A., & Ciasca, S. M. (2007). Desempenho de escolares bons leitores, com dislexia e com transtorno do déficit de atenção e hiperatividade em nomeação automática rápida. *Revista da Sociedade Brasileira de Fonoaudiologia*.

Cardoso-Martins, C., & Pennington, B. F. (2001). Qual é a contribuição da nomeação seriada rápida para a habilidade de leitura e escrita? Evidência de crianças e adolescentes com e sem dificuldades de leitura. *Psicologia: Reflexão e crítica, 14*(2), 387-397.

Cocco, M. F., & Hailer, M. A. (1995). ALP: análise, linguagem e pensamento: um trabalho de linguagem numa proposta socioconstrutivista. *São Paulo: FTD*, 25-6.

Correa, J., Ramires, G. (2015). Fluência de leitura: o que, por que e para que. In L. Alves, R. Mousinho, S. A. Capellini (Orgs.). *Dislexia: novos temas, novas perspectivas*. Rio de Janeiro, RJ: Wak.

Compton, D. L. (2003). Modeling the relationship between growth in rapid naming speed and growth in decoding skill in first-grade children. *Journal of Educational Psychology, 95*(2), 225.

Denckla, M. B., & Rudel, R. (1974). Rapid "automatized" naming of pictured objects, colors, letters and numbers by normal children. *Cortex, 10*(2), 186-202.

Denckla, M. B., & Rudel, R. G. (1976). Rapid 'automatized'naming (RAN): Dyslexia differentiated from other learning disabilities. *Neuropsychologia, 14*(4), 471-479.

Donker, M., Kroesbergen, E., Slot, E., Van Viersen, S., & De Bree, E. (2016). Alphanumeric and non-alphanumeric Rapid Automatized Naming in children with reading and/or spelling difficulties and mathematical difficulties. *Learning and Individual Differences, 47*, 80-87.

Germano, G. D., & Capellini, S. A. (2018). Processamento viso-atencional em escolares com dislexia do desenvolvimento. In L. Alves, R. Mousinho, S. A. Capellini (Orgs.). *Dislexia: novos temas, novas perspectivas.* Rio de Janeiro, RJ: Wak

Gough, P. B., & Tunmer, W. E. (1986). Decoding, reading, and reading disability. *Remedial and special education*, 7(1), 6-10.

Jones, M. W., Snowling, M. J., & Moll, K. (2016). What automaticity deficit? Activation of lexical information by readers with dyslexia in a rapid automatized naming Stroop-switch task. *Journal of Experimental Psychology: Learning, Memory, and Cognition, 42*(3), 465.

José, E. (1989). A grande novidade. In E. José. *O furta-sonos e outras histórias.* São Paulo, SP: Atual.

LaBerge, D., & Samuels, S. J. (1974). Toward a theory of automatic information processing in reading. *Cognitive psychology, 6*(2), 293-323.

Lukasova, K., Barbosa, A. C. C., Rosa, A. T. F., & Macedo, E. C. (2009). Paradigmas para a avaliação dos movimentos oculares na leitura e seu impacto na compreensão da dislexia do desenvolvimento. In T. BARBOSA, C. C. Rodrigues, C. B. Mello, S. A. Capellini, R. Mousinho, & L. M. Alves. (Orgs.). *Temas em Dislexia.* São Paulo, SP: Artes Médicas.

Lukasova, K., Silva, P. B., Oliveira, D. G., & Macedo, E. C. (2017). Avaliação do processamento visual na dislexia do desenvolvimento. In J. F. Salles, & A. L. Navas, A. L. *Dislexias do desenvolvimento e adquiridas.* São Paulo: Pearson Clinical Brasil.

Mendes, L., Mousinho, R., & Maia, M. (2018) Leitura, processamento visual e dislexia. In L. Alves, R. Mousinho, S. A. Capellini (Orgs.). *Dislexia: novos temas, novas perspectivas.* Rio de Janeiro, RJ: Wak.

Mousinho, R. (2015). Velocidade e compreensão de leitura textual oral e silenciosa ao longo do Ensino Fundamental. In L. Alves, R. Mousinho, S. A. Capellini (Orgs.). *Dislexia: novos temas, novas perspectivas.* Rio de Janeiro, RJ: Wak

Mousinho, R., & Correa, J. (2016). Identificação precoce de crianças com risco para aprendizado escolar. In A. M. CESAR, & S. S. Maksud. (Orgs.). *Fundamentos e práticas em fonoaudiologia.* Rio de Janeiro, RJ: Revinter.

Navas, A. L. G. P., & Santos, M. T. M. Relação entre linguagem oral e linguagem escrita. In M. T. M. SANTOS, & A. L. G. P. NAVAS. *Transtornos de Linguagem escrita:* teoria e prática. Barueri, SP: Manole.

Norton, E. S., & Wolf, M. (2012). Rapid automatized naming (RAN) and reading fluency: Implications for understanding and treatment of reading disabilities. *Annual review of psychology, 63*, 427-452.

Poulsen, M., & Elbro, C. (2013). What's in a name depends on the type of name: The relationships between semantic and phonological access, reading fluency, and reading comprehension. *Scientific Studies of Reading, 17*(4), 303-314. Protopapas, A., Altani, A., & Georgiou, G. K. (2013). Development of serial processing in reading and rapid naming. *Journal of Experimental Child Psychology, 116*(4), 914-929.

Rocha, R. *As Travessuras de Afonsinho.* São Paulo, SP: Ática, 1980.

Santos, M. T. M., & Navas, A. L. G. P. (2016). Desenvolvimento das habilidades de decodificação, fluência e compreensão de leitura. In M. T. M. SANTOS, & A. L. G. P. NAVAS. *Transtornos de Linguagem escrita:* teoria e prática. Barueri, SP: Manole.

Schwanenflugel, P. J., Meisinger, E. B., Wisenbaker, J. M., Kuhn, M. R., Strauss, G. P., & Morris, R. D. (2006). Becoming a fluent and automatic reader in the early elementary school years. *Reading research quarterly, 41*(4), 496-522.

Semrud-Clikeman, M., Guy, K., Griffin, J. D., & Hynd, G. W. (2000). Rapid naming deficits in children and adolescents with reading disabilities and attention deficit hyperactivity disorder. *Brain and language, 74*(1), 70-83.

Stanovich, K. E. (1990). Concepts in developmental theories of reading skill: Cognitive resources, automaticity, and modularity. *Developmental review, 10*(1), 72-100.

Wagner, R. K., & Torgesen, J. K. (1987). The nature of phonological processing and its causal role in the acquisition of reading skills. *Psychological bulletin, 101*(2), 192.

Wolf, M., & Bowers, P. G. (1999). The double-deficit hypothesis for the developmental dyslexias. *Journal of educational psychology, 91*(3), 415.

CAPÍTULO 9

Linguagem e cognição no transtorno do espectro do autismo: implicações para a aprendizagem

Carla Gikovate

Renata Mousinho

Em 1943, Leo Kanner publicou o trabalho Autistic Disturbances of Affective Contact, no qual descreveu de forma detalhada características comuns a 11 crianças cujo comportamento não se enquadrava adequadamente nos critérios diagnósticos existentes. Chamou atenção para o fato destas crianças apresentarem isolamento social, necessidade extrema de manutenção da rotina e alterações da fala (atraso de linguagem, ecolalia e inversão pronominal – eu por ele). Acreditava tratar-se de uma condição inata, que determinava uma inabilidade biológica para o contato afetivo com os outros.

Desde a descrição original até os dias de hoje, o conceito de autismo sofreu grande modificação. Não se entende mais o autismo como uma doença específica e sim como um conjunto de sintomas e dificuldades que causam prejuízo qualitativo da interação social, prejuízo qualitativo da comunicação e repertório restrito de interesses e atividades. Estes três grupos de sintomas foram denominados por Wing (1979) como tripé dos sintomas autísticos.

Hoje, o termo "transtorno do espectro do autismo" (TEA) é utilizado no DSM 5 (APA, 2013) como referência ao fato de existirem graus variáveis dos sintomas descritos acima, caracterizando um grupo heterogêneo de pessoas com o mesmo diagnóstico, mas com graus variados de comprometimento e autonomia. Em comum, apresentam prejuízo da reciprocidade social e da comunicação, além de comportamentos e interesses repetitivos (APA, 2013). Acompanhando a modificação do DSM 5, o CID 11 (Classificação Estatística Internacional de Doenças e Problemas Relacionados à Saúde) – que entrará em vigor em janeiro de 2022, mas que lançou um preview (WHO, 2018) – reúne diagnósticos que anteriormente eram classificados como Transtornos Globais do Desenvolvimento (Autismo Infantil, Síndrome de Asperger, Transtorno Desintegrativo da Infância e Transtorno Global do Desenvolvimento sem Outra Especificação) e nomeia o conjunto como Transtorno do Espectro do Autismo (TEA).

O TEA é considerado uma desordem neurobiológica de múltiplas etiologias e é marcado pelo início precoce. Os sintomas podem surgir desde os primeiros meses de vida ou após um período de desenvolvimento normal (com regressão no desenvolvimento), e devem trazer prejuízo para o funcionamento diário.

Diante deste cenário, é fundamental que se compreenda quais peculiaridades cognitivas e linguísticas são comuns a todos os portadores do transtorno do espectro do autismo, mesmo que em graus variados. Um melhor entendimento de quais características do funcionamento cognitivo definem este grupo permitirá analisar de que forma estas especificidades impactam na aprendizagem e quais estratégias poderão ser utilizadas como facilitadoras.

Bases sociocognitivas

Após anos de discussão sobre qual o déficit de maior importância e especificidade nos quadros de autismo, hoje é consenso na literatura que o déficit do desenvolvimento social é a marca deste transtorno.

Algumas falhas do engajamento social são notadas muito precocemente, tais como o pouco contato ocular e a não manifestação da preferência pelo rosto humano (em vez de objetos) observada no desenvolvimento típico.

Portanto, para melhor compreender o TEA, é fundamental identificar alguns componentes essenciais para o desenvolvimento social típico, bem como se observar como esta falha se manifesta na prática clínica e quais estratégias podem ser úteis para remediá-la.

Para qualquer sintoma-alvo que se queira trabalhar, é muito importante organizar quais serão as metas, planejar a execução e estar constantemente reavaliando os resultados obtidos. As estratégias devem ser totalmente personalizadas, levando em conta o momento atual e as aptidões de cada pessoa portadora de TEA.

Vale ressaltar que existem diferentes metodologias e abordagens terapêuticas, sendo as principais as abordagens desenvolvimentistas e as comportamentais (baseadas em análise de comportamento). Seja qual for a metodologia escolhida, a participação da família é fundamental para aumentar a chance de sucesso (Tonge, Brereton, Kiomall, Mackinnon, & Rinehart, 2014).

Abaixo, serão detalhadas as principais habilidades sociocognitivas que permitem um desenvolvimento típico, assim como detalhes clínicos de que tipo de prejuízo é encontrado nos portadores de TEA.

Atenção compartilhada

Atenção compartilhada é definida como a habilidade de duas pessoas focarem a atenção em um mesmo objeto, seja a partir do apontar de uma delas ou o olhar para o que o outro está olhando (triangular do olhar) (Senju & Johnson, 2009).

Na prática clínica, a criança com quadro de TEA raramente olha ao ser chamada, não acompanha o olhar do outro, não usa o apontar do outro como dica social para onde ela deve olhar e ela própria não usa (ou usa pouco) o apontar como forma de se comunicar ou compartilhar um interesse.

Uma vez detectado o comprometimento da atenção compartilhada, é fundamental que se inicie um trabalho – sempre utilizando os interesses e a motivação da criança –, objetivando aumentar o contato ocular, o apontar e a resposta social (olhar quando chamado, se interessar pelo que o outro está mostrando).

Em termos práticos, após observar quais objetos despertam o interesse da criança, o adulto cria situações de alta motivação que favorecerão a atenção compartilhada. Pode ser necessário aproximar o objeto perto dos olhos (aumentando a chance de acontecer um bom contato ocular), colocar o objeto fora do alcance (favorecendo o apontar) e repetir uma brincadeira na qual a criança demonstrou prazer (usar um fantoche, derrubar uma torre de blocos ou fazer cócegas).

O fundamental é criar situações prazerosas que aumentem o tempo de atenção compartilhada.

Imitação

A imitação é uma das habilidades que surgem precocemente e que fazem parte do processo de aprendizagem. Uma criança com desenvolvimento típico realiza sem dificuldade a imitação de gestos, de atividades do seu dia a dia e até a vocalização. A habilidade para imitar está presente desde os primeiros meses de vida (Tomasello, Kruger, & Ratner, 1993) e tem papel fundamental para a aquisição de linguagem e para o aprendizado da sua cultura.

Podemos observar que as imitações espontâneas ou aquelas feitas quando a criança é solicitada estão recorrentemente prejudicadas no TEA (Vivanti & Hamilton, 2013).

Na escola, especialmente na educação infantil, existem muitas brincadeiras de imitação: das músicas acompanhadas de gestos com imitações de animais, por exemplo. É importante reconhecer que não se trata de uma atividade óbvia para quem tem dificuldade.

Objetivando melhorar a habilidade para imitar dos portadores de TEA, é de grande valia utilizar artifícios como exageros, variações de tom e altura da voz, além da utilização de espelhos.

Jogo simbólico

A importância do brincar para o desenvolvimento infantil é fato na literatura atual. Nos primeiros meses de vida, o brincar se caracteriza por uma exploração sensorial que vai sendo substituída gradativamente por um brincar dando função aos objetos e, posteriormente, um brincar com jogo simbólico (faz de conta) – Gowel,1992.

No TEA, ele está frequentemente atrasado e é difícil que surja de forma mais espontânea. Habilidades de cognição e linguagem, incluindo as funções executivas (como autocontrole e flexibilidade mental), influenciam o desenvolvimento do brincar (Bernier, 2016). Yeung e Lam (2014) associam a dificuldade que crianças TEA têm com o jogo simbólico às hipóteses cognitivas da Teoria da Mente e da Coerência Central, que serão descritas na próxima seção.

Não é possível sair de jogos repetitivos para criativos de uma vez só. Brincadeiras com miniaturas podem ser um bom caminho para estimular essa passagem, inicialmente através da imitação de cenas vivenciadas.

Posteriormente, novos elementos podem ir surgindo, além da reprodução exata de um acontecimento. Para que seja faz de conta, é necessário o uso de um objeto como se fosse outro; etapa mais complexa.

Hipóteses cognitivas

Teoria da Mente

Definida como a capacidade de compreender os estados mentais dos outros (sentimentos, desejos e intenções), a Teoria da Mente é uma característica humana que possibilidade predizer ações e comportamentos (Siegal & Beattie, 1991).

A Teoria da Mente é altamente discutida desde que Baron-Cohen, Leslie e Frith, (1985) e Frith (1989) começaram a publicar pesquisas evidenciando a dificuldade de indivíduos TEA com esta habilidade, que inclui a capacidade de colocar-se no ponto de vista do outro. Uma falha desta habilidade prejudica o entendimento das entrelinhas, o alinhamento com o outro e, consequentemente, determina um comportamento social ingênuo.

Se há dificuldade com a Teoria da Mente, como responder a questões que te coloquem em outro ponto de vista? E se há uma dificuldade em flexibilizar, como considerar as perguntas envolvendo condicionais?

Este exemplo abaixo une os dois itens apontados acima:

"Se você fosse diretor de uma empresa, como agiria na situação x?"

Certamente este tipo de tarefa se mostra significativamente difícil para alguém com prejuízo da Teoria de Mente, sendo necessária uma intervenção para construir esta habilidade.

Em termos práticos, o ideal seria o desmembramento dos dois itens que impõem um grande desafio. Trabalhar o ponto de vista de um diretor de empresa e quais as implicações desta posição. A seguir, trabalhar como um diretor agiria na situação X, levando em conta a compreensão anterior de como ele "pensa ou sente".

É fundamental no dia a dia achar meios para trabalhar a Teoria da Mente. O uso de histórias sociais, por exemplo, é de grande valia, uma vez que permite aprender didaticamente o que se pensa, o que se diz em cada situação, através de scripts prontos. É também fundamental trabalhar a flexibilidade cognitiva, imaginando diferentes possibilidades ou respostas para situações de vida, acrescentando a leitura social do que cada uma destas alternativas implicaria na prática.

Coerência central

Messer (1997) propôs que, no desenvolvimento típico, existiria uma tendência a compreender os objetos como um todo, ao invés de parte dos objetos. Em 1997, Happé sugeriu que as pessoas portadoras de TEA teriam uma tendência a processar as informações a partir da percepção de parte de objetos (ao invés do todo), e que isto seria um "estilo cognitivo" que traria prejuízo na leitura social e de Teoria da Mente. A esta falha, Happé denominou Fraca Coerência Central.

É fundamental que os profissionais e os pais que lidam com os portadores de TEA compreendam esta tendência a se fixar em detalhes (em detrimento do todo). Na prática, uma criança pode se fixar no logotipo do carro que aparece em uma figura cuja proposta pedagógica é elaborar uma narrativa sobre a cena, e com isso deixar de compreender e elaborar a tarefa.

De forma semelhante, alguém que entra em um ambiente e se concentra no modelo do ar refrigerado (ao invés de processar o que está acontecendo naquele momento) perde a leitura social.

Diante destes dados, é importante que o professor se antecipe no sentido de orientar o aluno a perceber o objeto ou a cena como um todo, entendendo o que é relevante e quais as implicações disto para o aprendizado pedagógico do que estiver sendo tratado.

Manifestações comunicativas e linguísticas

Acompanhando de forma inseparável as dificuldades sociais descritas acima, encontramos as dificuldades de comunicação e linguagem. Estas estão no cerne das dificuldades do TEA, mas se manifestam de formas diferentes dependendo do ponto do espectro onde a criança se encontra. Vale lembrar que não se trata de uma linguagem atrasada em relação aos pares; ela segue um percurso diferente de desenvolvimento. Déficits comunicativos podem variar do padrão não verbal à fala estruturalmente adequada, mas com pouca habilidade de conversação (Fombonne, 1999).

Comunicação não verbal

No que diz respeito à comunicação não verbal, existem dificuldades de níveis variados no olhar (Senju & Johnson, 2009), no apontar (Paparella, Goods, Freeman, & Kasari, 2011) e no uso de gestos (Moody & Mcintosh, 2006).

Como manifestações linguísticas, podem aparecer a estereotipia verbal, o jargão e a ecolalia. Elas podem fazer parte de outros quadros, bem como do desenvolvimento típico, mas estão frequentemente presentes nos TEA.

Estereotipia vocal

A estereotipia vocal é caracterizada por qualquer instância de fala não-contextual ou não-funcional, incluindo cantos, balbucios, barulhos repetitivos, chiados e frases não relacionadas à situação (Ahearn, Clark, MacDonald, & Chung, 2007, Bodfish, Symons, Parker, & Lewis, 2000).

Assim como a estereotipia motora, a produção é sem significado e a orientação também é semelhante: tentar significar dentro do contexto, visando dar funcionalidade.

Jargão

O jargão, em contrapartida, apresenta-se mais funcional, e há muitas vezes a tentativa de imitar as inflexões e a musicalidade da fala do adulto (Volkmar, Paul, Rogers, Pelphrey, Kim, Tager-Flusberg, & Lord, 2014). A base dos jargões costuma ser com uso de muitas vogais e algumas consoantes, o que faz com que os adultos os chamem de "linguagem própria" da criança.

Considerar o jargão como uma forma de busca de comunicação, tentar entender a intenção e interagir "emprestando" sua fala à criança são movimentos que podem favorecer a entrada de uma linguagem mais funcional.

Ecolalia

Assim como o jargão, a ecolalia pode apresentar diversas funções (Dobbinson, Perkins, & Boucher, 2003); a criança percebe de alguma forma que deve ter sua fala. A ecolalia pode se apresentar na forma imediata – repetição de parte do que o interlocutor diz logo depois de ter sido pronunciado (como um papagaio) – ou remota – repetição de trechos linguísticos memorizados em outro momento (como propagandas ou cenas de desenhos animados). A função comunicativa fica mais evidente quando a ecolalia é utilizada dentro de um contexto, ou seja, um fragmento de fala memorizado "colado" em uma situação em que ele faça sentido.

Muitas vezes a ecolalia pode surgir diante de uma pergunta cuja estrutura foi mal compreendida, ou ainda em momentos de estresse ou cansaço. O adulto deve tentar identificar tal situação para reestruturar sua fala ou uma situação, possibilitando uma produção própria da criança. Por exemplo, a ecolalia aparece em frases difíceis, mas se o adulto as simplifica, pode ser que não apareça.

Níveis linguísticos

As dificuldades de linguagem sempre foram destacadas no autismo, especialmente as pragmáticas, relacionadas ao uso social da linguagem. Entretanto, dificuldades nos outros níveis linguísticos também podem aparecer na maior parte dos indivíduos TEA, ainda que não em sua totalidade (Tager-Flusberg, 2006).

Nível fonético-fonológico

Em relação ao nível fonético, a produção ou articulação de sons pode ser fácil para boa parte dos indivíduos TEA; no entanto, uma pequena parte pode apresentar apraxia de fala (Shriberg, Paul, Black, & Santen, 2011). Em relação à Fonologia, que é a seleção dos sons, há poucos trabalhos que a correlacionem ao TEA. Mas, nos últimos anos, alguns pesquisadores encontraram um subgrupo de sujeitos com dificuldades desta ordem (Wolk, Edwards & Brennan, 2016).

Em relação à fonética, o uso de espelhos e a colocação dos objetos de interesse próximo à boca enquanto fala podem facilitar, mas o mais importante é seguir as orientações do fonoaudiólogo que está atendendo. No que diz respeito à fonologia, a identificação de sons diferentes – inicialmente do ambiente, depois sons verbais – vai sensibilizando os alunos quanto aos diversos estímulos sonoros, suas diferenças e similaridades. Jogos de palavras também podem favorecer o desenvolvimento, como palavras que rimam, que começam iguais, palavras parecidas etc.

Morfossintático

Mescla morfologia, que se refere ao nível dos morfemas, e sintaxe, relacionada à estrutura das frases. Agramatismos em geral, ou seja, frases com elementos faltando ou inversões dos mesmos, ou ainda dificuldade com gênero, são frequentes em crianças TEA com este nível linguístico alterado (Mousinho, 2001). Mas ainda mais prevalente é a inversão pronominal, especialmente no que tange ao uso da primeira pessoa (Beeke, Maxim, Best, & Cooper, 2011). Também abrangente é a dificuldade de compreensão de frases com QU ou similares (WH em inglês), como QUEM, O QUE, POR QUE, QUANDO etc. (Goodwin, Fein, & Naigles, 2012).

Dessa forma, perguntas com essas estruturas em avaliações escolares provavelmente prejudicariam as respostas, mesmo se o conteúdo fosse conhecido. Para favorecer a compreensão, questões mais diretas ou do tipo "preencha lacunas" podem ser de grande valia.

Imaginem agora um adolescente com dificuldade na compreensão de perguntas com negação, e ainda com dificuldade no conteúdo escolar:

"Quais características abaixo não se referem a um ser vivo?

Nascem

Crescem

Mamam

Morrem "

Ao mesmo tempo, esses tipos de perguntas devem ser aprendidos e essas habilidades, desenvolvidas. Neste ponto é importante não sobrepor dificuldades. Por exemplo, a aula sobre seres vivos, além de muitos recursos sensoriais e experiências práticas, pode ser enriquecida através de recursos advindos de seus próprios interesses e adaptados aos mesmos, a fim de fixar o conteúdo. Quanto à estrutura da pergunta no formato negativo, pode-se explicá-la através de assuntos que o aluno já domine e de que goste bastante. Vamos imaginar uma pergunta aplicada ao tema Copa do Mundo com algum grande entendedor do tema, que não tenha nenhuma hesitação para a resposta:

"O jogador de futebol que não participou da Copa do Mundo de 1994, quando o Brasil foi tetra, foi:

Romário

Bebeto

Neymar

Leonardo "

Nesse caso, a estrutura deste tipo de questão estaria sendo estimulada, e não o conteúdo.

Semântico-lexical

O nível semântico-lexical está associado ao vocabulário. Diz respeito à estruturação, o quanto de palavras temos no léxico (dicionário mental); à profundidade, o quanto sabemos das palavras e conceitos; e ao acesso lexical, qual a rapidez para buscar as palavras (Mousinho, Correa, & Oliveira, 2019). Dificuldades com vocabulário e conceitos em crianças com TEA vêm sendo estudadas há bastante tempo (Dobbinson, Perkins, & Boucher, 2003; Fernandes, 2003).

Apesar de ter sido verificado que pessoas com TEA podem aprender vocabulário a partir do contexto, os resultados se mostraram melhores com o ensino explícito (Lucas, Thomas, & Norbury, 2017), sendo essa uma importante dica para os educadores. A criação de dicionários e o ensino de conceitos de forma aplicável e passível de generalização podem se tornar recursos interessantes. Lucas e Norbury (2014) também ressaltam a importância da linguagem escrita para o desenvolvimento do vocabulário.

Semântico-pragmático

O nível pragmático diz respeito ao uso social da linguagem e, portanto, está sempre prejudicado no TEA pela natureza de sua dificuldade, mesmo que em diferentes graus. Por esta razão, e por abranger diversas esferas, propõe-se discriminá-lo em subáreas, ainda que de forma bastante reduzida, para melhor compreensão. Semântico-pragmático é o significado no contexto.

Aspectos conversacionais:

Tópico

Tópico diz respeito ao assunto que está ou vai ser conversado, e correlaciona, obrigatoriamente, questões textuais e interativas (Jubran, 2006). Dificuldades com tópico são uma constante no autismo. Hale e Tager-Flusberg (2005) confirmaram que déficits na comunicação, incluindo o tópico, estavam correlacionados à sintomatologia geral do TEA. Além da dificuldade de ampliar assuntos e da tendência por manter o preferencial do momento, há dificuldade de alinhamento discursivo (Mousinho, 2000).

Turno

Sacks, Schegloff e Jefferson (1974) estudaram a noção de turno e a dinâmica como acontece. Turno refere-se à vez de cada um falar durante uma conversa e tudo o que isso envolve: como trocar de turno, como recuperar o turno, quais as maneiras e os momentos propícios para tal. Esse funcionamento apresenta-se prejudicado no autismo, seja por tomada ou por manutenção de turno de forma inadequada (Chiang, Wei-Tsuen, Soong, Lin, & Rogers, 2008).

Aspectos Sociointeracionais

Pistas de contextualização

Pistas de contextualização são traços linguísticos que contribuem para a sinalização de pressuposições contextuais (expressões formulaicas, trocas de código) e comportamentos relativos à comunicação não verbal como, por exemplo, sinais rítmicos e fonéticos mais discretos, distância entre os interlocutores, direcionamento do olhar, movimentação corporal, gestual e facial. No caso do autismo, pode haver dificuldades na identificação ou no uso destas pistas, prejudicando o fluxo da comunicação (Charbonneau, Bertone, Lepore, Nassim, Lassonde, Mottron, & Collignon, 2013; Sahyoun, Belliveau, Soulières, Schwartz, & Mody, 2010).

Enquadre

É o quadro que delimita o enunciado. O enquadre de brincadeira é diferente daquele de briga, mesmo que seja uma brincadeira de brigar. Se um falante propõe um enquadre que é interpretado pelo ouvinte de uma outra forma, haverá alterações no decurso da interação ou os mal-entendidos (Bateson, 1956; Mousinho, 2000).

Para essas dificuldades nos aspectos conversacionais e sociointeracionais, o desenvolvimento de habilidades sociais é totalmente relevante. Há recursos descritos na literatura e usados na prática de diferentes ordens como teatro (CORBETT, 2016), realidade virtual (Didehbani, Allen, Kandalaft, Krawczyk, & Chapman, 2016), filmes (Barros, 2012).

Aspectos sociocognitivos

Mesclagem

A metáfora pode ser compreendida diante da proposta de mesclagem (blending). Trata-se da conexão entre domínios conceituais que projetam parcialmente suas estruturas formando um terceiro espaço; esse espaço mescla, com estrutura emergente própria (Fauconnier, 1997). Por exemplo, para compreender a expressão "amor forte", não basta entender isoladamente o que significa amor (o sentimento ou relacionamentos, que podem terminar ou não), ou forte (fortaleza, algo que não se destrói facilmente). Deve-se entender os dois juntos, em um novo contexto. A tendência de indivíduos TEA é a compreensão isolada, sem que se faça a mescla (Mousinho, 2003). Dificuldades com metáforas, interpretadas também por outros paradigmas, apontam há décadas para a dificuldade na interpretação de metáforas no autismo (Happé, 1995), e a possibilidade de melhorar tal dificuldade tem sido revelada por trabalhos mais recentes (Van Herwegen & Rundblad, 2018).

-Mudança de enquadre humor e contrafactuais

A mudança de enquadre (frame-shifting) é um processo de operação de reanálise semântica que reorganiza a informação existente em um novo modelo cognitivo (Coulson, 2001). Em outras palavras, é quando vamos interpretando algo numa linha de raciocínio e aparece alguma informação que nos faz passar a interpretar por outro ângulo. Um exemplo clássico são as estruturas de humor, como as piadas, e é justamente a quebra da expectativa que as torna engraçadas. Os adolescentes e os adultos com TEA, mesmo que de grau mais leve, possuem bastante dificuldade na interpretação delas (Mousinho, 2003).

Se há dificuldades de interpretação do que as pessoas dizem, o mesmo vai acontecer durante a interpretação da leitura. Os textos escolares estão cheios de metáforas, bem como estruturas de humor – por exemplo, as crônicas. Mas há como facilitar esse processo. A linguagem figurada pode ser ensinada visualmente a fim de que faça sentido e não seja assimilada apenas via memorização (Mousinho, Correa, & Oliveira, 2019).

Narrativa não é um nível linguístico, mas é uma importante forma de estruturação de linguagem que pressupõe que todos os níveis linguísticos estejam desenvolvidos para que seja bem elaborada (Drummond et al., 2015). Narrativa é, portanto, o gênero textual cujas informações contam uma história, sendo elas encadeadas (Mousinho, Correa, & Oliveira, 2019). Indivíduos TEA apresentam dificuldades tanto na parte compreensiva, como na expressiva no que tange à narrativa (Barnes & Baron-Cohen, 2011, Colle, Baron-Cohen, Wheelwright, S., & van der Lely, 2008).

Todas as características linguísticas reveladas na oralidade, sejam de compreensão ou expressão, também irão se manifestar na modalidade escrita. Se há dificuldade na estruturação da narrativa oral, a produção escrita de textos também estará prejudicada. Organogramas e outros meios esquemáticos podem ajudar a estruturar narrativas de uma forma visual, favorecendo a compreensão de sequência e temporalidade do estilo, dos papéis dos personagens, das relações de causa e efeito.

Considerações finais

Tendo em vista o amplo espectro do autismo, pode parecer difícil pensar nas múltiplas possibilidades de inclusão. Compreender a natureza da dificuldade e o perfil linguístico-cognitivo do escolar permitirá organizar estratégias para o processo ensino-aprendizagem, bem como para adaptação das avaliações.

Referências

Ahearn, W. H., Clark, K. M., MacDonald, R. P., & Chung, B. I. (2007). Assessing and treating vocal stereotypy in children with autism. *Journal of applied behavior analysis*, *40*(2), 263-275.

APA – American Psychiatric Association. (2013). *Diagnostic and statistical manual of mental disorder* (5a ed.) Washington, DC: APA, 2013.

Barnes, J. L., & Baron-Cohen, S. (2011). The big picture: Storytelling ability in adults with autism spectrum conditions. *Journal of autism and developmental disorders*, *42*(8), 1557-1565.

Baron-Cohen, S., Leslie, A. M., & Frith, U. (1985). Does the autistic child have a "theory of mind"? *Cognition, 21*(1), 37-46.

Barros, P. (2012). *Programa de desenvolvimento da empatia em crianças e adolescentes com Síndrome de Asperger.* Rio de Janeiro, RJ: Universidade do Estado do Rio de Janeiro.

Bateson, G. The message 'this is play.' In B. SCHAFFNER (Ed.). *Group Processes: Transactions of the Second Conference* (pp. 145–242) New York: Josiah Macy, Jr. Foundation.

Beeke, S., Maxim, J., Best, W., & Cooper, F. (2011). Redesigning therapy for agrammatism: Initial findings from the ongoing evaluation of a conversation-based intervention study. *Journal of Neurolinguistics, 24*(2), 222-236.

Bernier, R. Through play, children with autism can hone thinking skills, 2016. Recuperado de: https://www.spectrumnews.org/opinion/viewpoint/through-play-children-with-autism-can-hone-thinking-skills/

Bodfish, J. W., Symons, F. J., Parker, D. E., & Lewis, M. H. (2000). Varieties of repetitive behavior in autism: Comparisons to mental retardation. *Journal of autism and developmental disorders, 30*(3), 237-243.

Breit-Smith, A., & Murray, D. S. (2009). Teaching conversation skills to children with high functioning autism/Asperger syndrome. *Perspectives on Language Learning and Education, 16*(2), 48-54.

Charbonneau, G., Bertone, A., Lepore, F., Nassim, M., Lassonde, M., Mottron, L., & Collignon, O. (2013). Multilevel alterations in the processing of audio–visual emotion expressions in autism spectrum disorders. *Neuropsychologia, 51*(5), 1002-1010.

Chevignard, M., Taillefer, C., Picq, C., & Pradat-Diehl, P. (2008, March). Évaluation écologique des fonctions exécutives chez un patient traumatisé crânien. In *Annales de réadaptation et de médecine physique* (Vol. 51, No. 2, pp. 74-83). Elsevier Masson.

Chiang, C. H., Soong, W. T., Lin, T. L., & Rogers, S. J. (2008). Nonverbal communication skills in young children with autism. *Journal of autism and developmental disorders, 38*(10), 1898.

Christie, P., Prevezer, W., Newson, E., & Chandler, S. (2009). *First steps in intervention with your child with autism: Frameworks for communication.* Jessica Kingsley Publishers.

Colle, L., Baron-Cohen, S., Wheelwright, S., & van der Lely, H. K. (2008). Narrative discourse in adults with high-functioning autism or Asperger syndrome. *Journal of Autism and Developmental Disorders, 38*(1), 28-40.

Committee On Educational Interventions For Children With Autism. (2012). *Educating children with autism.* National Research Council of the Academy of National Research Council.

Corbett, B. A., Key, A. P., Qualls, L., Fecteau, S., Newsom, C., Coke, C., & Yoder, P. (2016). Improvement in social competence using a randomized trial of a theatre intervention for children with autism spectrum disorder. *Journal of autism and developmental disorders, 46*(2), 658-672.

Coulson, S. (2001). *Semantic leaps: Frame-shifting and conceptual blending in meaning construction.* Cambridge University Press.

Craig, F., Lamanna, A. L., Margari, F., Matera, E., Simone, M., & Margari, L. (2015). Overlap between autism spectrum disorders and attention deficit hyperactivity disorder: searching for distinctive/common clinical features. *Autism research, 8*(3), 328-337.

Didehbani, N., Allen, T., Kandalaft, M., Krawczyk, D., & Chapman, S. (2016). Virtual reality social cognition training for children with high functioning autism. *Computers in Human Behavior, 62*, 703-711.

Diehl, J. J., Bennetto, L., Watson, D., Gunlogson, C., & McDonough, J. (2008). Resolving ambiguity: A psycholinguistic approach to understanding prosody processing in high-functioning autism. *Brain and language, 106*(2), 144-152.

Dobbinson, S., Perkins, M., & Boucher, J. (2003). The interactional significance of formulas in autistic language. *Clinical linguistics & phonetics, 17*(4-5), 299-307.

Drummond, C., Coutinho, G., Fonseca, R. P., Assunção, N., Teldeschi, A., de Oliveira-Souza, R., ... & Mattos, P. (2015). Deficits in narrative discourse elicited by visual stimuli are already present in patients with mild cognitive impairment. *Frontiers in aging neuroscience, 7*, 96.

Fauconnier, G. (1997). *Mappings in thought and language.* Cambridge University Press.

Fernandes, F. D. M. (2003). Terapia de linguagem em crianças com transtorno do espectro autístico: Um estudo transversal. *Rev Socied Bras de Fonoaud, 1*, 49-56.

Fombonne, E. (2003). Epidemiological surveys of autism and other pervasive developmental disorders: an update. *Journal of autism and developmental disorders, 33*(4), 365-382.

Frith, U. (2003). *Autism: explaining the enigma.* Oxford: Blackwell.

Goodwin, A., Fein, D., & Naigles, L. R. (2012). Comprehension of wh-questions precedes their production in typical development and autism spectrum disorders. *Autism Research, 5*(2), 109-123.

Gowen, J. W., Johnson-Martin, N., Goldman, B. D., & Hussey, B. (1992). Object play and exploration in children with and without disabilities: a longitudinal study. *American journal of mental retardation: AJMR*, *97*(1), 21-38.

Hale, C. M., & Tager-Flusberg, H. (2005). Brief report: The relationship between discourse deficits and autism symptomatology. *Journal of Autism and Developmental Disorders*, *35*(4), 519-524.

Happé, F. G. (1995). Understanding minds and metaphors: Insights from the study of figurative language in autism. *Metaphor and symbol*, *10*(4), 275-295.

Happé, F. G. (1997). Central coherence and theory of mind in autism: Reading homographs in context. *British journal of developmental psychology*, *15*(1), 1-12.

Happé, F. (2000). Parts and wholes, meaning and minds: central coherence and its relation to theory of mind. In S. BARON-COHEN, T. TAGER--FLUSBERG, D. COHEN. (Ed). *Understanding other minds: perspectives from autism and developmental cognitive neuroscience*. Oxford: Oxford University Press.

Happé, F., Booth, R., Charlton, R., & Hughes, C. (2006). Executive function deficits in autism spectrum disorders and attention-deficit/hyperactivity disorder: examining profiles across domains and ages. *Brain and cognition*, *61*(1), 25-39.

Järvinen-Pasley, A., Peppé, S., King-Smith, G., & Heaton, P. (2008). The relationship between form and function level receptive prosodic abilities in autism. *Journal of Autism and Developmental Disorders*, *38*(7), 1328-1340.

McCann, J., Peppé, S., Gibbon, F. E., O'Hare, A., & Rutherford, M. (2007). Prosody and its relationship to language in school-aged children with high-functioning autism. *International Journal of Language & Communication Disorders*, *42*(6), 682-702.

Jubran, C. C. A. S. (2006). Revisitando a noção de tópico discursivo. *Cadernos de Estudos Lingüísticos*, *48*(1), 33-42.

Kanner, L. (1943). Autistic disturbances of affective contact. *Nervous child*, *2*(3), 217-250.

Lucas, R., & Norbury, C. F. (2014). Orthography facilitates vocabulary learning for children with autism spectrum disorders (ASD). *The Quarterly Journal of Experimental Psychology*, *67*(7), 1317-1334.

Lucas, R., Thomas, L., & Norbury, C. F. (2017). Can children with autism spectrum disorders learn new vocabulary from linguistic context? *Journal of autism and developmental disorders*, *47*(7), 2205-2216.

Messer, D. J. Referential communication: making sense of the social and physical worlds. In G. Bremmer, a. Slater, & G. Butterworth, G. (Ed.). *Infant development: recent advances*. East Sussex: Psychology Press, 1997.

Moody, E., & McIntosh, D. Imitation in autism findings, controversies. (2006). In: S. Rogers, & J. H. Williams. (Ed.). *Imitation and the social mind*. (pp. 71–88). New York, NY: Guilford Press.

Mousinho, R. Linguagem/corpo na Síndrome de Asperger. (2018). In C. A. Mattos Ferreira, R. Thompson, & R. Mousinho. *Psicomotricidade clínica*.

Mousinho, R. (2001). O gênero como indicativo do transtorno linguístico na Hiperlexia. *Revista Fono Atual*.

Mousinho, R. (2003). Aspectos linguístico-cognitivos da síndrome de asperger: projeção, mesclagem e mudança de enquadre. (Tese de Doutorado). Departamento de Linguística. Universidade Federal do Rio de Janeiro, Rio de Janeiro, RJ, Brasil.

Mousinho, R, Schmid, E, Mesquita, F., & Santos, G. *Brincando com a linguagem: da língua oral à língua escrita*. São Paulo, SP: Instituto ABCD, 2018.

Mousinho, R., Correa, J., & Oliveira, R. (2019). *Brincando com a linguagem: fluência e compreensão de leitura – linguagem escrita dos 7 aos 10 anos para educadores e pais*. Rio de Janeiro, RJ: Instituto ABCD, 2019.

Nilsson, I. (2003). A educação de pessoas com desordens do espectro autístico e dificuldades semelhantes de aprendizagem. *Temas desenvolv*, *12*(68), 5-45.

Oliveira, R. M. (2007). O conceito de executivo central e suas origens. *Psicologia: teoria e pesquisa*, *23*(4), 399-406.

Paparella, T., Goods, K. S., Freeman, S., & Kasari, C. (2011). The emergence of nonverbal joint attention and requesting skills in young children with autism. *Journal of communication disorders*, *44*(6), 569-583.

Rommelse, N. N., Franke, B., Geurts, H. M., Hartman, C. A., & Buitelaar, J. K. (2010). Shared heritability of attention-deficit/hyperactivity disorder and autism spectrum disorder. *European child & adolescent psychiatry*, *19*(3), 281-295.

Saad, A. G. F, & Goldfeld, M. (2009). A ecolalia no desenvolvimento da linguagem de pessoas autistas: uma revisão bibliográfica. *Pró-Fono Revista de Atualização Científica*, *21*(3), 3..

Sacks, H., Schegloff, E. A., & Jefferson, G. (1974). A simplest systematics for the organization of turn taking for conversation. Language, 50(4), 696-735.

Sahyoun, C., Belliveau, J., Soulires, I., Schwartz, S., & Mody, M. (2010). Neuroimaging of the functional and structural networks underlying visuospatial vs. linguistic reasoning in high-functioning autism. *Neuropsychologia, 48*, 86–95.

Senju, A., & Johnson, M. H. (2009). Atypical eye contact in autism: models, mechanisms and development. *Neuroscience & Biobehavioral Reviews, 33*(8), 1204-1214.

Shriberg, L. D., Paul, R., Black, L. M., & van Santen, J. P. (2011). The hypothesis of apraxia of speech in children with autism spectrum disorder. *Journal of autism and developmental disorders, 41*(4), 405-426.

Siegal, M., & Beattie, K. (1991). Where to look first for children's knowledge. *Cognition, 38*(1), 1-12.

Stanley, G. C., & Konstantareas, M. M. (2007). Symbolic play in children with autism spectrum disorder. *Journal of Autism and Developmental Disorders, 37*(7), 1215-1223.

Tager-Flusberg, H. (2006). Defining language phenotypes in autism. *Clinical Neuroscience Research, 6*(3-4), 219-224.

Tesink, C. M., Buitelaar, J. K., Petersson, K. M., Van der Gaag, R. J., Teunisse, J. P., & Hagoort, P. (2011). Neural correlates of language comprehension in autism spectrum disorders: when language conflicts with world knowledge. *Neuropsychologia, 49*(5), 1095-1104.

Tomasello, M., Kruger, A. C., & Ratner, H. H. (1993). Cultural learning. *Behavioral and brain sciences, 16*(3), 495-511.

Tonge, B., Brereton, A., Kiomall, M., Mackinnon, A., & Rinehart, N. J. (2014). A randomised group comparison-controlled trial of 'preschoolers with autism': A parent education and skills training intervention for young children with autistic disorder. *Autism, 18*(2), 166-177.

Van Herwegen, J., & Rundblad, G. (2018). A cross-sectional and longitudinal study of novel metaphor and metonymy comprehension in children, adolescents, and adults with Autism Spectrum Disorder. *Frontiers in psychology, 9*, 945.

Vivanti, G., & Hamilton, A. (2014). Imitation in autism spectrum disorders. *Handbook of Autism and Pervasive Developmental Disorders, Fourth Edition.*

Volkmar, F. R., Paul, R., Rogers, S. J., Pelphrey, K. A., Kim, S. H., Tager-Flusberg, H., & Lord, C. (2014). Language and communication in autism. In: F. R. Volkmar, R. Paul, S. J. Rogers, & K. A. Pelphrey, K. A. (Ed). *Handbook of autism and pervasive developmental disorders.* (4a ed.)

Yeung, S, &.Lam, Y. G. (2014). Symbolic play in children with autism. *Comprehensive Guide to Autism*, 551-567.

Wing, L., & Gould, J. (1979). Severe impairments of social interaction and associated abnormalities in children: Epidemiology and classification. *Journal of autism and developmental disorders*, *9*(1), 11-29.

Whyte, E. M., Nelson, K. E., & Khan, K. S. (2013). Learning of idiomatic language expressions in a group intervention for children with autism. *Autism*, *17*(4), 449-464.

WHO – World Health Organisation. (2018). *International Classification of Diseases* – preview.

Wolk, L., Edwards, M. L., & Brennan, C. (2016). Phonological difficulties in children with autism: An overview. *Speech, Language and Hearing*, *19*(2), 121-129.

CAPÍTULO 10

Diretrizes diagnósticas e abordagem interdisciplinar nos transtornos de aprendizagem

Ricardo Franco de Lima
Sônia das Dores Rodrigues
Sylvia Maria Ciasca

O presente capítulo tem como objetivo apresentar conceitos e reflexões referentes ao processo de diagnóstico dos transtornos de aprendizagem. Para isto, parte de uma abordagem interdisciplinar, fundamentada nas neurociências cognitivas e nos princípios clínicos da neuropsicologia.

Caracterização das queixas de dificuldades de aprendizagem

As queixas de dificuldades de aprendizagem motivam grande parte dos encaminhamentos aos serviços públicos e particulares (das áreas da Saúde e Educação) que atendem crianças e adolescentes. A título de exemplo, é possível citar o "Ambulatório de Neuro-Dificuldades de Aprendizagem", localizado no Hospital de Clínicas da Universidade Estadual de Campinas (UNICAMP), um dos primeiros serviços interdisciplinares do Brasil, implantado no ano de 1985 com o intuito de atender crianças e jovens com queixas escolares, associadas ou não a transtornos neurológicos.

Ao longo destes anos, diferentes estudos têm sido conduzidos, caracterizando o perfil dos indivíduos atendidos por este serviço. No primeiro estudo, os principais motivos de encaminhamentos no ano de 1995 foram dificuldades escolares (32,5%) e dificuldades escolares e comportamentais (44,5%). Além disso, 23% não apresentavam sinais básicos de dificuldades de aprendizagem. Na amostra considerada, a maior parte dos indivíduos era do sexo masculino (72%), frequentava escolas públicas (76%) e a idade média foi de 9 anos. Após as avaliações interdisciplinares, constatou-se que 44% dos indivíduos apresentavam dificuldades escolares de origem pedagógica, isto é, não apresentavam transtorno de aprendizagem (Ciasca & Rossini, 2000, Rossini & Santos, 2001).

Lima, Mello, Massoni, & Ciasca (2006a) analisaram os dados de crianças e adolescentes encaminhados ao mesmo serviço. Fizeram parte do estudo 76 crianças e adolescentes, com idades entre 5 a 13 anos, sendo 57 meninos (75%) e 19 meninas (25%), prevalência de indivíduos de 8 anos (26%), idade média de 8,7 anos. As principais queixas apresentadas pelos pais, na ocasião da entrevista inicial, foram de: dificuldades de aprendizagem, atenção, memória, linguagem oral, problemas sociais, psicológicos, motores e de saúde.

Em outro estudo, Lima, Mello, Massoni, & Ciasca (2006b) levantaram informações de 100 crianças e adolescentes encaminhados durante o ano 2005. Como no estudo anterior, houve prevalência de meninos (70%) e a faixa etária variou de 5 a 13 anos (M = 8,8 anos; DP = 2,05). Após a avaliação interdisciplinar, os diagnósticos mais frequentes foram de: dificuldades escolares com múltiplas origens (39%) (principalmente secundárias à deficiência intelectual, 20%), transtornos de aprendizagem (21%) e transtorno de déficit de atenção e hiperatividade (TDAH) (9%).

No estudo de Carvalho, Souza, Pires, Pierini, Rodrigues, Simão, & Ciasca (2016) a amostra foi composta por 203 crianças e adolescentes, 135 meninos (66,5%) e 68 meninas (33,5%), com faixa etária entre 4 e 17 anos (M = 10,11 anos; DP = 2,47). As principais queixas foram referentes às dificuldades de aprendizagem e atenção. Após a avaliação interdisciplinar, os diagnósticos mais frequentes foram de: dificuldades escolares de origem pedagógica (43,8%) ou secundárias à deficiência intelectual (32,2%), TDAH (6,2%) e transtornos de aprendizagem (4,7%).

Em estudo mais recente, Fernandes, Baptista, & Lima (2018) caracterizaram os dados dos atendimentos ocorridos entre os anos de 2010 e 2016. A amostra foi formada pelos dados de 1058 crianças e adolescentes, principalmente meninos (70%), com idades entre 4 e 17 anos (M = 10,9 anos), cursando do ensino infantil ao ensino médio. As queixas mais frequentes foram de: dificuldades globais de aprendizagem (leitura, escrita e cálculo), problemas emocionais/comportamentais e dificuldades específicas em leitura e escrita. Os resultados obtidos após as avaliações interdisciplinares foram: 21% da amostra apresentava dificuldade escolar, sendo que 18% era de origem pedagógica. Sobre os transtornos do neurodesenvolvimento, houve maior frequência de diagnósticos de deficiência intelectual, TDAH, funcionamento intelectual limítrofe, transtorno misto do desenvolvimento das habilidades escolares, transtorno específico de leitura (dislexia do desenvolvimento) e transtorno do espectro do autismo (TEA).

A partir dos estudos supracitados é possível levantar alguns aspectos:

1. Variabilidade das queixas associadas aos problemas escolares, evidenciando que as dificuldades de aprendizagem compõem um problema com causas multifatoriais e, consequentemente, manifestações diversas. Neste sentido, as queixas de dificuldades de aprendizagem podem vir acompanhadas por relatos de alterações na atenção, no comportamento, no desempenho interpessoal, por exemplo.
2. As características das dificuldades de aprendizagem tornam o processo avaliativo mais complexo, pois é preciso que os profissionais analisem adequadamente o que é primário (que causa as dificuldades de aprendizagem) e secundário (consequências); e se tais queixas representam efetivamente um diagnóstico ou não.
3. É possível observar que uma frequência significante de encaminhamentos ao serviço de avaliação interdisciplinar trata de dificuldades escolares que possuem origem pedagógica, ou seja, não se trata de um diagnóstico que acomete o neurodesenvolvimento.

De fato, diferentes conceitos têm sido empregados na literatura nacional e internacional para se referir aos problemas de aprendizagem, como: dificuldades de aprendizagem, transtornos de aprendizagem, distúrbios de aprendizagem e dificuldades escolares. Desta forma, é importante estabelecer alguns critérios de diferenciação entre eles para auxiliar no processo avaliativo e diagnóstico.

Dificuldades escolares *versus* transtornos de aprendizagem

Conforme pode ser observado na Figura 1, o conceito *dificuldades de aprendizagem* é inespecífico e abrangente e representa qualquer dificuldade que o indivíduo pode apresentar em seu processo de escolarização. Por sua vez, este conceito pode se distinguir em dois grandes grupos: as *dificuldades escolares* e os *transtornos de aprendizagem* (Ciasca, 2003, Lima, 2011, Lima & Ciasca, 2015).

As dificuldades escolares (DE) podem ter diversas causas, por exemplo: problemas no processo de ensino-aprendizagem (ex.: falhas na alfabetização, inadequação do método pedagógico aos estilos e características de aprendizagem do aluno, excesso de mudanças de escolas e problemas escolares diversos); consequências de diagnósticos neurológicos e/ou genéticos diversos (ex.: epilepsia, encefalopatia crônica não progressiva, Síndrome do X-Frágil); deficiências em geral (ex.: física, mental, auditiva, visual, múltipla); e fatores psicossociais diversos (ex.: estimulação inadequada e nível socioeconômico). Essas condições não determinam se um indivíduo irá apresentar alguma dificuldade escolar, no entanto, é evidente que influenciarão de alguma forma sua aprendizagem. Em suma, as dificuldades escolares não representam por si só um diagnóstico, uma vez que podem ser explicadas por diversos fatores e/ou diagnósticos primários (Lima & Ciasca, 2015, Lima & Ciasca, 2017).

Figura 1 – Classificação geral das dificuldades de aprendizagem.

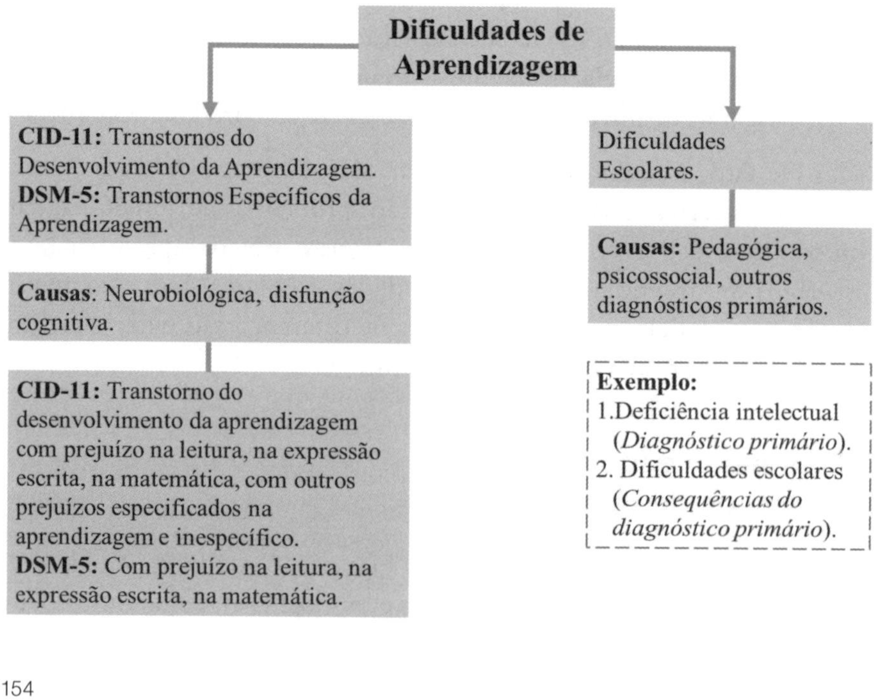

Por outro lado, os transtornos de aprendizagem (TA)[1] possuem origem neurobiológica, são caracterizados por disfunção no sistema nervoso central, e decorrentes de falha no processamento das informações. Isto quer dizer que o indivíduo recebe adequadamente as informações do meio externo, mas há falhas na integração, no processamento e armazenamento de tais informações, resultando em problemas na elaboração das respostas, ou seja, na escrita, leitura e/ou cálculo. Em suma, as dificuldades de aprendizagem apresentadas pelo indivíduo podem ser explicadas por um determinado diagnóstico de origem neurobiológica (Lima & Ciasca, 2015, Lima & Ciasca, 2017).

Historicamente, o *National Joint Committee on Learning Disabilities* – NJCLD (1990/1994) definiu transtornos de aprendizagem como:

> um termo genérico que se refere a um grupo heterogêneo de transtornos manifestos por dificuldades significativas na aquisição e uso da fala, leitura, escrita, raciocínio ou habilidades matemáticas. Estes transtornos são intrínsecos ao indivíduo, supondo-se ocorrerem devido à disfunção no sistema nervoso central e pode ocorrer ao longo do ciclo vital. Podem existir, junto com as dificuldades de aprendizagem, problemas nas condutas de autorregulação, percepção e interação social, mas não constituem, por si só, um transtorno de aprendizagem. Podem ocorrer concomitantemente com outras condições incapacitantes ou com influências extrínsecas (como diferenças culturais ou instrução inapropriada), porém não são os resultados dessa condição (grifos dos autores) (NJCLD1990/1994).

A Organização Mundial da Saúde – OMS (2019), no Manual Diagnóstico de Classificação Internacional das Doenças, 10ª Edição (CID-10), denomina os transtornos de aprendizagem na categoria F81 "*Transtornos Específicos do Desenvolvimento das Habilidades Escolares*" que, por sua vez, encontra-se no capítulo dos "*Transtornos do Desenvolvimento Psicológico*". Conforme a definição da CID-10 (OMS, 2008, p. 236), eles

> são transtornos caracterizados por alterações nos padrões de aquisição e desenvolvimento das habilidades escolares, não decorrentes

[1] Os autores do capítulo estão utilizando o conceito "Transtorno de Aprendizagem" para se referir aos quadros diagnósticos codificados nos manuais diagnósticos internacionais, conforme demonstra a Figura 1.

> de falta de oportunidade para aprender, retardo mental, traumatismos ou qualquer doença cerebral adquirida. Ao contrário, pensa-se que os transtornos se originam de anormalidades no processo cognitivo, que derivam em grande parte de algum tipo de disfunção biológica (grifo dos autores) (NJCLD, 1990/1994).

A recente 11ª Edição da CID (OMS, 2019) indica que o 6A03 *Transtorno do desenvolvimento da aprendizagem* (tradução de Developmental Learning Disorder) é caracterizado por dificuldades significativas e persistentes no aprendizado de habilidades acadêmicas, que podem incluir leitura, escrita ou aritmética. O desempenho do indivíduo encontra-se significativamente aquém do esperado para a idade cronológica e nível geral de funcionamento intelectual, resultando em prejuízo no funcionamento acadêmico ou ocupacional do indivíduo. Tais transtornos não são decorrentes de deficiência intelectual, deficiência sensorial (visão ou audição), distúrbio neurológico ou motor, falta de disponibilidade educacional, falta de proficiência na língua de instrução acadêmica ou adversidade psicossocial.

A *American Psychiatric Association* – APA (2014), no Manual Diagnóstico e Estatístico dos Transtornos Mentais (DSM-5), classificou os *Transtornos Específicos de Aprendizagem* na seção dos *Transtornos do Neurodesenvolvimento*. De acordo com o DSM-5, esses transtornos são diagnosticados quando o desempenho do indivíduo em instrumentos padronizados, e individualmente administrados, de leitura, expressão escrita ou matemática estão significativamente abaixo do esperado, considerando sua idade, nível de escolarização e inteligência. De acordo com este manual:

> o transtorno específico da aprendizagem é um transtorno do neurodesenvolvimento com uma origem biológica que é a base das anormalidades no nível cognitivo, as quais são associadas com as manifestações comportamentais. A origem biológica inclui uma interação de fatores genéticos, epigenéticos e ambientais que influenciam a capacidade do cérebro para perceber ou processar informações verbais ou não verbais com eficiência e exatidão (APA, 2014, p. 68).

Conforme pode ser observado na Figura 1, didaticamente, os transtornos de aprendizagem são subdivididos em *específicos* e *não específicos*. Os *específicos* são caracterizados por comprometimento de habilidades escolares específicas: leitura (dislexia do desenvolvimento), escrita (disortografia) ou cálculo (discalculia do desenvolvimento). Os *não específicos* ou *mistos* são caracterizados por dificuldades significativas na leitura ou ortografia, assim como no cálculo/raciocínio lógico matemático.

A CID-11 (OMS, 2019) subdivide os transtornos do desenvolvimento da aprendizagem conforme a habilidade escolar prejudicada: 6A03.0, transtorno do desenvolvimento da aprendizagem com prejuízo na leitura; 6A03.1, transtorno do desenvolvimento da aprendizagem com prejuízo na expressão escrita; 6A03.2, transtorno do desenvolvimento da aprendizagem com prejuízo na matemática; 6A03.3, transtorno do desenvolvimento da aprendizagem com outros prejuízos especificados na aprendizagem; e 6A03.Z, transtorno do desenvolvimento da aprendizagem, inespecífico. Por sua vez, o DSM-5 considera um único diagnóstico e inclui especificadores para os *Transtornos Específicos da Aprendizagem*: 315.00, com prejuízo na leitura; 315.2, com prejuízo na expressão escrita; e 315.1, com prejuízo na matemática.

Critérios diagnósticos dos transtornos de aprendizagem

Na CID-10 (OMS, 2008), os critérios diagnósticos para os transtornos específicos do desenvolvimento das habilidades escolares incluem os seguintes aspectos:

1. Grau clinicamente significativo de comprometimento na habilidade escolar específica, considerando-se o nível de gravidade, os precursores de desenvolvimento, a presença de problemas associados, o perfil clínico específico e as características quanto à resposta às intervenções.
2. As dificuldades não são explicadas por rebaixamento intelectual.
3. O comprometimento ocorre no desenvolvimento (não é adquirido).
4. Não há fatores externos que justifiquem.
5. Não devem ser decorrentes de déficits sensoriais não corrigidos.

É importante enfatizar que o Brasil é signatário da CID e este é o manual diagnóstico que deve ser utilizado como referência para o diagnóstico e produção de documentos decorrentes de avaliações diagnósticas. Obviamente, o DSM-5 também é um manual para estudo dos quadros diagnósticos e consulta para a classificação diagnóstica. Inclusive, a CID-11 (OMS, 2019) traz maior harmonização com os termos utilizados neste manual.

Desta forma, é pertinente conhecer os critérios apresentados no DSM-5 (APA, 2014):

1. Critério A: dificuldades na aprendizagem e no uso de habilidades acadêmicas. Pelo menos 1 dos sintomas a seguir persistindo por 6 meses, apesar da provisão de intervenções dirigidas a estas dificuldades.

   A1. Leitura de palavras de forma imprecisa ou lenta e com esforço.

   A2. Dificuldades para compreender o sentido do que é lido.

   A3. Dificuldades para ortografar.

   A4. Dificuldades com a expressão escrita.

   A5. Dificuldades para dominar o senso numérico, fatos numéricos ou cálculo.

   A6. Dificuldades no raciocínio.
2. Critério B: habilidades acadêmicas afetadas estão substancial e quantitativamente abaixo do esperado para a idade cronológica, interferindo no desempenho acadêmico ou profissional ou nas atividades cotidianas, confirmadas por medidas de desempenho padronizadas, administradas individualmente e por avaliação abrangente.
3. Critério C: dificuldades iniciam-se durante os anos escolares, mas podem não se manifestar até que as exigências pelas habilidades afetadas excedam as capacidades limitadas do indivíduo.
4. CRITÉRIO D: as dificuldades não podem ser explicadas por deficiências intelectuais, acuidade visual ou auditiva não corrigida, outros transtornos mentais ou neurológicos, adversidades psicossociais, falta de proficiência na língua ou instrução inadequada.

Na última edição do DSM, algumas mudanças importantes foram realizadas (Machado, Caye, & Rohde, 2015):

1. Houve fusão dos quatro subtipos do DSM-IV em uma única categoria diagnóstica e manutenção das distinções na forma de

especificadores (prejuízo na leitura, escrita e matemática). Essa mudança implicou sobretudo no critério A.

2. A idade mínima para o diagnóstico foi ampliada, pois os sintomas devem se manifestar nos anos escolares, mas podem não aparecer até que as exigências sobre as habilidades escolares afetadas excedam as capacidades do indivíduo.
3. Apesar de controverso, principalmente em nosso país, o critério A também incorporou a noção de resposta à intervenção. Isto significa que as dificuldades de aprendizagem devem ser persistentes apesar das intervenções e provisão de suporte às dificuldades.
4. A noção de baixo desempenho acadêmico enfatiza agora a necessidade de administração de instrumentos normatizados para a idade, educação e cultura.

O diagnóstico diferencial (First, 2015) deve ser realizado com: variações normais no desempenho acadêmico; baixo desempenho acadêmico devido à falta de oportunidade, ensino insatisfatório ou aprendizado de segunda língua; desempenho acadêmico insatisfatório decorrente de visão ou audição prejudicada ou outro déficit neurológico; deficiência intelectual; transtorno do espectro do autismo; transtornos da comunicação; transtorno neurocognitivo motor; TDAH; e esquizofrenia.

De acordo com o exposto, é possível destacar que há critérios de exclusão para o diagnóstico dos transtornos de aprendizagem, a saber: déficits sensoriais ou motores significativos; nível de inteligência abaixo da média (níveis limítrofe e intelectualmente deficiente); condições médicas (neurológicas, genéticas e/ou psiquiátricas); transtorno psicológico; fatores escolares, pedagógicos ou psicossociais que possam explicar a dificuldade apresentada pelo indivíduo. Para estes casos, a nomenclatura sugerida é *dificuldade escolar*".

Avaliação interdisciplinar e consequências do diagnóstico

Tal como ocorre para os outros transtornos do neurodesenvolvimento, é importante que o diagnóstico dos transtornos de aprendizagem seja conduzido a partir de uma abordagem interdisciplinar, uma vez que o quadro é caracterizado por alterações em funções cognitivas diferentes que comprometem a aprendizagem, bem como pode ser acompanhado por comorbidades (Ciasca, 2003, Ciasca, Rodrigues, Azoni, & Lima, 2015).

A Figura 2 apresenta a relação das principais especialidades envolvidas no processo diagnóstico dos transtornos de aprendizagem.

Figura 2 – Exemplo de especialidades para o diagnóstico dos Transtornos de Aprendizagem.

Especialidades	Avaliar
Professores	Desempenho escolar e as diferentes variáveis que podem interferir no processo de aprendizagem.
Psicologia/ Neuropsicologia	Desempenho intelectual, funções cognitivas, aspectos emocionais, familiares e psicossociais.
Fonoaudiologia	Linguagem oral e escrita. Também conduz a avaliação audiológica e de processamento auditivo.
Psicopedagogia	Aspectos escolares, materiais, método pedagógico, processo de ensino-aprendizagem.
Psicomotricidade Fisioterapia	Desempenho motor e psicomotor. Auxilia no diagnóstico diferencial.
Neurologia infantil	Sinais neurológicos menores (*soft signs*), neurodesenvolvimento e auxilia no diagnóstico diferencial.
Psiquiatra da infância e adolescência	Presença de comorbidades psiquiátricas e auxilia no diagnóstico diferencial.
Outras especialidades da saúde e educação	Aspectos específicos, conforme perfil de dificuldades do indivíduo e realizar diagnóstico diferencial.

A condução do processo avaliativo deve ser fundamentada em modelos científicos, orientada pelas diretrizes diagnósticas, sustentada pelo raciocínio clínico e utilizar métodos e técnicas pertinentes a cada área de especialidade.

Desta forma, é fundamental que a equipe envolvida no diagnóstico estabeleça diferenças entre as dificuldades nas habilidades escolares que são melhor explicadas por variações normais do desenvolvimento, outros diagnósticos primários e os transtornos de aprendizagem (OMS, 2008, APA, 2014, First, 2015). Esta reflexão é extremamente importante, pois é uma das origens básicas para as diversas confusões e erros diagnósticos dos transtornos de aprendizagem.

A Figura 3 apresenta um resumo das possíveis intersecções entre os diagnósticos corretos e incorretos e suas possíveis consequências (Roberts & Louie, 2017).

Figura 3 – Tipos de diagnósticos e consequências.

Indivíduo é diagnosticado com o transtorno e	
tem o transtorno VERDADEIRO-POSITIVO Maior probabilidade de se beneficiar de algum tipo de intervenção.	não tem o transtorno FALSO-POSITIVO Menor probabilidade de se beneficiar de algum tipo de intervenção. Maior probabilidade de consequências negativas advindas do diagnóstico incorreto.
Indivíduo não é diagnosticado com o transtorno e	
tem o transtorno FALSO-NEGATIVO Maior probabilidade de consequências negativas advindas do erro diagnóstico, demora ou ausência de intervenções adequadas.	não tem o transtorno VERDADEIRO-NEGATIVO Menor probabilidade de consequências negativa de diagnóstico incorreto e custos com intervenções desnecessárias.

É importante considerar que todo diagnóstico de algum transtorno de aprendizagem possui consequências para o indivíduo, sua família e contextos nos quais estão inseridos. É comum reações diversas que vão do alívio pelo esclarecimento das dificuldades, até preocupação extrema sobre a aquisição das habilidades escolares, impactos das dificuldades em outros domínios do desenvolvimento, e dúvidas sobre o desempenho futuro (Lima & Ciasca, 2017).

Do ponto de vista avaliativo, além do diagnóstico, tais aspectos também devem ser considerados. Assim sendo, de forma complementar ao CID, a Classificação Internacional de Funcionalidade, Incapacidade e Saúde – CIF (OMS, 2011) auxilia na compreensão de um diagnóstico alicerçado nos conceitos de funcionalidade, impacto e fatores contextuais de suporte.

Conforme apresenta a Figura 3, a CIF define os estados de saúde como resultados da interação entre: a) estrutura e funções do corpo – aspectos anatômicos e funcionais (inclusive psicológicos); b) atividades – ações ou tarefas desempenhadas pelo indivíduo; c) participação – envolvimento do indivíduo nas situações de vida diária e possíveis limitações que possam ocorrer para o seu desempenho adequado. Por sua vez, o estado de saúde é influenciado por: a) fatores ambientais – ambientes físico, social e atitudes; e b) fatores pessoais – características individuais que não são parte do estado de saúde, mas influenciam a maneira como o indivíduo lida com ele (OMS, 2011). Apesar de ainda pouco difundida no país, a CIF pode auxiliar no processo avaliativo, sobretudo no planejamento da intervenção educacional e de saúde.

Por fim, deve-se ressaltar que o indivíduo com transtorno de aprendizagem, como qualquer outro, também apresenta habilidades e potencialidades que devem ser ressaltadas durante todo o processo de abordagem na clínica, na escola e na família. Assim, as intervenções não devem considerar somente os déficits que a criança possui, mas também suas habilidades, fato que remete à importância da atuação dos profissionais que atuam no contexto escolar junto a crianças com transtornos de aprendizagem.

Contribuição do professor no processo de diagnóstico e intervenção dos transtornos de aprendizagem

Especificamente no que diz respeito à contribuição do professor, considera-se que este tem papel fundamental no processo de diagnóstico e, principalmente, na condução, intervenção e evolução acadêmica da criança com dificuldade para aprender.

Nesse sentido, é necessário que fique atento às características comuns apresentadas pelos alunos com transtorno de aprendizagem, sendo estas facilmente identificadas no contexto escolar. Dentre essas, destacam-se as mencionadas pelo *Learning Disabilities Association of America*, (2017), ou seja: tempo reduzido de atenção; dificuldade em memorizar informações; pouca habilidade para seguir orientações verbais; dificuldade em discriminar letras, números e sons; baixo desempenho em leitura, escrita e/ou matemática; problemas com a coordenação motora (global e fina); dificuldade em atividades que requerem habilidade para sequenciar (números, por exemplo); desorganização e dificuldades sensoriais.

Ressalta-se, no entanto, que tais características se manifestam de forma diferente na população em foco, principalmente pelo fato de estarem relacionadas ao tipo e gravidade do transtorno, contexto ambiental e etapa de desenvolvimento no qual a criança se encontra. Em relação ao último aspecto, a literatura indica que as manifestações são distintas nas diferentes faixas etárias. Sendo assim, uma criança do ensino infantil apresenta perfil diferente daquelas que estão em estágio escolar mais avançado, fato que pode ser visualizado na Figura 4.

Figura 4 – Principais sinais de risco para transtornos de aprendizagem, em função da faixa etária (Modificado de Hayes et al, 2018).

Faixa etária	Principais características/Dificuldades
3 a 4 anos	Pronunciar palavras corretamente. Acessar ao léxico (encontrar a palavra correta para se comunicar oralmente). Efetuar e perceber rimas. Aprender o alfabeto, números, cores, formas e dias da semana. Seguir instruções. Aprender regras e rotina. Usar instrumentos comuns à sala de aula (giz de cera, tesoura, cola, etc.). Aprender habilidades variadas típicas da faixa etária (tais como colorir dentro de espaços delimitados, colar e recortar figuras, etc.). Adquirir autonomia em atividades de vida diária (tais como abotoar, subir/descer zíper, vestir-se, amarrar sapato etc.).
5 a 9 anos	Aprender a ler/escrever, notadamente do que diz respeito a: - Relação fonema-grafema. - Escrita de palavras. - Confusão no ato da leitura (inverte, omite, inventa sílabas/palavras). - Persistência dos erros de leitura e escrita. Aprender de novas habilidades acadêmicas. Aprender conceitos matemáticos básicos. Aprender conceito e sequencia temporal (dias, horas, meses do ano).
10 a 13 anos	Compreender textos (narrativos/informativos) e conceitos matemáticos. Responder a questões dissertativas. Ler em voz alta. Adquirir hábito de leitura (em geral refere que não gosta de ler). Escrever textos. Escrever com boa caligrafia (com legibilidade e boa orientação no espaço). Usar estratégias adequadas para o aprendizado (tais como realização de deveres escolares, desorganização, etc.). Discutir e expressar seus pensamentos em sala de aula. Aprender normas ortográficas (persistência dos erros). Perceber os erros durante elaboração de texto (exemplo: pode escrever a mesma palavra de formas diferentes num mesmo texto).

Analisando-se as alterações das habilidades em função da faixa etária (Figura 4), nota-se que os sinais de risco para transtorno de aprendizagem estão presentes desde a fase precoce de desenvolvimento. Tal fato remete à importância da observação, identificação e introdução de estratégias de intervenção o mais cedo possível, pois a maior plasticidade cerebral que ocorre nesse período possibilita à criança responder com mais facilidade e eficácia ao processo interventivo, maximizando desse modo o seu potencial de aprendizado.

No entanto, diferentemente do que normalmente ocorre em nosso contexto, é necessário que o processo investigativo e interventivo seja planejado e efetuado de forma sistematizada, com base em evidências científicas.

A esse respeito vale mencionar que pesquisas desenvolvidas nos últimos anos vêm demonstrando a eficácia dos programas denominados de Resposta à Intervencão (*Response to Intervention* – RTI). Trata-se de programa instrucional, multinível, voltado para prevenção, identificação e intervenção dos alunos com dificuldade de aprendizagem (Vaughn,, Linan-Thompson, & Hickman, 2003, O'Connor, Fulmer, Harty, & Bell, 2005).

Nesta abordagem a utilização de testes e instrumentos padronizados tem o intuito de identificar áreas que necessitam ser trabalhadas por meio de intervenção dirigida em diferentes níveis, descritas a seguir (Arkansas Dyslexia Guide, 2017, Denton, 2012), ajustando-se sempre às necessidades dos alunos.

- Nível 1 (Núcleo de instrução): Neste nível todos os alunos da sala são avaliados, tendo-se como objetivos: verificar se atendem às expectativas de aprendizagem para o nível em que se encontram; identificar alterações nas habilidades avaliadas e investigar se há fatores de risco para transtornos de aprendizagem. Segue-se então a implementação de programa de intervenção para as alterações encontradas. A título de exemplo, se a habilidade alvo for a leitura, institui-se programa de intervenção para todo o grupo, visando estimular componentes de base desta habilidade, tais como consciência fonêmica, compreensão, fluência e vocabulário. A intervenção, neste primeiro nível, costuma ser suficiente para solucionar os problemas apresentados pela maioria dos estudantes.
- Nível 2 (intervenção suplementar): Permanecem neste nível os alunos que não fizeram progresso na etapa anterior (entre 10 a 20% dos

sujeitos). A estes são dadas instruções suplementares, em pequenos grupos. O monitoramento contínuo é utilizado, de modo a verificar a resposta à instrução. Caso o aluno não apresente progresso suficiente, alternativas diferenciadas, relacionadas ao aumento da frequência e intensidade da intervenção, são implementadas.

- Nível 3 (Intervenção intensiva): Os alunos que não evoluíram nos níveis anteriores permanecem nesta etapa (em torno de 5 a 10% dos sujeitos). Estes recebem instrução individualizada e o monitoramento do seu progresso pode indicar necessidade ensino especializado.

Como se observa, os programas em RTI beneficiam todos os alunos e, ainda, possibilitam identificar aqueles que têm fatores de risco para transtornos de aprendizagem. Se assim for, as crianças devem ser encaminhadas para avaliação com equipe especializada, a fim de se realizar diagnóstico diferencial.

Em se tratando de intervenção em leitura, Snowling e Hulme (2011) revisaram estudos baseados em evidências, relativos à dificuldades de linguagem e alfabetização, tendo concluído que os seguintes fatores devem ser considerados no processo interventivo: a) os métodos devem ser sistemáticos, bem estruturados e multissensoriais; b) devem incorporar o ensino-aprendizagem direta e boa quantidade de tempo para a sua consolidação; c) revisão frequente deve ser efetuada.

A respeito do último aspecto, a revisão e monitoramento ao longo do processo interventivo são necessários principalmente pelo fato de que as manifestações dos transtornos de aprendizagem não só são altamente variadas, como também se modificam no decorrer da escolarização.

Do ponto de vista prático, considera-se que o planejamento das atividades a serem realizadas dependa da análise das necessidades das crianças, ou seja, quais as potencialidades e as defasagens apresentadas pelos sujeitos. Assim, a depender do comprometimento (habilidade de decodificação, acesso ao léxico, habilidade semântica, habilidade sintática, componentes atencionais, conhecimentos prévios, compreensão de texto) elabora-se programa de intervenção (Rodrigues & Ciasca, 2016), por meio de método sistematizado, tal como o RTI.

Nos EUA, esta abordagem tem sido amplamente utilizada para as dificuldades de leitura/escrita e, embora de maneira mais tímida, na dificuldade de matemática, com resultados consistentes (Dennis, Sharp, Chovanes, Thomas, Burns, Custer, & Park, 2016, Soares, Evans, & Patel, 2018).

Em síntese, considera-se que, com o uso de ferramentas e suporte apropriados, os alunos com dificuldade podem ser bem-sucedidos academicamente e, como consequência, poderão exercer seu papel de cidadãos na sociedade. Para tanto, há necessidade de se determinar o mais precocemente possível se a dificuldade apresentada é decorrente de disfunção do sistema nervoso central (transtorno de aprendizagem) ou se ela ocorre por outros fatores, extrínsecos à criança (fatores ambientais, por exemplo). Como essa diferenciação nem sempre é simples de ser efetuada, em geral há necessidade de avaliação de equipe interdisciplinar.

Uma vez efetuado o diagnóstico de transtorno de aprendizagem, o papel e a função da escola são ainda mais importantes, pois é no contexto escolar que se poderá implementar abordagem intensiva de intervenção, direcionada e adequada às necessidades da criança, possibilitando, assim, que atinja o máximo de suas potencialidades.

Considerações finais

O diagnóstico dos transtornos de aprendizagem é um processo complexo que deve ser fundamentado em uma abordagem de avaliação interdisciplinar. Neste sentido, os profissionais envolvidos precisam fundamentar seus métodos e técnicas em modelos científicos, diretrizes diagnósticas, sustentados pelo raciocínio clínico. Fazem parte deste processo não só o delineamento de um perfil de dificuldades, mas também a caracterização das potencialidades do indivíduo. Aos profissionais cabe também ponderar que qualquer tipo de diagnóstico causa impactos na vida do indivíduo e sua família.

Referências

APA – American Psychiatric (2014). Association. *DSM-5: Manual diagnóstico e estatístico de transtornos mentais.* (5a ed.) Porto Alegre, RS: Artmed Editora.

Arkansas Dyslexia Resource Guide. (2019). Recuperado de: http://www.arkansased.gov/public/userfiles/Learning_Services/Dyslexia/DRG-Final-12-13-17-JS1.pdf

Carvalho, M. C., Souza, G. G. B. D., Pires, T. C., Pierini, R., Rodrigues, S. D., Simão, A. N. P., & Ciasca, S. M. (2016). Characterization of school-related problems and diagnoses in a Neuro-Learning Disorder Clinic. *Estudos de Psicologia (Campinas)*, *33*(1), 161-171.

Ciasca, S. M. (2003). *Distúrbios de aprendizagem: proposta de avaliação multidisciplinar.* (2a ed.) São Paulo, SP: Casa do Psicólogo.

Ciasca, S., Rodrigues, S. D., Azoni, C., & Lima, R. F. (2015). *Transtornos de aprendizagem: neurociência e interdisciplinaridade.* Ribeirão Preto, SP: Book Toy.

Ciasca, S. M. & Rossini, S. D. R. (2000). Distúrbio de aprendizagem: mudanças ou não? Correlação de dados de uma década de atendimento. *Temas sobre desenvolvimento*, *8*(48), 11-6.

Dennis, M. S., Sharp, E., Chovanes, J., Thomas, A., Burns, R. M., Custer, B., & Park, J. (2016). A meta-analysis of empirical research on teaching students with mathematics learning difficulties. *Learning Disabilities Research & Practice*, *31*(3), 156-168.

Denton, C. A. (2012). Response to intervention for reading difficulties in the primary grades: Some answers and lingering questions. *Journal of learning disabilities*, *45*(3), 232-243.

Fernandes, M. C. C., Baptista, J. G., & Lima, R. F. (2018). Caracterização de serviço de atendimento infanto-juvenil: ambulatório de Neuro-Dificuldades de Aprendizagem. *Anais do XVII Congresso Brasileiro de Neuropsicologia da SBNP*, p.41.

First, M. B. (2015). *Manual de diagnóstico diferencial do DSM-5.* Porto Alegre, RS: Artes Médicas.

Hayes, A. M., Dombrowski, E., Shefcyk, A. H., & Bulat, J. (2018). *Learning disabilites screening and evaluation guide for low- and middle-income countries.* RTI Press Publication No. OP-0052-1804. Research Triangle Park, NC: RTI Press.

Learning Disabilities Association of America. (2017) *Types of learning disabilities.* Recuperado de: https:// ldaamerica.org/types-of-learning-disabilities/.

Lima, R. F. (2011). *Sintomas depressivos e funções cognitivas em crianças com dislexia do desenvolvimento.* (Dissertação de Mestrado). Universidade Estadual de Campinas, Campinas, SP, Brasil.

Lima, R. F. & Ciasca, S. M. (2015). Neuropsicologia da dislexia do desenvolvimento. In S. M. Ciasca, S. das D. Rodrigues, C. A. S. Azoni, & R. F. de Lima. *Transtornos de aprendizagem: neurociência e interdisciplinaridade.*(p. 215–238), Ribeirão Preto, SP: Booktoy.

Lima, R. F. & Ciasca, S. M. (2017). O que são transtornos de aprendizagem? In R. F. de Lima; F. C. P. da Silva (Orgs.); *Abordadem interdisciplinar nos transtornos do neurodesenvolvimento.* (p. 29–38), Ribeirão Preto, SP: Booktoy.

Lima, R. F. D., Mello, R. J. D., Massoni, I., & Ciasca, S. M. (2006a). Frequência de antecedentes familiares e análise de queixas em crianças com dificuldades de aprendizagem. *Temas sobre desenvolvimento, 15*(85/86), 30-34.

Lima, R. F., Mello, R. J. L., Massoni, I., & Ciasca, S. M. (2006b). Dificuldades de aprendizagem: queixas escolares e diagnósticos em um serviço de neurologia infantil. *Revista Neurociências, 14*(4), 185-190.

Machado, J. D., Caye, A., J. F. P., & Rohde, L. A. (2015). Principais mudanças nos transtornos de crianças e adolescentes. In J. M. Rey (Org.). *IACAPAP e-Textbook of Child and Adolescent Mental Health (edição em Português).* (p.1–23, 2015). Genebra: International Association for Child and Adolescent Psychiatry and Allied Professions.

NJCLD – National Joint Committee on Learning Disabilities (1990/1994). Learning disabilities: Issues on definition. Collective perspectives on issues affecting learning disabilities: Position papers and statements. Austin, TX: Pro-Ed.

O'Connor, R. E., Fulmer, D., Harty, K. R., & Bell, K. M. (2005). Layers of reading intervention in kindergarten through third grade: Changes in teaching and student outcomes. *Journal of Learning Disabilities, 38*(5), 440-455.

OMS – Organização Mundial da Saúde. CID-11: Classificação de transtornos mentais e de comportamento: descrições clínicas e diretrizes diagnósticas. Recuperado de: https://icd.who.int/en/.

Roberts, L. W. & Louie, A. K. (2017). *Guia de estudo para o DSM-5.* Porto Alegre, RS: Booktoy.

Rodrigues, S. D. D., & Ciasca, S. M. (2016). Dislexia na escola: identificação e possibilidades de intervenção. *Revista Psicopedagogia, 33*(100), 86-97.

Rossini, S. D. D. R., & Santos, A. A. A. D. (2001). Fracasso escolar: estudo documental de encaminhamentos. In: F. F. Sisto, E. Boruchovitch, L. D. T. Fini, R. P. Breneli, S. de C. Martinelli (Orgs.). *Dificuldades de aprendizagem no contexto psicopedagógico.* (p. 214-235). Petrópolis, RJ: Vozes.

Snowling, M. J. & Hulme, C. (2011). Evidence-based interventions for reading and language difficulties: Creating a virtuous circle. *British Journal of Educational Psychology, 81*(1), 1-23.

Soares, N., Evans, T., & Patel, D. R. (2018). Specific learning disability in mathematics: a comprehensive review. *Translational pediatrics,* 7(1), 48.

Vaughn, S., Linan-Thompson, S., & Hickman, P. (2003). Response to instruction as a means of identifying students with reading/learning disabilities. *Exceptional children, 69*(4), 391-409.

CAPÍTULO 11

Avaliação e intervenção com as habilidades preditoras para a leitura

Alexandra Beatriz Portes de Cerqueira-César
Bianca dos Santos
Simone Aparecida Capellini

As habilidades de fala e de leitura requerem algum nível de domínio da linguagem, porém, a leitura requer, em adicional, o domínio do princípio alfabético. Isso implica o conhecimento da estrutura fonológica interna das palavras da língua e esse conhecimento deve ser dado de forma mais explícita do que se exige na linguagem oral. Desta forma, os escolares em níveis iniciais de alfabetização necessitariam de instruções diretas e explícitas dessas habilidades, uma vez que estão diretamente ligadas ao sucesso posterior em leitura (Foorman, Chen, Carlson, Moats, Francis, & Fletcher, 2003, Liberman, Shankweiler, & Liberman, 1989).

Considerações como essas levaram a realização de pesquisas sobre leitura que mostram que as crianças pré-alfabetizadas não realizam de forma natural a descoberta do que subjaz o aprendizado do alfabeto, não estando preparadas para entender e aplicar o princípio alfabético. Desta forma, surge a literatura que analisa o aprendizado do princípio alfabético e as tendências de desenvolvimento das habilidades metafonológicas, testando a capacidade dos escolares de segmentar palavras em seus elementos constituintes (sílabas e fonemas) (Henbest & Apel, 2017, Macdonald & Cornwall, 1995, National Reading Panel, 2000).

Com base no exposto acima, esse capítulo tem por objetivo apresentar, com base na literatura, a importância da avaliação e intervenção baseadas nas habilidades metafonológicas e no princípio alfabético, bem como apresentar materiais e protocolos elaborados a partir de evidências científicas para esta finalidade.

Princípio Alfabético

Puranik, Petscher & Lonigan (2012) apontaram que o domínio do princípio alfabético em pré-escolares é a habilidade preditora mais forte para o desenvolvimento da leitura e importante habilidade de alfabetização. Tal habilidade inclui o reconhecimento do alfabeto, a correspondência grafema-fonema, o ponto articulatório dos fonemas e a formação das letras do alfabeto.

A correspondência grafema-fonema, habilidade de ter o conhecimento e produzir o som correspondente a um código gráfico (grafema/ letra), tem a relação mais próxima com a decodificação. Escolares que falham no domínio do princípio alfabético podem falhar em leitura, fator de risco para problemas de leitura e de escrita (Puranik; Lonigan; & Kim, 2011). Dominar o princípio alfabético é muito importante para a alfabetização, sendo um marco na transição do início da alfabetização para o desenvolvimento da leitura (Huang; Tortorelli, & Invernizzi, 2014).

O conhecimento da correspondência grafema-fonema contribui para a alfabetização do escolar, auxiliando na compreensão do princípio alfabético, entendendo que a língua é composta de fonemas e que os grafemas são as representações destes fonemas; é também necessário para que o escolar comece a decodificar as palavras com acurácia, e fornece a base para a instrução fônica, na qual os escolares devem usar a correspondência grafema-fonema para entender os recursos de grafia cada vez mais complexos, como os encontros consonantais (Huang & Invernizzi, 2012, Scanlon; Anderson, & Sweeney, 2010).

O ponto articulatório é utilizado para realizar o movimento correspondente de cada fonema da língua, onde inicialmente se realiza a respiração, seguido da produção dos fonemas, que são transformados em fala. Desta forma, os escolares que possuem o domínio dos sons da língua utilizam deste conhecimento durante o processo do desenvolvimento da leitura e da escrita (Nico, & Gonçalves, 2016).

Capovilla e Capovilla (2002) referiram a língua escrita como sendo um código derivado da língua falada, porém, enquanto a língua falada possui relação direta entre seus fonemas e significados, o mesmo não ocorre em suas representações ortográficas, que são regidas pelo princípio alfabético, necessitando, assim, que haja instrução direta de todas as formas de representações dos grafemas.

Habilidades metafonológicas

A literatura descreveu nos últimos 50 anos a relação entre a consciência fonológica e a leitura e escrita e sua importância na aprendizagem. Tem sido um consenso entre diversos autores (Barrera & Maluf, 2003, Bond & Dykstra, 1967, Bradley & Bryant, 1983) que em sistemas alfabéticos, a aprendizagem de habilidades como a leitura e a escrita implicam uma reflexão deliberada da fala, tornando-se objeto de sua atenção consciente e possibilitando o desenvolvimento da consciência metalinguística.

O domínio das habilidades metafonológicas depende do conhecimento para manipular os segmentos. As habilidades metafonológicas fazem parte do conhecimento de que a fala é formada por palavras e que as palavras são formadas por unidades individuais de sons, chamados de fonemas. Os escolares precisam ser capazes de manipular os sons para que se tornem leitores fluentes. As habilidades metafonológicas incluem o conceito de palavra, rima, aliteração, manipulação silábica e manipulação fonêmica (Henbest & Apel, 2017).

É bem estabelecido na literatura que as habilidades metafonológicas são uma das melhores preditoras para o sucesso da alfabetização. Especificamente, escolares com essas habilidades bem estabelecidas são mais propensos a se tornarem leitores de sucesso do que escolares com falhas nessas habilidades (Bus & Van Ijzendoorn, 1999, Macdonald & Cornwall, 1995, Vellutino & Scanlon, 1987).

A conexão entre as habilidades metafonológicas e a capacidade de ler se dá de forma que, para aprender a ler, os escolares precisem pensar conscientemente sobre os sons de sua língua e como esses sons se relacionam com letras (ou seja, consciência ortográfica). Assim, é importante que se tenha capacidade inicial de manipular sons como preparo desses escolares para pensarem em sons e letras juntos, fazendo essa relação (National Reading Panel, 2000; Torgerson, Brooks, & Hall, 2006).

Avaliação das habilidades metafonológicas e princípio alfabético

Além de evidências que apoiam a importância das habilidades metafonológicas e do princípio alfabético para leitores iniciantes, há evidências substanciais indicando que o conhecimento dos escolares sobre como aplicar essas habilidades na aprendizagem da leitura deve ser explicitamente ensinado (National Reading Panel, 2000, Torgerson, Brooks, & Hall, 2006).

Devido ao crescente número de escolares que apresentam dificuldades de aprendizagem durante a fase de alfabetização, torna-se relevante, dentro de uma perspectiva educacional, a investigação dos possíveis fracassos durante a fase inicial de aquisição do sistema de escrita do português. Visto que as habilidades metafonológicas estão relacionadas com a aprendizagem da leitura e da escrita, destacamos que os leitores iniciantes devem desenvolver uma sensitividade à estrutura interna das palavras, a fim de se beneficiarem de uma instrução formal (Germano, 2016).

Desta forma, se faz necessária a utilização de procedimentos avaliativos que permitam estabelecer o perfil de aquisição e desenvolvimento das habilidades metafonológicas e do princípio alfabético, permitindo a compreensão das etapas de desenvolvimento destas habilidades e seu impacto na aprendizagem da leitura e da escrita.

A seguir, descreveremos alguns instrumentos de avaliação para essas habilidades, descritos na literatura nacional nos últimos 10 anos (Figura1).

Figura 1 – Relação dos instrumentos de avaliação, autoria e descrição mais referidos na literatura nacional nos últimos 10 anos.

Instrumento	Descrição
Protocolo de tarefas de consciência fonológica (Cielo, 2002)	Avalia as habilidades de consciência fonológica de 4 a 8 anos de idade.
Instrumento de Avaliação Sequencial – CONFIAS (Moojen, Lamprecht, Santos, Freitas, & Guarda, 2003)	Síntese, segmentação, identificação, produção, exclusão e transposição silábica e fonêmica
Provas De Habilidades Metafonológicas e de Leitura - PROHMELE (Cunha & Capellini, 2009)	Prova de habilidades metalinguísticas e leitura de palavras e de pseudopalavras

Protocolo de Avaliação das Habilidades Metafonológicas - PROHFON (Germano, & Capellini, 2016)	Avalia as habilidades metafonológicas em escolares do 2° ao 5° ano do ensino fundamental I.
Protocolo de Avaliação das Habilidades Cognitivo-linguísticas (Capellini, Smythe, & Silva, 2017)	Avalia as habilidades cognitivo-linguísticas de escolares de 6 a 7 anos e 11 meses de idade.
Protocolo de Identificação Precoce dos Problemas de Leitura - IPPL (Capellini, Cerqueira-César, & Germano, 2017)	Rastreio de habilidades metafonológicas, conhecimento do alfabeto, memória operacional fonológica, nomeação automática rápida e leitura para escolares de 6 a 7 anos e 11 meses de idade.
Protocolo de Avaliação das Habilidades Cognitivo-linguísticas para escolares em fase inicial de alfabetização (Silva, & Capellini, 2019)	Avalia as habilidades cognitivo-linguísticas de escolares de 6 a 7 anos e 11 meses de idade.

Intervenção nas habilidades metafonológicas e princípio alfabético

É necessário realizar uma intervenção baseada no princípio alfabético, principalmente em pré-escolares, uma vez que o conhecimento e domínio do princípio alfabético é uma importante habilidade de alfabetização e preditora para o desenvolvimento da leitura (Puranik, Petscher, & Lonigan, 2012).

Quando é realizada a intervenção baseada na correspondência grafema-fonema, torna-se mais fácil a compreensão do princípio alfabético. Além disso, o conhecimento da correspondência grafema-fonema é necessário para que o escolar inicie a decodificação de palavras, fornecendo base para a instrução fônica (Huang, & Invernizzi, 2012).

Em relação às habilidades metafonológicas, é necessário realizar a intervenção destas habilidades, pois elas estão fortemente relacionadas com a aprendizagem da leitura e da escrita e, trabalhando estas habilidades, pode haver uma melhora significativa na alfabetização destes escolares (Snowling & Hulme, 2011).

A intervenção baseada nas habilidades metafonológicas, possibilita ainda que o escolar adquira a percepção dos fonemas e que estas unidades possam ser combinadas para formar outra palavra, contribuindo para o mecanismo gerativo de memória, auxiliando ainda na conversão de fonologia e ortografia (Germano & Capellini, 2015).

A seguir, serão apresentados alguns materiais para intervenção com objetivo de intervir principalmente com o princípio alfabético e habilidades metafonológicas.

Procedimentos para Intervenção

Dentre os procedimentos para intervenção, neste capítulo serão abordados alguns programas fechados, ou seja, com um número exato de sessões e estratégias, e outros que podem ser utilizados de acordo com o nível de dificuldade do escolar. Serão apresentados os procedimentos, seus objetivos e o público alvo (idade, escolaridade) de cada instrumento.

Alfaletrando – Conhecendo as letras (Santos, Cerqueira-César, & Capellini, 2018).

Este instrumento é composto por cartões contendo as letras do alfabeto de forma escrita, braile e LIBRAS, cartões com imagens de boca demonstrando o ponto articulatório, frases com palavras que aliteram, traçado das letras, lousa para praticar este traçado e cartões com figuras com as letras que são trabalhadas. É indicado para ser utilizado na sala de aula e em contexto clínico, ou seja, tanto coletiva quando individualmente.

O objetivo geral é estimular os escolares para que atinjam os objetivos específicos que são: identificar as letras do alfabeto, praticar o traçado das letras de forma e cursiva, aprender a correspondência grafema-fonema, reconhecer o fonema inicial e realizar aliteração.

Seu público alvo são escolares de 4 a 7 anos de idade, ou escolares maiores diagnosticados com algum tipo de transtorno de aprendizagem.

Histórias para o Desenvolvimento de Rima e Aliteração (Cerqueira-César; Santos, & Capellini, 2019).

Trata-se de uma coleção composta por oito livros referentes a oito personagens. Em cada livro, são abordadas cinco histórias sobre o personagem, contendo rima e aliteração. Além das histórias, também há diferentes atividades em cada história para expansão de vocabulário e atividades lúdicas como *Jogo da memória, Roda da Rima, Ligue os Pontos.*

O objetivo das histórias é promover as habilidades metafonológicas de rima e de aliteração, além de expansão de vocabulário.

O público alvo são escolares de 3 a 7 anos de idade, que estejam sendo alfabetizados ou no ensino infantil.

Programa de Intervenção Fonológica para Escolares em Fase Inicial de Alfabetização (Silva, & Capellini, 2019).

Este é um programa fechado, composto por 15 sessões acumulativas, com enfoque no desenvolvimento das habilidades metafonológicas, explícita e intensivamente. Este programa pode ser utilizado na 3ª camada do Modelo de Resposta à Intervenção (RTI). As tarefas podem ser aplicadas em grupos ou individualmente.

O objetivo deste programa é possibilitar aos escolares o trabalho direcionado às habilidades metafonológicas.

O público alvo são escolares do 1° e 2° ano do ensino fundamental I, que estão no início da alfabetização.

Programa de Resposta a Intervenção Fonológica Associado à Correspondência grafema-fonema com Tutoria ao Professor – PRIPROF-T (Fukuda & Capellini, 2018)

O programa é composto por três cadernos com informações relacionados a tutoria e a aplicação do programa, cartas de sons, animais, rimas, charadas, pequenas rimas, personagens, números e cartões para marcação da quantidade de sons e de sílabas.

É um programa baseado no modelo de resposta à intervenção (RTI) e que deverá ser realizado pelo profissional que irá exercer o papel de tutor ou professor, ou seja, deverá ser realizado em contexto escolar.

Os objetivos do programa são orientar o trabalho do professor em relação ao desenvolvimento das habilidades metafonológicas, além de contribuir para a prevenção e identificação de alunos com problemas de aprendizagem.

Seu público alvo são escolares do 1° ano do ensino fundamental I.

Programa de Remediação Fonológica para Escolares de Risco para a Dislexia – PROF-RD (Cerqueira-César, Germano, & Capellini, 2018).

É composto por dois cadernos, sendo um o Caderno do Aplicador e outro o Caderno de Aplicação. O programa foi elaborado para ser utilizado na 3° camada do Modelo de Resposta à Intervenção (RTI), sendo aplicado individualmente por fonoaudiólogos educacionais e profissionais da saúde e educação.

O objetivo do programa é intervir em escolares de risco para a dislexia, com habilidades do princípio alfabético e habilidades metafonológicas.

O público alvo são escolares de 6 anos a 7 anos e 11 meses de idade, que não responderam à intervenção instrucional em 1ª camada e em grupo na 2ª camada do RTI.

Programa de Remediação Fonológica: Proposta de intervenção fonológica para dislexia e transtornos de aprendizagem (Silva, & Capellini, 2011).

Trata-se de um programa estruturado de remediação, com base fonológica para uso clínico. É importante ressaltar que esse programa não é um método, mas uma proposta de intervenção estruturada. É composto por 18 sessões de caráter acumulativo, com atividades que trabalham o princípio alfabético e as habilidades metafonológicas.

O objetivo do programa é auxiliar os escolares a desenvolverem a habilidade fonológica, que se encontra alterada no escolar, prejudicando o desenvolvimento de habilidades de leitura e escrita.

O público alvo são escolares do 3° ano 5° ano do ensino fundamenta I com dislexia, transtornos e dificuldades de aprendizagem.

Programa de Intervenção Multissensorial – Leitura e Escrita – Para escolares com dislexia (Cerqueira-César, 2018)

Este programa foi elaborado por Cerqueira-César (2018) em seu estudo de pós-graduação, nível Mestrado, em que a pesquisadora fez um programa constituído por 10 sessões com habilidades de domínio do princípio alfabético, identificação e produção de rima, aliteração e atividades de manipulação silábica e fonêmica.

A base teórica e a metodologia de como o programa foi elaborado está disponível no Repositório da Universidade Estadual Paulista (UNESP), em formato de dissertação e terá seu lançamento em forma de procedimento previsto para o final do ano de 2019.

O objetivo do programa é ativar simultaneamente três das áreas cerebrais, occipitotemporal, frontal e parietotemporal, responsáveis, respectivamente, pelo processamento auditivo, processamento visual e processamento sequencial, favorecendo a melhora no desempenho da decodificação, da fluência e velocidade de leitura.

Seu público alvo são escolares com dislexia do subtipo misto e fonológica, do 3° ao 5° ano do ensino fundamental I.

Conclusão

Foi apresentada a importância de realizar tanto avaliação quanto intervenção baseadas nas habilidades do princípio alfabético e habilidades metafonológicas, para melhor aquisição e desenvolvimento da leitura em sistema de escrita com base alfabético, como o Português Brasileiro. Além disso, foram apresentados protocolos e programas baseados em evidência científica para a investigação e trabalho com estes princípios.

Entretanto, apesar dos materiais aqui descritos, ainda são escassos os procedimentos de avaliação e intervenção, sendo ainda necessários esforços de pesquisa para o desenvolvimento de materiais baseados em evidência científica que possam ser de livre acesso aos profissionais da área da saúde e educação para melhor atender a população de escolares com transtornos e dificuldades de aprendizagem na aquisição e desenvolvimento da leitura.

Referências

Barrera, S. D., & Maluf, M. R. (2003). Consciência metalinguística e alfabetização: um estudo com crianças da primeira série do ensino fundamental. *Psicologia: reflexão e crítica, 16*(3), 491-502.

Bond, G. L., & Dykstra, R. (1997). The cooperative research program in first-grade reading instruction. *Reading research quarterly, 32*(4), 348-427.

Bradley, L., & Bryant, P. E. (1983). Categorizing sounds and learning to read—a causal connection. *Nature, 301*(5899), 419.

Bus, A. G., & Van IJzendoorn, M. H. (1999). Phonological awareness and early reading: A meta-analysis of experimental training studies. *Journal of educational psychology, 91*(3), 403.

Capellini, S. A., Cerqueira-César, A. B. P. de, Germano, G. D. (2017). *Protocolo de identificação precoce dos problemas de leitura.* Ribeirão Preto, SP: Booktoy.

Capellini, S. A., Smythe, I., & Silva, C. (2017). *Protocolo de avaliação das habilidades cognitivo-linguísticas.* Ribeirão Preto, SP: Booktoy.

Capovilla, A. G. S., & Capovilla, F. C. (2002). Otimizando a aquisição da linguagem escrita: comparação entre os métodos fônico e global de alfabetização. *Cadernos de Psicopedagogia, 2*(3), 68-97.

Cerqueira-César, A. B. P. D. (2018). Programa fonoaudiológico de intervenção multissensorial para sujeitos com dislexia: aplicação e significância clínica.

Cerqueira-César, A. P. de, Germano, G. D., & Capellini, S. A. (2018). *Programa de Remediação Fonológica para Escolares de Risco para a Dislexia – PROF-RD.* Avaliação do desempenho em fluência de leitura Ribeirão Preto, SP: Booktoy.

Cielo, C. A. (2002). *Habilidades em Consciência Fonológica em Crianças de 04 a 08 anos de idade.* Barueri,SP: Pró-fono, 14, p. 287-478.

Cunha, V. L. O., & Capellini, S. A. (2009). *PROHMELE: Provas de habilidade metalinguísticas e de leitura.* Rio de Janeiro, RJ: Revinter.

Germano, G. D., & Capellini, S. A. (2015). Avaliação das habilidades metafonológicas (PROHFON): caracterização e comparação do desempenho em escolares. *Psicologia: Reflexão e Crítica, 28*(2), 378-387.

Foorman, B. R., Chen, D. T., Carlson, C., Moats, L., Francis, D. J., & Fletcher, J. M. (2003). The necessity of the alphabetic principle to phonemic awareness instruction. *Reading and Writing, 16*(4), 289-324.

Fukuda, M. T. M., & Capellini, S. A. (2018). *Programa de Resposta à Intervenção Fonológica Associado à Correspondência Grafema-Fonema com Tutoria ao Professor – PRIPROF-T.* Ribeirão Preto: Booktoy.

Germano, G. D., & Capellini, S. A. (2016). *PROHFON – Protocolo de Avaliação das Habilidades Metafonológicas.* Ribeirão Preto, SP: Booktoy.

Henbest, V. S., & Apel, K. (2017). Effective word reading instruction: What does the evidence tell us? Communication Disorders Quarterly, 39(1), 303-311.

Huang, F. L., Tortorelli, L. S., & Invernizzi, M. A. (2014). An investigation of factors associated with letter-sound knowledge at kindergarten entry. *Early Childhood Research Quarterly, 29*(2), 182-192.

Huang, F. L., & Invernizzi, M. A. (2012). The association of kindergarten entry age with early literacy outcomes. *The Journal of Educational Research, 105*(6), 431-441.

Liberman, I. Y., Shankweiler, D., & Liberman, A. M. (1989). The alphabetic principle and learning to read.

MacDonald, G. W., & Cornwall, A. (1995). The relationship between phonological awareness and reading and spelling achievement eleven years later. *Journal of Learning Disabilities, 28*(8), 523-527.

Moojen, S., Lamprecht, R., Santos, R. M., Freitas, G. D., Brodacz, R., Siqueira, M., ... & Guarda, E. (2003). *CONFIAS-Consciência fonológica: instrumento de avaliação sequencial.* São Paulo, SP: Casa do Psicólogo.

National Reading Panel (US), National Institute of Child Health, & Human Development (US). (2000). *Teaching children to read: An evidence-based assessment of the scientific research literature on reading and its implications for reading instruction*. National Institute of Child Health and Human Development, National Institutes of Health.

Nico, M. A. N., & Gonçalves, A. M. S. (2016). *Facilitando a alfabetização: multissensorial, fônica e articulatória*. Ribeirão Preto, SP: Book Toy.

Puranik, C. S., Lonigan, C. J., & Kim, Y. S. (2011). Contributions of emergent literacy skills to name writing, letter writing, and spelling in preschool children. *Early childhood research quarterly, 26*(4), 465-474.

Puranik, C. S., Petscher, Y., & Lonigan, C. J. (2013). Dimensionality and reliability of letter writing in 3-to 5-year-old preschool children. *Learning and individual differences, 28*, 133-141.

Santos, B. dos, Cerqueira-César, A. B. P. de, & Capellini, S. A. (2018). *Alfaletrando – Conhecendo as letras*. Ribeirão Preto, SP: Booktoy.

Scanlon, D. M., Anderson, K. L., & Sweeney, J. M. (2010). *Early inventions for reading difficulties*. New York: The Guilford Press.

Silva, C., Capellini, & S. A. (2019). *Programa de Intervenção Fonológica para Escolares em Fase Inicial de Alfabetização*. Ribeirão Preto, SP: Booktoy.

Silva, C., & Capellini, S. A. (2011). *Programa de Remediação Fonológica: Proposta de intervenção fonológica para dislexia e transtornos de aprendizagem*. Ribeirão Preto, SP: Booktoy.

Silva, C., & Capellini, S. A. (2019). *Protocolo de avaliação das habilidades cognitivo-linguísticas para escolares em fase inicial de alfabetização*. Ribeirão Preto: Booktoy.

Snowling, M. J., & Hulme, C. (2011). Evidence-based interventions for reading and language difficulties: Creating a virtuous circle. *British Journal of Educational Psychology, 81*(1), 1-23.

Torgerson, C., Brooks, G., & Hall, J. (2006). *A systematic review of the research literature on the use of phonics in the teaching of reading and spelling*. Nottingham: DfES Publications.

Vellutino, F. R., & Scanlon, D. M. (1987). Phonological coding, phonological awareness, and reading ability: Evidence from a longitudinal and experimental study. *Merrill-Palmer Quarterly (1982-)*, 321-363.

CAPÍTULO 12

Avaliação e intervenção com a fluência e compreensão de leitura

Maíra Anelli Martins
Adriana Marques de Oliveira
Vera Lúcia Orlandi Cunha
Simone Aparecida Capellini

Este capítulo tem por objetivo descrever testes de avaliação e instrumentos de intervenção com a leitura. Estes instrumentos foram produzidos por membros do Laboratório de Investigação dos Desvios da Aprendizagem, que trabalham em linhas de pesquisa de ensino, aprendizagem escolar e desenvolvimento humano, com enfoque nos princípios neuropsicolinguísticos da avaliação e da intervenção na leitura. Por esta razão, este capítulo será dividido em duas partes: avaliação e intervenção.

Parte 1: Avaliação

De acordo com o Instituto Nacional de Estudo e Pesquisas Educacionais Anísio Teixeira (Brasil, 2009), a avaliação se tornou um tema em destaque no cenário da educação brasileira, revelando-se um importante instrumento para a melhoria da qualidade da educação. Avaliar as habilidades de decodificação e fluência de leitura e compreensão permite o conhecimento sobre a contribuição de cada uma dessas diferentes habilidades e sobre o processo de desenvolvimento da leitura (Recio, & León, 2015).

As habilidades de reconhecimento de palavras e fluência de leitura são consideradas habilidades de processamento de baixo nível. Já a realização de inferências, a integração da informação depreendidas de frases ou a extração do significado das ideias do texto são consideradas habilidades de processamento de alto nível, visto que estão diretamente ligadas aos processos de compreensão e auxiliam na construção da representação mental do texto (León, 2003; 2004).

Alguns estudos afirmam que há relação entre fluência de leitura, decodificação e compreensão, de forma que a fluência de leitura e o bom desenvolvimento da consciência fonológica têm sido fatores fundamentais para o sucesso na compreensão, pois o processamento lento da palavra interfere na automaticidade da leitura; consequentemente, na compreensão: a leitura lentificada das palavras consome a memória operacional; portanto, impede que o escolar se dedique à compreensão do texto. O leitor que possui fluência, por sua vez, tem maior probabilidade de obter melhor habilidade de compreensão (Breznitz, 2006, Eckert, Ardoin, Daly, & Martens, 2002, O'Connor, Swanson, & Geraghty, 2010, Perfetti, 1985, Rawson & Middeleton, 2009, Snellings, van der Leij, Jong, & Blok, 2009).

Desta forma, para que o ato da leitura seja um processo de fato efetivo, é necessário que o leitor tenha um envolvimento ativo, utilizando processos cognitivos e metacognitivos importantes e necessários para a execução desta habilidade. Isso o conduzirá à compreensão do texto; por esta razão, é importante – quando observadas dificuldades na leitura – utilizar procedimentos que possam avaliar cada um destes processos.

O Laboratório de Investigação dos Desvios da Aprendizagem desenvolveu alguns procedimentos de avaliação da leitura, abrangendo desde a decodificação até a compreensão de leitura. Em 2010, foram lançadas as Provas de Avaliação dos Processos de Leitura (PROLEC) para escolares do 2º ao 5º ano (Capellini, Oliveira, & Cuetos, 2014), pela Editora Casa do Psicólogo, hoje *Person Clinical* Brasil Editora. Ele é um dos primeiros instrumentos de avaliação baseado em critérios e em normas de desenvolvimento da leitura. Tamanha foi a aceitação que, atualmente, a versão brasileira se encontra em sua terceira edição. Apesar de seu uso ser indicado para escolares do 2º ao 5º ano, o procedimento é aplicado em escolares de séries posteriores, quando identificadas dificuldades na aprendizagem da leitura.

O PROLEC tem por objetivo avaliar os diferentes processos e subprocessos que interferem na leitura, para identificar os casos de dificuldades em sua aprendizagem e quais os processos responsáveis por essas dificuldades. Sua aplicação é individual, e as provas se agrupam em quatro blocos, correspondentes aos quatros processos que intervêm na compreensão do material escrito: 1) processo de identificação de letras (com objetivo de medir a capacidade dos escolares para identificar as letras isoladamente e em palavras); 2) processo léxico (que visa a avaliar o funcionamento das rotas fonológica e lexical); 3) processo sintático (com objetivo de avaliar a capacidade de processos diferentes tipos de estruturas gramaticais e o uso dos sinais de pontuação); e 4) processo semântico (que avalia as habilidades de extração do significado e os processos de integração na memória e de elaboração de inferências, com questões abertas para compreensão de leitura).

Para os escolares do ensino fundamental II e do **médio**, em breve, será lançado o PROLEC-SE-R (Oliveira, 2017). A bateria completa apresenta duas versões: aplicação individual e aplicação coletiva. Ambas objetivam avaliar a capacidade de leitura geral e dos processos cognitivos envolvidos quanto aos processos léxico, sintático e semântico, a fim de diagnosticar as dificuldades apresentadas na leitura e o nível de habilidade nesse processo (baixo, médio ou alto) em comparação com outros alunos do mesmo ano escolar.

A versão coletiva realiza uma avaliação breve, com a finalidade de ser utilizada em centros educativos, uma vez que permite a obtenção de informações sobre a possível presença de dificuldades nos processos de leitura de um amplo número de escolares (em sala de aula) e em menos de uma hora de aula.

No PROLEC-SE-R, as provas do processo lexical avaliam o funcionamento das rotas fonológica e lexical e de seus subprocessos, responsáveis pelo reconhecimento de palavras. No processo sintático, avalia-se o conhecimento das estruturas gramaticais e verifica-se a dificuldade que se pode produzir ao serem utilizadas distintas estruturas sintáticas. Já a avaliação dos sinais de pontuação é utilizada para identificar a precisão de leitura, e se o escolar é capaz de realizar as pausas e as entonações que os sinais indicam.

O processo semântico avalia a compreensão de textos expositivos mediante a capacidade para recordar o texto, integrar as informações na memória e realizar inferências. Para avaliar esse processo, são utilizados quatro textos, dois do tipo literal e dois do tipo literal e inferencial com questões abertas e múltipla escolha; finalmente, um texto do tipo expositivo, para avaliação da compreensão oral.

O teste de Compreensão da Leitura de Palavras e Frases (CLPF): provas de avaliação para escolares em início de alfabetização (Oliveira & Capellini, 2018) tem por objetivo avaliar as habilidades iniciais da compreensão de leitura, como extração do significado de palavras e frases em escolares do 2° ano do ensino fundamental. É uma prova de aplicação rápida e pode ser aplicada por profissionais que atuam diretamente com os escolares, identificando as possíveis dificuldades de aprendizagem no início do período de alfabetização.

É composto por três etapas: 1) compreensão da palavra escrita, com objetivo de avaliar a habilidade do escolar para compreender o significado da palavra escrita; 2) compreensão de frase, para avaliar a habilidade do escolar para compreender o significado da frase escrita; 3) compreensão de frases a partir de figura, que avalia a habilidade de compreensão da frase escrita a partir de figura.

A preocupação sobre os diversos processos envolvidos na leitura fez também com que fosse necessário buscar formas para avaliar a fluência de leitura. Para identificar os escolares com dificuldades na leitura e em situação de risco para dificuldades são utilizadas normas de referência em fluência de leitura oral (FLO) (por exemplo, os *escores* do número de palavras lidas corretamente por minuto – PCPM). A avaliação da FLO, que pode ter enfoque em dois dos três componentes da fluência (taxa e acurácia), simplesmente requer que o escolar leia por um minuto um texto adequado a sua escolaridade e inédito, isso é, que não tenha tido contato anteriormente com o texto. Ao final de um minuto, os erros são subtraídos do total de palavras lidas para, então, ser calculado o *escore* de PCPM (Hasbrouck & Tindal, 2006).

Assim, foi desenvolvido o instrumento de Avaliação do Desempenho em Fluência de Leitura – ADFLU (Martins & Capellini, 2018), que tem por objetivo avaliar a fluência de leitura a partir do número de palavras lidas corretamente por minuto, devendo esta ser sempre realizada a partir da mediana de três textos do mesmo nível de dificuldade. Por isso, foi necessário que o instrumento incluísse textos que fossem sequenciados a partir do nível de dificuldade, e que fossem adequados para determinada faixa escolar. São 70 textos divididos em três níveis de dificuldade diferentes, com abrangência do primeiro ao quarto ano do ensino fundamental I. A avaliação dos *escores* de PCPM pode determinar o desempenho em fluência de leitura, ser utilizada como uma ferramenta de monitoramento do progresso da fluência e como pré e pós-testagem para avaliar a eficácia das intervenções.

Esta avaliação também pode ser realizada no contexto escolar: em uma sala de aula, os escolares que parecem ter leitura mediana ou ainda acima do esperado para seu ano escolar podem ser monitorados poucas vezes ao ano, como a cada trimestre (três vezes no ano escolar). Assim, devem ler em voz alta um texto inédito, adequado ao seu nível de leitura. Realiza-se a avaliação da fluência de leitura oral com o número de palavras lidas corretamente por minuto (PCPM); o *escore* obtido é comparado com a base de *escores* para aquele determinado grupo escolar. Uma base para comparações pode ser feita por meio de cálculos matemáticos, como o percentil 50, que indicarão o valor de PCPM em que metade dos escolares estão lendo. Desta forma, se o *escore* de PCPM de um aluno estiver em mais ou menos 10 PCPM do percentil 50 na base observada do grupo, sugere-se considerar que o escolar tenha desenvolvimento adequado em fluência na leitura (a menos que existam outros indicadores que possam levar a preocupações, como comprometimento maior em outras áreas acadêmicas) (Hasbrouck & Tindal, 2006).

Os processos cognitivos envolvidos na compreensão leitora referentes aos níveis estruturais e à superestrutura do texto são avaliados pelo Protocolo de Avaliação da Compreensão de Leitura (PROCOMLE), direcionado aos escolares do 3° ao 5° do ensino fundamental (Cunha & Capellini, 2014a, 2014b), composto de quatro textos, dois expositivos (E1 e E2) e dois narrativos (N1 e N2). Cada texto contém folha de respostas de múltipla escolha para oito perguntas, sendo quatro relacionadas à memória de curto prazo (informações explícitas no texto) e quatro às inferências (informações implícitas no texto). Destas quatro, duas perguntas se referem à microestrutura do texto e duas a macroestrutura.

O Procomle é um protocolo validado e que possui tabelas com as normas de referências; possibilitando, portanto, comparar o desempenho do examinando com seus pares. Pode ser utilizado em contexto educacional (com aplicação coletiva e individual) e em contexto clínico (com aplicação individual). A análise é realizada pelo número de respostas incorretas, sendo obtida uma classificação do desempenho (superior, médio ou inferior), o qual, se for dentro da categoria "inferior", requer a realização de uma segunda aplicação do mesmo texto. Na primeira aplicação, é realizada uma leitura silenciosa do texto; quando for necessária uma segunda aplicação de um texto em que o escolar apresentou desempenho inferior, a leitura deve ser realizada de forma oral, para que sejam analisadas, também, a acurácia e a velocidade de leitura, que podem interferir no processo de compreensão. Assim, tanto no contexto educacional como no clínico, a segunda leitura deve ser realizada de forma individual a fim de confirmar as dificuldades encontradas e orientar os objetivos com a intervenção da compreensão leitora, uma vez que é possível identificar os níveis em que estas dificuldades se encontram. Os textos E1 e N1 devem ser utilizados na pré-avaliação e os outros dois textos (E2 e N2) na pós-avaliação realizada ao término da intervenção.

Abaixo, na Figura 1, estão descritos, resumidamente, os protocolos de avaliação apresentados, seus objetivos e o público alvo aos quais são direcionados.

Figura 1 – Descrição dos procedimentos de avaliação de leitura publicados pelo Laboratório de Investigação dos Desvios da Aprendizagem – LIDA

PROCEDIMENTO	OBJETIVO	PÚBLICO-ALVO
PROLEC – Provas de Avaliação dos Processos de Leitura (Capellini, Oliveira, & Cuetos, 2014, 3ª Ed)	Avaliar os diferentes processos e subprocessos que interferem na leitura, para identificar os casos de dificuldades em sua aprendizagem e quais os processos responsáveis por essas dificuldades	2º ao 5º ano do Ensino Fundamental I
PROLEC-SE-R – Provas de Avaliação dos Processos de Leitura (Oliveira, 2017)	Avaliar a capacidade de leitura geral e dos processos cognitivos envolvidos quanto aos processos de leitura	Ensino Fundamental II e Médio
CLPF – Compreensão da Leitura de Palavras e Frases (Oliveira & Capellini, 2018, 2ª ed)	Avaliar as habilidades iniciais da compreensão de leitura, como extração do significado de palavras e frases	2º ano do Ensino Fundamental I
ADFLU – Avaliação do Desempenho em Fluência de Leitura (Martins & Capellini, 2018)	Avaliar a fluência de leitura a partir do número de palavras lidas corretamente por minuto	1º ao 4º ano do Ensino Fundamental I
PROCOMLE – Protocolo de Avaliação da Compreensão de Leitura (Cunha & Capellini, 2014)	Avaliar a compreensão textual nos níveis de micro e macroestrutura com perguntas literais e inferenciais de múltipla escolha	3º ao 5º ano do Ensino Fundamental I

A seleção do protocolo de avaliação em compreensão leitora depende do objetivo que se quer avaliar e do próprio escolar; se o escolar tem ou uma dificuldade de leitura ou se está iniciando no processo de aprendizagem da leitura, um protocolo que avalie a compreensão de palavras e frases é o mais indicado, uma vez que é possível ver o desempenho no nível da microestrutura. Os protocolos com perguntas abertas devem levar em conta a capacidade da linguagem expressiva do escolar, pois se esta for limitada, ele poderá apresentar um desempenho inferior em compreensão em decorrência das dificuldades de linguagem e não da própria compreensão; neste caso, um protocolo com respostas de múltipla escolha seria mais indicado. Entretanto, este tipo de protocolo é indicado para aqueles escolares que, apesar de lerem com velocidade adequada e acurácia, não conseguem responder às perguntas ao final da leitura de um texto. Para responder a este tipo de protocolo, o escolar deverá ler todas as perguntas e alternativas de respostas; por isso, é importante que sua leitura seja fluente, assim ele será avaliado na compreensão do texto como um todo, ou seja, no nível de micro e macroestrutura e, portanto, na geração de inferências.

Dessa forma, é importante avaliar os outros processos de leitura antes de avaliar a compreensão, pois essa depende da realização de outras habilidades para sua efetivação; dessa forma, saber qual é o protocolo mais indicado.

Parte 2: Intervenção

Ao pensar em um programa de intervenção, principalmente quando se propõe a trabalhar a leitura, deve-se levar em conta dois importantes aspectos: 1) um modelo de explicação teórica dos fatores implicados nas dificuldades no aprendizado da leitura e que consiga explicar como a intervenção consegue melhorar tais habilidades a qual ele se propõe e 2) comprovação científica de sua eficácia. O profissional não deve se apoiar em material que não possua evidência científica. A atuação deve ser pautada em prática baseada em evidência (Salceda & Alonso, 2016).

A fim de avaliar a eficácia das diferentes abordagens utilizadas para ensinar os escolares a ler e compreender, ponto-chave para o sucesso da aprendizagem, as principais autoridades da pesquisa em leitura em conjunto com o diretor do *National Institute of Child Health and Human Development* e a secretaria da educação dos Estados Unidos formaram o *National Reading Panel* (NRP, 2000). Em seu relatório, observaram que a fluência de leitura de acordo com os estudos revisados, trata-se de uma habilidade que auxilia no processo de compreensão de leitura (NRP, 2000).

A partir das evidências da relação entre fluência e compreensão, propostas de intervenção com a fluência foram testadas cientificamente desde o final da década de 70 (Dowhower, 1987, Rashotte & Torgesen, 1985, Samuels, 1979), como a prática de leituras repetidas, que é uma das técnicas mais utilizadas para aumentar a fluência de leitura, e que continua sendo investigada por diversos pesquisadores ao longo dos anos e em diferentes situações (Berninger et al., 2010; Breznitz, 2006, Eckert, Ardoin, Daly, & Martens, 2002, Pinto & Navas, 2011, Rasinski, 2003; Rasinski, 2006; Saine, Lerkkanen, Ahonen, Tolvanen, & Lyytinen, 2010, Stoddard, Valcante, Sindelar, O'Shea, & Algozzine, 1993). É recomendada para escolares que já tenham adquirido habilidades de correspondência grafema-fonema e de manipulação silábica: habilidades que indicam um nível de leitura no qual o escolar possa realizar a decodificação das palavras adequadamente (Therrien & Kubina, 2006).

A técnica de leitura repetida melhora a fluência de leitura dos escolares com dificuldades de aprendizagem e dislexia (Therrien, 2004; Chard, Vaughn & Tyler, 2002). Diante das evidências científicas, foi traduzido e adaptado para o português brasileiro um programa de fluência com base na leitura repetida, chamado "Helping Early Literacy with Practice Strategies (HELPS)" — Português Brasileiro (PB): Programa de Fluência de Leitura para Escolares (Begeny, Capellini, & Martins, 2018). O programa de intervenção HELPS-PB tem como objetivo principal auxiliar os escolares com o desenvolvimento da fluência na leitura e conta com oito procedimentos centrais, sequenciados desta forma – propositalmente: leituras cronometradas repetidas; modelação; correção de erros na frase; estímulos verbais; verificação do reconto; definição de metas, feedback, motivacional – recompensa.

O programa é composto por textos sequenciados pelo nível de dificuldade para a leitura dos escolares e textos modificados para aplicação dos instrutores. Não há restrições para a formação do instrutor, exceto a obrigatoriedade de treino para que possam fazer uma adequada aplicação. Esse treino pode ser realizado ou por meio do manual, que contém exercícios para prática, e vídeos a serem obrigatoriamente vistos ou por meio de *workshops*, para que se garantam de fato resultados expressivos com a aplicação da intervenção (Begeny, 2009).

Sabe-se também que a compreensão profunda é fundamental para a abstração do significado; contudo, com alguma frequência, apesar de o escolar obter um bom nível de fluência na leitura, esta compreensão não se realiza. Isto porque, para alcançar uma compreensão profunda do texto, é necessário que o escolar construa uma representação mental passando por todos os níveis estruturais descritos por Kintsch e van Dijk (1978) e Kintsch (1998) como, por exemplo, a integração das informações da microestrutura, até a construção da macroestrutura textual por meio da compreensão das informações literais e da formação de inferências. Entretanto, muitas vezes, isto não é realizado, e o escolar necessita, então, de auxílio para que possa se valer de estratégias específicas para a realização de uma leitura com compreensão. Essas estratégias abrangem a capacidade de utilizar as habilidades de compreensão textual como a integração do texto, o processo inferencial, a interpretação da estrutura do texto e o monitoramento da compreensão. Dessa forma, é necessário que o escolar perceba que a compreensão da leitura está na dependência de vários fatores que, juntos, contribuem para que ela seja concretizada e que estratégias específicas devem ser utilizadas para isso.

Baseado nos pressupostos teóricos de Kintsch e van Dijk (1978) e Kintsch (1998) descritos em seu modelo de compreensão leitora, foram elaborados dois programas de intervenção direcionado aos escolares do 3º ao 5º ano do ensino fundamental – o PRINTCOMLE (Cunha & Capellini, manuscrito submetido para publicação) –, sendo um para o trabalho com os textos narrativos e outro para os textos expositivos.

O programa para textos expositivos está distribuído em 15 textos, tendo como objetivos o conhecimento da estrutura deste tipo de texto, explicada por meio de cinco formas básicas de organização, sendo expositivos: descrição, comparação, sequência, problema/solução e causalidade.

Todos os textos têm atividades para serem realizadas antes da leitura, durante e após a leitura. Para cada tipo de organização são utilizados três textos, sendo que cada texto de cada tipo de organização apresenta uma forma de abordagem de trabalho com o escolar.

O programa de intervenção para os textos narrativos compreende quinze etapas, distribuídas em seis campos de conhecimentos, com cada um deles subdividido em passos. Este programa tem o objetivo de fazer com que o escolar obtenha conhecimento da estrutura dos textos narrativos e das habilidades necessárias para uma compreensão profunda do texto.

O formato de trabalho está distribuído em 20 histórias (em ordem crescente de extensão e dificuldade), sendo aplicados 23 passos, subdivididos em diversas atividades; a cada passo é trabalhado um determinado objetivo.

Após o término das atividades – tanto do programa para textos expositivos, como para textos narrativos – são realizadas perguntas literais e inferenciais, devendo o escolar, além de alcançar uma compreensão profunda do texto, aprender a fazer uma leitura crítica e reflexiva.

Ainda com o objetivo de auxiliar no desenvolvimento da compreensão de leitura, foi elaborado o Programa *InCloze*: Programa de Intervenção com a Técnica de *Cloze*, desenvolvido por Albrecht (2019). O programa é composto por 20 sessões, com durações de 30 minutos, sendo utilizado um texto para cada sessão; portanto, no total são utilizados 20 textos, sendo 13 narrativos e 7 expositivos, divididos em cinco níveis. Cada texto possui, aproximadamente 200 vocábulos, nos quais foram omitidos sempre o quinto vocábulo. No nível 1, no vocábulo omitido, abaixo da lacuna, são apresentadas duas opções semanticamente diferentes; no nível 2, duas opções semanticamente parecidas; no nível 3, duas opções visualmente parecidas, tendo a parte superior sido omitida; e o nível 4, todas as opções de respostas foram colocadas abaixo do texto; já no nível 5, todos os vocábulos foram omitidos sem nenhuma pista para preenchimento (Albrecht, 2019).

A técnica de *Cloze* contribui para o desenvolvimento da compreensão de leitura; o leitor interage com o texto e tem uma participação ativa na reconstrução do significado pretendido pelo autor. O uso da Técnica de *Cloze* como meio para desenvolver a compreensão de leitura está pautado na visão da compreensão como um processo que exige a interação entre o leitor e o escritor do texto. Essa natureza interativa do processo de compreensão salienta tanto a importância das pistas gramaticais e semânticas como dos padrões de linguagem e do conhecimento prévio sobre o assunto, conforme Albrecht, (2019) e Buettner (2011).

Para uma melhor visualização dos testes e procedimentos apresentados, a seguir disponibilizamos a Figura 2 que sintetiza todos aqueles que foram desenvolvidos no Laboratório de Investigação dos Desvios da Aprendizagem.

Figura 2 – Descrição dos procedimentos de intervenção de leitura publicados pelo Laboratório de Investigação dos Desvios da Aprendizagem – LIDA

PROCEDIMENTO	OBJETIVO	PÚBLICO-ALVO
HELPS-PB – Programa de fluência de leitura para escolares (Martins & Capellini, 2018)	Auxiliar os escolares com o desenvolvimento da fluência na leitura	Escolares do 3º ao 5º ano do ensino fundamental I
PRINTCOMLE – Programa de intervenção com a compreensão de leitura de textos expositivos e narrativos (Cunha & Capellini, manuscrito submetido para publicação)	Desenvolver o conhecimento e uso das estratégias necessárias para a obtenção de uma leitura com compreensão profunda, crítica e reflexiva.	Escolares do 3º ao 5º ano do ensino fundamental I
InCloze – Programa de intervenção com a técnica de cloze (Albrecht & Capellini, manuscrito submetido para publicação)	Auxiliar no desenvolvimento da compreensão de leitura de escolares com dificuldades de aprendizagem	Escolares do 4º e 5º com dificuldades de aprendizagem

Considerações finais

Dias, León, Pazeto, Martins, Pereira, Prust e Seabra (2016) revelam que há poucos instrumentos brasileiros publicados e disponibilizados com o objetivo de realizar a avaliação e intervenção na leitura em escolares da educação infantil, adolescentes (ensino fundamental II e médio) e adultos (universitários ou não), principalmente testes que mensuram os distintos componentes da leitura competente, como os processos de fluência e compreensão de leitura

Sabendo da importância – não somente da construção de instrumentos avaliativos e interventivos para leitura, mas também da necessidade de que estes instrumentos sejam divulgados e acessíveis para diversos profissionais – este capítulo descreveu os instrumentos que já foram disponibilizados por editoras e também aqueles que ainda serão publicados pelos pesquisadores citados do Laboratório de Investigação dos Desvios da Aprendizagem (LIDA). Desta forma, espera-se não somente esclarecer os objetivos dos testes e programas, mas também de reforçar o cuidado dos pesquisadores integrantes do LIDA em fazer com que estes instrumentos possam ser utilizados pelos profissionais que buscam melhorar a educação dos nosso escolares, principalmente em relação à leitura, uma atividade tão complexa que muito demanda para seu ensino e aprendizado.

Referências

Albrecht, R. G. M. (2019). *Elaboração e aplicação de um programa de intervenção com a técnica de cloze para dificuldades de aprendizagem.* (Dissertação de Mestrado), Universidade Estadual Paulista "Júlio de Mesquita", SP, Brasil. Recuperado de: https:// http://hdl.handle.net/11449/181152

Begeny, J. C. (2009). *Helping Early Literacy with Practice Strategies (HELPS): A one-on-one program designed to improve students' reading fluency.* Raleigh, NC: The HELPS Education Fund. Recuperado de: http://www.helpsprogram.org

Begeny, J. C., Capellini, S. A., & Martins, M. A. (2018). HELPS-PB: *Programa de fluência de leitura para escolares: Manual do instrutor.* Durham, NC: Helps Education Fund.

Berninger, V. W., Abbott, R. D., Trivedi, P., Olson, E., Gould, L., Hiramatsu, S., ... York Westhaggen, S. (2010). Applying the multiple dimensions of reading fluency to assessment and instruction. *Journal of Psychoeducational Assessment,* 28(1), 3–18.

Brasil (2009). Ministério da Educação. Avaliação da Alfabetização Infantil – Provinha Brasil. Brasília, DF: INEP – Instituto Nacional de Estudo e Pesquisas Educacionais Anísio Teixeira.

Breznitz, Z. (2006). *Fluency in reading: synchronization of process.* Mahwah, NJ: Lawrence Erlbaum.

Buettner, E. G. (2011). Instructional cloze redux: tactical support for comprehension strategy instruction. *Child Guidance Clinic: Winnipeg School Division.*

Capellini, S. A., Oliveira, A. M., & Cuetos, F. (2014). *PROLEC: Provas de avaliação dos processos de leitura.* (3a ed.) São Paulo, SP: Casa do Psicólogo.

Chard, D. J., Vaughn, S., & Tyler, B. J. (2002). A synthesis of research on effective interventions for building reading fluency with elementary students with learning disabilities. *Journal of Learning Disabilities,* 35(5), 386–406.

Cunha, V. L. O., & Capellini, S. A. (2019). *Printcomle: Programa de intervenção com a compreensão de leitura de textos expositivos e narrativos.* Manuscrito submetido para publicação.

Cunha, V. L. O., & Capellini, S. A. (2014a). *PROCOMLE- Protocolo de avaliação da compreensão de leitura para escolares do 3º ao 5º ano.* Ribeirão Preto, SP: BookToy Editorial.

Cunha, V. L. O., & Capellini, S. A. (2014b). Construção e validação de instrumento de avaliação da compreensão de leitura para escolares do terceiro ao quinto ano do Ensino Fundamental. *Revista CoDAS – Sociedade Brasileira de Fonoaudiologia.* 26(1), 28-37.

Dias, N. M., León, C. B. R., Pazeto, T. C. B., Martins, G. L. L., Pereira, A. P. Prust, & Seabra, A. G. (2016). Avaliação da leitura no Brasil: revisão da literatura no recorte 20092013. *Psicologia: teoria e prática,* 18(1), 113-128. Recuperado de: http://pepsic.bvsalud.org/scielo.php?script=sci_arttext&pid=S1516-36872016000100009&lng=pt&tlng=pt.

Dowhower, S. (1987). Effects of repeated reading on second-grade transitional readers' fluency and comprehension. *Reading Research Quarterly,* 22(4), 389-406.

Eckert, T. L., Ardoin, S. P., Daly, E. J., & Martens, B. K. (2002). Improving oral reading fluency: a brief experimental analysis of combining an antecedent intervention with consequences. *Journal of Applied Behavior Analysis,* 35(3), 271–281.

Hasbrouck, J., & Tindal, G. (2006). Oral reading fluency norms: a valuable assessment tool for reading teachers. *The Reading Teacher,* 59(7), 636-644.

Kintsch, W., & Van Dijk, T. A. (1978). Toward a model of text comprehension and production. *Psychological review, 85*(5), 363.

Kintsch, W. (1998) *Comprehension: a paradigm for cognition.* New York: Cambridge University Press.

León, J. A. (Coord.). (2003). *Conocimiento y discurso. Claves para inferir y comprender.* Madrid: Pirámide.

León, J. A. (2004). *Adquisición de conocimiento y comprensión: Origen, evolución y método.* Madrid: Biblioteca Nueva.

Martins, M. A., & Capellini, S. A. (2018). *Avaliação do desempenho em fluência de leitura.* Ribeirão Preto, SP: BookToy Editorial.

NRP – National Reading Panel. (2000). Teaching children to read: An evidence-based assessment of the scientific research literature on reading and its implications for reading instruction (National Institute of Health Pub. No. 00-4769). Washington, DC: National Institute of Child Health and Human Development.

O'Connor, R. E., Swanson, H. L., & Geraghty, C. (2010). Improvement in reading rate under independent and difficult text levels: Influences on word and comprehension skills. *Journal of Educational Psychology*, 102(1), 1-19.

Oliveira, A. M. (2017). *Tradução e adaptação cultural da avaliação dos processos de leitura (PROLEC–SE R) para escolares do ensino fundamental ciclo II e do ensino médio.* (Tese de Doutorado). Universidade Estadual Paulista "Júlio de Mesquita", SP, Brasil.

Oliveira, A. M., & Capellini, S. A. (2018). *Compreensão da leitura de palavras e frases: provas de avaliação para escolares em início de alfabetização.* (2a ed.). Rio de Janeiro, RJ: WAK Editora.

Pinto, J. C. B. R., & Navas, A. L. G. P. (2011). Efeitos da estimulação da fluência de leitura com ênfase na prosódia. *Jornal da Sociedade Brasileira de Fonoaudiologia*, 23(1), 21-26.

Perfetti, C. A. (1985). *Reading ability.* New York: Oxford University Press.

Rashotte, C., & Torgesen, J. (1985). Repeated reading and reading fluency in learning disabled children. *Reading Research Quarterly*, 20(2), 180-188.

Rasinski, T. V. (2003). The fluent reader: Oral reading strategies for building word recognition, fluency and comprehension. *New York: Scholastic Inc.*

Rasinski, T. V. (2006). Reading fluency instruction: Moving beyond accuracy, automaticity, and prosody. *The Reading Teacher*, 59(7), 704-706.

Rawson, K. A., & Middleton, E. L. (2009). Memory-based processing as a mechanism of automaticity in text comprehension. *Journal of Experimental Psychology: Learning, Memory, and Cognition,* 35(2), 353-370.

Recio, P., & León, J. A. (2015). La lectura en un contexto bilingüe: fluidez y comprensión lectora en alumnos de 1° y 4° de primaria. *Psicología Educativa*, 21(1), 47-53.

Saine, N. L, Lerkkanen, M. K., Ahonen, T., Tolvanen, A., & Lyytinen, H. (2010). Predicting word-level reading fluency outcomes in three contrastive groups: Remedial e computer-assisted remedial reading intervention, e mainstream instruction. *Learning and Individual Differences*, 20(5), 402-414.

Salceda, J. C. R., & Alonso, G. A. (2016). Eficacia de las intervenciones para el tratamiento de la dislexia: una revisión. *Revista de Logopedia, Foniatría y Audiología,* 36(2), 85-100.

Samuels, S. (1979). The method of repeated readings. *The Reading Teacher,* 32(4), 403-408.

Snellings, P., van der Leij, A., de Jong, P. F., & Blok, H. (2009). enhancing the reading fluency and comprehension of children with reading disabilities in an orthographically transparent language. *Journal of Learning Disabilities,* 42(4).

Stoddard, K., Valcante, G., Sindelar, P., O'Shea, L., & Algozzine, B. (1993). Increasing reading rate and comprehension: The effects of repeated readings, sentence segmentation, and intonation training. *Reading Research and Instruction*, 32(4).

Stothard, S. (2004). Avaliação da compreensão da leitura. In M. Snowling, & J. Stackhouse. (Eds.), *Dislexia, fala e Linguagem* (pp. 121-142). São Paulo, SP: Artmed.

Therrien, W. J. (2004). Fluency and comprehension gains as a result of repeated reading: a meta-analysis. *Remedial and Special Education*, 25(4), 252–261.

Therrien, W. J., & Kubina, R. M. (2006). Developing reading fluency with repeated reading. *Intervention in School and Clinic*, 41(3), 156–160.

PARTE 2

Educação, tecnologias e práticas pedagógicas inclusivas

CAPÍTULO 13

De miniadultos a super-heróis rendidos – temáticas envolvidas na geração e na educação do século XXI

Adeliane Rodrigues dos Santos
Ângela Mathylde Soares
Cleuza Meireles Dias Souza
Luciana Cordeiro Felipetto
Maria Irene de Matos Maluf

As crianças do século XXI são incentivadas, ou forçadas, a serem miniadultos e protagonistas da própria história desde muito cedo. Elas têm muitas responsabilidades e compromissos que demandam um grau de exigência além de suas condições físicas, biológicas e psicológicas.

As crianças desta geração, não têm horários livres. Perda de tempo? Será? Precisam se ocupar nas aulas de inglês, natação, tênis, futebol, balé, boxe... enfim, estão imersas em muitos conteúdos escolares e demandas sociais que restringem seu tempo e sua infância.

Condutas maduras são esperadas em diversas situações em que o crescimento não está mais vinculado às questões da infância e do cotidiano.

Hoje elas não têm tempo para nada e as ansiedades, conflitos e receios transformam esses indivíduos e marcam esta geração repleta de incertezas e com dificuldades de socialização, afeto e comunicação.

Essa gama de afazeres, além do entretenimento do século, a internet, são colaboradores de uma dualidade: crescer e se desenvolver como adultos ou adoecer.

São expostas a muitas informações e, muitas vezes, não possuem aparato biológico ou psicológico para filtrar essas informações.

A quem diga que as crianças de hoje estão mais espertas, já nascem de olhos abertos, já dominam a tecnologia. Mas, na contramão dessa evolução do século, nos deparamos com crianças dependentes, infantilizadas e com dificuldades para crescer e interagir socialmente.

Apresentam dificuldades pessoais, relacionais, e são condicionadas a dar respostas prontas, sem um mínimo de reflexão e entendimento. Estão sofrendo com o efêmero. Tudo muda muito rápido, e muitas crianças não conseguem acompanhar.

Diante disso, nos deparamos com o adoecimento dos pequenos, com pais ausentes, regras inconsistentes, lares desfeitos e falta de tempo para as relações e brincadeiras.

Doenças como transtornos de humor, ansiedade, depressão, transtorno opositor desafiador e várias outras fazem parte da atualidade. São consideradas aceitáveis. A "onda" do modismo torna o indivíduo embotado, "medicalizado", e tudo bem.

Como despertar nos educadores, pais, professores e cuidadores a normativa de que não precisamos nos atropelar e que precisamos entender o sujeito no singular e no plural, no todo. Pensar as pessoas como capazes, sim, mas com limites próprios. Afinal, não somos máquinas e os super-heróis só existem na ficção. Somos super, sim, mas humanos.

Ser criança não é assumir um papel preestabelecido. É adquirir autoconhecimento, autoconfiança, limites, aprender de uma maneira geral. O bem-estar e o amor são tarefas compartilhadas entre escola, sociedade e família, respeitando sua prontidão, habilidades e potencialidades.

O Estatuto da Criança e do Adolescente em seu Art. 4º afirma que:

> é dever da família, da comunidade, da sociedade em geral e do poder público assegurar, com absoluta prioridade, a efetivação dos direitos referentes à vida, à saúde, à alimentação, à educação, ao esporte, ao lazer, à profissionalização, à cultura, à dignidade, ao respeito, à liberdade e à convivência familiar e comunitária (ECA, 1998).

Mas observamos que, na maioria das vezes, a criança e o adolescente têm seus direitos violados e não têm acesso às condições dignas de educação, saúde e moradia. Muito menos condições de acesso à cultura e lazer. Também estão submetidos aos vários tipos de violência, privações alimentares e nutricionais, que comprometem seu desenvolvimento e sua aprendizagem.

A escola de hoje

A escola de hoje está conteudista e preocupada com o cumprimento de metas. A ela não interessa como está o indivíduo em todas as suas necessidades. Se houvesse respeito às condições dos indivíduos, não estaríamos lutando por uma escola inclusiva. Ela teria abordagens leves e apropriadas, que contemplariam todos os membros do grupo de forma individual e ajudariam nas aquisições e desempenhos acadêmicos.

Preocupamo-nos com o funcionamento do cérebro e nos esquecemos da contribuição das neurociências para as práticas educativas. Estamos na era do neuro: neurodidática, neuroprofessor, neuropedagogia. E o aluno? Como fica o aluno na neurobiologia da vida?

São as novas indagações sobre a realidade e sobre o vazio que existe entre o desejo e a produção que falta nesse universo.

Precisamos investir na pesquisa, no global e analisar as partes do todo.

Outro aspecto relevante: qual será a contribuição da ciência na educação do século XXI?

Muito se pesquisa, mas os professores de sala de aula, muitas vezes marginalizados, mal remunerados e que vivenciam suas intercorrências e militâncias acabam desconhecendo essas pesquisas. Por quê? A quem interessa esta desinformação e o não investimento em treinamentos do professor de base?

Como receber o completo onde há uma falta bem estabelecida? Cientistas da educação sendo tratados como serviçais de velhas e retrógradas práticas. E o pior, sendo reféns de histórias alheias.

Todos sabem sobre a escola. Muito se sabe sobre a escola, mas muito pouco sobre a educação e muito menos sobre a aprendizagem e seu processo de construção. Infelizmente, não se sabe muito sobre o aluno. E nisso tudo, o que podemos incluir? Precisamos não só repensar a educação, mas investigá-la, começando pela educação básica, com sua importância e papel de protagonista do aprendizado, construindo potencialidades que alicercem os saberes, sem infantilizar a educação e muito menos torná-la adulta, mas criando uma educação que vai do berço à escola.

A educação fundamental também não pode ficar à deriva. Se a educação não está a contento, com certeza a educação básica começou manca, sendo assim, o que exigir de uma educação que já se inicia deficiente?

E assim, surgem carências, faltas de habilidades e prontidões no ensino médio, que acompanharão este indivíduo por toda a vida.

Com várias indagações que não foram sanadas no momento adequado, ou seja, na educação básica, e muito menos na família, os alunos acabam sendo cobrados a dar respostas que não foram preparados para dar, além de se sentirem aprisionados e emocionalmente comprometidos. O que fazer com essas lacunas?

Estamos trabalhando com diversas gerações em uma só, mas aquela que retrata a do século XXI é uma bem característica: zoo pensamento e zoo educação. Terminologias apropriadas para designar indivíduos formados neste modelo que precisa ser urgentemente repensado. Alunos caranguejo, tatu, avestruz e às vezes rato. Várias representações de um aluno cuja aprendizagem escolar nada representa ou acrescenta, só revelam medos, angústias e frustrações.

E o conhecimento e a transformação? Sinais produtivos de uma educação satisfatória. Professores adestradores que são treinados para treinar e não para pensar. Era de professores descolados e alunos desacreditados. Triste realidade que se reflete em nossos consultórios e que tiraram a alegria da escola e a transformaram em um belo fardo para todos.

No âmbito escolar os profissionais precisam estar atentos ao básico: o indivíduo global, dotado de cognição, emoção e metodologias próprias. Cada um aprende de forma única e singular.

Não basta a formação acadêmica, a titulação, e sim compreender que aprendemos com vivências, motivação e emoção.

A escola está envolvida nessas problemáticas, nas múltiplas metodologias, nas exigências de pais, do sistema, em questões legais e está munida de conhecimentos, mas repleta de carências e formando apenas indivíduos padrão. O diferente destoa e não é bem recebido ou compreendido em suas condições físicas e psicoeducacionais.

A legislação torna a escola responsável por incluir as diferenças e diversas deficiências, modificando e atendendo uma necessidade social e inclusiva.

O professor

O número de professores no Brasil passa de 2,5 milhões, segundo censos educacionais do Instituto Nacional de Estudos e Pesquisas

Educacionais Anísio Teixeira (Inep), referentes a 2017. Desse universo, 340 mil professores estavam atuando.

A maior parte dos professores, aproximadamente 2,1 milhões, está da educação básica, enquanto 349.776 estão do ensino superior. As estatísticas educacionais contabilizam os profissionais uma única vez, independentemente de atuarem em mais de uma região geográfica, unidade da federação, município ou etapa de ensino. Do total de professores, aproximadamente 345 mil, estão na zona rural. (Gonçalves, C.,2018, on line).

A maioria dos professores tem entre 30 e 39 anos e as mulheres representam quase 70% do corpo docente no país.

O Censo Escolar, que coleta dados da educação básica, e é coordenado pelo Inep, é realizado a partir de informações das secretarias estaduais e municipais de educação, além das escolas públicas e privadas do país.

O psicanalista e doutor em Psicologia da Educação e Desenvolvimento Humano, Alfredo Jerusalinsky (2016), afirma que "o saber da nossa espécie, a humana, não se transmite pela genética, mas sim pela linguagem e que os professores são especialistas nesta transmissão".

Mas, infelizmente, a sociedade e o Estado não valorizam adequadamente estes profissionais, que estão cada vez mais desmotivados, adoecidos e desrespeitados. A profissão está cada vez mais desvalorizada; tem baixa remuneração, o que impede que eles possam se reciclar, investir em cursos para aperfeiçoar sua formação e ainda convivem com a violência nas escolas, com a instabilidade no emprego, com uma carga horária exaustiva e com a infraestrutura precária das escolas.

Na sala de aula, os desafios aumentam a cada dia. A autoridade é questionada por pais e alunos; a indisciplina, insultos, agressões físicas; fazem parte do cotidiano e tornam a educação em nosso país cada vez mais precária e impactante para a formação de cidadãos sem valores éticos e que acreditam que levar vantagem é preciso e satisfaz.

A família: suas expectativas e contribuição na formação dos filhos desta nova geração

Mas e o papel da família? Como os pais estão se comportando diante de tantas transformações? Como estão conciliando falta de tempo e agenda dos filhos? Para Tânia Zagury (2000):

> Os pais de hoje trabalham mais e passam menos tempo com os filhos. A mãe, que antes ficava em casa e transmitia valores morais, agora trabalha fora e, em 27% dos casos, é arrimo de família. Quando chegam do trabalho, ambos estão cheios de culpa pela ausência e, para minimizar esse sentimento, tornam-se muito permissivos, deixam de estabelecer limites e de ensinar o que é certo e errado. Por trás de tudo isso há uma insegurança grande, em parte fruto da crise ética institucional que estamos vivendo no Brasil. No passado, a família tinha um papel de formação ética do indivíduo. À escola cabia a transmissão da cultura acumulada (tendo o professor no papel de centro de conhecimento) e uma parte da formação de hábitos e atitudes. Restabelecida a democracia, a volta da liberdade de imprensa permitiu que uma série de escândalos viessem à tona e a população percebeu que a impunidade corria solta (Zagury, 2000).

E nos deparamos todos os dias com famílias em suas mais diferentes formas, arquétipos e interesses.

Pais que incentivam as crianças, pais que não estimulam, e apenas observam de longe, outros que não exigem conhecimentos e sim sobrevivência, pais protetores, relapsos. Todos os tipos e com características, valores éticos e expectativas bem particulares.

> Eles têm o que eu chamo de visão excessivamente psicologizada da educação. Preocupam-se demais com a psique, com o emocional, se os filhos vão ficar com algum trauma, algum complexo ou com a autoestima abalada cada vez que eles lhes impõem limites. Muitos tornam-se superprotetores, alegando que o tempo é escasso e que preferem curtir os filhos em vez de ficar fazendo exigências. Mas esse tempo que sobra é precioso para a formação ética dos filhos. Nessas poucas horas é preciso ter postura. É preciso fazer a criança entender que os pais se ausentam porque estão trabalhando. E que trabalham porque querem dar segurança, saúde e educação aos filhos. A criança compreende isso muito bem. Quando juntos, os pais devem dar atenção, carinho, amor e... educação aos filhos (Zagury, 2000).

O meio familiar é muito importante para ressignificar a aprendizagem e ser gerador de motivação.

A postura dos pais também deve ser ampla, visualizando as potencialidades e limitações do indivíduo. Eles devem reforçar os valores e habilidades para ajudarem na formação das crianças e adolescentes.

Muitas famílias querem delegar principalmente para a escola o papel de educar e ensinar regras e valores. Os tempos têm invertido os papéis. Filhos tiranos, pais sem moral e coniventes com indivíduos inertes e sem perspectivas.

Triste realidade! Violência nas escolas, em casa, nas ruas... e onde estão as regras sociais? A soberania da família e sua colaboração na educação e formação dos filhos está severamente comprometida pela forma em que os pais delegam e se tornam personagens coadjuvantes na educação de seus filhos.

As responsabilidades têm sido delegadas à escola. Os pais, preocupados em prover e limitados às telas de seus equipamentos eletrônicos, estão mais permissivos e não conseguem estabelecer rotinas e regras. Acham que a escola tem que ser responsabilizada sempre que aparecem as dificuldades de socialização, de empatia, de comunicação.

Estamos presenciando o surgimento de muitas tecnologias, mas uma imensa pobreza das relações humanas.

Hoje, afloram cada vez mais anseios, angústias, depressões, fobias, potencialidades negligenciadas, transtornos, conflitos emocionais e outras comorbidades que dificultam a aprendizagem e a aquisição, de forma autônoma, dos múltiplos saberes.

Mas as famílias falam com orgulho das agendas lotadas e da escola apertada e conteudista que deprime seus filhos.

Inversão total. Aprender tem que ser prazeroso, dinâmico e formar consciência e cidadãos capacitados, que amem o país, que tenham empatia, valores, amem as artes e respeitem as diferenças.

Num contexto amplo, muitas vezes essas diretrizes têm sido violadas e as crianças e adolescentes estão cada vez mais expostos à condições precárias, rotinas estressantes e vários tipos de violência. Também estão cada vez mais rebeldes e indisciplinados em casa e na sala de aula.

> Há três fatores que contribuem para essa situação. Em primeiro lugar, a insegurança dos pais. Criança que não aprendeu a esperar a vez, que não bate na porta quando a mãe está no banheiro, que grita para chamar a atenção, chega à escola e repete esse modelo. Em segundo lugar está um fator que, isoladamente, é positivo. Na sociedade atual, a quantidade de estímulos que a criança recebe a faz mais articulada. Ela argumenta mais cedo e discute sobre mais assuntos. Por fim, mudanças ocorridas nas últimas décadas

> ajudam a compor esse ambiente. A relação professor/alunos se alterou de forma radical. Na década de 50, a hierarquia era rígida. O mestre tinha poder absoluto, o que é muito ruim. Com o chamado movimento da Escola Nova, no final dos anos 60 e início dos 70, o aluno passou a ter mais participação. O poder do professor diminuiu, o que é positivo. No entanto, nem todos os docentes souberam lidar de forma eficiente com essa democracia em sala de aula. A solução começa pela boa formação do professor, que precisa dominar muito bem os conteúdos, ter bom relacionamento com os alunos, muita didática e autoridade com eles, mas ser afetuoso e respeitoso (Zagury, 2000).

Direitos simples como o de ter infância estão ameaçados por exigências de padrões assertivos e esperados dessa população que nunca esteve tão doente e deprimida. Índices de ansiedade, depressão, medo, suicídio disparam a cada dia.

Pais precisam estar atentos às demandas e condições de seus filhos. Os filhos precisam de tempo, afeto, rotinas, brincadeiras, de contato com a natureza, de alimentação balanceada saudável e de limites. Precisam de pais que respeitam seu ritmo, suas limitações e digam "não" sempre que as regras sejam colocadas a prova.

A sociedade precisa de pais atuantes e resilientes para conduzir crianças tão dinâmicas, com personalidade forte e motivação própria, mas enfraquecidas nas demandas emocionais, frustrados, entediados, imediatistas, egoístas.

Educar não é tarefa fácil e exige dedicação, amor e respeito às regras e condutas sociais.

O brincar e o processo de aprendizado

A oportunidade de brincar auxilia no aprendizado de conceitos, significados, vivências experiências, emoções, cria estratégias, socializa, desenvolve habilidades e potencialidades.

Essa geração tem pouco tempo para se divertir e se desenvolver através de brincadeiras e jogos de imaginação.

Com as brincadeiras, a criança desenvolve a memória, a imaginação, reforça a convivência afetiva, contribui para o desenvolvimento motor e integração dos sentidos.

O brincar é um importante aliado para a formação de relacionamentos, auxilia no processo de formação da personalidade e na socialização. Deve ser fácil e ser um mecanismo que contribui para a autoconfiança.

A mudança de hábitos no ambiente familiar, rotina de trabalho dos adultos, empobrecimento do lazer, aumento do tempo diário da criança na escola, redução do número de membros na constituição familiar, pouca convivência com vizinhos e fragilidade na segurança pública são aspectos que têm comprometido o brincar.

Muitas crianças crescendo sem irmãos nem primos, vivendo e compartilhando as rotinas dos adultos. Estão "ilhadas" em um cotidiano restrito entre escola, atividades extracurriculares e o retorno para casa ao fim da jornada.

Assim, verificamos falhas em diversos setores da sociedade. A culpa do adoecimento dos indivíduos também é das famílias que estão coniventes com a sobrecarga de atividades e tarefas escolares, que restringem a todos o direito à infância e tornam esta geração aprisionada e sem vivências sensoriais.

Esta desvalorização da importância da infância, se projeta no futuro e torna as agendas lotadas de compromissos e programações, com pouco tempo entre as atividades, prioridade e fator de obstinação dos pais, no momento que traçam as rotinas de seus filhos.

É claro que estas atividades podem auxiliar na boa formação de uma carreira profissional na fase adulta, mas e o presente? E as prontidões? E o desenvolvimento das habilidades e emoções? Não se deve negligenciá-lo, atropelá-lo; o adulto de amanhã é a criança de hoje. Um processo de aprendizagem empobrecido, sem prazer, além de interferir no desenvolvimento sadio, pode ser traumático e prejudicial.

O tempo e as relações humanas são transformadores de conceitos, de vivências e um dos conceitos que tem mudado muito a estrutura espacial do brincar é o de residência.

A pouco menos de 30 anos havia muitos bairros formados por casas. O lar nos remetia a segurança e liberdade. Muitas casas tinham espaço para quintal. Em poucos anos, as habitações prediais se tornaram o lar de muitas famílias. Boa solução para segurança e diminuição da porção territorial livre nas grandes cidades, mas que tornou as crianças ainda mais restritas entre salas, quartos, cozinhas, banheiros.

Nas construções prediais, o quintal deu espaço aos playgrounds, que são ótimos recursos para brincadeiras em grupo, diversão, socialização, para poder se arriscar.

A dificuldade está em encontrar disponibilidade dos responsáveis para dar aos pequenos aprendizes esta experiência, que permite construções de brincadeiras, correr, pular corda, explorar, plantar, poder tocar a terra e se desenvolver de maneira lúdica e natural.

Considerações finais

Para que a construção da aprendizagem aconteça é necessário o envolvimento da escola e família.

A criança necessita de carinho e atenção por parte do núcleo familiar, para construção e estruturação do conhecimento.

Uma infância saudável fortalece a criança para os diversos desafios de viver em sociedade. Muitas famílias têm deixado nas costas da escola várias responsabilidades que são de cunho familiar. O papel da escola é socializar o conhecimento, atuar na formação moral e no desenvolvimento do indivíduo como cidadão. A escola contribui para realizar projetos de vida, formação intelectual e moral, mas cabe a família assumir a responsabilidade pela construção do processo de valores, éticos e formação moral de seus filhos.

A escola transmite conhecimentos que norteiam e preparam para a vida em coletividade e é o lugar onde a criança deve encontrar os meios de se preparar para realização de seus projetos de vida. "Assumir a responsabilidade pelo ensino é uma ousadia. Ensinar é uma tarefa complexa e muitas vezes feita de modo solitário" (Lerner, 2002).

Robert (2004) e Goigoux (2007), mostram a necessidade de entender a atividade docente como um trabalho e de reconhecer que nele há múltiplas demandas que se entrecruzam. Por um lado, o ato de ensinar supõe um compromisso com a formação e com a atividade intelectual de outros seres humanos, o que requer o estabelecimento de vínculos entre os objetivos do ensino e as finalidades essenciais da Educação. Por outro lado, a lógica do ensino e a da gestão da aula podem entrar em conflito; as decisões dos professores muitas vezes resultam da tensão entre o objetivo de promover a aprendizagem e outros objetivos relevantes para a atividade diária: preservar o afeto de seus alunos, manter a paz na sala, conservar sua motivação, economizar forças.

A escola tem a responsabilidade de transmitir conhecimentos de forma inclusiva e respeitosa aos indivíduos que estão em processo de aprendizagem.

A infância é uma fase estrutural da vida, passa rápido e forma o carácter, a personalidade e os anseios dos educandos.

Cabe a todos os envolvidos direcionar o processo de aprendizagem e garantir que todos passem por ele de forma individualizada e feliz.

É consenso geral que as tecnologias trazem a modernidade e auxiliam em vários aspectos no crescimento da sociedade e do mercado de consumo. Mas, a de se ver com ressalvas o que estes equipamentos estão realmente agregando para o fortalecimento dos vínculos afetivos dos indivíduos.

A tecnologia tem incluído, mas também isolado as pessoas em sua privacidade e no desejo de permanecer fechado em seu mundo particular. Nos deparamos, em vários locais, com pessoas olhando fixamente para as telas de seus equipamentos eletrônicos, sem manter a visão do que está lá fora, ao seu redor e até mesmo do seu lado. Geração carente de afeto e de relações interpessoais.

E os educadores? Eles estão desmotivados e adoecidos. Muitos pedem afastamento de suas funções todos os anos pelos mais variados motivos: depressão, transtornos de ansiedade, violência.

Tudo isto gera consequências preocupantes para o futuro próximo, cheio de adoecimento, de dificuldade com o ócio e com a convivência.

Aproveitamos para concluir nossas considerações com a fala de Paulo Freire (2015), que brilhantemente define essas nuances da educação:

> Minha intenção é mostrar que a tarefa do ensinante, que é também aprendiz, sendo prazerosa, é igualmente exigente. Exigente de seriedade, de preparo científico, emocional, afetivo. É uma tarefa que requer de quem com ela se compromete um gosto especial de querer bem não só aos outros, mas ao próprio processo que ela implica. É impossível ensinar sem (...) a valentia dos que insistem mil vezes antes de uma desistência. (...) É preciso ousar para dizer, cientificamente e não bla-bla-blantemente, que estudamos, aprendemos, ensinamos, conhecemos com o nosso corpo inteiro. Com os sentimentos, com as emoções, com os desejos, com os

> medos, com as dúvidas, com a paixão e também com a razão crítica. (...) É preciso ousar para permanecer ensinando por longo tempo nas condições que conhecemos, mal pagos, desrespeitados e resistindo ao risco de cair vencidos pelo cinismo. É preciso ousar, para dizer não à burocratização da mente a que nos expomos diariamente. (Freire, 2015).

Precisamos urgentemente mudar este panorama e incentivar o aprendizado lúdico, o retorno às rodas de conversas presenciais, tempos sem os eletrônicos, com caminhadas, idas ao cinema, museus, teatros, momentos de reflexão, autoanálise, valorização dos profissionais da educação. Assim, cresceremos saudáveis e emocionalmente equilibrados, aliando as inovações tecnológicas, a simplicidade da vida e de seus ensinamentos, com escolas inclusivas e com metodologias assertivas para cada indivíduo.

Referências

BRASIL. Ministério da Educação e do Desporto. Secretaria de Educação Fundamental. *Referencial curricular nacional para a educação infantil/* (1998). Ministério da Educação e do Desporto, Secretaria de Educação Fundamental. – Brasília: MEC/SEF. Recuperado de http://portal.mec.gov.br/seb/arquivos/pdf/rcnei_vol1.pdf

Carvalho, A.M.C., Magalhães, C.M.C., Pontes, F. A. R., & Bichara, I. D. (1992). *Brincadeira e cultura viajando pelo Brasil que brinca.* São Paulo, SP: Casa do Psicólogo.

Corsino. P. (2009). *Educação Infantil: cotidiano e políticas.* Campinas, SP: Autores Associados.

Estatuto da Criança e do Adolescente (ECA). Lei Federal nº 8.069 de 13/07/1990. Conjunto de normas do ordenamento jurídico brasileiro que tem como objetivo a proteção integral da criança e do adolescente, aplicando medidas e expedindo encaminhamentos para o juiz. É o marco legal e regulatório dos direitos humanos de crianças e adolescentes. Recuperado de http://www.planalto.gov.br/ccivil_03/leis/l8069.htm

Ferreira, M. L. S. M., Cotta, R. M. M., & Oliveira, M. S. (2009). Construção Coletiva de Experiências Inovadoras no Processo Ensino-aprendizagem na Formação de Profissionais da Saúde. *Revista Brasileira de Educação Médica,* 33(2), 240–246

Freire, P. (2015). *Professora, sim; tia, não: cartas a quem ousa ensinar.* Editora Paz e Terra.

Goigoux, R. (2007). Un modèle d'analyse de l'activité des enseignants, Éducation *et Didactique.* Rennes: Presses Universitaires de Rennes. (1)3.

Gonçalves, C. (2018). Brasil tem mais de 2,5 milhões de professores, aponta censo do INEP. Recuperado de: https://www.acritica.com/channels/cotidiano/news/brasil-tem-mais-de-2-5-milhoes-de-professores-aponta--censo-do-inep.

Jerusalinsky, A. Psicose e autismo: uma questão de linguagem. Boletim da Associação Psicanalítica de Porto Alegre. Porto Alegre, Artes e Ofícios, 1993, ano 4, n. 9.

Kishimoto, T. M. (2010). *Jogo, brinquedo, brincadeira e a educação.* São Paulo, SP: Cortez.

Lerner, D. (2002). La autonomía del lector. Un análisis didáctico. *Lectura y Vida.* 23 (3).

Lerner, L. (2012). Como o trabalho compartilhado entre os docentes favorece o aprendizado dos alunos. Recuperado de https://novaescola.org.br/conteudo/546/como-o-trabalho-compartilhado-entre-os-docentes-favorece-o-aprendizado-dos-alunos.

Oliveira, V. B. de (Org). (2000). O brincar e a criança do nascimento aos seis anos. Petrópolis, RJ: Vozes.

Perrenoud, P. A. (2002). *Prática Reflexiva no Ofício de Professor: profissionalização e razão pedagógica.* (C. Schilling. Trad.). Porto Alegre, RS: Artmed Editora.

Prahbu, N. S. (1990). There is no Best Method – Why? *TESOL Quarterly* 24(2), 161-176.

Robert, A. (2004). Que cherchons-nous à comprendre dans les pratiques des enseignants? In Marie-Lise Peltier-Barbier (coord.): Dur d'enseigner en ZEP. Analyse des pratiques de professeurs des écoles enseignant les mathématiques en réseaux d'éducation prioritaire. Grenoble: La Pensée Sauvage Éditions.

Rojas, J. (2009). *Educação lúdica: a linguagem do brincar, do jogo e da brincadeira no aprender da criança.* Campo Grande, MS: Ed. UFMS.

Veloso, A. M. (2016). Desrespeito, cansaço e desvalorização: o que ainda faz um professor resistir? Huffpost. Recuperado de https://www.huffpostbrasil.com/2016/10/14/desrespeito-cansaco-e-desvalorizacao-o-que-ainda-faz--um-profes_a_21699400/.

Vygotsky, L.S. (1998) *A Formação Social da Mente.* São Paulo, SP. Martins Fontes Editora LTDA.

Vygotsky, L. S, Luria, A. R., & Leontiev, A. N. *Linguagem, desenvolvimento e aprendizagem*. São Paulo, SP: Ícone Editora.

Zagury, T. (2000). *Limites sem trauma – Construindo cidadãos*. (96ª edição). Rio de Janeiro, RJ: Ed. Record.

CAPÍTULO 14

A ciência cognitiva da leitura: contribuições para alfabetização de jovens e adultos

Ana Luiza Navas

Nathalia Ribeiro de Brito

Os avanços da ciência cognitiva da leitura têm contribuído para que se entenda cada vez melhor o processo de aprendizagem de leitura em situações típicas e atípicas. Há uma vasta literatura nacional e internacional que apresenta evidências científicas relacionadas com os vários aspectos da aprendizagem da leitura e da escrita em crianças (De Jong, & van der Leij, 2002). Aprender a ler e escrever é uma tarefa complexa e traz profundas mudanças cognitivas, linguísticas e socioemocionais. A pesquisa científica mostra ainda que a apropriação da leitura e da escrita leva a um aumento exponencial de vocabulário, caracterizando o segundo pico de desenvolvimento de linguagem oral na criança. Além disso, após o aprendizado da leitura, a estruturação da linguagem oral também é aprimorada e as sentenças assumem uma maior complexidade linguística. Contudo, quando se trata da apropriação da leitura em jovens e adultos, a literatura nas ciências cognitivas e na neurociência tem sido mais escassa. Sendo assim, muitas vezes se discute sobre qual seria a melhor abordagem para alfabetizar jovens e adultos partindo do referencial teórico sobre alfabetização de crianças (Castles, Rastle, & Nation, 2018). Há, no entanto, uma grande necessidade de entender as semelhanças e as diferenças entre o processo de aprendizagem da linguagem escrita de crianças e adultos. O sucesso de programas de alfabetização de adultos e o entendimento das dificuldades de leituras de jovens depende, em grande parte, do desenvolvimento do conhecimento científico nesses temas.

Educação de Jovens e Adultos

No mundo ainda há uma parcela da população que não teve a oportunidade de apropriação da escrita que depende de políticas de educação para jovens e adultos para ser alfabetizados e alcançar níveis adequados de proficiência de leitura. De acordo com as últimas estimativas mundiais, há cerca de 800 milhões de individuos acima de 15 anos com habilidades de leitura muito rudimentares (United Nations Educational, Scientific and Cultural Organization – UNESCO, 2016). No Brasil, houve melhora nesses índices, entretanto, de acordo com o Instituto Brasileiro de Geografia e Estatística (IBGE), em 2017, "a taxa nacional de analfabetismo das pessoas de 15 anos ou mais de idade foi estimada em 7,0%, o equivalente a 11,5 milhões de analfabetos" (IBGE, 2017).

Para carcaterizar os vários níveis de desempenho em leitura, foi criado o Índice Nacional de Alfabetismo Funcional (INAF), calculado com base em testes cognitivos e questionários, bem como por meio de entrevistas em domicílio. Com essas informações, a proficiência em leitura pode ser classificada em cinco níveis: Analfabetismo, Rudimentar, Elementar, Intermediário e Proficiente. A categoria denominada de "analfabetos funcionais" compreende os níveis "analfabetismo" e "nível de leitura rudimentar" (Instituto Paulo Montenegro, 2016). Em 2016, a Ação Educativa e o Instituto Paulo Montenegro entrevistaram 2002 jovens e adultos, entre 14 e 64 anos, de diversas regiões do Brasil, e descreveu os níveis de proficiencia em leitura para a população brasileira como mostra a Tabela 1.

Tabela 1 – Descrição dos níveis de proficiência de leitura, de acordo com a frequência da população brasileira

	Níveis	%	Habilidades correspondentes
Analfabetismo funcional	Analfa-betismo	4%	Não realiza tarefas simples que envolvam leitura de palavras e frases, mesmo que uma parte dos indivíduos consiga ler números familiares.
	Leitura Rudi-mentar	23%	Localiza uma ou mais informações explícitas, expressas de forma literal, em textos muito simples, com sentenças ou palavras que exploram situações familiares do cotidiano doméstico. Compara, lê e escreve números familiares, identificando o maior/menor valor. Resolve problemas simples do cotidiano envolvendo operações matemáticas elementares ou estabelecendo relações entre grandezas e unidades de medida. Reconhece sinais de pontuação pelo nome ou função.
	Leitura Elemen-tar	42%	Seleciona uma ou mais unidades de informação, observando certas condições em textos diversos de extensão média, realizando pequenas inferências. Resolve problemas envolvendo operações básicas com números da ordem do milhar, que exigem certo grau de planejamento e controle. Compara ou relaciona informações numéricas ou textuais expressas em gráficos ou tabelas simples, envolvendo situações de contexto cotidiano doméstico ou social. Reconhece significado de representação gráfica de direção e/ou sentido de uma grandeza.
	Nível de leitura Interme-diário	23%	Localiza informação expressa de forma literal em textos diversos realizando pequenas inferências. Resolve problemas envolvendo operações matemáticas mais complexas da ordem dos milhões, que exigem critérios de seleção de informações, elaboração e controle em situações diversas. Interpreta e elabora síntese de generos textuais diversos, relacionando regras com casos particulares a partir do reconhecimento de evidências e argumentos e confrontando a moral da história com sua própria opinião ou senso comum. Reconhece o efeito de sentido ou estético de escolhas lexicais ou sintáticas, de figuras de linguagem ou sinais de pontuação.
	Leitura Profi-ciente	8%	Elabora textos de maior complexidade com base em elementos de um contexto dado e opina sobre o posicionamento ou estilo do autor do texto. Interpreta tabelas e gráficos envolvendo mais de duas variáveis, compreendendo elementos que caracterizam certos modos de representação de informação quantitativa reconhecendo efeitos de sentido. Resolve situações-problema relativos a tarefas de contextos diversos, que envolvem diversas etapas de planejamento, controle e elaboração, que exigem retomada de resultados parciais e o uso de inferências.

Nota. Fonte: Adaptado de Ação Educativa e Instituto Paulo Montenegro

A Educação de Jovens e Adultos (EJA) é uma modalidade de ensino que foi proposta com o intuito de erradicar o analfabetismo no Brasil. Apesar de já estar bem estalecida no sistema educacional brasileiro, as pesquisas relacionadas ao ensino na EJA são prioritamente de natureza sociocultural e demográfica. Uma revisão de literatura investigou temas abordados em pesquisas sobre EJA entre os anos de 1978 até 2004, e verificou que dos 68 artigos encontrados, apenas doze investigaram cientificamente o processo de aprendizagem da leitura e da escrita em adultos (Camargo, 2014).

Apesar de muitos esforços e iniciativas para promover o desenvolvimento da leitura em jovens e adultos, a eficiência destes modelos de ensino ainda deixa a desejar. Alguns autores especulam que a necessidade de reorganização neurofisiológica para o aprendizado da leitura talvez seja mais difícil em adultos (Dehaene *et al.*, 2010) do que em crianças, porque estas, no período de alfabetização e aprimoramento da leitura, ainda apresentam grande plasticidade cerebral. Infelizmente, há escassez de estudos que investiguem as melhores práticas baseadas em evidências científicas para o ensino de leitura na população adulta.

Habilidades preditoras do aprendizado de leitura em adultos

Não há dúvida sobre a grande influência que o processamento fonológico exerce na leitura. Dentre as habilidades de processamento fonológico, a consciência fonológica tem sido amplamente relacionada com o sucesso da aprendizagem da leitura e é um importante preditor deste desempenho em vários idiomas e sistemas de escrita, seja em crianças e adultos (Liberman, Shankweiler, Fischer, & Carter, 1974, Nakamura, Kolinsky, Spagnoletti, & Morais, 1998, Cardoso, Romero, & Capellini, 2012).

Dentre as habilidades do processamento fonológico preditoras do desempenho em leitura e em escrita em crianças, encontra-se a consciência fonológica e a nomeação automática rápida, porém, ainda não se sabe se essas habilidades também são preditoras do bom desempenho em leitura em jovens e adultos, com aprendizado tardio de leitura.

A consciência fonológica está relacionada à habilidade de identificar e utilizar conscientemente os sons que compõem a fala, e pode ser estimada por meio de tarefas de detecção, adição, subtração ou segmentação de rimas, sílabas e fonemas (Cardoso-Martins, 1995). Diversos estudos, em muitos idiomas, têm demonstrado a associação da habilidade de consciência fonológica ao processo de reconhecimento visual de palavras para o desenvolvimento da correspondência entre fonemas e grafemas, para o domínio do princípio alfabético e, finalmente, para alcançar um bom nível de precisão de leitura em crianças (Cardoso-Martins & Pennington, 2001).

A preocupação para entender o processo de apropriação da leitura em adultos é antiga e alguns autores têm dedicado suas pesquisas a esse tema. Um dos trabalhos pioneiros na ciência cognitiva da leitura em adultos sendo alfabetizados tardiamente foi o estudo de Morais, Cary, Alegria e Bertelson. (1979). Neste trabalho, os autores compararam o desempenho em tarefas metalinguísticas de 30 adultos analfabetos e de 30 adultos alfabetizados tardiamente. Os adultos alfabetizados tardiamente obtiveram um desempenho melhor do que os analfabetos, que não conseguiram adicionar ou subtrair os fonemas iniciais em pseudopalavras. Assim, os autores reforçaram as evidências de que as habilidades metalinguísticas não se desenvolvem espontaneamente, com o aumento da idade e desenvolvimento cognitivo, mas sim, dependem do aprendizado explícito de leitura, como ocorre nas crianças.

No mesmo sentido, o estudo de Corrêa e Cardoso-Martins (2012), comparou o desempenho em tarefas metalinguísticas entre jovens e adultos, matriculados em salas de alfabetização tardia, com o de crianças com desenvolvimento típico. Os resultados mostraram que os adultos apresentaram desempenho semelhante ao de crianças nas tarefas de consciência fonológica, no entanto, vale ressaltar que as tarefas aplicadas no estudo eram muito simples.

Outra habilidade que apresenta influência semelhante entre adultos e criancas é o conhecimento de letras. O estudo de Melo e Correa (2013), com adultos matriculados em uma instituição de EJA, identificou correlações significativas entre conhecer letras e o desempenho nas tarefas de leitura e escrita.

Além de habilidades metalinguísticas e do conhecimento de letras, a Nomeação Automática Rápida (NAR) é considerada um importante preditor do sucesso de leitura, sobretudo em relação à fluência de leitura. Um dos primeiros estudos relacionandos à habilidade de nomeação rápida com a leitura foi descrito em 1974, por Denckla e Rudel.

O estudo de Nanda, Greenberg e Moris (2010) avaliou a contribuição da nomeação rápida e da consciência fonológica para a habilidade de leitura em jovens e adultos e verificou que tanto a NAR quanto a consciência fonológica explicam a variabilidade em fluência de leitura de palavras e pseudopalavras, com maior contribuição da nomeação rápida. Já os resultados encontrados para adultos aprendendo a ler o idioma português brasileiro sugerem que a contribuição da nomeação seriada rápida (NSR) para a leitura de jovens e adultos falantes do português brasileiro é modesta (Corrêa, Cardoso-Martins, 2012).

O que muda quando se aprende a ler

Os estudos com adultos iletrados, desenvolvidos por Castro-Caldas, Petersson, Reis, Stone-Elander e Ingvar (1998), mostram evidências de que uma alteração na organização funcional do cérebro humano pode estar relacionada à falta de experiências precoces de aprendizagem (ex: o domínio da linguagem escrita nos primeiros anos de educação formal). Estes estudos indicam que a neuroanatomia funcional para o processamento da linguagem é alterada pela indução social. Sabe-se que inúmeros processos cognitivos e perceptuais ocorrem em períodos críticos e, portanto, o desenvolvimento desses processos deve ser estimulado. Se durante esse período os indivíduos não forem expostos à devida estimulação ambiental, podem apresentar, posteriormente, algumas deficiências. Portanto, aprender a ler e a escrever durante a infância influencia a organização funcional do cérebro humano (Castro-Caldas, Petersson, Reis, Stone-Elander & Ingvar, 1998). Assim, ao tornar-se um indivíduo letrado (alfabetizado), há mudanças em vários aspectos no nível cognitivo, além de uma evidente reorganização neurofuncional para a linguagem (Dehaene *et al.*, 2010; Dehaene, Cohen, Morais, & Kolinsky, 2015).

As mudanças no processamento linguístico, como consequência do aprendizado da linguagem escrita, não se restringem aos níveis semântico e sintático. Há mudanças reportadas em níveis mais básicos, como no processamento fonológico, em algumas funções cognitivas, na memória e ainda no processamento visual, tornando-o mais analítico (Dehaene, Cohen, Morais, & Kolinsky, 2015; Monzalvo & Dehaene-Lambertz, 2013; Pattamadilok, Lafontaine, Morais, & Kolinsky, 2010).

O aprendizado da leitura parece exercer uma reestruturação das representações fonológicas construídas para o processamento de fala. De acordo com essa hipótese, os efeitos do aprendizado de uma ortografia estão presentes em tarefas de processamento de fala (Pattamadilok, Morais, & Kolinsky, 2011, Pattamadilok, Perre, & Ziegler, 2011).

Assim, ao aprender a ler e escrever uma ortografia alfabética, são modificadas habilidades de percepção de fala e, portanto, adultos analfabetos (iletrados) devem exibir um padrão de percepção das categorias fonológicas diferente daquele apresentado por adultos alfabetizados (Serniclaes, Ventura, Morais, & Kolinsky, 2005, Loureiro, Braga, do Nascimento Souza, Nunes Filho, Queiroz, & Dellatolas, 2004).

Considerações Finais

Este capítulo pretendeu provocar uma reflexão sobre as práticas de ensino de leitura na população de jovens e adultos. Se por um lado sabemos das diferenças sociais, de desenvolvimento de linguagem, cognitivo e emocional entre crianças e adultos, também sabemos que há muito conhecimento sobre a ciência cognitiva da leitura, tanto em crianças como em adultos. As evidências científicas das melhores práticas do ensino da leitura, aliadas a todo o conhecimento sociocultural acumulado pelos pesquisadores que atuam na área de EJA, deveriam ser conjuntamente implementadas para o desenvolvimento de programas de alfabetização e letramento de sucesso.

Referências

Ação educativa, & Instituto Paulo Montenegro. Indicador de Alfabetismo Funcional-INAF: Estudo especial sobre alfabetismo e mundo do trabalho. (2016) *Instituto Paulo Montenegro e Ação Educativa.*

Camargo, P. S. A. S. (2004). Diversos olhares sobre a educação de jovens e adultos – EJA: uma revisão de literatura (1976-2004). *Revista Brasileira de Educação de Jovens e Adultos*,2(3), 116-141.

Cardoso, M. H, Romero, A. C. L., & Capellini, A. S. (2012). Alterações dos processos fonológicos e índice de gravidade entre escolares com dislexia e escolares com bom desempenho acadêmico. *Revista da Sociedade Brasileira de Fonoaudiologia*,17(3), 287-292.

Cardoso-Martins, C. (1995). Sensitivity to rhymes, syllables and phonemes in literacy acquisition in Portuguese. *Reading Research Quarterly*, 30(4), 808-828.

Cardoso-Martins, C., & Pennington, B. F. (2001). Qual a contribuição da nomeação seriada rápida para a habilidade de leitura e escrita? Evidências de crianças e adolescentes com e sem dificuldades de leitura. *Psicologia: Reflexão e Crítica*, 14(2). 387-397.

Castles, A., Rastle, K., & Nation, K. (2018). Ending the reading wars: Reading acquisition from novice to expert. *Psychological Science in the Public Interest*, 19, 5–51.

Castro-Caldas, A., Petersson K. M., Reis, A., Stone-Elander S., & Ingvar, M. (1998). The illiterate brain: learning to read and write during childhood influences the functional organization of the adult brain. *Brain,* 121: 1053-1063.

Corrêa, M. F., & Cardoso-Martins, C. (2012). O papel da consciência fonológica e da nomeação seriada rápida na alfabetização de adultos. *Psicologia: Reflexão e Crítica*,25(4), 802-808.

De Jong, P. F., & van der Leij, A. (2002). Effects of phonological abilities and linguistic comprehension on the development of reading. Scientific Studies of Reading, 6(1), 51–77.

Dehaene, S., Cohen, L., Morais, J., & Kolinsky, R. (2015). Illiterate to literate: Behavioural and cerebral changes induced by reading acquisition. *Nature Reviews Neurociences*, 16, 234–244.

Dehaene, S., Pegado, F., Braga, L.W., Ventura, P., Nunes Filho, G., Jobert, A., Dehaene-Lambertz, G., Kolinsky, R., Morais, J. & Cohen, L. (2010). How learning to read changes the cortical networks for vision and language. *Science,* 1359-1364.

Denckla M. B., & Rudel R. (1974). Rapid automatized naming of pictures objects, colors, and numbers by normal children. Cortéx,10(2): 186-202.

IBGE – Instituto Brasileiro de Geografia e Estatística. (2017). Módulo Educação da Pesquisa Nacional por Amostra de Domicílios Contínua.

Liberman, I. Y., Shankweiler, D., Fischer, F. W., & Carter, B. (1974). Explicit Syllable and Phoneme Segmentation in the Young Child. *Journal of Experimental Child Psychology*, 18(2), 201-212.

Loureiro, C. de S.., Braga, L. W., do Nascimento Souza, L. D., Nunes Filho, G., Queiroz, E., & Dellatolas, G. (2004). Degree of illiteracy and phonological and metaphonological skills in unschooled adults. *Brain and Language,* 89(3), 499- 502.

Melo, B. R., & Correa, J. (2013) Consciência Fonológica e a Aprendizagem da Leitura e Escrita por Adultos. *Estudos e pesquisa em. Psicologia,* 13(2), 460-479.

Monzalvo, K., & Dehaene-Lambertz, G. (2013). How reading acquisition changes children's spoken language network, *Brain and Language*, 127(3), 356-365.

Morais, J., Luz C., Jesus A., & Paul B. (1979) Does Awareness of Speech as a sequence of phones arises spontaneously? *Cognition,* 7(4), 323-331.

Nakamura, M., Kolinsky, R., Spagnoletti, C., & Morais, J. (1998). Phonemic awareness in alphabetically literate Japanese adults: The influence of the first acquired writing system. *Cahiers de Psychologie Cognitive*, 17(2), 417-450

Nanda, A. O., Greenberg, D., & Moris, R. (2010). Modeling child-based theoretical reading constructs with struggling adult readers. *Journal of Learning Disabilities*, 43(2), 139-153.

Pattamadilok, C., Lafontaine, H., Morais, J., & Kolinsky, R. (2010). Auditory Word Serial Recall Benefits from Orthographic Dissimilarity. *Language and Speech*, 53(3), 321–341.

Pattamadilok, C., Morais, J., & Kolinsky, R. (2011). Naming in noise: The contribution of orthographic knowledge to speech repetition. *Frontiers in Psychology*, 2, 1–12.

Pattamadilok, C., Perre, L., & Ziegler, J. C. (2011). Beyond rhyme or reason: ERPs reveal task-specific activation of orthography on spoken language. *Brain and Language*, 116(3), 116–124.

Serniclaes, W., Ventura, P., Morais, J., & Kolinsky, R. (2005). Categorical perception of speech sounds in illiterate adults. *Cognition*, 98(2): B35-B44.

United Nations Educational, Scientific and Cultural Organization – UNESCO. (2016)

CAPÍTULO 15

Avaliar na diversidade: uma experiência prática na formação de Cérebro e Coração

Andreia Luana de Jesus Martins

> *[...] o valor da equidade, associado ao da igualdade de direitos, permite-nos, sem prejuízos da qualidade, diversificar as respostas educativas das escolas, em respeito às diferenças individuais.*
>
> (Rosita Edler Carvalho, 2017)

O capítulo deste livro foi organizado para atender uma necessidade pessoal de colocar em palavras experiências pessoais e sentimentos à frente de um trabalho que admiro em uma escola no Rio de Janeiro. O Centro Educacional José de Paiva Netto, mantido pela LBV, compreende, através de sua filosofia, que educação é direito de todos. Em suas diversas práticas educacionais haverá uma que irei referir como Programa LBV- Potencializando Habilidades, para dialogar ao que se espera de uma educação inclusiva e humana. O programa tem como objetivo garantir direitos aos alunos que apresentam necessidades educacionais específicas, em uma prática humanizada. Em sua modalidade de atuação o PPH oferece atendimento educacional especializado, suporte aos professores através do planejamento colaborativo, que objetiva a elaboração do Planejamento Educacional Individualizado (PEI). Encontro de pais, um convite aos responsáveis dos alunos, público do AEE, enxergarem além do diagnóstico dos seus filhos, monitoria de alunos voluntários, adaptação de materiais que visam abrilhantar o trabalho educacional com alunos acometidos por diagnósticos e oferece processo de avaliação diferenciada para atender a especificidade de cada aluno.

Revisitando minhas memórias, percebo que a escola é o local que produz conhecimento, alegria, construção de amizades e lembranças. Às vezes, as memórias têm cheiro de felicidade, pois nos lembramos quando aprendemos a decifrar as primeiras letras e a decodificar números, contudo, escola também tem cheiro de tristeza, quando não acompanhamos as performances cognitivas de outros. Percorrendo os períodos da história, a escola não era o espaço para todos e durante muito tempo, o "diferente" foi excluído da sociedade e, consequentemente, as pessoas com deficiência não podiam participar dos espaços sociais onde se transmitiam conhecimentos. A partir de 1848, nos Estados Unidos, o atendimento à pessoa com deficiência mental teve seu início oficial, neste período eles passaram a receber treinamento para aprenderem comportamentos sociais básicos em institutos residenciais e, em 1896, começam a receber atendimento fora dessas residências.

Surgiram então, nos Estados Unidos, as primeiras classes especiais dentro das escolas regulares, em que as crianças podiam ser atendidas em caráter educacional. Entretanto, as ações da sociedade para inclusão de alunos com necessidades educacionais especiais tornaram-se mais visíveis a partir da segunda metade do século XX.

Segundo Cunha (2013), o ensino especializado era aplicado anteriormente em escolas de classes especiais para crianças e jovens que não podiam ter acesso à escola comum, pois acreditava-se que elas não conseguiriam avançar em seu processo educacional. A educação especial tornou-se, então, um sistema paralelo ao ensino comum. Porém, o acesso de alunos com necessidades educacionais especiais teve amparo e ao apoio pedagógico em espaço especializado, como, por exemplo, salas de recursos e em escolas especiais.

> Até então, apenas os países considerados desenvolvidos haviam criado um sistema educacional paralelo para as pessoas com deficiências. A partir da década de 1960, passou a ser também conveniente adotar o ideário da integração pela economia que representaria para os cofres públicos. (Mendes 2006, citado por Cunha, 2013, p.34).

A percepção de construção de espaços, que integrassem alunos com necessidades educacionais especiais nas escolas regulares, surgiu a partir da preocupação com a economia do país. No entanto, em 1980, no Brasil, já ficava notório as diferenças nas interações dos professores com alunos da educação especial. Percebia-se que os alunos com necessidades educacionais especiais, ao serem comparados com os alunos da educação regular, tinham menos oportunidades para o desenvolvimento efetivo nas atividades de ensino. Portanto, eram necessárias ações que, sobrepujassem a integração de alunos com necessidades educacionais especiais (Cunha, 2013).

Após as influências definidas pela "Declaração Mundial sobre Educação para Todos", chegou ao convívio social a Lei de Diretrizes e Bases da Educação Nacional, nº 9.394/96, no Brasil – que enfatizou a valorização da Educação Inclusiva, ratificando que a educação especial deve ser oferecida preferencialmente na rede regular de ensino e manifestando o propósito de incluir o aluno com necessidades educacionais especiais, sempre que possível, nas classes comuns do ensino regular. A Lei de Diretrizes e Bases da Educação Nacional aborda, de forma objetiva, no artigo 59 que:

> os sistemas de ensino deverão assegurar os recursos necessários para aprendizado escolar e consequente inclusão, o que requer currículos, métodos e técnicas adequadas; recursos e organização; professores especializados e capacitados para a inserção do estudante na vida em sociedade, inclusive dando-lhe condições, sempre que possível à capacitação para o trabalho. (BRASIL, 1996).

A educação inclusiva é uma das dimensões do processo de inclusão social que pode ser definida como um conjunto de políticas públicas e particulares para levar a escolarização a todos os segmentos humanos da sociedade, sociedade, sendo construídos a partir da humanização mediada pela afetividade. A inclusão social perpassa por um período de construção adaptativo conceituado como o:

> processo pelo qual a sociedade se adapta para poder incluir, em seus sistemas sociais gerais, pessoas com necessidades especiais e, simultaneamente estas se preparam para assumir seus papéis na sociedade. A inclusão social constitui, então, um processo bilateral no qual as pessoas, ainda excluídas, e a sociedade buscam, em parceria, equacionar problemas, decidir sobre soluções e efetivar a equiparação de oportunidades para todos. (Sassaki, 1997, p. 41)

Entretanto, ao longo da história que sucedeu os paradigmas da inclusão, houve o entrelace das duas vertentes, sendo necessário a reflexão: em vez da pessoa com deficiência ou com necessidades especiais se ajustar aos padrões de *normalidade* aceitos para se inserir nos contextos sociais, é a sociedade que deve se adaptar para acolher a todos, sem exceção. Esta análise, portanto, também chegou à escola. Não é mais o estudante que tem de se ajustar aos padrões de *normalidade* para aprender. O paradigma da inclusão vislumbra que a escola tem o desafio de ajustar-se para atender a diversidade de seus estudantes, compreendendo a educação como um direito humano fundamental para uma sociedade mais justa e solidária.

Para constatar se os pressupostos de uma inclusão no contexto estão se concretizando, é imprescindível averiguar na história se a prática condiz com o discurso. Em meados de 1980, a educação no Brasil parte de rupturas políticas que dominaram de maneira autoritária e excludentes as instituições de ensino, excluindo currículo, metodologia, planejamento, ambos duramente criticados. Obviamente, em todo o contexto autoritário, avaliação escolar passa a ser amplamente discutida e é considerada como uma prática autoritária e seletiva (Luckesi, 1998 citado por Vieira & Sforni 2010). Mas, para considerar os apontamentos históricos relevantes sobre o ato de avaliar, Sousa (1995) menciona que avaliar é empoderar uma ação política:

> que visa a discriminar, através do processo educativo, aqueles que a sociedade já mantém discriminados sócioeconômica e culturalmente. A crença liberal no esforço e no mérito pessoal como responsáveis pelo sucesso do aluno em um processo educativo tem utilizado a avaliação como um instrumento de legitimação da seletividade da educação e conferido ao ensino e às escolas um papel subsidiário diante do fracasso escolar. (Sousa, 1995)

Com base no contraponto entre o que caracteriza a avaliação da aprendizagem e a observação das experiências vividas em nossas escolas, em vez de avaliação, o que se pratica nas escolas são os exames, uma vez que as dificuldades apresentadas pelos alunos não são diagnosticadas para subsidiar uma intervenção adequada, mas são classificadas, tendo em vista, a aprovação ou a reprovação.

Os modelos avaliativos aplicados na contemporaneidade, não dialogam com os conceitos investigados por Vygotsky. A relevância entre ensino e desenvolvimento é eixo central para a prática pedagógica condizente ao ato de avaliar, pois consiste no estudo de como o conhecimento é internalizado.

> A criança se apropria de novos conhecimentos sistematizados em conteúdos curriculares e como esses conhecimentos podem propiciar o desenvolvimento mental da criança, tendo-se em vista que a aprendizagem de conceitos é a fonte do desenvolvimento na idade escolar. Segundo o referido autor: "O pensamento em conceitos é uma nova forma de atividade intelectual, um modo novo de conduta, um novo mecanismo intelectual. (Vygotsky, 2001, citado por Vieira & Sforni, 2010).

No entanto, acreditamos que *avaliar não é julgar*. Hoffmann (2012) aborda que as avaliações, no contexto escolar, deveriam acompanhar, diagnosticar e intervir em favor da melhoria dos resultados do desempenho dos educandos.

Neste cenário podemos afirmar que o processo avaliativo tem relação direta com o professor na construção sobre a avaliação da aprendizagem e que, em decorrência disso, a formação de uma concepção de avaliação como instrumento de comunicação, permeia como facilitadora da construção do conhecimento. Compreender e respeitar o sujeito diante de sua individualidade, durante processos avaliativos, é pensar que todos aprendem e que fatores como emoção e psíquico, precisam ser levados em consideração, não somente as funções cerebrais e a sua íntima relação com a cognição.

Entretanto, quando não há esta preocupação, o cérebro envia respostas ao sistema límbico, que é responsável pela emoção, e nesta situação ele bloqueia o funcionamento dos substratos cerebrais superiores corticais, das funções de input que integram, executam e planificam, assim como bloqueiam o output, que permite o acesso de pensamento simbólico e resolução de problemas. Os resultados são os prejuízos pedagógicos, definidos em conceitos baixos e muitas vezes excludentes.

A aprendizagem é parte integrante do processo de avaliação. É importante compreender como as práticas e abordagens se consolidam no cérebro, para que os educadores possam direcionar o trabalho almejando o sucesso de suas práticas pedagógicas, que visam inteiramente o aprendizado dos alunos. Partindo dessa compreensão, a conceituação das funções da escola e a avaliação diagnóstica são fundamentais na verificação da aprendizagem dos conteúdos nomeados e dos conteúdos já trabalhados, sendo importantes como ponto de partida para superar as dificuldades encontradas.

Assim sendo, a avaliação diagnóstica tem como objetivo indagar sobre os conhecimentos adquiridos anteriormente pelo aluno, possibilitando, assim, reter conteúdos contemporâneos que são compartilhados no processo ensino-aprendizagem, sendo enriquecedora para o trabalho pedagógico. (Kraemer, 2006, citado por Gavassi, 2012).

Para os alunos com diagnóstico, incluídos em uma escola, o professor precisa utilizar a avaliação como bússola, para efetuar a intervenção necessária durante este percurso pedagógico. A organização desta avaliação, precisa estar pautada no conhecimento do sujeito e o que acomete sua cognição, assim como as configurações que precisam estar disponíveis e a maneira como será aplicada (Vargas, 2014 citado por Maia, 2014). Segundo a ABD (Associação Brasileira de Dislexia), alunos disléxicos, por exemplo, necessitam de ledores, porque o processamento de informações no cérebro, responsável pela leitura, escrita e interpretação de textos, apresentam lentidão. O transtorno condiciona o aluno disléxico a buscar novas rotas lexicais ativando áreas do cérebro, não especializadas para essa função de leitura e interpretação, tornando a tarefa um processo de decodificação não automatizado, o que leva à lentificação da resposta e ao cansaço excessivo, relatado por alunos com dificuldades de aprendizagem em tarefas de leitura e escrita, principalmente, as mais demoradas como, por exemplo, as provas.

Levar em consideração as dificuldades analisadas nos processos avaliativos é compreender que atrasados não existem, pois, todos os indivíduos têm o direito e a capacidade de aprender em grau menor ou maior. Para tal feito, é necessário que as escolas levem em consideração o sujeito que adentra seus portões, onde muitos escondem seu potencial, que encarcerado de modo figurativo, chega em casas abandonadas com: janelas trancadas, portas trancafiadas com cadeados, telhados frágeis e, mesmo diante a toda vulnerabilidade, chega com jardineiras cheias de terra fértil, sementes prontas para brotar. Contudo, na educação faltam jardineiros de cérebros que saibam utilizar suas ferramentas para fazer florir.

Emoção: interlocutor da aprendizagem

Existem inúmeras interpretações para as emoções, porém, para que estas ocorram nas estruturas anatômicas do cérebro, faz-se necessária a ativação da área mais evoluída, a saber, o córtex pré-frontal. Entre os sentimentos: alegria, tristeza, medo, prazer e raiva são exemplos do fenômeno da emoção. Contudo, durante muito tempo acreditou-se que os fenômenos emocionais estariam na dependência de todo o cérebro, no entanto, estudos apresentaram áreas específicas do cérebro com manifestações de comportamento emocional relacionadas às áreas do hipotálamo, a área pré-frontal e o sistema límbico, ambas associadas a motivação (Machado, 2009).

Segundo Henri Wallon (apud Parolin & Küster, 2011) a afetividade é o termo utilizado para identificar um domínio funcional que se manifesta de diferentes formas: as manifestações iniciais de tonalidades afetivas, até as mais elaboradas, como as emoções, os sentimentos e as paixões. As emoções são as manifestações da afetividade e a expressão dos sentimentos e apresenta caráter de visibilidade, e é por intermédio delas que os educadores podem conseguir pistas do que está acontecendo com seus alunos: respiração, agitação, expressões faciais, olhares etc. Sua grande função é mobilizar o outro e garantir atenção e cuidado, exercendo papel imprescindível no processo de desenvolvimento da personalidade.

Na perspectiva de Wallon (apud Parolin & Küster, 2011) sem o vínculo afetivo não há aprendizagem. O processo da aprendizagem necessita de investimento empreendedor, que seja motivador e favorável a esse esforço. Concomitantemente, os aspectos afetivos dependem de conquistas realizadas para evoluir. Ela necessita de plateia para a sua manutenção por ser eminentemente social; a emoção apresenta tônus muscular e uma expressão; a emoção tende a diminuir o grau de racionalização e eficácia da cognição. Diante disso, os educadores são leitores de expressões emocionais e podem planejar melhores performances de seus aprendizes no ambiente educacional.

De acordo com Fonseca (2016), as emoções equivalem:

> aos aspectos comportamentais positivos e negativos, conscientes e inconscientes, e podem equivaler semanticamente a outras expressões, como a afetividade, a inteligência interpessoal, a inteligência emocional; a cognição social; a motivação, a conação,

> o temperamento e a personalidade do indivíduo, cuja importância na aprendizagem e nas interações sociais é de crucial importância e relevância. As emoções fornecem informações sobre a importância dos estímulos exteriores e interiores do organismo, e também, sobre as situações-problema onde os indivíduos se encontram envolvidos num determinado contexto. (Fonseca, 2016).

Em síntese, as emoções agregam interesses e motivações das pessoas para satisfazer os seus objetivos. Os estímulos externos provocam a emoção ou afeto através do envolvimento de sentimentos. Assim, o estresse também poderá ser definido como resposta a estes estímulos, provocando comportamentos psicossomáticos do indivíduo, que se adequam ou excedem, às capacidades do seu organismo para engendrar uma resposta adaptativa às exigências colocadas.

As dificuldades da aprendizagem, apresentadas no ambiente escolar, como problemas de saúde mental, podem estar interligadas diretamente com situações estressoras e de sofrimento emocional; muitos alunos com dificuldade de aprendizagem não conseguem corresponder às expectativas sociais e pedagógicas, porque a sua neurodiversidade não é respeitada, nem é compatibilizada com as exigências da aprendizagem. Para eles a escola é um ambiente estressor, por demandas cada vez maiores de trabalhos exaustivos, que podem interferir no rendimento escolar. A relação da emoção com a aprendizagem é muito íntima, daí a necessidade de explorar algumas das suas implicações de acordo com a neurociência.

De acordo com Marta Pires Relvas (2017), ao longo do desenvolvimento humano o cérebro é moldado até se transformar na mais poderosa máquina de processamento de informações existente na Terra. Contudo, o que mais surpreende a nós, seres humanos, é que ele se desenvolve sozinho. A construção do cérebro inicia ainda na gestação, durante o primeiro mês. Tudo inicia como uma grande orquestra, sinais químicos enviam informações ao grupo de células no embrião para que comecem a se transformar no sistema nervoso.

Durante a 4ª semana da concepção do embrião, após o desenvolvimento da placa neural, uma camada de células que percorre a extensão do feto une as extremidades, dando origem ao tubo neural, possibilitará a transformação do cérebro e da medula espinhal. Desenvolve-se o sistema nervoso central e periférico primitivo, envolvidos por três membranas denominadas meninges. Ocorre também, nesse período, a transformação das células de micróglias, que têm como função formar as novas conexões neurais. A partir do desenvolvimento do feto, ainda na 4ª semana, acontece a formação do epitélio sensorial, responsável pelo olfato, ouvido interno e glândulas hipófise e adrenal. Estas estruturas serão fundamentais na comunicação entre os processos neuroquímicos para captura dos estímulos sensoriais e emocionais no desenvolvimento cognitivo, afetivo e relacional. (Relvas, 2017).

A Neurociência traz como enfoque o sistema nervoso e, particularmente, os estudos do cérebro, que podem ser abordados em diferentes níveis de funcionamento molecular, sistemas funcionais, visão, audição, motor, que podem ser abordados em sua morfologia como: comportamento, focalizando estruturas neurais, como sono, atenção, emoção. Do comportamento cognitivo e funções mentais: comportamentos intencionais, linguagem, tomada de decisões, planejamento e criatividade. Correlacionado aos estudos da neurociência sobre as áreas de associação do cérebro à aprendizagem temos três áreas de grande importância segundo Guyton (1991, citado por Relvas, 2017), são a parieto-occipitotemporal, pré-frontal e a límbica.

Sob a influência das áreas mencionadas como sendo de grande importância, temos a funcionalidade e a relação das mesmas com a aprendizagem: área parieto-occipitotemporal (responsável pela análise contínua das coordenadas espaciais de todo corpo), onde está localizada a área de *Wernicke,* sendo ela a região mais importante do cérebro para as funções intelectuais superiores, como a compreensão da linguagem, e área secundária de processamento visual que envia informações visuais para *Wernicke* para dar sentido as palavras percebidas visualmente.

A área de associação pré-frontal apresenta uma íntima relação com o córtex motor, responsável por planejar padrões e sequências de movimentos. É a área responsável para combinar informações não motoras provindas de áreas difusas do cérebro, importantes para a elaboração do pensamento. É onde se localiza a área de broca, que fornece o circuito neural para a formação das palavras, que associa em uma relação íntima com a área de *Wernicke.*

Já a área límbica está inteiramente associada ao comportamento, as emoções e à motivação, fornecendo estímulos para as outras áreas do cérebro e promovendo os impulsos motivacionais para os processos da aprendizagem. Em síntese, a aprendizagem, que é o conteúdo principal da função escola, tem muito a ver no seu êxito ou sucesso, com as interações neurofuncionais das emoções, assim como do estresse. Os processos da aprendizagem perpassam pelas efetivas dinâmicas interpessoais, profundas entre o professor e o aluno, e entre este e os seus pares.

Outra questão de extrema importância para a aprendizagem em temos neurológicos responsáveis pelas funções emocionais, inclui-se as funções afetivas e sociais, que adentram ao sistema límbico (córtex relacional, social, emocional conhecido como circuito de *Papez*), uma região subcortical mais profunda e central do cérebro, e envolvida com as relações do organismo com o seu envolvimento social e objetivo, presente e passado (imediato, curto e longo prazo).

> O sistema límbico, sendo uma região subcortical envolvida na relação do organismo com o seu envolvimento presente e passado, integra estruturas nervosas muito importantes para a memória e para a aprendizagem, como a amígdala, o hipocampo, hipotálamo, a insula, o córtex cingulado, o núcleo accumbens e os corpos mamilares. Embora o funcionamento emocional ocorra em todo o cérebro, e não meramente no sistema límbico (cérebro paleomamífero), pois está em causa um processo neuronal colaborativo com outras áreas cerebrais, particularmente o córtex pré-frontal e orbito-frontal, as funções emocionais estão obviamente interligadas com as funções cognitivas e as funções executivas. (Fonseca, 2016).

Portanto, a aprendizagem apresenta um impacto na sua adaptabilidade, em seus aspectos positivos, negativos, conscientes e inconscientes. Os aspectos positivos envolvem o emocional, o motivacional e o engajamento conativo do sujeito. Já as funções cognitivas e executivas operam de forma integrada. As emoções impulsionam as funções da memória de curto prazo da área de trabalho para intensificar os processos operacionais que resultarão na consolidação da memória de longo prazo, comprovando em evidências que a aprendizagem é operada no cérebro de forma efetiva. No entanto, a aprendizagem pode ser associada aos fatores de premiação ou castigo, gerando experiências e vivências.

A emoção exerce um papel de importância na escola, há um entrelace entre a cognição e a emoção sobre o fator da razão. O alinhamento entre cognição e emoção no ambiente escolar é defendido pelo educador Paiva Netto, que menciona, em sua premissa, que raciocínio e sentimento precisam caminhar juntos, para que contribuam para a educação integral de crianças e jovens (Periotto, 2017). Contudo, para que a aprendizagem aconteça é importante unir os desafios pedagógicos, as atividades, as tarefas, as propostas, os projetos e as pesquisas. O ambiente precisa dialogar com o cérebro, apresentando um clima de segurança, conforto, cuidado, que possa distinguir a função social construída ao longo da evolução humana. Em interface com o processo maturacional do cérebro, crianças, jovens estudantes, precisam da segurança de outros adultos para assumir riscos, iniciar tarefas, permitir-se errar e solucionar problemas.

Em contrapartida, todo o funcionamento do cérebro fica comprometido em suas funções cognitivas, caso o sujeito esteja em exposição aos ambientes externos sob ameaça, vexame, humilhação, desvalorização e opressão. O sistema límbico, responsável pela emoção, nesta situação bloqueia o funcionamento dos substratos cerebrais superiores corticais, das funções de input que integram, executam e planificam, assim como bloqueia o output, que permite o acesso de pensamento simbólico e resolução de problemas.

O cérebro sob ameaças reage de maneira inconsciente, portanto, somente em situação de segurança afetiva, o cérebro é capaz de funcionar perfeitamente, abrindo janelas através das emoções, permitindo cognições e ativação das áreas cerebrais, promovendo uma circuitaria neuronal do sujeito aprendente, oportunizando a transformação dos seus pensamentos e sentimentos. O oferecimento de oportunidades pedagógicas no ambiente educacional precisa funcionar como mecanismo de uma engrenagem, em que afeto e respeito estejam em funcionamento contínuo, conforme salienta Paiva Netto:

> O afeto para as crianças e respeito aos jovens são semelhantes a uma máquina funcionando: em uma parte das rodas dentadas, a mente, a lógica; em outra, a Alma, o sentir, que impede que nos tornemos cada vez mais selvagens! Ora, os dentes da roda vão se encontrando, e fazendo o mecanismo girar. Contudo, se você não põe nessa engrenagem óleo da Fraternidade, da Solidariedade, da Misericórdia, tudo grimpa, trava, cria ferrugem e entra em falência. (Paiva Netto, 2010, citado por Periotto, 2017, p. 58).

Em consonância com a neurociência, podemos afirmar que a escola é, e deve ser, ambiente de modificabilidade e de valorização das inteligências, seguindo repertórios e perfis cognitivos de alunos acometidos pelos transtornos de aprendizagem, sem compará-los com os demais da turma. Cabe considerar e analisar toda dicotomia do discurso e da prática pedagógica, sendo percebido que o processo de inclusão caminha em uma direção possível para a sociedade. Neste sentido, compreendemos que o trabalho realizado no contexto educacional de uma sala de aula, sob uma perspectiva inclusiva de fato, é um grande desafio, pois exige uma rede de colaboradores, entre professores, equipe pedagógica, família, terapeutas e médicos que acompanhem o educando. No entanto, o professor reconhece em sua função o papel de colaborar com a educação, diante de sua percepção as diversidades presentes nas salas de aula, oportunizando diariamente, através do vínculo afetivo, práticas que estimulem áreas especificas no cérebro que apresentem prejuízos inerentes aos transtornos da aprendizagem e, concomitantemente, o papel exercido pelo professor conhecedor das neurociências permite respeitar o perfil de aprendizagem e o potencial que cada aluno. Corroborando, que a escola precisa ser ambiente de modificabilidade, sendo este o espaço que forma sujeitos para viver em sociedade, a escola necessita ser flexível, dar o exemplo de cidadania e de respeito. Avaliar na diversidade é um ato humano e oferecimento de oportunidades para suplantar fracassos e dar lugar ao sucesso. O cérebro que chega nas escolas não deseja verdades absolutas, mas é desejoso de palavras e práticas carregadas de respeito e muito afeto.

Referências

ABD – Associação Brasileira de Dislexia. Recuperado de: http://www.andislexia.org.br.

Brasil, (1988). *Constituição da República Federativa do Brasil de 1988.* Recuperado de http://www.planalto.gov.br/ccivil_03/Constituicao/Constituicao.htm

Brasil, M. E. C. (1996). Lei de Diretrizes e Bases da Educação Nacional-LDB. Lei de Diretrizes e Bases da Educação Nacional-LDB (Lei nº 9.394/96). *Ministério da Educação.*

Brasil, M. E. C. (2019) *Política Nacional de Educação Especial na Perspectiva da Educação Inclusiva.* Ministério da Educação. Secretaria de Educação Especial. Recuperado de: http://portal.mec.gov.br, acesso.

Carvalho, R. E. (2017). *Educação Inclusiva: com pingos nos "is"*. Porto Alegre, RS: Mediação.

Cunha, E. (2013). *Autismo na escola: um jeito diferente de aprender, um jeito diferente de ensinar-ideias e práticas pedagógicas*. (2a ed.). Rio de Janeiro, RJ: Wak.

Fonseca, V. D. (2016). Importância das emoções na aprendizagem: uma abordagem neuropsicopedagógica. *Revista Psicopedagogia*, *33*(102), 365-384.

Gavassi, S. L. (2012). Avaliação formativa: um desafio aos professores das séries finais do ensino fundamental.

Hoffmann, J. (2012). *Avaliação e Educação Infantil: um olhar sensível e reflexivo sobre a criança*. Porto Alegre, RS: Mediação.

Maia, H. (2014). *Neuroeducação e ações pedagógicas*. (2a ed.). Rio de Janeiro: Wak Editora.

Machado, Â. (2006). Áreas encefálicas relacionadas com as emoções. O sistema límbico. In J. Volpi. *Curso de especialização em psicologia corporal*. Curitiba, PR: Centro Reichiano.

Netto, J. de P. (2010). ***É** urgente reeducar*. São Paulo, SP: Elevação.

Parolin, I. C. H & Küster, S. M. G. de S. (2011). As emoções e os estilos de aprendizagem no processo de ensinar/aprender.

Periotto, M. S. (2017). A *interdisciplinaridade e a prática pedagógica da rede de ensino da LBV: uma proposta de educação para o ser integral* (Tese de Doutorado em Educação). PUC/SP, São Paulo, SP, Brasil.

Relvas, M. P. (2017). *A Neurobiologia da Aprendizagem para uma Escola Humanizadora*. Rio de Janeiro, RJ: Wak.

Sassaki, R. K. (1997). *Inclusão construindo uma sociedade de todos*. Rio de Janeiro, RJ: WVA.

Sousa, F. M. A. A., Sampaio, S., & Freitas, I. B. (Orgs.). (2011). *Distúrbios e Dificuldades de Aprendizagem: uma perspectiva de interface entre saúde e educação*. Rio de Janeiro, RJ: Wak.

Vargas, G. M. B. (2014). Estratégias para a Inclusão de Crianças com Dislexia. In H. Maia. *Neuroeducação e ações pedagógicas*. (2a ed.). Rio de Janeiro: Wak Editora.

Vieira, Vanize M. A., & Sforni, M. S. F. (2010). Avaliação da aprendizagem conceitual. *Educar em Revista*, p. 45-57.

CAPÍTULO 16

O que é inclusão?

Cássia Ravena Mulin de A. Medel

Segundo o dicionário o verbo *incluir* quer dizer encerrar; por dentro de; fazer constar de; juntar(-se); inserir(-se); introduzir(-se). Fazer figurar ou fazer parte de um certo grupo, uma certa categoria de pessoas; pôr.

Mas não basta apenas pôr a pessoa que deve ser *incluída* dentro de uma sala de aula numa escola ou na sociedade. É necessário muito mais do que isso para que a *inclusão* aconteça de fato.

Dentro da Estrutura de Ação em Educação Especial os delegados referem-se: "o direito de cada criança é proclamado na Declaração Universal de Direitos Humanos e foi fortemente reconfirmado pela Declaração Mundial sobre Educação para Todos. Qualquer pessoa com deficiência tem o direito de expressar seus desejos com relação a sua educação, tanto quanto esses desejos possam ser realizados. Pais possuem o direito inerente de serem consultados sobre a forma de educação mais apropriada às necessidades, circunstâncias e aspirações de suas crianças.

O princípio que orienta esta estrutura é o de que as escolas deveriam acomodar todas as crianças, independentemente de suas condições físicas, intelectuais, com ou sem deficiências e com ou sem superdotação, crianças de rua e que trabalham, crianças de origem remota ou de população nômade, crianças pertencentes a minorias linguísticas, étnicas ou culturais e crianças de outros grupos desfavorecidos ou marginalizados. Tais condições geram uma variedade de diferentes desafios aos sistemas escolares.

No contexto desta estrutura, o termo *necessidades educacionais especiais* refere-se a todas aquelas crianças ou jovens cujas necessidades educacionais especiais se originam em função de deficiências ou dificuldades de aprendizagem e, portanto, possuem necessidades educacionais especiais em algum ponto durante a escolarização. Escolas devem buscar formas de educar todas as crianças de forma bem-sucedida, incluindo aquelas que possuam desvantagens severas.

O desafio que confronta a escola inclusiva está no que diz respeito ao desenvolvimento de uma pedagogia centrada na criança e capaz de, com sucesso, educar todas as crianças incluídas.

O mérito de tais escolas não reside somente no fato de que elas sejam capazes de prover uma educação de alta qualidade a todas as crianças. O estabelecimento de tais escolas é um passo crucial no sentido de modificar atitudes discriminatórias, de criar comunidades acolhedoras e de desenvolver uma sociedade inclusiva.

A Educação Especial incorpora os mais do que comprovados princípios de uma forte pedagogia, da qual todas as crianças possam se beneficiar. Ela assume que as diferenças humanas são normais e que, em consonância com a aprendizagem, devem ser adaptadas às necessidades da criança em vez de adaptar a criança às assunções pré-concebidas a respeito do ritmo e da natureza do processo de aprendizagem.

As adaptações curriculares dos Parâmetros Curriculares Nacionais (PCN's), inclusas nesta concepção de *necessidades especiais* preconizam a adaptação curricular de maneira a atender as necessidades individuais dos alunos e enfatizam a ideia da atenção à diversidade e respeito às diferenças. A ideia de que as *necessidades especiais* acontecem nas diferentes situações de dificuldades de aprendizagem, que podem ser individuais, econômicas ou socioculturais, como, por exemplo, alunos com condições físicas, intelectuais, sociais, emocionais, sensoriais diferenciadas ficam fortalecidas.

Segundo Coll, Palácios e Marchesi (1995), o significado do conceito de Necessidades Especiais:

Em linhas gerais, isso quer dizer que um mesmo aluno apresenta algum problema de aprendizagem ao longo de sua escolarização e requer maiores recursos educacionais do que os necessários para os colegas de sua idade.

Segundo o Decreto nº 6949, de 25 de agosto de 2009, que promulga a Convenção Internacional sobre os Direitos das Pessoas com Deficiência e seu Protocolo Facultativo, assinado em Nova York em 30 de março de 2007, as pessoas que estiveram presentes acordaram no artigo 1, que o propósito da convenção era promover e assegurar o exercício pleno de todos os direitos humanos e liberdades fundamentais por todas as pessoas com deficiência e promover o respeito pela dignidade inerente. Pessoas com deficiências são aquelas que têm impedimentos de longo prazo de natureza física intelectual ou sensorial, os quais, em interação com diversas barreiras, podem obstruir sua participação plena e efetiva na sociedade em igualdades de condições com as demais pessoas.

No artigo 24, § 1, o referido Decreto dispõe que os Estados Partes reconhecem os direitos das pessoas com deficiência à educação. Para efetivar esse direito sem discriminação e com base na igualdade de oportunidades, os Estados Partes assegurarão um sistema educacional inclusivo em todos os níveis, bem como o aprendizado ao longo de toda vida, com os seguintes objetivos:

a) o pleno desenvolvimento do potencial humano e do senso de dignidade e autoestima, além do fortalecimento do respeito pelos direitos humanos, pelas liberdades fundamentais e pela diversidade humana;
b) o máximo desenvolvimento possível da personalidade e dos talentos e da criatividade das pessoas com deficiência em uma sociedade livre.

1. Para a realização desse direito, os Estados Partes assegurarão que:

a) as pessoas com deficiências não sejam excluídas do sistema educacional geral sob alegação de deficiência e que as crianças com deficiência não sejam excluídas do ensino básico gratuito ou sob alegação de deficiência;
b) as pessoas com deficiência possam ter acesso ao ensino básico inclusivo, de qualidade e gratuito em igualdade de condições com as demais pessoas na comunidade em que vivem;
c) adaptações razoáveis de acordo com as necessidades individuais sejam providenciadas;
d) as pessoas com deficiências recebam o apoio necessário no âmbito do sistema educacional geral, com vistas a facilitar sua efetiva educação;

e) medidas de apoio individualizadas e efetivas sejam adotadas em ambientes que maximizem o desenvolvimento acadêmico e social de acordo com a meta de inclusão plena.

Apesar de todo o respaldo oferecido por todas as Leis, Decretos, Portarias e Resoluções, nem sempre há o cumprimento dessas e nem todos os estabelecimentos de ensino estão preparados para receber os alunos com deficiências ou transtornos.

Conforme Salvia e Ysseldyke (1991),

> a consecução do princípio da Educação Inclusiva, por sua vez, não se efetuará simplesmente por decreto, sem que se avalie as reais condições que possibilitem a inclusão gradativa, contínua, sistemática e planejada de crianças com necessidades educativas especiais no sistema de ensino. Deve ser gradativa porque é preciso que tanto os Sistemas de Educação Especial, como os do Ensino Regular possam ir se adequando à nova ordem, construindo práticas políticas, institucionais e pedagógicas que garantam o incremento da qualidade de ensino que envolve não só os alunos com necessidades educativas especiais, mas todo o aluno do Ensino Regular (Salvia & Ysseldyke, 1991).

Em verdade, não são os alunos com deficiências que devem se adaptar à escola, mas sim a escola é que deve se organizar, estruturar-se para recebê-los e orientá-los; apoiá-los e atendê-los de modo que a aprendizagem ocorra de maneira eficaz, sendo respeitado o tempo e o ritmo de cada aluno para aprender diferentes conceitos, competências e habilidades nas diversas disciplinas.

Os professores devem valorizar os talentos dos alunos com deficiências ou Transtorno Global de Deficiência (TGD), permitindo-lhes explorar esses talentos, desenvolvê-los e expô-los para o grupo de alunos da turma, do colégio, familiares e pessoas da comunidade escolar e local. Como, por exemplo, o aluno que desenha muito bem, outro que é ótimo artesão de peças de barro, outro de construção de peças de bijuterias, outro que é excelente pintor em tela, entre outros.

A escola deve promover eventos como, exposições dos trabalhos destes alunos e convidar seus familiares e pessoas da comunidade escolar e local para visitá-los.

Outro aspecto que também pode ser desenvolvido com os alunos com deficiências é o trabalho com música e dança. Por exemplo, a escola pode incluir alunos com Síndrome de Down etc., na banda ou fanfarra. Pode também, incluir alunos cadeirantes nas aulas de balé, jazz etc. Pode-se organizar um Coral de Mãos com os alunos com deficiência auditiva.

Para que as escolas se tornem realmente inclusivas, faz-se necessário uma transformação profunda das representações da sociedade, principalmente das pessoas, para que haja mudanças de atitudes, mudanças nas ações e por último, influência no sistema educativo de cada sociedade.

Tanto a Educação como direito, como o planejamento da Educação para Todos são aspectos que se referem à educação de qualidade, qualidade de vida e construção de sociedades justas e solidárias.

A rotina diária deve ser trabalhada com os alunos com deficiências todos os dias, na escola e em casa. O professor pode solicitar aos alunos que desenhem tudo o que fazem durante a manhã ou tarde (de acordo com o horário que frequenta a escola) desde a hora em que chegam até a hora da saída. O educador deve explicar a importância do aluno em seguir uma rotina diária para que se torne mais seguro e aprenda que, diariamente, todos têm uma rotina a seguir, seja na escola ou em casa, e combinar com a mãe do estudante que siga uma rotina com ele e peça para que ele a reproduza com desenhos: hora de acordar, escovar os dentes, tomar café, brincar, almoçar, ir para a escola, chegar da escola, tomar banho, jantar, brincar e dormir. Os desenhos feitos na escola e em casa devem ser afixados próximo aos lugares onde as ações são realizadas. Por exemplo: o desenho do aluno escovando os dentes e tomando banho deve ficar no banheiro, em casa e na escola.

A Base Nacional Comum Curricular (BNCC) é um documento de caráter normativo que define o conjunto orgânico e progressivo de aprendizagens essenciais que todos os alunos devem desenvolver ao longo das etapas e modalidades da Educação Básica.

Conforme definido na Lei de Diretrizes e Bases da Educação Nacional (LDB Lei nº 9394/1996), a Base deve nortear os currículos dos sistemas e redes de ensino das Unidades Federativas, como também as propostas pedagógicas de todas as escolas públicas e privadas de educação infantil, ensino fundamental e ensino médio em todo o Brasil.

A Base estabelece conhecimentos, competências e habilidades que se espera que todos os estudantes desenvolvam ao longo da escolaridade básica. Orientada pelos princípios éticos, políticos e estáticos traçados pelas Diretrizes Curriculares Nacionais da Educação Básica, a Base soma-se aos propósitos que direcionam a educação brasileira para a formação humana integral e para a construção de uma sociedade justa, democrática e inclusiva.

Nesse contexto, a BNCC afirma, de maneira explícita, o seu compromisso com a educação integral. Reconhece, assim, que a Educação Básica deve visar a formação e o desenvolvimento humano global, o que compreende a complexidade e não linearidade desse desenvolvimento, rompendo com visões reducionistas que privilegiam ou a dimensão intelectual (cognitiva) ou a dimensão afetiva. Significa, ainda, assumir uma visão plural, singular e integral da criança, do adolescente, do jovem e do adulto – considerando-os como sujeitos de aprendizagem – uma educação voltada ao seu acolhimento, reconhecimento e desenvolvimento pleno nas suas singularidades e diversidades. Além disso, a escola, como espaço de aprendizagem e de democracia inclusiva deve se fortalecer na prática coercitiva de não discriminação; não preconceito e respeito às diferenças e diversidades.

O Brasil, ao longo de sua história, naturalizou desigualdades educacionais em relação ao acesso à escola, à permanência dos estudantes e ao seu aprendizado. São amplamente conhecidas as enormes desigualdades entre os grupos de estudantes definidos por raça, sexo e condição socioeconômica de suas famílias.

Diante desse quadro, as decisões curriculares e didático-pedagógicas das Secretarias de Educação, o planejamento do trabalho anual das instituições escolares e as rotinas e os eventos do cotidiano escolar devem levar em consideração e necessidade de superação dessas desigualdades.

Para isso, os sistemas e redes de ensino e as instituições escolares devem se planejar com um claro foco na equidade, que pressupõe reconhecer que as necessidades dos estudantes são diferentes.

De forma particular, um planejamento com foco na equidade também exige um claro compromisso de reverter a situação de exclusão histórica que marginaliza grupos como, os povos indígenas originários e as populações das comunidades remanescentes de quilombos e demais afrodescendentes, além de marginalizar as pessoas que não puderam estudar ou completar os estudos na idade adequada. Também nesse grupo marginalizado estão os estudantes com deficiência e, para eles também é necessário um compromisso, reconhecendo a necessidade de práticas pedagógicas inclusivas e de diferenciação curricular, conforme estabelecido na Lei Brasileira de Inclusão da Pessoa com Deficiência (Lei nº 13.146/2015).

Dentro desse contexto de diferenciação curricular, algumas escolas públicas regulares possuem Salas de Recursos, destinadas ao trabalho diferenciado com os alunos com deficiências: Síndrome de Down, Paralisia Cerebral (PC), Transtorno do Espectro do Autismo (TEA), surdo, cego, surdocego.

O profissional que realiza esse trabalho precisa se capacitar especificamente para tal. O planejamento desses alunos deve ser realizado individualmente, assim como a avaliação da aprendizagem.

As Salas de Recursos são equipadas com vários materiais específicos para atender a cada deficiência, como, por exemplo, livros em Braile para os cegos.

Nas salas de aula regulares, deverá ter um mediador para atender cada aluno com deficiência e orientá-lo durante a realização das atividades.

As atividades, assim como as avaliações de aprendizagem, devem ser elaboradas individualmente pelo professor, adequadas e adaptadas para atender cada aluno com deficiência.

Partindo do princípio de que o aluno com Síndrome de Down tem tanta capacidade de aprender quanto os outros alunos, seu tempo para isso é que é diferente, ou seja, ele leva mais tempo para aprender do que os demais, O educador deve levar em conta o ritmo pessoal do aluno, a personalidade dele, sua estimulação e seu assunto de interesse.

Cada indivíduo é único, com os alunos com Síndrome de Down ocorre o mesmo. Alguns são agressivos, outros são meigos, dóceis, alguns demonstram bastante interesse em participar dos trabalhos propostos e outros não se concentram, dispersando-se com muita facilidade.

O professor pode utilizar programas educativos *online* com esses alunos, assim como com alunos com outro tipo de deficiência.

Com os alunos surdos, cegos, surdocegos, com baixa visão e TGD o educador pode trabalhar textos diversos, tais como: contos, lendas, fábulas, poemas, receitas, bilhetes, cartas, telegramas, e-mails, notícias de jornal, histórias em quadrinhos apresentados em Braille e com caracteres ampliados para os alunos cegos ou com baixa visão e apresentados em Libras para os alunos surdos.

Para trabalhar com os alunos surdos, o professor deverá recortar 24 retângulos de cartolina branca e digitar as letras do alfabeto (Letra Times New Roman maiúscula na cor preta em Negrito). Ele também, deverá procurar 24 figuras de *cliparts* coloridas de objetos cuja primeira letra corresponda a cada letra do alfabeto. No caso das letras K, Y e W, a figura deverá ser de pessoas cujo nome comece com essas letras. Por exemplo: Kátia ou Karina, Yuri e Wesley.

Em matemática, o professor pode trabalhar as operações apresentando aos alunos um desenho de alguma coisa que eles gostem, como, por exemplo: uma girafa, um urso, um leão, um elefante ou o desenho de automóvel e pedir que o pintem, seguindo uma legenda com cores e numerais em Libras.

Para trabalhar com os alunos cegos, o professor pode utilizar o mesmo jogo, sendo que as letras do alfabeto deverão estar escritas em Braille e, em vez de cartões com figuras, o educador deverá apresentar os objetos como, por exemplo: A – ANEL, B – BOLA, C – CANETA, D – DADO e outros que comecem com a letra do alfabeto correspondente.

No caso de um aluno com paralisia cerebral que apresenta um comprometimento motor, mas tem a capacidade cognitiva preservada, o professor pode trabalhar os mesmos conteúdos e as mesmas atividades, empregando estratégias e recursos diferentes. O aluno comunica-se através da expressão facial. Numa atividade de pintura, por exemplo, o estudante pode escolher as cores das tintas ou dos lápis por meio de um sorriso. O educador deve ter na sala de aula um alfabeto móvel para que, nas atividades de escrita, o aluno possa escolher as letras e, com a ajuda do professor, possa formar palavras.

É fundamental que toda a equipe de professores e funcionários da escola esteja mobilizada e disposta a atender esses alunos.

Os professores docentes devem se reunir sempre com o professor da Sala de Recursos. É importante que esses professores se reúnam para tecer comentários a respeito das dificuldades, necessidades e avanços dos alunos com deficiências e Transtorno Global de Desenvolvimento (TGD) e planejem juntos as estratégias e recursos que poderão ser empregadas e organizem juntos os instrumentos de avaliação de cada aluno.

Outro fator imprescindível é envolver a família desses alunos no trabalho que será realizado na escola. O professor pode organizar uma contação de histórias e causos, por exemplo, e convidar uma das avós ou avôs de um aluno para que vá contá-los para todos os alunos e convida as famílias deles para visitá-los.

O educador deve combinar com os familiares o que eles podem fazer em casa com o aluno para ajudá-lo no processo de aprendizagem e conversar sempre sobre suas dificuldades, necessidades e avanços.

Os alunos surdos devem estar sentados sempre nas carteiras da frente, de frente para o professor, para poderem ler seus lábios.

É importante que a escola que não dispõe de computadores para que os alunos surdos, com baixa visão, cegos e surdocegos possam utilizar jogos e uma mesa eletrônica para ajudar na alfabetização e no aprendizado organize projetos em parceria com a comunidade a fim de poder adquirir esses equipamentos.

Os alunos com comprometimentos motores podem fazer uso de um lápis adaptado e uma ponteira que encaixa na cabeça para poder digitar no computador.

Há vários softwares que podem ser utilizados no aprendizado dos alunos com deficiências.

Segundo Marques em (2010), as pessoas com deficiência motora vão poder usar o computador sem as mãos, apenas com os movimentos do rosto, como piscar de olhos e abrir e fechar da boca.

Hoje isso já é uma realidade. O *Headmouse* é um programa gratuito desenhado para substituir o rato convencional. Permite controlar o cursor com pequenos movimentos da cabeça e realizar ações de premir botões mediante gestos faciais realizados diante de uma câmera web.

O professor pode utilizar um software com figuras que possibilita a seleção e a padronização de imagens em concordância com os conhecimentos do aluno e o conteúdo que será trabalhado. Estas figuras podem ser colocadas num aparelho que emite a voz gravada ou sintetizada do aluno – é o vocalizador – possibilitando que o educador e os demais alunos ouçam as respostas do aluno surdo.

Há também, as pranchas de comunicação feitas com fotos ou desenhos, que podem ser utilizadas pelo professor para trabalhar com os alunos surdos.

O professor de alunos com Transtorno do Espectro Artista deve ser claro e direto na linguagem quando for passar alguma instrução para esse aluno. Evitar enunciados de questões longos ou com linguagem abstrata. Pode utilizar objetos, personagens através de fantoches ou música.

A música está presente em quase todos os momentos da vida de todos os seres humanos. Nos momentos de felicidade, como nas festas comemorativas de aniversários, casamentos, noivados etc. Nos momentos de tristeza, como nos funerais ou nas canções ouvidas pelos amantes quando sofrem por um amor perdido. Nos momentos de alegria, como no Carnaval e outros. Ela, muitas vezes, funciona para acalmar as pessoas e em outras ocasiões para diverti-las.

O educador deve utilizar a música sempre que possível, pois além de acalmar os alunos com deficiência ou não, contribui para desenvolver a memória, o vocabulário e a comunicação oral, escrita e gestual, isto é, expressão corporal. Além disso, ela ajuda a promover a socialização dos educandos.

Para os alunos com deficiência auditiva, o professor pode colocar a música, levá-los, individualmente, para perto da caixa de som e pedir que coloquem a mão sobre ela para que sintam a vibração promovida pelo som.

Outra atividade que o educador pode utilizar é exibir slides com letras de música transcritas para o Braille e para LIBRAS (Língua Brasileiras de Sinais) no telão para que os alunos com deficiências visuais e auditivas possam acompanhar as letras das músicas que estiverem sendo trabalhadas.

O professor pode também organizar um Coral de Mãos, como foi dito anteriormente, incluindo os alunos com deficiências auditivas.

Ele pode ainda incluir os alunos com deficiências nas apresentações de dança: Ballet, Jazz etc. e na Fanfarra ou Banda, caso a escola possua estas atividades.

O educador deve solicitar aos alunos que ouçam os ruídos de animais, como, por exemplo, o canto de um pássaro, o latido de um cachorro, o barulho do vento soprando, o barulho da chuva caindo, dos trovões e outros sons produzidos na natureza.

Os sons de instrumentos diversos podem ser gravados pelo professor, como, por exemplo, o som de alguém tocando tambor, violão, flauta, acordeão etc. e apresentá-lo para os alunos ouvirem separadamente.

O professor pode tocar tambor, violão etc., ou levar uma pessoa que o faça para fazer uma apresentação para os alunos, apresentar o instrumento e falar sobre ele.

O teatro também deve ser explorado pelo educador de acordo com os temas e conteúdos que estiverem sendo trabalhados. Os alunos com deficiências também devem ser incluídos nesta prática educativa, sendo respeitadas suas limitações e valorizados os seus talentos.

Os alunos com deficiência auditiva, por exemplo, podem se apresentar através da expressão corporal, utilizando gestos e movimentos.

Os alunos com deficiência visual podem se apresentar utilizando a expressão oral, através da fala e da expressão corporal, com de gestos e movimentos.

Os alunos cadeirantes podem participar utilizando os movimentos dos braços, das mãos, da cabeça e através da expressão oral, isto é, da fala.

O educador pode criar vestimentas dos figurinos das apresentações fazendo uso de tecidos e/ou TNT e/ou papel crepom para confeccioná-los.

Referências

Brasil, (2015). BNCC. *Base Nacional Comum Curricular.* Recuperado de: basenacionalcomum.mec.gov.br/a-base

Brasil, (2009). Decreto nº 6949, de 25 de agosto de 2009. Promulga a Convenção Internacional sobre os Direitos das Pessoas com Deficiência e seu Protocolo Facultativo. Recuperado de: http://www.planalto.gov.br/ccivil_03/_ato2007-2010/2009/decreto/d6949.htm

Brasil, (1996). Lei 9394, de 20/12/96. *Lei de diretrizes e bases da educação Nacional.* Estabelece Diretrizes da Educação Nacional. Recuperado de: http://portal.mec.gov.br/setec/arquivos/pdf/LF9394_96.pdf

Coll, C., *Palacios*, J., & *Marchesi*, A. (Orgs.). (1995). *Desenvolvimento psicológico e educação: psicologia evolutiva.* Porto Alegre, RS: Artes Médicas, *1995*

Declaração Mundial sobre Educação para Todos. (1990,). Plano de ação para satisfazer as necessidades básicas de aprendizagem. In *Aprovada pela Conferência Mundial sobre Educação para Todos. Jomtien, Tailândia.* (Vol. 5). Recuperado de: https://www.unicef.org/brazil/declaracao-mundial-sobre-educacao-para-todos-conferencia-de-jomtien-1990

Medel, C. R. M. D. A. (no prelo). *Inclusão.*

Salvia, J. & Ysseldyke, J. (1991). *Avaliação em educação especial e corretiva.* São Paulo, SP: Manole.

CAPÍTULO 17

Educação inclusiva em Portugal: caminhos e respostas

Donalda Maria da Silva Baeta

A resposta educativa às crianças e jovens portadores de deficiência e/ou com dificuldades de aprendizagem, tem vindo, ao longo dos tempos, a preocupar estudiosos, pedagogos, juristas, sociólogos, psicólogos e sociedade em geral. A educação especial, no sistema educativo português, passou por diversas fases até aos dias de hoje, sendo, atualmente, atribuído especial destaque à mudança de paradigma que envolve a educação inclusiva e a inclusão. Desde o atendimento assistencial no século XIX, passando pela perspetiva clínica, até à perspetiva educativa, que emerge no último quarto do século XX, a educação de crianças e jovens com Necessidades Educativas Especiais, tem-se vindo a alterar, consideravelmente. Nos anos 60, as mudanças sociais, políticas, económicas e culturais conduziram a novas abordagens pedagógicas, iniciando-se, assim, um movimento de integração escolar, com a inserção progressiva de alunos com deficiência, no ensino regular, acompanhados por professores de Ensino Especial. Com a publicação do *Warnock Report*, a par da Declaração de Salamanca e das mudanças significativas que ocorreram em Portugal, no pós Revolução dos Cravos (25 de abril de 1974), tal levou a uma massificação da educação, que teve como consequência, para além de uma maior afluência de alunos com deficiência ao ensino público, uma alteração profunda na forma como estas crianças e jovens passaram a ser tratadas (Correia, 1997). Com o Decreto-Lei nº 3/2008, Portugal parece ter, aparentemente, aberto o caminho para a inclusão de alunos com NEE, mas tal não assume um caráter abrangente, uma vez que deixa de fora, todos aqueles cujas problemáticas, não são de caráter permanente. Agora, finalmente, eis que surge uma nova legislação, o Decreto-Lei nº 54/2018, que vem dar um novo élan à Escola Inclusiva, no geral e, à inclusão, em particular. Neste contexto, o presente artigo, intitulado *A Educação Inclusiva em Portugal: Dos primórdios até à atualidade*, tem como objetivo fulcral, a apresentação de uma resenha clara e objetiva de todo o percurso educativo, em termos de intervenção junto de crianças e jovens com necessidades de respostas educativas diferenciadas. No mesmo são abordadas, não só a evolução histórica da educação inclusiva, desde o início do século passado até à atualidade e, sobretudo, o elencar os principais marcos e factos que potenciaram a intervenção junto de crianças e jovens com deficiência. São, ainda, abordadas questões relacionadas com a legislação aplicada em diferentes períodos da evolução da educação especial em Portugal, mas também focarmo-nos na atual legislação e na forma como esta permite e facilita a plena inclusão escolar e social, e a consequente aplicabilidade de Medidas de Suporte à Aprendizagem e à Inclusão (MSAI), a todos que delas necessitam.

A educação inclusiva em portugal: dos primórdios até à atualidade

A educação tem, hoje e sempre, sido uma preocupação de pais, famílias, professores, escola, governos e, sociedade em geral. A educação de crianças e jovens deficientes, mais especificamente, não fica atrás... Esta, iniciou-se, em Portugal, nos finais do século XIX e, desde então ao presente momento, muitas alterações foram acontecendo. Segundo Fernandes (1984), a Educação Especial, poder-se-á dividir em quatro períodos:

a) o primeiro período, anterior a 1900, com base assistencial, permitiu em 1822, a criação do primeiro estabelecimento asilar para atender indivíduos portadores de determinadas deficiências (cegos, surdos, paralisia cerebral, entre outros), o qual foi, posteriormente, adido à Casa Pia de Lisboa. O então provedor desta instituição, Jaime da Costa Pinto, preocupado com a necessidade de uma ação educativa mais eficiente, envia dois professores para

Paris, com o intuito de desenvolver competências pedagógicas que permitissem a intervenção eficaz junto destas crianças e jovens, visando a sua proteção. Aqui, o estado não tinha qualquer intervenção, e as iniciativas/ações desenvolvidas eram da responsabilidade exclusiva de organizações privadas e de instituições de beneficência. Estas, pretendiam promover alguma instrução académica, despistar, orientar e potenciar habilidades e capacidades profissionais, culminando na criação de emprego protegido, destinado a cidadãos portadores de deficiência;

b) o segundo período, decorrido entre 1900 e 1945, assume uma perspetiva médico-pedagógica, segundo a qual era reconhecido o direito à educação de crianças e jovens diferentes. Foi, então, criada legislação e mais apoios estatais, nas áreas da assistência social, saúde, justiça e educação... Neste contexto, a seleção, classificação, orientação e encaminhamento, de crianças e jovens, para as instituições, era feito favorecendo critérios médicos. Foi assim que, por esta altura, a Psicologia assumiu um papel preponderante, como fundamento do desenho curricular e das aprendizagens a desenvolver. Surge, então, em 1913, a impulsionar a educação de surdos, o provedor e pedagogo, António Aurélio da Costa Ferreira, o qual organiza o primeiro Curso de Formação de Professores, nesta área. Posteriormente, em 1916, funda o instituto com o seu nome, que tinha como objetivo fulcral, a observação de alunos casapianos[1] que evidenciavam deficiência mental e de linguagem. Após tal, em 1945, depois de vários anos encerrado, foi então reaberto, sendo-lhe atribuídas novas funções, através do Decreto-Lei nº 35401, de 27 de dezembro, e surgindo como um "dispensário de higiene mental infantil", ao serviço de todo o país, cujos objetivos se centravam tanto na orientação pedagógica de menores com deficiência mental, como na formação de docentes e técnicos, bem como na investigação nas áreas médico-pedagógica e psicossocial. Neste interregno, foi criada, em 1929-1930, a Repartição Pedagógica de Instrução Primária e Normal, com

[1] Alunos da Casa Pia de Lisboa

o objetivo de organizar classes especiais, sendo as primeiras inauguradas, em Lisboa, em 1929, as quais, contavam já com a intervenção de professores especializados. Também por esta data, surge o Instituto Navarro de Paiva, que visava integrar e educar crianças ditas "anormais" e delinquentes, as quais, cerca de 300, foram instaladas nas Escolas Primárias de Lisboa;

c) o terceiro período, entre 1945 e 1970, assume uma perspetiva integracionista, surgindo, nos finais dos anos 60, as primeiras experiências de integração de crianças com deficiência, em escolas regulares, garantindo-lhes o direito a uma educação adaptada;

d) o quarto período, a partir de 1970, surge já numa perspetiva de integração, mais alargada e abrangente e, ocorreu, essencialmente, em três fases, que veremos a seguir.

A primeira, entre o decénio 1973-1983, na qual se assistiu à reorganização dos serviços educativos, à criação de estruturas regionais e à publicação da Reforma de Veiga Simão, com a criação de uma Divisão de Ensino Especial. Só após as transformações sociopolíticas, do pós-Revolução do 25 de Abril, de 1974, com o sentimento de liberdade, justiça e aceitação, surgiu a ideia da integração física, de crianças portadoras de deficiência, nas escolas portuguesas, permitindo a aproximação entre alunos. Esta fase de integração social, foi conceptualizada através da frequência de áreas específicas do ensino regular (expressões artísticas e a expressão físico-motora) mas, de um ensino à parte, no respeitante às áreas académicas (Correia, 2003). No decorrer da segunda fase, entre 1983 e 1994, os cuidados prestados a estas crianças e jovens, alargou-se, ficando o "ensino integrado", a cargo de equipas de ensino special, espalhadas pelo país. Em 1984, implementa-se o conceito de Necessidades Educativas Especiais (NEE), não só para os cegos e surdos, mas também, para aqueles marcados pelo insucesso escolar. O mesmo visa "responder ao princípio da progressiva democratização das sociedades, refletindo o postulado na filosofia da integração e proporcionando uma igualdade de direitos, nomeadamente, no que diz respeito à não discriminação por razões de raça, religião, opinião, características intelectuais e físicas, a toda a criança e adolescente em idade escolar" (Correia, 1999, p. 98). A ideia da integração dos alunos NEE surgiu, em Portugal, em consonância com os conceitos e ideias emanados *Warnock Report*, documento criado no Reino Unido, no qual se referia, pela primeira vez, ao termo Necessidades Educativas Especiais, descrevendo-o como um conceito que englobava todos os que denotavam incapacidades de diferente índole, as quais comprometiam o acesso ao currículo e, consequentemente, à aprendizagem. Na revisão da literatura, este conceito surge, segundo Nielsen (1999), citado por Correia, (2016), como se referindo a todo e qualquer aluno que exiba discrepâncias significativas no seu processo de ensino-aprendizagem. Posteriormente, com a publicação da Lei de Bases do Sistema Educativo (LBSE), Lei nº 46/86, de 14 de outubro, surgem novas perspetivas e transformações, no que à integração concerne, visando assegurar o desenvolvimento e o aproveitamento das capacidades de crianças e jovens com NEE, independentemente, da sua deficiência, fosse ela física e/ou mental. Nos primórdios dos anos 90, a política educativa portuguesa veio a tornar mais clara a responsabilização da escola, na educação destes alunos. Assim, o Regime Educativo Especial, foi regulamentado através da publicação do deposto Decreto-Lei 319/91, de 23 de agosto, o qual previa a adaptação de condições especiais no processo de ensino-aprendizagem, passando os alunos NEE, a ter direito a frequentar as classes regulares. São, então, legalmente consagrados os pressupostos emanados no *Warnock Report* e, em 1994, com a realização da Conferência Mundial de Salamanca, surge o conceito de Educação Inclusiva, postulando os pressupostos de uma Educação para Todos, segundo os quais as escolas se deviam "ajustar a todos e a cada um", independentemente, das suas condições físicas, sociais, linguísticas, psicológicas, ou outras... Esta declaração, constituiu um marco enorme na mudança de paradigma pois suportou-se nos postulados do direito à educação, expresso na Declaração Universal dos Direitos Humanos (1948) e, na Conferência Mundial de Educação para Todos (1990), que defende esse direito como adquirido, independentemente, das diferenças inter e intraindividuais (UNESCO, 1994). Ainda neste prosseguimento de ideias, a Declaração de Salamanca (1994, p. 11) refere que

> o princípio fundamental das escolas inclusivas consiste em todos os alunos aprenderem juntos, sempre que possível, independentemente das suas dificuldades e das diferenças que apresentem, reconhecendo e adaptando-se às necessidades, estilos, formas e ritmos de aprendizagem (...), ou seja, as escolas devem reconhecer e satisfazer as necessidades diversas dos seus alunos, de forma a

> garantir um bom nível de educação através de currículos adequados, de uma boa organização escolar, de estratégias pedagógicas diversificadas, da utilização de recursos e de uma cooperação com as respetivas comunidades. (UNESCO, 1994)

Desta forma, Moreira (2014) refere que César (2003) advoga também, o reforço do apoio a jovens com NEE, na transição eficaz entre a escola e a vida ativa, isto é, na preparação para a vida pós-escolar, enfim, para a vida em sociedade. Esta apresto para a vida adulta deverá dotá-los de competências necessárias a uma vida autónoma. Tal conceção, exige a implementação de programas específicos, assentes no despiste vocacional e direcionados, sempre que possível, para o potencial e para os interesses de cada um.

A terceira fase, caracterizada pelo acesso ao conhecimento, nas turmas do ensino regular, tem subjacente a ideia da plena inclusão de todos, nas escolas portuguesas. Assim sendo, Moreira, (2014) refere que, com a entrada em vigor o Despacho-Conjunto nº 105/97, vem cimentar uma política educativa mais inclusiva, realizada e supervisionada pelas Equipas de Coordenação dos Apoios Educativos (ECAE), que colaboravam com as escolas e com os professores de Apoio Educativos, na gestão dos recursos e na implementação de respostas articuladas, coordenando, também o trabalho dos professores de Educação Especial. Este decreto-lei reforça a necessidade da diferenciação curricular através da adaptação e individualização do currículo às necessidades e características de cada um, com especial enfoque nos alunos com NEE, o que incrementou o estabelecimento de parcerias e protocolos com outros serviços, instituições, autarquias e governo. Na sequência da aplicação desta filosofia, eis que surge uma grande afluência de casos, fator este, que levou à publicação do Decreto-Lei nº 3/2008, de 7 de janeiro, passando Portugal, desde então, por um forte processo de mudança, através do qual se pretendia, "valorizar a educação e promover a melhoria da qualidade do ensino, assente numa escola democrática e inclusiva, orientada para a promoção do sucesso educativo de crianças e jovens". Contudo, e benefícios à parte, surgem, neste diploma, incongruências, como sendo o caso de alunos cujas limitações não se enquadravam nos parâmetros definidos no mesmo e, como tal, não eram considerados alvo da intervenção por parte da Educação Especial. Foi, assim que, com alguma relutância, se procedeu a novas reavaliações dos alunos NEE, desta vez, por referência à Classificação Internacional de Funcionalidade, Incapacidade e Saúde (CIF-CJ), (instrumento dinâmico criado pela Organização Mundial de Saúde (OMS), que permite olhar para a deficiência sob novas perspetivas humanas) permanecendo, apenas, não os que tinham algum sucesso nas suas aprendizagens (embora com algumas dificuldades e com ritmo mais lento, iam progredindo) mas, só aqueles cuja classificação assumia um caráter permanente. Desta forma, segundo o decreto-lei nº 3/2008, os serviços de Educação Especial destinavam-se apenas a "crianças e jovens com limitações significativas, ao nível da atividade e da participação, num ou vários domínios da vida, decorrentes de alterações funcionais ou estruturais, de caráter permanente, resultando em dificuldades continuadas ao nível da comunicação, da aprendizagem, da mobilidade, da autonomia, do relacionamento interpessoal e da participação social", o que, de certo modo, vem contrariar e pôr em causa, o preconizado, anteriormente, para a Educação Especial. Neste sentido, César (2003), advoga que uma Escola Inclusiva "é uma escola onde se celebra a diversidade, encarando-a como uma riqueza e não como algo a evitar".

Mas, afinal, o que é a inclusão?

A palavra inclusão deriva do verbo incluir, oriundo do latim *incluire*, correspondendo à ação de inserir, introduzir, acrescentar ou abranger. Henriques (2012), refere que o conceito de escola inclusiva veio, por sua vez, reforçar o direito de que todos os alunos devem frequentar o mesmo tipo de ensino e baseia-se no princípio de que os objetivos educacionais e o plano de estudos são os mesmos para todos, independentemente, das diferenças individuais de natureza física, psicológica, cognitiva ou social que possam surgir (Costa, 1998). As escolas inclusivas são organizações diferentes para a resolução de problemas com uma missão comum que enfatiza a aprendizagem para todos os alunos. O conceito de inclusão, para além de integração física pressupõe, também, a participação através de uma verdadeira igualdade de oportunidades, de forma a que todos os alunos aprendam juntos, sempre que possível, independentemente das suas dificuldades ou diferenças, e transforma a adversidade num «fator de enriquecimento e num motor de desenvolvimento» (Correia, 1997). Significa, ainda, ser um membro pleno de uma turma, da mesma idade, na escola da sua localidade, ter as mesmas aulas que os outros pares e fazer sentir a falta quando não se está presente e, além disso, ter amigos que passem tempo com a pessoa deficiente fora da escola, isto é, um conjunto de princípios que assegure que o aluno com necessidade de Medidas de Suporte à Aprendizagem e à Inclusão (MSAI), seja considerado um membro válido e necessário da comunidade escolar em todos os aspetos (Henriques, 2012).

No Programa do XXI Governo Constitucional, o Decreto-Lei nº 54/2018, de 6 de julho, reitera e "estabelece como uma das prioridades da ação governativa, a aposta numa escola inclusiva onde todos e cada um dos alunos, independentemente da sua situação pessoal e social, encontram respostas que lhes possibilitam a aquisição de um nível de educação e formação facilitadoras da sua plena inclusão social. Esta prioridade política vem concretizar o direito de cada aluno a uma educação inclusiva que responda às suas potencialidades, expectativas e necessidades no âmbito de um projeto educativo comum e plural, que proporcione a todos a participação e o sentido de pertença em efetivas condições de equidade, contribuindo assim, decisivamente, para maiores níveis de coesão social. O compromisso com a educação inclusiva, de acordo com a definição da UNESCO (2009), enquanto processo que visa responder à diversidade de necessidades dos alunos, através do aumento da participação de todos na aprendizagem e na vida da comunidade escolar, foi reiterado por Portugal com a ratificação da Convenção sobre os Direitos das Pessoas com Deficiência e reafirmada na Declaração de Lisboa sobre Equidade Educativa, em 2015. No centro da atividade da escola estão o currículo e as aprendizagens dos alunos. Neste pressuposto, o presente decreto-lei tem como eixo central de orientação a necessidade de cada escola reconhecer a mais-valia da diversidade dos seus alunos, encontrando formas de lidar com essa diferença, adequando os processos de ensino às características e condições individuais de cada aluno, mobilizando os meios de que dispõe para que todos aprendam e participem na vida da comunidade educativa. Isto implica uma aposta decisiva na autonomia das escolas e dos seus profissionais, designadamente através do reforço da intervenção dos docentes de educação especial, enquanto parte ativa das equipas educativas na definição de estratégias e no acompanhamento da diversificação curricular (Decreto-Lei nº 54/2018). No seguimento desta filosofia inclusiva, o presente decreto-lei acrescenta que "as opções metodológicas subjacentes assentam no desenho universal para a aprendizagem e na abordagem multinível no acesso ao currículo". Esta abordagem baseia-se em modelos curriculares flexíveis, no acompanhamento e monitorização sistemáticas da eficácia do contínuo das intervenções implementadas, no diálogo dos docentes com os pais ou encarregados de educação e na opção por medidas de apoio à aprendizagem, organizadas em diferentes níveis de intervenção, de acordo com as respostas educativas necessárias para cada aluno adquirir uma base comum de competências, valorizando as suas potencialidades e interesses. Afasta-se a conceção de que é necessário categorizar para intervir. Procura-se garantir que o Perfil dos Alunos à Saída da Escolaridade Obrigatória seja atingido por todos, ainda que através de percursos diferenciados, os quais permitem a cada um progredir no currículo com vista ao seu sucesso educativo. O presente decreto-lei consagra, assim, uma abordagem integrada e contínua do percurso escolar de cada aluno garantindo uma educação de qualidade ao longo da escolaridade obrigatória. Redefinem-se, a partir de uma visão holística, as atribuições das equipas multidisciplinares na condução do processo de identificação das medidas de suporte à aprendizagem e à inclusão, em função das características de cada aluno, no acompanhamento e na monitorização da eficácia da aplicação dessas mesmas medidas, reforçando o envolvimento dos docentes, dos técnicos, dos pais ou encarregados de educação e do próprio aluno. A Equipa Multidisciplinar de Apoio à Educação Inclusiva (EMAEI) desempenha um papel fundamental na identificação das Medidas de Suporte à Aprendizagem e à Inclusão (MSAI) mais adequadas a cada aluno, assim como no acompanhamento e monitorização da eficácia da sua aplicação. Nesta equipa, têm assento elementos permanentes conhecedores da organização da escola, e elementos variáveis nos quais se incluem todos os profissionais que intervêm com o aluno, salientando-se a participação dos pais ou encarregados de educação, cujo envolvimento em tudo o que respeite à educação dos seus filhos ou educandos se consigna como um direito e um dever.

Introduzem-se alterações na forma como a escola e as estruturas de apoio se encontram organizadas, para a identificação das medidas de suporte à aprendizagem e à inclusão ao longo da escolaridade obrigatória. Reconfigura-se o modelo de Unidade Especializada num modelo de Centro de Apoio à Aprendizagem, que aglutina o primeiro, transformando-se num espaço dinâmico, plural e agregador dos recursos humanos e materiais, mobilizando para a inclusão os saberes e competências existentes na escola, valorizando, assim, os saberes e as experiências de todos. Reforça-se ainda, o papel dos pais ou encarregados de educação, conferindo-lhes um conjunto de direitos e deveres conducentes ao seu envolvimento em todo o processo educativo dos seus educandos. De acordo com Pedroso (2018), na sua nota de abertura, relativa à obra "Para uma Educação Inclusiva: Manual de Apoio à Prática", refere que

> assumindo, claramente, uma orientação inclusiva, o Decreto-Lei n.º 54/2018, de 6 de julho, vem reforçar o direito de cada um dos alunos a uma educação consentânea com as suas potencialidades, expetativas e necessidades, num conjunto de respostas planeadas no âmbito de um projeto educativo comum e plural que proporcione a todos a participação e o sentido de pertença em verdadeiras condições de equidade. (Pedroso, 2018)

Uma educação e uma escola inclusivas asseguram a incorporação de variáveis como a ética, relativa aos valores e princípios, visando o combate às atitudes discriminatórias e à criação de uma sociedade mais justa; a implementação de medidas de política educativa que recorram a uma abordagem holística de todo o sistema educativo e a um plano de ação coordenado entre os vários atores para práticas educativas de qualidade, com respeito pela diversidade, dando oportunidade a todos os alunos de desenvolverem o seu máximo potencial. O desenho universal para a aprendizagem e a abordagem multinível no acesso ao currículo constituem-se como as opções metodológicas subjacentes a este diploma. Para tal, as escolas veem reforçada a sua autonomia e a flexibilidade na mobilização de recursos e estratégias que promovam e assegurem a plena inclusão educativa de todos e de cada um dos alunos. Se, por um lado, abandonam os sistemas de categorização de alunos, por outro, há um enfoque num continuum de ações, estratégias e medidas organizadas em três níveis de intervenção: universais; seletivas e adicionais. Pretende-se, assim, que a educação seja um direito efetivo de todos e não um privilégio de alguns. Isso implica vontades, práticas e aprendizagem cooperativa, porque uma escola só o é quando garante as melhores aprendizagens para todos os alunos. Para terminar, e à laia de conclusão, citando as palavras do Sr. Secretário de Estado da Educação, "o compromisso com a construção de uma escola inclusiva, uma escola na qual todos os alunos têm oportunidade de realizar aprendizagens significativas e na qual todos são respeitados e valorizados, uma escola que corrige assimetrias e que desenvolve ao máximo o potencial de cada aluno, é um desígnio nacional e um desafio para o qual estamos *todos* convocados." (Costa, 2018, p.4).

Considerações finais

Com a perspetiva de se implementar uma educação verdadeiramente inclusiva, cujo eixo central se foque na orientação e na necessidade de cada escola reconhecer a mais-valia da diversidade dos seus alunos, encontrando formas de lidar com essa diferença, adequando os processos de ensino-aprendizagem às características e condições individuais de cada aluno, mobilizando os meios de que dispõe para que todos aprendam e participem na vida da comunidade educativa, foi legislado o presente Decreto-Lei, que assenta no Desenho Universal para a Aprendizagem (DUA) e na Abordagem Multinível no acesso ao currículo flexível, no acompanhamento e monitorização sistemáticas da eficácia do contínuo das intervenções implementadas, no diálogo dos docentes com os pais ou encarregados de educação e, na opção por medidas de apoio à aprendizagem, organizadas em diferentes níveis de intervenção, de acordo com as respostas educativas necessárias para que cada aluno possa adquirir uma base comum de competências, valorizando as suas potencialidades. Ao contrário do revogado Decreto-Lei nº 3/2008, esta nova legislação afasta a conceção de que é necessário categorizar para intervir. Procura-se que o perfil dos alunos na saída da escolaridade obrigatória seja atingido por todos, ainda que através de percursos diferenciados, os quais permitem a cada um, progredir no currículo, visando o seu sucesso educativo. O presente decreto-lei consagra, assim, uma abordagem integrada e contínua do percurso escolar de cada aluno, garantindo uma educação de qualidade ao longo da escolaridade obrigatória.

Uma escola para todos é uma escola inclusiva e de qualidade, que visa a inclusão social, respeita a diferença e a dignidade das pessoas, contrariando toda e qualquer situação de exclusão. De acordo com este propósito, a escola inclusiva deve estar preparada para receber todas as crianças e adolescentes, permitindo que aprendam juntas, independentemente das dificuldades e/ou diferenças que possam existir. Estas escolas devem reconhecer e responder às diversas dificuldades, (in)capacidades e multiplicidade dos seus alunos, adequando metodologias, práticas e dinâmicas aos diferentes ritmos, estilos e processos de aprendizagem de cada aluno, garantindo uma educação de qualidade sem constrangimentos. Desta forma, num esforço conjunto e concertado, que envolva a participação de toda a comunidade educativa, com recurso para as várias estratégias de ensino, equipamentos disponibilizados, mudanças organizacionais e parcerias com as mais diversas entidades, poder-se-á contribuir para ajudar a ultrapassar alguns dos problemas sociais que a todos preocupam. Só desta forma se desenvolverão as competências das crianças e se criarão novas situações de aprendizagem que lhes assegurem uma educação efetiva que privilegie, também, as relações sociais entre todos os participantes, em que não falte a seriedade, afetividade, rigor e competência. A inclusão escolar do cidadão portador de deficiência é uma necessidade absoluta. Não devemos, nem podemos, compactuar com a ideia de que ensinamos e as crianças aprendem, e, muito menos, permanecer naquele modelo de "educação da deficiência", mas sim passar a um modelo de "educação das potencialidades", um modelo mais proativo. Este será o princípio básico da inclusão: a defesa da igualdade de oportunidades e da partilha, a educação para todos sem distinção de raça, cor, religião ou capacidade de aprendizagem. Para uma verdadeira inclusão, urge tornar o meio "o mais favorável possível", ao contrário do anterior conceito, defendido nos primórdios da integração, em que as pessoas tinham de se adaptar ao meio. Presentemente, segundo este princípio da inclusão, é a sociedade que tem de se preparar para lidar com as pessoas, com as suas diferenças e semelhanças. O investimento na formação profissional dos professores é um fator importante para que estes saibam lidar com a diversidade; assim como a utilização dos meios de comunicação social para a divulgação de informações relativas às questões das deficiências e suas características, de modo a mudar as mentalidades. Não basta que uma escola se torne inclusiva, se o meio que a envolve e que com ela interage diariamente não estiver sensibilizado para estas práticas e revelar atitudes discriminatórias geradoras de exclusão como, por exemplo, recear que as crianças ditas "normais" convivam com as crianças diferentes nas escolas. O princípio da inclusão conduz ao desenvolvimento de culturas, políticas escolares e práticas pedagógicas que se comprometem com a diversidade humana e a diferença de estilos e ritmos de aprendizagem de cada grupo social representado nas comunidades escolares, onde todos são iguais, com os mesmos direitos, independentemente da condição física, social e económica. A multiplicidade e as diferenças individuais dos alunos devem ser valorizadas como pontos de partida, fatores importantes para promover as aprendizagens no grupo-turma e combater a exclusão, pois a educação inclusiva não se reporta, unicamente, às pessoas com deficiência, ela direciona-se a todas as crianças e jovens que diariamente lutam contra as mais diversas barreiras.

> Um sistema educativo para ter sucesso tem de garantir aprendizagens de qualidade para todos os alunos. De nada serve ter instrumentos curriculares de grande nível se as aprendizagens deixarem de fora elevadas percentagens de alunos. Falar de educação inclusiva é diferente de falar de uma escola que se limita a abrir as portas a todos. É falar de uma escola que abre as portas de entrada e que garante que, à saída, todos alcançaram aquilo a que têm direito: um perfil de base humanista, ancorado no desenvolvimento de valores e de competências que os torna aptos ao exercício de uma cidadania ativa exercida em liberdade e proporcionadora de bem-estar. (Decreto-Lei nº 54/2018).

Referências

César, M. (2003). *Da exclusão à inclusão.* Porto: Edições ASA.

CIF-CJ. (2003). *Classificação Internacional de Funcionalidade.* Lisboa: ME/DGE.

Correia, L. M. (1997). *Educação Especial e Inclusão: Quem disser que uma sobrevive sem a outra não está no seu perfeito juízo.* Porto: Porto Editora.

Correia, L. M. (1999). *Alunos com necessidades educativas especiais nas classes regulares.* Porto: Porto Editora.

Correia, L. M. (2003). *Inclusão e necessidades educativas especiais.* Porto: Porto Editora.

Correia, L. M. (2016). *Fundamentos da Educação Especial: Guia Prático para Educadores e Professores.* Braga: Flora Editora.

Costa, A. B. (1998). *Da integração à inclusão escolar: cruzando perspetivas e conceitos.* Porto: Porto Editora.

Decreto-Lei Nº319/91, de 23 de agosto de 1991. Lisboa: ME.

Decreto-Lei Nº3/2008, de 7 de janeiro de 2008. Lisboa: ME.

Decreto-Lei Nº54/2018, de 6 de julho de 2018. Lisboa: ME.

Fernandes, M. R. (1984). *Fundamentos para a Educação Especial.* Lisboa: Livros Horizonte.

Gomes, M. L. F. L. (2013). *Os nós da Escola e a Inclusão.* (Dissertação de Mestrado). Universidade Católica de Lisboa, Lisboa, Portugal.

Henriques, J. C. (2012). *A Inclusão de Crianças com Necessidades Educativas Especiais no 1º Ciclo*". (Dissertação de Mestrado). Escola Superior de Educação João de Deus, Lisboa, Portugal.

Moreira, V. M. A. P. C. (2014). *O Percurso Escolar de Adolescentes com Síndrome de Asperger.* Dissertação de Mestrado. Lisboa: Instituto Politécnico de Lisboa.

LBSE: *Lei de Bases do Sistema Educativo.* (1986). Lisboa: ME.

Pedroso, J. V. (2018). *Para uma Educação Inclusiva. Manual de Apoio à Prática.* Lisboa: ME/DGE.

República Portuguesa. (2018). "*Para uma Educação Inclusiva: Manual de Apoio à Prática*". Lisboa: ME/DGE.

Rodrigues, D. (1998). Paradigma da Educação Inclusiva: Reflexão sobre uma Agenda Possível. *Comunicação apresentada no VII Encontro Nacional de Educação Especial.*

Rodrigues, D. (Org.). (2006). *Investigação em Educação Inclusiva. Volume 1.* Lisboa: Faculdade de Motricidade Humana.

Unesco, Declaração de Salamanca. (1994). Enquadramento da Acção na área das necessidades educativas especiais. In *Conferência Mundial sobre Necessidades Educativas Especiais: Acesso e Qualidade, Salamanca, Espanha* (pp. 7-10).

Warnock, M. (2005). *Special Educational Needs: a new look.* London: Philosophy of Education Society of Great Britain.

CAPÍTULO 18

Filtros espectrais melhoram a eficiência da leitura e dos movimentos oculares: estudo longitudinal de 177 adultos

Márcia Reis Guimarães
Douglas de Araújo Vilhena
Ângela Maria Vieira Pinheiro
Ricardo Queiroz Guimarães

A leitura é uma habilidade cognitiva complexa, fundamental para o sucesso acadêmico e profissional na vida adulta. As dificuldades de leitura podem envolver alterações no processamento subcortical da informação visual não responsivas às abordagens pedagógicas habituais voltadas para problemas cognitivos de decodificação grafema–fonema, lexicais ou de processamento fonológico. Neste contexto a intervenção terapêutica deve ser direcionada para a identificação do tipo e intensidade dos distúrbios visuais a serem corrigidos, o que permite uma conduta eficaz e personalizada diante das demandas laborais, acadêmicas e sociais de cada caso (Guimarães & Guimarães, 2013).

Os exames oftalmológicos de rotina se restringem a quantificar a capacidade de visualizar estímulos estáticos de alto contraste (letra preta no fundo branco), patologias orgânicas do globo ocular, alterações binoculares e alinhamento entre os olhos. Problemas refracionais, como a miopia e o astigmatismo, degradam a acuidade visual e consequentemente a eficiência leitora, sendo as alterações ópticas habitualmente corrigidas por meio de óculos de grau. No entanto, a leitura requer a integração com outro centro de processamento visual, indo, portanto, além das habilidades relacionadas à alta resolução espacial aferidas pelo exame da acuidade visual e que são processadas pelo sistema parvocelular.

Assim, a leitura proficiente depende não só do sistema parvocelular, mas também da integridade do sistema magnocelular, considerado o caminho visual dominante na leitura de textos por atuar na mediação da capacidade de identificar de forma rápida e sequencial as letras e ainda controlar a orientação visual da atenção, das fixações e da sincronia binocular (Greatrex & Drasdo, 1995, Chase, Ashourzadeh, Kelly, Monfette, & Kinsey, 2003; Stein, 2003, 2018). Exemplificando, para se ler um livro de 200 páginas, o sistema magnocelular deve controlar ambos os olhos para que façam centenas de milhares de movimentos sacádicos curtos da esquerda para a direita, com fixações estáveis (pausas entre as sacadas) de 200 a 400 milissegundos para a extração da informação visual e com poucos movimentos de correção da direta para a esquerda (Regressões).

Em tarefas de leitura, os déficits magnocelulares levam a instabilidade no controle da coordenação dos olhos e dificuldade na correta fusão da imagem pelo cérebro, provocando distorções visuais das palavras e do texto mesmo na ausência de problemas refracionais (Allen, Dedi, Kumar, Patel, Aloo, & Wilkins, 2012, Monger, Wilkins, & Allen, 2015, Solan, Ficarra, Brannan, & Rucker, 1998, Stein, 2001). O clássico estudo de Livingstone, Rosen, Drislane e Galaburda (1991) demonstrou anormalidades *post-mortem* nas camadas magnocelulares dos núcleos geniculados laterais de disléxicos, mas não nas camadas parvocelulares, quando comparados a um grupo controle de leitores típicos. Diferentes estudos corroboraram o achado de que disléxicos possuem menores respostas a estímulos rápidos e de baixo contraste (coerentes com déficits no sistema magnocelular), mantendo respostas normais a estímulos lentos ou de alto contraste (preservação do sistema parvocelular) (Gori, Seitz, Ronconi, Franceschini, & Facoetti, 2015, Pammer, & Wheatley, 2001).

Leituras mais longas, excedendo a dez minutos, tendem a apresentar uma instabilidade progressiva na movimentação ocular, gerando uma dificuldade no processamento visual, com perda da qualidade e consequente estresse visual. Os principais sintomas do estresse visual são distorções visuoperceptuais, fotossensibilidade, irritabilidade e agitação sob luz fluorescente e ainda défice na percepção de profundidade (Guimarães, Vilhena, & Guimarães, 2017, Loew, & Watson, 2012, 2013). As distorções mais frequentemente reportadas são sombras e halos ao redor das palavras, espaçamentos irregulares em meio ao texto, e percepção de letras se movendo, vibrando ou se destacando do papel

(Evans, Allen, & Wilkins, 2017, Stein, & Walsh, 1997). Os esforços para compensar essas dificuldades levam a queixas de cansaço visual progressivo, dor nos olhos, lacrimejamento, piscar excessivo, cefaleia ou enxaquecas (Kriss, & Evans, 2005, Scott et al., 2002). O estresse visual prejudica ainda a manutenção da atenção, a aprendizagem em sala de aula e inflige desgastes emocionais e ocupacionais, comprometendo o interesse e o apreço pela leitura.

A intervenção terapêutica feita pela prescrição de lentes ópticas, com ou sem grau refracional, acrescidas de filtros para bloqueio específico e individual das faixas espectrais hipersensibilizantes regulariza a velocidade de transmissão do sistema magnocelular, reequilibrando a sua relação com o sistema parvocelular (Breitmeyer, & Williams, 1990, Croyle, 1998, Solan, Ficarra, Brannan, & Rucker, 1998, Ray, Fowler, & Stein, 2005, Guimarães, Vilhena, Pinheiro, & Guimarães, 2018). Estima-se que 13% das crianças no ensino fundamental apresentem melhoras significativas da taxa de leitura com o uso de lâminas espectrais (Garcia, Momensohn-Santos, & Vilhena, 2017).

Os efeitos do tratamento com Filtros Espectrais nos casos de disfunções oculomotoras, fotofobia e cansaço visual em déficits de leitura podem ser analisados via rastreadores oculares (*eye-trackers*) (Vilhena, Freitas, Guimarães, & Pinheiro, 2018). Os movimentos oculares refletem os processos cognitivos relacionados à percepção visuoespacial, à análise semântica do texto e ao processamento de informações. Razuk, Perrin-Fievez, Gerard, Peyre, Barela, & Bucci (2018) verificaram que crianças disléxicas leram mais rápido e com menor duração da fixação ocular com o uso de um Filtro Espectral Verde. Os autores sugeriram que o filtro provavelmente facilitou a atividade cortical e diminuiu as distorções visuais. Estudos com tomografia e com ressonância magnética funcional corroboram esses achados, tendo observado uma redução da hiperexcitabilidade cortical com o uso da intervenção espectral (Chouinard, Zhou, Hrybouski, Kim, & Cummine, 2012, Denuelle, Boulloche, Payoux, Fabre, Trotter, & Géraud, 2011, Huang, Zong, Wilkins, Jenkins, Bozoki, & Cao, 2011, Katz, &Digre, 2016) e também a supressão dos sintomas clínicos em 90% dos pacientes portadores de enxaqueca induzida por estresse visual (Guimarães, 2010).

A mensuração da leitura de adultos é um desafio psicométrico, uma vez que o efeito de teto em testes de leitura é presente inclusive na avaliação de crianças (Pinheiro, Vilhena, & Cunha, 2017). Rastreadores oculares são instrumentos valorizados nas Clínicas de Neurociências da Visão (Neurovisão) e nos consultórios neuropsicopedagógicos, pois fornecem parâmetros objetivos dos movimentos oculares envolvida na leitura de textos, que são primariamente subcorticais e involuntários. Este estudo, de delineamento longitudinal, investigou o efeito terapêutico de uma ampla gama de Filtros Espectrais, considerando os diferentes parâmetros envolvidos na movimentação ocular e habilidade de leitura.

Métodos

Participantes

O Comitê de Ética em Pesquisa da Universidade Federal de Minas Gerais aprovou todos os procedimentos do estudo [Aprovação nº 49765115.0.0000.5149], o qual foi conduzido em total conformidade com o Código de Ética da *World Medical Association* (Declaração de Helsinki, 2008) para pesquisa envolvendo seres humanos. Foram selecionados retrospectivamente todos os 177 pacientes adultos atendidos entre 01/2013 a 02/2016, no Departamento de Neurovisão do Hospital de Olhos de Minas Gerais – Clínica Dr. Ricardo Guimarães. Os pacientes possuíam de 18 a 59 anos, com média de 30.6 anos (Desvio Padrão de 11.0), sendo 50% homens.

Instrumentos

Foi utilizado o *Visagraph III Eye-Movement Recording System* (Taylor Associates, New York) para a análise dos movimentos oculares durante a leitura de textos. Este rastreador ocular (*eye-tracker*) é composto por um par de óculos sem lentes, no qual está acoplado um sistema de captação por sensores infravermelhos, conectado a um *software* de análise de dados. Com exceção da variável Compreensão de Texto (habilidade de alta ordem), os parâmetros listados na Tabela 1 possuem controle primariamente subcortical e involuntário. Para eliminar a discrepância binocular, a média de ambos os olhos foi calculada para as variáveis Fixações, Regressões, Alcance Perceptual e Duração da Fixações, uma vez que as correlações bivariadas de Pearson foram acima de 0.97.

Tabela 1 – Parâmetros de leitura analisados pelo rastreador ocular Visagraph III.

Parâmetro	Descrição
Fixações	Números de paradas da esquerda para a direita a cada 100 palavras
Regressões	Números de paradas da direita para a esquerda a cada 100 palavras
Direção correta	Número de Regressões dividido pelas Fixações
Alcance Perceptual	Número de palavras lidas dividido pelo número de Fixações
Duração da fixação	Tempo total de leitura dividido pelo número de Fixações
Palavras por minuto	Número de palavras lidas em um minuto
Eficiência relativa	Palavras por minuto dividido pela soma das Fixações e Regressões
Compreensão de Texto	Porcentagem de respostas corretas dentre dez perguntas

Os Filtros Espectrais usados nos testes haviam sido prescritos para uso em tempo integral, incluindo em atividades que requeriam intensa atividade visual (por exemplo, leitura prolongada de textos). Cada participante havia sido submetido previamente a um protocolo detalhado envolvendo exames psicofísicos, clínicos e o diagnóstico específico do(s) tipo(s) de filtros(s) necessário(s) para o bloqueio completo das faixas de luz visível ou faixas espectrais hipersensibilizantes. A seleção dos filtros é feita por meio da exposição do paciente a estímulos estressores ao sistema visual, com subsequente análise do grau de alívio/supressão da maioria dos sintomas visuais objetivos e subjetivos, como por exemplo, o maior conforto obtido sob o uso do filtro ideal. Dado o número de filtros e combinações possíveis, há centenas de opções possibilitando alto grau de especificidade na seleção individual. Na amostra do presente estudo, foram selecionados de forma individual ou composta, 49 diferentes Filtros Espectrais.

Procedimentos

Todos os pacientes foram submetidos a um protocolo oftalmológico para adequada prescrição da correção refracional e, caso necessário, houve encaminhamento e tratamento visual prévio à seleção de Filtros Espectrais. O protocolo incluiu a análise da acuidade visual monocular e binocular para longe e para perto, pesquisa de aberrações de baixa e alta ordem, exame ortóptico, aferição da dominância ocular e estereopsia, e avaliação da visão de cores (Teste de Placas de Ishihara Pseudo-Isocromáticas 25 e Teste de Tonalidades D-15 Farnsworth-Munsell simples e desaturado), da sensibilidade ao contraste e do campo visual periférico dinâmico.

Para a análise do padrão dos movimentos oculares, os sensores do rastreador ocular foram alinhados à borda externa da pupila de cada indivíduo. A primeira e as duas últimas linhas do texto foram desconsideradas automaticamente pelo *software* do Visagraph III™ com o objetivo de representar de maneira fidedigna o padrão oculomotor de leitura.

O material de leitura consistia em um único parágrafo de texto em tinta preta, impresso em papel branco, em fonte Times New Roman, tamanho 18. Os textos foram lidos em voz alta, com uma distância de visualização de 40 a 45 cm, sob iluminação de escritório padrão (duas lâmpadas de teto fluorescentes branca fria, tubos de 60 cm de 20W, temperatura de cor correlacionada de 5.000K e ciclo de intermitência de 120 Hz). Após cada leitura, os participantes responderam dez questões fechadas sobre o conteúdo do texto recém lido.

O padrão oculomotor de leitura (linha de base) foi analisado na primeira consulta, sendo considerado como condição pré-teste, sem o uso de filtros. A consulta de retorno foi considerada como pós-teste, condição onde o Filtro Espectral fora usado de forma continuada e em tempo integral. A média de tempo entre o pré-teste e o pós-teste foi de 18 meses.

Análise estatística

O IBM SPSS *Statistics* (versão 21.0, Chicago, Illinois, EUA) foi utilizado para todas as análises de dados. Para examinar os efeitos da intervenção com Filtros Espectrais nos movimentos oculares foi conduzida uma série de ANOVA *oneway*, com *F* ajustado de acordo com o método de Greenhouse-Geisser. Para estabelecer a significância clínica das diferenças, o *d* de Cohen foi calculado para determinar o tamanho do efeito e foi interpretado usando os critérios de Cohen (1988) de 0.2 para um efeito pequeno, 0.5 para um efeito médio e 0.8 para um efeito grande. O valor de *p* inferior a 0.05 foi considerado estatisticamente significativo.

Resultados

Após o tratamento com o uso de Filtros Espectrais (média de 18 meses entre condições), os participantes apresentaram uma redução moderada (*d* = 0.57, 0.54 e 0.49) e significativa ($p < 0.0001$) de -33% no número de Fixações oculares, de -46% no número de Regressões e de -18% na dificuldade da Direção Correta Esquerda–Direita, quando comparados com a linha de base (ver Tabela 2 e Figura 1). Houve um aumento moderado (*d* = 0.50 a 0.68) e significativo ($p < 0.001$) de 43% no Alcance Perceptual, de 29% no número de palavras lidas por minuto e de 11% na Compreensão de Texto. A Eficiência Relativa da leitura apresentou um forte aumento de 79% após o tratamento ($d = 1.09$, $p < 0.001$). Houve uma melhora, com efeito pequeno ($d = 0.30$) e significativo ($p = 0.0008$), de 7% na Correlação Binocular. A Duração da Fixação não apresentou diferença significativa entre testagens ($p = 0.48$).

Tabela 2 – Oculomotricidade e eficiência leitora [Médias ± Desvio Padrão] de adultos antes (Pré-Teste) e depois (Pós-Teste) do tratamento com Filtros Espectrais.

PARÂMETROS	Pré-Teste: Linha de base	Pós-Teste: Filtro spectral	Δ (%)	*F*	*P*	*d*
Fixações*	187.0 ± 129.9	125.0 ± 80.8	-33	89.3	0.0001	0.57
Regressões*	55.0 ± 58.8	29.5 ± 32.7	-46	68.3	0.0001	0.54
Direção correta (%)*	25.8 ± 9.8	21.2 ± 9.1	-18	12.7	0.0005	0.49
Alcance Perceptual (%)*	75.3 ± 40.6	106.9 ± 51.4	43	13.2	0.0003	0.68
Duração da fixação (s)	0.23 ± 0.08	0.25 ± 0.08	9	0.50	0.4800	0.25
Palavras por minuto*	201.7 ± 118.2	260.1 ± 116.6	29	53.7	0.0001	0.50
Eficiência relativa*	1.56 ± 1.14	2.80 ± 1.14	79	52.7	0.0001	1.09
Correlação binocular (%)*	81.2 ± 22.5	86.7 ± 12.6	7	11.7	0.0008	0.30
Compreensão (%)*	77.1 ± 16.7	85.8 ± 13.2	11	33.4	0.0001	0.58

*p: significância estatística. *: p < 0.01. Δ: porcentagem de diferença entre as condições pré e pós-teste. d = Tamanho de efeito de Cohen.*

Figura 1 – Padrão de oculomotricidade e eficiência leitora [Médias ± barra de Erro Padrão] de adultos no Pré-Teste (barras cinza-escuro) e Pós-Teste sob Filtros Espectrais (barras cinza-claro). *: p < 0.01.

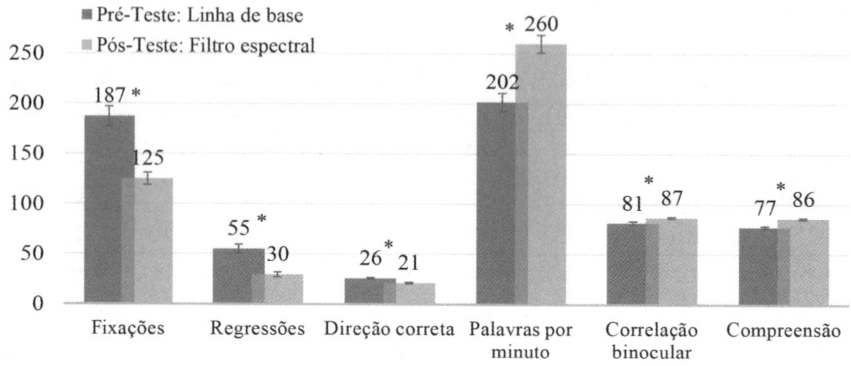

Discussão

O tratamento com Filtros Espectrais produziu um efeito moderado na melhora da atividade oculomotora na leitura de adultos. Após a intervenção (pós-teste) registrou-se um menor número de Fixações e de Regressões oculares em paralelo a uma maior correlação binocular, o que evidência maior facilidade na focalização do mesmo número de palavras. O maior alcance perceptual proporciona uma melhor capacidade cognitiva para armazenar e manipular a informação, habilidade fundamental na decodificação automática das palavras. Essa capacidade permitiu um aumento de 29% na velocidade de leitura, com 58 palavras lidas a mais por minuto. Os resultados mostram que o bloqueio espectral seletivo pode aprimorar a extração da informação visual com o aumento da eficiência, fluência e compreensão leitora. Esses achados sugerem uma melhor redistribuição da ativação cortical, como encontrado em outros estudos (Chouinard, Zhou, Hrybouski, Kim, & Cummine, 2012, Denuelle, Boulloche, Payoux, Fabre, Trotter, & Géraud, 2011).

Soares e Gontijo (2016) publicaram uma revisão da literatura, composta por 16 trabalhos, na qual foi evidenciado que há uma base bioquímica, genética e imunológica envolvida nos pacientes que apresentam estresse visual. Estudos assinalaram quem há uma diferença na proporção de lipídios no sangue ($p < 0.05$; $d > 0.08$; menor colesterol total e mais ácido heptadecanóicono plasma) e de aminoácidos e ácidos orgânicos na urina ($p < 0.05$; $d > 0.05$), sinalizando um metabolismo anormal associado a alterações de natureza sistêmica e imunológica.

A revisão sistemática de Evans e Allen (2016) mostraram que a intervenção com Filtros Espectrais, além de ser segura e não invasiva, alivia os sintomas de astenopia e melhora o desempenho de leitura dos pacientes com estresse visual. Estes mesmos autores ressaltaram a importância do diagnóstico diferencial entre os casos de estresse visual com aqueles envolvendo erros refrativos, heteroforia descompensada e déficits na amplitude de acomodação, por serem também indutores de astenopia e/ou intensificadores dos sintomas de estresse visual.

Em um artigo com quatro experimentos, Gori, Seitz, Ronconi, Franceschini, & Facoetti (2015) verificaram: 1) a presença de dificuldade na percepção de movimento em disléxicos quando comparados a dois grupos controles; 2) que a percepção de movimento visual de crianças na fase de pré-leitura prediz o desenvolvimento leitor; e que 3) os treinamentos no sistema magnocelular visual levam a uma melhor habilidade de leitura em crianças e adultos com dislexia do desenvolvimento. Gori, Seitz, Ronconi, Franceschini, & Facoetti concluíram que há de fato uma relação causal entre déficit no sistema magnocelular e a dislexia, fechando um debate de 30 anos.

Flint e Pammer (2018) verificaram, em um estudo com dois experimentos, que adultos analfabetos obtiveram o mesmo desempenho do que os leitores normais e semianalfabetos em tarefas temporais e espaciais específicas do sistema magnocelular visual, tendo todos os três grupos um desempenho melhor do que o grupo de leitores disléxicos. O desempenho inferior dos disléxicos ocorreu tanto no experimento 1 com um teste de coerência do movimento ($F_{(3, 79)} = 104.9$, $p < 0.0001$, $d = 0.81$), quanto no experimento 2 com o teste *Frequency-doubling Illusion* ($F_{(3, 79)} = 283.8$, $p< 0.005$, $d = 0.86$). Os autores concluem que essa falha funcional da via visual dorsal na dislexia provavelmente não é consequência da falta de leitura, responsabilizando como causa o processamento magnocelular. Utilizando de analogia no título do artigo, Flint e Pammer consideram que o ovo veio primeiro que a galinha, assim, o déficit magnocelular veio primeiro que a dislexia.

O presente estudo acompanhou 177 adultos que fizeram tratamento com uma ampla variedade de Filtros Espectrais, prescritos individualmente. Por meio de parâmetros objetivos de rastreamento ocular, foi demonstrado que houve uma melhora da eficiência dos movimentos oculares e da habilidade de leitura, com elevada significância estatística e moderado efeito clínico. A oculomotricidade está sob controle cortical e subcortical e responde a mecanismos de controle inibitórios que controlam o tempo de fixação, o alcance sacádico e a cognição e que afetam também a coordenação oculomotora binocular fina quando se percorre uma linha de texto.

As lentes espectrais suprimiram ou reduziram as três principais queixas visuais dos pacientes: a sensibilidade à luz que limita a legibilidade, o conforto e a duração máxima da leitura, as disfunções oculomotoras que afetam a coordenação binocular fina quando se percorre uma linha de texto; e a disfunção acomodativa que altera a clareza textual. Houve, também, o reajuste da composição espectral e redução da luminância pela alteração do *locus* do feixe luminoso na retina e redução da intensidade da luz associada ao bloqueio seletivo dos comprimentos de onda hipersensibilizantes (Willeford, Fimreite, Ciuffreda, 2016).

Conclusão

Pacientes adultos, após o tratamento com Filtros Espectrais, apresentaram uma melhora significativa da habilidade de leitura e dos parâmetros oculomotores envolvidos no rastreamento visual do texto, quando comparados com a linha de base. Foi verificada uma forte melhora do parâmetro Eficiência Relativa da leitura. A redução no número de fixações oculares permite a estabilidade da imagem na região foveal. A redução no número de Regressões melhorou a fluência de leitura, o que reduz a dificuldade dos movimentos sacádicos na direção esquerda–direita. A melhora dos parâmetros oculomotores com o uso de Filtros Espectrais favoreceu a capacidade cognitiva e o armazenamento e manipulação da informação, culminando com a melhor compreensão do texto. Filtros Espectrais são uma intervenção oftalmológica não-invasiva e não-medicamentosa que melhoraram a eficiência de leitura em adultos com fotofobia, dificuldades de leitura, cansaço visual e sobrecarga sensorial podendo ser usados acrescidos a lentes ópticas com e sem correção refracional.

Referências

Allen, P. M., Dedi, S., Kumar, D., Patel, T., Aloo, M., & Wilkins, A. J. (2012). Accommodation, pattern glare, and coloured overlays. *Perception, 41*(12), 1458-1467.

Breitmeyer, B. G., & Williams, M. C. (1990). Effects of isoluminant-background color on metacontrast and stroboscopic motion: Interactions between sustained (P) and transient (M) channels. *Vision research, 30*(7), 1069-1075.

Chase, C., Ashourzadeh, A., Kelly, C., Monfette, S., & Kinsey, K. (2003). Can the magnocellular pathway read? Evidence from studies of color. *Vision Research, 43*(10), 1211-1222.

Chouinard, B. D., Zhou, C. I., Hrybouski, S., Kim, E. S., & Cummine, J. (2012). A functional neuroimaging case study of Meares–Irlen syndrome/ visual stress (MISViS). *Brain topography, 25*(3), 293-307.

Cohen, J. (1988). *Statistical power analysis for the behavioral sciences.* Hillsdale: L Erlbaum Associates.

Croyle, L. (1998). Rate of reading, visual processing, colour and contrast. *Australian Journal of Learning Difficulties, 3*(3), 13-21.

Denuelle, M., Boulloche, N., Payoux, P. M. D. P., Fabre, N., Trotter, Y., & Géraud, G. (2011). A PET study of photophobia during spontaneous migraine attacks. *Neurology, 76*(3), 213-218.

Evans, B. J., & Allen, P. M. (2016). A systematic review of controlled trials on visual stress using Intuitive Overlays or the Intuitive Colorimeter. *Journal of optometry, 9*(4), 205-218.

Evans, B. J., Allen, P. M., & Wilkins, A. J. (2017). A Delphi study to develop practical diagnostic guidelines for visual stress (pattern-related visual stress). *Journal of optometry, 10*(3), 161-168.

Flint, S., & Pammer, K. (2019). It is the egg, not the chicken; dorsal visual deficits present in dyslexia are not present in illiterate adults. *Dyslexia, 25*(1), 69-83.

Garcia, A. C. O., Momensohn-Santos, T. M., & Vilhena, D. A. (2017). Effects of Spectral Overlays on Reading Performance of Brazilian Elementary School Children. *Folia Phoniatrica et Logopaedica, 69*(5-6), 219-225.

Gori, S., Seitz, A. R., Ronconi, L., Franceschini, S., & Facoetti, A. (2015). Multiple causal links between magnocellular–dorsal pathway deficit and developmental dyslexia. *Cerebral Cortex, 26*(11), 4356-4369.

Greatrex, J. C., & Drasdo, N. (1995). The magnocellular deficit hypothesis in dyslexia: A review of reported evidence. *Ophthalmic and Physiological Optics, 15*(5), 501-506.

Guimarães, M. R., Vilhena, D. A., Guimarães, R. Q. (2017). Relação do Processamento Óptico, Neurovisual e Cognitivo nas Dificuldades de Leitura. *Acta científica*, 8, p. 193-212.

Guimarães, M. R., Vilhena, D. A., Pinheiro, A. M. V., & Guimarães, R. Q. (2018). Tratamento do Estresse Visual na leitura: características físicas e mecanismos neurais de ação das lâminas espectrais (overlays). *Paidéia*, 23, p. 3131-3139.

Guimarães, M. R., & Guimarães, I. R. Aprendizagem e Leitura – Síndrome de Irlen. In O. Z. M. de Assis. (Org.). *Neurociências e Educação*. (vol. 1, p. 175-186). Campinas, SP: Book Editora.

Guimarães, M. R., Guimarães R. (2012). Avaliação da Visão Funcional em Distúrbios de Aprendizagem – O papel do Oftalmologista nos Déficits de Visão e Aprendizagem (Cap.18, p.159 -174) In Ventura, L. O., Travassos. S. B., Silva, O. A., Dolan M. (2012). *Dislexia e Distúrbios de Aprendizagem*. Ed Cultura Médica.

Guimarães, M. R., Guimarães, J. R., Guimarães, R. Q., Nogueira, M. R. V., Botelho, M. R., & Guimarães, M. E. A. (2010). Selective spectral filters in the treatment of visually induced headaches and migraines: a clinical study of 93 patients. *Headache Medicine, 1*(2), 72.

Huang, J., Zong, X., Wilkins, A., Jenkins, B., Bozoki, A., & Cao, Y. (2011). fMRI evidence that precision ophthalmic tints reduce cortical hyperactivation in migraine. *Cephalalgia, 31*(8), 925-936.

Katz, B. J., & Digre, K. B. (2016). Diagnosis, pathophysiology, and treatment of photophobia. *Survey of ophthalmology, 61*(4), 466-477.

Kriss, I., & Evans, B. J. (2005). The relationship between dyslexia and Meares-Irlen Syndrome. *Journal of Research in Reading, 28*(3), 350-364.

Livingstone, M. S., Rosen, G. D., Drislane, F. W., & Galaburda, A. M. (1991). Physiological and anatomical evidence for a magnocellular defect in developmental dyslexia. *Proceedings of the National Academy of Sciences, 88*(18), 7943-7947.

Loe, S. J., & Watson, K. (2012). A prospective genetic marker of the visual-perception disorder Meares-Irlen syndrome. *Perceptual and motor skills, 114*(3), 870-882.

Loew, S. J., & Watson, K. (2013). The prevalence of symptoms of scotopic sensitivity/Meares-Irlen syndrome in subjects diagnosed with ADHD: Does misdiagnosis play a significant role? *Hrvatska revija za rehabilitacijskaistraživanja*, 49(Supplement), 64-72.

Monger, L., Wilkins, A., & Allen, P. (2015). Identifying visual stress during a routine eye examination. *Journal of optometry*, 8(2), 140-145.

Pammer, K., & Wheatley, C. (2001). Isolating the M (y)-cell response in dyslexia using the spatial frequency doubling illusion. *Vision Research*, 41(16), 2139-2147.

Pinheiro, Â. M. V., Vilhena, D. A., & Santos, M. A. C. PROLEC-T – Prova de compreensão de texto: análise de suas características psicométricas. *Temas psicol*, 25(3), p. 1067-1080.

Ray, N. J., Fowler, S., & Stein, J. F. (2005). Yellow filters can improve magnocellular function: motion sensitivity, convergence, accommodation, and reading. *Annals of the New York Academy of Sciences*, *1039*(1), 283-293.

Razuk, M., Perrin-Fievez, F., Gerard, C. L., Peyre, H., Barela, J. A., & Bucci, M. P. (2018). Effect of colored filters on reading capabilities in dyslexic children. *Research in developmental disabilities*, *83*, 1-7.

Scott, L., McWhinnie, H., Taylor, L., Stevenson, N., Irons, P., Lewis, E., ... & Wilkins, A. (2002). Coloured overlays in schools: orthoptic and optometric findings. *Ophthalmic and Physiological Optics*, 22(2), 156-165.

Soares, F. A., & Gontijo, L. S. (2016). Production of knowledge: genetic basis, biochemical and immunological of Meares-Irlen Syndrome. *Revista Brasileira de Oftalmologia*, 75(5), 412-415.

Solan, H. A., Ficarra, A., Brannan, J. R., & Rucker, F. (1998). Eye movement efficiency in normal and reading disabled elementary school children: effects of varying luminance and wavelength. *Journal of the American Optometric Association*.

Stein, J. (2018). The current status of the magnocellular theory of developmental dyslexia. *Neuropsychologia*, 130, 66-77.

Stein, J. (2003). Visual motion sensitivity and reading. *Neuropsychologia*, 41(13), 1785-1793.

Stein, J. (2001). The magnocellular theory of developmental dyslexia. *Dyslexia*, 7(1), 12-36.

Stein, J., & Walsh, V. (1997). To see but not to read; the magnocellular theory of dyslexia. *Trends in Neurosciences*, *20*(4), 147-152.

Vilhena, D. A., de Freitas, S. D., Guimarães, M. R., & Pinheiro, Â. M. V. (2018). O papel do psicopedagogo na identificação e intervenção nos distúrbios de aprendizagem relacionados à visão: caso de uma intervenção tardia. *Paidéia*, 23, p. 3128-3139.

Willeford, K. T., Fimreite, V., & Ciuffreda, K. J. (2016). The effect of spectral filters on VEP and alpha-wave responses. *Journal of Optometry*, *9*(2), 110-117.

CAPÍTULO 19

Percepção da fala: como articular propriedades audíveis e visíveis para elevar o Método Fônico a novo patamar

Fernando César Capovilla

O fenômeno McGurk (McGurk & MacDonald, 1976) demonstra que a percepção da fala é a peculiar combinação entre *input* auditivo e *input* visual. Este capítulo fornece um modelo operacional para explicar, mensurar e controlar a articulação entre as propriedades visíveis da fala (optolalemas, chamados antigamente de "visemas") e as propriedades audíveis da fala (otolalemas ou fonemas), com grande potencial para elevar a um novo patamar o Método Fônico de alfabetização. O modelo foi construído a partir do seguinte procedimento: primeiro foram geradas 315 mil transcrições em *International Phonetic Alphabet* (IPC) das pronúncias regionais brasileiras de 60 mil palavras do Português. Análises computadorizadas segmentaram as sequências de fala e de escrita, isolaram as unidades de fala (fonemas) e de escrita (grafemas), e mapearam todas as relações entre cada uma delas. Isso resultou num *corpus* de mais de 5 milhões de relações entre essas unidades. Análises computadorizadas feitas nesse *corpus* identificaram, para cada grafema, todos os fonemas capazes de decifrá-lo na leitura em voz alta, juntamente com a incidência proporcional de cada um. As análises catalogaram mais de 300 relações grafema-fonema, cada qual com seu respectivo Índice Ponderado de Decifrabilidade. Análises computadorizadas identificaram, também, para cada fonema, todos os grafemas capazes de cifrá-lo na escrita sob ditado, juntamente com a incidência proporcional de cada um. As análises catalogaram mais de 300 relações fonema-grafema, cada qual com seu respectivo Índice Ponderado de Cifrabilidade (IPC). Por exemplo, o fonema [k] tem 7 grafemas correspondentes, em ordem: "c", "qu", "q", "k", "ck", "ch", "cqu". Os primeiros são dominantes e, nas paragrafias, tenderiam a aparecer como intrusos. Os últimos são recessivos e tenderiam a ser omitidos, pois são vítimas de intrusão. O fonema [g] tem 3 grafemas: "g", "gu" e "gh". Este modelo foi validado preliminarmente num estudo em que 154 estudantes ouvintes que escreveram sob ditado 560 palavras raras recebidas por audição e visão, as quais continham 228 relações fonema-grafema, cada qual com seu IPC. Resultados indicaram que a incidência de paragrafias é função positiva da magnitude do IPC das relações fonema-grafema. Os grafemas dominantes (com maior IPC) tendem a se imiscuir como intrusos, aparecendo no lugar dos grafemas alvo. Esses grafemas alvo são vítimas de intrusão apenas quando têm menor IPC que os grafemas intrusos, ou seja, apenas quando são recessivos. Outro achado revelador é que os grafemas dominantes tendem a se imiscuir como intrusos na escrita, tomando o lugar de grafemas alvo recessivos, com frequência quando o lalema a eles correspondente tem o mesmo ponto de articulação do lalema correspondente ao grafema alvo. Tal achado poderia sugerir o envolvimento de processos de leitura orofacial visual durante o ditado. Para testar essa hipótese, todas as unidades de fala audível (otolalemas) que têm a mesma aparência visual foram indexadas pelo optolalema em comum que as torna idênticas à visão (i.e., homoscópicas). Foram identificados seis conjuntos de optolalemas homoscópicos: bilabiais {p, b, m}, velares {k, g}, labiodentais {f, v}, alveolares {t, d, n, ɾ, ɹ}, pós-alveolares {ʃ, ʒ}, e alveopalatais{dʲ, tʲ, dʒ, tʃ}. Então para cada um dos seis optolalemas homoscópicos, os grafemas capazes de fazer a cifragem foram redistribuídos por incidência absoluta. Isso produziu uma redistribuição combinada da incidência proporcional de cada grafema em cifrar o mesmo optolalema homoscópico. Reanálise dos resultados revelou que as trocas cometidas na escrita sob ditado falado (e recebido por audição e visão simultaneamente) são função do IPC das relações entre um dado optolalema homoscópico e todos os grafemas capazes de cifrá-lo. Tais resultados sugerem que o presente modelo chave original parece válido para explicar, mensurar e controlar a articulação entre as propriedades visíveis (optolalemas) e audíveis (otolalemas) da fala.

Introdução

Usualmente aceita-se que haja duas rotas ou estratégias para leitura e escrita: a fonológica e a lexical (Coltheart, 2005). A rota fonológica se desenvolve durante o estágio alfabético, ou de alfabetização. A rota lexical se desenvolve durante o estágio lexical, após a alfabetização.

A leitura pela rota lexical se dá por reconhecimento visual direto da forma ortográfica familiar das palavras. Essa leitura pela estratégia lexical prevalece no leitor maduro, que já tem desenvolvido um bom léxico ortográfico. Esse léxico armazena as representações visuais das palavras escritas. Ele permite ao leitor reconhecer as palavras de maneira visual direta quando ele as vê. Nessa rota lexical, o acesso ao significado (i.e., ao léxico semântico) se dá pela porta de entrada do léxico ortográfico. Contudo, a rota lexical só pode fazer a leitura de palavras. Ela não pode fazer a leitura de não-palavras, já que essas não pertencem ao léxico. Assim, a variável lexicalidade (i.e., a diferença entre palavra e não-palavra) afeta a rota lexical, que é incapaz de ler não-palavras. Essas precisam ser lidas pela rota perilexical ou fonológica.

A leitura pela estratégia fonológica se dá por decifragem grafema-fonema. Essa leitura prevalece no estágio de alfabetização. Nesse estágio, o léxico ortográfico ainda não se desenvolveu o suficiente para permitir reconhecimento visual direto da forma ortográfica da palavra escrita. Essa forma ortográfica da palavra só passará a ser reconhecida quando ela passar a ser familiar, i.e., quando sua representação for incorporada ao léxico ortográfico. Assim, para que o item consiga ser lido pela rota lexical, ele precisa ser uma palavra escrita (i.e., não pode ser uma não-palavra escrita), e uma palavra escrita familiar (i.e., não pode ser uma palavra escrita desconhecida ou muito rara). Se a palavra escrita for desconhecida ou muito rara, para conseguir ler essa palavra e compreender seu significado, o leitor neófito precisa decifrar a palavra escrita, convertendo-a na correspondente forma falada e ouvida. Para tanto, é preciso segmentar a sequência ortográfica, converter os segmentos ortográficos (grafemas) em segmentos fonológicos (fonemas), fazer a junção fonética, e, finalmente, ouvir a própria pronúncia com vistas a tentar reconhecer, pelo ouvido, a própria pronúncia como sendo de uma palavra conhecida. Quando o leitor já está suficientemente bem alfabetizado, ele é capaz de fazer decifragem de modo preciso, fluente, e sem esforço. Graças a isso, ele tende a reconhecer a própria pronúncia como se estivesse ouvindo uma outra pessoa pronunciando. É por isso que se diz que na rota fonológica o acesso ao significado (i.e., ao léxico semântico) se dá pela porta de entrada do léxico fonológico: porque o leitor reconhece a própria pronúncia como sendo de uma palavra que soa familiar. O léxico fonológico contém as representações das palavras que o ouvinte já ouviu e que já compreendeu, uma vez que o léxico fonológico é a porta de entrada auditiva ao léxico semântico. Os testes de vocabulário auditivo avaliam esse léxico fonológico em sua junção com o léxico pictorial e o léxico semântico. Exemplos desses testes incluem o Peabody Picture Vocabulary Test normatizado para crianças de 6 anos a 14 anos (Capovilla, Capovilla, Nunes, Aráujo, Nunes, Nogueira, & Bernat, 1997, Capovilla, Nunes, Macedo *et al*, 1997, Capovilla, Nunes, Nogueira, Nunes, Araújo, Bernat, & Capovilla, 1997, Capovilla, Nunes, Nunes, Araújo, Nogueira, Bernat, & Capovilla, 1997), o Teste de Vocabulário por Figuras USP normatizado para crianças de 6 a 10 anos (Capovilla, 2011), e o Teste de Vocabulário Auditivo para crianças de 18 meses a 6 anos (Capovilla & Damazio, 2011).

Assim, para ser capaz de reconhecer a própria pronúncia como sendo de uma palavra que soa familiar, o leitor deve fazer decifragem precisa, e de modo fluente. Capovilla, Capovilla e Macedo (2001, 2008) demonstraram que a pronúncia construída por decifragem grafema-fonema estrita é segmentada, sendo que o número de picos de energia na *waveform* da pronúncia equivale ao número de sílabas da palavra escrita. Mas, à medida que a pronúncia vai ficando mais fluente, vai ocorrendo subsegmentação crescente. Ou seja, o número de picos de energia na pronúncia vai ficando cada vez menor que o número de sílabas da palavra escrita. À medida que o número de segmentos locucionais cai, também caem o tempo de reação locucional (TR: tempo decorrido desde a apresentação da palavra escrita a ser lida em voz alta e o início da pronúncia) e a duração locucional (i.e., tempo decorrido desde o início até o final da pronúncia). Quando a pronúncia se torna plenamente fluente, os recursos centrais de atenção e memória são liberados para fazer processamento semântico. Neste ponto, a representação da forma ortográfica da palavra passa a ser armazenada, e a palavra passa a ser passível de reconhecimento visual direto. Nesse ponto, a pronúncia é recuperada como um todo de modo aparentemente tão natural quanto a nomeação do próprio objeto correspondente à palavra lida.

Durante a decifragem grafema-fonema estrita no estágio alfabético, para que a pronúncia construída por decifragem precisa e fluente possa ser reconhecida, é preciso que a palavra escrita seja livre de relações grafema-fonema irregulares ou excepcionais. Isto porque a presença dessas relações nas palavras escritas fará com que a decifragem produza uma forma fonológica que o leitor não consegue reconhecer. Por exemplo, quando está no estágio alfabético e ainda usa exclusivamente a rota fonológica, um leitor que veja a palavra escrita "exército" não a reconhecerá e terá de decifrá-la. Esse leitor tenderá a fazer a regularização da decifragem (Luria, 1963, 1970, 1980). Ou seja, ele tenderá a converter cada segmento grafêmico no correspondente segmento fonêmico usual ou canônico.

O grafema "x" pode ser pronunciado de 5 modos, em ordem de dominância decrescente: como [ʃ] em "México" ([ʻmɛʃikʊ]); como [ks] em "táxi" ([ʻtaksɪ]); como [s] em "léxico ([ʻlɛsɪkʊ]); como [z] em "exército" ([e'zɛɾsɪtʊ]); e como [gz] em "oxágono ([o'gzagʊnʊ]). Assim, usualmente o grafema "x" é pronunciado como [ʃ]. Portanto, o leitor alfabetizando tenderá a pronunciar "exército" como [e'ʃɛɾsɪtʊ] em vez de como [e'zɛɾsɪtʊ]. Uma criança que já tenha brincado de soldado de chumbo tende a reconhecer a palavra falada [e'zɛɾsɪtʊ] quando a ouve. Ou seja, essa palavra ouvida pertence ao seu léxico fonológico. Contudo, a pronúncia [e'ʃɛɾsɪtʊ] não pertence ao léxico fonológico e a criança não tende a reconhecê-la quando ela a ouve ou quando ouve a si mesma pronunciando. É por isso que se diz que a palavra "exército" é irregular em termos de relação grafema-fonema, já que sua decifragem tende a resultar numa forma fonológica irreconhecível para o leitor. Portanto, a variável regularidade (i.e., a diferença entre palavra regular em termos grafema-fonema e palavra irregular em termos grafema-fonema) afeta a rota fonológica, que é incapaz de ler palavras irregulares em termos grafema-fonema.

Para Luria (1963, 1970, 1980), a estratégia perilexical ou fonológica compreende pelo menos duas funções dissociáveis: a conversão grafema-fonema e a análise sequencial, que costumam ser inconscientes e automáticas, mas que precisam ser objeto de treino consciente depois da perda de leitura nos casos alexia associada à afasia resultante de lesão cerebral. Segundo Matthews (1991), a observação de pacientes com perda da rota fonológica, em consequência de lesão cerebral, permite notar que eles precisam aprender a controlar a decifragem, a qual costumava ser inconsciente e automática, por meio da reorganização funciona. Isto sugere, assim como cria Luria (1963, 1970, 1980), que a rota fonológica compreende pelo menos duas funções dissociáveis: a conversão grafema-fonema e a análise sequencial.

Assim como a rota lexical é afetada pelas variáveis lexicalidade (sendo incapaz de ler não-palavras) e familiaridade ortográfica (sendo menos eficaz em ler palavras incomuns); a rota fonológica é afetada pela variável regularidade (sendo incapaz de ler palavras irregulares em termos de correspondência grafema-fonema). Instrumentos como o Teste de Competência de Leitura de Palavras e Pseudopalavras (Seabra & Capovilla, 2010c) demonstram a dupla dissociação das duas rotas ao contrastar a leitura de não palavras e palavras raras (em que a rota lexical falha) com a leitura de palavras irregulares em termos grafema-fonema (em que a rota fonológica falha).

Introdução ao modelo matricial de leitura e escrita

As variáveis lexicalidade, familiaridade e regularidade, são usualmente concebidas como variáveis meramente qualitativas dicotômicas (palavra *versus* não-palavra; palavra regular *versus* irregular) ou, no máximo, ordinais (palavra mais rara *versus* palavra mais comum). Uma das contribuições do presente modelo de leitura é a demonstração de que elas podem ser colocadas numa escala e tratadas como variáveis escalares ou intervalares.

1. Consideremos primeiramente a variável lexicalidade: palavra *versus* não-palavra. Enquanto as palavras escritas são sequências de caracteres compondo todos pronunciáveis dotados de significado e presentes em léxicos (i.e., dicionários), as não-palavras escritas correspondem a sequências de caracteres que compõem todos pronunciáveis (de acordo com os padrões combinatórios da língua), mas carentes de significado e, por isso, ausentes do léxico. Ainda assim, elementos de algumas não-palavras podem ser reconhecidos (e.g., morfemas) e, dependendo da proporção de grafemas em comum e na ordem comum com palavras, algumas não palavras podem ser lidas por analogia. Isso é o que permite reconhecer o significado de palavras mal escritas, por exemplo. Portanto, a variável lexicalidade (i.e., a diferença entre palavra e não-palavra) pode ser compreendida como uma variável quantitativa intervalar, em vez de como mera variável qualitativa dicotômica (i.e., palavra *versus* não-palavra).

Capovilla, Capovilla e Macedo (2007) demonstraram que a lexicalidade de uma não-palavra pode ser graduada como correspondendo à proporção de caracteres em comum e na ordem em comum com uma palavra qualquer. Por exemplo: "paralelepípeto" é uma não-palavra. Em relação a "paralelepípedo", tem 13/14 de lexicalidade, ou seja, lexicalidade de 92,86%

2. Consideremos agora a variável familiaridade: palavra rara *versus* palavra comum. Quanto maior a familiaridade da palavra escrita, maior a força de sua representação no léxico ortográfico e, logo, a probabilidade de que venha a ser reconhecida de maneira visual direta quando vista. Como demonstrado por Capovilla e Casado (2014), o grau de familiaridade pode ser avaliado por meio da ferramenta Google Ad Words. (Gross, M. S., Liu, Contreras, Muñoz, & Leykin, 2014; disponível em http://www.altgrupo.com.br/adwords/). Capovilla, Capovilla, Capovilla, Coelho, Luz, Graton-Santos e Damazio (2017) propuseram usar o logaritmo na base 10 da Frequência Média Anual da Palavra na base de dados do Google Ad Words. Portanto, a variável familiaridade (i.e., a diferença entre palavra rara e palavra comum) pode ser compreendida como uma variável quantitativa intervalar, em vez de como mera variável qualitativa dicotômica (i.e., palavra rara *versus* palavra comum).

3. Consideremos, por fim, a variável regularidade: palavra regular *versus* palavra irregular. Quanto maior a regularidade grafema-fonema de uma palavra escrita, tanto maior será a semelhança entre a pronúncia construída por decifragem precisa e fluente dessa palavra escrita e a representação previamente armazenada da palavra ouvida correspondente no léxico fonológico. Portanto, a variável regularidade (i.e., a diferença entre palavra regular e palavra irregular) pode ser compreendida como uma variável quantitativa intervalar, em vez de como mera variável qualitativa dicotômica (i.e., palavra regular *versus* palavra irregular). A questão é como medir o grau de regularidade grafema-fonema de uma palavra escrita qualquer a ser lida em voz alta. Capovilla, Capovilla, Capovilla, Coelho, Luz, Graton-Santos e Damazio, (2017) demonstraram que o grau de cifrabilidade de uma palavra falada ouvida a ser escrita sob ditado equivale à média aritmética dos Índices Ponderados de Cifrabilidade (IPC) das relações fonema-grafema que a compõem.

O exemplo previamente dado da palavra "exército" é esclarecedor. Dissemos que a criança em fase alfabética não entende essa palavra porque, para a leitura, ela é "irregular" em termos de relações grafema-fonema. A decifragem estrita tende a produzir uma forma fonológica estranha e irreconhecível ([e'ʃɛɾsɪtʊ]), em vez da forma fonológica previamente armazenada no léxico fonológico ([e'zɛɾsɪtʊ]). Para compreender quantitativamente porque isso ocorre, Capovilla e Casado (2014) mapearam, num *corpus* de 315.000 pronúncias de palavras do Português, 350 tipos de relações entre grafemas e fonemas. Esse mapeamento permitiu descobrir a incidência percentual relativa de todas as maneiras de pronunciar cada grafema e de escrever cada fonema. Isso permitiu calcular o Grau Médio Decifrabilidade (i.e., o grau de regularidade grafema-fonema) de qualquer palavra escrita a ser lida em voz alta, bem como o Grau Médio Cifrabilidade (i.e., o grau de regularidade fonema-grafema) de qualquer palavra ouvida a ser escrita sob ditado. Esse mapeamento revelou que, na Língua Portuguesa, o grafema "x" tende a ser pronunciado como [ʃ] em 42% das vezes, e como [z] em apenas 13,4% das vezes. Assim, a relação grafema-fonema alvo ("x"-[z]) é recessiva (13,4%), ao passo que a relação grafema-fonema competidora ("x"-[ʃ]) é dominante (42%). Quando mais recessiva a relação-alvo a ser produzida, tanto maior sua suscetibilidade à intrusão; quanto mais dominante uma relação competidora, tanto maior sua intrusividade. Assim, na leitura em voz alta de palavras contendo o grafema "x", o fonema [ʃ] tenderá a se imiscuir como intruso na pronúncia do fonema-alvo recessivo [z], já que, para soar "x", [ʃ] é mais de 3 vezes mais frequente que [z].

Até o advento desta nova maneira quantitativa de conceber as variáveis que afetam a leitura e a escrita, havia a necessidade de compor listas de conjuntos de palavras do tipo regular, do tipo irregular, do tipo raras, do tipo comum, e assim por diante. Essas listas eram altamente insatisfatórias, pois tendia a haver enorme variabilidade interna a cada conjunto ou tipo de palavra. Além disso, as listas não eram comparáveis entre si, o que tornava os instrumentos muito arbitrários e reduzia as possibilidades de controle experimental e estatístico, e o nível das estatísticas inferenciais que podiam ser usadas. Essas variáveis nominais qualitativas grosseiras não permitiam empregar estatísticas paramétricas, já que essas dependem que haja distribuição normal das propriedades. Essas variáveis nominais qualitativas permitiam empregar apenas estatísticas não paramétricas rudimentares, incapazes de exercer os necessários controles estatísticos sobre as muitas fontes de invalidade e contaminação experimental (Shadish, Cook, & Campbell, 2002). Sem a possibilidade de exercer controle estatístico por meio de estatísticas inferenciais paramétricas, como análise de covariância, os achados tendiam a ser inconclusivos ou, se conclusivos, muito limitados em seu escopo de generalizabilidade, sendo válidos apenas para aquele pequenino conjunto de umas poucas palavras de um ou outro tipo. Esse nível baixo de controle é mais típico de uma protociência primitiva que de uma ciência profícua em termos tecnológicos.

No presente modelo teórico, as variáveis nominais dicotômicas, bem como as variáveis ordinais grosseiras, que permitiam empregar apenas estatísticas inferenciais não paramétricas, são substituídas por variáveis quantitativas escalares (i.e., intervalares), que permitem empregar estatísticas inferenciais paramétricas, como análises de variância e de covariância, e análises multivariadas. Com isso, as listas de leitura e escrita deixam de ser concebidas como sendo compostas de conjuntos de itens de um ou outro "tipo" dicotômico (palavras *versus* não-palavras; palavras regulares *versus* irregulares; palavras comuns *versus* palavras raras). Em vez disso, as listas passam a ser concebidas como sendo compostas de itens com graus variados de lexicalidade, familiaridade e regularidade (i.e., cifrabilidade fonema-grafema para escrita, e decifrabilidade grafema-fonema para leitura).

O presente modelo permite mapear precisamente cada uma das variáveis em cada uma das modalidades sensoriais. Por exemplo, em termos da audição, a precisão fina do modelo pode ser assim demonstrada:

Como sumariado na Tabela 1, no mapeamento de Capovilla e Casado (2014), em 315.000 pronúncias em todos os sotaques brasileiros, houve 45.625 instâncias do fonema [ʃ]. Nessas ele se encontra escrito de 6 modos diferentes. Em 37.597 das vezes (82,40% das vezes) ele é escrito com "s" como na pronúncia nordestina de [nɔh'dɛʃtʲɪ]-"nordeste". Em 4.611 vezes (10,11% das vezes) ele é escrito com "ch" como em ['ʃuvɐ]-"chuva". Em 3.390 vezes (7,43% das vezes) ele é escrito com "x" como em [ẽʃa'kekɐ]-"enxaqueca". Em 14 vezes (0,031% das vezes) ele é escrito com "sh" como em ['ʃow]-"show". Em 11 vezes (0,024% das vezes) ele é escrito com "z" como na pronúncia carioca de ['dɛʃ]-"dez". Em 2 vezes (0,0044% das vezes) ele é escrito com "sch" como em [ʃua'nomɐ]-" schwannoma". Assim, por dominância decrescente, o fonema [ʃ] é escrito com "s", "ch", "x", "sh", "z", "sch". Quanto maior a dominância, maior a intrusividade; quanto menor a dominância, tanto maior a suscetibilidade a intrusão.

Tabela 1 – Grafemas que cifram o fonema [ʃ] com respectivas palavras e com pronúncia transcrita em IPA, incidência absoluta e incidência proporcional (IPC).

Relação fonema-grafema	Transcrição IPA	Palavra escrita	Incidência absoluta	Incidência proporcional
[ʃ]-"s"	[nɔh'dɛʃtʲɪ]	nordeste	37597	82,4044%
[ʃ]-"ch"	['ʃuvɐ]	chuva	4611	10,1063%
[ʃ]-"x"	[ẽʃa'kekɐ]	enxaqueca	3390	7,4301%
[ʃ]-"sh"	['ʃow]	show	14	0,0307%
[ʃ]-"z"	['dɛʃ]	dez	11	0,0241%
[ʃ]-"sch"	[ʃua'nomɐ]	schwannoma	2	0,0044%
			45.625	100%

Como sumariado na Tabela 2, no mapeamento de Capovilla e Casado (2014), em 315.000 pronúncias, houve 32.402 instâncias do fonema [ʒ]. Nessas ele se encontra escrito de 5 modos diferentes. Em 16.440 das vezes (50,73% das vezes) ele é escrito com "g" como em [ʒi'ɾafɐ] -"girafa". Em 9.919 vezes (30,61% das vezes) ele é escrito com "s" como na pronúncia nordestina de [eʒ'bɛwtʊ]-"esbelto". Em 5.948 vezes (18,36% das vezes) ele é escrito com "j" como em [ʒaɾ'gɐ̃w̃]-"-jargão". Em 55 vezes (0,17% das vezes) ele é escrito com "sj" como em [deʒeʒʊ'aɾ]-"desjejuar". Em 40 vezes (0,12% das vezes) ele é escrito com "sg" como em [deʒe'laɾ]-"desgelar". Assim, por dominância decrescente, o fonema [ʒ] é escrito com "g", "s", "j", "sj", "sg". Quanto maior a dominância, maior a intrusividade; quanto menor a dominância, tanto maior a suscetibilidade a intrusão.

Tabela 2 – Grafemas que cifram o fonema [ʒ] com respectivas palavras e com pronúncia transcrita em IPA, incidência absoluta e incidência proporcional (IPC).

Relação fonema-grafema	Transcrição IPA	Palavra escrita	Incidência absoluta	Incidência proporcional
[ʒ]-"g"	[ʒi'ɾafɐ]	girafa	16440	50,7376%
[ʒ]-"s"	[eʒ'bɛwtʊ]	esbelto	9919	30,6123%
[ʒ]-"j"	[ʒaɾ'gɐ̃w̃]	jargão	5948	18,3569%
[ʒ]-"sj"	[deʒeʒʊ'aɾ]	desjejuar	55	0,1697%
[ʒ]-"sg"	[deʒe'laɾ]	desgelar	40	0,1234%
			32.402	

O preciso controle das variáveis em cada uma das modalidades sensoriais (e.g., audição, visão, tato) permite combinar essas modalidades. Consideremos agora o surdo vidente que faz leitura orofacial visual (Capovilla & Graton-Santos, 2013). Para ele as unidades audíveis da fala (i.e., os fonemas ou otolalemas) não são perceptíveis; mas apenas as unidades visíveis da fala (i.e., optolalemas). Contudo, existem optolalemas que não são distinguíveis pela visão.

Por exemplo, as formas visíveis de boca (optolalemas) envolvidas na articulação do fonema [ʃ] são idênticas àquelas envolvidas na articulação do optolalema [ʒ]. Essas formas de boca visíveis (optolalemas) que são iguais à visão (homoscópicas) são chamadas de optolalemas homoscópicas. Um conjunto delas pode ter de 1 a n unidades lalêmicas distintas, todas com a mesma aparência. Otolalemas são indicados por colchetes: [ʃ], [ʒ]. Já optolalemas são indicados por chaves: {ʃ}, {ʒ}. Optolalemas homoscópicos são indicados por um único conjunto de chaves: {ʃ, ʒ}. Ao fazer tomada de ditado por leitura orofacial, é esperado que surdos nordestinos ou cariocas, ao se depararem com a unidade de fala visível {ʃ, ʒ} tendam a cifrá-la com grafemas ordenados conforme a hierarquia de probabilidades da Tabela 3.

Como sumariado na Tabela 3, no mapeamento de Capovilla e Casado (2014), em 315.000 pronúncias, houve 78.027 instâncias do homoptolalema (optolalema homoscópico) {ʃ, ʒ}. Nessas ele se encontra escrito de 10 modos diferentes. Em 47.516 das vezes (68,90% das vezes) ele é escrito com "s" como nas pronúncias nordestinas de [nɔh'dɛʃtʲɪ] – "nordeste", e [eʒ'bɛwtʊ]-"esbelto". Em 16.440 vezes (21,07% das vezes) ele é escrito com "g" como na pronúncia de [ʒi'ɾafɐ]-"girafa". Em 5.948 vezes (7,62%¨das vezes) ele é escrito com "j" como em [ʒaɾ'gɐ̃w̃]-"jargão". Em 4.611 vezes (5,91% das vezes) ele é escrito com "ch" como em ['ʃuvɐ]-"chuva". Em 3.390 vezes (4,34% das vezes) ele é escrito com "x" como em [ẽʃa'kekɐ]-"enxaqueca". Em 55 vezes (0,07% das vezes) ele é escrito com "sj" como na pronúncia de [deʒeʒʊ'aɾ]-"desjejuar". Em 40 vezes (0,05%¨das vezes) ele é escrito com "sg" como em [deʒe'laɾ]-"desgelar". Em 14 vezes (0,018% das vezes) ele é escrito com "sh" como em ['ʃow]-"show". Em 11 vezes (0,014% das vezes) ele é escrito com "z" como em ['dɛʃ]-"dez". Em 2 vezes (0,0026% das vezes) ele é escrito com "sch" como em [ʃua'nomɐ]-"schannoma". Assim, por dominância decrescente, o fonema [ʒ] é escrito com "g", "s", "j", "sj", "sg". Quanto maior a dominância, maior a intrusividade; quanto menor, maior a suscetibilidade a intrusão.

Tabela 3 – Grafemas que cifram o homoptolalema {ʃ, ʒ} com respectivas palavras e com pronúncia transcrita em IPA, incidência absoluta e incidência proporcional (IPC).

Relação optolalema-grafema	Transcrição IPA	Palavra escrita	Incidência absoluta	Incidência proporcional
{ʃ, ʒ}-"s"	[nɔh'dɛʃtʲɪ], [eʒ'bɛwtʊ]	nordeste, esbelto	47.516	60,8969%
{ʃ, ʒ}-"g"	[ʒi'ɾafɐ]	girafa	16440	21,0696%
{ʃ, ʒ}-"j"	[ʒaɾ'gɐ̃w̃]	jargão	5948	7,6230%
{ʃ, ʒ}-"ch	['ʃuvɐ]	chuva	4611	5,9095%
{ʃ, ʒ}-"x"	[ẽʃa'kekɐ]	enxaqueca	3390	4,3446%
{ʃ, ʒ}-"sj"	[deʒeʒʊ'aɾ]	desjejuar	55	0,0705%
{ʃ, ʒ}-"sg"	[deʒe'laɾ]	desgelar	40	0,0513%
{ʃ, ʒ}-"sh"	['ʃow]	show	14	0,0179%
{ʃ, ʒ}-"z"	['dɛʃ]	dez	11	0,0141%
{ʃ, ʒ}-"sch"	[ʃua'nomɐ]	schwannoma	2	0,0026%
			78.027	100%

O mesmo fenômeno de homoscopia ocorre em outros conjuntos de lalemas: as formas visíveis de boca (optolalemas) envolvidas na articulação do fonema [p] são idênticas àquelas envolvidas na articulação do fonema [b] que, por sua vez, são idênticas àquelas da articulação do fonema [m]. Essas formas de boca visíveis (optolalemas) iguais à visão (homoscópicas) são chamadas de homoptolalemas. Como vimos, otolalemas são indicados por colchetes: [b], [b], [m]. Já optolalemas são indicados por chaves: {p}, {b}, {m}. Homoptolalemas são indicados por um único conjunto de chaves: {p, b, m}. Há ainda outros conjuntos de homoptolalemas como {k, g}, {f, v}, {t, d, n}. No interior de cada conjunto estão os optolalemas que são iguais à visão, devido à semelhança do ponto de articulação visível. Assim, em termos de articulação, no homoptolalema {p, b, m} os lalemas são bilabiais; os do conjunto {k, g} são velares; os do conjunto {f, v} são labiodentais; os do conjunto {t,d,n, ɾ, ɹ} são alveolares, os do conjunto {ʃ, ʒ} são pós-alveolares; os do conjunto {d^j, t^j, dʒ, tʃ} são alveopalatais. Segundo Capovilla, isso seria responsável pela sua semelhança à visão, ou seja, à sua homoscopia. Na cifragem de cada homoptolalema existe uma hierarquia de probabilidades, que é capaz de explicar boa parte da distribuição dos erros de substituição na paragrafias por intrusão. O restante da variação pode ser explicado pelo conhecimento de regras gramaticais de posição como, por exemplo, a regra do "a", "o", "u" *versus* "e", "i". Regras de cifragem são limitadas a regras de posição que condicionam a cifragem de um fonema com um dado grafema dependendo da posição que o fonema ocupa na palavra falada: se no início ou fim ou meio da palavra, ou se precedendo vogais, ou precedendo uma consoante vozeada. Por exemplo: Em Português o fonema [k] é cifrado com "c" em 90% dos casos, com "qu" em 7,83%, como "q" em 1,83 dos casos (neste caso sempre seguido de ditongo crescente como "ua" ou "uan", por exemplo), com "k" em 0,216% dos casos, com "ck" em 0,0827% dos casos, com "ch" em 0,314% dos casos, e com "cqu" em 0,0029% dos casos. Assim, ao ouvir o fonema [k], a expectativa de cifrá-lo com "c" é 11,5 vezes maior que a de cifrá-lo com "qu". Contudo, a regra de posição permite reduzir a dependências da mera probabilidade ao estabelecer que "o fonema [k] é usualmente cifrado com "c" quando precede "a", "o", "u", e com "qu" quando precede vogais "e" e "i". Esse processo top-down de governo por regras é fruto de instrução formal metalinguística. Ele se contrapõe ao processo basal bottom-up de distribuição probabilística de intuições e expectativas formadas pela exposição incidental às relações entre unidades de escrita e de pronúncia, bem como pela exposição sistemática em treinos de leitura e escrita do tipo *drill-and-practice*. Juntos, os dois processos dão conta de explicar boa parte das paragrafias cometidas na escrita sob ditado auditivo de palavras raras; bem como das paralexias cometidas na leitura em voz alta de palavras raras.

O modelo matricial de leitura e escrita

O modelo todo é descrito a seguir:

O processo de escrita se origina a partir da fala e, por meio da cifragem fonema-grafema, resulta no texto, que contém aquela fala encapsulada. Tal cifragem consiste na segmentação da fala audível em fonemas (i.e., otolalemas), e conversão desses fonemas nos grafemas correspondentes. Reciprocamente, o processo de leitura se origina a partir do texto e, por meio da decifragem grafema-fonema, resulta na fala. Essa decifragem constrói a pronúncia segmento a segmento, recuperando a fala original que estava encapsulada no texto. Tal decifragem consiste na segmentação do texto nos grafemas, e conversão desses grafemas nos fonemas correspondentes.

Na interface entre os mundos da fala e da escrita está o código. O código é a porta, o umbral, a ponte e o túnel que permite a passagem entre os mundos da fala e da escrita, permitindo ir e vir. Codificação é a passagem de ida, da fala para a escrita; decodificação é a passagem de volta, da escrita para a fala. Cada passagem tem regras próprias. A fala é codificada na escrita por meio de uma série de chaves de conversão; e decodificada de escrita em fala por meio de uma outra série de chaves de conversão.

No modelo de Processamento de Informação proposto por Capovilla e colaboradores (Capovilla, 2011a, 2013, 2015a, 2015b, 2018; Capovilla & Casado, 2014; Capovilla & Graton-Santos, 2013; Capovilla & Raphael, 2005), a CPU (Unidade de Processamento Central) cognitiva abriga dois sistemas, ou placas. Um sistema para cifrar (ou codificar a fala em escrita); outro sistema para decifrar (ou decodificar a escrita em fala). A arquitetura cognitiva dessas placas foi proposta por Capovilla (2011a, 2013, 2015a, 2015b, 2018) e Capovilla e colaboradores (Capovilla & Graton-Santos, 2013; Capovilla, Capovilla, Capovilla, Coelho, Luz, Graton-Santos, & Damazio, 2017, Capovilla, Jacote, Sousa-Sousa, & Graton-Santos, 2011, Capovilla, Marins, Jacote, Damazio, & Graton-Santos,

2013, Capovilla & Raphael, 2005). Ela foi mapeada extensamente pela primeira vez por Capovilla e Casado (2014) e Capovilla, Capovilla, Marins, Jacote, Damazio e Graton-Santos (2013).

Cada sistema ou placa contém todas as mesmas unidades de fala e de escrita. Contudo, a maneira como essas unidades de fala e de escrita se interligam numa placa é distinta da maneira como se interligam na outra placa. Na Placa de Cifragem os fonemas estão na entrada; e os grafemas estão na saída. A Placa de Cifragem interliga cada um dos diferentes fonemas a cada um de uma série de 1 a 11 grafemas. Na Placa de Decifragem os grafemas estão na entrada; os fonemas, na saída. A Placa de Decifragem interliga cada um dos grafemas a cada um de uma série de 1 a 6 fonemas. A arquitetura cognitiva de cada placa consiste no modo preciso como as unidades se encontram relacionadas. Esses modos consistem em feixes de diferentes calibres. Quanto maior o calibre do feixe, tanto maior o fluxo de informação, que se reflete por uma maior probabilidade de resposta e menor dispêndio de tempo de reação para responder. A força ou calibre de uma conexão é proporcional ao histórico de associações entre eventos ambientais (estímulos) relacionados por essa mesma via ou conexão. Por exemplo, consideremos a aprendizagem de decifragem do grafema "s", e de cifragem do fonema [s].

Na aprendizagem da leitura em voz alta do grafema "s", a criança é exposta provavelmente a um vasto número de instâncias discretas em que o grafema "s" é pronunciado como [s] no início das palavras (como em "sala", "selo", "sino", "solo", "sujo"), no final das palavras (como em "mas", "mês", "bis", "galos", "ônibus"), e no meio das palavras (como em "bastar", "pescar", "piscar", "apostar"). E a outro vastíssimo número de instâncias discretas em que o grafema "s" é pronunciado como [z] devido ao fato de ocorrer em posição intervocálica (como em "fase", "mesa", "lisa", "raso", "luso"), ou antecedendo consoantes vozeadas ("esbarrar", "esdrúxulo", "esganar", "desjejum", "esmero", "asno", "esvanecer"). Dependendo da distribuição absoluta e relativa das ocorrências dessas duas relações "s"-[s] ou "s"-[z], elas terão "forças" ou "probabilidades de disparo" diferentes. Quanto maior o número de ocorrências de uma dada relação (e.g., conexão "s"-[s]) no ambiente de leitura e escrita da criança, tanto maior será a força absoluta e relativa da conexão que ela cria. E quanto maior a força dessa conexão (seja "s"-[s] ou "s"-[z])), tanto maior a probabilidade de ocorrência da pronúncia por ela comandada (seja [s] ou

[z]). Assim, a distribuição probabilística dos estímulos visuais de escrita (grafemas) e dos estímulos auditivos da fala (fonemas) ao longo da vasta sucessão de experiências de leitura e escrita sistemática ou incidental da criança tenderá a evocar nela os fonemas em presença dos grafemas; e a evocar nela a produção escrita de grafemas em presença de fonemas. Essas evocações e tendências consistem em intuição linguística de leitura e escrita. Nessa abordagem à leitura e escrita, a estratégia original consiste em mapear as bases que formam a intuição de leitura e escrita da criança, e relacionar esta base nomoteticamente à estrutura da língua, bem como ao método de alfabetização (i.e., de ensino-aprendizagem de leitura e escrita). O objetivo desta abordagem é compreender as variáveis de que dependem a precisão de cifragem e de decifragem de qualquer palavra do Português, de modo a prever:

(1) A probabilidade de erro de leitura e de escrita em qualquer palavra do Português,

(2) A distribuição da probabilidade de erro de leitura e de escrita em qualquer segmento de qualquer palavra do Português,

(3) A distribuição da probabilidade de qualquer um de centenas de erros de leitura e de escrita em qualquer segmento de qualquer palavra do Português.

O sistema de linguagem da criança consiste na representação interna, cognitiva, ontogenética, do sistema de língua da cultura letrada em que a criança se insere; e, apesar de variações idiossincráticas típicas do ambiente e da constituição de cada criança, de modo geral, podem-se identificar alguns princípios nomotéticos gerais, segundo os quais a força da conexão de qualquer uma das centenas de conexões no sistema de linguagem da criança dependerá da força da conexão de cada uma dessas mesmas centenas de conexões no sistema de da língua, o qual é passível de mapeamento computacional estatístico.

Nesse modelo original (Capovilla, 2011a, 2013, 2015a, 2015b, 2018, Capovilla & Casado, 2014, Capovilla & Graton-Santos, 2013, Capovilla & Raphael, 2005), a previsão é que, desde que suficientemente compreensivo:

(1) O mapeamento computadorizado da distribuição estatística das frequências de ocorrência de cada uma de todas as conexões fonema-grafema no sistema da língua é capaz de prever o mapeamento da frequência de ocorrência das conexões fonema-grafema no sistema de

linguagem da criança especializado em escrever por cifragem fonema-grafema. A escrita sob ditado ouvido ou audibilizado mentalmente se baseia no sistema de linguagem no nível cognitivo ontogenético, Ele é a representação cognitiva do sistema da língua.o sistema da língua no nível da cultura, definido pela distribuição estatística dos Índices Ponderados de Cifrabilidade de cada uma das centenas de relações fonema-grafema necessárias para escrever sob ditado ouvido ou interno qualquer palavra do léxico.

(2) O mapeamento computadorizado da distribuição estatística das frequências de ocorrência de cada uma de todas as conexões grafema-fonema no sistema da língua é capaz de prever o mapeamento da frequência de ocorrência das conexões grafema-fonema no sistema de linguagem da criança especializado em ler por decifragem grafema-fonema. A leitura em voz alta ou audibilizada mentalmente se baseia no sistema de linguagem no nível cognitivo ontogenético, Ele é a representação cognitiva do sistema da língua no nível da cultura, definido pela distribuição estatística dos Índices Ponderados de Decifrabilidade de cada uma das centenas de relações grafema-fonema necessárias para ler em voz alta ou audibilizada internamente qualquer palavra do léxico

Os fonemas e os grafemas e as relações bidirecionais (i.e., em cada um dos dois sentidos) fonema-grafema e grafema-fonema foram extensamente mapeados pela primeira vez em Capovilla e Casado (2014). Mapeamento recente bastante aperfeiçoado e compreensivo pode ser encontrado em Capovilla, Capovilla, Coelho, Luz, Graton-Santos, & Damazio, (2017), que chegaram a mapear mais de 2.500.000 relações fonema-grafema.

Segundo Capovilla (2011a, 2013, 2015a, 2015b, 2018; CAPOVILLA & CASADO, 2014; CAPOVILLA, Capovilla, Coelho, Luz, Graton-Santos, & Damazio, 2017; CAPOVILLA & GRATON-SANTOS, 2013; Capovilla, Jacote, Sousa-Sousa, & Graton-Santos, 2011; CAPOVILLA & RAPHAEL, 2005), o mapeamento permite:

(1.1) Prever a probabilidade de precisão de cifragem de qualquer relação fonema-grafema (a partir do Índices Ponderados de Cifrabilidade dessa relação), sendo esta precisão avaliada por meio de provas de escrita sob ditado de palavras ouvidas por crianças já alfabetizadas, bem como por meio de provas de escrita sob ditado de palavras ouvidas extremamente raras por parte de adultos;

(1.2) Prever a probabilidade de precisão de cifragem de qualquer palavra da língua Portuguesa, a partir da média aritmética dos Índices Ponderados de Cifrabilidade das relações fonema-grafema que compõem as palavras;

(1.3) Prever a probabilidade de ocorrência de erros de cifragem (paragrafias) de qualquer palavra da língua Portuguesa, a partir da distribuição relativa (gradiente) dos Índices Ponderados de Cifrabilidade de todas as relações fonema-grafema que compõem as palavras;

Capovilla, Coelho, Luz, Graton-Santos e Damazio (2017) conduziram com 154 alunos, sendo 61 estudantes do Ensino Superior, e 93 estudantes do Ensino Fundamental (sendo 18 do 6° ano; 20 do 7° ano; 28 do 8° ano; 27 do 9° ano) de uma escola particular da grande São Paulo. Os avaliandos foram submetidos a uma prova de escrita sob ditado de 560 palavras de baixa frequência de ocorrência. A prova foi empregada coletivamente em sala de aula para as duas amostras. Foram empregadas as mesmas palavras para as duas amostras de alunos. Como as palavras tinham muito baixa frequência de ocorrência (Log_{10}FMA no Google AdWords próximo a 2), as duas amostras de alunos tiveram de escrever estritamente por cifragem fonema-grafema. Como as duas amostras de alunos haviam sido igualmente alfabetizadas, as duas sabiam cifrar os fonemas. A vantagem dos adultos sobre as crianças estava num léxico ortográfico substancialmente maior. Contudo, dada a raridade das palavras, os universitários não puderam fazer uso desse léxico ortográfico para escrita.

Usando uma lista menor e com menos sujeitos, o estudo pioneiro de Capovilla e Casado (2014) havia demonstrado que a precisão de cifragem das relações fonema-grafema foi função direta do Índice Ponderado de Cifrabilidade fonema-grafema. Demonstrou, também, que a precisão de cifragem das palavras ouvidas foi função do Grau Médio de Cifrabilidade dessas palavras, tal como calculado pela média aritmética dos Índices Ponderados de Cifrabilidade das diversas relações fonema-grafema componentes das palavras ouvidas a serem escritas sob ditado.

O mapeamento original (Capovilla & Casado, 2014) deu lugar a um novo mapeamento muito mais preciso (em termos da precisão gramatical subjacente e da técnica de transcrição em IPA) e mais compreensivo (com o dobro de relações fonema-grafema), bem como a novos estudos (Capovilla, Coelho, Luz, Graton-Santos, & Damazio, 2017), com o teste do dobro de relações fonema-grafema por meio de uma lista de palavras duas vezes maior. O presente capítulo aprecia alguns aspectos gerais dos achados deste último estudo.

O estudo de validação do modelo matricial: análises preliminares

O estudo avaliou a frequência de cifragem total (acertos e erros e omissões) de 228 relações, implementadas em 560 palavras, por parte de 154 estudantes, sendo 61 universitários e 93 alunos do Ensino Fundamental (18 do 6º ano; 20 do 7º ano; 28 do 8º ano; 27 do 9º ano). Em contraste, o estudo pioneiro de Capovilla e Casado (2014) havia avaliado a frequência de cifragem total (acertos e erros) de 117 relações, implementadas em 297 palavras, por parte de 177 estudantes universitários. Além de analisar a porcentagem de acerto geral como função do ano escolar do avaliando, o presente estudo analisou os erros de escrita (paragrafias) como função do ponto de articulação do fonema a ser mapeado. O objetivo era avaliar se existiria alguma relação entre a escrita sob ditado de palavras extremamente raras e a leitura orofacial dessas palavras. A escolha de palavras extremamente raras para compor a lista objetivava solapar processos de reconhecimento lexical (seja do léxico fonológico, seja do léxico ortográfico, seja do léxico optolalêmico).

Os achados foram os seguintes:

Na análise de erros de escrita (paragrafias), foi observado que a ocorrência dos grafemas intrusos que se imiscuíram na escrita tomando o lugar dos grafemas alvo e ocasionando, assim, as paragrafias, não foi aleatória ou errática ou espúria. Essa ocorrência respeitou o ponto de articulação dos lalemas. Ou seja, os grafemas intrusos mapeavam lalemas (unidades de articulação da fala) que tinham o mesmo ponto de articulação dos lalemas alvo. Assim, durante a escrita sob ditado de palavras raras ouvidas, ao procurar cifrar os fonemas que compunham essas palavras, quase sempre que os avaliandos erravam, eles produziam grafemas intrusos cujos lalemas compartilhavam o mesmo ponto de articulação do lalema alvo correspondente ao grafema alvo que deveria ter sido produzido. Esse achado sugere que os avaliandos estavam engajados em processamento não apenas fonológico-fonético (i.e., otolalêmico-artrolalêmico) como, também optolalêmico-artrolalêmico. Ou seja, os achados sugerem que ao tomar ditado das palavras faladas, os avaliandos estavam mapeando não apenas as propriedades audíveis da fala (i.e., os otolalemas) como, também, as propriedades visíveis da fala (i.e., os optolalemas). As paragrafias optolalêmicas produzidas pelos avaliandos sugerem que, apesar de falhar no mapeamento otolalêmico, eles conseguiram fazer mapeamento optolalêmico apropriado dos pontos de articulação visíveis dos lalemas. Portanto, quase sempre que as cifragens das relações fonema-grafema falhavam (constituindo, assim, erro de escrita ou paragrafia), os grafemas produzidos nessa cifragem conseguiram, de fato, mapear lalemas que tinham o mesmo ponto de articulação do lalema visível (optolalema) articulado pelo avaliador. Portanto, apesar de errar no mapeamento do alvo otolalêmico (i.e., fonêmico), os estudantes acertaram o alvo optolalêmico. Tal achado, de escrita sob ditado orofacial visual, é de profundo interesse teórico, pois revela o efeito do mapeamento optolalêmico numa prova de escrita sob ditado de palavras faladas apresentadas de modo naturalístico ao vivo, e que eram recebidas simultaneamente por audição e visão. Além disso, o índice de prevalência relativa (i.e., Índices Ponderados de Cifrabilidade) dos grafemas intrusos produzidos no lugar dos grafemas alvo para os homoptolalemas, como o {ʃ, ʒ} exemplificado na Tabela 3, exerceu efeito significativo sobre a incidência desses grafemas intrusos. Isso foi observado para os bilabiais {p, b, m}, os velares {k, g}, as labiodentais {f, v}, as alveolares {t, d, n, ɾ, ɹ}, as pós-alveolares {ʃ, ʒ}, e os alveopalatais{dʲ, tʲ, dʒ, tʃ}

O estudo testou o alcance do modelo de Capovilla em elucidar o processo de cifragem fonema-grafema pela rota fonológica. Os resultados deram apoio às exoectativas do estudo. As hipóteses ao teste de refutação e foram corroboradas. Isso deu suporte adicional à tese de que, no contexto naturalístico, a rota fonema-grafema deveria ser, mais apropriadamente, chamada de oto-opto-grafêmica, uma vez que, nesse contexto de tomada de ditado ao vivo, o mapeamento grafêmico mapeia não apenas as unidades de fala audível (i.e., os otolalemas), como, também as unidades de fala visível (i.e., os optolalemas).

O estudo analisou a relação entre o grau de precisão de cifragem das palavras durante uma tarefa de escrita sob ditado ouvido e o Índice Ponderado de Cifrabilidade (IPC) das relações fonema-grafema que compõem essas palavras. A corroboração do Modelo Matricial de Linguagem de Capovilla (2011a, 2013, 2015a, 2015b, 2018) sugere que a classificação dicotômica de palavras em tipos (regular *versus* irregular), nas diferentes listas de leitura e escrita, deve ser substituída pelo arranjo dessas palavras de acordo com seu Grau Médio de Cifrabilidade (GMC) e de Decifrabilidade (GMD). Em vez de estarmos limitados a uma noção primitiva nominal dicotômica que classifica uma palavra como sendo de um tipo (regular) ou de outro (irregular), podemos ascender a uma lógica escalar intervalar que arranja as palavras ao longo de uma escala de graus de cifrabilidade para a escrita e de graus de decifrabilidade para a leitura. De fato, palavras como "táxi" e "exército", que são usualmente classificadas como sendo do "tipo irregular", contêm diversas relações fonema-grafema altamente regulares para escrita (i.e., relações fonema-grafema altamente cifráveis); bem como diversas outras relações grafema-fonema altamente regulares para leitura (i.e., relações grafema-fonema altamente decifráveis). Capovilla propôs um meio de avaliar precisamente o grau de cifrabilidade fonema-grafema de qualquer palavra ouvida, que corresponde à média aritmética dos Índices Ponderados de Cifrabilidade (IPCs) das relações fonema-grafema que compõem a palavra ouvida a ser cifrada na escrita sob ditado; e o grau de decifrabilidade grafema-fonema de qualquer palavra escrita a ser lida em voz alta, que corresponde à média aritmética dos Índices Ponderados de Decifrabilidade (IPDs) das relações grafema-fonema que compõem a palavra escrita a ser lida em voz alta. A partir da análise de 2,55 milhões de ralações entre fonemas e grafemas, Capovilla e colaboradores (Capovilla & Casado, 2014, 2015b, 2018; Capovilla, Jacote, Sousa-Sousa, & Graton-Santos, 2011, Capovilla, Marins, Jacote, Damazio, & Graton-Santos, 2013) implementaram esse modelo no software Voz Brasileira, que calcula automaticamente esses IPCs e IPDs.

O estudo analisou a relação entre a frequência de paragrafias cometidas durante uma tarefa de escrita sob ditado ouvido e o Índice Ponderado de Cifrabilidade (IPC) das relações fonema-grafema que compõem essas palavras. O arrazoado é o seguinte: Na escrita sob ditado de palavras ouvidas, essas palavras são compostas de sequências de fonemas. Como essas palavras devem ser escritas sob ditado, a cada um dos fonemas da sequência corresponde um dado grafema alvo. Esse grafema alvo tem grafemas competidores. Por exemplo, o fonema [s] pode ser cifrado com 11 grafemas. Numa dada palavra ouvida a ser escrita sob ditado, usualmente apenas um grafema é o grafema alvo (exceto em caso de homofonia como "cinto" e "sinto", "passo" e "paço"), sendo que os demais são grafemas competidores. Quando um grafema competidor se imiscui no lugar de um grafema alvo, temos uma intrusão. Esta intrusão caracteriza uma paragrafia por substituição. A probabilidade de intrusão é dada pela diferença entre o IPC do grafema intruso e o IPC do grafema alvo. Quanto maior a diferença, maior a intrusão. Ou seja, o grafema intruso só se imiscui no lugar do grafema alvo porque tem maior IPC que ele. Este é uma das previsões precisas derivadas do presente Modelo de Cifrabilidade. Mas nem sempre esse princípio fonotático dá conta de explicar toda a variação em todas as paragrafias. Quebras na função da distribuição de paragrafias como efeito do IPC sugerem efeitos de processos adicionais. Além do IPC das relações fonema-grafema e do GMC das palavras faladas, dentre os processos adicionais que podem afetar a distribuição das paragrafias estão os processos fonéticos (e.g., assimilação, dissimilação, epêntese, metátese) e o governo por regras gramaticais de posição. Tais regras condicionam o modo como um fonema deve ser cifrado dependendo do modo de inserção desse fonema na palavra (e.g., no início, meio ou fim da palavra, em posição intervocálica, ou precedendo uma consoante vozeada ou desvozeada). A grande vantagem da precisão das previsões derivadas do modelo é deixar desnudados fenômenos relevantes, na eventualidade de quebras das funções previstas a partir do modelo.

Para escrita, as regras gramaticais de posição regulam as relações fonema-grafema. Elas determinam o modo como cada fonema deve ser grafado com diferentes grafemas, dependendo de sua inserção no fluxo de fonemas da fala audível ou audibilizada mentalmente. Por exemplo, tais regras ortográficas determinam que o /ʒ/ pode ser escrito com "j" ou "g", mas com "g" somente antes de "e" e "i".

Para leitura, as regras gramaticais de posição regulam as relações grafema-fonema. Elas determinam o modo como cada grafema deve ser pronunciado com diferentes fonemas, dependendo de sua inserção no sequenciamento dos grafemas. Por exemplo, tais regras ortográficas determinam que o "s" intervocálico seja pronunciado como [z]; e que o "c" antes das vogais "a", "o", "u" seja pronunciado como /k/; e como /s/ antes das vogais "e" e "i". Para falantes estrangeiros que não têm intuição linguística em Português, às vezes será preciso explicitar regras para regular padrões de leitura em voz alta que são naturais para o brasileiro nato ouvinte. Por exemplo, o processo fonético de vozeamento do fonema [s] antes de consoantes vozeadas. Para aprender a ler em voz alta, palavras do Português com "s" precedendo consoantes, alguns estrangeiros precisarão aprender a regra de que "s" antes de consoantes vozeadas (e.g., "m") deve soar como /z/.

O modelo permite prever as probabilidade de paragrafias a serem cometidas na escrita sob ditado ouvido a partir da análise do ponto de articulação do fonema correspondente ao grafema que pode ser produzido durante a paragrafia, em especial de grafemas não canônicos, que indicam processos fonéticos de assimilação, dissimilação, inserção, epêntese, metátese, e assim por diante. No estudo aqui descrito, foi observado que o ponto de articulação do lalema correspondente ao grafema produzido durante a paragrafia corresponde ao ponto de articulação do lalema da palavra pronunciada ao vivo pelo avaliador e a ser cifrada pelo avaliando. Isso sugere que, mesmo errando na cifragem dos fonemas daquela pronúncia, o avaliando acerta na leitura orofacial das propriedades da articulação facial visível daqueles fonemas. Ou seja, ainda que ele seja impreciso na cifragem dos fonemas, ele demonstra que está se aproximando dessa precisão ao fazer o processamento visual (leitura orofacial visual) dos traços da articulação facial que acompanham a emissão daqueles fonemas. Já havia sido observado (Capovilla, de Martino, Macedo, Sousa-Sousa, Graton-Santos, & Mak, 2009; Capovilla, Marins, Jacote, Damazio, & Graton-Santos, 2013; Capovilla, Sousa-Sousa et al, 2008, 2009) que o grau de legibilidade orofacial dos optolalemas é afetado pelo grau de discriminabilidade e de contraste do optolalema. De fato, na leitura orofacial da fala, sílabas tônicas são mais bem lidas orofacialmente por visão que as pré-tônicas; e estas que as pós-tônicas. A evidência desta natureza dá apoio à tese de Capovilla e colaboradores (Capovilla, 2011, 2015b, 2013, 2018; Capovilla & Graton-Santos, 2013) de que a legibilidade orofacial das unidades visíveis da fala (optolalemas) deve ser incorporada em termos teóricos e metodológicos aos modelos fônicos de alfabetização (Seabra & Capovilla, 2010a, 2010b, 2011) de modo a maximizar os resultados. Capovilla (2015a, 2015b, 2018) e Capovilla e colaboradores (Capovilla & Graton-Santos, 2013, Capovilla & Raphael, 2005) propõem que as Provas de Habilidades Metalinguísticas incorporem itens de consciência metaoptolalêmica ao lado dos de consciência metaotolalêmica, ou seja de consciência fonológica), e que o método fônico

(Seabra & Capovilla, 2010a, 2010b, 2011) seja expandido para incorporar o presente mapeamento da língua escrita em suas relações com as unidades da fala nas modalidades auditiva (otolalemas), visual (optolalemas) e tátil (esteselalemas). Essa incorporação sistemática do modelo matricial poderá aumentar o grau de controle sobre a ordem de aprendizagem dos fonemas a partir do escopo de sua cobertura, e aproveitamento da zona de desenvolvimento proximal. Permitirá empregar as relações mais raras e excêntricas numa miríade de atividades e jogos ortográficos envolvendo o extremo superior das habilidades linguísticas de crianças adiantadas e com superdotação. Permitirá também incorporar sistematicamente atividades voltadas a aumentar a habilidade de processamento visual da fala para usar heteroscopia para aumentar a discriminação dos lalemas nos casos de homofonia (como ocorre na distinção entre /m/ e /n/); e para usar heterohaptia (i.e., heteroestesia) para permitir discriminação apesar de homoscopia (como ocorre na distinção entre /b/ e /p/; /d/ e /t/, /g/ e /k/, ou seja, as consoantes vozeadas, em que as pregas vocais vibram ao tato; e as consoantes desvozeadas em que elas não vibram). Todos esses recursos são de grande interesse teórico e prático para aprimorar o Método Fônico de alfabetização.

Referências

Capovilla, F. C. (2018). Explicando leitura e escrita de palavras desconhecidas: Do modelo de duplo processo ao modelo conexionista monergista. In L. M. Alves, R. Mousinho, & S. Capellini (Orgs.). *Dislexia*: novos temas, novas perspectivas. (Vol. 4). Rio de Janeiro, RJ: Wak

Capovilla, F. C. (Org.). (2011b). *Teste de Vocabulário por Figuras USP (TVfusp): Normatizado para avaliar compreensão auditiva de palavras dos 7 aos 10 anos*. São Paulo, SP: Memnon.

Capovilla, F. C. (2015a). Nossa língua Portuguesa: Como avaliar o grau de cifrabilidade de qualquer palavra falada e o grau de decifrabilidade de qualquer palavra escrita nas normas lusitana e brasileira. In R. Pereira (Org.). *Abordagem multidisciplinar da aprendizagem*. (pp. 481-503). Viseu, Portugal: Editora Qualconsoante.

Capovilla, F. C. (2015b) Paradigma matricial de linguagem oral, escrita e de sinais: taxonomia e sistema de variáveis para tratamento conceitual, experimental e estatístico. In F. H. Santos, V. Andrade, & O. Bueno (Orgs). *Neuropsicologia hoje* (2ª ed.). Porto Alegre, RS: Artmed Editora.

Capovilla, F. C. (2013). Paradigma neuropsicolinguístico para refundação conceitual e metodológica da linguagem falada, escrita e de sinais para alfabetização de ouvintes, deficientes auditivos, surdos e surdocegos. In F. C. Capovilla, W. D. Raphael, & A. C. Mauricio (Orgs.). *Novo Deit-Libras: Dicionário enciclopédico ilustrado trilíngue da Língua de Sinais Brasileira (Libras) baseado em linguística e neurociências cognitivas.* (3a ed., vol. 1) São Paulo, SP: Edusp.

Capovilla, F. C. (2011ª). Paradigma neuropsicolinguístico: Refundação conceitual e metodológica na alfabetização de ouvintes, deficientes auditivos, cegos, surdos e surdocegos. In F. C. Capovilla (Org.). *Transtornos de aprendizagem*: Progressos em avaliação e intervenção preventiva e remediativa. (2a ed.). São Paulo, SP: Memnon. 2011a, p. 42-131. (ISBN: 978-85- 7954-015-8).

Capovilla, F. C., Capovilla, A. G. S., & Macedo, E. C. (2008). Analisando as rotas lexical e perilexical na leitura em voz alta: Efeitos de lexicalidade, extensão, regularidade, estrutura silábica e complexidade grafêmica do item e de escolaridade do leitor sobre tempo de reação, duração e segmentação na pronúncia. In L. Pasquali (Org.). *Instrumentação psicológica: fundamentos e práticas.* Porto Alegre, RS: ArteMed.

Capovilla, F. C., Capovilla, A. G. S., & Macedo, E. C. Rota perilexical na leitura em voz alta: Tempo de reação, duração e segmentação na pronúncia. *Psicologia: Reflexão e Crítica* (Porto Alegre, RS), *14*(2), 409-427. 2001. (ISSN: 0102-7972).

Capovilla, F. C., Capovilla, A. G. S., & Macedo, E. C. (2007). (Tele)avaliando o desenvolvimento da competência de leitura em ouvintes e surdos de escolas especiais e comuns: O estado da arte. In E. C. Miotto, M. C. S. Lucia, & M. Scaff (Orgs.). *Neuropsicologia e as interfaces com as neurociências* (pp. 229-240). São Paulo, SP: Casa do Psicólogo.

Capovilla, F., Capovilla, A., Nunes, L., Aráujo, I., Nunes, D., Nogueira, D., & Bernat, A. B. (1997). Versão brasileira do teste de vocabulário por imagens peabody: dados prelimiares. *Distúrbios da Comunicação, 8*(2).

Capovilla, F. C., & Casado, K. (2014). *Quebrando o código do português brasileiro: Como calcular a cifrabilidade de qualquer palavra falada e a decifrabilidade de qualquer palavra escrita.* São Paulo: Memnon Edições Científicas.

Capovilla, F. C., Coelho, R., Luz, T. T., Graton-Santos, L. E., & Damazio, M. Unravelling Portuguese Phonological Encodability: A new method for assessing spelling under dictation difficulty.

Capovilla, F. C. & Damazio, M. (Orgs.). (2011). *Teste de Vocabulário Expressivo (TVE): Normatizado e validado para educação infantil.* São Paulo, SP: Memnon.

Capovilla, F. C., De Martino, J. M., Macedo, E. C., Sousa-Sousa, C. C., Graton-Santos, L. E., & Maki, K. (2009). Alfabetização produz leitura OroFacial? Evidência transversal com ouvintes de 1ª a 3ª séries da Educação Infantil, e de coorte (transversal-longitudinal) com surdos de 4ª. a 8ª. séries do Ensino Fundamental. In J. M. Montiel, & F. C. Capovilla (Orgs.). *Atualização em transtornos de aprendizagem* (pp. 497-540). São Paulo, SP: Artes Médicas.

Capovilla, F. C., & Graton-Santos, L. E. (2013). Compreensão da fala: Relações entre audição e leitura orofacial, elucidadas por fluxograma de processamento de informação acusticofonêmica e optolalêmica. In F. C. Capovilla, W. D. Raphael, & A. C. Maurício (Orgs.). *Novo Deit-Libras: Dicionário enciclopédico ilustrado trilíngue da Língua de Sinais Brasileira (Libras) baseado em Linguística e Neurociências Cognitivas,* (3a edição, vol.1: Sinais de A a H. São Paulo, SP: Edusp.

Capovilla, F. C., Jacote, A., Sousa-Sousa, C. C., & Graton-Santos, L. E. (2011). Como calcular o grau de dificuldade na escrita sob ditado das palavras ouvidas: Tabelas de codificabilidade FonoGrafÊmica e visibilidade OroFacial dos FonEmas do Português brasileiro. In F. Capovilla (Org.). *Transtornos de aprendizagem: Progressos em avaliação e intervenção preventiva e remediativa.* (2ª. ed., pp. 365-391). São Paulo, SP: Memnon.

Capovilla, F. C., Marins, K. C., Jacote, A., Damazio, M., & Graton-Santos, L. E. (2013). (De)Cifrando o Português na Nova Ortografia: Parâmetros de dificuldade de leitura e de escrita sob ditado na fase alfabética. In F. C. Capovilla, W. D. Raphael, & A. C. Mauricio (Orgs.). *Novo Deit-Libras: Dicionário enciclopédico ilustrado trilíngue da Língua de Sinais Brasileira (Libras) baseado em Linguística e Neurociências Cognitivas,* (3a edição, vol. 1: Sinais de A a H.). São Paulo, SP: Edusp.

Capovilla, F. C., Negrão, V. B., & Damazio, M. (Org.). (2011). *Teste de Vocabulário Auditivo e Teste de Vocabulário Expressivo: Validado e normatizado para o desenvolvimento da compreensão e da produção da fala dos 18 meses aos 6 anos.* São Paulo, SP: Memnon.

Capovilla, F. C., Nunes, L. R. O. P., Macedo, E. C., Nunes, D., Araújo, I., Bernat, A. B., Duduchi, M., Nogueira, D., Passos, M., Magalhães, A. P., Madeira, S. (1997). Processamento de informação na memória de trabalho do paralisado cerebral: Efeitos de primazia e recência e a natureza da consolidação. *Ciência Cognitiva: Teoria, Pesquisa e Aplicação, 1*(1), 249-300. 1997.

Capovilla, F. C., Nunes, L. R. O. P., Nogueira, D., Nunes, D., Araújo, I., Bernat, A. B., & Capovilla, A. G. S. (1997). Análise da validade concorrente do Teste de Vocabulário por Imagens Peabody por comparação com o desempenho escolar de pré-escola a 8ª série: amostra fluminense. *Ciência Cognitiva: Teoria, Pesquisa e Aplicação, 1*(2), 533-560.

Capovilla, F. C., Nunes, L. R. O. P., Nunes, D., Araújo, I., Nogueira, D., Bernat, A. B., & Capovilla, A. G. S. (1997). O desenvolvimento do vocabulário receptivo auditivo da pré-escola à 8ª. série: Normatização fluminense baseada em aplicação coletiva da tradução brasileira do Teste de Vocabulário por Imagens Peabody. *Ciência Cognitiva: Teoria, Pesquisa e Aplicação, 1*(1), 381-440.

Capovilla, F. C., & Raphael, W. D. (2005). *Enciclopédia da Língua de Sinais Brasileira*: O mundo do surdo em Libras, Vol. 8: Sinais de Libras e o mundo das palavras de função gramatical, e como acompanhar o desenvolvimento da competência de leitura (processos quirêmicos, semânticos e ortográficos) de escolares surdos do Ensino Fundamental ao Médio. São Paulo, SP: Edusp, Fundação Vitae, Capes, CNPq, e Fapesp.

Capovilla, F. C., Sousa-Sousa, C. C., Maki, K., Ameni, R., Neves, M. V., Roberto, R., Damazio, M., & Sousa, A. V. L. (2009). Uma lição crucial para Neuropsicologia da Linguagem e Psicometria: a importância de controlar a familiaridade da forma ortográfica das palavras e a univocidade das figuras – o caso da avaliação de leitura orofacial e vocabulário em surdos de 2ª, 4ª., 6ª., e 8ª. séries do Ensino Fundamental. In J. M. Montiel, & F. C. Capovilla (Orgs.), *Atualização em transtornos de aprendizagem* (pp. 383-406). São Paulo, SP: Artes Médicas.

Capovilla, F. C., Sousa-Sousa, C. C., Maki, K., Ameni, R., Neves. (2008). Avaliando a habilidade de leitura orofacial em surdos do ensino fundamental e comparando a eficácia relativa de modelos de legibilidade orofacial fonético-articulatório e de Dória. In A. L. Sennyey, F. C. Capovilla, & J. M. Montiel (Orgs.), *Transtornos de aprendizagem: da avaliação à reabilitação* (pp. 207-220). São Paulo, SP: Artes Médicas.

Coltheart, M. (2005) Modeling reading: the dual-route approach. In M. J. Snowling, & C. Hulme (Eds.). *The science of reading*: a handbook. Oxford: Blackwell.

Gross, M. S., Liu, N. H., Contreras, O., Muñoz, R. F., & Leykin, Y. (2014). Using Google AdWords for international multilingual recruitment to health research websites. *Journal of medical Internet research, 16*(1), e18.

Luria, A. R. Higher cortical functions in man. (2nd edition). New York, NY: Basic Books. 1980.

Luria, A. R. (1963). *Restoration of function after brain injury.* Oxford, UK: Pergamon Press.

Luria, A. R. (1970). *Traumatic aphasia: Its syndromes, psychology, and treatment.* Berlin, Germany: Mouton de Gruyter.

Matthews, C. (1991). Serial processing and the "phonetic route:" Lessons learned in the functional reorganization of deep dyslexia. *Journal of communication disorders, 24*(1), 21-39.

McGurk, H., & MacDonald, J. (1976). Hearing lips and seeing voices. *Nature, 264*(5588), 746.

Seabra, A. G., & Capovilla, F. C. (2010a). .*Alfabetização fônica: construindo competência de leitura e escrita* (4a ed.). São Paulo, SP: Casa do Psicólogo

Seabra, A. G., & Capovilla, F. C (2010b) *Alfabetização: Método fônico* (5a ed.). São Paulo, SP: Memnon.

Seabra, A. G., & Capovilla, F. C. (2011). *Problemas de leitura e escrita: Como identificar, prevenir e remediar numa abordagem fônica* (6a ed.). São Paulo, SP: Memnon.

Seabra, A. G., & Capovilla, F. C. (2010c). *Teste de Competência de Leitura de Palavras e PseudoPalavras (TCLPP).* São Paulo, SP: Memnon.

Shadish, W. R., Cook, T. D., & Campbell, D. T. (2002). Experimental and quasi-experimental designs for generalized causal inference.

CAPÍTULO 20

Orientações para professores sobre o transtorno específico de aprendizagem da matemática

Roseline N. Ardiles
Flávia H. Santos

A aprendizagem da matemática é frequentemente associada ao insucesso escolar: notas baixas, lentidão, reprovações ou mesmo evasão escolar. A dificuldade de aprendizagem da matemática *per se* pode ser determinada por distintos fatores e gerar consequências com impacto biopsicossocial na idade adulta. Conhecer as variáveis que influenciam na relação do ensinar e do aprender é o primeiro passo para uma ação pedagógica diferencial, que permita desenvolver atividades coerentes para as necessidades específicas dos educandos.

Diferenças entre dificuldade e transtorno de aprendizagem

No âmbito escolar, os professores tendem a utilizar o termo *diagnosticar* para se referirem à avaliação de desempenho realizada com o intuito de acompanhar a evolução da turma no decorrer do semestre ou saber se a turma consolidou conteúdos ensinados previamente. Os professores realizam avaliações de desempenho que tendem, na maioria das vezes, a medir e a classificar o rendimento de cada aluno e assim definir as atividades pertinentes. No entanto, o termo diagnosticar, pode ser considerado impreciso, visto que o professor em contexto *de um – para muitos*, não poderá obter informações precisas de seus estudantes, logradas em ambiente clínico *de um – para um*.

Neste sentido, o professor não tem a responsabilidade de realizar diagnósticos operacionalizados, isto é, avaliações multidimensionais que incluem a integração de aspectos cognitivos, emocionais, sociais e pedagógicos, pautada em parâmetros psicométricos e em conformidade com os manuais médicos reconhecidos (Santos, 2018). Entretanto, o professor é o principal protagonista para identificar crianças com dificuldades de aprendizagem e para comunicar aos pais e a escola acerca da necessidade diagnóstica e dos possíveis auxílios especializados que uma dada criança poderá necessitar (Santos, 2017a).

Para identificar as crianças que necessitam ajuda e o tipo de assitência mais apropriado em cada caso, se faz necessário conhecer os fatores que dificultam ou impedem a aprendizagem da matemática. Assim, considera-se "dificuldade de aprendizagem da matemática" quando o rendimento escolar é inferior aos pares em decorrência de fatores *extrínsecos ou externos*. As dificuldades de aprendizagem associadas a determinantes exógenos podem desaparecer espontaneamente após determinado período de tempo, com ou sem intervenções específicas, ou ser sanadas com reforço escolar e algum ajuste na sua rotina de aprendizagem (Mazzocco & Räsänen, 2013, Santos, 2017a, 2018).

Podemos elencar determinantes extrínsecos relacionados ao professor, à instituição, ao conteúdo, e aos estudantes. São exemplos: a) professor: inadequação do método de ensino; tempo pedagógico insuficiente; crenças, concepções e atitudes negativas que subjazem ao ensino e/ou conteúdo/disciplina; relações interpessoais entre professor e aluno (Ardiles, 2007); b) à instituição de ensino e políticas de gestão: falta de estrutura e recursos; falta de professor e/ou aula; formação docente, deficiências no currículo escolar, as quais se expressam geralmente por um baixo Índice de Desenvolvimento da Educação Básica – IDEB (Santos, 2018); c) às características do conteúdo, pois há conceitos mais abstratos que outros (Klausmeier, 1977); e d) estudantes: faltas frequentes as aulas; deficits auditivos ou visuais não corrigidos; cansaço; sonolência; ambiente familiar não estimulador para aprendizagens; dificuldade social e/ou emocional; relações interpessoais desfavoráveis entre o aluno e sua família (Mazzocco & Räsänen, 2013).

Por outro lado, quando a dificuldade para aprender a matemática está desvinculada de um comprometimento intelectual, motivacional, emocional, sensorial e ocorre diante de um método de ensino e ambiente favoráveis e propícios à aprendizagem, considera-se a possibilidade de a criança ter um "transtorno específico de aprendizagem" (APA, 2013; WHO, 2018). O diagnóstico de transtorno específico de aprendizagem requer: a) um conjunto de sintomas específicos de natureza inerente, descritos mais adiante; b) manifestação dos sintomas por pelo menos seis meses; c) deficits quantificáveis em medidas psicométricas com substancial desvio dos dados normativos; d) início precoce evidenciado por vezes antes dos primeiros anos escolares e com provável persistência até a idade adulta; e) ausência de outros determinantes; e f) baixa resposta às intervenções convencionais (American Psychiatric Association, APA, 2013). Vê-se neste caso que as condições externas pouco influem no desempenho escolar da criança, por isso "(...) o distintivo essencial de um transtorno de aprendizagem é o seu caráter *intrínseco*" (Santos, 2018, p. 4). O Transtorno Específico da Aprendizagem com prejuízo na Matemática é também referido como Discalculia do Desenvolvimento (DD).

Os determinantes extrínsecos e intrínsecos se tornam uma distinção clara, quando as condições de contorno são ideais, por exemplo, em países desenvolvidos (Santos, 2018). Contudo, fatores de proteção e vulnerabilidades interagem constantemente, sobretudo, em paises em desenvolvimento como o Brasil. Por exemplo, a criança com insucesso escolar na matemática poderá estar imersa em ambientes desprovidos de incentivos para aprendizagem ou inserida em ambientes estimuladores. O primeiro intensificaria suas dificuldades (KOŠC, 1974); e o segundo tenderia a minimizar os déficits devido ao acesso a um contexto educacional enriquecido (Santos, 2018). Por isso o conhecimento de determinantes, apesar de norteador, é insuficiente para diferenciar dificuldade de aprendizagem e transtorno específico de aprendizagem, sendo recomendável encaminhar a criança para uma avaliação diagnóstica, de preferência por um profissional com formação em neuropsicologia.

Discalculia do desenvolvimento

As competências numéricas precoces tais como: discriminação de quantidades, reconhecimento de numerais, símbolos, valor do numeral conforme sua posição (exemplos: 10 e 01), padrões de numerais, contagem, linha numérica mental, conceito de adição e de subtração, compreensão do sistema decimal e combinações numéricas básicas (Powell & Fuchs, 2012) são preditoras de aprendizagem satisfatória da matemática. Assim, o atraso na aquisição e maestria dessas variáveis preditoras é um indicativo de transtorno específico de aprendizagem da matemática (Jordan, Kaplan, Ramineni, & Locuniak, 2009).

Crianças com DD essencialmente apresentam disfunções da cognição numérica como: a) contagem nos dedos quando realizam tarefas aritméticas; b) erros nas operações de base decimal; c) confusão na organização espacial estabelecida para representar quantidades (ex.: 303 e 330); d) dificuldade para automatizar fatos aritméticos e perceber a equivalência, por exemplo, 6+3 é o mesmo que 3x3 (Mazzocco & Räsänen, 2013); e) dificuldade em contagem inversa, leitura e ditado de numerais, estimativas contextualizadas; f) dificuldade em tarefas menmônicas que envolvem numerais (Santos, 2017a); vi) dificuldade para transcodificar, isto é, transitar entre distintas representações para o número, por exemplo, 2, ★★ e dois). Além de uma característica de morosidade na realização de cálculos (Kucian & Von Aster, 2015).

Portanto, a DD se caracteriza por um desempenho em aritmética marcadamente abaixo do esperado para sua idade, inteligência e educação fornecida (APA, 2013). Seus deficits, aferidos por instrumentos específicos de cognição numérica, são classificados como graves (≤ percentil 10, por exemplo) (Shalev, Manor, & Gross-Tsur, 1998, Geary, Hoard, Byrd-Craven, Nugent, & Numtee, 2007; Santos, 2018). É classificada como DD Primária, se apenas déficits na cognição numérica são observados sem quaisquer outros comprometimentos (Kaufmann et al., 2013, Emerson, 2015, Landerl, 2015). No entanto, a DD Secundária é a mais recorrente e responsável por perfis neurocognitivos amplamente variados (Dowker & Kaufmann, 2009; Kaufmann et al., 2013). Consiste em déficit na cognição numérica associados a comorbidades, por exemplo: combinada com dislexia ou TDAH (Emerson, 2015) ou déficit motor ou associados a disfunções cognitivas, por exemplo, memória operacional visuoespacial (Landerl, 2015), entre outras.

Após a leitura destes itens, alguns professores de matemática podem estar intrigados com o fato de que algumas das dificuldades matemáticas observadas são comuns a qualquer criança no início do processo de aprendizagem da matemática. Esta aparente indiferenciação é um contributo para argumentos contrários a existência da

DD (Ardiles & Silva, 2019). Entretanto, estes argumentos superficiais, geralmente, desconsideram a diferenciação entre fatores extrínsecos e intrínsecos, que tais dificuldades permanecem após fase inicial de aprendizagem e não levam em consideração os parâmetros descritos a seguir.

Na DD as dificuldades inerentes para manipular quantidades estão presentes antes da entrada da criança na escola e são observadas em situações cotidianas, de brincadeiras e interações sociais (APA, 2013, Geary, Hoard, Byrd-Craven, Nugent, & Numtee, 2007). As dificuldades iniciais podem se modificar, mas não desaparecem com o avanço da formação escolar e o rendimento permanece aquém quando comparado com seus pares, mesmo após intervenções pedagógicas adequadas (Shalev, Manor, & Gross-Tsur, 2005). É importante ressaltar que a DD está associada à ativações encefálicas diferentes durante a execução de cálculos em comparação à crianças sem dificuldades em matemática, conforme os exames de neuroimagem funcional (Dehaene, Piazza, Pinel, & Cohen, 2003, Von Aster, Schweiter, & Weinhold-Zulauf, 2007, Kaufmann, Wood, Rubinsten, & Henik, 2011), além de associarem-se a fatores genéticos como a hereditariedade (Shalev, Manor, Auerbach & Gross-Tsur., 1998).

Quanto às características clínicas, a DD possui manifestações muito variadas, em função das comorbidades que a acompanham como: déficits atencionais, visuoespaciais, de linguagem, assim como a presença de outros transtornos do neurodesenvolvimento. Na DD, sempre haverá dificuldades quantitativas e numéricas, entretanto, algumas poderão ser mais intensas do que outras, por exemplo, uma criança pode ter mais dificuldades de realizar as quatro operações básicas (se suas dificuldades forem de ordem espacial, isto é, ao organizar os numerais para executar o cálculo), apesar de compreender perfeitamente o enunciado do problema. Outra criança poderá falhar nos cálculos por dificuldades de reter na memória operacional o valor posicional de cada algarismo.

Por fim, a DD é concebida como um transtorno que afeta particularmente a aquisição de habilidades aritméticas durante o desenvolvimento; neste sentido, difere da discalculia adquirida, na qual os déficits em matemática são causados por lesões cerebrais congênitas; e da acalculia, cujos déficits em matemática causados por lesões cerebrais ocorridas em fases posteriores do desenvolvimento (Rubinsten & Henik, 2009).

Comportamentos aversivos à matemática

A ansiedade à matemática é uma reação emocional negativa perante situações que envolvem a disciplina e se manifesta por sintomas fisiológicos (sudorese, tremor, taquicardia, insônia etc); cognitivos (falta de concentração, pensamentos de esquiva); e emocionais (medo e angústia) (Krinzinger &Kaufmann, 2006, Carmo & Simionato, 2012).

A presença de ansiedade à matemática pode dificultar o diagnóstico da DD para um profissional menos experiente (Emerson, 2015), pois é intuitivo pensar que qualquer pessoa tende a cometer erros nos cálculos se estiver apreensiva. De fato, os cientistas verificaram que crianças, com ou sem dificuldades na matemática, podem apresentar ansiedade à matemática, e o mais surpreendente é que a presença dessa forma específica de ansiedade não implica necessariamente em fracasso no desempenho matemático (Devine, Hill, Carey, & Szűcs, 2017). Entretanto, crianças com DD tendem a exibir mais sintomas de ansiedade à matematica do que crianças com rendimento esperado em matemática (Wu, Willcutt, Escovar, & Menon, 2013).

É importante salientar que essa forma de ansiedade é real. Os estudos de neuroimagem mostram que no momento de realizar o cálculo as crianças com ansiedade à matemática hiperativam estruturas relacionadas às emoções (por exemplo, hiperatividade na amígdala direta) (Young, Wu & Menon, 2012) e hipoativam as áreas cerebrais importantes à realização do cálculo, tais como as regiões parieto-occipitais (Hartwright et al., 2018). Portanto, emoções negativas podem surgir de forma inoportuna e desviar a concentração da criança do cálculo a ser realizado. A ansiedade à matemática tende a dificultar o desempenho em tarefas matemáticas; prejudicando a recordação, manipulação e aplicação do conteúdo aprendido (Young, Wu, & Menon, 2012, Passolunghi & Pellizzoni, 2018).

A revisão de literatura realizada por Carmo e Ferraz (2012), sobre gênero e ansiedade à matemática, salienta os aspectos culturais relacionados com a ansiedade à matemática. Os autores discutem os estereótipos gerados no âmbito familiar, e reforçados pela escola, que estabelecem diferenças na socialização de meninos e meninas. Como consequência, as meninas tendem a relatar mais reações negativas que os meninos quanto à matemática. E na idade adulta, as mulheres tendem a apresentar mais esquiva às profissões que envolvem a matemática. Entretanto, até o século XVIII as mulherem nem eram admitas em universidades e ainda hoje as meninas são proibidas de frequentar escolas em países com fundamentalismo político ou religioso.

Em diversas sociedades cultiva-se o mito de que a matemática não é uma disciplina para todos, mas destinada aos "gênios"; também se observa uma divergência quanto ao incentivo para aprendizagem da matemáica entre meninas e meninos (Santos, 2019). O reflexo disso é visto nos desempenhos obtidos para essa disciplina: meninos são mais frequentes e superaram as meninas nos cursos avançados de matemática e física (TIMSS, 2015)[1], e as universitárias que escolhem carreiras em ciência, tecnologia, engenharia e matemática recebem pouco incentivo de suas famílias e são menos desafiadas por seus professores com problemas complexos (TISME, n.d)[2].

Portanto, as atitudes negativas para com a matemática, ou para com o aprendente, em função de seu gênero, podem advir do professor, dos familiares ou da sociedade e influenciam o envolvimento da criança com a sua aprendizagem. Se o estudante apresenta atitude negativa em relação à matemática seu desempenho nessa disciplina tenderá a ser negativo (Ardiles, 2007). Por outro lado, a atitude positiva que o aluno apresenta para com o conteúdo ensinado favorecera o entendimento, recordação e desempenho matemático (Dienes, 1970, Mager, 1971, Brito, 1996).

Intervenções para as disfunções da cognição numérica

"Intervenção é definida como uma instrução específica realizada por um determinado período de tempo para ensinar um domínio particular do currículo da matemática" (Kroesbergen & Van Luit, 2003, p. 97) tendo como objetivos facilitar a aquisição de conhecimentos e melhorar o rendimento escolar.

1 Tendências no Estudo Internacional de Matemática e Ciências (Trends in International Mathematics and Science Study – TIMSS) fornece dados de mais de 60 países sobre o desempenho em matemática e ciências de estudantes do 4° e 8° ano.

2 A Iniciativa Dirigida à Educação em Ciências e Matemática (The Targeted Initiative on Science and Mathematics Education – TISME) é um programa de pesquisa financiado pelo Conselho de Pesquisa Econômica e Social (ESRC) em parceria com o Gatsby Fundação de Caridade, o Instituto de Física e a Associação para a Ciência Educação do Reino Unido.

As intervenções pedagógicas convencionais, como por exemplo, as salas de recursos multifuncionais, reforço escolar após o horário escolar e tutoria com um professor, são efetivas em crianças com dificuldades de aprendizagem na matemática, decorrentes de fatores extrínsicos, entretanto não produzem melhora significativa em crianças com DD (Shalev, Manor, & Gross-Tsur, 2005).

As revisões sistemáticas, especialmente aquelas com meta-análises, são uma importante guia na escolha de tratamentos, porque se baseiam num conjunto de estudos que reunem critérios metodológicos apropriados. Por exemplo, crianças selecionadas a partir de um diagnóstico operacional submetidas a uma intervenção realizada em condições controladas e cuja eficácia é medida por meio de avaliações nos âmbitos cognitivo, comportamental e encefálico, comparando o desempenho antes e após um dado tratamento, por vezes incluindo a comparação entre distintos tratamentos (Cohen-Kadosh, Soskic, Iuculano, Kanai, & Walsh, 2010; 2013, Iuculano, Rosenberg-Lee, Richardson, Tenison, Fuchs, Supekar, & Menon, 2015; Santos, 2018). Neste sentido, a seleção de atividades e ações deve estar respaldada por estudos cientificos que atestem sua eficácia, fundada em pressupostos teóricos e, principalmente, referendada por replicações em estudantes de diferentes instituições. Portanto, em tempos atuais, já não procede sugerir procedimentos para remediar dificuldades de aprendizagem que não sejam baseados em evidências.

Devido ao período sensível de desenvolvimento, em geral, as intervenções tendem a ser mais eficazes se implementadas precocemente; ao passo que a intervenções tardias tendem a ser meramente compensatórias (Peterson & Pennington, 2015). No entanto, posto que a DD é menos conhecida que outros transtornos – particularmente em nosso país – por vezes as disfunções da cognição numérica não são devidamente avaliadas ou tratadas. Em alguns casos as dificuldades de aprendizagem da matemática são vistas como mera consequência de outro transtorno já diagnosticado na criança, por exemplo: se há uma dislexia, imagina-se que os erros em problemas aritméticos decorrem exclusivamente de a criança não ler ou compreender plenamente o enunciado de um problema. Como consequência, a intervenção especializada centra-se no transtorno comórbido sem considerar a necessidade de, em paralelo, haver um tratamento específico para a DD (Butterworth & Kovas, 2013).

Outro aspecto importante é que a DD se expressa por distintos fenótipos, consequentemente, não há um único tipo de intervenção eficaz para esse transtorno (Dowker, 2005 Santos, 2018). De acordo com Furlong, McLoughlin, McGilloway, & Geary (2016) há cinco tipos intervenções sendo desenvolvidas para crianças com DD: a) centradas na matemática por meio da abordagem pedagógica (treinos explícitos com feedback do processo realizado a partir de materiais concretos) ou da abordagem cognitiva (treinos implícitos através de materiais computadorizados adaptativos) (para descrição ver Santos, 2018; 2017b); b) psicológicas e comportamentais: para crianças com ansiedade matemática e baixos níveis de autoeficácia, autoconceito e fobia escolar; c) tecnologias de estimulação cerebral não invasivas, por exemplo, sessões de neurofeedback e estimulação transcraniana por corrente contínua (ETCC); d) farmacológica: os transtornos de aprendizagem não são tratados por medicamentos, entretanto, se criança com DD apresenta comorbidades com outros transtornos do neurodesenvolvimento como depressão, ansiedade e transtorno do déficit de atenção e hiperatividade, o tratamento farmacológico dessas comorbidades favoreceria indiretamente o desempenho matemático (Cohen-Kadosh, Dowker, Heine, Kaufmann, & Kucian, 2013); e e) multicomponentes: utilização combinada de duas ou mais intervenções.

Estudos prospectivos de intervenções para remediar a cognição numérica indicam que as intervenções centradas na matemática e as estratégias com instruções diretas ou assistidas por computador foram mais eficazes para crianças com baixo rendimento escolar do que para crianças com DD (Santos, 2018). As intervenções mais utilizadas pelos profissionais são as centradas na matemática, e sempre que possível combinadas com as psicológicas e comportamentais. Podem-se destacar o treino de resolver problemas para crianças com baixo rendimento escolar (Fuchs, Fuchs, & Appleton, 2002) e às instruções assistidas por computador (CAI, Computer Assisted Intervention) como procedimentos eficazes. No presente momento, concluimos o primeiro estudo randomizado e controlado brasileiro utilizando o software Calcularis, facilitador da aprendizagem da matemática por meio de jogos computadorizados, no qual observou-se benefícios em resolução de problemas e comparação oral de números criancas com DD (Santos; Rossi, & Nascimento, 2019). Os estudos sobre as tecnologias de estimulação cerebral não invasivas, embora pareçam prósperos, ainda são insuficientes e meramente experimentais (Cohen-Kadosh, Soskic, Iuculano, Kanai, & Walsh, 2010).

Entre as intervenções alternativas, as abordagens corporal e musical têm obtido resultados promissores. A aprendizagem musical favorece a aprendizagem da matemática pois ativa processos cognitivos que são corporificados, incorporados, ampliados e enativos (*4Ecognition: Embodied, Embedded, Extended, Enactive*, citado por Schiavio & Van Der Schyff, 2018, p.11). Uma vez que estas experiênciais musicais lúdicas são multissensoriais e multimodais, consequentemente ativam distintas regiões cerebrais, incluindo aquelas relacionadas às emoções, promovendo uma aprendizagem integrada. Em nosso meio, estudos realizados com o treino musical de numeracia (NMT, numeracy musical training) tanto em pré-escolares (Silva, Baldin, & Santos, 2017) quanto em crianças escolares com DD (Arias-Rodriguez, Nascimento, Voigt, & Santos, 2019) se mostraram eficientes. Nos primeiros, ampliando contagem, adições, subtrações e memória operacional fonológica, e nos últimos, reduzindo a manifestação da ansiedade à matemática, inclusive. Em outro estudo, usando um treino musical não instrumental verificou-se melhora na contagem regressiva, ditado do número, cálculo mental, estimativa contextual dos números de leitura e resolução de problemas (Ribeiro & Santos, 2017).

Ações pedagógicas diferenciais

Em alguns casos, os obstáculos à aprendizagem decorrem de fatores pedagógicos e, para o professor, esse reconhecimento pode causar desconforto no que concerne à competência profissional. Por outro lado, quando as dificuldades de aprendizagem são inerentes, o professor precisar ter um olhar para o aprendente em sua singularidade, e consciência acerca dos limites de sua atuação profissional.

Devido as intervenções pedagógicas usuais realizadas pelos professores não gerarem mudanças significativas em crianças com DD, serviços especializados são indispensáveis aliados ao ensino. Ainda assim, os professores podem realizar ações pedagógicas diferenciais, visto que são essenciais ao processo de construção de conceitos matemáticos desses educandos. O professor pode estreitar as possíveis interferências existentes ao aprender no que tange à qualidade do ambiente pedagógico e à dinâmica escolar estabelecida (Ardiles & Silva, 2019), assim como potencializar as habilidades cognitivas e socioemocionais do aprendiz, influciando favoravelmente na aprendizagem do educando.

Tais ações pedagógicas devem enfatizar as habilidades do aprendente, numa perspectiva da pedagogia positiva que se apoia naquilo que o estudante apresenta de melhor para estimular suas competências menos desenvolvidas. Por exemplo, utilizar jogos[3] no trabalho com conteúdos, possibilitar o acesso e uso de material complementar que ajude na realização das atividades, tais como: ábacos, tabuadas, calculadoras, material dourado, escala de Cuisenaire[4], materiais concretos diversos, vídeos e etc, bem como implementar atividades em grupos que simulem a vida cotidiana e promovem os vários usos e funções da matemática. Faz-se mister ainda realizar atividades de maneira interdisciplinar relacionadas à matemática com outras áreas do conhecimento, como o português, as ciências e a música, por exemplo. São também ações relevantes para minimizar as dificuldades de aprendizagem reconhecer e disponibilizar em sala de aula as distintas formas de solucionar o problema realizados pelos alunos (painel de soluções).

Ao nível do discurso, os documentos institucionais, tal como Projeto Político Pedagógico, estabelecem, a necessidade de práticas que possibilitem ao estudante participar ativamente do complexo ensino-aprendizagem, em outras palavras: Aprender fazendo. Neste sentido, o uso de estratégias ativas, tais como: a) rotação individual, rotação por estação; b) sala de aula invertida (*flipped classroom, FLN, 2014); c)* instrução pelos colegas *(Peer Instruction,* Mazur & Watkins, 2009)*;* d) ensino sob medida (JiTT, *Just-in-Time Teaching,* Araújo & Mazur, 2013); e) aprendizagem baseada em problemas (*PBL, problem based learning,* Berbel, 1998, Moraes & Manzini, 2006); f) aprendizagem baseada em equipes (TBL, *team-based learning:* Bollela, Senger, Tourinho, & Amaral, 2014); g) metodologia de projetos (Barbosa & Moura, 2013); h) estudo de caso (Harling & Akridge, 1998, Rocha & Lemos, 2014); e i) aprendizagem cooperativa, que propicia maior engajamento e motivação para a participação do estudante

[3] Jogos de tabuleiro, de cartas, comandos verbais, pedagógicos e aplicativos para jogos.

[4] Barrinhas coloridas de diferentes tamanhos que favorecem a construção de conceitos básicos da matemática, por meio de atividades como comparação e inclusão, sucessão numérica, quatro operações, frações e quantidades (metade, dobro).

nas atividades escolares, bem como favorece a formação de conceitos, responsabilidades e autonomia cognitiva, possibiltando que os estudantes autoavaliem o seu desempenho.

Por outro lado, as estratégias de ensino diferenciais não se restringem ao uso de materiais distintos e maneiras não usuais de trabalhar os conteúdos em classe. Requer do professor o conhecimento das reais necessidades de aprendizagem de seus alunos, estabelecer tempo pedagógico adequado no trabalho dos conteúdos, e mediar qualitativante o processo de construção de conceitos, auxiliando a criança a enfrentar suas dificuldades como desafios a serem superados. No caso de alunos com DD, o professor deve discutir com os profissionais que realizam diagnóstico clínico e intervenção as estratégias que podem ser efetivas em sala de aula, conforme o perfil da criança em questão.

Em resumo, a DD é um transtorno de aprendizagem específico que se caracteriza por deficits intrínsecos na cognição numérica. Se distingue de outras dificuldades de aprendizagem da matemática por: a) precocidade; b) gravidade; c) sobrepassar o contexto escolar; d) funcionamento cerebral atípico; e) persistência de sintomas no decorrer do tempo, e f) resistência ao tratamento. Se expressa de forma heterogênea e exerce impacto negativo nos ambitos acadêmico, pessoal e profissional. Por isso, é fundamental o contínuo desenvolvimento de pesquisas sobre as intervenções eficazes no tratamento da DD, bem como, de propostas de implementação acessiveis à população. Constitui, assim, um tema importante para as áreas da saúde, educação e de políticas públicas, visando a conscientização da sociedade, formação de professores e especialistas, diagnóstico precoce e tratamento para evitar o prognóstico de insucesso escolar.

Referências

APA – American Psychiatric Association. (2013). *DSM-5. Diagnostic and statistical manual of mental disorders.* Washington, DC: American Psychiatric Press.

Araújo, I. S., & Mazur, E. (2013). Instrução pelos colegas e ensino sob medida: uma proposta para o engajamento dos alunos no processo de ensino-aprendizagem de Física. *Caderno brasileiro de ensino de física. Florianópolis. Vol. 30, n. 2 (ago. 2013), p. 362-384.*

Archer, L., & Tomei, A. (2013). What Influences Participation in Science and Mathematics? A Briefing Paper from the Targeted Initiative on Science and Mathematics Education.

Ardiles, R. N. de. (2007). *Um estudo sobre as concepções, crenças e atitudes dos professores em relação á matemática.* (Dissertação de Mestrado). Faculdade de Educação. Universidade Estadual de Campinas, Campinas, SP, Brasil.

Ardiles, R. N de, & Silva, R. N. (2019). Pedagogia Diferencial: qualidade do ambiente pedagógico para estudantes com desordens específicas de aprendizagem. *Educação: Políticas, Estrutura e Organização,* 10, p. 138-152.

Arias-Rodriguez, I., do Nascimento, J. M., Voigt, M. F., & Santos, F. H. (2019). Numeracy musical training for school children with low achievement in mathematics. *Anales De Psicología/Annals of Psychology, 35*(3), 405-416.

Barbosa, E. F. & Moura, D. G. (2013). *Trabalhando com Projetos – Planejamento e Gestão de Projetos Educacionais.* Petrópolis, RJ: Vozes.

Berbel, N. A. N. (1998). A problematização e a aprendizagem baseada em problemas: diferentes termos ou diferentes caminhos? *Interface-Comunicação, Saúde, Educação, 2,* 139-154.

Brito, M. R. F. (1996). *Um estudo sobre as atitudes em relação à Matemática em estudantes de 1o e 2o graus.* (Trabalho de Livre Docência). Faculdade de Educação, Universidade Estadual de Campinas, Campinas, SP, Brasil.

Bollela, V. R., Senger, M. H., Tourinho, F. S. V., & Amaral, E. (2014). Aprendizagem baseada em equipes: da teoria à prática. *Medicina (Ribeirão Preto. Online), 47*(3), 293-300.

Butterworth, B., & Kovas, Y. (2013). Understanding neurocognitive developmental disorders can improve education for all. *Science, 340*(6130), 300-305.

Carmo, J. D. S., & Simionato, A. M. (2012). Reversão de ansiedade à matemática: alguns dados da literatura. *Psicologia em Estudo, 17*(2), 317-327.

Carmo, J. S., & Ferraz, A. C. T. (2012). Ansiedade relacionada à matemática e diferenças de gênero: uma análise da literatura. *Psicologia da Educação. Programa de Estudos Pós-Graduados em Educação: Psicologia da Educação. ISSN 2175-3520,* (35), 53-71.

Cohen-Kadosh, R. C., Dowker, A., Heine, A., Kaufmann, L., & Kucian, K. (2013). Interventions for improving numerical abilities: Present and future. *Trends in neuroscience and education, 2*(2), 85-93.

Cohen-Kadosh, R., Soskic, S., Iuculano, T., Kanai, R., & Walsh, V. (2010). Modulating neuronal activity produces specific and long-lasting changes in numerical competence. *Current Biology, 20*(22), 2016-2020.

Dehaene, S., Piazza, M., Pinel, P., & Cohen, L. (2003). Three parietal circuits for number processing. *Cognitive neuropsychology, 20*(3-6), 487-506.

Devine, A., Hill, F., Carey, E., & Szűcs, D. (2018). Cognitive and emotional math problems largely dissociate: Prevalence of developmental dyscalculia and mathematics anxiety. *Journal of Educational Psychology, 110*(3), 431.

Dienes, Z. P. (1986). *Aprendizado moderno da Matemática.* (J. E. F., Trad.). Rio de Janeiro, RJ: Zahar.

Dowker, A. (2005). Individual differences in arithmetic: Implications for psychology, neuroscience and education. New York, NY, US.

Dowker, A., & Kaufmann, L. (2009). Atypical development of numerical cognition: Characteristics of developmental dyscalculia. *Cognitive development.*

Emerson, J. (2015). The enigma of dyscalculia. *The Routledge international handbook of dyscalculia and mathematical learning difficulties*, p. 217-227.

FLN – Flipped Learning Network. (2014). *The four pillars of F-L-I-P.* South Bend. Recuperado de: http://www.flippedlearning.org/domain/46

Fuchs, L., Fuchs, D., L. H. C., & Appleton, A. C. (2002). Explicitly Teaching for Transfer: Effects on the Mathematical Problem-Solving Performance of Students with Mathematics Disabilities. *Learning Disabilities Research & Practice.* 17 (2), 90 – 106.

Furlong, M., McLoughlin, F., McGilloway, S., & Geary, D. (2016). Interventions to improve mathematical performance for children with mathematical learning difficulties (MLD). *Cochrane Database of Systematic Reviews*, (4).

Geary, D. C., Hoard, M. K., Byrd-Craven, J., Nugent, L., & Numtee, C. (2007). Cognitive mechanisms underlying achievement deficits in children with mathematical learning disability. *Child development, 78*(4), 1343-1359.

Harling, K. F. E, & Akridge, J. (1998). *Using the case method of teaching.* Agribusiness. Malden, MA, 14(1), p.1-14.

Hartwright, C. E., Looi, C. Y., Sella, F., Inuggi, A., Santos, F. H., González-Salinas, C., ... & Fuentes, L. J. (2018). The neurocognitive architecture of individual differences in math anxiety in typical children. *Scientific reports, 8*(1), 8500.

Iuculano, T., Rosenberg-Lee, M., Richardson, J., Tenison, C., Fuchs, L., Supekar, K., & Menon, V. (2015). Cognitive tutoring induces widespread neuroplasticity and remediates brain function in children with mathematical learning disabilities. *Nature communications, 6*, 8453.

Jordan, N. C., Kaplan, D., Ramineni, C., & Locuniak, M. N. (2009). Early math matters: kindergarten number competence and later mathematics outcomes. *Developmental psychology, 45*(3), 850.

Kaufmann, L., Mazzocco, M. M., Dowker, A., von Aster, M., Goebel, S., Grabner, R., ... & Rubinsten, O. (2013). Dyscalculia from a developmental and differential perspective. *Frontiers in psychology, 4*, 516.

Kaufmann, L., Wood, G., Rubinsten, O., & Henik, A. (2011). Meta-analyses of developmental fMRI studies investigating typical and atypical trajectories of number processing and calculation. *Developmental neuropsychology, 36*(6), 763-787.

Klausmeier, H. J. (1977). *Manual de Psicologia Educacional – Aprendizagem e Capacidades Humanas.* (M. C. T. A. de Abreu, Trad.). São Paulo, SP: Harper e Row, 1977.

Košc, L. (1979). Developmental dyscalculia. *Journal of Learning Disabilities.* 7(3), p.164-177, 1974.

Krinzinger, H., & Kaufmann, L. (2006). Math anxiety and arithmetic skills. *Sprache Stimme Gehör,* 30(4), p.160-164.

Kroesbergen, E. H., & Van Luit, J. E. (2003). Mathematics interventions for children with special educational needs: A meta-analysis. *Remedial and special education, 24*(2), 97-114.

Kucian, K., & von Aster, M. (2015). Developmental dyscalculia. *Eur J Pediatr,* 174, p.1-13.

Landerl, K. (2015). How specific is the specific disorder of arithmetic skills? *The Routledge international handbook of dyscalculia and mathematical learning difficulties.* p.115 – 124.

Mager, R. F. (1971). *Actitudes positivas en la enseñanza.* Editorial México – DF: AID.

Mazur, E., & Watkins, J. (2009). Using JiTT with Peer Instruction. In S. Simkins, & M. Maier, (Ed.). *Just in time teaching across the disciplines.* Sterling, VA: Stylus Publishing.

Mazzocco, M. M., & Räsänen, P. (2013). Contributions of longitudinal studies to evolving definitions and knowledge of developmental dyscalculia. *Trends in Neuroscience and Education, 2*(2), 65-73.

Moraes, M. A. A., & Manzini, E. J. (2006). Concepções sobre a aprendizagem baseada em problemas: um estudo de caso na Famema. *Revista Brasileira de Educação Médica, 30*(3), 125-135.

Mullis, I. V. S., & Martin, M. O. (Eds.). (2013). *Math anxiety and numeracy training in fourth-grade children*. Retrieved from Boston College, TIMSS & PIRLS International Study Center Recuperado de: http://timssandpirls.bc.edu/timss2015/frameworks.html, 2013.

Passolunghi, M.C, & Pellizzoni, S. (2018). *Math anxiety and numeracy training in fourth-grade children*. Oxford: 1st Mathematical Cognition and Learning Society Conference.

Peterson, R. L., & Pennigton, B. F. (2015). Developmental Dyslexia. *Annual Review of Clinical Psychology,* 11(1), p. 283-307.

Powell, S. R., & Fuchs, L. S. (2012). Early numerical competencies and students with mathematics difficulty. *Focus on exceptional children, 44*(5).

Ribeiro, F. S., & Santos, F. H. (2017). Enhancement of numeric cognition in children with low achievement in mathematic after a non-instrumental musical training. *Research in developmental disabilities, 62*, 26-39.

Rocha, H. M., & Lemos, W. M. *Metodologias ativas: do que estamos falando?* (2014). Base conceitual e relato de pesquisa em andamento. In: Simpósio Pedagógico e Pesquisa em Comunicação, 9. Anais. Rio de Janeiro, RJ: SIMPED. Recuperado de: https://www.aedb.br/wp-content/uploads/2015/05/41321569.pdf.

Rubinsten, O., & Henik, A. (2009). Developmental dyscalculia: Heterogeneity might not mean different mechanisms. *Trends in cognitive sciences, 13*(2), 92-99.

Santos, F.H. (2017a). *Discalculia do Desenvolvimento*. São Paulo, SP: Pearson Clinical Brasil.

Santos, F.H. (2017b). *Guia do tutor calcularis*. São Paulo, SP: Pearson Clinical Brasil.

Santos, F. H., Da Silva, P. A., Ribeiro, F. S., Dias, A. L. R. P., Frigério, M. C., Dellatolas, G., & von Aster, M. (2012). Number processing and calculation in Brazilian children aged 7-12 years. *The Spanish journal of psychology, 15*(2), 513-525.

Santos, F. H., Rossi, L., & Nascimento, J. M. (2019). *Calcularis® efficacy in children with Developmental Dyscalculia barely familiar with computers*. Poster session presented at Mathematical Cognition Learning Society meeting, Ottawa, Canada.

Santos, F. H (2019). Discalculia do Desenvolvimento:recomendações para educadores. In J. S. Carmo, G. Gris, G., & L. S. Palombarini. (Orgs). *Conversas entre psicologia e educação*. São Carlos, SP: EDUFSCAR.

Silva, E. R., Santos Baldin, M., & Santos, F. H. (2017). Cognitive effects of numeracy musical training in Brazilian preschool children: A prospective pilot study. *Psychology & Neuroscience, 10*(3), 281.

Schiavio, A., & van der Schyff, D. (2018). 4E music pedagogy and the principles of self-organization. *Behavioral Sciences, 8*(8), 72.

Shalev, R. S., Manor, O., & Gross-Tsur, V. (2005). Developmental dyscalculia: a prospective six-year follow-up. *Developmental medicine and child neurology, 47*(2), 121-125.

Shalev, R. S., Manor, O., Auerbach, J., & Gross-Tsur, V. (1998). Persistence of developmental dyscalculia: What counts? Results from a 3-year prospective follow-up study. *The journal of Pediatrics, 133*(3), 358-362.

TIMSS – Trends in International Mathematics and Science Study. (2015). Tendências no Estudo Internacional de Matemática e Ciências fornece dados de mais de 60 países sobre o desempenho em matemática e ciências de estudantes do 4° e 8° ano.

TISME – The Targeted Initiative on Science and Mathematics Education. (n. d.). A Iniciativa Dirigida à Educação em Ciências e Matemática é um programa de pesquisa financiado pelo Conselho de Pesquisa Econômica e Social (ESRC) em parceria com o Gatsby Fundação de Caridade, o Instituto de Física e a Associação para a Ciência Educação do Reino Unido

Von Aster, M., Schweiter, M., & Weinhold Zulauf, M. (2007). Rechenstörungen bei Kindern. *Zeitschrift für Entwicklungspsychologie und Pädagogische Psychologie, 39*(2), 85-96.

WHO – World Health Organisation. (2018). *International Classification of Diseases* 11th revision. the global standard for diagnostic health information. Recuperado de: https://icd.who.int/browse11/l-m/en

Wu, S. S., Willcutt, E. G., Escovar, E., & Menon, V. (201). Mathematics achievement and anxiety and their relation to internalizing and externalizing behaviors. *Journal of learning disabilities, 47*(6), 503-514. .

Young, C. B., Wu, S. S., & Menon, V. (2012). The neurodevelopmental basis of math anxiety. *Psychological Science, 23*(5), 492-501.

CAPÍTULO 21

O uso da tecnologia na avaliação e intervenção nos transtornos da escrita

Giseli Donadon Germano
Thaís Contiero Chiaramonte
Cátia Giaconi
Monique Herrera Cardoso
Simone Aparecida Capellini

Atualmente, estudos nacionais e internacionais têm direcionado a atenção aos processos que ocorrem desde a intenção de produção de escrita manual (plano das ideias) até a sua programação e execução motora (Germano & Capellini, 2019, Thibon, Gerber, & Kandel, 2017). Desta forma, faz-se importante o entendimento de que os transtornos de escrita são influenciados pelos processos centrais (processos ortográficos, sintáticos e semânticos) e periférico (execução do ato motor), conforme discorreremos adiante (Batista, Chiaramonte, & Capellini, 2019, Cardoso & Capellini, 2017, Germano & Capellini, 2019, Kandel & Perret, 2015).

Os processos centrais estão relacionados à ortografia, pois, para que ocorra a produção manual da palavra escrita, há a seleção e ativação de representações ortográficas. Isso permite a recordação dos componentes da letra das palavras e sua organização (Caramazza, & Miceli, 1990).

Assim, para que seja realizada a escrita ortográfica é necessário que o escolar selecione, primeiramente, o conceito sobre o que deseja escrever, ativando o sistema semântico. Em seguida, o sistema sintático determinará qual a palavra será utilizada em cada posição da oração e, então, é acionada a rota fonológica ou a rota lexical para que ocorra a tentativa de escrita da palavra. Após realizar a representação mental da ortografia das palavras é ativado a seleção dos grafemas a serem utilizados e, por último, são necessários que ocorram os atos motores a serem realizados para a realização do grafema enquanto a palavra é codificada (Manzano, Sanz, & Chocano, 2008, Sampaio, Fusco, Romero, Amaral, & Capellini, 2017).

Considerando a evolução da aquisição ortográfica, é esperado que o escolar, nos anos iniciais de alfabetização, utilize a possibilidade de analisar os componentes da fala e transformá-los no conjunto de letras e normas que são convencionalmente estabelecidas e que devem ser seguidas. Para que tudo isso ocorra, é necessário que o escolar compreenda as normas do sistema de escrita utilizadas, para que consiga segmentar a fala em unidades menores que as sílabas (os fonemas), ter a consciência de que estas unidades podem se repetir em outras palavras (como, por exemplo, saber que o /b/ do início de "**b**ola" está no meio de "a**b**acate" e na sílaba final de "lo**b**o") e conhecer as regras de correspondências fonografêmicas (Dias, & Ávila, 2008, Capellini, Butarelli, & Germano, 2010, Machado, & Capellini, 2014).

Deste modo, além da compreensão do princípio alfabético e associação com a correspondência grafofonêmica, Gindri, Keske-Soares e Mota (2007) destacam a necessidade de compreensão sobre a composição das palavras em segmentos sonoros sem significados; porém, por não deixar de considerar a escrita como uma planificação da fala, em virtude da escrita, por conta de padrões convencionalmente estabelecidos, resiste mais às mudanças linguísticas quando comparada à fala, gerando uma diferença entre as duas. Assim, os padrões de escrita, que são estabelecidos e utilizados até os dias atuais, tentam evitar diversas formas de codificar uma mesma palavra (Cagliari, 1997, Morais, 1998, Meireles & Correa, 2006, Queiroga, Lins, & Pereira, 2006, Teixeira, Schiefer, Carvalho, & Àvila, 2016).

Já foi descrito na literatura (Algozzine, McQuiston, O'Shea, & McCollin, 2008, Capellini, & Lanza, 2010, Santos & Befi-Lopes, 2013, Ehri, 2014, Sampaio, Fusco, Romero, Amaral, & Capellini, 2017) que os escolares apresentam maior facilidade na escrita ortográfica de palavras regulares de alta frequência, quando comparadas às palavras de baixa frequência ou pseudopalavras, demonstrando que quanto mais houver exposição auditiva, visual e perceptiva da palavra para o escolar, mais familiar tal palavra torna-se, facilitando a recuperação lexical ortográfica na hora da codificação.

Tais achados vão ao encontro aos estudos nacionais e internacionais (Germano, 2018; Kandel & Perret, 2015. Kandel, Peereman,

Grosjacques, & Fayol, 2011), os quais indicaram latências mais longas para palavras irregulares que regulares e de baixa frequência. Isso indica que os processos de ortografia foram modulados pela regularidade ortográfica e frequência de palavras. Eles estavam ativos antes de os escolares começarem a escrever.

Assim, estes estudos indicam que para a produção de escrita manual, há a interação entre os processos ortográficos e os de planejamento de movimentos, sendo este último descrito como processamento periférico. O processamento periférico da produção da escrita manual refere-se à seleção e à ativação de programas motores (Van Galen, 1991). Assim, os programas motores contêm informações sobre o formato da letra (ordem do traçado e direção) e ajustes musculares, conforme esquematizado na Figura 1, conforme descrito em Kandel, Peereman, Grosjacques e Fayol (2011).

Figura 1 – Descrição dos Processos Centrais e Periféricos.
Fonte: As autoras

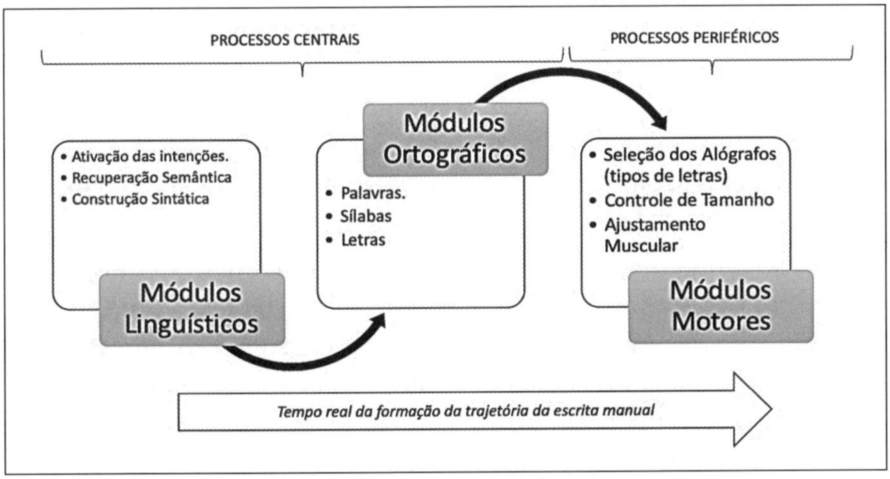

Deste modo, torna-se importante a avaliação destes processos, para assim possibilitar intervenções que sejam em ambos os níveis, sendo que o uso da tecnologia pode ser um bom aliado para melhor caracterizar o perfil de escrita (ortográfica e caligráfica) dos escolares.

Assim, trazemos neste capítulo, a importância do uso da tecnologia na avaliação e intervenção nos transtornos de escrita em escolares, que podem ser utilizados em contexto escolar e/ou clínico. Para uma abordagem didática, iremos dividi-lo em duas partes, sendo a primeira referente à avaliação e a segunda referente às estratégias de intervenção.

Uso da tecnologia para avaliação dos transtornos da escrita ortográfica e caligráfica

Estudos recentes (Germano, 2018; Germano & Capellini, 2019; Kandel & Perret, 2015, Kandel, Peereman, Grosjacques, & Fayol, 2011) indicam o uso de *softwares* e mesas digitalizadoras para medirem parâmetros da produção de escrita manual a partir dos movimentos realizados durante sua produção em escolares com transtornos da escrita.

Dentre os escolares que apresentam dificuldades quanto aos transtornos de escrita, estão os escolares com Dislexia do Desenvolvimento. De acordo com Reid (2016), a dislexia do desenvolvimento é caracterizada por diferenças de processamentos individuais, frequentemente caracterizados pelas dificuldades apresentadas no início da alfabetização, comprometendo a aquisição da leitura, da escrita manual e da ortografia. Tais comprometimentos podem ser decorrentes das falhas nos processos cognitivos, fonológicos e/ou visuais.

Germano, Sbrugnara e Capellini (2018) realizaram um estudo piloto com oito escolares, de 3º ao 5º ano do Ensino Fundamental I, sendo quatro escolares com o diagnóstico interdisciplinar de Dislexia (Grupo Experimental – GE), pareados de acordo com o ano escolar com quatro escolares com bom desempenho acadêmico (Grupo Controle – GC). Como procedimentos, foi utilizado um notebook com software instalado (versão adaptada) e uma mesa digitalizadora. A apresentação do estímulo e a análise dos movimentos foram analisadas pelo *software Ductus* (Guinet, & Kandel, 2010).

Os escolares foram submetidos a duas tarefas, sendo elas a escrita de letras maiúsculas e a cópia de pseudocaracteres (estímulo com o mesmo número de traços que o alfabeto, com mudanças no arranjo, como ângulos e inversão). Foram comparadas as médias de Latência, medidas em milissegundos (ms), sendo a diferença entre a apresentação do tdos estímulos e o momento do início da escrita (pressão da caneta> 0). A latência refere-se ao lapso temporal entre a apresentação da palavra e a execução do motor. É informativo sobre os processos envolvidos no acesso léxico (Guinet, & Kandel, 2010).

Os resultados indicaram que houve diferença (*p<0,05) para a comparação entre a escrita de alfabeto, de pseudocaracteres, e na comparação entre ambos, conforme verificados nas Figuras 2, 3 e 4, respectivamente.

Figura 2 – Comparação da Latência entre GE e GC na produção de alfabeto.
Fonte: Germano, Sbrugnara e Capellini (2018)

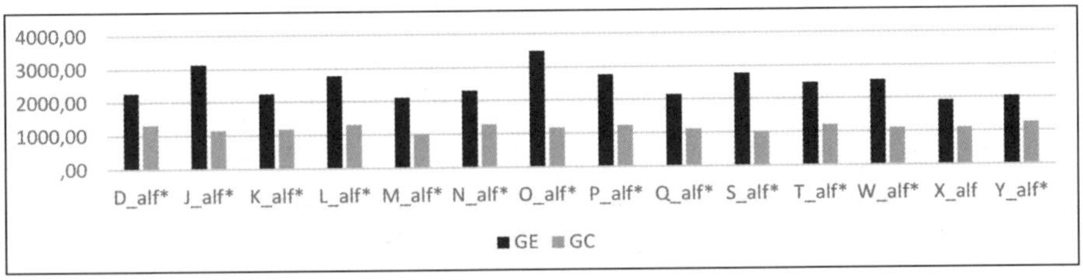

Figura 3 – Comparação da Latência entre GE e GC na produção de pseudocaracteres.
Fonte: Germano, Sbrugnara e Capellini (2018)

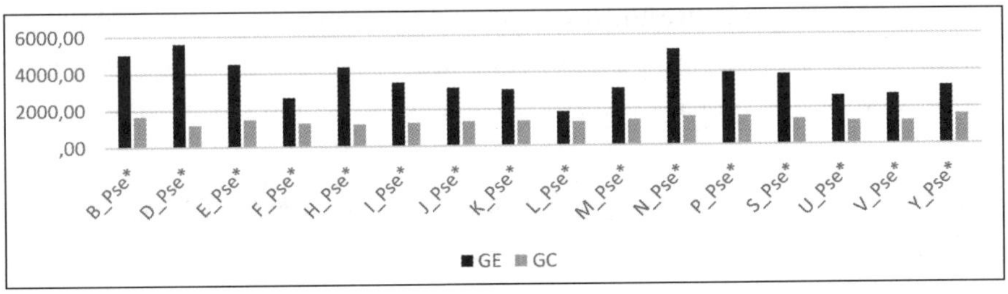

Figura 4 – Comparação da Latência entre pseudocarateres e alfabeto entre GE e GC.
Fonte: Germano, Sbrugnara e Capellini (2018)

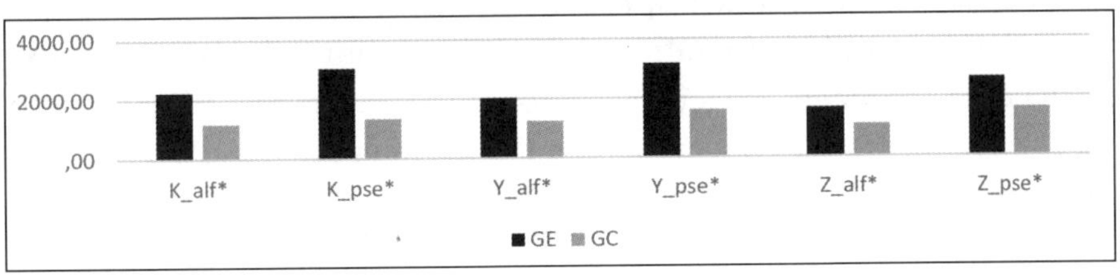

Os resultados revelaram que os participantes com dislexia demoraram mais tempo para iniciar seus movimentos de escrita (ou seja, latência) que os participantes controle. A latência refere-se ao lapso de tempo entre a apresentação do estímulo e o momento em que o participante começa a escrever. Assim, Alvarez, Cottrell e Afonso (2009) referem que escolares com dislexia exibiram durações de movimento mais longas na escrita de letras, produzindo mais erros. Os participantes com dislexia tinham dificuldades particulares antes de começar a escrever, podendo estar relacionada à consistência da Língua (relação entre fonologia e ortografia) (Kandel, Lassus-Sangosse, Grosjacques, & Perret, 2017).

Thibon, Gerber e Kandel (2018) referiram que, para aprender a escrever uma letra, torna-se necessário memorizar uma sequência motora, em uma ordem específica. Quanto à comparação do tempo de latência entre a produção da escrita da letra do alfabeto e seus correspondentes pseudocaracteres, os escolares deste estudo necessitaram de mais tempo para a execução do segundo estímulo. Tais resultados de latência indicam a ativação de processos centrais e periféricos, antes de começar a escrever, mas não uma interação completa, uma vez que havia uma diferença entre a letra do alfabeto e seu pseudocaracter correspondente, com maior latência para o pseudocaracter. Isso sugere que uma sequência motora não foi estabelecida, portanto, não se pode presumir que a produção das letras do alfabeto fosse automática. Deste modo, o estudo concluiu que houve falhas de interação entre os processos centrais e periféricos para os escolares com dislexia.

Uso da tecnologia para intervenção dos transtornos da escrita ortográfica e caligráfica

O uso da tecnologia para a avaliação e intervenção ortográfica deve ser cuidadosamente estudado antes de ser implantado, pois a escrita ortográfica necessita de ensino explícito (Cérvera-Mérida & Ygual-Fernández, 2006, Sampaio & Capellini, 2015).

A intervenção ortográfica para escolares com dislexia deve ser explícita com atividades específicas de conteúdos que facilitam a aquisição do conhecimento e estratégias que estão sendo ensinadas. Para a aprendizagem precisa da escrita, os educadores precisam planejar intervenções voltadas às áreas alfabética, ortográfica e morfêmica. A realização de repetições e revisões cumulativas de conteúdos anteriores também ajudam a promover o desenvolvimento da automaticidade no processamento de palavras e partes de palavras (Chapleau, Beapré-Boivin, 2019, Graham & Santangello, 2014, Mclaughlin, Weber, & Derby, 2013; Troia, 2006).

Na literatura internacional (McArthur, Ellis, Atkinson, & Coltheart, 2012, Hatcher, Hulme, Snowling, 2004; Snowling & Hulme 2012, Klatte, Bergström, Steinbrink, Konerding, & Lachmann, 2018) é possível encontrar estudos sobre intervenção baseada na transparência ortográfica que demonstram ser mais eficazes na promoção das habilidades de alfabetização dos escolares.

A instrução sobre a transparência ortográfica significa o treinamento da correspondência fonografêmica unívoca e sua aplicação na leitura e escrita ortográfica das palavras. Contudo, alguns dos programas baseados neste tipo de correspondência vai além da transparência ortográfica, pois eles também incluem treinamento ortográfico sobre as opacidades ortográficas (McArthur, Ellis, Atkinson, & Coltheart, 2012). Tais programas combinados aumentam o conhecimento das habilidades de processamento fonológico que são essenciais para a aquisição da leitura e da ortografia e, o ensino explícito aos escolares permite utilizar as habilidades fonológicas ao iniciar o conhecimento da linguagem escrita. Desta forma, as intervenções baseadas na conversão fonografêmica ajudam os escolares a compreender o princípio alfabético (Hatcher, Hulme, Snowling, 2004, Snowling, & Hulme 2012).

Um exemplo sobre o cuidado que deve ser tomado ao utilizar tecnologias na intervenção ortográfica, é constado no estudo de Klatte, Bergström, Steinbrink, Konerding e Lachmann (2018), no qual os autores realizaram um treinamento com o programa *Lautarium* ®, para escolares de língua alemã com dificuldades de aprendizagem (Klatte, M., Steinbrink, Bergström, & Lachmann, 2017, Klatte, Bergström, Steinbrink, Konerding e Lachmann, 2018). (Figura 5).

Figura 5 – Exemplo de tela do treinamento do programa Lautarium ®
Fonte: Disponível em https://www.testzentrale.de/shop/lautarium.html

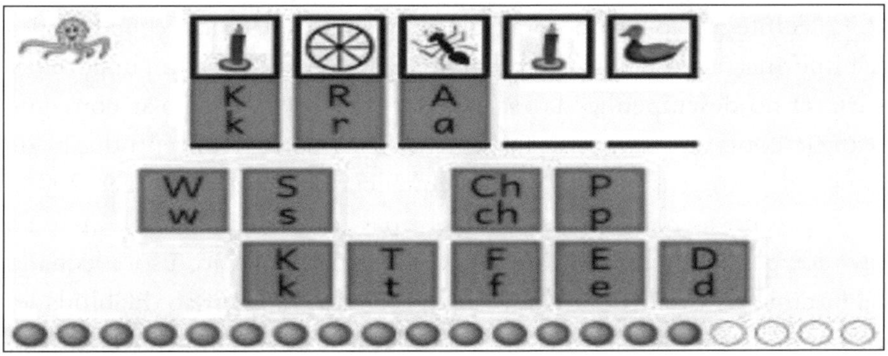

O programa *Lautarium* ® tem por objetivo melhorar a leitura e a ortografia de escolares com dislexia, promovendo o desenvolvimento das habilidades do processamento fonológico e facilitação na aquisição e automatização de correspondências fonografêmicas. O programa é realizado por meio do treinamento auditivo-fonológico relacionado à correspondência fonografêmica, com exercícios mostrando o nível de desempenho individual e com instruções e *feedback* imediato, permitindo que os escolares aprendessem sem muita ajuda do tutor.

Como resultado desde estudo, foi possível observar que a instrução tecnológica, em geral, gerou um ganho em habilidades de alfabetização, porém, houve diferenças consideráveis sobre os tipos de ganhos, sendo possível observar que, isoladamente, o desempenho ortográfico dos escolares diminuiu enquanto realizaram o treinamento e na pós-testagem não houve melhora significativa (Klatte, Steinbrink, Bergström, & Lachmann, 2017; Klatte, Bergström, Steinbrink, Konerding, & Lachmann, 2018).

Destaca-se, entretanto, a importância sobre a aplicação do programa junto a um tutor (seja educador, fonoaudiólogo, psicopedagogo), que deverá orientar os escolares sobre as irregularidades ortográficas, uma vez que o programa computadorizado não supre a necessidade de ensino explícito da ortografia.

Outra questão a ser enfocada é a intervenção com as habilidades caligráficas da escrita, ou seja, àquelas relacionadas ao ato motor da produção da escrita. Em relação à aquisição da escrita manual, estudos internacionais (Brown & Rodger, 2008, Kandel & Perret, 2015) e nacionais (Cardoso & Capellini, 2017, Germano & Capellini, 2019) descrevem que é necessário a combinação de coordenação de habilidades viso-motoras com o planejamento motor, cognitivo e habilidades perceptuais (tátil-cinestésicas, organização no espaço e no tempo).

A integração visomotora é definida como a habilidade em coordenar informações visuais com a programação motora, sendo um importante variável no desempenho da escrita. Por meio dela, o escolar consegue realizar cópia ou transposição de textos, letra cursiva, reprodução de letras e de números isolados ou em sequências (Brown & Rodger, 2008).

Assim, as habilidades motoras finas (ou destreza) referem-se ao uso dos pequenos músculos da mão para manipulação, uso adequado da ferramenta e padrões maduros de preensão e apreensão. Habilidades de manipulação na mão incluem translação (movimento linear de um objeto da palma para os dedos ou dedos para a palma), rotação simples (movimento de um objeto menor que 180 graus ao redor de um eixo, usando movimentos isolados dos dedos e polegar), rotação complexa (movimento de um objeto a mais de 180 graus em torno de um eixo, usando movimentos isolados do dedo e do polegar) e mudança (movimentos alternados do dedo e das almofadas do polegar). A separação motora dos dois lados da mão é um componente importante do desenvolvimento de habilidades motoras finas, o que permite que os dedos habilidosos do lado radial da mão (polegar, indicador e dedo médio) realizem movimentos pequenos, coordenados e habilidosos, e a poderosa porção ulnar da mão (anel e dedinhos) para fornecer força muscular adicional durante a apreensão prolongada dos itens (Bruininks & Bruininks, 2005).

Deste modo, a função motora fina envolve a combinação de coordenação de habilidades viso-motoras com o planejamento motor, cognitivo e habilidades perceptuais e a integração viso-motora (habilidade em coordenar informações visuais com a programação motora. Ela está diretamente relacionada aos processos de aprendizagem escolar, sendo importante na vida acadêmica dos escolares, durante a produção de escrita manual, desde a produção de letras do alfabeto até a produção de textos (Brown & Rodger, 2008).

Assim, alterações em algumas destas habilidades podem acarretar prejuízos acadêmicos, conforme descrito em estudo de Di Pietro, Schnider e Ptak (2011), o qual refere que alteração na percepção visual pode acarretar falhas quanto às formas das letras, resultando incapacidade de copiá-las corretamente. Entretanto, estudos indicam que as dificuldades em acompanhar os padrões grafomotores, a criança pode apresentar prejuízos para o planejamento motor da escrita, gerando letras mal formadas, erros no tamanho e posicionamento da letra (Zesiger, Pegna, & Rilliet, 1994).

Assim, a intervenção em relação à produção da escrita manual deverá contemplar habilidades de coordenação olho-mão, de percepção visual, de integração visomotora, de percepção cinestésica, de controle motor fino, de atenção sustentada e de manipulação com as mãos (Bumin & Kavak, 2008).

Abordaremos na sequência, algumas estratégias com o uso de aplicativos, disponíveis para os sistemas Android e IOS, para uso em celulares e em tablets, os quais podem ser utilizados com escolares desde a pré-escola até o final do Ensino Fundamental, com ou sem transtornos de escrita.

- **Dexteria VMI – Assess and Practice Visual-Motor Integration Skills®**

  Incluem as habilidades de percepção visual e de integração visomotora, sendo habilidades de figura e fundo, discriminação visual e construção de imagem (Figura 6).

Figura 6 – Imagens do Aplicativo Dexteria VMI®
Fonte: Recuperado de http://www.dexteria.net

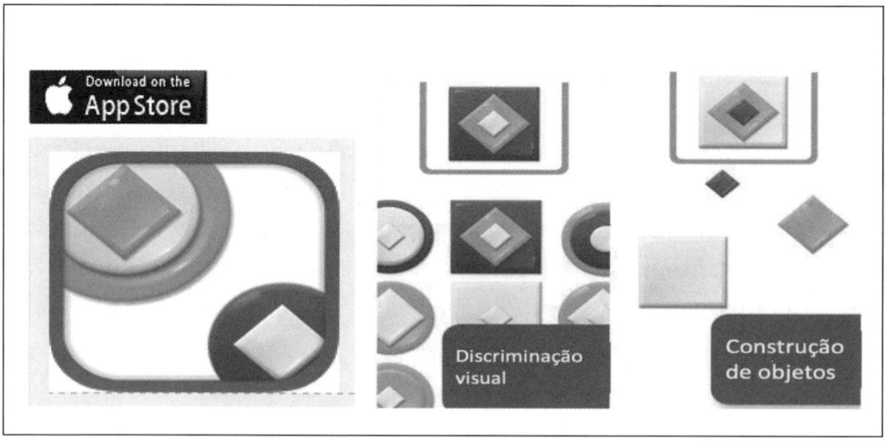

- ***Dexteria Jr. – Fine Motor Skill Development for Toddlers & Preschoolers®***

  Dexteria Jr. é um conjunto de exercícios com as mãos e dedos que ajuda a desenvolver habilidades motoras finas e prontidão na escrita. As atividades são especialmente projetadas para crianças de 2 a 6 anos. Incluem os jogos de "Esmagar a abóbora", "Traçar e apagar" e "aperte a pimenta" (Figura 7).

Figura 7 – Imagens do Aplicativo Dexteria Jr®

Fonte: Recuperado de http://www.dexteria.net

- **Prática de *cursive handwriting*®**

  O aplicativo oferece atividades para a escrita em letra cursiva, com atividades que podem ser personalizadas, com a inserção de áudio e palavras. O movimento das letras é indicado (Figura 8).

Figura 8 – Imagens do Aplicativo Prática de cursive handwriting®

Fonte: Recuperado de: https://play.google.com/store/apps/details?id=com.lescapadou.cursivefree&hl=en_US

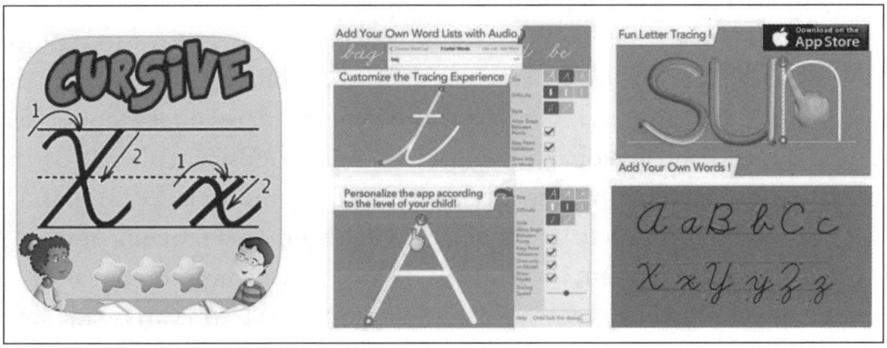

- IOT session®

  IOT Session é um aplicativo que melhora e aborda os déficits no rastreamento visual, coordenação bilateral, percepção visual, motor fino/destreza, varredura visual e formação de letras corretas/caligrafia. O aplicativo pode ser usado em crianças em idade pré-escolar e Ensino Fundamental. (Figura 9).

Figura 9 – Imagens do Aplicativo IOT SESSION®
Fonte: Retirado de <https://itunes.apple.com/br/app/iot-session/id682260594?mt=8> Acesso em: 16 de Abril de 2019.

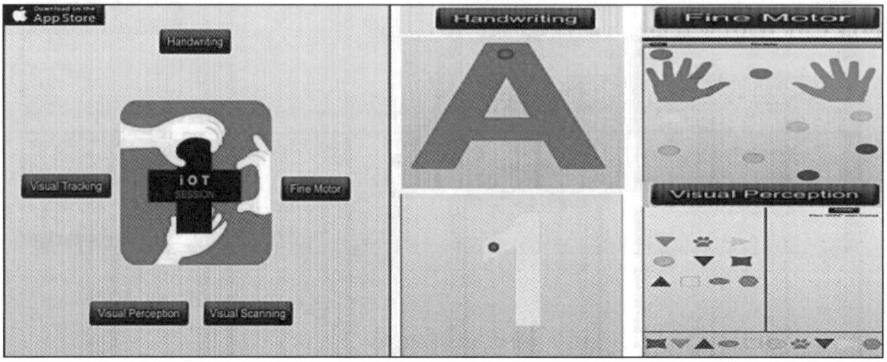

Considerações finais

Este capítulo teve como objetivo apresentar possibilidades de uso da tecnologia tanto na avaliação como na intervenção nos transtornos da escrita ortográfica e caligráfica. Como demonstrado, o contexto de avaliação de estudos nacionais vem possibilitando a verificação de critérios de produção de escrita a partir de medidas mais precisas.

Também na intervenção, foi possível verificar que o uso da tecnologia pode ser utilizado em benefício da melhora dos aspectos de ortografia e de caligrafia, sendo que o uso de celulares e *tablets* pode ser um aliado dos profissionais da educação para o ensino sistemático de regras de ortografia e habilidades percepto-viso-motoras da caligrafia.

Finalmente, destacamos que o uso da tecnologia requer a presença de um tutor, seja este um profissional da área da educação ou da saúde, a fim de que o objetivo a ser trabalhado não seja apenas uma atividade fora de contexto e, sim, que seja utilizado para melhor motivar o escolar em suas atividades, possibilitando a melhora do desempenho de transtornos da escrita ortográfica e caligráfica.

Agradecimentos

Os autores agradecem o apoio financeiro do CNPq, Conselho Nacional de Desenvolvimento Científico e Tecnológico (Edital Universal MCT / CNPq no 455208 / 2014-0), concedido à primeira autora.

Referências

Algozzine, B., McQuiston, K., O'Shea, D., & McCollin, M. (2008). Improving phonological awareness and decoding skills of high school students from diverse backgrounds. *Preventing School Failure: Alternative Education for Children and Youth, 52*(2), 67-72.

Alvarez, C. J., Cottrell, D., & Afonso, O. (2009). Writing dictated words and picture names: Syllabic boundaries affect execution in Spanish. *Applied Psycholinguistics, 30*(2), 205-223.

Batista, A. O., Chiaramonte, T. C., Capellini, S. A. (2019). *Compreendendo os transtornos específicos de aprendizagem: Compreendendo a Disortografia.* (Vol. 2) Ribeirão Preto, SP: BookToy.

Brown, T., & Rodger, S. (2008). Validity of the developmental test of visual-motor integration supplemental developmental test of visual perception. *Perceptual and motor skills, 106*(3), 659-678.

Bruininks, R. H., & Bruininks, B. D. (2005). *BOT2: Bruininks-oseretsky test of motor proficiency.* AGS Publishing.

Bumin, G., & Kavak, S. T. (2008). An investigation of the factors affecting handwriting performance in children with hemiplegic cerebral palsy. *Disability and Rehabilitation, 30*(18), 1374-1385.

Cagliari, L. C. (1997). *Alfabetização e Linguística.* São Paulo, SP: Scipione.

Capellini, S. A., Butarelli, A. P. K. J., & Germano, G. D. (2010). Dificuldades de aprendizagem da escrita em escolares de 1ª a 4ª séries do ensino público. *Revista Educação em Questão, 37*(23).

Capellini, S. A., & Lanza, S. C. (2010). Desempenho de escolares em consciência fonológica, nomeação rápida, leitura e escrita. *Pró-Fono Revista de Atualização Científica, 22*(3), 239-244. .

Caramazza, A., & Miceli, G. (1990). The structure of graphemic representations. *Cognition, 37*(3), 243-297.

Cardoso, M. H., & Capellini, S. A. (2017). *Compreendendo os transtornos específicos de aprendizagem: Compreendendo a Disgrafia* (Vol. 1). Ribeirão Preto, SP: Book Toy.

Cervéra-Mérida, J. F., & Ygual-Fernández, A. (2006). Uma propuesta de intervención em trastornos disortográficos atendiendo a la semiologia de los errores. *Rev Neurol, 42*(2), 117-26.

Chapleau, N., & Beaupré-Boivin, K. (2019). Interventions to Support the Development of Spelling Knowledge and Strategies for Children with Dyslexia. *Education, 9*(1), 1-8.

Di Pietro, M., Schnider, A., & Ptak, R. (2011). Peripheral dysgraphia characterized by the co-occurrence of case substitutions in uppercase and letter substitutions in lowercase writing. *cortex*, *47*(9), 1038-1051.

Dias, R. S., & Ávila, C. R. B. (2008). Uso e conhecimento ortográfico no transtorno específico da leitura Orthographic knowledge and use in children with dyslexia. *Rev Soc Bras Fonoaudiol*, *13*(4), 381-90. .

Ehri, L. C. (2014). Orthographic mapping in the acquisition of sight word reading, spelling memory, and vocabulary learning. *Scientific Studies of Reading*, *18*(1), 5-21. .

Germano, G. D., & Capellini, S. A. (2019). Use of technological tools to evaluate handwriting production of the alphabet and pseudocharacters by Brazilian students. *Clinics*, *74*.

Germano, G. D., Sbrugnara, T., & Capellini, S. A. (2018). Comparação entre tempo de latência de escrita manual de alfabeto e pseudocaracteres em disléxicos. XXVI Congresso Brasileiro de Fonoaudiologia III Congresso Ibero-americano de Fonoaudiologia VI Congresso Sul-Brasileiro de Fonoaudiologia, 2018, Curitiba. *Anais eletrônico*. Recuperado de: https://www.brasfono2018.com.br/wp-content/uploads/2018/100/sessao-de-concorrentes-a-premio/297.pdf

Germano, G. D. (2018). *Adaptação cultural do software Ductus para o estudo da produção da escrita de escolares brasileiros do Ensino Público Fundamental*. Relatório de pesquisa/ CNPq – Processo: 455208/2014-0, 2018.

Gindri, G., Keske-Soares, M., & Mota, H. B. (2007). Memória de trabalho, consciência fonológica e hipótese de escrita. *Pró-fono*, *19*(3).

Graham, S., & Santangelo, T. (2014). Does spelling instruction make students better spellers, readers, and writers? A meta-analytic review. *Reading and Writing*, *27*(9), 1703-1743.

Guinet, E., & Kandel, S. (2010). Ductus: A software package for the study of handwriting production. *Behavior Research Methods*, *42*(1), 326-332.

Hatcher, P. J., Hulme, C., & Snowling, M. J. (2004). Explicit phoneme training combined with phonic reading instruction helps young children at risk of reading failure. *Journal of child Psychology and Psychiatry*, *45*(2), 338-358.

Kandel, S., Peereman, R., Grosjacques, G., & Fayol, M. (2011). For a psycholinguistic model of handwriting production: Testing the syllable-bigram controversy. *Journal of Experimental Psychology: Human Perception and Performance*, *37*(4), 1310.

Kandel, S., Lassus-Sangosse, D., Grosjacques, G., & Perret, C. (2017). The impact of developmental dyslexia and dysgraphia on movement production during word writing. *Cognitive neuropsychology, 34*(3-4), 219-251.

Kandel, S., & Perret, C. (2015). How does the interaction between spelling and motor processes build up during writing acquisition? *Cognition, 136*, 325-336.

Klatte, M., Bergström, K., Steinbrink, C., Konerding, M., & Lachmann, T. (2018). Effects of the computer-based training program Lautarium on phonological awareness and reading and spelling abilities in German second-graders. In *Reading and Dyslexia* (pp. 323-339). Springer, Cham.

Klatte, M., Steinbrink, C., Bergström, K., & Lachmann, T. (2017). *Lautarium: ein computerbasiertes Trainingsprogramm für Grundschulkinder mit Lese-Rechtschreibschwierigkeiten: Manual*. Hogrefe.

Machado, A. C., & Capellini, S. A. (2014). Aplicação do modelo de tutoria em tarefas de leitura e escrita para crianças com dislexia do desenvolvimento. *Revista Ibero-Americana de Estudos em Educação, 9*(1), 35-48.

Manzano, J. L. G., Sanz, M. T., & Chocano, A. J. D. (2008). *Fundamentos Para la Intervención en El Aprendizaje de la Ortografía: ORTOleco: Programa de Desarrollo de la Ortografía*. Ciencias de la Educación Preescolar y Especial.

McArthur, G. M., Ellis, D., Atkinson, C. M., & Coltheart, M. (2008). Auditory processing deficits in children with reading and language impairments: Can they (and should they) be treated? *Cognition, 107*(3), 946-977.

McLaughlin, T. F., Weber, K. P., & Derby, M. (2013). Classroom spelling interventions for students with learning disabilities. *Handbook of learning disabilities*, 439-447.

Meireles, E., & Correa, J. (2006). A relação da tarefa de erro intencional com o desempenho ortográfico da criança considerados os aspectos morfossintáticos e contextuais da língua portuguesa. *Estud Psicol, 11*(1), 35-43.

Morais, A. G. (1998). *Ortografia: ensinar e aprender.* São Paulo, SP: Ática.

Queiroga, B. A. M. de, Lins, M. B., & de Andrade Lima Vasconcelos Pereira, M. (2006). Conhecimento morfossintático e ortografia em crianças do ensino fundamental. *Psicologia: Teoria e Pesquisa, 22*(1), 95-100.

Reid, G. (2016). *Dyslexia: A practitioner's handbook.* John Wiley & Sons. .

Sampaio, M. N., Fusco, N., Romero, A. C. L., Amaral, A. C. D., & Capellini, S. A. (2017). Spelling performance of public and private school students: A comparative study. *Estudos de Psicologia (Campinas), 34*(3), 399-410.

Sampaio, M. N., & Capellini, S. A. (2015). Intervenção ortográfica em escolares com e sem dificuldades de escrita. *Psicologia Escolar e Educacional, 19*(1), 105-115.

Santos, M. T. M. D., & Befi-Lopes, D. M. (2013). Análise da ortografia de alunos do 4° ano do Ensino Fundamental a partir de ditado de palavras. In *CoDAS*. Sociedade Brasileira de Fonoaudiologia.

Snowling, M. J., & Hulme, C. (2012). Interventions for children's language and literacy difficulties. *International Journal of Language & Communication Disorders, 47*(1), 27-34.

Teixeira, B. S., Schiefer, A. M., de Carvalho, C. A. F., & de Àvila, C. R. B. (2016). Compreensão oral e leitora e consciência sintática nas alterações de leitura e escrita. *Revista CEFAC, 18*(6), 1370-1378.

Thibon, L. S., Gerber, S., & Kandel, S. (2018). The elaboration of motor programs for the automation of letter production. *Acta psychologica, 182*, 200-211. .

Troia, G. A. (2006). Writing instruction for students with learning disabilities. *Handbook of writing research*, 324-336.

Van Galen, G. P. (1991). Handwriting: Issues for a psychomotor theory. *Human movement science, 10*(2-3), 165-191.

Zesiger, P., Martory, M. D., & Mayer, E. (1997). Writing without graphic motor patterns: A case of dysgraphia for letters and digits sparing shorthand writing. *Cognitive Neuropsychology, 14*(5), 743-763.

CAPÍTULO 22

Falhas e antijuricidade na inclusão escolar

Liciane Faria Traverso Gonçalves
João Luiz Traverso Gonçalves

As áreas de Pedagogia e Psicologia, em suas diversas e ricas vertentes, assim como as de Antropologia, Sociologia, Filosofia, Linguagem e de novas tecnologias aplicadas ao processo educacional, constituem, dentre outras voltadas para a formação, crescimento e aperfeiçoamento humano, as que, provavelmente, mais têm dado respostas e ensejado avanços em termos de conferir a cidadãos conhecimentos, habilidades e competências capazes de atender aos anseios e necessidades da sociedade. Para esses saberes, mais significativa ainda torna-se a sua contribuição ao se considerar que as demandas sociais se encontram em permanente mutação, a impor novos desafios ao Estado, à escola, à família e ao setor produtivo, enfim, a todos que participam, direta ou indiretamente, de tal contexto.

Se a expertise e o comprometimento de educadores ganham dimensão e projeção de inestimável valor social e humano, admitindo-se o conhecimento como a mais adequada forma de libertação do jugo a que a ignorância submete ainda hoje grande parte da população, preparar as pessoas para exercerem com plenitude o exercício da cidadania é algo fulcral, que não lhes pode ser negado. Trata-se, pois, de passo essencial para integrá-las ao que está a exigir este ou aquele papel social, seja qual for a necessidade que elas apresentem durante o período escolar, em qualquer nível ou estágio da caminhada.

Afastar alguém, de forma deliberada ou por omissão, da possibilidade de, no sistema educacional brasileiro, obter a formação que lhe permita seguir a trilha da construção do conhecimento é social e juridicamente inaceitável. Qualquer um, consoante comando constitucional, pode pretender e requerer do Estado que lhe forneça meios para almejar e buscar o mesmo que outras pessoas obtiveram ou estão por alcançar, ainda que essas não reúnam necessidades especiais. Nesse nível, poder-se-ia arguir, a qualquer tempo e circunstância, o princípio fundamental da dignidade da pessoa humana, de acordo com o art. 1º, inciso III, da Constituição Federal (CF), e o direito fundamental da igualdade inserto no art. 5º, *caput*, também da Lei Maior (Brasil, 1999), de que "todos são iguais perante a lei, sem distinção de qualquer natureza, garantindo-se aos brasileiros e aos estrangeiros residentes no País a inviolabilidade do direito à vida, à liberdade, à igualdade, à segurança e à propriedade".

No plano infraconstitucional, há que se observar o que determina a Lei nº 13.146, de julho de 2015, também conhecida por "Lei Brasileira de Inclusão – LBI". A contramão disso é, além de antirrepublicano, antijurídico e imoral, discrepante do que se espera prevalecer no Estado Democrático de Direito que vigora no Brasil. Para os cristãos, segue-se o ensinamento bíblico, em Isaías 1:27: "Sião será redimida pelo direito, e os que se arrependem, pela justiça" (Bíblia Sagrada, 1999). É, pois, chegado – ainda que com incômodo e iníquo atraso – o tempo de corrigir erros dessa natureza. A Campanha da Fraternidade de 2019, da Igreja Católica, iniciada na Quarta-Feira de Cinzas, orienta-se pelo preceito bíblico "serás libertado pelo direito e pela justiça". É o que se deseja para aqueles que, mesmo sendo portadores de necessidades especiais, se encontram parcialmente assistidos ou desassistidos em questões educacionais.

Quem visita ou trabalha na área escolar depara-se, cotidianamente, com falhas no atendimento a alunos portadores de necessidades especiais. Não obstante as escolas ostentarem em seu Projeto Pedagógico (PP) a oferta de ensino de qualidade a esses alunos, com o fito de sua inclusão, na prática nem sempre isso acontece, seja por deficiência material, falta de pessoal qualificado para atuar conforme o que preconiza o PP ou outros cuidados que devem ser observados no processo escolar para que ocorra a desejada inclusão. Não é apenas propiciar o acesso do portador de atenção especial à sala de aula, mas, de fato, incluí-lo nas atividades.

Ele tem que, realmente, ser um partícipe, jamais mero expectador, seja qual for a natureza da sua deficiência, como dispõe a LBI.

Com efeito, a LBI, conforme lembra a Promotora de Justiça Sandra Lúcia Garcia Massud (2019), "consagrou a política de educação inclusiva no Brasil". Para ela, que é assessora do Ministério Público do Estado de São Paulo na área de Pessoa com Deficiência,

> isso significa que todas as escolas, sejam públicas ou particulares, devem cumprir as determinações dessa lei no sentido de aprimorar seus sistemas de ensino, visando garantir condições de acesso, permanência, participação e aprendizagem a todas as pessoas com deficiência (Massud, 2019).

A Promotora de Justiça acrescenta:

> Tudo sem custos extras para a família da pessoa com deficiência, uma vez que as adaptações necessárias para o atendimento educacional inclusivo devem ser suportadas por toda a sociedade, aí se entendendo a comunidade, a escola e a família (Massud, 2019).

Ora, o que se tem, com a LBI de julho de 2015, é que qualquer escola, não interessando se pertencente ao segmento estatal ou privado – assinala a promotora –, "está obrigada a oferecer sistema de ensino que garanta não só o acesso, mas, também, a permanência, participação e aprendizagem a todos aqueles que apresentem algum tipo de deficiência". O que se configura distinto, por exemplo, do que algumas pessoas com deficiência chegaram a denominar de "inclusão perversa". Elas explicam que a expressão se refere à seguinte situação, *exempli gratia*: embora se encontrassem fisicamente na sala de aula, não conseguiam acompanhar, em termos de participação efetiva, os trabalhos escolares. Afinal, a avaliação delas é a que melhor reflete tal realidade, já que, *ex auctoritate propria,* são as que sentem diretamente os efeitos negativos de falhas no sistema escolar. Ou seja, como salienta a Promotora Sandra Massud: não têm garantidas a "participação e a aprendizagem".

Na lição de uma professora deficiente visual, em documentário sobre inclusão que foi ao ar na noite do dia 12 de março de 2019, na TV Minas, cabe, por exemplo, ao docente que ministra aula com a presença de deficiente visual não usar pronomes demonstrativos – este, aquele etc. –, sob pena de manter esse tipo de aluno "invisível". São cuidados, mais do que isso, pertinências didáticas que têm que ser observadas no processo de inclusão escolar. Em essência, trata-se de atenção própria de prática pedagógica inclusiva. Apesar de não ser o escopo do presente artigo, pode-se depreender que, frustrando-se procedimento nessa direção, estar-se-á, talvez, além do acesso, garantindo-se a permanência do estudante com deficiência na escola, porém, jamais, na eventualidade de "inclusão perversa", assegurar-se-á a sua participação e o seu aprendizado. Há, portanto, a exigir-se da escola brasileira, consoante ainda prelecionado pela Promotora Sandra Massud, "a adoção de práticas pedagógicas inclusivas pelos programas de formação de professores e oferta de atendimento educacional especializado". Há que se perguntar, todavia: quais e quantos programas vêm sendo desenvolvidos no País voltados para a formação de professores com capacidade para atuar no atendimento educacional especializado; quais e quantas escolas dispõem de tais serviços; nas escolas que oferecem esse tipo de prestação escolar, ocorre o processo de inclusão ou apenas se garante o acesso e a permanência do aluno na unidade educacional? Enfim, são questões que precisam ser respondidas para se avaliar a efetividade do que está sendo realizado com vistas à inclusão escolar, pois, aqui e ali, constata-se, infelizmente, a existência de sérios obstáculos a serem superados.

Com esse quadro, está claro que as normas esculpidas na LBI não são suficientes para garantir a plenitude da inclusão escolar. Um dos motivos da assertiva é que, ainda que a nova legislação que completa em 2019 quatro anos preveja a possibilidade de contratação de profissionais específicos em caso de comprovada necessidade, como o que funciona no apoio escolar, tanto ela quanto a Lei nº 12.764, de 2012, que trata da proteção aos direitos dos autistas, não preveem a obrigatoriedade de a escola disponibilizar um professor auxiliar para o aluno, como bem ressalta a Promotora Massud. Ela esclarece:

> Não há normas federais ou estaduais que obriguem as escolas, a partir do ensino fundamental, a contratar professor auxiliar de sala de aula; o que a Lei 12.764/12 (Proteção aos Direitos dos Autistas) prevê é a possibilidade de um acompanhante especializado à pessoa com autismo (Massud. 2019).

Mesmo assim, impõe-se que se adotem as pertinentes considerações da promotora paulista com relação ao que ela assevera como sendo o ponto fundamental do processo de inclusão: "O mais importante de toda a situação do aluno com deficiência na escola é que disponha de um Plano Pedagógico Individualizado, elaborado com a colaboração da família e de eventuais profissionais que trabalhem com ele". Sandra Massud recomenda ainda que "o plano deve ser revisto periodicamente, a fim de se verificar se os objetivos foram alcançados e, se necessário, o reestudo de métodos para o seu atingimento". Para complementar as suas considerações sobre a inclusão escolar, Massud preleciona que "escola não é lugar onde se realizam terapias e, sim, um local de convivência e aprendizado com dignidade e respeito", justo o que, infelizmente, não ocorre, no Brasil, em sua universalidade, por falta de recursos humanos, materiais e, até mesmo, de forma velada e *contra legem*, por preconceito, o que já teria de estar extirpado há muito tempo. A responsabilidade pela mudança e pela consolidação da nova realidade legal e humana é de todos.

Nova realidade

Desde o pós II Guerra (1939-45), a sociedade alterou a forma de tratar aqueles que apresentam necessidades especiais. O mesmo houvera sido feito ao término do primeiro grande conflito internacional (1914-18), quando a Europa viu-se com milhares de pessoas mutiladas precisando atenção diferenciada. Cediço, contudo, que as iniciativas de inclusão foram tímidas após o embate da I Guerra Mundial.

De fato, ao findar da segunda grande conflagração, que se estendeu de fins dos anos 1930 até meados dos anos 1940, tanto os países do eixo (Alemanha, Japão e Itália) quanto os aliados dos Estados Unidos, Inglaterra e França, nos quais se encontrava o Brasil, tiveram que enfrentar uma realidade diferente, com grandes contingentes de cidadãos requerendo dispensação distinta da que se prestava até então às hoje denominadas "pessoas portadoras de necessidades especiais". Na dicção do art. 2º da Lei 13.146, de 6 de julho de 2015,

> considera-se pessoa com deficiência aquela que tem impedimento de longo prazo de natureza física, mental, intelectual ou sensorial, o qual, em interação com uma ou mais barreiras, pode obstruir sua participação plena e efetiva na sociedade em igualdade de condições com as demais pessoas (Brasil, Lei 13.146).

Ao invés segregá-las, ou simplesmente ignorá-las para um sem-número de atividades e situações, vêm sendo abertas e pavimentadas adequadas e promissoras vias de inclusão, direcionamento que não comporta recuos. Na escola não poderia ser diferente, nem mesmo em unidades públicas que enfrentam dificuldades estruturais e de custeio decorrentes da crise fiscal e da escassez de recursos orçamentários do Estado brasileiro nos últimos anos, na esfera federal e nos âmbitos estadual e municipal. Registre-se, entrementes, que o Estado brasileiro aplica, hoje, mais de 5,2% do Produto Interno Bruto (PIB), algo superior a R$ 150 bilhões/ano, em educação, superando os aportes em saúde e segurança pública.

Como já explicitado, negar o acesso e/ou impossibilitar a efetiva participação no ensino de qualidade a portadores de necessidades especiais, deixando de oferecê-lo nos moldes em que é ministrado para os demais alunos, são condutas que se configuram incompatíveis com o dever legal da Escola brasileira, nas áreas pública e privada. Simplesmente, quando muito, garantir na sala de aula a presença do profissional de apoio escolar desse aluno – há casos em que tal profissional acompanha o estudante desde a sua casa –, sem que, efetivamente, se consume o processo de ensino-aprendizagem em sua plenitude, é não só desrespeitar um direito basilar do discente como, ainda, reduzir-lhe a perspectiva de conseguir o que, de fato, ele foi buscar na escola: obter e consolidar conhecimentos compatíveis com o que se ministra e é desenvolvido na série ou ano escolar em que se encontra matriculado. Nesse caso, a frustração será inevitável; tempo e esforços despendidos, praticamente perdidos. Do ponto de vista da perspectiva de vida, ter-se-á perdido uma chance. A perda de uma chance é "uma teoria jurídica que nasceu nos idos da década de 1960 no direito francês, com o escopo de buscar ressarcimento naquelas situações em que a conduta do lesante retira da vítima uma oportunidade séria e real de chance futura", conforme doutrinam Luciano Figueiredo e Roberto Figueiredo (2019). Justo o que estaria ocorrendo com o aluno que não teve acesso às condições de ensino oferecidas a seus colegas. Não tendo se preparado adequadamente, por falta de assistência da escola, certamente não poderá concorrer, mais tarde, em igualdade de condições, com aqueles que dispuseram de tratamento distinto. Estará configurada a perda de uma chance. Mais: não raro, a única chance para uma pessoa com necessidades especiais em contextos extremamente competitivos.

Conforme ainda Luciano e Roberto Figueiredo, "trata-se, hoje, de mais uma modalidade de dano indenizável". E acrescentam: "São exemplos a perda de prazo de um recurso judicial, a frustração da chance de progressão na carreira, da oportunidade de emprego, de concorrer a um determinado valor, da cura de uma doença etc." Pensando-se em um estudante que não foi integralmente inserido no processo de aprendizagem, menos vale a possibilidade de sucesso em uma ação judicial de indenização do que se, de fato, tivesse sido acolhido de forma correta e tivesse tido a oportunidade de desenvolver-se juntamente com os outros alunos. Ainda que eventual indenização possa lhe trazer alguma reparação monetária, não representará para o seu patrimônio pessoal o mesmo que teria sido dispor de uma chance séria e real no futuro, capaz de conduzi-lo a se completar no campo de anseios, sonhos e realizações.

O ordenamento jurídico pátrio é rico em dispositivos legais capazes de garantir a todos o acesso à escola de qualidade com a integralidade de seu instrumental, a começar da CF/88. Ao lado dos já citados art. 1º, III, e 5º, *caput*, anotem-se outros dispositivos constitucionais, como os dos direitos sociais tratados no Capítulo II. Nesse, o art. 6º é taxativo e não comporta interpretação diversa:

> São direitos sociais a educação, a saúde, a alimentação, o trabalho, a moradia, o transporte, o lazer, a segurança, a previdência social, a proteção à maternidade e à infância, a assistência aos desamparados, na forma desta Constituição (Brasil, 1988).

A educação é, dessa forma, um direito social que a CF/88 garante a qualquer cidadão que se encontrar regularmente em território brasileiro. Seguem-se outros diplomas normativos que o legislador elaborou para explicitar direitos para os quais a Nação ainda não houvera elaborado normas específicas, apesar dos elevados índices de crescimento econômico alcançados pelo Brasil em fins do século XX e, em polo oposto, a existência de profundas disparidades de renda e de desigualdades sociais que têm resistido às políticas públicas destinadas à sua atenuação. Os pequenos avanços nesse campo se deram com considerável atraso em relação a países europeus e asiáticos, bem assim Estados Unidos e Canadá, por exemplo. Os baixos resultados do setor educacional estampam os desníveis mais gritantes frente a outras nações emergentes e às ações desenvolvidas pela Educação brasileira. Em um rol de 70 países pesquisados, o Brasil se encontra entre o 50º e o 60º lugar nas avaliações de Ciências, Matemática e Leitura, embora cada aluno do ensino Fundamental e Médio custe cerca de R$ 4.000,00 anuais ao País! Sem dúvida, um aproveitamento ou desempenho consideravelmente pequeno. Não há números precisos sobre a relação do que se aplica pelo conjunto de discentes brasileiros e por aluno com necessidades especiais.

De toda sorte, muito se avançou no sentido de se tentar garantir a universalização do acesso à educação de qualidade, por meio de ensino eficaz. Não se pode negar que escolas federais, estaduais e municipais têm buscado tal desiderato, começando pela adoção de mecanismos para que todos possam frequentá-la, até mesmo em áreas rurais atendidas por estradas nem sempre transitáveis e em zonas em que os cursos d'água são os únicos caminhos para se acessar uma sala de aula. Em tese, ganhos normativos e de rotina escolar expressivos, porém, insuficientes para assegurar a todos os brasileiros tratamento igualitário, por meio da oferta de meios que lhes ministrem ensino de qualidade, independentemente do local e nível da atividade.

Direitos desrespeitados, falhas e omissões

A CF/88 trata dos fundamentos da República Federativa do Brasil no art. 1º. Repita-se, por sua importância, que o inciso III do art. 1º aponta como um desses pilares constitucionais o que deveria ser observado como a pedra basilar para a (re)organização da sociedade brasileira: "a dignidade da pessoa humana".

No entanto, nem tudo ocorre nessa direção nos variados setores de atividades humanas, apesar de, desde a promulgação da Constituição, em 5 de outubro de 1988, terem surgido novos diplomas legais voltados para garantir o que o texto constitucional definiu para viger no "Estado Democrático de Direito".

Com efeito, ao se deparar com a realidade nacional, vê-se que a Carta Política de 88 vem sendo sistematicamente desrespeitada, de modo especial, pelo administrador público, para o qual a Constituição estabeleceu princípios dos quais não pode se afastar. O art. 37 da CF/88 dispõe que:

> A administração pública direta e indireta de qualquer dos Poderes da União, dos Estados, do Distrito Federal e dos Municípios

> obedecerá aos princípios da legalidade, impessoalidade, moralidade, publicidade e eficiência (Brasil, 1988).

Retome-se, entretanto, igualmente por sua relevância, o *caput* do art. 5º, que trata dos direitos e deveres individuais e coletivos:

> Todos são iguais perante a lei, sem distinção de qualquer natureza, garantindo-se aos brasileiros e aos estrangeiros residentes no País a inviolabilidade do direito à vida, à liberdade, à igualdade, à segurança e à propriedade, nos termos seguintes (Brasil, 1988).

Seguem-se 78 incisos, o primeiro deles reforçando a disposição de que trata a Carta quanto à igualdade: "I – homens e mulheres são iguais em direitos e obrigações, nos termos desta Constituição". O inciso XLI estabelece que "a lei punirá qualquer discriminação atentatória dos direitos e liberdades fundamentais". Nesse passo, saliente-se, ainda, o que preconiza a Lei nº 12.288/2010, mais conhecida por "Estatuto da Igualdade Racial", cujo nome dispensa explicações.

Por analogia, o comando do inciso XLI do art. 5º da CF/88 poderia ser aplicado a discriminações que digam respeito a portadores de necessidades especiais, em consonância, também, com o que dispõe sobre a matéria a Lei nº 13.146/2015 (Lei Brasileira de Inclusão da Pessoa com Deficiência) ou "Estatuto da Pessoa com Deficiência". O título II do Estatuto da Pessoa com Deficiência trata, especificamente, dos "crimes e das infrações administrativas", com cominação de penas.

De fato, o art. 88 da citada lei prevê pena de reclusão de um a três anos para quem "praticar, induzir ou incitar discriminação de pessoa em razão de sua deficiência". Sabe-se, *verbi gratia*, que a "expressão boa aparência", que deixou de frequentar as ofertas de emprego publicadas pela imprensa, não passava de uma maneira velada de discriminação racial e de pessoa com deficiência. Entretanto, há algum tempo, de forma contrária, existem organizações admitindo "portadores de necessidades especiais" para seus quadros, com o fito de atender a legislação atual sobre percentual de empregados com deficiência que devem manter.

Mas, no caso do ensino, a situação afigura-se grave, pelo menos, por dois motivos: primeiro, o fato de a maioria dos docentes não se encontrar preparada para lidar com alunos com deficiências; segundo, a ocorrência da falta de estrutura da maior parte dos educandários para receber diversos desses discentes, independente de estarem acompanhados de profissionais de apoio escolar e chegarem à escola com ajuda até mesmo física, em alguns casos, de maneira distinta dos demais. A omissão estatal com relação à infraestrutura para acolher esses alunos é inaceitável, não havendo justificativa plausível, nem mesmo da escassez de recursos financeiros para fazê-lo adequadamente. Mesma tecla em que o gestor público tem batido para procurar justificar a baixa qualidade do atendimento na área de saúde. Sempre com a culpa transferida à Previdência Social do setor privado, cujo discutido déficit seria o responsável por sorver mais recursos do que a educação, a saúde e a segurança pública, quando consideradas conjuntamente. Todavia, não há mostra das contas do sistema previdenciário dos últimos 40 anos, quando recursos advindos das contribuições dos segurados teriam sido alocados pelo governo central em outras áreas, no sistema de caixa único. Também não se fala que o próprio governo é um dos maiores devedores da Previdência, tendo deixado de proceder aos recolhimentos das contribuições em muitas de suas empresas e fundações por longos períodos de tempo. Agora, paga o gigantesco débito por meio do Refis da Previdência, em prestações mensais a perder de vista.

Há outro fator difícil de ser registrado, quanto mais, mensurado, o que não permite que ele integre o conjunto que está a comprometer a inclusão escolar: o desinteresse da sociedade com relação ao problema. Sem o seu real engajamento, tudo se torna mais complicado.

Conclusão

Enquanto o País e seus gestores não entenderem que as normas têm que ser, efetivamente, respeitadas e, sobretudo, as pessoas, tratadas de forma igualitária, consoante determina a lei, não se conseguirá concretizar o que os constituintes de 1988 formataram no preâmbulo da "Constituição Cidadã", no dizer do deputado Ulysses Guimarães, que presidiu os trabalhos constituintes:

> Nós, representantes do povo brasileiro, reunidos em Assembleia Nacional Constituinte, para instituir um Estado Democrático, destinado a assegurar o exercício dos direitos sociais e individuais, a liberdade, a segurança, o bem-estar, o desenvolvimento, a igualdade e a justiça como valores supremos de uma sociedade

> fraterna, pluralista e sem preconceitos, fundada na harmonia social e comprometida, na ordem interna e internacional, com a solução pacífica das controvérsias, promulgamos, sob a proteção de Deus, a seguinte Constituição da República Federativa do Brasil (Guimarães, 1988).

Mesmo que o Supremo Tribunal Federal (STF) tenha decidido que o Preâmbulo não integre a parte normativa da CF/88, ou seja, que o seu conteúdo não é norma cogente, de aplicação compulsória, os comandos nele inseridos são indicadores das efetivas intenções dos legisladores e orientação para os princípios esculpidos na Carta Magna. De mais a mais, a afirmação do exercício dos direitos sociais e individuais estampados no Preâmbulo encontra-se em artigos da Constituição, a consubstanciar o desejo dos constituintes de 1988, como, por exemplo, a liberdade, a segurança, o bem-estar, o desenvolvimento, a igualdade e a justiça. Todos, como "valores de uma sociedade fraterna, pluralista e sem preconceitos...", o que deveria ser um norte para todos os brasileiros.

A questão da inclusão escolar passa, portanto, não só pelo cumprimento do que determina a lei, como, também, pela aderência do interesse social no encaminhamento de soluções administrativo-pedagógicas para que todas as pessoas portadoras de necessidades especiais, independentemente de sua limitação, tenham acesso às salas de aulas, bem como participem integralmente das atividades educacionais.

Aos educadores, cabe desenvolver as tecnologias e práticas pedagógicas inclusivas; ao Estado, assegurar a sua implementação; à sociedade – e aqui se convoca o coletivo e, não, somente, as famílias que têm um ou mais membros portadores de necessidades especiais –, a fiscalização, o acompanhamento de uma escola inclusiva, além de, na eventualidade de distorções, a cobrança de inevitáveis correções de rumo.

Falhas e antijuricidades podem ser corrigidas e afastadas, mas, para isso, é fundamental o engajamento da sociedade para que, em breve – no mais curto espaço de tempo possível –, o Brasil possa contar, de fato, com uma escola inclusiva, a ombrear-se com os "valores supremos de uma sociedade fraterna", como propuseram os constituintes de 1988. Não há como perpetuar a perda de uma chance para uma pessoa sequer portadora de atenção especial. Quanto mais quando se leva em conta que milhares ou, talvez, milhões se encontrem submetidos a esse contexto de desigualdade, indiferença, omissão e conduta antijurídica de terceiros.

Referências

Bíblia Sagrada. (1999). Isaías. 1:27. (2a ed. rev., ampl. e atual) Barueri, SP: Sociedade Bíblica do Brasil, p. 607.

BRASIL. Constituição (1988). *Constituição da República Federativa do Brasil, 1988.*

BRASIL. (2015). Lei nº 13.146, de 6 de julho de 2015. Institui a Lei Brasileira de Inclusão da Pessoa com Deficiência (Estatuto da Pessoa com Deficiência). *Diário Oficial da União.*

Guimarães, U. (1988). Discurso proferido na sessão de 5 de outubro de 1988. *Publicado no DANC, 5,* 14380-14382.

Figueiredo, L. L., Figueiredo, L. R. (2019). *Direito Civil. Obrigações e responsabilidade civil.* (8a ed. rev., ampl. e atual). Salvador, BA: Juspodivm.

Massud, S. L. G. (2019). A inclusão escolar – Lei Brasileira de Inclusão. Recuperado de: http://www.teapoio.com/inclusao-escolar-lei-brasileira-de-inclusao

CAPÍTULO 23

Contextos tecnológicos e estratégias educacionais

Lucas Emanuel Ramos Pereira
Luciana Mendonça Alves
Cláudio Lúcio Mendes

As tecnologias digitais compõem o âmbito de transformações de como o sujeito se constrói e se articula na contemporaneidade e nas relações. Segundo Ortega e Zorzanelli (2011), esse fenômeno ocorre, sobretudo, nas transformações que tiveram lugar com o surgimento do computador pessoal e da internet. De modo simultâneo, ocasionado por mudanças e transformações, o estudo das funções do cérebro vem ocupando posição de destaque ao longo dos séculos XX e XXI, conectado aos avanços tecnológicos. O advento das tecnologias digitais trouxe consigo artefatos que possibilitam a visualização do cérebro, trazendo, assim, repercussões e conexões com as práticas de ensino.

A subjetividade e o contexto assinalam as suas marcas na sociedade atual. Esses processos e fenômenos se ligam em efeitos e afetam, de formas diferentes, o mundo social e a cultura que o compõe. Simultaneamente, o sujeito se constitui de uma junção de experiências: a perspectiva da vida em conjunto, o coletivo, quanto ao "eu", suas relações humanas e conectadas com sua língua, suas tecnologias e ferramentas. Considera-se assim o sujeito em uma perspectiva contextualizada.

Conforme a pesquisa Mobile Report, da Nielsen Holding, juntamente com o IBOPE, em 2015 (no primeiro trimestre), 68,4 milhões de pessoas utilizaram o *smartphone*. Apesar de a maioria dos usuários ainda serem da classe A e B (62%), o maior crescimento no número de usuários se deu nas camadas de menor renda. A região Sudeste concentra a maioria dos que utilizam o celular. A pesquisa segue apresentando que, no *smartphone*, o entretenimento, as redes sociais e os aplicativos de mensagens são as funções mais utilizadas. Conforme demonstra a pesquisa, em cada 20 aplicativos utilizados, sete são para redes sociais e mensagens. Em seguida, quatro aplicativos são referentes aos acessos bancários, três são utilizados para leitura de *e-mails*, dois para assistir a vídeos. Outros aplicativos referenciados são para *games*, navegadores, GPS etc. Reforça-se, assim, o uso desses aplicativos para situações que envolvam o cotidiano do indivíduo, redes sociais, movimentações bancárias, entre outras facilidades. Se antigamente a forma para se manter informado era pelos jornais impressos ou pela televisão, a pesquisa relata que isso vem mudando: por meio do celular, 68% leem notícias pelo navegador da internet, 42% por uma rede social, outros 30% utilizam um aplicativo de mensagem, 28% aplicativos de notícias, 15% aplicativos de jornais, 12% de revistas e 2% de outras formas.

Conforme consulta feita no Google Play, em julho e outubro de 2017 e em junho de 2018, na loja de aplicativos para Android, foi constatado que os principais aplicativos gratuitos apresentam consonância com a pesquisa da Mobile Report. Conforme o Tabela 1, os principais aplicativos baixados são:

Tabela 1 – Aplicativos mais baixados em julho e outubro de 2017 e junho de 2018

Julho / 2017	Outubro / 2017	Junho / 2018
WhatsApp Messenger	WhatsApp Messenger	WhatsApp Messenger
Messenger	Messenger	Vigo Vídeo – Anteriormente Hypstar
Facebook	Facebook	Messenger
AliExpress Shopping App	Instagram	Instagram
Instagram	Uber	Facebook Lite
Uber	Facebook Lite	Triple Clean in a super lite and effective
Palco MP3	Palco MP3	Globoesporte.com
Facebook Lite	99 POP – Carros Particulares	Facebook
Antivírus Acelerador & Limpeza	4shared	Kwai – Rede Social de Vídeos

Julho / 2017	Outubro / 2017	Junho / 2018
Snapchat	Netflix	Messenger Lite: ligações e mensagens gratuitas
Netflix	Wish – Economize comprando	Uber
4Shared	Snapchat	Mind Clean – fast forever
Olx Brasil – Comprar e vender	Messenger Lite: ligações gratuitas e mensagens	Musical.ly
S Photo Editor Collage Maker	OLX – Compra e venda online	Netflix
Caixa – Caixa Econômica Federal	S Photo Editor Collage Maker	Copa do Mundo 2018 – Calendário e resultados live
Waze – GPS, Mapas e Trânsito	Mercado Livre	APUS Security (Limpa Vírus)
Sweet Selfie – Candy New Name	AliExpress Shopping App	Wish – Para Comprar, Economizar e se divertir!
Editor Fotos Colagem Montagens	Ace Camera – Fotos Editor, Collage Maker	Palco MP3
Photo Collage	Spotify Music	4shared
Banco Itaú	Caixa – Caixa Econômica Federal	Assistir TV Online

Nota. Fonte: Pereira, 2018.

A partir do quadro acima, é possível inferir que os aplicativos mais baixados encontram-se em consonância com os comportamentos atuais da sociedade. Das formas de comunicação feitas através de vídeos curtos ao acompanhamento de um torneio de futebol, todos fazem parte do contexto no tempo em que ocorrem. Destaca-se, também, que os três primeiros aplicativos mais baixados continuam sendo da mesma empresa. A variabilidade se dá quanto aos aplicativos relacionados à edição de imagens, assim como aplicativos relacionados à mobilidade urbana, às compras e àqueles que aumentam e protegem as funcionalidades de um aparelho móvel.

O sujeito e a tecnológico educacional

Em consonância com as mudanças tecnológicas, muda-se a forma de o sujeito procurar informações e apreender essas informações. Se por um lado o computador necessita de uma estrutura fixa de rede para se conectar, o celular já é caracterizado como móvel e permite o acesso a tipos de aprendizagem que também são móveis, não se limitando mais a um espaço físico para acessar o que se deseja. Dos dispositivos que podem ser utilizados como meio de conexão com a educação, o celular é o mais presente, podendo ser usado em diferentes lugares, permitindo o acesso à informação com maior facilidade.

Segundo Faria (2011), diferentes tecnologias são usadas há tempos, em diferentes níveis de ensino: o mimeógrafo, o rádio, o retroprojetor, o projetor de *slides* e a televisão. Todos eles foram modernizados ou ultrapassados por novidades. Passamos das lâminas do retroprojetor, que eram escritas a mão no plástico, para apresentações mais elaboradas mediadas pelo Power Point e projetadas no Datashow. Do mimeógrafo, passamos para as impressões e xerox. Do quadro para a lousa digital, da caneta com cabo para apontar um determinado assunto para a caneta laser. Dessas mudanças, até se chegar ao uso do computador pessoal para os estudos, demonstra-se que as transformações tecnológicas são recorrentes.

Conforme Gomes e Lordelo (2004), o computador é um artefato tecnológico que facilita a produção escrita, conectando-nos às informações anteriores, além de fornecer um ganho de tempo para os estudantes nas produções acadêmicas. A estratégia de pesquisa, por meio de textos, é de extrema importância. Como forma complementar, visando atingir diferentes alunos em uma mesma sala de aula, esse tipo de pesquisa pode abarcar também conhecimentos que envolvam imagens, vídeos, textos transcritos em áudio, infográficos, mapas mentais, entre outras possibilidades que estejam conectadas aos aspectos cognitivos e interativos entre o sujeito e a hipermídia.

Destaca-se o uso de vídeos como forma de complementação de estratégias de aprendizagem. Conforme Rafael e Andre (2011), na linguagem hipermidiática encontra-se a junção de diferentes linguagens, símbolos e signos que transformam e estimulam a percepção e a cognição do sujeito dessa linguagem. Matias, Heemann e Santos (2001) argumentam que, dentre os recursos multimídia, o vídeo apresenta, em suas propriedades, a capacidade da informação de forma mais realista. Sua redundância pode ser alta ou baixa e usada para diferentes finalidades. Por ser tratar de uma informação em movimento, o processo de atenção do sujeito é bastante relevante.

O uso das tecnologias digitais na atualidade tem originado facilidades com características úteis para diferentes finalidades. Na conjuntura tecnológica, tornou fundamental a interação do homem com a máquina, embora nos leve a pensar e refletir sobre duas potenciais formas de processamento da informação – a capacidade do homem e a capacidade do computador. Nessa interação, com recursos com potencialidades diversas de seres humanos e máquinas, é necessário problematizarmos as maneiras de utilizarmos os recursos das tecnologias digitais existentes – e quem sabe aqueles ainda a existir –, projetando aplicações adequadas a cada usuário, potencializando a sua cognição e intermediando tarefas a serem empreendidas.

A discussão sobre o impacto das tecnologias digitais na educação inclui a necessidade de uma conscientização para a criação de uma cultura informática educativa. Torna-se prioridade analisar metodologias de ensino que incluam a tecnologia proporcionada pelo avanço científico. A introdução de tecnologias no campo da educação é atualmente alvo de estudos de diferentes profissionais. Deparamo-nos, então, com as discussões sobre as possibilidades cognitivas das tecnologias digitais com a intenção de criar um trabalho pensado para o sujeito contextualizado e imerso na cultura contemporânea (Quartiero, 1999).

O complexo tecnológico-cognitivo-informacional-comunicacional – envolvendo a internet, o ambiente escolar, o entretenimento, a interação, o ensino, o aprendizado, a prática, a produção e a recepção de conhecimentos e informações – caracterizam a educação do século XXI. As análises e os contextos acima descritos expressam que os sujeitos imersos na cultura contemporânea se deparam com múltiplas exigências profissionais, sociais e culturais em quase todos cotidianos institucionais. Isso, igualmente, desloca didático-metodologicamente escolas e professores, forçando-os a rever suas estratégias educacionais.

As tecnologias e as mudanças educacionais

Sabe-se que as tecnologias vêm sendo usadas por todas as faixas etárias, com diferentes empregos. Entretanto, um dos questionamentos existentes era se os acadêmicos percebiam esse comportamento tecnológico nos alunos. Confrontando o comportamento de estudantes de Pedagogia e de crianças de 9 a 11 anos, Falcão (2015) identifica que os futuros professores usam diferentes tecnologias, assim como as crianças. Seja para o entretenimento, no qual: 1) universitários procuram informações e notícias, redes sociais e comunicação; e 2) crianças preocupam-se com jogos, redes sociais e acesso à internet. O que difere nesses usos é a função que cada um executa com a tecnologia no seu cotidiano.

Santos (2017) discorre sobre a contextualização atual das tecnologias na sociedade e as suas potencialidades no campo educacional. Em seu trabalho, enfatiza a importância da integração das tecnologias ao currículo escolar, compreendendo como alunos do ensino fundamental da rede estadual de um município de Cuiabá são mobilizados a acessar à internet e qual é a integração desse acesso ao currículo escolar. Semelhantemente, questiona-se se alunos e professores apresentam o mesmo interesse ao utilizarem a internet.

Falcão (2015) apresenta o comportamento de crianças de 9 a 11 anos quanto às tecnologias, mostrando que o Fabebook é utilizado por 26,37%; FRIV (plataforma de jogos gratuitos), por 17,58%; Youtube, por 14,65%; outros, por 15,38%; Click Jogos, por 8,79% dos pesquisados; Clube Penguim (jogo on-line social), por 3,66%; Google, por 3,66%; Ojogos (jogos on-line) e Cartoon/Disney, por 2,20% dos indivíduos. Denota-se que apenas 4,03% das crianças declaram não acessar à internet. Em consonância, quando perguntados se conheciam sites e jogos educativos, expressivos, 61% declaram que não, 20% conhecem e 19% conhecem, mas não se recordam.

Abordando as preferências de atividades dessas crianças quando não estão estudando, Falcão (2015) mostra que, entre brincadeiras coletivas, amigos, esportes, brinquedos, atividades culturais e de leitura/escrita, 49,15% dessas crianças preferem o uso de recursos eletrônicos como computador, celular e *games*. Também aborda como as crianças aprenderam a usar o computador, afirmando que 55,41% aprenderam a usar o computador com os amigos e família, 13,42% não sabiam ou não se lembravam, seguidos de 7,36%, que citam ter aprendido na escola. Destaca-se que 23,81% aprenderam a usar o computador sozinhos.

Das atividades preferidas das crianças no uso do computador, Falcão (2015) aponta a preferência pelos jogos (58,47%) e pelo Facebook (22,81). Aponta-se também o percentual de 2,11% dos pesquisados que usam o computador para pesquisa/aula. Falcão (2015) confirma tal dado pela sua pesquisa, em que universitários do curso de Pedagogia percebem que as crianças utilizam as tecnologias. Expõem-se também a visão desses acadêmicos quanto a quem mais conhece sobre as tecnologias, o aluno ou o professor: 49,33% acreditam que as crianças conhecem mais do que o professor. A minoria, 14,67%, acredita que o professor está mais preparado que a criança. Tais dados são confirmados também a partir das descrições de nativos e imigrantes digitais que apresentam impactos em diferentes esferas do ensino. Todas essas mudanças advindas das novas tecnologias refletem novas formas de se pensar a aprendizagem. Fazem-se necessárias novas possibilidades para a educação, tendo em mente as possibilidades tecnológicas (Kenski, 2003).

Recursos tecnológicos e possibilidades estratégicas

Algumas estratégias são analisadas por Lopes (2010), mediadas pelo levantamento bibliográfico, apresentando as seguintes estratégias tecnológicas para uso pedagógico no sentido de criar novas possibilidades de aprendizagem como: ambientes virtuais, incluindo simuladores para a educação musical; robótica educacional; mundos virtuais tridimensionais; e redes sociais. Cita-se também software de modelagem 3D e de programação, editor de página web, sites de edição e compartilhamento de imagens, editor de vídeos, áudios, textos e desenhos, calculadora, enciclopédias, editor de apresentação, sites e programas de visualização de mapas.

Faria (2011) nos apresenta ferramentas que podem ser utilizadas em escolas com computadores e acesso à internet, como a criação de *blogs*; WebQuest (metodologia de pesquisa na internet centrado para o processo educacional, propiciando a estimulação à pesquisa e o raciocínio crítico); Hot Potatoes (ferramenta para a realização de exercícios interativos na *web*); Google Earth (usado nas aulas de geografia para visualizar imagens por satélites); Cmap Tools (ferramenta para a criação de mapas mentais); *sites* que possibilitam a construção de textos de forma colaborativa e de textos para *download*; exercícios e atividades que utilizem Word, Power Point e Excel. No espaço escolar, nos parece fundamental a participação e orientação do professor para que tais estratégias tenham êxito.

Em consonância, as estratégias presentes no quadro abaixo têm como base a execução de projetos na rede pública e privada de Minas

Gerais, nas cidades de Belo Horizonte, Belo Vale, Ouro Preto e Mariana. Esses projetos se pautaram em conhecimentos da Fonoaudiologia Educacional, procurando articular as necessidades de se aproximar as tecnologias digitais das realidades e dos contextos de alunos do Ensino Fundamental II e Ensino Médio. Foram elaboradas estratégias empregando programas e aplicativos específicos, visando a utilização de tais recursos para disciplinas escolares e trabalhos pedagógicos, em consonância com outras estratégias que já eram utilizadas pelas escolas. As informações apresentadas foram construídas também pela experiência na disciplina Educação e Tecnologia no curso de Pedagogia da Universidade Federal de Ouro Preto (UFOP). Após o desenvolvimento do tema Neurociências, Educação e Tecnologia em cinco turmas do referido curso, foram desenvolvidas com o alunado discussões expositivas quanto às contribuições neurocientíficas para a educação, bem como o seu uso prático por meio de seminários e oficinas, utilizando ferramentas tecnológicas.

Tabela 2 – Estratégias para estimulação da aprendizagem com uso da tecnologia

	OBJETIVOS	ESTRATÉGIAS
FreeMind	Programa para computador ou aplicativo no qual é possível criar mapas mentais. Relaciona-se aos aspectos visuais, permitindo a diagramação do raciocínio por meio de linhas principais e intermediárias, com a possibilidade de classificá-los por meio de números e imagens. Ao mesmo tempo, têm-se a possibilidade de realizar anotações mais completas, como hiperlink das linhas criadas anteriormente.	Apresentação do mapa mental com o assunto que será abordado Criação de mapa mental por meio da explicação do professor Construção em pares após a discussão do assunto proposto Criação de mapa mental associado às informações fornecidas por outros recursos tecnológicos Criação de mapa mental com um assunto proposto pela professora – com as palavras chave do mapa gravar o raciocínio no audacity – escutar o raciocínio e voltar no mapa mental para ver se esqueceu de alguma coisa (flexibilidade cognitiva)

	OBJETIVOS	ESTRATÉGIAS
Audacity	Programa para computador ou aplicativo, no qual é possível captar o sinal sonoro da voz e visualizá-lo por meio de gráficos. Dessa forma, tem-se a representação visual da voz no computador, além de um feedback auditivo a partir da possibilidade de escutar a própria voz. Têm-se também a possibilidade de editar o sinal sonoro captado.	Desenvolvimento da pontuação dos textos Comparação para leitura silabada Retorno auditivo para estudar (Ler a matéria em voz alta e gravar, logo após cria-se um raciocínio baseado no que se entendeu, colocar as duas faixas de áudio e comparar se o que foi lido foi bem interpretado) Leitura em pares Gravação da leitura para a expressividade e velocidade de leitura Treino das habilidades de entonação Baixar um audiobook e colocar a gravação no audacity – pedir ao aluno que acompanhe a leitura pelo gráfico e pelo fone de ouvido – entregar o mesmo texto impresso e pedir ao aluno que leia gravando – fazer uma comparação entre os gráficos
Myscript Calculator	Aplicativo no qual a função é executar operações matemáticas usando a caligrafia. Ao escrever a conta desejada, o aplicativo fornece os resultados, podendo assim compará-los com as operações executadas no caderno. Por sua disponibilidade apenas em tecnologias móveis, têm-se a estimulação da motricidade fina e dos aspectos visuais. De igual forma, a partir de estratégias pré-definidas pode ser possível a estimulação de resoluções de problemas, coordenação visuomotora e funções executivas.	Os alunos irão fazer o cálculo no caderno apresentando os resultados O mesmo processo será feito por meio do aplicativo Conferir se as duas contas correspondem. Caso o resultado não seja o mesmo realizar o processo novamente (flexibilidade cognitiva) Dividir a sala em duplas – um aluno faz o cálculo no caderno – outro aluno faz o cálculo pelo aplicativo. Os resultados deverão ser conferidos. Caso não seja o mesmo resultado, refazer a conta discutindo as possibilidades que resultaram no erro.

Nota. Tabela elaborada pelos autores do artigo.

Dessa forma, ao utilizar artefatos tecnológicos que se conectam aos aspectos da hipermídia e educação, tem-se a oportunidade de utilizar diferentes estratégias para um mesmo conteúdo, na busca de atingir um maior número de alunos na sala de aula. Por exemplo, o recurso de mapas mentais pode ser utilizado por meio de programas de computador para estimulação do canal visual. Para aqueles que têm mais facilidade com o canal auditivo, promoveu-se o uso de programas que façam gravações de áudio ou a tradução de um texto em forma de som. Já programas e aplicativos que usem o sistema *touch* seriam excelentes ferramentas para aqueles que aprendem melhor com movimentos e ações, ou seja, os escolares cujo canal sensorial preponderante seja o cinestésico. Da mesma forma, em relação às características referentes ao desenvolvimento do pensamento, podem usar recursos tecnológicos que estimulem diferentes canais e que despertem o raciocínio, estimulando a aprendizagem por meio da metacognição, facilitando a aprendizagem daqueles que acessam o conhecimento de forma mais lógica e focada no racional. Percebendo as suas formas de aprendizagem, assim como estratégias que se conectam a estas, têm-se diferentes recursos que podem ser utilizados em sala de aula.

As gerações que nasceram a partir do final da década de 1980 vêm sendo nomeadas de diferentes formas: geração da rede, digital, instantânea, *ciber*. Todas elas caracterizam esses sujeitos contemporâneos que se relacionam com as tecnologias cotidianamente. Denota-se que as características dessas gerações não foram encontradas em nenhuma outra. Diferentes são as ferramentas que conectam o sujeito com a tecnologia e que se acoplam ao mundo digital, permitindo o domínio sobre o fluxo de informações existentes. Nesse contexto, o sistema educacional atual está recebendo diferentes perfis de alunos. Esse delineamento de aluno está atrelado às mudanças advindas das tecnologias. Veen e Vrakking (2009) criaram uma denominação específica para a geração abaixo dos 20 anos: "Homo Zappiens", uma denominação para aqueles sujeitos que já cresceram manuseando os artefatos tecnológicos e estão trazendo as tecnologias digitais para os ambientes escolares.

De forma ágil e contextualizada, o Homo Zappiens processa as informações, relembrando as estratégias de jogos eletrônicos. Além do ambiente escolar, o Homo Zappiens também se relaciona com as suas redes de amigos, com a divisão de tempo entre trabalho e estudos e os encontros de final de semana. Os alunos que fazem parte dessa geração estão chegando à escola. Com todas as transformações, acham a escola desinteressante. Os amigos virtuais ou reais ocupam mais a atenção do que uma aula expositiva. É como se a escola estivesse em desconexão com a realidade e o contexto dessa geração. Sem problematizar muito a afirmação, talvez possamos pensar que "o Homo Zappiens é digital e a escola analógica" (Veen & Vrakking, 2009).

As tecnologias digitais oferecem a possibilidade do desenvolvimento de meios que superem o método de instrução tradicional para o processo de aprendizagem contextualizado. Simultaneamente, proporcionam a solução de problemas e a construção de modelos e hipóteses, incentivando, assim, o aluno a ter domínio e conhecimento sobre o seu processo de aprendizagem. Para isso, é fundamental um enfoque sobre a compreensão dos conhecimentos neurocientíficos e do desenvolvimento de ambientes e atividades educativas, com o uso das tecnologias digitais (Santos, Boruchovitch & Behar, 2016). A visão de Veen e Vraking (2009) quanto à aprendizagem se conecta aos conhecimentos neurocientíficos. Conforme os autores, a aprendizagem é um processo mental de construção do conhecimento vindo das informações, dando significado àquilo que é aprendido. Não é apenas a compreensão da informação, mas a forma que esse conhecimento ganha sentido.

Por meio do brincar, o Homo Zappiens aprende nas investigações e descobertas que se vinculam. Ilustrativamente, o uso de jogos eletrônicos traz consigo a habilidade para resolver problemas coletivamente, de forma criativa e em colaboração com o outro que está jogando. O acesso é global e estimula o sujeito a categorizar os problemas e a desenvolver a metacognição para a aprendizagem, tendo o domínio sobre os seus processos cognitivos.

Especificamente, diferentes modelos de videogames proporcionam imersões mais contextualizadas e reais com o cotidiano do indivíduo. As estratégias utilizadas durante uma partida são semelhantes àquelas do cotidiano, acrescidas de efeitos sonoros, em uma percepção que não é linear (Rafael & Andre, 2011). Rivero, Querino e Starling-Alveset (2012), partindo de uma revisão sistemática da literatura sobre o tema, apontam que jogadores de videogames apresentam melhor desempenho em atenção, percepção e funções executivas. De jogos mais avançados até o PACMAN, mudanças comportamentais podem ser observadas. Concomitantemente, descrevem-se melhoras na percepção visual e na atenção de jogadores, assim como nas as habilidades espaciais que podem levar o sujeito a inferir tal processo no seu cotidiano.

Apontamentos

Nos processos de ensino, a tecnologia digital é um desafio para o professor e para a educação, assim como uma possibilidade potencializadora. Nesse sentido, a sua inserção, conforme sustentam Santos, Boruchovitch e Behar (2016), em especial a dos dispositivos móveis, pode se dar por diferentes protagonistas da escola: alunos e professores, participando do desafio de promover situações de ensino-aprendizagem contextualizadas que despertem a motivação, conectando a escola e o seus conteúdos para além de seus muros.

Dos comportamentos que essa nova geração apresenta e que se conectam às tecnologias, têm-se algumas ressalvas a partir da preocupação com o seu uso desenfreado e sem orientação. Tais ações desencadeiam problemas como conflitos familiares e isolamento, acesso aos conteúdos inadequados, *bullying*, vícios em diferentes recursos tecnológicos, solidão e depressão, entre outros problemas que impactam a vida social e educacional do estudante (Silva & Silva, 2017).

Assim, parece-nos que, para se analisar a conjuntura dos alunos que estão adentrando no sistema educacional atualmente, é necessário compreender suas atitudes, como também a sua relação com as tecnologias que hoje são parte dos processos de subjetivação desses sujeitos. Os alunos – vistos de diferentes formas e se comunicando de distintas maneiras – encontram nas tecnologias substratos que os constituem como tipos de sujeitos e que se conectam ao seu contexto (Silva, 1995).

Conforme analisado, as tecnologias impactam o comportamento das novas gerações, assim como influenciam todo o contexto educacional partindo de suas novas ações. De igual forma, a percepção desses contextos traz à análise novas formas de se pensar a educação para uma geração que processa e organiza seus pensamentos acoplados ao uso das tecnologias.

É necessário um conhecimento do professor quanto à utilização das ferramentas tecnológicas que embasam o conhecimento a ser construído, assim como é necessário compreender as potencialidades dessas ferramentas, quando bem utilizadas. Compreender essa mudança permite a transformação de um conhecimento que hoje é transmitido de forma analógica para a contextualização dos conteúdos de maneira mais digital. Conforme Lopes (2010), os jovens nascidos a partir da década de 1980 são aqueles inseridos nessas mudanças tecnológicas. Essa interação ocorre por intermédio de diferentes ferramentas – como o uso das redes sociais, programas de conversas que não mais limitam a comunicação a um espaço físico – que fazem parte da constituição dessas gerações de hoje.

Referências

IBOPE, & Nilsen Holding. (2015). Brasileiros com internet no smartphone já são mais de 70 milhões. Recuperado de: IBOPE, & Nilsen Holding. (2015). Mobile Report: Brasileiros com internet no smartphone já são mais de 70 milhões. Recuperado de: https://www.nielsen.com/https://www.nielsen.com/br/pt/press-room/2015/Brasileiros-com-internet-no- smartphone-ja-sao-mais-de-70-milhoes.html.

Falcão, P. M. P. (2015) Estudo sobre as tecnologias digitais de informação e comunicação como mediadoras da construção do conhecimento na percepção de professores em formação e de crianças do ensino fundamental. (Dissertação de Mestrado). Curso de Ciência, Tecnologia e Sociedade, Universidade Federal de São Carlos, São Carlos, SP, Brasil.

Faria, E. T. (2011) Tecnologia educacional e digital no cenário contemporâneo. Aprender e ensinar: diferentes olhares e práticas [recurso eletrônico]. (p. 13-25). Porto Alegre, RS: PUCRS. Recuperado de: http://editora.pucrs.br/Ebooks/Pdf/978-85-397-0076-9.pdf

Gomes, H. F., & Lordelo, E. R. (2004). Tecnologias utilizadas no ato de estudar por professores e estudantes: um estudo descritivo. Estudos em Avaliação Educacional, 15(30). 57-82.

Kenski, V. M. (2003). Tecnologias e ensino presencial e a distância. São Paulo, SP: Papirus.

Lopes, R. D. (Coord.) (2010). O uso de computadores e da internet em escolas públicas de capitais brasileiras. Estudos e Pesquisas Educacionais. São Paulo: Fundação Victor Civita, (1), 275-335

Matias, M., Heemann, V., & Santos, N. (2001). Aspectos cognitivos da interação humano-computador multimídia. Informatio, 5(6).

Zorzanelli, R. T., & Ortega, F. (2011). Cultura somática, neurociências e subjetividade contemporânea. Psicologia & Sociedade, 23, 30-36.

Pereira, L. E. R.. (2018). Pressupostos neurocientíficos e suas conexões com as tecnologias educacionais: apontamentos de acadêmicos de pedagogia. 2018. 158 f. (Dissertação de Mestrado em Educação). Instituto de Ciências Humanas e Sociais, Universidade Federal de Ouro Preto, Mariana, MG, Brasil.

Quartiero, M. E. (1999). As tecnologias da informação e comunicação e a educação. Revista Brasileira de Informática na Educação, 1(4), 1-7.

Rafael, C., & Andre, L. A. R. (2011). Hipermídia, aprendizagem e cognição: o áudio como elemento pedagógico em interfaces gráficas hipermidiáticas. ABCiber.

Rivero, T. S., Querino, E. H. G., & Starling-Alves, I. (2012). Videogame: seu impacto na atenção, percepção e funções executivas. Neuropsicologia Latinoamericana, 4(3).

Santos, D. D. dos., Boruchovitch, E., & Behar, P. A. (2016) Competências socioemocionais, metacognição e tecnologia. Documento temático 3. Ciência para a Educação. Recuperado de: http://cienciaparaeducacao.org/wp-content/uploads/2016/12/Conte%C3%BAdo-Livreto-3.pdf

Santos, J. B. dos. (2017). Tecnologias como prática social: estudantes do ensino fundamental como sujeitos da integração das tecnologias digitais de rede ao currículo escolar. (Dissertação (Mestrado em Educação). Universidade Federal de Mato Grosso, Mato Grosso, MG, Brasil.

Silva, T. T. (1995). Alienígenas na sala de aula. Rio de Janeiro, RJ: Vozes.

Silva, T. O., & Silva, L. T. G. (2017). Os impactos sociais, cognitivos e afetivos sobre a geração de adolescentes conectados às tecnologias digitais. Revista de Psicopedagogia, 34(103).

Veen, W., & Vrakking, B. (2009). Homo Zappiens: Educando na era digital. Porto Alegre, RS: Artmed.

CAPÍTULO 24

A aprendizagem inclusiva com a turma do futuro verde

Luiza Elena Leite Ribeiro do Valle

A aprendizagem é o que nos move rumo ao desenvolvimento. Na fase escolar inicial, a aprendizagem tem um papel importante, porque nessa época se descortinam possibilidades de autodescoberta, como confiança para vencer desafios, ou se tecem fracassos, quando ainda não existem muitas estratégias defensivas para o ego.

Alguns pais são comunicados pela escola, com surpresa, sobre as dificuldades de seus filhos, que não estavam sendo verificadas em seus lares e, para desespero de muitos, a busca de respostas pode ser como um trágico desafio da Esfinge, que devorava aqueles que não conseguiam decifrar seus enigmas. Não conseguir "acompanhar" os colegas na escola representa uma frustração ou significa ter seus desejos engolidos, vendo morrer a vontade de estudar. As provas escolares, avaliações repentinas ou mesmo exercícios de classe podem parecer enigmas insolúveis para muitas crianças! E conforme ficam ansiosas, a situação se complica: se elas não conseguem responder corretamente, podem se sentir desanimadas.

Esse capítulo trata dos fatores neuropsicológicos envolvidos na aprendizagem. Aborda, também, um novo olhar e ouvir, que inclui os que não conseguem aprender, seja pela falta de visão, de audição ou em decorrência de outros fatores que limitam o ser humano em sua aprendizagem. Tem-se como objetivo defender a aprendizagem inclusiva desde a alfabetização, aproveitando o potencial natural da criança para aprender nessa fase em que a multiplicação das conexões neuronais atende aos estímulos recebidos com rapidez e grande plasticidade.

A leitura é um código que facilita a comunicação e a transmissão de ideias, mas pode eliminar as chances de sucesso de uma criança que se encontra em fase vulnerável, quer dizer, é um momento do desenvolvimento que se alicerça naqueles conceitos que ela forma sobre seu ambiente e sobre si mesma, conceitos que determinarão sua autoconfiança e seu desejo de aprender. Por outro lado, a experiência negativa pode inflamar na criança o medo de errar, correndo para longe de conflitos, de riscos, ou seja, reprimindo a curiosidade e se perdendo na desatenção. A escola precisa promover experiências positivas e significativas para a criança, conforme o papel que lhe cabe na Educação.

O direito à educação para todas as crianças, garantido pela Constituição, é muito mais do que a simples reserva de uma vaga na escola. Uma justa distribuição de bens culturais e materiais e um ensino de qualidade, que respeite as diferenças individuais e sociais, depende da regulamentação no cumprimento das leis que determinam o direito de todos a aprender.

Não basta que existam as leis: elas precisam ser seguidas por condições de cumprimento. A aprendizagem se consolida quando existem meios para se alcançar os fins propostos. Esta função unifica a escola, os pais e outros profissionais de saúde e educação podem garantir a aprendizagem da leitura e da escrita e dar acesso à informação e ao conhecimento, que representam a oportunidade de sonhar com um espaço de realização pessoal e participação social.

A alfabetização é uma aprendizagem que se faz pela integração de experiências diversas. A leitura é a atribuição de um significado a um texto escrito, bem diferente de decifrar letras. Também para adquirir o domínio da escrita é preciso ler e não fazer simples cópia ou imitação. Aprender o código de leitura e escrita é um desafio, não acessível a muitos brasileiros, apesar da frequência obrigatória à escola.

Segundo a análise da Organização para Cooperação e Desenvolvimento Econômico (OECD, 2018), é necessário investir nos ensinos pré-primário, fundamental e médio, o que elevaria simultaneamente a progressividade e a eficiência. Com base nos dados, que estão expostos na Figura 1, foram feitas recomendações para o país. Segundo OECD (2018), "a oferta de educação pré-escolar diminui significativamente a probabilidade de evasão de estudantes desfavorecidos do sistema educacional (OCDE, 2016). Na alocação de vagas escassas na educação pré-escolar, a preferência deveria ser dada às famílias de baixa renda e mães solteiras, pois permitiria que mais mulheres participassem do mercado de trabalho. Somente 15% das famílias pobres com crianças de menos de 3 anos têm acesso a creches, comparado a 40% das famílias mais afluentes (Banco Mundial, 2016). Embora tenha se estreitado nos últimos anos, ainda existe uma grande distância entre as conquistas educacionais de brancos e afrodescendentes (Banco Mundial, 2016)". A perspectiva atual aponta, para o futuro, uma tendência em aumentar a desigualdade e os problemas de desajuste social consequentes da falta de pertencimento a uma sociedade que não acolhe a todos igualmente.

Figura 1 – PISA outcomes, 2015. Average science, mathematics and reading, deviation from the OECD mean

Fonte: OECD Education at a Glance 2917; OECD PISA 2015 Results (Volume I): Excellence and Equity in Education.

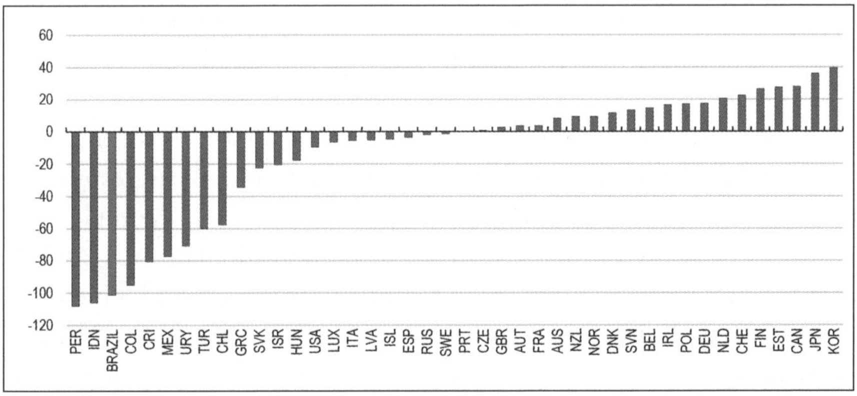

A terceira edição da Avaliação Nacional de Alfabetização (ANA) foi aplicada pelo Inep entre 14 e 25 de novembro de 2016. Foram avaliadas 48.860 escolas, 106.575 turmas e 2.206.625 estudantes. Os dados da Avaliação Nacional de Alfabetização (ANA, 2016) revelam que 54,73% dos estudantes acima dos 8 anos, faixa etária de 90% dos avaliados, permanecem em níveis insuficientes de leitura. Encontra-se nos níveis 1 e 2 (elementares) uma em cada cinco crianças de oito anos que não consegue ler uma frase inteira (Saeb, 2017). O desempenho dos estudantes do 3º ano do Ensino Fundamental matriculados nas escolas públicas permaneceu estatisticamente estagnado durante esse período. Os resultados revelam ainda que mais de 50% dos estudantes, mesmo havendo passado por três anos de escolarização, estão nos primeiros níveis da escala de proficiência.

Indispensável, portanto, reconhecer o atraso na leitura, escrita e interpretação de texto em alunos brasileiros. Existe também defasagem entre alfabetização e faixa etária e, principalmente, faltam oportunidades àquelas crianças com transtornos de aprendizagem ou portadoras de necessidades especiais. É hora de refletir sobre uma Educação voltada para crianças que vivem um momento de características dinâmicas e aceleradas, e tal educação não pode se sustentar numa abordagem tradicional, estática e alheia ao desenvolvimento tecnológico que atua na formação do cérebro infantil. Nos surpreendemos com os pequenos gênios na prática diária da tecnologia que não alcançam adaptação prática escolar, prática essa que deveria se adaptar a eles, e não aguardar que ocorra o contrário.

As mudanças na aprendizagem inicial da Educação brasileira são urgentes e devem começar cedo, quando o desenvolvimento neuropsíquico contribui para que a estimulação propicie a potencialização de uma rede de neurônios no cérebro, como estrutura indispensável a uma alavancagem do conhecimento e possibilidade de participação social satisfatória.

Alfabetização é um processo de participação social, como acontece quando se entra para um time esportivo, em que o progresso de um membro beneficia a todos. A aprendizagem de um sistema complexo não acontece por acaso, porque pressupõe o aprendizado de regras estabelecidas e reorganizadas ao longo do tempo; entretanto, não há lugar para uma expectativa de enquadramento de todas as crianças em "modelos ideais", como numa fabricação em massa de estudantes que não pensam, apenas cumprem o que lhes for definido como meta, sem considerar as inspirações pessoais ou as inteligências múltiplas, que se diferenciam em cada um, e sem tornar menor o que se destaca numa área, porque o aluno pode ser bom em outra, se tiver oportunidade. Mas, por que a inclusão? Não é natural a rejeição de diferenças?

Em pesquisa sobre o desenvolvimento socioemocional da criança em fase de Educação Infantil (Valle, 2004), ou pré-alfabetização, ficou demonstrado que a criança, inicialmente, não discrimina pessoas por seus defeitos e convive facilmente com diferenças do ambiente a sua volta. Esta aceitação enriquece experiências e aumenta a capacidade de todos os envolvidos, considerando que são os desafios diários que implementam as capacidades cognitivas e a inteligência emocional.

Novas técnicas pedagógicas, precisam estar inseridas na tecnologia, que caracteriza nossa época pela informatização. Essa é uma tendência irreversível; mesmo com todas as dificuldades apresentadas pelas novas formas de comunicação, que são muito criticadas, por diversas razões, são justificadas ações para reduzir os prejuízos que o mal uso da tecnologia representa, assim como prejuízos decorrentes de sua falta. A inclusão digital desde a alfabetização é possível e desejável, mas depende de que os educadores tenham apoio tecnológico e conhecimentos sobre as questões envolvidas na alfabetização e na inclusão digital (Valle, 2006).

Alfabetização pode ser inclusiva e com tecnologia digital para assegurar a aprendizagem fundamentada na Neuropsicologia, no ritmo de cada criança, potencializando o seu desenvolvimento cognitivo e um aprendizado significativo e social, com valorização da imaginação, através de desenho animado, música, criatividade e da capacidade para lidar com os desafios dos divertidos jogos de computação.

A "Revolução das Letras" é uma tecnologia digital inovadora, uma metodologia de alfabetização adequada às características psicológicas infantis, que tem como base o estado de arte de reconhecidas metodologias de alfabetização e o desenvolvimento cognitivo da criança, integrando-o com a convivência na turma imaginária do Futuro Verde, caracterizada pela diversidade, pelo esforço conjunto, afetividade e satisfação na busca do bem social de todos.

A Turma do Futuro Verde, na aventura denominada "Revolução das Letras", reúne colegas de escola que atendem a um chamado desesperado da professora, porque as letras desapareceram. As crianças desse grupo são diferentes entre si: Tuco é um menino que gosta de futebol e tem um irmão, Yuri, com paralisia nas pernas, mas com uma habilidade especial em computação. Zazá, uma vizinha afrodescendente, fica interessada em colaborar na resolução do grave problema e acredita que pode vencer qualquer perigo. Para recuperar as letras, de forma que todos possam ler e escrever, eles se comunicam com os amigos Katia (surda) e Walace (cego), que também participam da aventura, porque entendem que não será uma tarefa fácil e, cada um, com suas habilidades, contribuirá para solucionar o problema, contando, ainda, com um amiguinho índio, que mostra como era o Brasil, quando as letras chegaram, na época do descobrimento. Nessa aventura divertida, muitas dificuldades são esperadas e representam etapas, como ocorrem nos jogos, que se tornam mais interessantes, justamente, porque o desafio é gradualmente intensificado. Afinal, "salvar o mundo" exige curiosidade, reflexão e dedicação.

A aceitação infantil da tecnologia é fato indiscutível, especialmente se o produto oferece animação, jogos, desafios, música e apoio às deficiências. O interesse pela leitura e a interpretação de textos se torna melhor com a utilização do contexto, que traz a convivência com personagens que facilitam identificação, apesar das diferenças, unidos pela necessidade de solucionar um problema social em que o professor **é o líder que** valoriza seus alunos e acredita nos resultados de seus esforços, incentivando-os. A inclusão digital também é um fator importante na atualidade. Conforme as letras são recuperadas uma a uma, com sua representação fônica, elas são colocadas no teclado do computador. Embora as escolas não possuam um computador para cada criança, é possível a utilização do programa em classes de recuperação, após oferecer o desenho animado, música e exercícios em conjunto, como recurso facilitador no ensino de todas as crianças.

Imagine, agora, se todas as crianças pudessem conviver com as diferenças, aceitando cada pessoa, sem julgá-la por seus limites? Imagine que as crianças tivessem oportunidade de participar da aprendizagem, no seu ritmo, mas sem perder a oportunidade de compartilhar descobertas, divertir-se por aprender e superar erros e dúvidas, sem se sentir mal com as dificuldades? E se houvesse uma turma, da qual todos pudessem fazer parte porque estão no mesmo chão e dispostos a cuidar de seu ambiente, pensando num futuro verde de esperança, de natureza e de amadurecimento?

Há necessidade de mudar antigos modelos que já não correspondem ao jeito de ser da criança de hoje, com suas famílias e amigos em outro momento histórico, em que a tecnologia é presença indispensável nas diversas situações para comunicação. O tempo e o espaço ganharam outra versão, porque todos podem conhecer e sonhar sem limites.

Se as mudanças ocorrerem desde o início da aprendizagem, o prazer de aprender estará envolvido, as dificuldades poderão ser prevenidas. A inclusão será a grande campeã, com as vantagens que a tecnologia oferece para vencer barreiras. Então, a Turma do Futuro Verde surge para concretizar esse desejo do professor de ensinar para crianças que se encantam por aprender, palavra entendida como uma descoberta pessoal, além de contribuir para um ambiente desejável, onde se atua em equipe.

Cabe lembrar, entretanto, que o amadurecimento e a aprendizagem são fatores sociais e intransferíveis. O domínio da leitura e da representação escrita da língua do grupo com o qual se convive é uma forma de inclusão e está relacionada com a compreensão que dá significado ao texto. Como conseguir isso?

Falando de surdos, por exemplo, fica claro que estamos discutindo uma comunicação que se faz de forma diferente, sem a audição. Tais crianças, quando estimuladas, são tão espertas, que a própria família demora a descobrir a deficiência auditiva, porque eles se comunicam com firmeza e até com certa impaciência. Ocorre que a escola, ou os professores, não estão preparados para oferecer o que crianças especiais precisam. Como acontece com todas as crianças, o período de Educação Infantil. é o momento no qual o cérebro está funcionando a mil, porque os neurônios se desenvolvem em redes de conexões que surpreendem até o mais experiente cientista! Aquele tempo que parecia perdido, porque sua base é a brincadeira, na verdade, é um momento fantástico para a aprendizagem. Os surdos que recebem as mesmas oportunidades de participação e de reconhecimento podem apresentar uma adaptação excelente e desenvolver seu potencial de aprendizagem. Bem, vamos falar em três passos, como lidar com surdos antenados:

1) As crianças surdas precisam ser integradas no mesmo espaço que seus colegas. Na "Turma do Futuro Verde", Kátia é uma menina linda, simpática, querida pelos amigos, e surda. É como deve ser na escola: cada criança precisa ser reconhecida por suas qualidades, não por seus limites, simplesmente. A atitude de aceitação da professora é o modelo a ser seguido nas brincadeiras, nas atividades diversas, porque os surdos gostam de brincar, jogar, descobrir novidades e participar de tudo que qualquer criança tem interesse em fazer. Ao falar com ela, faça-a olhar para você e ela vai entender tudo. A criança surda tem uma facilidade especial de lidar com gestos e compreender expressões. Na "Turma do Futuro Verde", onde todos são super-heróis, Kátia tem a habilidade nas mãos e a percepção no olhar como seus dons principais. Imagine numa brincadeira de esconde-esconde: ela poderá perceber os movimentos que outras crianças não notam.

2) No segundo passo, vem a principal função do professor, oferecer condições de comunicação. A Libras foi reconhecida como língua oficial

dos surdos, portanto, através dela, uma criança surda poderá se comunicar em qualquer lugar com outras pessoas com surdez. A escola que tem crianças surdas deve oferecer essa possibilidade, que servirá como gancho também para o aprendizado do português. A "Turma do Futuro Verde" oferece amplo vocabulário e tradução em Libras de todas as histórias, enfim, traz a possibilidade de aprender brincando, ao mesmo tempo, na mesma idade de seus colegas, sem perder nada por ter uma segunda língua. A possibilidade de oralização também é oferecida, porque a escolha é da família. A escola, no entanto, não pode negar estímulos que são a base da preparação do cérebro para a aprendizagem, o resto acontece.

3) Finalmente, para conviver em nosso mundo, que não se restringe à surdez, as crianças precisam conhecer a língua de seu país, para participar com todos os outros. Assim, a Turma do Futuro Verde oferece a possibilidade de aprender português com jogos, caderno de atividades e com inclusão digital, um conhecimento indispensável na era da informatização, porque as crianças vão crescer usando computadores, então, é melhor que saibam como aproveitá-los, desde cedo, nas diversas atividades escolares.

Quando o assunto são os cegos, a característica específica será a de apreensão do mundo externo por outros canais. Pela condição imposta pela ausência ou limitação da visão, precisam desenvolver diferentes habilidades para compreender o mundo que os cerca, desenvolver sua organização cognitiva e sua constituição como indivíduo.

Winnicott (1993), na teoria do amadurecimento, fala do processo interacional que permite a elaboração imaginativa das funções somáticas. O ser humano estabelece relação entre suas necessidades pessoais e o mundo externo através das sensações. As sensações experimentadas, ou seja, a vivência física das experiências somáticas, é a base para a elaboração imaginativa e enriquecimento da psiquê.

Aprender é fazer transformações mentais a partir da elaboração imaginativa de experiências significativas e estabelecer relações com o já conhecido a partir da manifestação de seu gesto espontâneo. A relação das crianças cegas com pessoas, objetos e coisas ocorrerá por meio de um peculiar aparato sensorial, que lhe trará vivências e experiências pessoais que as conduzirão por caminhos de interação desconhecidos, e muitas vezes desconsiderados pela maioria das pessoas. A aprendizagem e as dificuldades a que esse grupo de crianças está exposto incluem um novo arranjo na organização sensorial dos indivíduos com deficiência visual de modo a proporcionar uma satisfatória apreensão do ambiente. Na ausência ou limitação do sentido visual, cria-se um "eu" perceptivo, com orientação e estilo próprios, de acordo com o funcionamento básico de cada um dos outros sentidos.

Para as pessoas cegas a audição, o tato e a cinestesia passam a ser primordiais. A audição é o único sentido de distância atuante. A importância do tato para a exploração ambiental, identificação de objetos e discriminação de detalhes é fundamental.

Crianças em idade escolar, com falhas perceptivas, mesmo que não apresentem surdez ou cegueira, mas algum transtorno de aprendizagem, podem vir a apresentar dificuldades para fazerem discriminações sensíveis. Elas não buscam ou exploram objetos e até que sejam compreendidas em seus distúrbios limitantes, elas podem apresentar dificuldades na aprendizagem e na adaptação às tarefas escolares, mas podem ser beneficiados pela inclusão digital que aproxima a comunicação com todas as pessoas. O computador também oferece condições de acessibilidade que facilitam a atuação do professor que, tendo em mãos um recurso básico de ensino, pode seguir em frente, estimulando o aluno a um aprender, usando o que é especial para cada um.

A interação efetiva entre a família, a escola e os profissionais da saúde mostram-se fundamentais na inclusão de crianças. Mas, esta condição não foi encontrada em pesquisa com cegos, segundo Amiralian (2010), que salientou a falta de comunicação entre todos os que compõem o ambiente das crianças. Na própria escola, a comunicação e troca de experiências entre professores comuns e especializados, coordenação e funcionários era falha, levando ao desconhecimento das reais condições e, principalmente, das necessidades dos alunos com deficiências. Os pais pouco sabiam sobre a vida escolar e necessidades de aprendizagem de seus filhos e a possibilidade para o desenvolvimento pleno de suas potencialidades.

O ingresso precoce das crianças na escola propicia algumas vantagens. A pré-escola facilita o processo de alfabetização e o melhor aproveitamento no ensino fundamental. Entretanto, a expansão da Educação Infantil no Brasil, observada nos últimos anos, impõe uma reestruturação nos conceitos fundamentais em Psicologia da Educação, para que esta exerça sua função transformadora e preventiva.

A pré-escola dirige-se a crianças em fase de formação biopsicossocial. A definição de indicadores de desenvolvimento social e emocional pode responder à necessidade de prevenir distúrbios e organizar estratégias que possam promover a saúde mental e atender às prioridades determinadas como direitos da criança, que destacam a creche e a pré-escola nesse papel, conforme prevê a lei brasileira, CRIAD 11 art. 28-CF (3) (Valle, 2004).

A pré-escola é um espaço de desenvolvimento planejado para permitir o aproveitamento do potencial das crianças e suprir possíveis falhas da educação recebida em casa, colaborando com a família e a sociedade. Verificam-se, nessa etapa, crianças (entre três e seis anos) já apontadas como "problemas", o que denota a necessidade de estudos que possam ser aplicados por professores e pais, redesenhando as questões do desenvolvimento infantil.

A inclusão da creche no sistema educativo abre importantes perspectivas ao avanço de propostas que reconheçam as necessidades específicas das crianças nos programas da fase pré-escolar. A criança deve receber preparação adequada na fase pré-escolar, para que a alfabetização não pule etapas do desenvolvimento psicomotor (equilíbrio, coordenação global e fina, orientação espaço-temporal, linguagem oral e comunicação, ritmo, raciocínio matemático, inteligência emocional, compreensão social, análise e síntese, tomada de decisão, entre tantas outros cuidados – especialmente se considerarmos as questões de inclusão) como condição para que a aprendizagem ocorra.

As crianças surdas e cegas precisam da possibilidade de conviver com as experiências que serão parte do seu crescimento e vida diária. A hora de começar é na Educação Infantil. Com recursos disponíveis para oferecer para a criança, o professor terá seu trabalho facilitado e aquele prazer que só um educador sabe traduzir no sorriso feliz da criança que se descobre e se deslumbra com um mundo de amigos e conhecimentos. É uma realização profissional saber que fez parte daquele futuro que se desdobra, de oportunidades que florescerão, como se dá com uma semente bem cuidada.

O trabalho do professor não diminui com o avanço da tecnologia, ao contrário, seu campo se amplia. Entretanto, assim como não houve transformações significativas no ensino das últimas décadas no Brasil, apesar dos avanços em neurociências, também não houve atenção ao professor, o líder das classes de ensino. Não ocorreu uma busca pela qualidade da formação profissional docente, e aqui cabe um convite à reflexão sobre os desafios de ser professor no século XXI.

As crescentes exigências no campo da docência, que clamam por produtividade e qualidade no ensino, aliadas ao paradoxo de condições inadequadas de trabalho, necessidade de aperfeiçoamento e atualização do professor, imprimem ao panorama educacional, carente de mudanças, a necessidade de gestão voltada para o trabalho desses profissionais. O professor tem sua experiência e vivências sociais economicamente desvalorizadas (Valle, 2015). As pesquisas apontam problemas que se revertem em prejuízo para a saúde do professor causado por estresse acentuado e distúrbios do sono. Uma pesquisa do tipo exploratório, participativo descritivo (Valle, 2011) estudou uma população de 165 professores e os dados revelaram que 59% dos deles apresentaram estresse, a maioria na fase de resistência (39%) e com prevalência do estresse psicológico. Além disso, indicaram que 46,7% dos professores são maus dormidores, evidenciando associação entre os sintomas físicos e psicológicos de estresse e o sono. As mulheres, parcela predominante da população estudada (88,5%), apresentaram mais estresse físico que os homens (p=0,015). De fato, há necessidade de redimensionamento da função do professor, frente aos diversos setores e a si próprio, para realização satisfatória nesse campo profissional, avançando em conjunto com a sociedade, promovendo progressos, que valorizem o capital humano no ensino (Valle, 2013).

A "Revolução das Letras", com a Turma do Futuro Verde, aponta para necessidade de mudanças na Educação, para um caminho de aprendizagem democrática, com oportunidades iguais para todos. Abre-se um olhar científico na aprendizagem e humanístico na relação entre pais, professores, alunos e comunidade, reconhecendo as diferenças comportamentais, atendendo-as com apoio da informática, sem perder a valorização das relações com o ambiente, que se inserem no sistema social e o refletem. A psicoeducação deve ser sensível aos novos tempos na aprendizagem, que envolvem o desenvolvimento do potencial infantil e, para tanto, recursos eficazes precisam ser estudados.

Referências

Amiralian, M. L. T. M. (2010). Aprendizagem e Deficiência visual. In Valle, L. E. L. R. do, Assumpção, F.; Jr., Wajnsztejn, R., & Malloy-Diniz, L. F.

Aprendizagem na Atualidade: Desenvolvimento e Neuropsicologia na Inclusão. São Paulo, SP: Editora Novo Conceito.

ANA/MEC/INEP (2016) Sistema de Avaliação da Educação Básica (SAEB). Recuperado de: http://portal.inep.gov.br/artigo/-/asset_publisher/B4AQ-V9zFY7Bv/content/mec-anuncia-politica-nacional-de-alfabetizacao-para--reverter-quadro-de-estagnacao-na-aprendizagem/21206.

Banco Mundial. (2017). Relatório anual de 2016 do banco mundial. *Washington, DC: Banco Mundial*. Recuperado de: https://lpi. worldbank. org/ international/global.

OECD – Organização para Cooperação e Desenvolvimento Econômico. (2018) *Relatório OECD*, Brasil. Recuperado de: https://www.oecd.org/eco/surveys/Brazil-2018-OECD-economic-survey-overview-Portuguese.pdf

Parente, C. M. D., Valle, L. E. L. R. do; & MATTOS, M. J. V. M. (2015). *A formação de professores e seus desafios frente às mudanças sociais, políticas e tecnológicas*. Porto Alegre, RS: Editora Penso.

Valle, L. E. L. R. do. (2013). *Psicologia Organizacional e gestão do trabalho de professores: estratégias de enfrentamento de estresse e distúrbios do sono*. Tese de Conclusão de Curso. AVM Faculdades Integradas, Brasília, DF, Brasil.

Valle, L. E. L. R. do. (2012) O avanço da Escola Infantil no País exige ampla reestruturação nos conceitos fundamentais em Psicologia da Educação. *Revista Psique – Ciência e Vida*. **6(79).**

Valle, L. E. L. R. do. (2011). *Estresse e Distúrbios do Sono no Desempenho de Professores: Saúde Mental no Trabalho*. Tese de Doutorado. Departamento de Psicologia Social da Universidade de São Paulo. São Paulo, SP, Brasil. Recuperado de: http://www.teses.usp.br/teses/disponiveis/47/47134/tde-22072011-104245/pt-br.php;

Valle, L. E. L. R. do, Mattos, M. J. V. M. & Costa, J. W. (2013) *Educação Digital: tecnologia a favor da inclusão*. Porto Alegre, RS: Editora Penso.

Valle, L. E. R. do. (2005) *Mais Alfabetização: o prazer de aprender*. Rio de Janeiro, RJ: Editora WAK.

Valle, L. E. L. R. do, & GUZZO, R. S. L. (2004) *Desenvolvimento Infantil*. Ribeirão Preto, SP: Editora Tecmedd

Winnicott, D. W. (1993) Psicose e Cuidados Maternos. In Winnicott, D. W. *Textos Selecionados: Da Pediatria à Psicanálise*, (J. Russo, Trad.). Rio de Janeiro, RJ: Editora Francisco Alves.

CAPÍTULO 25

A inclusão do adulto num recorte sobre a Dislexia

Maria Inez Ocanã De Luca

Este artigo assume a responsabilidade de discutir e lançar dúvidas sobre como é feita a inclusão em nossa sociedade, em especial nos casos em que o indivíduo é disléxico.

Não temos a pretensão de resolver a questão ou trazer soluções mágicas para tão importante assunto, mas sim, discutir, repensar e tentar levar os leitores a refletirem sobre como tem sido realizada a inclusão nos mais diferentes meios, a saber, a escola, trabalho, lazer, sociedade e, com isso, repensar sobre a contribuição de cada um sobre o que está sendo feito e o quanto cada um de nós poderá ainda contribuir, modificando paradigmas e preconceitos.

Podendo vir a ser um ator, não coadjuvante, um protagonista dessa ação tão necessária, e ainda tão pouco conhecida de fato e tão pouco valorizada, que é a inclusão do indivíduo com diferenças (as mais diversas) em nossa sociedade; sem passar a impressão que estamos fazendo um favor ou caridade, mas uma inclusão de fato, com respeito, valorizando o indivíduo.

Gostaríamos que toda a sociedade estivesse envolvida neste processo e não somente aqueles que enfrentam as dificuldades em seu dia a dia, ou seja, as pessoas com deficiências físicas, intelectuais, com transtornos/distúrbios ou apenas dificuldades transitórias, as minorias de todos os segmentos, seus pais, parentes e, infelizmente, somente em alguns casos, profissionais da saúde e educação.

Não. Não somente aqueles que são atingidos de alguma forma deveriam se preocupar, mas todos nós, pois somos uma célula única, uma sociedade que é formada por pessoas diferentes umas das outras, no mais amplo significado da palavra diferença.

E todos nós necessitamos de algum tipo de atenção ou diferença na forma como somos percebidos e atendidos em nossas necessidades. Desde as básicas como alimentação, educação, moradia, saúde, transporte, até as consideradas secundárias como lazer e oportunidade de trabalho, entre outros.

Não estamos falando somente de atenção sob o ponto de vista do assistencialismo, do Governo, que ainda carece sim de muito esclarecimento sobre as necessidades deste grupo que caminha à margem, como também carece de iniciativas que promovam o bem estar de todos, portadores de diferenças ou não, apenas sendo tratados como verdadeiros cidadãos, como todos somos. Mas, falamos principalmente da forma como cada um de nós reage frente a uma situação em que temos ao nosso redor, ou ao nosso alcance, pessoas com diferentes necessidades. Muitas vezes poderíamos fazer algo em benefício dessas pessoas, mas simplesmente ignoramos, ou fingimos apenas não ver, ou pior ainda, julgamos sem ter o conhecimento sobre o problema do nosso irmão em sociedade.

Vamos então discutir definição, necessidades, dificuldades e possibilidades de reelaborarmos, se possível, nossa compreensão sobre o verdadeiro significado da palavra *inclusão*, especialmente no caso dos disléxicos adultos.

O que é inclusão

Quando pensamos o que efetivamente significa a palavra inclusão, a primeira ideia é buscar o significado em um dicionário para, a partir daí, desenvolver o que temos hoje em relação ao termo em nossa sociedade e o que seria desejável, a nosso ver, desenvolver. Assim temos, conforme um site de significados (http://www.significados.com.br, recuperado em março, 2019): "inclusão é o ato de incluir e acrescentar, ou seja, adicionar coisas ou pessoas em grupos e núcleos que antes não faziam parte".

Através desta definição podemos inferir que incluir é tirar uma pessoa da situação de exclusão, de não pertencer ou participar.

Continuando a definição, encontramos no mesmo site:

> Socialmente, a inclusão representa um ato de igualdade entre diferentes indivíduos que habitam determinada sociedade. Assim, esta ação permite que todos tenham o direito de integrar e participar de várias dimensões de seu ambiente, sem sofrer qualquer tipo de discriminação e preconceito. (https://www.significados.com.br/inclusao/)

Em termos de definição creio que podemos parar por aí. É necessário que façamos uma discussão sobre a amplitude e magnitude desse conceito. Assim sendo, temos que passar pela inclusão diante do direito civil, porque é necessário e premente que a inclusão, muitas vezes, seja imposta a nossa sociedade, que não foi preparada para esse ato e forma de pensamento.

Assim sendo, fomos buscar no Código Civil Brasileiro o que a Lei nº 13.146, de 6 de julho de 2015, Lei Brasileira de Inclusão da Pessoa com Deficiência (Estatuto da Pessoa com Deficiência) traz sobre o assunto. A Lei Brasileira de Inclusão diz em seu artigo 12:

> Os estados partes reconhecerão que as pessoas com deficiência gozam de capacidade legal em igualdade de condições com as demais pessoas em todos os aspectos da vida. Os estados parte tomarão medidas apropriadas para prover o acesso de pessoas com deficiência ao apoio que necessitarem no exercício de sua capacidade legal.

Diante do que nos coloca a lei, precisamos aprofundar o significado do termo *deficiência*.

O que é deficiência

Segundo a Dra. Simoni Lopes (2019), o termo *deficiência* está em evolução. O conceito juriscontemporâneo de deficiência, ou seja, o conceito jurídico da atualidade utilizado para deficiência, revogou as disposições normativas anteriores que focavam exclusivamente na pessoa. Antes se utilizava somente o modelo médico, em que eram consideradas somente as deficiências físicas ou mentais evidentes. Atualmente, há o reconhecimento de que a deficiência pode estar também na sociedade, principalmente quando ela é ineficiente em lidar com as diferenças existentes em seus cidadãos. E estas diferenças podem advir de qualquer área, pois podem ser físicas, mentais, funcionais, aparentes ou não.

A Dra. Simoni Lopes (2019), em suas aulas, nos informa que desde 2009 o ordenamento jurídico brasileiro adota o conceito juriscontemporâneo de deficiência baseado em critérios sociais e não apenas médicos, revogando toda a legislação infraconstitucional contrária. Assim sendo: são consideradas pessoas com deficiência aquelas que apresentam impedimentos de longo prazo de natureza física, mental, intelectual ou sensorial, os quais, em interação com diversas barreiras podem obstruir sua participação completa e objetiva na sociedade em igualdade de condições com as demais pessoas. (Batisttella, 2011, Resende & Vital, 2008)

E ainda de acordo com o conceito juriscontemporâneo de deficiência, o impedimento resultante de uma deficiência ou incapacidade limita ou impede o desempenho de uma atividade considerada normal. E, se a condição da pessoa impede e\ou dificulta e\ou limita a sua participação, é a sociedade que deve estar preparada para garantir plena participação e efetivo exercício dos direitos constitucionalmente já garantidos, visando, assim. à transformação das condições sociais, mediante políticas públicas inclusivas. (Resende & Vital, 2008)

Levando-se em conta esta atualização do conceito jurídico e observando-se as oportunidades disponíveis aos indivíduos com alguma deficiência, limitação ou impedimento de qual origem for, podemos inferir que a sociedade não está cumprindo efetivamente seu papel, pois a lei determina a inclusão do indivíduo com algum tipo de deficiência e a sociedade escolhe o tipo de deficiência\dificuldade\limitação que irá incluir. Desta forma muitos são excluídos neste processo.

Entre aqueles que são excluídos do processo de inclusão no mercado de trabalho encontram-se os disléxicos e os indivíduos com outros transtornos de aprendizagem. Como nosso recorte visa a população com dislexia, cabe-nos falar um pouco sobre este transtorno de aprendizagem

O que é dislexia

A ABD – Associação Brasileira de Dislexia (www.dislexia.org.br), a IDA – Associação Internacional de Dislexia (www.dyslexiaida.org), o DSM V – Manual Diagnóstico e Estatístico de Transtornos Mentais (American Psychiatric Association, 2014), o CID 10 – Classificação Internacional de Doenças e Problemas relacionados à saúde (Organização Mundial da Saúde, 1993), em sua 10ª edição, e também o CID 11, em 11ª edição, ainda não lançado no Brasil (Câmara, 2018), todos reconhecem e descrevem a dislexia como o mais prevalente transtorno de aprendizagem em sala de aula.

Ela é descrita pelo Ministério da Saúde em sua Biblioteca Virtual em Saúde (http://bvsms.saude.gov.br/dicas-em-saude/2193-dislexia, março de 2019) como:

> A dislexia do desenvolvimento é considerada um transtorno específico de aprendizagem de origem neurobiológica. Pessoas com dislexia apresentam um funcionamento peculiar do cérebro para os processamentos linguísticos relacionados à leitura. O disléxico tem dificuldade para associar o símbolo gráfico, as letras, com o som que elas representam, e organizá-los, mentalmente, numa sequência temporal. (http://bvsms.saude.gov.br/dicas-em-saude/2193-dislexia)

E descreve seus principais sintomas como:

- dificuldades com a linguagem e com a escrita;
- dificuldades com a ortografia;
- lentidão na aprendizagem da leitura;
- dificuldade com a matemática, sobretudo na assimilação de símbolos e de decorar tabuada;
- dificuldades com a memória de curto prazo e com a organização;
- dificuldades em seguir indicações de caminhos e em executar sequências de tarefas complexas;
- dificuldades para compreender textos escritos;
- dificuldades em aprender uma segunda língua;
- dificuldade de aprender rimas e canções;
- dificuldades com a linguagem falada;
- dificuldade com a percepção espacial;
- confusão entre direita e esquerda;
- desatenção e dispersão;
- dificuldade em copiar de livros e da lousa;
- dificuldade em manusear mapas, dicionários, listas telefônicas, etc.

Quantos são os disléxicos

As estatísticas sobre a dislexia são controversas e não encontramos no Brasil pesquisas em larga escala, com grande quantidade de pessoas, que abranja diferentes regiões e idades, que nos dessem um dado seguro sobre a população com dislexia no Brasil ou mesmo no mundo. Os textos acadêmicos nos falam de uma porcentagem que vai de 5% a 17% da população mundial. (Schenini, *n.d.*)

Se considerarmos que a população brasileira hoje tem aproximadamente 209 milhões de cidadãos (IBGE, 2018) e se considerarmos a estatística mais prudente e conservadora que informa que 5% da população teria dislexia, isto representaria cerca de 10 milhões de brasileiros com o transtorno. Com certeza muitos destes ainda se encontram sem diagnóstico e provavelmente sem o acompanhamento adequado às suas necessidades.

Dez milhões de pessoas é um número extremamente representativo e mesmo que não fosse, trata-se de uma população que necessita de um atendimento diferenciado na escolarização e no mercado de trabalho. E, pelo que sabemos, pouco tem sido feito por eles, em especial na vida adulta, pois muito já foi conquistado no período da escolarização com ações inclusivas praticadas pelas instituições de ensino em todos os níveis, desde a alfabetização até a pós-graduação, porém na inserção no mercado de trabalho, quase nada foi feito.

Conquistas

Algumas conquistas já são observadas em relação a condições diferenciadas nas provas do ENEM, vestibulares e concursos públicos, onde é oferecido maior tempo para a realização da prova, ledor que realizar a leitura das questões para o aluno e sala separada para a prova.

No entanto, ainda precisamos da sensibilização da sociedade e das empresas empregadoras para dispensarem um olhar inclusivo para esta população. Nas empresas privadas não temos observado nenhuma ação inclusiva ou diferenciada em relação aos disléxicos ou aos cidadãos com transtornos de aprendizagem.

Não estamos falando de benemerência, pois os disléxicos são pessoas com capacidade intelectual no mínimo dentro da média e podem ser muito produtivos e interessantes para seus empregadores, desde que lhes sejam oferecidas condições diferenciadas para o acesso ao trabalho, devido às suas dificuldades na participação de processos seletivos tradicionais, com preenchimento de fichas e dinâmicas de grupo e, também um curto prazo de experiência (45 ou 90 dias, conforme a legislação em vigor), para que eles possam apresentar suas habilidades e sua capacidade de trabalho.

Do que precisam

Em alguns casos, talvez fosse interessante alguma adaptação em relação ao acompanhamento do trabalho após a admissão do empregado com dislexia. Citamos aqui alguns exemplos de estratégias que facilitarão o relacionamento entre empregador e empregado:

- é importante que a pessoa responsável pela supervisão do trabalho executado pelo disléxico tenha conhecimentos básicos sobre o transtorno e quais são as principais dificuldades enfrentadas por eles e quais são as principais estratégias que devem ser testadas diante de um funcionário com dislexia;
- é provável que o disléxico necessite de maior prazo para a realização das tarefas que lhe serão atribuídas. Principalmente no início, durante a adaptação do funcionário à tarefa, quando ele estará decodificando cada parte da atribuição. Com o passar do tempo, ele se adaptará e produzirá com maior velocidade;
- os memorandos e comunicados escritos produzidos pelos disléxicos tendem a ser curtos e objetivos demais e algumas vezes confusos também. Eles se comunicam por escrito de forma sucinta, com o intuito de minimizar ao máximo a quantidade de erros, pois sabem de suas dificuldades relacionadas à leitura e à escrita. Tendo em vista este aspecto, orientamos os empregadores para que aceitem esta forma de comunicação, desde que o objetivo principal seja cumprido, de que a mensagem desejada chegue onde tem que chegar e que seja compreendida;
- considerando o mesmo princípio, sugerimos que os comunicados direcionados aos disléxicos sejam produzidos de forma clara, objetiva e concisa, facilitando assim sua compreensão e evitando mal entendidos. Se a orientação a ser passada for de forma oral, é aconselhável que ela seja repetida e que o orientador solicite que seu colaborador disléxico repita e mostre que compreendeu a instrução passada. Se for o caso, peça para que tome notas, a fim de consultá-las quando necessitar.

Após a compreensão do que está sendo solicitado não haverá necessidade de novas repetições;

- os horários flexíveis estão sebdo muito utilizados nas empresas, de modo geral, e costumam ser bem aceitos pelos disléxicos;
- o disléxico lida melhor com a parte do que com o todo. Abordagens e métodos globais e dedutivos são, em geral, de difícil compreensão para ele. Apresente-lhe as tarefas em partes, de maneira prática, mostrando como se faz, pois sua percepção e memória visual são suas melhores habilidades e assim contará com seu máximo potencial. Após compreender os objetivos de seu trabalho e ou tarefa que vai executar, ele se sairá muito bem;
- estimule-o a tomar notas dos passos a serem seguidos e forneça um manual com linguagem objetiva, para que possa consultar em caso de dúvida sobre algum procedimento;
- favoreça a expressão de conhecimentos. Caso seu relato fique um pouco confuso, pergunte novamente, peça para que explique de outra forma. Os disléxicos são inteligentes e, se percebem que estão lhe dando oportunidades, costumam se empenhar ao máximo e "vestir a camisa" da empresa que lhe abriu as portas;
- usufrua de sua criatividade e de sua forma incomum de ver o mundo a sua volta. Se assim o fizer, perceberá que a pessoa com dislexia será bastante útil e agregará valor a sua empresa;
- o que o disléxico precisa neste momento, e sempre, é de oportunidade e acolhimento.

Como incorporar a dislexia no mercado de trabalho

Estamos propondo, através deste artigo, uma reflexão sobre a inserção do disléxico no mercado de trabalho, considerando-se que o disléxico não apresenta déficit intelectual e não é portador de deficiência, mas apresenta uma deficiência na apresentação do resultado de seu trabalho, em função das exigências do mercado e das empresas empregadoras, em sua maioria.

Levando-se em conta que todos os disléxicos têm potencial cognitivo pelo menos dentro da média e muitos apresentam potencial acima da média, e alguns, muito superior à média, podemos concluir que estes últimos, muito provavelmente, irão encontrar maior facilidade de se colocar no mercado, pois apresentam habilidades fora do esperado até mesmo para a população não disléxica. Mas, o que nos tem preocupado sobremaneira são aqueles que não apresentam habilidades excepcionais e têm potencial cognitivo dentro da média, pois competirão com todos aqueles com mesmo potencial, porém, sem a existência da dislexia em suas vidas.

Apesar destas dificuldades e diferenças, os disléxicos não são beneficiados ou incluídos na lei de empregabilidade ou lei de cotas 8213\91 de 24\07\91.

Esta faixa da população está desprotegida, e muitas vezes, sem alternativas ou perspectivas de evolução na sociedade. É justamente esta população que acaba sendo alvo fácil para as drogas e até para a criminalidade, caso não estejam em uma família preparada, acolhedora e estimuladora. No entanto, a família não pode estar à frente, por toda a vida, do indivíduo com dislexia. Chegará o tempo em que ele deverá sobreviver às suas próprias expensas. E neste momento, encontramos uma sociedade que não está preparada para oferecer oportunidades a esses indivíduos.

Os disléxicos de fato não são deficientes, nem mentalmente e nem fisicamente, mas apresentam diferenças em seu desempenho no trabalho, assim como na escola, pois a dislexia não desaparece na vida adulta, mesmo que tratada. O tratamento ameniza os sintomas e o prepara para enfrentar as diferenças do mundo acadêmico, porém, não o prepara para o tão competitivo mercado de trabalho.

Então, cabe à sociedade proporcionar condições ou providenciar uma legislação apropriada que possibilite aos disléxicos desempenharem atividade laboral, mostrando seu potencial em qualquer área que escolha ou apresente vocação e\ou habilidade.

Considerações finais

Consideramos que algo já foi feito em relação à inclusão do disléxico, em especial o disléxico criança ou adolescente, no mundo acadêmico. No entanto, quando esse indivíduo se coloca no mundo, querendo exercer uma atividade profissional sem ter habilidades excepcionais, encontra-se em extrema desvantagem.

Segundo Artigas-Pallares (2009), a dislexia pode ser vista como uma desvantagem adaptativa, pois nascemos habilitados para a fala, mas não para a leitura e escrita, pois esta foi uma invenção do homem e se pensarmos na existência do homem em comparação à existência do planeta Terra, podemos dizer que ela é uma invenção bastante recente.

O disléxico não nasce com a habilidade de aprender a ler e escrever facilmente. Essa inabilidade pode ser explicada por diversas alterações neurobiológicas e funcionais, herdadas geneticamente, que alteram sua forma de processamento de informações auditivas e visuais, todas elas comprovadas por mais de 100 anos de pesquisas científicas. Neste momento, não seria apropriado descrevê-las, mas estão disponíveis para consulta em milhares de trabalhos acadêmicos nacionais e internacionais.

O disléxico, após a avaliação e o diagnóstico, precisará de muito treinamento e muita intervenção e, mesmo assim, a leitura e a escrita nunca lhe serão completamente confortáveis. A dislexia, por não ser uma doença e sim um transtorno, não tem cura.

Sendo assim, percebemos que algumas iniciativas já foram tomadas para a inclusão do disléxico na escola em todos os níveis, como por exemplo: condições diferenciadas para acesso ao ENEM, vestibular, concursos públicos (alguns), mas percebemos também que muito ainda precisa ser feito em relação à inclusão no mercado de trabalho como um todo e na sociedade em geral, com aceitação e o real aproveitamento de suas habilidades, para que o indivíduo possa suprir suas necessidades mais básicas de subsistência através de seu próprio ganho.

Referências

American Psychiatric Association. (2014). *DSM-5: Manual diagnóstico e estatístico de transtornos mentais*. Artmed Editora.

Artigas-Pallares, J. (2009). Dislexia: enfermedad, trastorno o algo distinto. *Revista Neurológica, 48*(2), 63-69.

Battistella, L. R. (2011). Conceito de deficiência segundo a Convenção da ONU e os critérios da CIF. *São Paulo: SDPCD.*

Brasil. (2015). Lei nº 13.146, de 6 de julho de 2015. Institui a Lei Brasileira de Inclusão da Pessoa com Deficiência (Estatuto da Pessoa com Deficiência). *Diário Oficial da União.*

Brasil. (1991). Lei nº 8213 de 24 de julho de 1991. *Dispõe sobre os Planos de Benefícios da Previdência Social e dá outras providencias. Diário Oficial da União, Brasília.*

Câmara, F.P. (2018). A 11ª Classificação Internacional de Doenças da OMS. *Psychiatry on line Brasil.* Recuperado de: https://www.polbr.med.br/2018/07/02/a-11a-classificacao-internacional-de-doencas-da-oms/

IBGE (2018). Instituto Brasileiro de Geografia e Estatística. População brasileira ultrapassa 208 milhões de pessoas, revela IBGE. Recuperado de: http://www.brasil.gov.br/noticias/cidadania-e-inclusao/2018/08/populacao-brasileira-ultrapassa-208-milhoes-de-pessoas-revela-ibge

Lopes, S. (2019, janeiro 17). 15° Curso intensivo de dislexia e transtornos de aprendizagem. Centro de Estudos e Eventos Científico – CEEC. Associação Brasileira de Dislexia – ABD. [Anotações de aula].

Organização Mundial da Saúde. (1993). Classificação de transtornos mentais e de comportamento da CID-10: descrições clínicas e diretrizes diagnósticas.

Resende, A. P. C., & VITAL, F. M. D. P. (2008). A convenção sobre os direitos das pessoas com deficiência comentada. *Brasília: Secretaria Especial dos Direitos Humanos. Coordenadoria Nacional para Integração da Pessoa Portadora de Deficiência*, 164.

Schenini, F. (*n. d.*) Comissão assegura direito de aprender. *Ministério da Educação.* Recuperado de: http://portal.mec.gov.br/component/tags/tag/32256

CAPÍTULO 26

Múltiplos olhares para uma tecnologia ativa e ampliada – cérebros e os *likes* das redes sociais

Marta Pires Relvas

Na sociedade contemporânea, o uso da tecnologia é fundamental e, em muitos casos, essencial para o desenvolvimento de todas as atividades do ser humano, tanto em sua vida pessoal como em sua vida profissional. É fato que o uso de celulares, computadores, internet, softwares, entre tantas outras tecnologias, criou para a humanidade oportunidades de interações em grande escala, tornando quase utópica a não utilização de tais ferramentas em diversas situações. Sendo assim, pensar a negação da tecnologia em um ambiente escolar chega ser inconcebível, já que ela pode trazer dinamismo ao processo de ensino e aprendizagem. Na escola, o uso deste recurso tornou-se uma importante ferramenta de estudo e pesquisa, e um grande apoio para a aprendizagem ampliada do estudante e de todos os envolvidos no desenvolvimento e aquisição de novas possibilidades para conhecimentos cognitivos, motores, emocionais e sociais.

A sala de aula passa a ser considerada o ambiente para aquisição dessas novas possibilidades tecnológicas. Por meio das metodologias ativas e híbridas, o professor deixa de ser o detentor do saber e torna- se um colaborador da aprendizagem discente, necessitando ter conhecimento de aplicativos eletrônicos básicos para ser capaz de exercer sua função. Vale ressaltar ainda que o docente também deve dominar e usar, de todas as formas, computadores, projetores de multimídias, quadros interativos, tabletes, smartphones e vários outros equipamentos tecnológicos, tanto no seu dia a dia, para estudar, quanto no processo de integração dos conteúdos das aulas.

O uso habitual de dispositivos tecnológicos por estudantes, crianças e adolescentes vem sendo intensificado cada vez mais precocemente. Eles interagem com múltiplos ambientes de forma natural e nativa. Essa geração nasceu na era touchscreen, vive num imenso universo de tecnologia. E essa realidade vem provocando uma profunda mutação no saber, um permanente processo de mudança.

No cenário atual, a perspectiva da aquisição e a produção do conhecimento é construída de maneira criativa e coletiva, desmistificando-se o foco de ensinar para aprender. As tecnologias utilizadas como ferramentas para as metodologias 4.0 são ativas e ampliadas, agem como instrumentos no processo da construção de conhecimentos. Permitem a passagem do aprendizado teórico descontextualizado para a prática contextualizada conforme suas necessidades, gerando inúmeras possibilidades de novos conceitos estabelecidos e pesquisados.

As ferramentas tecnológicas, como por exemplo o *marker*, ativam o cérebro do estudante por meio de "rotas alternativas" para produção de novas conexões neuronais e aquisição do aprendizado. O ato de fazer estabelece e fortalece as interligações neurais, formando o que a neurobiologia denomina "rede neuronal", e as células neuróglias são as responsáveis por esse "mosaico e citoarquitetura" do potencial de ação entre as sinapses elétricas e químicas dos neurônios da atenção e da memória, conhecidas como funções executivas e cognitivas do aprendizado. Evidências revelam por meio das neuroimagens que as metodologias ativas estimulam a base da ativação do sistema de recompensa, do interesse e prazer.

Com as evidências científicas em relação aos processos da aquisição do aprendizado, educar torna-se uma tarefa complexa e requer de seus educadores, dentre diversos outros fatores, a competência e a dedicação nas práxis pedagógicas. O maior desafio, no entanto, é planejar uma educação capaz de preparar o docente, o educando e a família para essas transformações, na qual o estudante assuma o protagonismo do aprendizado escolar.

A neurociência pode contribuir para a ação pedagógica por compreender as estruturas e o funcionamento do Sistema Nervoso Central. A didática é a ciência que reconhece as metodologias e as abordagens da sistematização dos conteúdos acadêmicos escolares, e a tecnologia vem como ferramenta que permeia e ativa as curiosidades no sistema de recompensa cerebral. Portanto, pode-se considerar que uma ciência complementa a outra e todas devem ser utilizadas como proposta para delinear a escola mais humanizadora que queremos para o futuro que já chegou.

Porém, estamos atravessando um momento de tensão diante dos enfrentamentos tecnológicos. Em tempos de redes sociais, um click em "gostei" promove uma ação positiva e motivacional no cérebro de quem curte e recebe a curtida. Mas, todo cuidado é pouco com essa dinâmica de relacionamento em momentos contemporâneos, vulneráveis ao esvaziamento dos sentimentos humanos.

Casais se conhecem rápido demais e logo partem para mudar o status do relacionamento nas redes sociais. Conhecer melhor o parceiro? Ver até onde existe compatibilidade? Saber se está num relacionamento saudável, se é isso mesmo que se deseja? Essas questões ficam para daqui a algumas semanas ou meses. São líquidas as relações de hoje em dia, segundo Bauman (2011). Em um click torna-se muito fácil conquistar, acabar, excluir, bloquear pessoas, como um produto descartável.

O fato é que as pessoas possuem muitos "amigos" nas redes sociais e continuam solitárias, esperando que alguém "curta" o que foi postado. Uma vez assisti a duas amigas discutindo e uma delas disse: "Você não curte as coisas que eu posto no Face!".

Uma explicação, à luz da neurobiologia, revela que o cérebro e a mente humana, precisam de determinados estímulos que influenciem a autoestima, autoconfiança e a aceitação num determinado grupo de pessoas. O humano é um "animal social", que precisa intencionalmente do elogio como fator estimulante para ativar o sistema de recompensa emocional.

Nosso cérebro "adora" novidades. Mas, no fim das contas, ele seleciona o que é importante para depois guardar essas informações de verdade. Ou seja, ele trabalha em duas etapas. Acontece que, por conta da primeira etapa ser mais prazerosa e frenética, liberando compostos químicos que satisfazem o corpo, sempre queremos, involuntariamente, nos manter conferindo novidades e acabamos sem tempo para guardarmos o conteúdo na segunda etapa. E essa é a especialidade da internet, produzir informações rápidas e inovadoras.

O efeito Facebook nas estruturas cerebrais e mentais, se dá por meio da estimulação neurobiológica do cérebro, da motivação, do desejo, do prazer, dos afetos, e se relaciona à produção da ocitocina, que é um hormônio produzido e estimulado pelo hipotálamo e armazenado na neuro-hipófise, de onde é liberado sob a influência de certos estímulos. A ocitocina é responsável por promover a criação de vínculos, a doação, a socialização. A produção desse hormônio acontece quando se está na presença de bons amigos, nos relacionamentos saudáveis, quando se comemora realizações e conquistas positivas, em situação de confraternização, empatia ou em algo que nos promova prazer, incluindo as redes sociais.

Outras estruturas cerebrais responsáveis pelos estímulos motivacionais são as denominadas núcleos da base, que são constituídas por um conjunto de estruturas no cérebro com diferentes funções e atividades, que atuam na ação do prazer e da motivação. Emitem e recebem projeções entre si em conjunto com o córtex cerebral, tálamo e tronco cerebral, responsáveis por diversas funções como: coordenação motora, comportamentos de rotina, emoções e cognição.

No cérebro, o *nucleus accumbens* promove ações de recompensa e prazer, pois é responsável por receber estímulos, produzir sensações agradáveis, em razão da produção de substâncias químicas que promovem satisfação e bem-estar, estimulando a produção de dopamina.

As redes sociais influenciam nossos sentidos biológicos e estimulam o cérebro humano a continuar "clicado e ligado". Esse processo acontece em decorrência do prazer estabelecido na função cerebral, como acontece nas probabilidades de sobrevivência, como comer comidas calóricas, dormir bem, aprender habilidades, conseguir apoio social, fazer sexo.

As redes sociais aumentam a motivação e levam alguns indivíduos à repetição dessas práticas e atividades até se sentirem saciados, plenos, satisfeitos. O cérebro atualmente, pode ser estimulado por qualquer atividade ou informação prazerosa, mesmo sem ter a função de sobrevivência como, por exemplo, jogos, músicas, filmes, livros, danças, redes sociais, sendo especialmente superativado por drogas como anfetaminas e heroína.

De fato, as redes sociais provocam modificabilidade cerebral. Esse fenômeno é incontestável, pois, evidências científicas demonstram que conexões neuronais são estimuladas por determinados fatores neurotróficos que estabelecem novas rotas alternativas nas células neuronais do córtex cerebral.

De 5% a 10% dos usuários de internet são incapazes de controlar a quantidade de tempo que passam on-line. Apesar de ser uma dependência psicológica, estudos mostram que há deficiências cerebrais parecidas com as provocadas por dependências químicas. Regiões do cérebro que controlam as emoções, a atenção e a tomada de decisões são afetadas, porque as redes sociais oferecem respostas imediatas com pouco esforço. E quanto mais respostas imediatas se tem, mais rapidamente é preciso resolver os problemas, seguindo o mesmo processo que acontece quando há consumo de drogas. Prazeres imediatos.

As redes sociais também desencadeiam uma liberação de dopamina, o neurotransmissor do bem-estar. Em exames de ressonância magnética, cientistas descobriram que as áreas de bem-estar do cérebro são muito mais ativadas quando as pessoas falam sobre si mesmas ou expressam suas opiniões em vez de ouvir os outros. Numa conversa face a face com outra pessoa, cerca de 30% a 40% do tempo é destinado a falar sobre nós mesmos. Na internet, o número sobe para 80%.

A neurobiologia explica que as ações cerebrais diante das redes sociais, sejam referentes a uma simples troca de *twiters* ou a uma "curtida" de um amigo no status do Facebook, podem aumentar os níveis de ocitocina, conhecida como "hormônio do amor" (estimula sentimentos como empatia, generosidade e confiança, e tem altas quando o indivíduo está apaixonado).

As redes sociais, nos levam a acreditar que o cérebro entende que, tanto no Twitter quanto no Facebook, por exemplo, seja como se estivéssemos interagindo diretamente com pessoas queridas. Sendo assim, o nosso cérebro acaba liberando a ocitocina, o que provoca um estado de aceitação, como viver uma paixão, consequentemente, aliviando o estresse. Ou seja, navegar nas redes sociais minimiza problemas cardiovasculares, como infartos e derrames. Em outras palavras, é bom para o coração em todos os sentidos. Mas, cuidado, não use isso como pretexto para continuar ligado diretamente nas redes sociais sem culpa.

Estudos neurocientíficos revelam que, quando alguém compartilha informações pessoais na internet, são ativadas regiões do cérebro envolvidas na conectividade, que são o córtex pré-frontal medial, amigdalas cerebrais e precuneus, regiões que também estão envolvidas na autorreflexão e em determinados aspetos da consciência emocional.

É importante encarar a realidade e as emoções presentes na vida para evitar exposições excessivas e desnecessárias nas redes sociais. Também é importante alertar que podemos ter atividades emocionais no nosso cérebro de vários aspectos: proativo, vítima, atento, desligado, observador, desnorteado. Todos nós temos um pouquinho de cada traço e o que influencia o comportamento humano são as medidas que tomamos frente às mudanças efetivas no nosso dia a dia.

O jeito que se reage à uma mudança no trabalho, na família, ao mau humor de um gestor são indícios de como o nosso cérebro opera tais reações emocionais. E esse contexto muda de pessoa para pessoa. O importante é perceber que todos nós temos elementos de cada um desses traços no nosso estilo emocional e que podemos escolher.

Muitas vezes, por ter de decidir entre uma atitude positiva ou negativa, pode-se ofuscar todo o contexto, precipitando situações não reais. É fato que há vulnerabilidades em determinadas situações sociais, o que pode acontecer com frequência, mas não estamos condenados a viver engessados em um único estilo emocional, pois o cérebro percorre rotas alternativas em busca de novas conexões neurais (neuroplasticidade) e isso se modifica a partir de experiências de vida e cultura.

O sistema límbico é responsável pelo processamento e controle das emoções no cérebro humano. É constituído pelo hipotálamo, hipocampo e amígdalas cerebrais. Juntos, esses componentes trabalham para criar emoções simples e complexas. E eles contam com o sistema nervoso, com a função de ajudar as pessoas a expressar e transmitir pensamentos, ideias e sentimentos.

O córtex pré-frontal é a região relacionada a diversos processos cognitivos complexos, como a expressão da personalidade, tomada de decisões, moderação de comportamentos socialmente adequados e formação de memórias emocionais. Por isso, essa área cerebral é tão importante para lidar com pensamentos conflitantes, definir o que é positivo ou negativo e tomar boas decisões com base no que imaginamos que será o futuro, ou seja, fazer escolhas.

O córtex pré-frontal, ajuda a atribuir um significado emocional a cada experiência vivida, o que facilita muito a tomada de decisão pois, em momentos futuros, esse valor emocional pode ser trazido à tona, ajudando a prever se o desfecho de uma situação será positivo ou negativo.

As emoções e os sentimentos fazem parte de nossas vivências e são importantes na solução de problemas, no raciocínio e no funcionamento inteligente, em relação às questões que o ser humano se depara em sua vida, num constante equilíbrio/desequilíbrio em busca de uma homeostasia. O ser humano reage ao detectar um desequilíbrio no seu processo de vida e, ao perceber este desequilíbrio, procura corrigi-lo, adaptando-se, dentro dos limites da biologia humana e do ambiente físico e social. Na verdade, o ser humano quer se sentir querido, produtivo e aceito nas suas relações, sejam elas reais ou virtuais. Mas, todo cuidado é pouco quando o envolvimento emocional fica por conta das redes sociais.

Referências

Bauman, Z. (2011). *Modernidade Líquida.* Rio de Janeiro, RJ: Jorge Zahar.

Damásio, A. (2014). *O Erro de Descartes – Emoção, Razão e o Cérebro Humano.* São Paulo, SP: Companhia das Letras.

Gazzaniga, M. S., Ivry, R. B.; Mangun, G. R. (2006). *Neurociência Cognitiva – A Biologia da Mente.* (2.ed.) Porto Alegre, RS: Artme.

Glickstein, M..(2014). *Neuroscience – a historical introduction,* Massachusetts Institute of Technology Press. Goldberg, E.. (2002). *O Cérebro Executivo: Lobos Frontais e a Mente Civilizada.* Rio de Janeiro, RJ: Imago.

Department of Biochemistry and Molecular Biophysics Thomas Jessell, Siegelbaum, S., & Hudspeth, A. J. (2000). *Principles of neural science* (Vol. 4, pp. 1227-1246). E. R. Kandel, J. H. Schwartz, & T. M. Jessell (Eds.). New York: McGraw-hill.

Kolb, B., Whishaw, I. (2002) *Neurociência do Comportamento.* São Paulo, SP: Editora Manole.

Lent, R..(2004). *Cem Bilhões de Neurônios:conceitos fundamentais de neurociência.* São Paulo, SP: Editora Atheneu.

Relvas, M. P. *Neurociência e Educação: potencialidades dos gêneros na sala de aula* (2ª ed.) Rio de Janeiro, RJ: WAK Ed, 2010.

CAPÍTULO 27

Instrumentos para avaliar vocabulários receptivo e expressivo em crianças de 18 meses a 6 anos de idade

Miriam Damazio

Fernando César Capovilla

Segundo Capovilla, Negrão e Damazio (2011), avaliar precocemente o desenvolvimento da compreensão da fala e da produção da fala é de vital importância para detectar precocemente atrasos e distúrbios de linguagem e para proceder à intervenção precoce. Essa intervenção precoce é importante para aproveitar a plasticidade neural (i.e., a propriedade do SNC de modificar seu funcionamento e se reorganizar estruturalmente para compensar mudanças ambientais e/ou lesionais) para maximizar sua eficácia. Segundo os autores, os testes que avaliam diretamente a compreensão da fala e a produção da fala são superiores aos usuais inventários e escalas a serem preenchidos por cuidadores da criança nas creches e escolas, já que esses são sujeitos a viés imposto pelo intermediário avaliador, que usualmente é quem preenche os inventários.

Vocabulário Receptivo

O vocabulário receptivo equivale *à habilidade de compreender itens lexicais*, quer do *sistema linguístico primário* ou *secundário*. Itens do *sistema linguístico primário* equivalem a palavras faladas ou sinais emitidos. Itens do *sistema linguístico secundário* equivalem a palavras escritas ou sinais escritos. Quanto maior o vocabulário receptivo, maior a habilidade do receptor em compreender a linguagem, seja falada, escrita ou de sinais (Capovilla, Negrão, & Damazio, 2011).

Desenvolve-se rapidamente na primeira infância e constrói a base para a aquisição da linguagem e alfabetização. Variação na habilidade do vocabulário receptivo está associada com a variação no rendimento escolar das crianças, e a baixa capacidade do vocabulário receptivo é um fator de risco para baixo rendimento na escola (Taylor, Christensen, Lawrence, Mitrou, & Zubrick, 2013). De fato, segundo Capovilla (2011), a extensão do vocabulário receptivo é uma das mais importantes e consolidadas medidas de habilidade intelectual.

O vocabulário receptivo encontra-se prejudicado no Transtorno de Linguagem Receptiva e, usualmente, também nas afasias receptivas e na dislexia (Ferracini, Capovilla, Dias, & Capovilla, 2006).

Vocabulário Expressivo

O vocabulário expressivo equivale *à habilidade de produzir itens lexicais*, quer do *sistema linguístico primário* ou *secundário*. Itens do *sistema linguístico primário* equivalem a palavras faladas ou sinais emitidos. Itens do *sistema linguístico secundário* equivalem a palavras escritas ou sinais escritos (Capovilla, Negrão, & Damazio, 2011). Quanto maior o vocabulário expressivo, maior a habilidade do emissor em produzir a linguagem, seja falada, escrita ou de sinais. O vocabulário expressivo pode ser medido pelo número de palavras que a criança é capaz de pronunciar. Assim, a avaliação é possível a partir do momento que a criança começa a falar.

O vocabulário expressivo tende a estar rebaixado nos Transtornos Específicos de Linguagem, nas afasias expressivas e na dislexia (Ferracini, Capovilla, Dias, & Capovilla, 2006).

Esse capítulo apresenta dois testes normatizados para avaliação precoce de desenvolvimento de vocabulário receptivo e expressivo em crianças na faixa etária de 1 ano e 6 meses aos 6 anos de vida: o Teste de Vocabulário Receptivo Auditivo, Abreviada, Versão Original (TV**Aud-33o**) e Teste de Vocabulário Expressivo, Versão Original (TV**Exp-100o**).

Os testes foram desenvolvidos no Laboratório de Neuropsicolinguística Cognitiva Experimental, do Instituto de Psicologia da USP, a partir dos bancos de figuras gerados nesse laboratório (Capovilla, Negrão, Damazio, Roberto, Sousa-Sousa, & Sousa, 2011, Capovilla, Negrão, Damazio, & Sousa-Sousa, 2008).

Uma das razões para a qualidade atestada desses instrumentos em avaliar crianças tão pequenas é o modo criterioso como as figuras que compõem os testes foram escolhidas. Selecionadas de bancos de mais de 4 mil figuras pelos crivos sucessivos de milhares de alunos do ensino fundamental e infantil, até chegar aos 2 anos de idade, essas figuras se mostraram fortemente evocadoras de nomeação fácil e singela, mesmo para crianças de apenas de 18 meses a 3 anos de idade.

Teste de Vocabulário Receptivo Auditivo, TVAud-33o (Capovilla, Negrão & Damazio, 2011)

O Teste de Vocabulário Receptivo Auditivo, TV**Aud-33o** avalia o vocabulário receptivo auditivo de crianças a partir de 1 ano e 6 meses de idade até 6 anos de idade.

O TV**Aud-33o** é compostos de sete páginas no formato A4. A prancha 1 contém 3 itens (tirinhas), e as pranchas de 2 a 7 contêm 5 itens. Cada item (tirinha) é composto de uma sequência de 5 figuras, sendo uma figura alvo e quatro figuras distraidoras. A tarefa da criança consiste em apontar para a figura correspondente à palavra falada pelo avaliador (para crianças de 1ano e 6 meses, e 2 anos) ou de marcar essa figura com um lápis (para crianças de 3, 4, 5 e 6 anos de idade). À esquerda de cada item há um marcador (estrela, coração, quadrado, seta, triângulo). O avaliador chama a atenção das crianças para o item desejado falando o nome do marcador que indica a sequência de figuras para a qual eles devem olhar em um determinado momento. O avaliador diz "Na linha da estrela, procure a figura do lápis e marque essa figura com um X"; "Na linha do coração, procure a figura do sol e marque essa figura com um X".

O TV**Aud-33o** é aplicável individualmente em crianças de 1ano e 6 meses e 2 anos, e coletivamente em pequenos grupos de 10 a 15 crianças, para crianças de 3, 4, 5 e 6 anos. A aplicação demora cerca de 15 min para crianças de 4, 5 e 6 anos, 30 min para crianças de 2 e 3 anos, e cerca de 60 minutos para crianças de 1 ano e 6 meses. Na aplicação individual com crianças de 1ano e 6 meses, e 2 anos, o avaliador senta-se ao lado da criança e usa uma máscara (template) de papel, bloqueia todos os itens exceto aquele que deve ser respondido num determinado momento. O avaliador permite tantas interrupções (digressões) pela criança quantas forem necessárias para que ela responda a todos os itens de maneira tranquila e participativa.

O Teste de Vocabulário Receptivo Auditivo foi elaborado nas formas: A e B (TV**Aud-A33o e** TV**Aud-B33o).**

A Figura 1 apresenta uma amostra dos itens 4 a 8, dentre os 33 itens do caderno de aplicação da Forma A Abreviada Original: TV**Aud-A33o**.

Figura 1. Amostra dos itens 4 a 8 dentre os 33 itens do caderno de aplicação da Forma A Abreviada Original: TV**Aud-A33o**. A cada item, o avaliador pede à criança para escolher a figura que ele disser. Para levar a criança a olhar para a tirinha desejada, ele começa chamando a atenção da criança para a forma que encabeça essa tirinha. Assim, a instrução é: "Na tirinha da seta, procure a figura de chupeta e marque-a com um X". Os avaliandos, então, devem marcar a figura-alvo ignorando as de alfinete, conta-gotas, seringa e penico. Em seguida: "Na tirinha do triângulo, procure a figura de coração e marque-a com um X". Os avaliandos, então, devem marcar a figura-alvo ignorando as de unha, braço, dedo e curativo. Então: "Na tirinha da estrela, procure a figura de jacaré e marque-a com um X". Os avaliandos devem fazê-lo, ignorando as de tatu, marlim, pterodáctiloe coruja. Depois: "Na tirinha do coração,

procure a figura de fantasma, e marque-a com um X". Os avaliandos devem fazê-lo, ignorando as de soldado, caçador, detetive e sanfoneiro. Por fim: "Na tirinha do quadrado, procure a figura da arco-íris e marque-a com um X. Os avaliandos devem fazê-lo, ignorando as de tocha, orvalho, girassol e chuva.

A Figura 2 apresenta uma amostra dos itens 4 a 8, dentre os 33 itens do caderno de aplicação da Forma B Abreviada Original: TVAud-B33o.

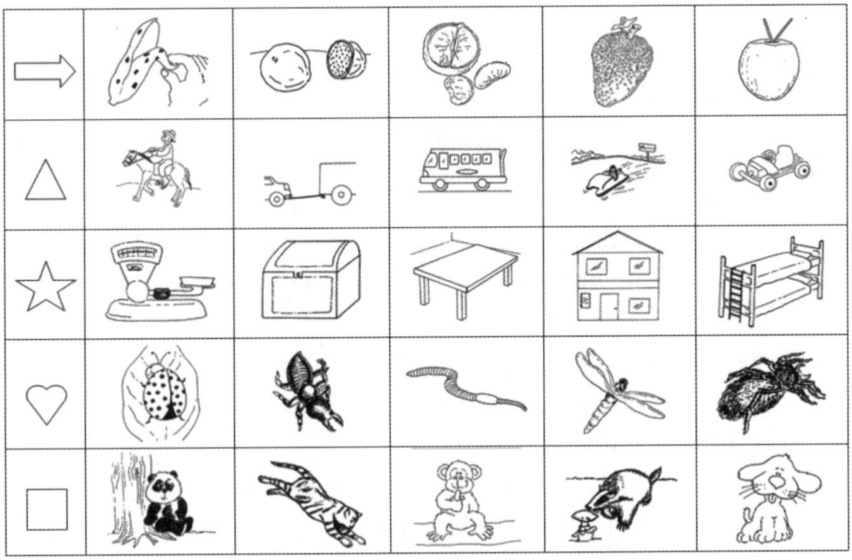

Figura 2. Amostra dos itens 4 a 8 dentre os 33 itens do caderno de aplicação da Forma B Original: **TVAud-B33o**. A cada item, o avaliador pede à criança para escolher a figura que ele disser. Para levar a criança a olhar para a tirinha desejada, ele começa chamando a atenção da criança para a forma que encabeça essa tirinha. Assim, a instrução é: "Na tirinha da seta, procure a figura da banana e marque-a com um X". Os avaliandos, então, devem marcar a figura-alvo ignorando as de maracujá, tangerina, jaca e coco verde. Em seguida: "Na tirinha do triângulo, procure a figura do ônibus e marque-a com um X". Os avaliandos, então, devem marcar a figura-alvo ignorando as de cavalo, guincho, pedalinho e carrinho. Então: "Na tirinha da estrela, procure a figura de mesa e marque-a com um X". Os avaliandos devem fazê-lo,

ignorando as de balança, urna, sobrado e beliche. Depois: "Na tirinha do coração, procure a figura de joaninha e marque-a com um X". Os avaliandos devem fazê-lo, ignorando as de cupim, minhoca, libélula e aranha. Por fim: "Na tirinha do quadrado, procure a figura do macaco e marque-a com um X. Os avaliandos devem fazê-lo, ignorando as de urso panda, tigre, gambá e cachorro.

Estudo com a versão original: TVAud-A33o

Participantes

Participaram do estudo: 906 crianças (442 meninas, 464 meninos) com idade média de 4 anos e 6 meses (55,4 meses) (*DP* = 18,3 meses). Na amostra havia:

1) 61 crianças na faixa etária de 1 ano e 6 meses de idade (31 meninas, 30 meninos) com idade média de 1 ano e 9 meses (21 meses) (*DP* = 1,4 mês),
2) 119 crianças na faixa etária de 2 anos de idade (57 meninas, 62 meninos) com idade média de 2 anos e 6 meses (30,1 meses) (*DP* = 3,3 meses),
3) 143 crianças na faixa etária de 3 anos de idade (67 meninas, 76 meninos) com idade média de 3 anos e 6 meses (42,7 meses) (*DP* = 3,2 meses),
4) 131 crianças na faixa etária de 4 anos de idade (61 meninas, 70 meninos) com idade média de 4 anos e 6 meses (54,7 meses) (*DP* = 3,4 meses),
5) 237 crianças na faixa etária de 5 anos de idade (114 meninas, 123 meninos) com idade média de 5 anos e 6 meses (65,8 meses) (*DP* = 3,5 meses),
6) 215 crianças na faixa etária de 6 anos de idade (112 meninas, 103 meninos) com idade média de 6 anos e 5 meses (76,6 meses) (*DP* = 2,7 meses).

Das 906 crianças, 437 eram oriundas de escolas públicas do município paulista de Ribeirão Pires e 469 eram oriundas de 12 escolas particulares dos municípios paulistas de Ribeirão Pires, Santo André e São Bernardo do Campo.

Em termos de Nível Socioeconômico (NSE), tal como medido pelo preço das mensalidades, em termos de número de salários-mínimos, constatou-se que, das 906 crianças:

435 desembolsavam mensalidade zero (i.e., estudavam em escola pública),

332 desembolsavam mensalidade 1 (i.e., pagavam cerca de 1 salário mínimo por mês, i.e., 13 salários mínimos por ano), e

139 desembolsavam mensalidade 2 (i.e., pagavam cerca de 2 salários mínimos por mês, i.e., 26 salários mínimos por ano).

Resultados

Resultados da Anova da pontuação no TV**Aud-A33o** como função do ano, mostraram que a pontuação no TV**Aud-A33o** cresceu significativamente ao longo dos anos, F (5, 900) = 146,56, $p < 0{,}001$, $r^2 = 0{,}45$.

Foram conduzidas análises de comparação de pares pós-Anova, tanto Fisher LSD quanto Bonferroni, da pontuação no TV**Aud-A33o** como função do ano.

As análises de comparação de pares pós-Anova Fisher LSD da pontuação no TV**Aud-A33o** como função do ano, mostraram que a pontuação no TV**Aud-A33o** cresceu significativamente de um determinado ano para o ano seguinte, sendo que não houve superposição entre o intervalo de confiança da diferença entre dois anos e o intervalo de confiança da diferença entre outros anos. Assim, fica claro que a pontuação no TV**Aud-A33o** cresceu significativamente do 1° ano para o 2° ano, do 2° ano para o 3° ano, do 3° ano para o 4° ano, do 4° ano para o 5° ano, e do 5° ano para o 6° ano

As análises de comparação de pares pós-Anova de Bonferroni da pontuação no TV**Aud-A33o** como função do ano mostraram que a pontuação no TV**Aud-A33o** cresceu significativamente de um determinado ano para o ano seguinte, sendo que não houve superposição entre o intervalo de confiança da diferença entre dois anos e o intervalo de confiança da diferença entre outros anos. As duas exceções foram na passagem entre os anos 4° e 5°, e 5° e 6°. Assim, fica claro que a pontuação no TVAud-A33o cresceu significativamente do 1° ano para o 2° ano, do 2° ano para o 3° ano, e do 3° ano para o 4° ano.

Normatização do TVAud-A33o a partir dos dados dos 906 alunos de 1 ano e 6 meses a 6 anos de idade

Segundo Capovilla, Viggiano, Bidá, Capovilla, Raphael, Neves e Maurício (2005), conforme as propriedades de distribuições normais de pontuações, sabe-se que a média corresponde ao percentil 50, sendo que 50% dos casos localizam-se acima da média, e 50% dos casos localizam-se abaixo da média. Sabe-se que 68% dos casos da distribuição pontuam entre –1 *DP* (i.e., percentil 16) e +1 *DP* (i.e., percentil 84) em relação à média; 96% dos casos da distribuição pontuam entre –2 *DP* (i.e., percentil 2) e +2 *DP* (i.e., percentil 98) em relação à média, e praticamente 100% (i.e., 99,72%) dos casos da distribuição pontuam entre –3 *DP* (i.e., percentil 1) e +3 *DP* (i.e., percentil 99) em relação à média. Assim, pontuações *médias* são aquelas que se situam entre –1 *DP* e +1 *DP*, e englobam 68% dos casos; pontuações *elevadas* são aquelas que se situam entre +1 *DP* e +2 *DP*, e englobam 14% dos casos; pontuações *rebaixadas* são aquelas que se situam entre –1 *DP* e –2 *DP*, e também englobam 14% dos casos; pontuações *muito elevadas* são aquelas que se situam entre +2 *DP* e +3 *DP*, e englobam 2% dos casos; e pontuações *muito rebaixadas* são aquelas que se situam entre –2 *DP* e –3 *DP*, e também englobam 2% dos casos.

Com base nessas propriedades, e a partir dos dados de média (i.e., *M*) e desvio-padrão (i.e., *DP*) obtidos dos estudantes das diferentes séries escolares por meio das análises de covariância, a mesma Tabela 1 sumariza as pontuações correspondentes aos percentis 1 (i.e., –3 *DP*), 2 (i.e., –2 *DP*), 16 (i.e., –1 *DP*), 50 (i.e., média), 84 (i.e., +1 *DP*), 98 (i.e., +2 *DP*), e 99 (i.e., +3 *DP*) para 1° ao 6° ano da Educação Infantil.

Tabela 1 – Normas do TVAud-A33o para crianças de 1ano e 6 meses a 6 anos. Pontuações dos limites superior e inferior dos intervalos que constituem as cinco classificações de pontuações: Muito rebaixada (i.e., entre –3 *DP* e –2 *DP*), rebaixada (i.e., entre –2 *DP* e –1 *DP*), média (i.e., entre –1 *DP* e +1 *DP*), elevada (i.e., entre +1 *DP* e +2 *DP*), e muito elevada (i.e., entre +2 *DP* e +3 *DP*).

Ano	Muito rebaixada	Rebaixada	Média	Elevada	Muito elevada
idd	–3 *DP* a –2 *DP*	–2 *DP* a –1 *DP*	–1 *DP* a +1 *DP*	+1 *DP* a +2 *DP*	+2 *DP* a +3 *DP*
1	9 a 13	14 a 17	18 a 27	28 a 32	33
2	17 a 20	21 a 23	24 a 31	32 a 33	-----
3	19 a 22	23 a 25	26 a 33	-----	-----
4	24 a 25	26 a 28	29 a 33	-----	-----
5	25 a 26	27 a 28	29 a 33	-----	-----
6	28	29 a 30	31 a 33	-----	-----

Estudo com a versão original TVAud-B33o

Participantes

Participaram 906 crianças (442 meninas, 464 meninos) com idade média de 4 anos e 6 meses (55,4 meses) (*DP* = 18,3 meses). Na amostra havia:

1) 61 crianças na faixa etária de 1 ano e 6 meses de idade (31 meninas, 30 meninos) com idade média de 1 ano e 9 meses (21 meses) (*DP* = 1,4 mês),
2) 119 crianças na faixa etária de 2 anos de idade (57 meninas, 62 meninos) com idade média de 2 anos e 6 meses (30,1 meses) (*DP* = 3,3 meses),
3) 143 crianças na faixa etária de 3 anos de idade (67 meninas, 76 meninos) com idade média de 3 anos e 6 meses (42,7 meses) (*DP* = 3,2 meses),
4) 131 crianças na faixa etária de 4 anos de idade (61 meninas, 70 meninos) com idade média de 4 anos e 6 meses (54,7 meses) (*DP* = 3,4 meses),

5) 237 crianças na faixa etária de 5 anos de idade (114 meninas, 123 meninos) com idade média de 5 anos e 6 meses (65,8 meses) (*DP* = 3,5 meses),
6) 215 crianças na faixa etária de 6 anos de idade (112 meninas, 103 meninos) com idade média de 6 anos e 5 meses (76,6 meses) (*DP* = 2,7 meses).

Das 906 crianças, 437 eram oriundas de escolas públicas do município paulista de Ribeirão Pires e 469 eram oriundas de 12 escolas particulares dos municípios paulistas de Ribeirão Pires, Santo André e São Bernardo do Campo.

Resultados

Resultados da Anova da pontuação no TV**Aud-B33o** como função do ano, mostraram que a pontuação no TV**Aud-B33o** cresceu significativamente ao longo dos anos, F (5, 900) = 127,90, $p < 0{,}000$, $r^2 = 0{,}41$.

Foram conduzidas análises de comparação de pares pós-Anova, tanto Fisher LSD quanto Bonferroni, da pontuação no TV**Aud-B33o** como função do ano.

As análises de comparação de pares pós-Anova Fisher LSD da pontuação no TV**Aud-B33o** como função do ano, mostraram que a pontuação no TV**Aud-B33o** cresceu significativamente de um determinado ano para o ano seguinte, sendo que houve poucas superposições entre o intervalo de confiança da diferença entre dois anos e o intervalo de confiança da diferença entre outros anos. As duas exceções foram na passagem entre os anos 3° e 4°, e 5° e 6°. Assim, fica claro que a pontuação no TV**Aud-B33o** cresceu significativamente do 1° ano para o 2° ano, do 2° ano para o 3° ano, do 3° ano e 4° ano para o 5° ano

As análises de comparação de pares pós-Anova de Bonferroni da pontuação no TV**Aud-B33o** como função do ano, mostraram que a pontuação no TV**Aud-B33o** cresceu significativamente de um determinado ano para o ano seguinte, sendo que houve poucas superposições entre o intervalo de confiança da diferença entre dois anos e o intervalo de confiança da diferença entre outros anos. As duas exceções foram na passagem entre os anos 3° e 4°, e 5° e 6°. Assim, fica claro que a pontuação no TV**Aud-B33o** cresceu significativamente do 1º ano para o 2º ano, do 2º ano para o 3º ano, e do 3º ano e 4º ano para o 5º ano.

Normatização do TVAud-B33o a partir dos dados dos 906 alunos de 1 ano e 6 meses a 6 anos de idade

Segundo Capovilla, Viggiano, Bidá, Capovilla, Raphael, Neves e Maurício (2005), conforme as propriedades de distribuições normais de pontuações, sabe-se que a média corresponde ao percentil 50, sendo que 50% dos casos localizam-se acima da média, e 50% dos casos localizam-se abaixo da média. Sabe-se que 68% dos casos da distribuição pontuam entre –1 *DP* (i.e., percentil 16) e +1 *DP* (i.e., percentil 84) em relação à média; 96% dos casos da distribuição pontuam entre –2 *DP* (i.e., percentil 2) e +2 *DP* (i.e., percentil 98) em relação à média, e praticamente 100% (i.e., 99,72%) dos casos da distribuição pontuam entre –3 *DP* (i.e., percentil 1) e +3 *DP* (i.e., percentil 99) em relação à média. Assim, pontuações *médias* são aquelas que se situam entre –1 *DP* e +1 *DP*, e englobam 68% dos casos; pontuações *elevadas* são aquelas que se situam entre +1 *DP* e +2 *DP*, e englobam 14% dos casos; pontuações *rebaixadas* são aquelas que se situam entre –1 *DP* e –2 *DP*, e também englobam 14% dos casos; pontuações *muito elevadas* são aquelas que se situam entre +2 *DP* e +3 *DP*, e englobam 2% dos casos; e pontuações *muito rebaixadas* são aquelas que se situam entre –2 *DP* e –3 *DP*, e também englobam 2% dos casos.

Com base nessas propriedades, e a partir dos dados de média (i.e., *M*) e desvio-padrão (i.e., *DP*) obtidos dos estudantes das diferentes séries escolares por meio das análises de covariância, a Tabela 2 sumariza, para 1 ano e 6 meses a 6 anos no TV**Aud-B33o**, as pontuações inferior e superior de cada um dos cinco intervalos que constituem as cinco faixas de classificação de pontuações: Muito rebaixada (i.e., entre –3 *DP* e –2 *DP*), rebaixada (i.e., entre –2 *DP* e –1 *DP*), média (i.e., entre –1 *DP* e +1 *DP*), elevada (i.e., entre +1 *DP* e +2 *DP*), e muito elevada (i.e., entre +2 *DP* e +3 *DP*).

Tabela 2 – Normas do TVAud-B33o para crianças de 1ano e 6 meses a 6 anos. Pontuações dos limites superior e inferior dos intervalos que constituem as cinco classificações de pontuações: Muito rebaixada (i.e., entre –3 *DP* e –2 *DP*), rebaixada (i.e., entre –2 *DP* e –1 *DP*), média (i.e., entre –1 *DP* e +1 *DP*), elevada (i.e., entre +1 *DP* e +2 *DP*), e muito elevada (i.e., entre +2 *DP* e +3 *DP*).

Ano	Muito rebaixada	Rebaixada	Média	Elevada	Muito elevada
idd	–3 *DP* a –2 *DP*	–2 *DP* a –1 *DP*	–1 *DP* a +1 *DP*	+1 *DP* a +2 *DP*	+2 *DP* a +3 *DP*
1	8 a 13	14 a 18	19 a 30	31 a 33	---
2	18 a 20	21 a 24	25 a 32	33	---
3	23 a 25	26 a 27	28 a 33	33	---
4	23 a 25	26 a 28	29 a 33	---	---
5	27	28 a 29	30 a 33	---	---
6	29	30	31 a 33	---	---

Teste de Vocabulário Expressivo Original TVExp-100o (Capovilla, & Damazio)

O Teste de Vocabulário Expressivo USP em sua versão original (TV**Exp-100o**) avalia o vocabulário expressivo falado de crianças de 1 ano e 6 meses até 5 anos e 11 meses de idade.

É composto de um caderno espiral de 100 páginas, cada qual com metade do formato A4. Cada página contém uma figura. A tarefa da criança consiste em nomear oralmente a figura mostrada pelo avaliador. O avaliador mostra uma figura e diz: "O que é isso?". Quando a criança responde, ele vira a página e apresenta o próximo item, incentivando novamente a criança a nomear a figura. Se a criança hesita, o avaliador então a incentiva perguntando "O que você acha que é?" Nesse teste o avaliador anota apenas as respostas de nomeação incorretas, tomando cuidado para que a criança não perceba quando tenha errado. A aplicação demora cerca de 10 min. para crianças de 4, 5 e 6 anos, 15 min. para crianças de 2 e 3 anos, e cerca de 30 min. para crianças de 1 ano e 6 meses.

A Figura 3 fornece uma amostra de 4 das 100 figuras do caderno de aplicação do TV**Exp-100o**.

Figura 3 – Amostra de 4 das 100 figuras do caderno de aplicação do TVExp-100o.

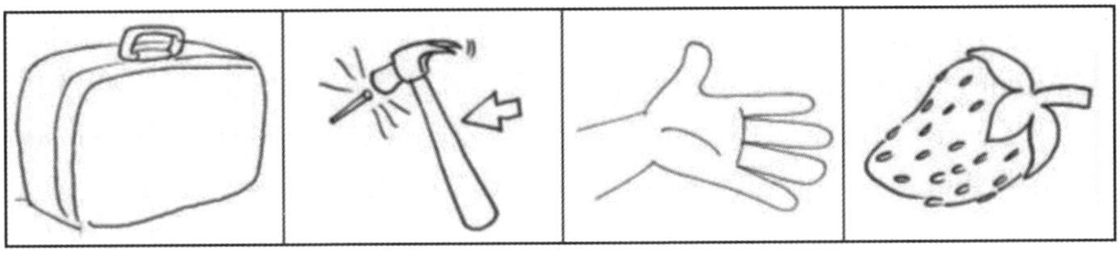

Estudo com a versão original TVExp-100o

Participantes

Participaram 332 crianças (160 meninas, 172 meninos) com idade média de 4 anos e 6 meses (55,4 meses) (*DP* = 18,3 meses). Na amostra havia:

1) 61 crianças na faixa etária de 1 ano e 6 meses de idade (31 meninas, 30 meninos) com idade média de 1 ano e 9 meses (21 meses) (*DP* = 1,4 mês),
2) 107 crianças na faixa etária de 2 anos de idade (52 meninas, 55 meninos) com idade média de 2 anos e 5 meses (29,9 meses) (*DP* = 3,3 meses),
3) 81 crianças na faixa etária de 3 anos de idade (37 meninas, 44 meninos) com idade média de 3 anos e 5 meses (41,6 meses) (*DP* = 3,0 meses),
4) 41 crianças na faixa etária de 4 anos de idade (22 meninas, 19 meninos) com idade média de 4 anos e 6 meses (54,4 meses) (*DP* = 2,8 meses),
5) 42 crianças na faixa etária de 5 anos de idade (18 meninas, 24 meninos) com idade média de 5 anos e 6 meses (66,3 meses) (*DP* = 3,9 meses),

Das 332 crianças, 156 eram oriundas de escolas públicas do município paulista de Ribeirão Pires e 176 eram oriundas de 12 escolas particulares dos municípios paulistas de Ribeirão Pires, Santo André e São Bernardo do Campo.

Resultados

Os resultados da Anova da pontuação no TV**Exp-100o** como função do ano, mostraram que a pontuação no TV**Exp-100o** cresceu significativamente ao longo dos anos, F (4, 327) = 822,35, $p < 0{,}000$, $r^2 = 0{,}91$.

Foram conduzidas análises de comparação de pares pós-Anova, tanto Fisher LSD quanto Bonferroni, da pontuação no TV**Exp-100o** como função do ano.

As análises de comparação de pares pós-Anova Fisher LSD da pontuação no TV**Exp-100o** como função do ano mostraram que a pontuação no TV**Exp-100o** cresceu significativamente de um determinado ano para o ano seguinte, sendo que não houve superposição entre o intervalo de confiança da diferença entre dois anos e o intervalo de confiança da diferença entre outros anos. Assim, fica claro que a pontuação no TV**Exp-100o** cresceu significativamente do 1° ano para o 2° ano, do 2° ano para o 3° ano, do 3° ano para o 4° ano, e do 4° ano para o 5° ano.

As análises de comparação de pares pós-Anova de Bonferroni da pontuação no TV**Exp-100o** como função do ano mostraram que a pontuação no TV**Exp-100o** cresceu significativamente de um determinado ano para o ano seguinte, sendo que não houve superposição entre o intervalo de confiança da diferença entre dois anos e o intervalo de confiança da diferença entre outros anos. A única exceção foi na passagem do 4° para o 5° anos. Assim, fica claro que a pontuação no TV**Exp-100o** cresceu significativamente do 1° ano para o 2° ano, do 2° ano para o 3° ano, e do 3° ano para o 4° ano.

Efeito de nível socioeconômico (NSE)

Resultados da Anova da pontuação no TV**Exp-100o** como função do ano pré-escolar e do nível socioeconômico, bem como da interação entre eles, mostraram que a pontuação no TV**Exp-100o** foi afetada pelo ano pré-escolar, F (4, 321) = 741,60, $p < 0{,}000$, pelo nível socioeconômico, F (2, 321) = 8,19, $p < 0{,}000$, bem como pela interação entre ano pré-escolar e nível socioeconômico, F (4 321) = 8,33, $p < 0{,}000$.

Foram conduzidas análises de comparação de pares pós-Anova Fisher LSD da pontuação no TV**Exp-100o** como função do ano pré-escolar, bem como do nível socioeconômico.

As análises de comparação de pares pós-Anova Fisher LSD da pontuação no TV**Exp-100o** como função do ano pré-escolar mostraram que a pontuação no TV**Exp-100o** cresceu significativamente de um determinado ano para o ano seguinte, sendo que não houve superposição entre o intervalo de confiança da diferença entre dois anos e o intervalo de confiança da diferença entre outros anos. Assim, fica claro que a pontuação no TV**Exp-100o** cresceu significativamente do 1º ano para o 2º ano, do 2º ano para o 3º ano, do 3º ano para o 4º ano, e do 4º ano para o 5º ano.

As análises de comparação de pares pós-Anova Fisher LSD da pontuação no TV**Exp-100o** como função do nível socioeconômico, em termos de mensalidade escolar ou número de salários mínimos por mês (0 na escola pública, e 1 ou 2 na escola particular) mostraram que a pontuação no TV**Exp-100o** cresceu significativamente de um determinado NSE para o seguinte, sendo que não houve superposição entre o intervalo de confiança da diferença entre dois níveis do NSE e o intervalo de confiança da diferença entre outros níveis. Assim, fica claro que a pontuação no TV**Exp-100o** cresceu significativamente do NSE 0 para o NSE 1, e do NSE 1 para o NSE 2.

Normatização do TVExp-100o a partir dos dados dos 332 alunos de 1 ano e 6 meses a 5 anos e 11 meses de idade

Segundo Capovilla, Viggiano, Bidá, Capovilla, Raphael, Neves e Maurício (2005), conforme as propriedades de distribuições normais de pontuações, sabe-se que a média corresponde ao percentil 50, sendo que 50% dos casos localizam-se acima da média, e 50% dos casos localizam-se abaixo da média. Sabe-se que 68% dos casos da distribuição pontuam entre –1 *DP* (i.e., percentil 16) e +1 *DP* (i.e., percentil 84) em relação à média; 96% dos casos da distribuição pontuam entre –2 *DP* (i.e., percentil 2) e +2 *DP* (i.e., percentil 98) em relação à média, e praticamente 100% (i.e., 99,72%) dos casos da distribuição pontuam entre –3 *DP* (i.e., percentil 1) e +3 *DP* (i.e., percentil 99) em relação à média. Assim, pontuações *médias* são aquelas que se situam entre –1 *DP* e +1 *DP*, e englobam 68% dos casos; pontuações *elevadas* são aquelas que se situam entre +1 *DP* e +2 *DP*, e englobam 14% dos casos; pontuações *rebaixadas* são aquelas que se situam entre –1 *DP* e –2 *DP*, e também englobam 14% dos casos;

pontuações *muito elevadas* são aquelas que se situam entre +2 *DP* e +3 *DP*, e englobam 2% dos casos; e pontuações *muito rebaixadas* são aquelas que se situam entre –2 *DP* e –3 *DP*, e também englobam 2% dos casos.

Com base nessas propriedades, e a partir dos dados de média (i.e., *M*) e desvio-padrão (i.e., *DP*) obtidos dos estudantes das diferentes séries escolares por meio das análises de covariância, a Tabela 3 sumariza, para 1ano e 6 meses a 5 anos no TV**Exp-100o**, as pontuações inferior e superior de cada um dos cinco intervalos que constituem as cinco faixas de classificação de pontuações: Muito rebaixada (i.e., entre –3 *DP* e –2 *DP*), rebaixada (i.e., entre –2 *DP* e –1 *DP*), média (i.e., entre –1 *DP* e +1 *DP*), elevada (i.e., entre +1 *DP* e +2 *DP*), e muito elevada (i.e., entre +2 *DP* e +3 *DP*).

Tabela 3 – Pontuações dos limites superior e inferior dos intervalos que constituem as cinco classificações de pontuações no TV**Exp-100o** para crianças de 1ano e 6 meses a 5 anos: Muito rebaixada (i.e., entre –3 *DP* e –2 *DP*), rebaixada (i.e., entre –2 *DP* e –1 *DP*), média (i.e., entre –1 *DP* e +1 *DP*), elevada (i.e., entre +1 *DP* e +2 *DP*), e muito elevada (i.e., entre +2 *DP* e +3 *DP*).

Ano	Muito rebaixada	Rebaixada	Média	Elevada	Muito elevada
Idd	–3 *DP* a –2 *DP*	–2 *DP* a –1 *DP*	–1 *DP* a +1 *DP*	+1 *DP* a +2 *DP*	+2 *DP* a +3 *DP*
1	22	23	24 a 27	28	29
2	25 a 36	37 a 49	50 a 76	77 a 89	90 a 100
3	74 a 76	77 a 80	81 a 88	89 a 92	93 a 96
4	81 a 84	85 a 87	88 a 96	97 a 100	---
5	91 a 94	93 a 94	95 a 98	99 a 100	---

Conclusão

Os instrumentos apresentados neste capítulo, foram desenvolvidos no Laboratório de Neuropsicolinguística Cognitiva Experimental, do Instituto de Psicologia da USP, a partir dos bancos de figuras gerados nesse laboratório (Capovilla, Negrão, & Damazio, 2011, Capovilla, Negrão, Damazio, & Sousa-Sousa, 2008). Eles permitem avaliar o desenvolvimento tanto do vocabulário receptivo quanto do vocabulário expressivo em crianças brasileiras dos 18 meses aos 6 anos de idade.

A produção da fala pode ser avaliada com o teste **TVExp-100o** (1ano e 6 meses a 5 anos e 11 meses de idade). O **TVExp-100o** fornece uma medida direta da produção da fala e, permite identificar cinco níveis de habilidades de conversação de um ano para o outro (para 1-5 anos de idade).

A compreensão da fala pode ser avaliada com **TVAud-33o**. O **TVAud33** permite uma avaliação já a partir de 1 ano e 6 meses, de maneira rápida, por apresentar apenas 33 figuras alvo.

Os dados normativos fornecidos aqui permitem a identificação precoce de crianças com necessidade de intervenção preventiva precoce, bem como comparações precoces da eficácia do tratamento.

Os resultados dos estudos com os testes **TVAud-33o e TVExp-100o**, permitiram o desenvolvimentos dos testes nas formas reodernadas (**TVAud-33r e TVExp-100r).**

Referências

Capovilla, F. C., Negrão, V. B., & Damazio, M. (2011). *Teste de Vocabulário Auditivo e Teste de Vocabulário Expressivo.* São Paulo, SP: Memnon Edições Científicas Ltda.

Capovilla, F. C., Negrão, V., Damazio, M., & Sousa-Sousa, C. C. (2008). Normatização de nomeação de 2.100 figuras originais por 4.850 alunos de três níveis (Maternal-Infantil, Fundamental, e Superior), e de testes de vocabulário auditivo de 2 a 5 anos. In A. L. Sennyey, F. C. Capovilla, J. M. Montiel. (Orgs.). *Transtornos de aprendizagem: da avaliação à reabilitação.* (vol. 1, pp. 237-250). São Paulo, SP: Artes Médicas.

Capovilla, F. C., Negrão, V. B., Damazio, M., Roberto, M. R., Sousa-Sousa, C. C., & Sousa, A. V. (2011). *Pictografia evocadora da fala: CD-Rom e Manual.* São Paulo, SP: Casa do Psicólogo.

Capovilla, F. C., Viggiano, K., Bidá, M. C. P. R., Capovilla, A. G. S., Raphael, W. D., Neves, M. V., & Maurício, A. C. (2005). Como acompanhar o desenvolvimento da competência de leitura em surdos do ensino fundamental ao médio, e analisar processos quirêmicos e ortográficos: Versão 2.1 do Teste de Nomeação de Figuras por Escolha de Palavras (TNF2.1–Escolha) para controlar efeito de carreamento entre avaliações. In F. Capovilla, & W. Raphael (Orgs.). *Enciclopédia da Língua de Sinais Brasileira: O mundo do surdo em Libras, Vol. 8: Sinais de Libras e o mundo das palavras de função gramatical, e Como acompanhar o desenvolvimento da competência de leitura (processos quirêmicos e ortográficos) de escolares surdos do Ensino Fundamental ao Médio* (p. 201–896). São Paulo, SP: Edusp, Fundação Vitae, Capes, CNPq, e Fapesp.

Ferracini, F., Capovilla, A. G. S., Dias, N. M., & Capovilla, F. C.(2006). Avaliação de vocabulário expressivo e receptivo na educação infantil. *Psicopedagogia: Revista da Associação Brasileira de Psicopedagogia, 23(71)*, 124-133.

Taylor, C. L., Christensen, D., Lawrence, D., Mitrou, F., & Zubrick, S. R. (2013). Risk factors for children's receptive vocabulary development from four to eight years in the longitudinal study of Australian children. *PLoS ONE, 8*(9): e73046. Recuperado de: http://journals.plos.org/plosone/article?id=10.1371/journal.pone.0073046.

CAPÍTULO 28

Brincadeiras e jogos na Educação Infantil

Evelin Schmid

Renata Mousinho

A educação infantil, na qual o ingresso é obrigatório a partir dos 4 anos de idade para todos os brasileiros desde a emenda constitucional n.º 59 de 2009 (BRASIL, 2009), é uma etapa de extrema importância para o desenvolvimento infantil. Nela, a criança, com a arquitetura cerebral ainda em formação, desenvolve habilidades das mais diferentes naturezas, como habilidades físicas, motoras, cognitivas, linguísticas, auditivas, afetivas e sociais.

Neste contexto, a brincadeira é muito mais do que um momento de lazer e descontração; ela é um ato de aprendizado e, de acordo com Cordazzo e Vieira (2007), pode ser considerada a principal atividade da infância, devido à grande influência que exerce no desenvolvimento das crianças.

Todas as áreas de desenvolvimento – sejam física, social, cultural, afetiva, psíquica ou cognitiva – são estimuladas e beneficiadas pela brincadeira. Brincar auxilia no desenvolvimento da autonomia, da resolução de problemas, da criação de sua identidade, das regras de convivência e relações interpessoais, como nos dizem Isidro e Almeida (2003).

Leontiev (1994) afirma que as mudanças mais importantes no desenvolvimento psíquico ocorrem durante a realização das brincadeiras, e Vygotsky (1989) ressalta que elas proporcionam saltos qualitativos no desenvolvimento e, por consequência, na aprendizagem.

Sabemos que a brincadeira não é o único contexto possível para a criança aprender, porém, é através do brincar que ela tem a oportunidade de descobrir suas capacidades e de entender como funciona o ambiente que a rodeia. Kishimoto (1998) ressalta que a brincadeira oferece às crianças oportunidades de experimentar comportamentos que no dia-a-dia não poderiam ser tentados, seja pelo medo de errar ou pela punição.

É importante destacar que, segundo Goldfeld e Chiari (2003), a evolução da brincadeira possui forte relação com a aquisição de linguagem infantil, sendo uma rica fonte de comunicação e interação, já que até sozinha a criança imagina contextos e conversas entre seus brinquedos, podendo ampliar seu repertório linguístico, como destacam Cordazzo e Vieira (2007).

Assim como diversas outras atividades, a brincadeira também é passível de evolução, e torna-se mais elaborada de acordo com a experiência, a vivência e o conhecimento do indivíduo.

Os bebês são, por natureza, exploradores incansáveis e essa é sua maior ferramenta no aprendizado (Serrano, 2018). Logo nos primeiros meses, à medida que o bebê consegue organizar a informação sensorial, que cada vez se torna mais complexa, ele vai aos poucos produzindo respostas (que antes eram reflexas ou automáticas) mais ajustadas à situação. Um exemplo é que, ao tomar banho, já não chora ao se molhar porque reconhece a sensação tátil que a água proporciona.

Com o passar do tempo, o bebê será capaz de reagir a experiências sensoriais e sensações e, explorando os movimentos corporais que é capaz de fazer, acaba por associá-los. Ele logo se torna um descobridor do próprio corpo, aprendendo a controlar a cabeça, as mãos, as pernas e os olhos, e, com a conquista do contato visual e pelo interesse no rosto humano, vai adquirindo informações (como interpretar entonações vocais da mãe ou expressões faciais) que começam a interferir em seu comportamento (Serrano, 2018).

Com o fluir do desenvolvimento, tanto a capacidade perceptiva (que ajudará na tomada de decisões em situações de risco, por exemplo), quanto a motora se mostram maiores. Além disso, o bebê vai se tornando mais explorador, podendo se locomover para alcançar seus objetivos – seja rastejando, rolando ou engatinhando. Nessa busca pelo mundo ao seu redor, as relações de interação com o outro também são importantes fontes de aprendizado (Iverson, 2010).

O desenvolvimento motor – que por definição abarca desde os primeiros movimentos espontâneos do bebê até movimentos muito complexos, como os usados em esportes – se relaciona com o desenvolvimento de várias outras habilidades, incluindo as cognitivas (que dizem respeito à capacidade intelectual da criança, como o pensamento, o raciocínio e as funções executivas), as socioemocionais (que dizem respeito à interação, controle de emoções, empatia) e as de linguagem (Marcondes, Machado, Setian, & Carrazza, 1991).

O desenvolvimento da linguagem, que começa muito antes da criança falar, é de extrema importância para que o desenvolvimento como um todo ocorra de maneira harmônica (Mousinho, Schmid, Mesquita, Pereira, Lyra, Mendes, & Nóbrega, 2009). O desenvolvimento da linguagem e a fala, apesar de estarem interligados, não possuem o mesmo significado. A linguagem, mais ampla, é a capacidade de se comunicar, de compreender e ser compreendido; já a fala é a expressão oral da linguagem.

Lamônica e Ferreira-Vasques (2010) ressaltam a inter-relação entre o desenvolvimento da linguagem e todas as demais áreas do desenvolvimento, indicando que a aquisição de habilidades em cada área interfere diretamente nas aquisições das outras áreas.

Falando das diferentes brincadeiras

Brincadeiras motoras globais

Magalhães e Carvalho (2018) definem estas brincadeiras como aquelas que envolvem ação motora, sobretudo as globais, como correr, dançar, andar de bicicleta ou brincadeiras com bola e percursos. São importantes porque, além do desenvolvimento de habilidades psicomotoras, também potencializam o desenvolvimento de habilidades socioemocionais, cognitivas e linguísticas.

Mousinho, Schmid, Mesquita, & Santos (2018) destacam que muitas são as possibilidades de brincadeiras globais. Podemos, por exemplo, imitar os animais (engatinhar, pular, rastejar), fazer mímica (como você seria se fosse uma flor, um cavalo etc), fazer circuitos com mesclagem de desafios (pular pelos bambolês, passar por cima da corda, engatinhar no túnel, saltar com um pé só nos pneus, bater palmas), brincar de amarelinha, de escalada, de espelho (onde duas crianças ficam frente a frente e devem realizar movimentos como se estivessem diante do espelho).

Existem brincadeiras interessantes muito utilizadas na rotina das escolas e importantes também para a noção de trabalho em equipe, já que dependem do outro para sua realização, como caça ao tesouro (alguém dará pistas verbais para que outra pessoa ache o objeto escondido), estátua (a criança deverá ficar como estátua ao comando de outra criança ou música), meus pintinhos venham cá (onde os pintinhos devem fugir da raposa e dos obstáculos), seu mestre mandou e outras.

Não podemos esquecer que, à medida que as crianças crescem, as brincadeiras corporais passam a envolver noções cada vez mais difíceis, como tempo-espaço-ritmo. Para isso, existem propostas como desenhar o corpo da criança no papel pardo (contornando o corpo da criança deitada no papel) e depois pedir para ela completar as partes que faltam, nomeando-as; brincadeiras como trânsito (onde as crianças, divididas entre carros e pedestres devem seguir comandos como: pare! siga! vire à direita!); utilizar instrumentos musicais para a criança se deslocar (correr ao som do tambor, andar devagar ao som da flauta); uso de calendários e quadros de rotina (ver os dias, as semanas, os meses, o que aconteceu de manhã ou à noite, o que faremos amanhã).

Brincadeiras construtivas e oculomotoras

As brincadeiras construtivas são aquelas que permitem a construção/desconstrução de objetos, torres e outras estruturas através da montagem/desmontagem de peças ou blocos, por exemplo.

Magalhães e Carvalho (2018) destacam que as brincadeiras construtivas são uma consequência ou refinamento das brincadeiras exploratórias dos bebês, que levam ao desenvolvimento das habilidades de classificação e categorização, chegando, então, ao empilhamento e às construções.

Quando a criança monta um quebra-cabeça, constrói um cenário com peças de encaixe, monta um robô com sucata, utiliza blocos de madeira para construir um castelo ou até mesmo letras de borracha para construir seu nome, ela contribui para o desenvolvimento de habilidades cognitivas como organização, planejamento, estabelecimento de objetivos e controle de comportamento, além das habilidades motoras mais finas (Mousinho, Schmid, Mesquita, & Santos, 2018).

Já as brincadeiras oculomotoras são aquelas que associam os movimentos amplos do corpo ao movimento dos olhos, podendo ser as de acertar o alvo (argola na garrafa, bola no cesto, objeto na caixa), boliche, soltar pipa, usar fitas rítmicas para desenhar no ar. Dessas, derivam as brincadeiras óculo-manuais, que também irão associar movimentos corporais aos movimentos oculares, mas, dessa vez, serão os movimentos finos, incluindo o grafismo (Momo, Silvestre, & Silvestre, 2017).

Podemos usar uma grande variedade de materiais e atividades. Por exemplo: pinças para pegar bolinhas, futebol de botão ou de moeda, tesouras de diferentes cortes, gizes e lápis com diferentes formatos, papéis de texturas variadas, moldes para colorir, pranchas vazadas para alinhavar, massinha, argila ou brincar com as próprias mãos, sem nenhum objeto, fazendo sombras. (Mousinho, Schmid, Mesquita, & Santos, 2018).

Brincadeiras plásticas e sensoriais

Brincadeiras plásticas (Poyares, & Goldfeld, 2008) acompanham as crianças por um longo período do desenvolvimento. Elas utilizam materiais como massinha, argila, tintas, lápis e gizes de diferentes formatos, e podem começar a fazer parte do repertório de brincadeiras da criança como uma forma de manipulação e exploração de cores e texturas. Com o uso desses materiais, e com a vivência da criança, as brincadeiras plásticas evoluem para desenhos, esculturas e se tornam uma importante base para a escrita, através do desenvolvimento das habilidades motoras finas.

Aqui, as brincadeiras podem começar de maneira livre, apenas explorando os materiais para que a criança conheça as texturas e, a partir daí, várias propostas podem surgir, como: vamos fazer a festa das bonecas com comida de massinha? Ou fazer o contorno de um boneco com tinta e pedir para a criança preencher o que falta, ou desenhar sobre telas com o giz seco e depois com ele molhado e ver a diferença nas cores. Fazer esculturas de argila para, depois de secar, pintar os olhos, boca... ou colar botões no lugar dos olhos... Essas atividades podem incluir o desenho de cenas completas (quero ver o desenho de um dia de sol na praça, por exemplo) ou até mesmo as letras podem surgir, sejam elas feitas de massinha, pintadas, com o contorno preenchido.

As brincadeiras sensoriais, igualmente importantes, irão explorar os sentidos (Serrano, 2016) e podem ser feitas através de materiais como a caixa mágica, em que, através do tato, a criança deve descobrir o que tem dentro da caixa ou parear objetos de acordo com a textura ou forma. Pisar em diferentes texturas (o que também pode ser feito com os olhos vendados) ou explorá-las com as mãos (papéis, tecidos, esponjas), utilizar essas mesmas texturas para passar pelo corpo da criança pode ser muito estimulante (o que estou passando seu braço agora? Em qual parte do seu corpo estou passando a esponja?). Ou, de olhos vendados, tentar reconhecer aromas ou sabores (as dicas podem ser usadas: esse é doce, esse a gente costuma comer gelado ou isso a gente usa quando toma banho). E ainda com os olhos vendados, pedir à criança para seguir determinados sons ou realizar determinadas posturas (quero que você siga o som do pandeiro; quando ouvir o tambor tem que ficar em um pé só; ou apenas as posturas: um pé para a frente e os braços para cima).

Brincadeiras projetivas: imitação, faz de conta e devaneio

São brincadeiras em que a criança, através de miniaturas, bonecos, carrinhos e outros, começa a reproduzir cenas já vividas ou cria novas cenas, porém, inicialmente atribuindo aos brinquedos sua exata função. Conforme a criança começa a dissociar o objeto de seu significado, atribuindo-lhes outras funções (ou seja, há ação imaginária), a brincadeira recebe o nome de Faz de Conta. Quando a criança realiza esta brincadeira, desenvolvendo suas ideias mentalmente, através da linguagem interna e sem o apoio do brinquedo, chamamos de Devaneio (Mousinho, Schmid, Mesquita, & Santos, 2018).

Vygotsky, 1984 (citado por Kishimoto, 1996) chama de Jogo de Enredo a brincadeira de faz de conta em que a criança deixa de brincar ao lado e passa a brincar junto com outras crianças, assumindo cada qual o seu papel.

Essas brincadeiras estão relacionadas ao desenvolvimento narrativo (Whitebread, 2012), flexibilidade cognitiva, habilidades linguísticas, sociais e de memória.

Podemos brincar de criar histórias utilizando miniaturas de personagens de que a criança gosta, reproduzindo cenas do desenho ou criando outras. Ou a própria criança pode brincar que é o herói e transformar a saia da mamãe em sua capa; ou ser um astro da música e transformar o vidro de xampu em microfone. Também é possível definir papéis na brincadeira; então, uma criança é o médico e outra é a mamãe do paciente, ou uma é a professora e outra é a aluna, e assim, várias novas histórias vão surgindo. No supermercado, também dá para brincar de faz de conta e a criança pode ficar dentro do carrinho fingindo ser o piloto de uma nave ou buscar produtos na prateleira como se estivesse participando de um jogo para ganhar pontos (você está no espaço e sua missão é trazer para sua nave cinco frutas vermelhas).

Jogos com regras

São jogos que variam em complexidade, começando com regras bem simples para crianças menores, e chegando a regras mais elaboradas para outras faixas etárias, estimulando habilidades importantes para diversos níveis de desenvolvimento, além de atuar no controle da frustração, estimular a persistência e ajudar a lidar com regras sociais (Mousinho, Schmid, Mesquita, & Santos, 2018).

Esses jogos atuam sobremaneira no estímulo às Funções Executivas, que são, por definição, habilidades cognitivas relacionadas à organização e à regulação de comportamentos (Fonseca, Prando, & Zimmerman, 2016), já que através de suas regras é preciso esperar sua vez ou aguardar até o fim do jogo (controle inibitório), armazenar informações que serão importantes para a próxima jogada ou desfecho do jogo (memória de trabalho), se adequar à mudanças repentinas ou mudar pontos de vista (flexibilidade cognitiva), planejar as etapas ou estratégias para alcançar o objetivo (planejamento), além da manutenção da atenção, organização do pensamento e linguagem.

Em crianças menores, podemos estimular a alternância de jogadas (minha vez/ sua vez) com atividades como: colocar todas as espadinhas no barril do pirata, cada jogador de uma vez; ou no jogo da memória (com poucas peças para os pequenos). Jogos de varetas são excelentes para o controle inibitório, assim como os jogos com dados vão estimular a noção de números e a sequência de jogadas em trilhas. Os jogos de dama, xadrez ou aqueles em que é preciso movimentar outras peças para se locomover irão estimular a elaboração de estratégias e a organização. Assim como podemos propor jogos de tabuleiro que tenham mudanças inesperadas durante as jogadas, por exemplo: pegue a carta do seu amigo, jogue duas vezes, volte 10 casas.

Também muito importantes são os jogos sociais como Banco Imobiliário, Jogo da Vida ou outros jogos que envolvam a cooperação, a tomada de decisões e a solução de problemas. Esses jogos, além das habilidades das funções executivas que já mencionamos (controle inibitório, flexibilidade cognitiva e outros), estimulam a interação social, a cooperação, a disciplina e o relacionamento pessoal entre os jogadores (Bernardes, 2005), além da criação de estratégias, visto que os participantes devem, ao mesmo tempo, seguir as regras gerais do jogo ou grupo e elaborar sua própria tática para chegar ao fim.

Brincadeiras de linguagem

Sabemos que o primeiro recurso de comunicação dos bebês é o choro, que inicialmente é um ato reflexo ao nascimento, até ser significado. Com o surgimento do balbucio, o choro tende a diminuir e passamos a observar os primeiros sons de vogais que, conforme o bebê amadurece, ganham mais variedade de sons (os consonantais), aumentam em extensão, e ganham entonação da língua materna (Hage, & Pinheiro, 2016).

Até os 2 anos de idade, a linguagem e o pensamento são independentes, sendo a linguagem não intelectual e o pensamento não verbal. Então, a partir dos 2 anos, a linguagem passa a ter objetivos além da comunicação, auxiliando o pensamento, que se tornará linguístico no decorrer do desenvolvimento infantil. Inicialmente, a criança utiliza a fala egocêntrica – que é a fala da própria criança, com a função de organizar seu pensamento (sem função social) –, e, gradativamente, esta vai sendo internalizada e se transformando por volta dos 6/7 anos em fala interior ou pensamento linguístico (Vygotsky, 1989). Lemes, Lemes e Goldfeld (2006) destacam que as funções mentais como atenção, percepção e memória se desenvolvem através da mediação da linguagem e de sua relação com o pensamento, assim como a cognição evolui de um estado interpsíquico (em que o adulto interfere no psiquismo da criança) para um estado onde a própria criança tem autonomia para regular seu comportamento (intrapsíquico).

A fala é a maior expectativa dos pais no que se refere ao desenvolvimento da linguagem, porém, é necessário um caminho sofisticado para que ela ocorra, caracterizado por alguns marcos. O balbucio por exemplo é um desses marcos, assim como a intenção na comunicação, seja ela manifestada pelo apontar, pelo sorriso em resposta ou por expressões faciais (Hage, & Pinheiro, 2016). A criança inicia sua produção vocal pelo balbucio e por volta dos 2 anos de idade, já possui um vocabulário elementar entre 50 e 200 palavras. E esse vocabulário aumenta exponencialmente nos anos seguintes, de maneira que a criança tem o domínio do sistema gramatical básico da língua e fala fluente por volta dos 4 ou 5 anos (Hage, & Pinheiro, 2016 e Mousinho, Schmid, Mesquita, Pereira, Lyra, Mendes, & Nóbrega, 2009).

Em relação aos sons produzidos pela criança, eles também seguirão uma hierarquia (por complexidade na produção/articulação) e isso também acontecerá na formação de sílabas e palavras, que começará a partir de estruturas simples (como as CV – consoante-vogal) até chegar nas mais complexas (como as CCV – consoante-consoante-vogal) (Mousinho, Schmid, Mesquita, Pereira, Lyra, Mendes, & Nóbrega, 2009). Na estruturação de frases, o início se dá pelo uso de uma única palavra com a função de frase propriamente dita, para, mais tarde, irem surgindo as frases telegráficas (duas palavras). Estas frases vão ganhando, sucessivamente, mais elementos e complexidade, levando à criança ao diálogo (que também possui etapas para se estabelecer).

Pensando em explorar as habilidades de linguagem, diversas são as brincadeiras que podem ser utilizadas. Por exemplo, brincar de descobrir os sons. Desde muito cedo podemos nomear os sons para as crianças e mostrar quando são sons da natureza, humanos, de objetos, de música. Podemos falar se o som é alto ou baixo, grave ou agudo. Gravar os sons e pedir para a criança adivinhar do que se trata ou memorizar a ordem deles também é uma boa alternativa (Mousinho, Schmid, Mesquita, & Santos, 2018).

Sabendo da expansão de vocabulário, que permeia a fase pré-escolar, as atividades podem envolver a noção de categorias (coisas grandes, pequenas, ásperas, lisas) ou ainda associar categorias (me fale um animal que tenha bico e asa), como também separar brinquedos pela categoria (animais, alimentos). Os conceitos também podem ser usados nas brincadeiras (alto/ baixo, quente/frio), os gêneros (cavalo e égua, cão e cadela) e a associação de ideias (sol que lembra praia que lembra verão que lembra férias...).

E para fazer com que toda essa expansão na produção dos sons no vocabulário, na organização das frases, se transforme em habilidades de narrativa, devemos ajudar as crianças com pequenas conversas do dia a dia. Por exemplo, perguntar sobre acontecimentos do dia da criança (Do que você brincou na escola? R: colorir), estruturar as possíveis respostas (Ah! Você brincou de colorir com seus amigos) e, a partir disso, brincar com atividades que estimulem as pequenas narrativas, como a brincadeira de preencher lacunas (vamos ver o desenho do... você foi à padaria comprar...), montar histórias com elementos pré-determinados (na minha história vai ter um cachorro e um pote de comida) ou histórias compartilhadas (adulto: Era uma vez uma menina que queria um sorvete, então ela.... – e a criança conta sua parte), assistir a um desenho ou ler um livro e fazer perguntas sobre a história, fazer recontos de histórias conhecidas, utilizar fantoches e teatrinhos para rememorar ou criar novas histórias.

Os jogos de linguagem são infinitos e podem ir se sofisticando até a facilitação do processo da linguagem escrita. Podemos brincar com atividades que irão estimular as habilidades de Consciência Fonológica (Roazzi & Dowker 2012, citado por Mousinho & Alves, 2016), que é a capacidade de reconhecer e manipular os pedaços das palavras –, ou refletir explicitamente sobre a estrutura sonora das mesmas, e podemos brincar com o tamanho das palavras (qual palavra tem mais pedaços? uva ou boneca?); com rimas e aliterações (o que termina igual a bola? Foto ou cola? O que começa igual a vaso? Rato ou vale?); brincar com a estrutura das palavras tanto em nível silábico quanto fonêmico, utilizando atividades que envolvam a manipulação (se eu tirar o FA de favela, o que sobra? Vela. Se eu tirar o O de ovo, o que fica? Vô) ou a transposição (se eu inverter os pedaços da palavra PATO, como fica? Topa. Se eu inverter os sons da palavra AVÓ, o que fica? Ova).

Considerações finais

A separação de brincadeiras em categorias é algo extremamente difícil, já que a mesma atividade pode alcançar muitos domínios diferentes. Por exemplo, um quebra-cabeça é muito mais que um jogo de encaixe: ele ajuda no reconhecimento visual de figuras e formas e na atenção, pensamento lógico, organização, concentração, coordenação motora, planejamento.

Jogos de tabuleiro ou outros, mesmo que com regras simples, como dominó e jogo da memória, ajudam a criança a cumprir regras, saber esperar, controlar seus impulsos em detrimento à realização de um objetivo, criar metas, considerar a opinião do outro quando a atividade for coletiva, estabelecendo assim bases que serão utilizadas por toda a vida.

Diversas situações cotidianas podem ser estimuladas pela brincadeira. Por exemplo, utilizar figuras para, através de sequências lógicas, auxiliar na organização do pensamento e na criação de narrativas. Ou exercitar situações sociais (exemplo: seu amigo está com fome, mas esqueceu o lanche em casa. Como você pode ajudar?) e chegar, assim, na solução de problemas.

A linguagem desenvolve-se através de atividades projetivas, construtivas, corporais, plásticas, e permeia todo o processo. Essas atividades, em estreita associação com as outras áreas do desenvolvimento, tornam a criança apta a se comunicar, a aprender, a desenvolver sua identidade e se inserir no meio social.

No contexto escolar, utilizar a brincadeira e a motivação para brincar que as crianças possuem é um excelente recurso para tornar a aprendizagem de conteúdos uma atividade prazerosa tanto para crianças com desenvolvimento típico quanto para aquelas que necessitam de outras intervenções.

Através das brincadeiras, a criança aprende a se organizar, a se entender e a entender o mundo à sua volta, experimenta possibilidades e frustrações, cria e resolve conflitos, vive histórias, aprende e se diverte. Enfim, brincando a criança cresce e se prepara para novas etapas da vida.

Referências

Bernardes, E. L. (2005). Jogos e brincadeiras: ontem e hoje. *Cadernos de História da Educação.*

Brasil. (2009). Emenda Constitucional nº 59, de 11 de novembro de 2009. Acrescenta § 3º ao art. 76 do Ato das Disposições Constitucionais Transitórias para reduzir, anualmente, a partir do exercício de 2009, o percentual da Desvinculação das Receitas da União incidente sobre os recursos destinados à manutenção e desenvolvimento do ensino de que trata o art. 212 da Constituição Federal, dá nova redação aos incisos I e VII do art. 208, de forma a prever a obrigatoriedade do ensino de quatro a dezessete anos. *Diário Oficial da União.*

Cordazzo, S. T. D., & Vieira, M. L. (2007). A brincadeira e suas implicações nos processos de aprendizagem e de desenvolvimento. *Estudos e pesquisa em Psicologia*, 7(1), 92-104.

Fonseca, R. P., Prando, M. L., & Zimmerman, N. (2016). *Tarefas para avaliação neuropsicológica. Avaliação de linguagem e funções executivas em crianças.* São Paulo, SP: Memnon.

Goldfeld, M., & Chiari, B. (2003). Desenvolvimento infantil. In Goldfeld, M. *Fundamentos em Fonoaudiologia – Linguagem.* (2a ed.). Rio de janeiro, RJ: Guanabara Koogan.

Hage, S. R. V., & Pinheiro, L. A. C. (2016). Desenvolvimento típico de linguagem e a importância para a identificação de suas alterações na infância. In Lamônica, D. A. C., & BRITO, D. B. O. (Orgs.), *Tratado de Linguagem: perspectivas contemporâneas.* Ribeirão Preto, SP: Booktoy.

Isidro, A., & Almeida, A. T. M. (2003). Projeto Educar para a convivência social: o jogo no currículo escolar. *Cadernos encontro: o museu, a escola e a comunidade.*

Iverson, J. M. (2010). Developing language in a developing body: the relationship between motor development and language development. *Journal of child language*, 37, 229-261.

Kishimoto, M. K. (Org.). (1996). *Jogo, brinquedo, brincadeira e educação.* São Paulo, SP: Cortez.

Kishimoto, M. K. (1998). *O brincar e suas teorias.* São Paulo, SP: Pioneira.

Lamônica, D. A. C., & Ferreira-Vasques, A. T. (2018). A linguagem e sua constituição. In Giannechinni, T. & Maximino, L. P. (Orgs.), *Programa de intervenção práxico-produtivo para indivíduos com Transtorno Fonológico.* Ribeirão Preto, SP: Booktoy.

Lemes, J. M. P., Lemes, V. A. M. P., & Goldfeld, M. (2006). Desenvolvimento de linguagem infantil e relação mãe/filho na brincadeira simbólica: a importância da orientação fonoaudiológica. *Distúrbios da comunicação.* 18(1), 85-94.

Leontiev, A. N. (1994). Os princípios psicológicos da brincadeira pré-escolar. In Vygotsky, L. S., Luria, A. R., & Leontiev, A. N. (Orgs.), *Linguagem, desenvolvimento e aprendizagem.* São Paulo, SP: Moraes.

Magalhães, S. S., & Carvalho, A. M. (2018). O brincar e o desenvolvimento cognitivo do pré-escolar. In Miranda, D. M. & Malloy-Diniz, L. F. *O pré-escolar: desenvolvimento humano no ciclo da vida.* São Paulo, SP: Hogrefe.

Marcondes, E., Machado, D. V. M., Setian, N., & Carrazza, F. R. (1991). Crescimento e desenvolvimento. In Marcondes, E. *Pediatria básica.* (8a ed., pp. 35-62). São Paulo, SP: Sarvier.

Momo, A. R. B., Silvestre, C., & Silvestre, C. (2017). *Atividades visuais: percepções e aprendizagens.* São Paulo, SP: Memnon,

Mousinho, R., & Alves, L. M. (2016). Promoção e prevenção da linguagem na infância. In D. A. C., Lamônica, & D. B. O. Britto. *Tratado de linguagem: perspectivas contemporâneas.* Ribeirão Preto, SP: Book Toy.

Mousinho, R., Schmid, E., Mesquita, F., & Santos, G. dos. (2018). *Brincando com a linguagem – Da língua oral à língua escrita: Desenvolvimento dos 3 aos 6 anos para pais e professores.* São Paulo, SP: Instituto ABCD.

Mousinho, R., Schmid, E., Mesquita, F., Pereira, J., Lyra, L., Mendes, L., & Nóbrega, V. (2009). Desenvolvimento da linguagem e problemas de comunicação. In Barbirato, F. & Dias, G. *A mente do seu filho: como estimular as crianças e identificar os distúrbios psicológicos na infância.* Rio de janeiro: Agir.

Oliveira, M. K. Vygotsky. *Aprendizado e desenvolvimento: um processo sócio--histórico.* (4ª ed.) São Paulo: Scipione. 2005.

Serrano, P. (2018). *O desenvolvimento da autonomia dos 0 aos 3 anos – Etapas, atividades e sinais de alerta. Desenvolvimento sensorial, motor, perceptivo, cognitivo, socioemocional, linguístico* e o brincar. Lisboa: Papa-letras. 2018.

Serrano, P. (2016). *A integração sensorial no desenvolvimento e aprendizagem da criança.* Lisboa: Papa-letras.

Poyares, M., & Goldfeld, M. (2008). Análise comparativa da brincadeira simbólica de crianças cegas congênitas e de visão normal. *Revista Benjamin Constant, Rio de Janeiro, 20*(40), 3-11.

Vygotsky, L. S. (1989). *Pensamento e Linguagem.* São Paulo, SP: Martins Fontes.

Whitebread, D. (2012). *The importance of play: a report on the value of children's play with a series of policy recommendations.* Cambridge: University of Cambridge.

CAPÍTULO 29

Qual a relação das habilidades fonológicas e das habilidades de leitura com a produção escrita de textos narrativos?

Fernanda e Souza de Mesquita
Renata Mousinho

O papel das habilidades de processamento fonológico no aprendizado da língua escrita é vastamente descrito na literatura, assim como os trabalhos a respeito do desenvolvimento da narrativa oral (Perroni, 1992, McCabe, Peterson & Connors, 2006). No entanto, menos numerosos são os trabalhos que buscam discutir as habilidades importantes para o desenvolvimento da complexidade da estrutura narrativa.

A maioria dos adultos acredita que escrever uma narrativa seja uma consequência natural do aprendizado da escrita. No entanto, aprender a transformar sons da fala em sinais gráficos não é o suficiente para realizar tal tarefa. A execução de uma narrativa escrita é um aprendizado que envolve diversas habilidades e competências que são anteriores à própria alfabetização, como, por exemplo, a narrativa oral e a consciência fonológica.

Para melhor refletirmos sobre a narrativa escrita, é importante compreender o desenvolvimento da narrativa oral e discutir as habilidades de consciência fonológica e de leitura.

A linguagem oral

O surgimento da língua escrita permitiu o registro da língua oral. No caso das línguas alfabéticas, em que a escrita representa unidades sonoras, o desenvolvimento das habilidades de escrita está relacionado às habilidades que dizem respeito ao processamento da fala: memória de trabalho fonológica, consciência fonológica e nomeação automatizada rápida (Ávila & Capellini, 2007, Mousinho & Correa, 2009, Smythe, Everatt, Al-Menaye, Capellini, Gyarmathy, & Siegel, 2008).

Para uma criança adquirir linguagem, é preciso não só que ela esteja exposta à língua, como também tenha atenção à produção linguística do falante. Conforme o adulto interage com a criança, fornece pistas contextuais que lhe permitem relacionar o som que ouve a objetos, pessoas e ações, formando assim seu vocabulário.

O desenvolvimento de diferentes níveis linguísticos (fonológico, semântico, pragmático e morfossintático) permite que a criança se torne mais atenta à fala, fazendo com que cada sequência sonora nova possa ser relacionada às informações sintáticas e semânticas, favorecendo assim a construção de uma representação para aquela sequência fonológica (Storkel, 2001). A criança vai se tornando ágil para acessar as palavras que definem de forma precisa sua intenção semântica devido ao processamento da linguagem (Sawyer, 1985). A interação de todas essas representações linguísticas permite a aquisição de linguagem sem dificuldades. A criança irá ampliar constantemente o seu vocabulário, como também as suas habilidades discursivas.

Conforme a criança adquire linguagem, começa a compreender as informações linguísticas às quais é exposta. Passa a ser capaz de não somente identificar determinados segmentos sonoros – as palavras – no fluxo contínuo da fala, como também de estabelecer uma representação semântica para eles – o significado. Enquanto desenvolve essa competência, a criança vai aprimorando a compreensão da fala, conseguindo cada vez mais prestar atenção à narrativa oral. Esse processo permite que a criança aprenda modelos de enunciados discursivos, sendo importante dizer que a compreensão de tais modelos é fundamental para que eles possam, posteriormente, ser utilizados na produção de textos (Koch, & Elias, 2009, Dijk, 1996, Sautchuk, 2003).

A consciência fonológica

A consciência fonológica vai favorecer a identificação, representação e manipulação dos sons da fala, auxiliando o desenvolvimento linguístico em outros níveis como, por exemplo, o sintático e o semântico (Bishop & Snowling, 2004, Metsala & Walley, 1998). Dessa forma, a representação ordenada dos sons permite que novos elementos que surjam nos contextos de interação sejam integrados ao vocabulário da criança.

O aprendizado das palavras é fundamental para que as crianças tenham condições de refletir sobre segmentos menores da fala, como a rima, a sílaba e o fonema. A consciência fonológica é um conjunto de habilidades que permite ao indivíduo refletir e manipular os sons da língua de forma voluntária (Cardoso-Martins, 1995, Bertelson & De Gelder, 1989, Blischak, 1994, Tunmer & Nesdale, 1985, Navas & Santos, 2002). Essa habilidade possibilita que a criança manipule segmentos do fluxo contínuo de fala (Perfetti, Beck, Bell, & Hughes, 1987), sem que esses tenham valor semântico.

Em um sistema de escrita alfabética, em que as unidades gráficas representam as menores unidades sonoras da língua (o fonema), o desenvolvimento da consciência fonológica é fundamental para que a criança consiga estabelecer a correspondência entre a letra e o som (Bradley & Bryant, 1983, Bus, Marinus, & Ijzendoorn, 1999, Ehri, Nunes, Stahl, & Willows, 2001, Salles & Parente, 2002). Entretanto, até aprender as relações grafofonêmicas, ela deverá passar por várias etapas que permitirão a construção desse conhecimento, como o aprimoramento das habilidades de análise fonológica (Gindri, Keske-Soares e Mota, 2007).

As habilidades de leitura

Observar uma criança aprendendo a ler e se tornando amiga dos livros é sempre um motivo de satisfação, principalmente para os pais e os educadores envolvidos. No entanto, ao acompanhar esse processo, temos a possibilidade de perceber que, assim como aprender a andar não se limita a simplesmente colocar um pé na frente do outro, tornar-se um leitor habilidoso não se restringe a estabelecer a correlação entre grafema e fonema.

A leitura é o resultado de dois fatores: decodificação e compreensão (Gough & Tunmer, 1986). A ausência de um deles impossibilita uma leitura efetiva. A literatura sugere que a compreensão nos anos iniciais está relacionada com as habilidades de nível básico: decodificação e reconhecimento de palavras. Já nos anos seguintes, ocorre um incremento da complexidade textual. Por essa razão, a leitura demanda habilidades de alto nível: dedução, inferência e conhecimento de mundo (Catts, Compton, Tomblin, & Bridges, 2012).

Apesar das diversas habilidades envolvidas, vamos nos ater às duas habilidades de nível básico relacionadas com o início do processo de aprendizado da leitura, e que foram usadas como parâmetros de análise no presente estudo: a precisão leitora e a velocidade de leitura.

Conseguir decodificar com exatidão cada grafema que compõe a palavra é uma condição primordial para uma compreensão efetiva. Isso significa dizer que a precisão leitora (ou acurácia) é a primeira etapa para que o aprendiz consiga compreender o texto lido.

A precisão leitora é a correta atribuição do valor sonoro a um grafema; é ler corretamente. A língua portuguesa faz parte de um sistema de escrita alfabética onde as unidades gráficas representam as menores unidades sonoras (fonemas). O desenvolvimento da consciência fonológica é fundamental para que a criança estabeleça a correspondência entre a letra e o som (Bradley & Bryant, 1983, Salles & Parente, 2002), sendo essa uma condição relevante para a precisão leitora (Vellutino, Fletcher, Snowling, Scanlon, 2004).

A velocidade de leitura demanda a automatização do reconhecimento da palavra, sendo um importante aspecto para a compreensão (Logan, 1997). Isso porque a leitura segmentada dificulta a recuperação da informação, pois sobrecarrega a memória de trabalho (Correa & Mousinho, 2013). Quanto antes a informação for processada, mais rápido ficará disponível para a compreensão. Dessa forma, o reconhecimento automatizado das palavras torna possível liberar os recursos cognitivos, antes usados na decodificação, para a estruturação de modelos mentais que irão permitir a compreensão de leituras mais complexas (Baddeley, 1992, Cain, Oakhill & Bryant, 2004).

A produção da narrativa

Muitos pais acreditam que dominar a relação entre grafema e fonema é a única ferramenta de que a criança precisa para ser capaz de produzir um texto escrito. No entanto, se somente esta habilidade fosse suficiente, escrever um texto seria sinônimo de escrever várias frases até o final da página. A escrita de um texto pressupõe a construção de uma unidade de sentido. Os enunciados precisam se relacionar entre si e com o texto como um todo para que o leitor possa reconstruir o(s) sentido(s) do texto lido (Koch & Travaglia, 2003, 2005, 2011, Marcuschi, 1983, Koch & Elias, 2008, 2009).

A narrativa se caracteriza por uma sequência temporal de eventos, que contém um clímax, em que uma situação-problema deve ser resolvida. O modelo prototípico de uma narrativa apresenta um início, com a apresentação dos personagens e do cenário; o desenvolvimento da ação, culminando com a descrição de uma situação-problema; e, finalmente, há um desfecho no qual a situação-problema é resolvida (Spinillo, 2001, Stein, 1982, Laforest, 1996, Labov, 1978, Perroni, 1992).

A produção textual requer do escritor uma maior demanda cognitiva do que a escrita de palavras, uma vez que ele precisa ter atenção ao tema que escreve, visando a manutenção temática durante a escrita, a elaboração de personagens que agem dentro de um contexto para solucionar uma situação-problema dentro de uma sequência temporal lógica, entre outros fatores (Koch & Elias, 2009, Sautchuk, 2003).

Entretanto, nos anos iniciais de sua escolarização, os recursos cognitivos da criança estão voltados tanto para a grafia das palavras que escreve (ortografia) quanto para o próprio ato motor necessário no processo. A automatização da escrita a auxiliará a ser capaz de ter atenção aos demais fatores linguístico-cognitivos envolvidos na produção textual (Garcia, 1998, Singer & Bashir, 2006, Santos, 2007).

Método

Este trabalho faz parte do projeto de pesquisa "Acompanhamento longitudinal do desenvolvimento linguístico dos estudantes do CAp UFRJ: atuação na prevenção e na terapia dos transtornos de linguagem". Tal projeto teve início em 2007, quando os alunos ingressaram na escola, mediante sorteio, no 1° ano do Ensino Fundamental, o que permitiu a formação de um grupo sociocultural variado. Todas as crianças foram alfabetizadas pelo mesmo método de ensino. Atualmente, esses alunos estão concluindo o Ensino Médio. O projeto foi aprovado pelo Comitê de Ética em Pesquisa do Instituto Deolindo Couto sob o nº 003/07. Todos os pais assinaram o termo de consentimento livre e esclarecido e concordaram com a participação voluntária na pesquisa. Foram selecionados dados de

17 crianças quando cursavam o 2º ano (idade média etária = 7,5 anos; DP = 3,90) do Ensino Fundamental. As avaliações foram realizadas no início do ano letivo.

Em relação aos instrumentos utilizados para o atual capítulo, foi utilizado o Protocolo de Consciência Fonológica (Cielo, 2001) para análise da consciência fonológica. No que se refere às habilidades de leitura, utilizou-se o texto "O Acidente" para aferir a velocidade de leitura oral. Já a leitura de palavras isoladas (que inclui palavras reais e pseudopalavras) proposta por Pinheiro (1994), e adaptada por Capovilla e Capovilla (2000), foi utilizada para avaliar a precisão leitora.

A escrita foi analisada através de proposta de produção textual a partir de uma gravura detonadora. Os textos foram classificados conforme os parâmetros descritos por Brandão e Spinillo (2001), que propuseram 5 níveis de complexidade da narrativa. Os exemplos utilizados foram as produções de nossa amostra.

1) Repetição do tema proposto ou produção de frases desconectadas, com ou sem relação com o tema.

uma história de amo entre girafa

todo os dia olhava para a beija-céu beija-céu comesou a olha zagallo tamben olhava

Uma história de amor entre girafas

Todos os dias (uma girafa macho chamada Zagallo) olhava para a Beija-Céu (outra girafa). Beija-Céu começou a olhar Zagallo (que) também (a) olhava.

2) Recriação de estados de personagens ou eventos dispostos temporalmente, cujas relações causais não estão claramente expostas.

Era uma vez zoológico onde vivia uma girafa muito triste porque não tinha namorado um dia chegou uma girafa macho ela se apaixonou por ele e ele se apaixonou por ela. Fim

Era uma vez zoológico, onde vivia uma girafa muito triste porque não tinha namorado. Um dia, chegou uma girafa macho (e) ela se apaixonou por ele, e ele se apaixonou por ela. Fim

3) Eventos interligados por relações causais, sendo que o tema serve como eixo norteador.

"Nos outros tempos existia um rei, ele tinha 3 filhas lindas a mais nova se chamava Ana, todos os dias ela ia para o riacho brincar com sua bola de ouro um belo dia sua bola de ouro caiu no riacho vendo aquela tragedia a princesa comesou a chora: – Bua, Bua, derepente apareceu um sapo O sapo disse: -não posso ajuda, menina ficou muito irita jogou o sapo na paredi. quado ela foi olhar ele tinha virado um lindo príncipe."

Nos outros tempos, existia um rei. Ele tinha 3 filhas lindas; a mais nova se chamava Ana. Todos os dias ela ia para o riacho brincar com sua bola de ouro. Um belo dia, sua bola de ouro caiu no riacho. Vendo aquela tragédia, a princesa começou a chorar: "Buá, Buá". De repente, apareceu um sapo. O sapo disse: "Não posso ajudar". A menina ficou muito **irritada e** jogou o sapo na parede. Quando ela foi olhar, ele tinha virado um lindo príncipe.

4) Situação-problema na história cuja solução modifica a situação do personagem principal, porém, o desfecho da trama ainda é brusco.

Era uma vez uma princesa que todo dia andava pelo palácio com sua cadela que se chamava Jujuba, todo dia a cadela quando passava pela ponte ela latia, um dia apareçeu (apareceu) *uma moça que deu um dnheiro* (dinheiro) *para a menina guarda a menina não aceitou* (,) *então a moça se transformou e* (em) *bruxa e trasformou* (transformou) *ela em pedra, a cadela fugiu latindo o rei viu que a sua filha não estava vindo ele a procurou até que chegou na ponte ele viu sua filha transformada em pedra e falou:*

– Quem fez isso com minha filha?

Aí apareceu a bruxa e falou

– Fui eu que fiz isso com ela

O rei ficou com medo e saiu daqui a pouca (pouco) *ele voutou* (voltou) *pegou a estátua e levou para o palácio, fez uma mágica e a princesa voltou al* (ao) *normal.*

fim

5) trama mais complexa, novos personagens ou problemas; desfecho com a explicitação dos meios empregados para resolver a situação-problema da narrativa.

Era uma vez um menino chamado Chico que vivia na cidade grande. Ele amava as florestas e sempre pedia pra conhecer a Amazônia.

Um dia ele foi passear na mata e viu um homem construindo uma casa.

– Ei! Você não pode fazer isso. Isso aqui é a natureza.

– Eu faço o que eu quiser porque sou rico. – disse o Cristiano Ronaldo.

O Chico ficou desesperado e começou a desejar de todo coração um milagre para salvar as árvores, rios e tudo mais que o Cristiano estava destruindo para fazer a casa dele.

De repente apareceu o saci que disse:

– Você é um bom menino. Vamos pregar uma peça nele! Duvido que ele volte para cá.

O Chico e o Saci esconderam a bola de futebol do CR7. Ele ficou doido procurando a bola porque ia ter um jogo muito importante.

O Chico apareceu e disse que devolveria a bola se ele nunca mais destruísse a mata. O Saci falou também que se ele voltasse, nunca mais conseguiria acertar uma bola no gol.

O Cristiano Ronaldo ficou com muito medo e desse dia em diante ele virou protetor da natureza.

Após análise individualizada, foi atribuído um número de pontos correspondentes ao nível de complexidade narrativa alcançado. Assim, para as histórias de nível 1 foi atribuído 1 ponto; para as histórias classificadas no nível 2, foram dados 2 pontos, e assim sucessivamente.

Resultados e discussão

Inicialmente, examinamos o nível de complexidade da narrativa das histórias das crianças de desenvolvimento típico no 2º ano (Tabela 1).

Tabela 1 – Distribuição da frequência das histórias das crianças no 2º ano, segundo os níveis de complexidade da narrativa

Nível de Complexidade da Narrativa		
Grupos		**2º. Ano**
Grupo 1	Média	2,25
(n = 8)	DP	0,46
Grupo 2	Média	1,33
(n = 9)	DP	0,5

A análise das produções textuais possibilitou a divisão dos alunos em dois grupos, conforme a complexidade da estrutura narrativa, lembrando os níveis descritos nos métodos, que variam entre 1, de menor complexidade, e 5, de maior complexidade. Também vale retomar a informação de que as avaliações foram realizadas no início do ano letivo e, portanto, as crianças haviam completado o 1º ano do ensino fundamental há pouco tempo.

- O primeiro grupo (G1), composto por 8 alunos, apresentou a produção textual com estrutura mais elaborada (média 2,25; DP 0,46) em relação aos demais grupos.
- O segundo grupo (G2), contendo 9 estudantes, foi o que apresentou o nível mais elementar de estrutura narrativa (média 1,33; DP 0,5).

Procuramos analisar a relação das habilidades fonológicas e de leitura entre esses grupos, ambos do 2º ano. A análise transversal dos dados procurou, então, responder à seguinte pergunta:

Em quais habilidades de consciência fonológica e de leitura G1 e G2 diferem?

Comparamos o desempenho de G1, grupo com maior complexidade narrativa, com o grupo que apresentou o nível de complexidade narrativa elementar, o G2, tal qual é apresentado na Tabela 2.

Tabela 2 – Habilidade de Processamento Fonológico e de Leitura entre os grupos 1 e 2 no 2º ano

	G1 – 2º ano		G2 – 2º ano			
	Narrativa elaborada		Narrativa elementar			
Habilidade de processamento fonológico de leitura	(n = 8)		(n = 9)			
	M	DP	M	DP	U Mann--Whitney	P
consciência de palavra	0,73	0,14	0,45	0,25	3,000	0,00**
Rima	0,94	0,07	0,77	0,23	8,000	0,01**
Nível silábico	0,90	0,06	0,80	0,11	28,500	0,48
Nível fonêmico	0,42	0,18	0,22	0,15	10,000	0,01*
Fluência de leitura	4,71	3,04	5,38	2,00	21,000	0,17
Erro de leitura de palavras	0,94	0,05	0,90	0,07	22,000	0,20
Erro de leitura de pseudopalavras	0,84	0,12	0,74	0,13	15,000	0,05*

Nota: *$p < ,05$ **$p < ,01$

Observamos que G1 e G2 diferem significativamente nas tarefas de consciência de palavras, consciência de rima, consciência fonêmica e leitura de pseudopalavras. As discrepâncias observadas na comparação entre G1 e G2 reforçam a ideia de que o desenvolvimento da complexidade narrativa pode ser influenciado pela habilidade de consciência fonológica. A diferença observada quanto à consciência de palavras sugere um maior desenvolvimento semântico-lexical das crianças de G1.

Foi observada significativa influência da consciência fonológica, principalmente quanto à consciência de palavras e à consciência fonêmica. As crianças que tinham as habilidades de processamento fonológico mais aprimoradas produziram narrativas com estruturas mais complexas (Cárnio, Stivanin, Vieira, Amaro, Martins, & Carvalho, 2006, Bitan, Cheon, Lu, Burman, & Booth, 2007, Serrano & Defior, 2008, Maluf & Barrera, 1997).

Em um sistema de escrita alfabética, em que o grafema representa uma unidade sonora – o fonema –, é fundamental conseguir refletir e manipular os sons da língua (Morais, 2005). As habilidades de consciência fonológica permitem que a criança compreenda as unidades sonoras da língua (Queiroga, Lins, & Pereira 2006, Carvalho & Alvarez, 2000).

A relevância da consciência fonológica para o domínio do sistema ortográfico de uma escrita alfabética é amplamente discutida na literatura (Bradley & Bryant, 1983, Bus, Marinus & Ijzendoorn, 1999, Ehri, Nunes, Stahl, & Willows, 2001, Salles & Parente, 2002). Existe um consenso de que as crianças com comprometimento nessas habilidades apresentam maior dificuldade no aprendizado da leitura e da escrita (Germano, Pinheiro, & Capellini, 2009, Mousinho & Correa, 2010).

As crianças com desempenho discrepante nas atividades no nível fonêmico foram aquelas que apresentaram a complexidade da narrativa escrita elementar, bem como tiveram menor acurácia no estabelecimento da relação de correspondência grafofonêmica, expressa principalmente pela leitura de pseudopalavras.

Um dos fatores que dificulta o aprendizado da ortografia é o grau da transparência ortográfica de cada língua que utiliza a escrita alfabética (Navas & Santos, 2002). Quanto maior for a semelhança entre a quantidade de grafemas e fonemas, maior será a transparência da ortografia, já que ela refletirá de modo fidedigno a superfície fonológica da língua, caracterizando, então, uma ortografia rasa ou transparente (Navas & Santos, 2002).

Por outro lado, quando o número de grafemas for consideravelmente maior do que o número de fonemas ou o número de fonemas for maior do que o número de grafemas, a ortografia será profunda, de modo que a associação grafema-fonema será mais complexa (Navas & Santos, 2002).

Vale dizer que a capacidade de identificar os fonemas da língua e estabelecer a correspondência com um grafema não é suficiente para o domínio ortográfico de uma língua alfabética. Isso porque, apesar de ser considerada uma língua relativamente transparente, o português apresenta também irregularidades no que diz respeito à relação entre grafemas e fonemas (Faraco, 1992, Lemle, 1987, Morais, 2005).

Os dados sugerem que as crianças com maior sofisticação das habilidades de análise fonológica conseguem formar melhores representações lexicais e, consequentemente, dominar o sistema ortográfico. As crianças com maior habilidade fonológica são aquelas cujos textos têm maior número de palavras e o menor número de erros ortográficos (Bigarelli & Ávilla, 2011, Capellini, Amaral, Oliveira, Sampaio, Fusco, Cervera-Mérida, & Ygual-Fernández, 2011).

O domínio do sistema ortográfico possibilita a automatização da escrita (Sautchuk, 2003), permitindo que a criança mantenha sua atenção nos demais fatores que envolvem a produção textual, além da grafia de palavras: manutenção temática, precisão semântico-lexical, adequação ao gênero textual, entre outros necessários para garantir que o leitor reconstrua o sentido do texto (Koch & Elias, 2009).

Implicações para a educação

Ler e escrever são demandas presentes em toda a trajetória de um estudante. A eficiência nessas competências parece determinar o sucesso acadêmico do aprendiz. Por essa razão, a estimulação das habilidades de consciência fonológica deve ser incluída na rotina escolar desde a educação infantil. Não podemos deixar de lembrar que essa estimulação, ainda nos anos iniciais, pode modificar a história de aprendizagem daqueles que possam apresentar alguma fragilidade nessas habilidades e, posteriormente, uma história de dificuldade acadêmica.

O maior acesso aos livros proporciona a formação de modelos sintáticos e textuais, além de ampliar o vocabulário e favorecer o acesso lexical. Por essa razão, as crianças com maior sofisticação de consciência fonológica podem ter apresentado maior sofisticação do que seus pares.

O ensino da língua escrita não começa no ano que antecede a alfabetização e não deve contemplar somente atividades relacionadas ao desenvolvimento da acuidade visual e auditiva, da coordenação motora ampla e fina, e da percepção espaço-temporal.

As atividades em sala de aula que promovam a reflexão sobre segmentos globais da palavra, ainda na educação infantil, podem potencializar a sofisticação das habilidades de consciência fonológica, bem como minimizar os possíveis prejuízos daqueles alunos que se encontrem em situação de risco. Brincar de produzir rimas, identificar rimas numa música ou história contada, fazer adedanha com a sílaba inicial da palavra, contar quantas sílabas tem uma palavra, criar "enigmas" onde a criança tenha que identificar uma palavra contida através da manipulação silábica (por exemplo: cachorro – cho = carro; boneca – ca = boné; casa + co

= casaco) são sugestões de atividades que irão deixar o aluno com mais instrumentos para o ano da alfabetização.

No entanto, como vimos, o desenvolvimento da consciência fonológica continua depois do ensino formal da língua escrita e se enriquece através da experiência com a leitura. Por essas razões, essas atividades que promovem a reflexão sobre a unidade sonora devem continuar junto à estimulação dos outros níveis da linguagem, além das próprias habilidades de leitura e escrita. O professor pode criar situações onde a criança precise contar os sons de uma palavra, refletir quais palavras começam com o mesmo som, identificar um som alvo dentro de uma palavra (por exemplo: quantas vezes você escuta o A na palavra sapato), descobrir que palavra nova surge ao transpor os sons (roma = amor; missa = assim; rota = ator) ou qual surge quando se manipula o som (pais – (menos) s = pai; machado – m = achado; a + braço = abraço).

Nessa perspectiva, é importante contemplar ainda atividades que favoreçam o aumento do vocabulário e a consciência da palavra. Esse conhecimento vai permitir que a criança identifique onde começa e onde termina uma palavra num fluxo contínuo de sons, que é a fala. Uma forma de proporcionar a percepção desses limites é brincando de contar quantas palavras existem numa frase, por exemplo.

Não podemos deixar de contemplar a estimulação da consciência morfossintática, que pode ser feita através de atividades que promovam a reflexão da morfologia, ainda no nível da palavra, como por exemplo, a derivação a partir da raiz da palavra: LARANJA = LARANJEIRA, ALARANJADO. CASA = CASINHA, CASEBRE, CASARÃO. Como também atividades que contemplem aspectos sintáticos, que dizem respeito a estruturas maiores do que a palavra propriamente dita: locução verbal, frases e textos. Dessa forma, pode-se pedir que a criança identifique incoerências numa frase (A estourou João do bola.); que correlacione a frase que ouviu com uma imagem (podendo aproveitar para incluir voz passiva e voz ativa). Já a consciência textual é intuitivamente estimulada desde muito cedo. Sempre que um adulto conta uma história para a criança, tende a dar ênfase nos marcadores da estrutura narrativa (Era uma vez, de repente, por sorte, depois disso, foram felizes para sempre, fim). É interessante solicitar que a criança identifique o início, o meio e o fim da história, podendo representar essas partes com desenhos. Ou a criança pode ter que organizar temporalmente figuras de uma história e depois contá-la.

Para estimular a leitura, pode-se estruturar atividades como uma "caça ao tesouro" onde a criança terá que encontrar as pistas na sala, onde haverá uma palavra ou pequena frase que a direcione para próxima pista, até desvendar o mistério. Propostas que envolvam preparo de alimentos sempre tendem a motivar as crianças. Dessa forma, pode ser oferecida também a leitura de palavras que estejam relacionadas com aquele contexto. Não podemos esquecer dos jogos de tabuleiro, pois as disputas tendem a engajar a turma inteira numa competição saudável. Nessas atividades, sempre é possível incluir a leitura de pequenas cartas com perguntas de conhecimento geral.

Escrever num caderno pautado não é única forma de trabalharmos a escrita. Brincar de forca, adedanha por escrito, solução de enigmas, onde a criança recebe uma carta codificada e deverá usar um gabarito para descobrir que letra determinado símbolo representa. Essas são formas de propor que a criança reflita sobre o grafema que representa um fonema. Uma forma divertida e motivadora que pode mobilizar toda a turma é propor que façam transgressões às normas ortográficas para que o outro grupo as identifique.

Já no nível da produção textual, pode-se propor que um grupo escreva o início, o outro escreva o meio e o outro, o final, sem que possam ler previamente o que foi escrito. Além de favorecer a reflexão sobre a estrutura de uma história, cria-se uma oportunidade de refletir sobre coerência e coesão.

Garantir a formação de leitores e escritores habilidosos é fornecer recursos para um futuro com maiores oportunidades. A habilidade de escrita agrega importantes valores sociais ao indivíduo. Aquele que se expressa com clareza e sem cometer erros ortográficos é considerado mais inteligente do que aquele que redige de forma imprecisa (Koch & Elias, 2009). Tamanho valor é atribuído ao escritor habilidoso devido à dificuldade que todos experimentam quando precisam expor seus pensamentos através da língua escrita (Bagno, 2010, Preti, 2003, Koch, 2009, Sautchuk, 2003).

Referências

Ávila, C. R. B., Capellini, S. A. (2007). Relation between oral and written language. In: Capellini, S. A. (Ed.). *Neuropsycholinguistic perspectives on dyslexia and other learning disabilities.* New York: Nova Science Publisher.

Baddeley, A. (1992). Working memory. *Science*, 255(5044), 556-559.

Bagno, M. (2010). *A lingua de Eulália: novela sociolinguística*. São Paulo: Contexto.

Bertelson, P., & De Gelder, B. (1989). Learning about reading from illiterates. In A. M. Galaburda (Ed.), *From reading to neurons* (Papers given at a conference held in Florence, Italy, from June 8-12, 1987, sponsored by Emily Landau and the Fisher-Landau Foundation of New York City) (pp. 1-23). (Issues in the biology of language and cognition). Cambridge, MA: MIT Press.

Bigarelli, J. F. P., & Ávila, C. R. B. D. (2011). Habilidades ortográficas e de narrativa escrita no ensino fundamental: características e correlações. *Jornal da Sociedade Brasileira de Fonoaudiologia, 23*(3), 237-247.

Bishop, D. V., & Snowling, M. J. (2004). Developmental dyslexia and specific language impairment: Same or different? *Psychological bulletin, 130*(6), 858.

Bitan, T., Burman, D. D., Chou, T. L., Lu, D., Cone, N. E., Cao, F., ... & Booth, J. R. (2007). The interaction between orthographic and phonological information in children: an fMRI study. *Human brain mapping, 28*(9), 880-891.

Blischak, D. (1994). Phonologic awareness: Implications for individuals with little or no functional speech. *Augmentative and Alternative Communication, 10*(4), 245-254.

Bradley, L., & Bryant, P. E. (1983). Categorizing sounds and learning to read—a causal connection. *Nature, 301*(5899), 419.

Brandão, A. C. P., & Spinillo, A. G. (2001). Produção e compreensão de textos em uma perspectiva de desenvolvimento. *Estudos de Psicologia, 6*(1), 51-62. Bus, A. G., & Van IJzendoorn, M. H. (1999). Phonological awareness and early reading: A meta-analysis of experimental training studies. *Journal of educational psychology, 91*(3), 403. Capellini, S. A., Amaral, A. C. D., Oliveira, A. B., Sampaio, M. N., Fusco, N., Cervera-Mérida, J. F., & Ygual-Fernández, A. (2011). Desempenho ortográfico de escolares do 2° ao 5° ano do ensino público. *Jornal da Sociedade Brasileira de Fonoaudiologia, 23*(3), 227-236.

Cain, K., Oakhill, J., & Bryant, P. (2004). Children's Reading Comprehension Ability: Concurrent Prediction by Working Memory, Verbal Ability, and Component Skills. *Journal of Educational Psychology*, 96, 31-42.

Capovilla, A. G. S., & Capovilla, F. C. (2000). Uma perspectiva geral sobre leitura, escrita e suas relações com consciência fonológica. In A. G. S. Capovilla, F. C. Capovilla (Ed.). *Problemas de leitura e escrita*. (pp. 3-37) São Paulo: Memnon.

Cardoso-Martins, C. (1995). Sensitivity to rhymes, syllables, and phonemes in literacy acquisition in Portuguese. *Reading research quarterly*, 808-828.

Cárnio, M. S., Stivanin, L., Vieira, M. P., Amaro, L., Martins, V. O., & Carvalho, E. E. (2006). Habilidades de consciência fonológica e letramento em crianças do ensino fundamental. *Revista da Sociedade Brasileira de Fonoaudiologia*. 11(4), 231-42.

Carvalho, I. A. M., & Alvarez, R. M. A. (2000). Aquisição da linguagem escrita: aspectos da consciência fonológica. *Fono Atual*. 11, 28-31.

Catts, H. W., Compton, D., Tomblin, J. B., & Bridges, M. S. (2012). Prevalence and nature of late-emerging poor readers. *Journal of educational psychology, 104*(1), 166.

Cielo, C. A. (2001). *Habilidades de consciência fonológica em crianças de 4 a 8 anos de idade* (Tese de Doutorado]. Faculdade de Letras. Curso de Pós-Graduação em Letras. PUC-RGS, Porto Alegre, RS, Brasil.

Correa, J. & Mousinho, R. (2013). Por um modelo simples de leitura, porém não tão simples assim. In: M. Mota & A. G. Spinillo (Eds.). Compreensão de textos (pp. 77-100). São Paulo: Casa do Psicólogo.

Dijk, T. V. (1996). *La ciência del texto*. (4a ed.) (S. Hunzinger, Trad.). Buenos Aires, Paidós.

Ehri, L. C., Nunes, S. R., Stahl, S. A., & Willows, D. M. (2001). Systematic phonics instruction helps students learn to read: Evidence from the National Reading Panel's meta-analysis. *Review of educational research, 71*(3), 393-447.

Faraco, C. (1992). *Escrita e alfabetização*. São Paulo, SP: Contexto.

Garcia, J. (1998). *Dificuldade de aprendizagem:* linguagem, leitura, escrita e matemática. Porto Alegre, RS: Artes Médicas.

Germano, G. D., Pinheiro, F. H., & Capellini, S. A. (2009). Desempenho de escolares com dislexia do desenvolvimento em tarefas fonológicas e silábicas. *Rev Cefac, 11*(2), 213-20.

Gindri, G., Keske-Soares, M., & Mota, H. B. (2007). Memória de trabalho, consciência fonológica e hipótese de escrita. *Pró-fono, 19*(3).

Gough, P. B., & Tunmer, W. E. (1986). Decoding, reading, and reading disability. *Remedial and special education*, 7(1), 6-10.

Gough, P. B., Larson, K. & Yopp, H. (1995). A estrutura da consciência fonológica. In C. Cadorso-Martins (Ed.). *Consciência fonológica e alfabetização* (pp. 13-35). Petrópolis: Vozes, 1995.

Koch, I. V., & Elias, V. M. *Ler e escrever: estratégias de produção textual.* São Paulo, SP: Contexto, 2009.

Koch, I. G. V., & Travaglia, L. C. (2003). *A coerência textual* (15a ed.). São Paulo, SP: Contexto, 2003.

Koch, I. V., & Travaglia, L. C. (2005). *Texto e coerência* (10a ed.) São Paulo, SP: Cortez.

Koch, I. G. V., & Travaglia, L. C. (2011). *A coerência textual.* (18a ed). São Paulo: Contexto.

Labov, W. (1978). *La transfomationdu vécu à travers la syntaxe narrative.* Le parler ordinaire, la langue dans les ghettos noirs de ètats Unis. Paris, Minuit, 289-335.

Laforest, M. (1996). *Autour de la narration.* Quebéc: Nuit blanche éditeur.

Lemle, M. *Guia teórico do alfabetizador.* São Paulo, SP: Ática..

Logan, G. (1997). Automaticity and Reading: Perspectives from the instance theory of automatization. *Reading Writing Q: Overcoming Learn Disabil* 13:123-146.

Maluf, M. R., & Barrera, S. D. (1997). Consciência fonológica e linguagem escrita em pré-escolares. *Psicologia Reflexão Crítica.* 10(1), 125-45.

Marcuschi, L. A. (1983). *Linguística de texto: como é e como se faz.* Séries Debates 1. Recife, PE: Editora da universidade Federal de Pernambuco.

McCabe, A., Peterson, C., & Connors, D. M. (2006). Attachment security and narrative elaboration. *International Journal of Behavioral Development, 30*(5), 398-409.

Metsala, J. L., & Walley, A. C. (1998). Spoken vocabular growth and the segmental restructuring of lexical representations: precursors to the phonemic awareness and early reading ability. In J. L. Metsala, & L. C. Ehri. *Word recognition in beginning literacy.* Mahwah, NJ, Lawrence Erlbaum, 89-120.

Morais, A.G. (2005). A norma ortográfica do português: o que é? Para que serve? Como está organizada? In A. Silva, A. Morais, K. Melo (Org.) *Ortografia na sala de aula.* Belo Horizonte, MG: Autêntica.

Mousinho, R., & Correa, J. (2009). Habilidades linguístico-cognitivas em leitores e não-leitores. *Pró-Fono Revista de Atualização Científica, 21*(2), 113-118.

Mousinho, R., & Correa, J. (2010). O desenvolvimento do processamento fonológico e da leitura do 1° ao 4° ano do ensino fundamental: implicações para a intervenção precoce. In L. M. Alves, R. Mousinho, & S. A. Capellini (Orgs.). *Dislexia. Novos temas, novas perspectivas.* Rio de Janeiro. R: Walk Editora.

Navas, A. L. G. P., & Santos, M. T. M. (2002). Aquisição e desenvolvimento da linguagem escrita. In A.L.G.P. Navas, & M.T.M. Santos (Orgs.). *Distúrbio de leitura e escrita: teoria e prática.* (pp. 1-26). Barueri, SP: Manole.

Perfetti, C. A., Beck, I., Bell, L., & HUGHES, C. (1987). Phonemic knowledge and learning to read are reciprocal: a longitudinal study of first grade children. *Merrill-Palmer Quarterly*, 3(3), 283-319.

Perroni, M. C. (1992). *Desenvolvimento do discurso narrativo.* São Paulo: Martins Fontes.

Pinheiro, A. (1994). *Leitura e escrita: uma abordagem cognitiva.* Campinas, SP: Psy II.

Preti, D. (2003). Variação lexical e prestígio social das palavras. In. D. Preti, D. (Org.). *Léxico na língua oral e escrita.* São Paulo: Humanitas, pp. 47-68 (Projetos Paralelos NURC/SP, v. 6).

De Queiroga, B. A. M., Lins, M. B., & de Andrade Lima Vasconcelos Pereira, M. (2006). Conhecimento morfossintático e ortografia em crianças do ensino fundamental. *Psicologia: Teoria e Pesquisa, 22*(1), 95-100.

Salles, J. F. D., & Parente, M. A. D. M. P. (2002). Processos cognitivos na leitura de palavras em crianças: relações com compreensão e tempo de leitura. *Psicologia: reflexão e crítica. Porto Alegre. Vol. 15, n. 2 (2002), p. 321-331.*

Santos, M. T. M. (2007). *Vocabulário, consciência fonológica e nomeação rápida:* contribuições para a ortografia e elaboração escrita. (Tese de Doutorado). Faculdade de Filosofia, Letras e Ciências Humanas, Univ. de São Paulo, São Paulo, Brasil. Recuperado de http://www.teses.usp.br/teses/disponiveis/8/8139/tde-18122007-123713/,

Sautchuk, I. (2003). *A produção dialógica do texto escrito: um diálogo entre escritor e leitor interno.* São Paulo, SP: Martins

Sawyer, D. J. (1985). Language problems observed in poor readers. In C. S., Simon (Ed). *Communication skills and classroom success: assessment of language – learning disabled students.* San Diego, CA: College-Hill Press.

Serrano, F., & Defior, S. (2008). Dyslexia speed problems in a transparent orthography. *Annals of dyslexia, 58*(1), 81.

Singer, B. D., & Bashir, A. (2006). Developmental variations im writing compositions skills. In C. A. Stone, E.R. Silliman, B.J. Ehren e K. Apel.

Handbook of language & literacy: development and disorders (pp. 559-582). New York, NY: The Guikford Press.

Smythe, I., Everatt, J., Al-Menaye, N., He, X., Capellini, S., Gyarmathy, E., & Siegel, L. S. (2008). Predictors of word-level literacy amongst Grade 3 children in five diverse languages. *Dyslexia, 14*(3), 170-187.

Spinillo, A. G. (2001). O desenvolvimento do domínio do esquema narrativo de história. In J. Correa, A. Spinillo, & Leitão, S. (Orgs.). *Desenvolvimento da linguagem: escrita e textualidade.* Rio de Janeiro, RJ: Nau Editora: FAPERJ.

Stein, N. L. (1982). What's in a story: Interpreting the interpretations of story grammars. *Discourse Processes, 5*(3-4), 319-335.

Storkel, H. (2001). Learning new words: phonotatic probability in language development. *J. Speech Lang Hear Res.*, 44(6), 1321-1337.

Tunmer, W. E., & Nesdale, A. R. (1985). Phonemic segmentation skill and beginning reading. *Journal of educational Psychology*, 77(4), 417.

Vellutino, F. R., Fletcher, J. M., Snowling, M. J., & Scanlon, D. M. (2004). Specific reading disability (dyslexia): What have we learned in the past four decades? *Journal of child psychology and psychiatry, 45*(1), 2-40.

CAPÍTULO 30

Inclusão, educação para todos: apresentação de uma ação educacional

Rosana Mendes Ribeiro

Educação para todos, diversidade escolar, universo heterogêneo: termos amplamente difundidos e discutidos na Educação Brasileira. Discussões de cunho político, social e acadêmico.

Não há como negar que nas últimas décadas, apesar de um atendimento tardio, o Brasil fez grandes avanços em termos de políticas educacionais nos quesitos acesso e permanência de nossos alunos nas escolas. No início dos anos 90, os governos declararam que a meta de oferecer uma vaga a cada criança que procurava pela escola fora alcançada.

A Política Nacional da Educação sob a ótica da Educação Inclusiva (Brasil, 2008), elaborada pelo MEC, define princípios de garantia a escolarização regular, além do Atendimento Educacional Especializado (AEE) para todos os alunos.

A senadora Mara Gabrilli aponta que em 2014, com propósitos semelhantes aos adotados pela Organização das Nações Unidas (ONU) no que diz respeito aos "Objetivos de Desenvolvimento do Milênio", a Educação está elencada como prioridade número dois, cuja meta é "oferecer educação básica de qualidade para todos", logo após do objetivo número um, que é "acabar com a fome e a miséria".

A segunda edição do Plano Nacional de Educação (PNE) foi aprovado através da Lei nº 13.005/2014, com um conjunto de 20 metas a serem cumpridas em um prazo dez anos.

O primeiro grupo de metas promove justamente a universalização do ensino básico obrigatório e a ampliação das oportunidades educacionais e é complementado com metas que visam a redução das desigualdades e a valorização da diversidade, caminhos imprescindíveis para a equidade. Outras metas tratam da valorização dos profissionais da educação, considerada estratégica para que as metas anteriores sejam atingidas, e do acesso ao ensino superior (BRASIL, 2014).

A quarta meta, especificamente, tem o objetivo de universalizar, para a população de 4 a 17 anos, o atendimento escolar aos estudantes com deficiência, transtornos globais do desenvolvimento e altas habilidades ou superdotação na rede regular de ensino (Brasil, 2014).

Aprovada por unanimidade e tendo como relatora, à época, no Congresso Nacional, a Deputada Federal Mara Gabrilli, a Lei Brasileira de Inclusão – LBI (Brasil, 2015), considera discriminação a recusa de adaptação razoável, assim como a recusa de matrícula e a cobrança a mais em planos de saúde e escolas.

Segundo a legislação brasileira (2015), no capítulo de Educação (artigos 27 a 30) está assegurado um sistema educacional inclusivo em todos os níveis, o pleno acesso ao currículo em condições de igualdade, a adoção de medidas individualizadas e coletivas em ambientes que maximizem o desenvolvimento acadêmico e social dos estudantes, entre outros. Tais garantias não estavam em nenhuma outra legislação brasileira.

Como podemos constatar, a legislação descrita no período compreendido do ano 2008 até os dias atuais é um marco legal no Brasil; porém, o sucesso escolar viabilizado pela aprendizagem efetiva e para todos parece não se vislumbrar em um horizonte próximo e nosso país expressa hoje uma triste realidade de *desigualdade* e de *defasagens* importantíssimas e a *inclusão* passa a ser agora a nossa esperança para uma *educação* para todos.

Será que a justificativa para essa discrepância de leis ideais e metas distantes de serem alcançadas teria causas anteriores?

Para Sacristán (2002), o conceito de diversidade está relacionado com as aspirações dos povos e das pessoas pela liberdade para exercer sua autodenominação. Está ligado ainda à aspiração de democracia e à necessidade de administrar coletivamente realidades sociais que são plurais e de respeitar as liberdades básicas. A diversidade é também vista como uma estratégia para adaptar o ensino aos estudantes.

No contexto das políticas públicas de educação, é uma questão de direito que deve orientar a prática educativa através de conteúdo e visão crítica, onde todos os alunos tenham direito ao ensino, levando em consideração suas limitações. Afinal, diversidade é uma cultura que a educação pode tornar possível.

O conceito é claro e bem definido: desde que o mundo é mundo sabemos que diversidade, grupo heterogêneo, é uma realidade nas salas de aula; mas, esse conceito se aplica realmente à educação?

Podemos aqui iniciar essa discussão com alguns questionamentos:

1. Como falar de grupos heterogêneos em uma sala de aula se continuamos a aplicar atividades e provas idênticas, isto é, homogêneas para todos?
2. O cenário educacional atual traz consigo um aumento de estudantes incluídos e uma exigência muito maior quando a pauta são os alunos de inclusão?
3. Por que educadores ainda se desesperam quando estão diante de um aluno com autismo, com deficiência ou mesmo com altas habilidades?

Para responder a essas e outras questões no vasto cenário da diversidade escolar, vamos juntos refletir sobre as mudanças da educação e da saúde e os seus possíveis impactos no cenário educacional nos últimos 20 anos.

Nossa primeira reflexão: nas últimas décadas passamos de métodos tradicionais para metodologias com forte embasamento teórico no que tange a métodos de ensino/aprendizagem.

Retirar um método e implantar metodologias é, sob a visão teórica, uma estratégia prudente e visionária; porém, sob o ponto de vista prático, foi caótico, pois nossos professores não receberam formações adequadas ou um entendimento adequado. Metodologias valiosíssimas se tornaram radicalismo puro. Nessa época, não era incomum solicitarmos para determinados casos estratégias diferenciadas de alfabetização, por exemplo, e ouvirmos de educadores que não poderiam nos atender por serem construtivistas. Existe construtivismo que não se adeque às necessidades de um aluno, que não gere dúvidas? Sabemos realmente o que é *construtivismo*?

Vamos a nossa segunda reflexão: reorganizaram nossos ciclos de ensino; a Resolução número 3 do Conselho Nacional de Educação (Brasil, 2005) indicou a nova nomenclatura, a ser adotada para Educação Infantil e o Ensino Fundamental:

1. Educação Infantil – 5 anos de duração, sendo:
   - Creche: até 3 anos de idade;
   - Pré-escola: 4 e 5 anos de idade.

2. Ensino Fundamental – 9 anos de duração, sendo:
   - Anos iniciais: de 6 a 10 anos de idade;
   - Anos finais: de 11 a 14 anos de idade.

Vale ressaltar que é permitida matrícula no 1º ano de crianças que irão completar 6 anos naquele ano, o que resulta em crianças de 5 anos cursarem o 1º ano. Lanço aqui questionamentos que por si só responderão à conclusão final de nossa segunda reflexão:

1. Estamos respeitando a hierarquia de desenvolvimento de cada faixa etária de nossas crianças e suas individualidades?
2. Nossas crianças estão tendo bases biológicas para serem aptas a aprender?
3. Estamos conscientemente pulando etapas fundamentais do desenvolvimento neuropsicomotor de nossos pequenos?
4. Estamos diariamente produzindo falsos alunos com Necessidades Educacionais Especiais?
5. Acúmulo de defasagens pedagógicas seria hoje uma situação gerada por imaturidade?
6. Nossos professores estariam passando os seus dias se debatendo para ensinar cérebros ainda não maduros e, o pior, pouco estimulados, ou seja, sem "alicerces" para aprendizagem?

Terceira reflexão: passamos também pela Progressão Continuada, que, apesar de uma estratégia valiosa, para muitos se tornou um sinônimo de promoção ou aprovação automática, situação foco de incansáveis debates na educação desde os anos 80, chegando a ser alvo de campanhas políticas. Vamos entender um pouco mais sobre Progressão Continuada, nosso país possui duas formas de ensino: por *série*, situação que preconiza a reprovação ao final de um ano letivo, consequência de desempenho considerado abaixo do básico, ou seja, insatisfatório; por *ciclos*, onde os alunos devem desenvolver habilidades e adquirir competências em um ciclo mais longo do que um ano, sem previsão de reprovação e sim de recuperação de conteúdo, situação que necessita de um trabalho coletivo que permita a evolução do estudante. Os ciclos ganham sentido por alongar o tempo pedagógico, porém, no Brasil, tudo recomeça a cada novo ano.

Desse *ciclo* vem a denominação de Progressão Continuada: ciclo que objetiva a superação de fracasso escolar e redução de altas taxas de reprovação dos alunos e, claro, atua diretamente no aspecto evasão escolar, situação considerada grave em meados dos anos 90.

Perante a Lei de Diretrizes e Bases da Educação – LDB (Brasil, 1996), mais redes de ensino começaram a adotar o ensino por ciclos e a progressão dentro deles.

Sugeri que refletíssemos juntos sobre mudanças na área da educação ocorridas nos últimos 20 anos, e três aspectos foram citados: Metodologias Pedagógicas, Reorganização dos Ciclos e Progressão Continuada.

Sobre as Metodologias Pedagógicas e a Progressão Continuada, há um número maior de defensores do que de opositores; porém, críticas veladas e consistentes em relação à forma de implantação dessas medidas, primeiramente sem formação e, consequentemente, sem a plena participação dos protagonistas destas histórias, os professores, com inexistência de projetos pedagógicos adequados, muitas vezes sem clareza dos conteúdos reais a serem aprendidos, sem entendimento da individualidade e dos processos de aprendizagem de cada aluno e, principalmente, sem avaliações do aprendizado dos alunos e das próprias instituições envolvidas.

Essas medidas valorizadas por tantos especialistas, para darem certo, dependeriam de materiais e ambientes adequados, profissionais bem formados e uma estreita relação entre escola e familiares.

Viégas (2003) em uma entrevista concedida à Agência USP de notícias, conclui:

> Não foram dados às escolas elementos para que a Progressão fosse implementada por completo. A Lei previa acompanhamento pedagógico e psicológico às crianças que estivessem com dificuldade.

> Elas passariam de ano, mas seus problemas seriam trabalhados. (...) Infelizmente, o que ficou foi mesmo a 'aprovação automática', como foi apelidada. (...) Os índices de aprovação escolar dos alunos aumentaram, mas o problema não se alterou. Ele foi mascarado (...) Professores especialistas, formados em História ou Matemática, não sabiam lidar com alunos que estavam chegando ao ciclo II não-alfabetizados. (...) Antes, o dado de que 30% das crianças reprovavam o ano era um sinal de que a escola estava fracassando. Hoje, os números não mostram isso claramente. (Viégas, 2003).

Deixei por último os comentários sobre a situação da Reorganização dos Ciclos, pois não há como concordar em sua implantação; esta medida política educacional desrespeita a situação mais preciosa para nossas crianças: o seu desenvolvimento. A situação atual, que está diante de nossos olhos, mostra crianças imaturas expostas a conteúdos que seus "cérebros" não podem dar conta, impedindo que sejam preparadas e fortalecidas para aprender, raciocinar e fazer escolhas.

Fatores que, de uma forma geral, parecem ter sofrido equívocos nos processos de elaboração, formação e implementação com impactos diretos nas salas de aula, nas relações professor/aluno, nas relações família/educação/aprendizagem, na autonomia de nossos educadores.

Infelizmente, pela fragilidade de informação e formação, o trabalho com a diversidade escolar e o respeito à individualidade tendem a ficar cada vez mais para trás e o pior desse caos já instalado é o fato de estarmos "produzindo", diariamente, crianças com defasagens, transtornos e deficiências.

Por estes motivos a *inclusão* se torna hoje o único caminho para a *educação*, pois, para acolher a diversidade e as diferentes formas de aprendizagem, a escola deve garantir a participação e a compreensão de cada um. A educação inclusiva nos ensina a cada dia a arte da compreensão, um exercício de cidadania que garantirá a todos o direito básico à educação.

Ambientes inclusivos, historicamente, oferecem ambientes acolhedores e abertos para entender a especificidade de cada um, que é direito incondicional de todos.

Elaborado por Ribeiro (2015), o projeto CDRA – Classificação Digital para Reenquadramento de Aprendizagem – uma ação atualmente validada como Metodologia CDRA e vencedora do Prêmio Mário Covas 2016/2017, tem em seu âmago *mapear* uma sala de aula em quatro níveis diferentes de aprendizagem e fornecer ao professor material adequado e adaptado a cada nível de *intervenção*.

Confesso que, a princípio, meu grande objetivo era atuar de forma efetiva nos casos inclusivos e, ao longo do desenvolvimento do projeto, percebi que a inclusão me traria o caminho para respeitar individualidades e efetivar uma educação que estaria ao alcance de todos, compreendendo as especificidades de cada um. Essa conclusão me foi presenteada, pois na fase do mapeamento imperavam situações de alunos taxados de transtornados e/ou deficientes, mas que apenas precisavam de um olhar diferenciado para sair das condições em que se encontravam; imaturidade e defasagens pedagógicas imperaram em nossos resultados e imperam em nossa educação, alertando para um futuro temeroso.

Resultados projeto piloto-metodologia CDRA[1]

Figura 1 – Mapeamento realizado no projeto piloto da Metodologia CDRA*
Fonte. *Resultados obtidos através do PROTOCOLO CDRA – questionário pontuado, respondido por pais e professores.

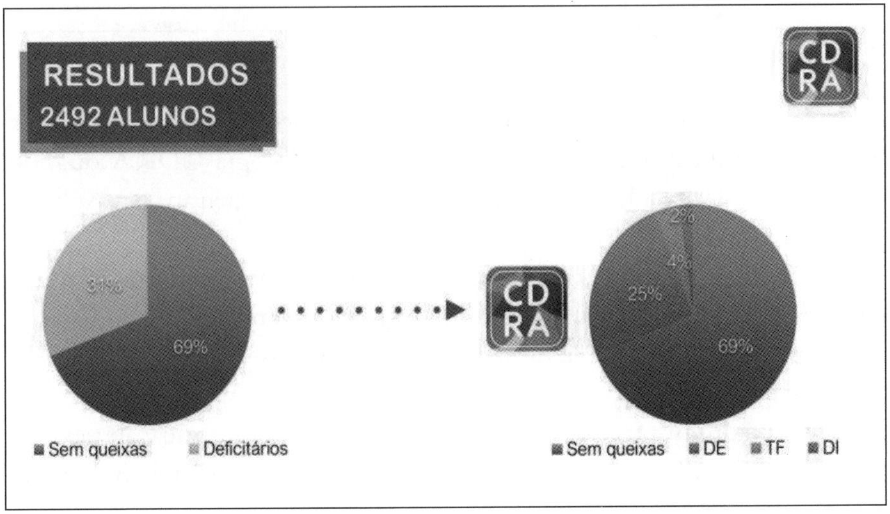

Na Figura 1, vemos representada, no primeiro gráfico, a opinião dos professores quanto aos números de alunos considerados deficitários, enquanto o segundo gráfico demonstra que, dos 31% assim considera-

[1] Dados extraídos da premiação Mário Covas 2016/2017.

dos, tínhamos apenas 25% dos alunos com Dificuldades Escolares e 6% considerados alunos com Transtornos e/ou Deficiências.

Figura 2 – Atuação da metodologia CDRA com atividades adaptadas no momento denominado *intervenção*.

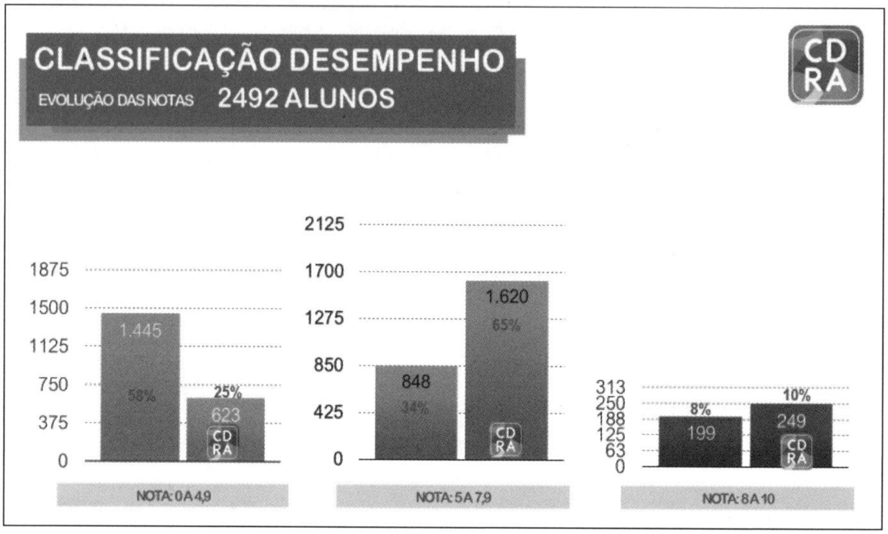

Segundo Ribeiro (2015b), a segunda torre de cada gráfico da Figura 2 demonstra a atuação efetiva da Metodologia CDRA quando da aplicação de atividades adequadas e adaptadas aos grupos *mapeados* na primeira fase da ação.

Essa minha prática, seguida de seus resultados, demonstra que a educação inclusiva gerou possibilidades, criou sentidos, fazendo com que o professor olhasse para cada criança com as especificidades que cada uma merece.

Cito aqui um trecho de José Renato Nalini (comunicação pessoal, 1 de janeiro de 2018), ex-secretário de Estado da educação de São Paulo e membro da Academia Brasileira de Educação:

> Estamos em um momento em que o caos da educação veio para que a escola repense sobre essa tendência à blindagem da educação formal em postulados de homogeneização como potencial perpetrador de injustiças. Transmitir conteúdo idêntico é exigir idêntica resposta de um universo heterogêneo. O ser humano é único, singular e irrepetível. Nem os gêmeos univitelinos são

> exatamente iguais. Não é sensato reclamar a um coletivo de pessoas, muito diverso de colmeias ou formigueiros, que reaja de maneira uniforme (Nalini, 2018).

Nossa educação está estigmatizada, com o carimbo do fracasso, e a inclusão puxa o fio desse imenso novelo de recuperação pelo respeito, pela individualidade, pela atenção que todo aluno merece receber até desenvolver suas potencialidades e atingir seu crescimento ideal como ser humano.

Estudos sobre inclusão apontam que escolas consideradas inovadoras e transformadoras são as que mantém um bom trabalho inclusivo, priorizando em seus projetos pedagógicos o acolhimento e o respeito às singularidades.

Sinto-me privilegiada por estar à frente de uma ação que viabiliza que nossos alunos sejam inseridos no fluxo da aprendizagem de acordo com suas especificidades, pois contemplamos, simultaneamente, o diagnóstico relativo à dificuldade de aprendizagem e apresentamos estratégias para superá-las.

Uma ação educacional propositiva e regida pelo princípio da equidade de oportunidades toma a prática inclusiva o ponto de partida para uma educação inovadora. Falar em qualidade da educação sem considerar os processos de construção das desigualdades socioculturais e os aspectos psicossociais e mentais dos estudantes torna-se um exercício inócuo.

Procuramos com a metodologia CDRA – Classificação Digital para Reenquadramento de Aprendizagem (Ribeiro, 2015a) – alcançar maior equidade nos processos educativos por meio de uma abordagem adequada às diferenças, às individualidades e ao respeito que nossos alunos merecem. Além de apoiar nossos professores de forma a lhes apresentar ferramentas para que possam se dedicar à laboriosa tarefa de educar em uma diversidade completamente mudada.

Estas páginas aqui apresentadas vão muito além de um artigo e concretizam a experiência de uma profissional e, detalhe não antes citado, de uma mãe de uma jovem com deficiência que demonstra que a INCLUSÃO é, sim, um caminho para uma EDUCAÇÃO EFETIVA para TODOS.

Referências

BRASIL, (1996). *Lei de Diretrizes e Bases da Educação Nacional.* Lei número 9394, 20 de dezembro de 1996. Recuperado de: https://www2.senado.leg.br/bdsf/bitstream/handle/id

/70320/65.pdf

BRASIL, (2005). *Conselho Nacional de Educação indicou a nomenclatura a ser adotada para a Educação Infantil e o Ensino Fundamental.* Resolução no 3, de 3 de agosto de 2005. Recuperado de: http://portal.mec.gov.br/cne/arquivos/pdf/rceb003_05.pdf

BRASIL, (2008). Ministério da Educação. Secretaria de Educação Especial. *Política nacional de educação especial na perspectiva da educação inclusiva.* Brasília, DF: MEC, 2008. Recuperado de: http://portal.mec.gov.br/index.php?option=com_docman&view=

download&alias=16690-politica-nacional-de-educacao-especial-na-perspectiva-da-educacao-inclusiva-05122014&Itemid=30192

BRASIL, (2014). *Plano Nacional de Educação (2014- 2024).* Congresso Nacional. Lei n. 13.005, de 25 junho de 2014. Recuperado de: http://pne.mec.gov.br; acesso em: 4 abril 2019.

BRASIL, 2015 *Lei Brasileira de Inclusão da Pessoa com Deficiência.* Lei n. 13.146, de 6 de jul. de 2015. Recuperado de: http://www.planalto.gov.br/ccivil_03/_Ato2015-2018/2015/Lei/L13146.htm

Nalini, J. R. (2018, janeiro 1). Depoimento CDRA. [Comunicação pessoal].

Ribeiro, R. (2015a). *CRA – Classificação para Reenquadramento de Aprendizagem.* Recife, PE: Editora Desafio.

Ribeiro, R. (2015b). *Manual master de avaliativas adaptadas para Educação Inclusiva.* Recife, PE: Editora Desafio.

Sacristán, J. G. (2002). A Construção do Discurso sobre a Diversidade e suas Práticas. In R. ALCUDIA. *Atenção à Diversidade.* Porto Alegre, RS: Artmed.

Viégas, L. de S. (2003, fevereiro 25). Professores da rede pública destacam problemas na Progressão continuada. Entrevistada por B. Camargo. *Agência USP de notícias.* Recuperado de: http://www.usp.br/agen/bols/2003/rede1140.htm#primdestaq

CAPÍTULO 31

Limites e cuidados com pessoas com deficiências

Iuri Victor Capelatto

Acompanhando famílias, percebe-se uma grande angústia em relação aos cuidados com os filhos, principalmente no que se refere a dar limites, a como lidar com as crises de birras e choros frente às frustrações. Essa preocupação tem aumentado nos últimos anos, deixando pais e cuidadores aflitos e inseguros. Isso também é uma preocupação nas famílias com filhos com deficiências. Esse capítulo foi escrito pensando em ajudar essas famílias e profissionais em relação aos cuidados e limites com pessoas com deficiências.

Em alguns casos, existe um medo de colocar limites, pois pensam que a criança já sofre pela limitação da deficiência e não querem causar mais sofrimento. Em outros casos, a dificuldade é por causa do excesso de birra, choro e dificuldade em aceitar os limites, pois a criança não compreende os limites impostos ou tem reações excessivas a eles. De qualquer forma, não é uma tarefa fácil nem simples, exige muita paciência dos cuidadores, que necessitam de apoio e compreensão.

Para abordar esse assunto, primeiro será feita uma reflexão sobre a sociedade atual e algumas possibilidades que levam a um aumento da dificuldade em colocar limites para crianças e adolescentes. Depois, serão abordados conceitos e funções neurológicas relacionados às reações emocionais, sentimentos e comportamentos que são ativados nos momentos de imposição de limites.

Será abordado em seguida o conceito de afeto e de relações familiares, relacionando com os sentimentos e comportamentos dentro da família que afetam os cuidados. Assim, poder-se-á adentrar nas angústias familiares frente às patologias, a dor e o luto do momento do diagnóstico e os medos e sentimentos frente ao futuro da criança. Adentro no campo das deficiências, serão também explicitadas as possíveis consequências nos pais e cuidadores, como o aumento do estresse e de problemas físicos e psicológicos.

Com isso, será possível concluir sobre os cuidados necessários; como lidar com os limites, mantendo o carinho e o afeto presentes, e como auxiliar na inclusão escolar e social.

Sociedade, comportamento e limites

A sociedade atual evoluiu significativamente nas últimas décadas, aumentando a oferta e a rapidez na comunicação, facilitando as interações sociais. Com isso, muitas vezes, sem nem perceber, o ser humano passou a ser dependente da tecnologia, tendo conforto e informações com rapidez (Araújo, Vieira, Klem, Kresciglova, 2017); porém, esse excesso tecnológico trouxe uma maior dificuldade para a colocação de limites, tanto em si mesmo, como em outros. As pessoas passaram a viver o imediatismo, com a necessidade de ter respostas rápidas, muitas vezes sem conseguir lidar com as angústias das esperas. Com isso, surge o aumento de ansiedade e das angústias frente a frustrações constantes, uma vez que a oferta é maior do que a possibilidade de realização por parte das pessoas (Capelatto & Capelatto, 2012).

A reflexão feita acima facilita a compreensão de uma fala recorrente dos pais e cuidadores em consultórios psicológicos. Eles sempre relatam que, quando eram crianças, era mais fácil e que obedeciam mais aos pais. Porém, a oferta de prazer imediato era menor, ou seja, os momentos de frustrações eram menos frequentes. Havia menos canais de televisão, menos desenhos animados, não havia internet 24 horas por dia, nem videogames com jogos infinitos e online, que atualmente geram sensações de prazer imediato o tempo todo nas crianças e adolescentes (Capelatto & Capelatto, 2012).

Para isso, a sociedade atual deve compreender que as crianças e adolescentes vão passar por mais crises de dor e por mais frustrações (pelas perdas constantes, pelo excesso de ofertas), sendo necessário ensiná-las a vivenciar a dor da perda (o não poder ter o que se deseja naquele momento), quando o limite é colocado.

A neurologia das emoções

Para compreender essa frustração, é necessário refletir sobre nossas emoções e reações emocionais. Muitos estudos têm sido feitos para compreender o processamento das emoções. Estudos sobre a importância das amígdalas nos comportamentos sociais, no processamento das emoções, no reconhecimento de emoções em expressões faciais e na aprendizagem por recompensas, demonstram que essa área, ligada por redes neurais com outras áreas cerebrais, atuam nas importantes funções das relações sociais (Lent, 2008, Carretié, López-Martín, & Albert, 2010, Adolphs, 2010).

Quando uma criança ou adolescente apresenta reações de raiva frente às frustrações, está ativando as redes neurais relacionadas às amígdalas e ao processamento de emoções, sentindo, principalmente, medo (o medo de perder a sensação de prazer que estava sentindo quando recebido o limite). Essa reação é natural e normal, pois demonstra que o sujeito estava sentindo prazer, o qual lhe foi retirado com o limite imposto. Essa reação é presente em todos os animais que possuem reações de medo (Capelatto & Capelatto, 2012, Capelatto, Capelatto, & Capelatto, 2014, Capelatto, 2015).

Lidar com essa reação de birra causa grande angústia nos pais, pois gera uma reação de medo nos cuidadores, que se questionam se estão cuidando certo ou não, preocupados com o desenvolvimento emocional da criança ou adolescente. O importante nesse momento é saber que a reação de birra, como dito antes, é uma reação de medo frente à perda do prazer, gerando raiva.

Para desenvolver um autocontrole sobre esses comportamentos, torna-se necessário desenvolver outras redes neurais, principalmente relacionadas com o córtex pré-frontal, responsável pelas funções executivas, como tomada de decisões, modulação das emoções, flexibilidade para mudar ações, memória de trabalho, comportamentos sociais, entre outros. É uma área importante para desenvolvermos o juízo crítico, ou seja, conseguir fazer o que é certo, controlando os impulsos (Gazzaniga,

Ivry & Mangun, 2006, Carretié, López-Martín, & Albert, 2010, Capelatto & Capelatto, 2012, Capelatto, 2015).

As funções do córtex orbitofrontal, apesar de serem relacionadas entre si, não são inseridas em apenas uma categoria. Vale ressaltar que, no geral, essas funções atuam nos comportamentos de regular habilidades de inibir, avaliar e agir sobre informações emocionais e sociais (Gazzaniga, Ivry, & Mangun, 2006, Capelatto, 2015). Porém, sabe-se que o córtex pré-frontal só está plenamente mielinizado e funcionante entre a segunda e a terceira década de vida, apesar de seu processo de mielinização se iniciar nos primeiros anos de vida (Lent, 2008, Capelatto, 2015). Com isso, a criança ainda não está pronta neurologicamente para controlar plenamente seus instintos e suas reações emocionais, sendo necessário ser ajudada para desenvolver essas habilidades. Por isso, torna-se fundamental a orientação aos pais e cuidadores em relação aos cuidados afetivos (Capelatto & Capelatto, 2012; Capelatto, 2015).

Relações afetivas

Para abordar os cuidados, é necessário compreender o que são as relações afetivas familiares. Afeto é um sentimento de ligação muito forte de um indivíduo por outro (um pai ou mãe pelo filho, por exemplo). Quando uma relação afetiva saudável é estabelecida, surgem dois sentimentos fortes e importantes: o amor (apego) e o medo da perda. Esses sentimentos irão guiar a relação. Sendo a amígdala cerebral uma das áreas mais importantes no processamento das emoções, ela será ativada nos relacionamentos afetivos. Porém, também fará surgir o sentimento de medo de perder a pessoa amada (Capelatto & Capelatto, 2012).

Na dinâmica familiar, esse medo da perda poderá gerar discussões, brigas e atritos. Por exemplo, um filho reagindo com birra porque os pais pediram para parar de brincar para ir tomar banho. A birra do filho é por medo de perder o prazer imediato da brincadeira. Porém, essa reação causa um medo nos pais (medo do filho não aprender a se comportar, medo de não serem bons pais, medo do filho crescer e não aprender a controlar seus sentimentos etc.), o que gera toda reação de raiva nos pais (Capelatto & Capelatto, 2012).

Portanto, sabe-se que, nos cuidados familiares, situações desagradáveis, preocupações e sentimentos ruins farão parte, junto dos sentimentos amorosos e afetivos. O oposto de afeto é a indiferença, a ausência do medo de perder, o que torna os cuidadores "aparentemente" legais, permissivos, pois deixam os filhos fazerem o que quiserem. Só que esse movimento impede o nascimento da autoestima na criança, pois ela percebe que não há medo no cuidador de perdê-la. Com isso, passa a ter mais atitudes de risco, de enfrentamento, como uma forma inconsciente de gerar medo nos pais e se sentir cuidado (Capelatto & Capelatto, 2012).

Cuidados e limites

Cuidar é um ato difícil, que exige paciência, sacrifício e autoestima do cuidador. É, sobretudo, um ato de amor e desejo. Significa desejar o ser que vai ser cuidado, ou seja, colocar nos cuidados os próprios desejos de ver o(a) filho(a) bem. Para isso, torna-se necessário dar limites, carinho e afeto (Capelatto & Martins Filho, 2009; Capelatto & Capelatto, 2012).

Quando se fala em limites, as pessoas tendem a interpretar como um ato de apenas dizer "não". Porém, limites são muito mais do que isso. Significam dizer o que pode ou não pode ser feito. Portanto, limites nunca devem ser colocados nos desejos, mas sim na realidade. Ou seja, a pessoa pode desejar o que ela quiser, os limites vão apenas mostrar se esses desejos poderão ou não serem realizados naquele momento ou lugar. Quando um filho ou filha pedirem algo, não se deve criticar o desejo, mas apenas dizer se pode ou não ter o que pediu. Percebe-se, assim, que o "sim" faz parte do limite, assim como o "não". Este limite deve se sempre acompanhado de uma atitude coerente por parte do cuidador. Por exemplo, ao dizer "Agora é hora de parar de brincar e ir tomar banho", o cuidador deve ao mesmo tempo pegar na mão da criança e levá-la ao banho.

Quando existe uma criança deficiente, pais e cuidadores muitas vezes tem medos de colocar limites, sendo reticente para não frustrar mais ainda uma criança já frustrada por suas "incapacidades". Porém, todas as pessoas, deficientes ou não, necessitam de cuidados, desejos e limites para desenvolver autoestima e autocuidado, aprender a suportar as frustrações que a vida impõe a todos, para se desenvolver emocionalmente.

Todas as pessoas têm seus limites, sejam eles poucos ou muitos. Até mesmo uma gripe colocará um limite, podendo impedir naquela semana de poder tomar um sorvete. Mesmo sendo uma pequena frustração, é um impedimento que cada um terá que aprender a lidar para desenvolver o autocuidado. Porém, ninguém nasce sabendo colocar esses limites para si mesmo. Para isso, necessitam dos cuidadores, que, com o próprio desejo de cuidar, colocarão o limite como parte dos seus medos de perda (por exemplo: "Hoje você não poderá tomar o sorvete, pois está doente e *eu* tenho medo de você piorar. Te amo muito e não posso deixar você ficar mais doente."). Provavelmente, a criança que está sendo cuidada poderá reagir com choro, birra e raiva, pois foi frustrada no seu desejo. E, para aprender a lidar com essa frustração, necessita que um adulto cuidador saudável possa suportar toda frustração que ela irá jogar nele. Nesse momento, a cena que se forma é a de uma criança em pleno sofrimento, e o cuidador deve se manter seguro e sereno, sabendo que está cuidando (Capelatto & Martins Filho, 2009, Capelatto & Capelatto, 2012).

Não se deve fazer "bullying" com a criança, dizendo que ela não precisa chorar, ou que está fazendo escândalo à toa. A psicologia comportamental sempre mostrou que todo comportamento reforçado tende a se repetir. Se o sujeito ficar dando muitos estímulos para o comportamento de birra (falas constantes, reações emocionais desproporcionais), fará com que esse comportamento aumente e se repita. O ideal é o cuidador se manter calmo, mostrando que ele próprio suporta a dor da criança. Fazendo isso, essa birra terá um começo, meio e fim, com a criança aprendendo aos poucos a também suportar essa frustração da perda do desejo (Capelatto, Martins Filho, 2009; Capelatto, Capelatto, 2012).

É importante ressaltar também que crianças e adolescentes com deficiências podem ter uma imaturidade emocional, o que pode tornar as reações às frustrações maiores e mais demoradas. Por isso é sempre importante que a família tenha um acompanhamento psicológico, para ser orientada nesses cuidados. Não se deve exigir dos pais e cuidadores que possam dar conta sozinhos dos cuidados, pois cuidar de uma criança ou adolescente deficiente é mais exaustivo e exigente, portanto, o desgaste dos pais deve ser compreendido sempre, com apoio e suporte de todos.

Quando se está cuidando, é importante sempre falar apenas uma vez o limite a ser imposto, pois quando os cuidadores repetem mais de uma vez o pedido, passam a informação que os filhos nunca necessitarão responder e respeitar na primeira vez pedida, uma vez que sempre terão a segunda, terceira ou mais oportunidades (dependendo de quantas vezes repetirão os pedidos). Criar distrações, tirar do local que está causando a frustração, para o sujeito não continuar exposto por muito tempo ao sofrimento, também ajuda a diminuir a reação de birra.

No dia-a-dia, ensinar responsabilidades e obrigações da casa, desde bem pequeno, ajuda no desenvolvimento da rotina e das tarefas a serem realizadas. Quando a criança ainda é pequena, de acordo com sua independência física (habilidades motoras desenvolvidas, como andar e pegar objetos), pode-se ensinar a guardar os próprios brinquedos nas caixas após brincar (sempre com a presença e ajuda dos pais e cuidadores). Pode-se também ensinar a guardar os calçados no local adequado, a ajudar a retirar os utensílios da mesa após as refeições (como talheres de plástico, colheres, pratos de plástico etc.). Ensinando desde pequeno, a criança aprenderá a colocar essas tarefas em sua rotina, facilitando os cuidados na fase adulta. Sempre é importante ressaltar a importância de respeitar o desenvolvimento de cada um, adequando as atividades de acordo com a deficiência, nunca exigindo além do que o sujeito pode fazer, porém, nunca subestimando suas capacidades.

Ao ensinar a guardar os próprios brinquedos e objetos, os cuidadores estarão também estimulando o desenvolvimento do córtex pré-frontal, auxiliando na aprendizagem da organização pessoal e desenvolvendo o juízo crítico. Também é importante lembrar que crianças aprendem através de histórias infantis e brincadeiras, nas quais podem "vivenciar" as situações sem se sentirem "agredidas" diretamente. Isso acontece porque podem projetar nas brincadeiras e histórias infantis seus sentimentos e vivências, vendo as situações se resolverem nos personagens e, assim, compreendendo como agir em situações específicas. Ao brincar, a criança realiza e cria (inventa a brincadeira), mas também é criada e realizada pela brincadeira (por exemplo, quando uma criança, ao brincar de boneca, dá broncas e coloca a boneca de castigo por ter feito algo errado, inventando essa brincadeira, ao mesmo tempo demonstra estar elaborando a noção do cuidado recebido dos pais). É importante os pais separarem tempo para brincar e interagir com seus filhos, pois esses são momentos de aprendizagem tão importantes quanto os cuidados diários.

Fazer uma rotina ajuda também a criança a antecipar e se planejar, lembrando o que foi combinado anteriormente com os pais e cuidadores, facilitando a compreensão dos limites e diminuindo, muitas vezes, a reação de birra, pois a criança já saberá qual é o momento para cada atividade. Essa ordem (por exemplo, escovar dentes antes de dormir) ajuda a compreender que naquele momento, após a escovação, será a hora de ir para a cama. A rotina acalma e diminui as angústias vivenciadas nas frustrações.

Pode-se também estimular o autocuidado, dando possibilidades de escolhas, desde que sejam dentro dos limites e do que é possível para o momento. Por exemplo, se está um dia muito frio, pode-se dar o direito de a criança escolher qual casaco quer usar, dentro das opções que os pais mostrarem. Ou se estiver calor, a criança pode escolher qual camiseta vai usar, novamente dentro das opções possíveis apresentadas pelos pais e cuidadores. Se ela não quiser nenhuma das opções, então os pais tomarão a decisão, colocando sempre o seu desejo de forma carinhosa e assertiva, sem agressividade.

Sempre é importante ressaltar que é necessário tolerar as birras e tomar cuidados com a manifestação da própria *raiva*, para não fazer *bullying* caseiro. Muitas vezes, pelo excesso de medo e raiva, pais e cuidadores passam a gritar e atacar verbalmente os filhos, dizendo que sempre fazem errado, que estão chateando todo mundo, que ficarão doentes, imundos etc. Isso pode, muitas vezes, destruir a formação da autoestima da criança. Nesses momentos, os cuidadores devem lembrar que a criança é um ser em formação, que precisa ainda aprender a se cuidar. Essa aprendizagem não é cognitiva, mas comportamental e emocional. Ou seja, é preciso primeiro desenvolver autoestima, aprender a suportar as frustrações (poder se chatear sem perder o autocontrole comportamental), vivenciando as situações diversas vezes até incorporar essas atitudes (Capelatto &, Martins Filho, 2009, Capelatto & Capelatto, 2012).

A melhor forma de ajudar os filhos nesses momentos é ter calma, paciência e passar segurança no limite imposto. Só que, para conseguir tudo isso, os pais e cuidadores devem ter desenvolvido a própria autoestima, acreditando que não precisam convencer o filho do que estão pedindo. Respeitar as diferenças é o primeiro passo (pais são diferentes de filhos, pensam e sentem de forma diferentes). Se os pais tiverem consciência de que sabem que o limite imposto é o melhor para o filho naquele momento, poderão permitir que o filho sofra com o limite imposto (todo limite traz sofrimento, se não trouxesse, não seria limite, mas algo natural) e manterão os cuidados. Suportar essa manifestação de dor (a birra e a raiva dos filhos), sem críticas, porém, mantendo o limite imposto, é um passo importante para a organização saudável do psiquismo da criança. Deve-se sempre lembrar que limites colocados com carinho, afeto e assertividade, sem críticas, estruturam o sujeito, facilitando o desenvolvimento emocional adequado. Colocando os limites dessa forma, ensinarão a diferença entre o desejo (querer) e a realidade (realizar ou não), ensinando como lidar com a frustração de forma saudável (Capelatto & Capelatto, 2012).

É importante lembrar também que crianças aprendem com exemplos, vendo comportamentos. É importante que pais e cuidadores sejam os exemplos, demonstrando calma quando se exige isso, cumprindo o combinado e as regras estabelecidas.

Resumindo, cuidar de uma criança ou adolescente com afetividade significa, antes de tudo, *desejar* o filho(a), estando presente sempre que possível, suportando as próprias frustrações e colocando os limites como o próprio desejo de cuidar, sem violência física ou verbal, porém, com assertividade, dizendo apenas uma vez qual é o limite.

Quando se cuida com violência, seja ela de qualquer tipo, pode-se gerar na pessoa cuidada baixa autoestima, raiva excessiva dos pais, agressividade, violência ou depressão, problemas psicológicos e psiquiátricos diversos (ansiedade, transtorno de autoimagem, anorexias, bulimias, transtornos de conduta, transtornos de comportamento, transtorno opositor-desafiador etc.).

Ao cuidar de crianças com deficiências, deve-se também auxiliar na inclusão, tanto escolar como social, lembrando não apenas do auxílio pedagógico, mas também comportamental. Muitas vezes a inclusão é feita apenas no âmbito pedagógico (com lições e matérias escolares), mas esquecem de fazer a inclusão nos momentos sociais, como intervalos da escola e brincadeiras com amigos.

Também é importante ajudar no desenvolvimento da autopercepção, pois é comum não perceberem suas próprias forças ou fraquezas, levando-os a desenvolverem comportamentos inapropriados ou até perigosos, atrapalhando suas habilidades sociais.

Devem ser auxiliados a compreender as restrições que possuem, para que possam compreender a necessidade de estimulação ou de adequação (por exemplo, uma criança que sofre um AVC e passa a ter sequelas motoras). Nesses momentos, é importante o acompanhamento psicológico, tanto para auxiliar o sujeito, como para orientar a família.

Com intervenções corretas e auxílio na inclusão, o desenvolvimento da criança será maior, além de ajudar a diminuir o estresse parental.

Luto no diagnóstico e cuidados familiares

O diagnóstico é necessário para que se conheçam prognósticos, características, estabeleçam-se condutas e procedimentos de tratamentos. Porém, do ponto de vista emocional, causará uma reação de luto nos pais e cuidadores, uma vez que causa um "assassinato" do filho desejado e sonhado. Quando um pai e uma mãe descobrem que terão um filho, idealizam esse filho, seu futuro e com tudo que fará. A vinda de um filho gera sentimentos de fé, esperança, orgulho, planos e expectativas, sonhos com seu desenvolvimento e suas aquisições, como os primeiros passos, entrada na escola etc. Mas pais não sonham ter um filho deficiente (Kandel & Merrick, 2007).

Porém, quando uma criança nasce com deficiência, ou quando o filho recebe um diagnóstico de deficiência, as expectativas e esperanças são frustradas, pois esse diagnóstico "mata" esse sonho, diminuindo o otimismo em relação ao futuro (Kandel & Merrick, 2007; Karst & Van Hecke, 2012). Pensar no sentido de "matar" o sonho é a forma de compreender que existe um processo de luto a ser vivido, pois os pais e cuidadores precisam "enterrar" o filho desejado para poder aceitar e conviver com o filho real.

É sabido que, num processo de luto, as pessoas passam por diversos sentimentos. Após a confirmação do diagnóstico, pode ocorrer um impacto emocional nos membros da família. Primeiro, ocorre um choque inicial, pois esse diagnóstico não era correspondente aos anseios da família. Após esse momento, podem surgir sentimentos de ansiedade, raiva, culpa, depressão, impotência, desesperança, temor e apreensão etc., que fazem parte do processo de luto (Feudtner, 2002, Kandel & Merrick, 2007).

Em um processo de luto, é normal passar por fases de sentimentos, como negação, raiva, negociação (ficar pensando o que poderia ter sido feito para evitar o ocorrido), depressão e aceitação. Porém, isso não acontece em uma sequência, alguns sentimentos podem surgir, passar e retornar. Então, uma pessoa pode sentir raiva, passar para a depressão e voltar à fase da raiva. Quando alcança a aceitação, o sujeito pode ainda ter a dor da perda, mas consegue suportar essa dor e conviver com ela.

Quando há um diagnóstico de deficiência, é normal que alguns pais busquem mais de um profissional antes de poder aceitar esse diagnóstico. Principalmente quando a deficiência não é física (por exemplo, no diagnóstico do autismo, transtornos mentais, entre outros). Isso faz parte do processo de elaboração do luto (fase da negação), sendo necessário que os profissionais compreendam esse processo e deem suporte aos pais.

Algumas famílias podem perceber as dificuldades dos filhos antes do diagnóstico, de acordo com cada família e do grau de comprometimento (Herlihy, Knoch, Vibert, & Fein, 2015). As reações frente ao nascimento de um filho com deficiência podem variar, de uma maior dificuldade de aceitação, com lamentações e crises emocionais, até uma aceitação mais fácil, com um enfrentamento mais positivo e funcionamento familiar mais adequado (Kandel & Merrick, 2007). Por isso, é fundamental que cada família seja respeitada e compreendida no seu modo de agir, recebendo os cuidados adequados (Feudtner, 2002, Kandel & Merrick, 2007).

Durante o processo de luto, as famílias poderão passar por sentimentos de ambivalência como amor e ódio, alegria e sofrimento com reações variáveis entre aceitação e rejeição, euforia e depressão, esperança e desesperança, raiva e culpa, assim por diante, perguntando como suas vidas teriam sido se a criança fosse "normal", sentindo raiva da perda do que eles poderiam ter tido e, posteriormente, culpa por terem sentido raiva e do pensamento que tiveram. Em alguns dias, poderão surgir perguntas como "Por que minha criança?", "Por que eu?", "Por que tinha que ser com minha família?", demonstrando que o desejo real seria que a situação fosse outra (Kearney & Griffin, 2001, Feudtner, 2002). É importante que as famílias e os profissionais compreendam que essas reações são normais, para que não gerem culpas, que poderiam prejudicar mais ainda a saúde emocional dos pais.

Pais trarão para as sessões suas angústias, medos, expectativas e sofrimentos. Surgem preocupações referentes ao casamento, aos outros filhos, ao trabalho, preocupações com o cansaço por causa do pouco tempo livre que terão frente, com todas as terapias e medicamentos que terão que lidar. Surge também o medo do futuro que, provavelmente, exigirá uma reorganização quanto às aspirações e desejos relacionados ao desenvolvimento da criança. Além disso, em muitos casos, de acordo com a gravidade, as crianças com deficiências dependem mais dos pais, continuando a morar com eles por mais tempo do que crianças sem deficiências (Karst & Van Hecke, 2012, Herlihy, Knoch, Vibert, & Fein, 2015).

Os profissionais devem estar atentos a essas emoções, acolhê-las e compreendê-las, para poder trabalhar com elas, uma vez que normalmente os pais não se sentem à vontade para falar com outros familiares e amigos sobre seus estresses e ressentimentos, com medo das reações e críticas que poderão receber (Feudtner, 2002). É necessário acolher esses pais que, muitas vezes, angustiados, podem sentir vergonha e, posteriormente, culpa por terem um filho deficiente, pela dificuldade do filho ou pelos sentimentos vivenciados, podendo desenvolver uma morbidez, punindo inconscientemente a si mesmos. Essa culpa advém do pensamento de que não amam seu filho e de que, de alguma forma, estão rejeitando esse filho, o que não é real.

Às vezes, a autopunição inconsciente traz o comportamento de boicotar o tratamento do filho (faltando nas sessões justamente quando o filho começa a demonstrar melhoras como forma de se punirem e manterem o filho doente, para que possam cuidar dele). É importante ressaltar que esse comportamento é inconsciente, pois o desejo consciente é de melhora do filho, porém, a autoestima dos pais está abalada pela falta de receptividade e de compreensão dos sentimentos gerados nas situações vividas. É importante também ajudar os pais a buscarem informações, a participarem de grupos de pais, compartilhando informações, criando um círculo de ajuda mútua.

Nas famílias, é comum que aumentem as brigas do casal, com muitos casos terminando em separações (Karst & Van Hecke, 2012). Torna-se extremamente relevante oferecer um tratamento à toda família, não somente à criança deficiente. Nas últimas décadas, os estudos passaram a ter um aumento de interesse na família como um todo, ao contrário de antigamente, quando se estudava e intervia apenas na pessoa com deficiência (Kandel & Merrick, 2007).

No atendimento às famílias, através da possibilidade da vivência dos sentimentos de tristeza, raiva, arrependimento, culpa etc., pode-se ajudar os pais a elaborarem o luto da perda do filho "normal" desejado, podendo assim amar o filho real, que possui dificuldades, impedindo que haja rejeição ou superproteção, que são aspectos que surgem da não aceitação da deficiência do filho.

É importante trabalhar com a família a não atribuição ao indivíduo deficiente do papel de "bode expiatório" familiar, ou seja, que esse indivíduo não seja visto como o principal responsável por tudo que não aconteça da forma mais desejável possível. O filho deficiente não pode ser visto como o culpado de todos os problemas familiares existentes. O indivíduo com deficiência deve ocupar seu lugar na família com dignidade e sendo respeitado como pessoa, seu papel não deve ser maior e nem menor em relação aos outros.

Deve-se lembrar também que o impacto emocional pode provocar reações emocionais também nos outros membros da família. Os irmãos podem se sentir tristes pela ausência de um padrão de brincadeiras com o irmão, como aquele que alguns de seus amigos possuem. Em geral, podem ocorrer sentimentos de medo de perda do irmão ou ciúmes dos pais por esses dedicarem mais tempo e cuidados ao irmão do que a eles. Podem ainda se sentir úteis e capazes de ajudar o irmão. Esse irmão pode ter desempenho escolar diminuído, ou comportamentos sintomáticos podem surgir, tornando necessário ajudar a família a rever a atenção perdida. O sentimento de culpa pode surgir no irmão, assim como pode ser comum surgirem conflitos entre os irmãos.

Ao longo do tempo, pode surgir o estresse parental, o qual parece ocorrer nessas famílias, talvez, pela amplitude de problemas que surgem no manejo do portador, que implicam na elaboração do luto pela perda do filho "saudável". Ao longo do tempo, os cuidadores podem apresentar pior saúde física e psicológica (Batool & Khurshid, 2015, Karst & Van Hecke, 2012, Hall & Graff, 2011, Estes, Munson, Dawson, Koehler, Zhou, & Abbot, 2009; Estes, Olson, Sullivan, Greenson, Winter, Dawson, & Munson, 2013).

Os principais fatores associados ao estresse parental são: gravidade da deficiência (quanto maior a gravidade, maior o estresse dos pais); problemas de comportamento do filho; maiores necessidades de cuidados e dependência; presença de distúrbios psicológicos e emocionais; problemas de saúde física da criança; dificuldades de comunicação; deficiência intelectual; criança que sente muita dor; impossibilidade de um dos pais trabalhar fora ou a sensação de sobrecarga financeira, gerando um sentimento de dependência financeira etc. Todos esses itens aumentam o estresse parental (Estes, Munson, Dawson, Koehler, Zhou, & Abbot, 2009, Hall & Graff, 2011, Karst & Van Hecke, 2012, Estes,

Olson, Sullivan, Greenson, Winter, Dawson, & Munson, 2013, Batool & Khurshid, 2015).

De outro lado, quanto mais estratégias de adaptação a família desenvolver e a equipe profissional auxiliar, menos estresse os pais apresentam. Demonstrar habilidades e autoconfiança na própria capacidade de cuidar de crianças em situações de desafio também pode diminuir o risco de estresse. A presença de suporte social, com assistência instrumental, informacional e/ou emocional, auxiliam a manter um menor nível de estresse (Estes, Munson, Dawson, Koehler, Zhou, & Abbot, 2009, Hall & Graff, 2011, Karst & Van Hecke, 2012, Estes, Olson, Sullivan, Greenson, Winter, Dawson, & Munson, 2013, Batool & Khurshid, 2015). Algumas famílias conseguem desenvolver a capacidade de superar a falta do filho desejado e passam a valorizar o que o filho real faz, em vez de ficar lamentando o que não faz (Feudtner, 2002). Há relatos também de famílias que adotam crianças com deficiências, lidando com as situações e tendo bons resultados, identificando outros componentes importantes para lidar com as emoções nos cuidados com os filhos, como religiosidade, percepções cognitivas, valores etc. (Kandel & Merrick, 2007).

Conclusão

Todas as pessoas necessitam de cuidados, afeto e limites (Capelatto & Martins Filho, 2009). Crianças com deficiências também necessitam, porém, os pais e cuidadores estão sujeitos a apresentarem maiores níveis de estresse e dificuldades nos cuidados. Se crianças normotípicas apresentam reações de raiva e birra quando recebem limites (Capelatto & Capelatto, 2012), crianças com deficiências podem apresentar ainda mais problemas comportamentais e dificuldades em lidar com as emoções.

Portanto, os pais e cuidadores devem receber apoio e auxílio para lidarem com as situações que vão enfrentar, pois necessitarão de muito mais calma e assertividade para lidar com as birras e choros, mantendo o carinho e afeto.

Deve-se ter em mente que crianças com deficiências necessitam de tratamento especializado, com acompanhamento interdisciplinar, sendo que o psicólogo que acompanha essa família deverá dar orientações aos pais em relação aos cuidados específicos para o sujeito atendido. Necessitam também de rotina, organização e apoio, de acordo com cada deficiência, assim como uma inclusão escolar e social adequadas. Também necessitam de ajuda para compreenderem algumas restrições que possuem ou passarão a ter, desenvolver a autopercepção adequada (é comum não perceberem suas próprias forças ou fraquezas, levando a comportamentos inadequados ou até mesmo perigosos). Seus pais necessitam de compreensão, acolhimento e apoio nos cuidados necessários.

Para auxiliar os pais na elaboração do luto, pode-se orientar a leitura do texto "Bem Vindo à Holanda", escrito em 1987 por Emily Perl Kingsley, no qual a autora relata sua experiência de ter um filho com deficiência, mostrando que a dor da perda do filho desejado nunca vai embora, porém, se os pais continuarem remoendo a perda, nunca estarão livres para apreciar o filho que possuem.

Com toda essa rede formada e cuidados oferecidos, pode-se garantir um melhor desenvolvimento emocional para a pessoa com deficiência e sua família.

Referências

Adolphs, R. (2010). What does the amygdala contribute to social cognition? *Annals of the New York Academy of Sciences, 1191*(1), 42.

Araújo, S. P., Vieira, V. D., Klem, S. C. S., & Kresciglova, S. B. (2017). Tecnologia na Educação: contexto histórico, papel e diversidade. *IV Jornada de Didática III Seminário de Pesquisa do CEMAD*, CEMAD, 920-928.

Batool, S. S., & Khurshid, S. (2015). Factors associated with stress among parents of children with autism. *Journal of the College of Physicians and Surgeons Pakistan, 25*(10), 752-756.

Capelatto, I., & Martins Filho, J. (2009). *Cuidado, Afeto e Limites: Uma combinação possível.* Campinas, SP: Papirus 7 Mares.

Capelatto, I., & Capelatto, I. (2012). *A Equação da Afetividade.* Campinas, SP: Papirus 7 Mares.

Capelatto, I., Capelatto, H., & Capelatto, I. (2014). Desenvolvimento Psicológico e Emocional. In S. D. Rodrigues, C. A. S. Azoni, & S. M. Ciasca. *Transtornos do Desenvolvimento: da identificação precoce às estratégias de intervenção.* (Cap. 3, pp. 63-73) Ribeirão Preto, SP: Book Toy.

Capelatto, I. (2015). Emoções. In S. M. Ciasca, S. D. Rodrigues, C. Azoni, & R. LIMA (Orgs.). *Transtornos de Aprendizagem: neurociência e interdisciplinaridade.* (Cap. 9, pp.115-125). Ribeirão Preto, SP: Book Toy.

Carretié L.; López-Martín S.; Albert J. (2010). Papel de la corteza prefrontal ventromedial en la respuesta a eventos emocionalmente negativos. *Revista de neurología, 50*(4), 245-252.

Estes, A., Munson, J., Dawson, G., Koehler, E., Zhou, X. H., & Abbott, R. (2009). Parenting stress and psychological functioning among mothers of preschool children with autism and developmental delay. *Autism, 13*(4), 375-387.

Estes, A., Olson, E., Sullivan, K., Greenson, J., Winter, J., Dawson, G., & Munson, J. (2013). Parenting-related stress and psychological distress in mothers of toddlers with autism spectrum disorders. *Brain and Development, 35*(2), 133-138.

Feudtner, C. (2002). Grief-love: contradictions in the lives of fathers of children with disabilities. *Archives of pediatrics & adolescent medicine, 156*(7), 643-643.

Gazzaniga, M. S., Ivry, R. B., & Mangun, G. R. (2006). *Neurociência Cognitiva: A Biologia da Mente.* (2a ed., pp. 555-594). Porto Alegre, RS: Artmed.

Hall, H. R., & Graff, J. C. (2011). The relationships among adaptive behaviors of children with autism, family support, parenting stress, and coping. *Issues in comprehensive pediatric nursing, 34*(1), 4-25.

Herlihy, L., Knoch, K., Vibert, B., & Fein, D. (2015). Parents' first concerns about toddlers with autism spectrum disorder: Effect of sibling status. *Autism, 19*(1), 20-28.

Kandel, I., & Merrick, J. (2007). The child with a disability: parental acceptance, management and coping. *The scientific world Journal*, 7, 1799-1809.

Karst, J. S., & Van Hecke, A. V. (2012). Parent and family impact of autism spectrum disorders: A review and proposed model for intervention evaluation. *Clinical child and family psychology review, 15*(3), 247-277.

Kearney, P. M., & Griffin, T. (2001). Between joy and sorrow: being a parent of a child with developmental disability. *Journal of advanced nursing, 34*(5), 582-592.

Kingsley, E. P. (*n.d.*). Welcome to Holland. Recuperado de: http://www.our-kids.org/Archives/Holland.html

Lent, R. (Coord.). (2008). *Neurociência da Mente e do Comportamento.* Rio de Janeiro, RJ: Guanabara Koogan.

CAPÍTULO 32

Ensino médio adolescência e inclusão

Sergio Cabo

O Ensino Médio

Formalmente, a Educação brasileira se inicia com a chegada da família real portuguesa, em 1808. Antes disso, era limitada **à ação de jesuítas**, e teve seus não mais de 20 estabelecimentos fechados após a sua expulsão. Porém, somente em 1834 – 12 anos após a independência do Brasil –, com a criação de um *Ato Condicional*, as províncias passaram a gerir, regular e promover a instrução pública em estabelecimentos próprios. Surgiram, então, os Liceus: o Ateneu, no Rio Grande do Norte, em 1835; e os Liceus da Bahia e da Paraíba, em 1836. Chamado de ensino secundário, a principal função era preparar o cidadão para acesso aos níveis superiores da educação (Rulian, 2010).

Em 1837, **é criado o Colégio D. Pedro II, considerado um marco e o primeiro passo para organizar o ensino secundário (Ensino Médio) regular.** Porém, até os anos de 1930, o ensino médio se manteve restrito a liceus voltados para a educação masculina, e as escolas normais para a educação feminina. Segundo Barbosa (2001), os liceus eram para elites latifundiárias e burocráticas. Ou seja, até 1930 o Ensino Médio tinha uma natureza propedêutica, voltada **à** preparação para a formação profissional. A partir de 1930, o Ensino Médio ganha um caráter profissionalizante, estimulado pelas necessidades da industrialização do país e passa a ter o objetivo de inserir o jovem no mercado de trabalho,

já que eram raras as oportunidades de acesso ao Ensino Superior. Esse forte interesse do mercado faz com que, em 1971, seja sancionada a Lei nº 5.692/71 (Brasil, 1971), que torna o ensino profissionalizante obrigatório para o Ensino Médio. Em meados dos anos 80, essa obrigatoriedade profissionalizante chega ao fim.

Somente em 1996, o Ensino Médio **é reconhecido** com uma das etapas da Educação Básica da Lei 9.394/1996 – também conhecida como LDB (Lei de Diretrizes e Bases para a Educação) (Brasil,1996). O seu artigo 35 determina que o ensino médio, etapa final da educação básica com duração mínima de três anos, teria como principais finalidades a consolidação e o aprofundamento dos conhecimentos adquiridos nas etapas escolares anteriores, a preparação básica para o trabalho e a cidadania do educando, a formação ética e o desenvolvimento da autonomia intelectual e do pensamento crítico e a compreensão dos fundamentos científico-tecnológicos, relacionando a teoria com a prática.

Em 2017, após a inclusão em 2014 do Plano Nacional de Educação (PNE) (Brasil, 2001) e segundo previsão na Constituição de 1988 (BRASIL, 1988), a Base Nacional Curricular Comum (BNCC) (Brasil 2017) recebe do Ministério da Educação (MEC) a terceira e última versão e é encaminhada ao Conselho Nacional de Educação (CNE). Com isso, o Ensino Médio – com duração de três anos, 800 horas e 200 dias letivos – passa a ser dividido em quatro áreas do conhecimento (incluídas pela Lei nº 13.415, de 2017), a saber: linguagens e suas tecnologias; matemática e suas tecnologias; ciências da natureza e suas tecnologias e ciências humanas e sociais aplicadas. As disciplinas obrigatórias passam a ser: Língua Portuguesa, Matemática, Biologia, Química, Física, Geografia, História, Sociologia, Filosofia, Arte, Educação Física e uma língua estrangeira moderna.

Até 1808	1834	1837	Até 1930	Até 1971	1971	1996	2018
Educação Jesuíta	*Ato Condicional* Primeiros Liceus	Colégio Pedro II	Oferta limitada e natureza propedêutica com liceus masculinos e femininos.	Voltado a profissionalizaçã o para o mercado de trabalho	Lei n. 5.692/71 Obrigatoriedade na profissionalização	Lei n. 9.394/96 Define o Ensino Médio como última etapa da Educação Básica	BNCC Ensino Médio dividido em 4 áreas do conhecime nto

A Base Nacional Comum Curricular (BNCC) definirá os direitos e objetivos de aprendizagem do Ensino Médio, conforme diretrizes do

Conselho Nacional de Educação, nestas áreas do conhecimento (Incluído pela Lei nº 13.415, de 2017). De acordo com o parecer CNE/CP nº 11/2009, em relação à divisão em áreas de conhecimento, a BNCC "não exclui necessariamente as disciplinas, com suas especificidades e saberes próprios historicamente construídos, mas, sim, implica o fortalecimento das relações entre elas e a sua contextualização para apreensão e intervenção na realidade, requerendo trabalho conjugado e cooperativo dos seus professores no planejamento e na execução dos planos de ensino".

Professor

Segundo Kuenzer (2011), a formação do professor do Ensino Médio deve conciliar "conhecimentos sobre o mundo do trabalho, conhecimentos científico-tecnológicos sobre a área ser ensinada, conhecimentos pedagógicos e formação em pesquisa" (Kuenzer, 2011, p. 683). Tal compreensão propõe que a formação do professor não termine na formação em Licenciatura e estabelece a necessária articulação entre formação inicial e formação continuada.

O Adolescente no Ensino Médio

Características Gerais

Apesar de "mais maduro", o aluno de Ensino Médio é um adolescente e, portanto, não tem mais o mesmo comportamento e nem as mesmas expectativas de um aluno mais novo. Adolescentes brasileiros apresentam diferentes realidades e, nesta fase da vida, podem tanto estar na escola ou em busca de empregos, como também podem estar morando com os pais.

De acordo com Tanner (1962), entende-se por adolescência a etapa que vai dos 12-13 anos (fim da infância) até por volta dos 20 anos de idade (início da vida adulta). Trata-se de um período de desenvolvimento e mudanças físicas, mentais, emocionais, sexuais e também sociais. Começa com mudanças corporais típicas da puberdade e acaba quando o indivíduo solidifica seu crescimento e sua personalidade, desenvolvendo progressivamente sua independência econômica e sua posição na sociedade.

Herculano-Houzel (2013) chama a atenção para a diferença entre puberdade e adolescência. Puberdade é somente o momento inicial, que ocorre em torno dos 11 anos para as meninas e 14 anos para os meninos, e marca a entrada na fase reprodutiva. A adolescência consiste em todo o período que se inicia na puberdade e estende-se até a chegada na idade adulta.

Segundo o que diz Fierro (1995), os adolescentes percebem que fazem parte de um grupo de indivíduos que possuem hábitos, roupas, valores e estilo de vida próprios, mas também passam a ter inseguranças, inquietudes e preocupações muito parecidas com as dos adultos, já não sendo mais as mesmas preocupações da infância.

Para Coleman (1992), a transição entre a fase de criança e a adulta, representada pela adolescência, é resultado de alterações internas (fisiológicas e emocionais) e pressões externas (pares, pais, professores e sociedade). Para o autor, duas teorias explicam o processo de transição: a teoria psicanalítica e a teoria sociológica. A teoria psicanalítica é centrada no desenvolvimento psicossexual do indivíduo e tem seu foco nos fatores psicológicos. A teoria sociológica foca na transição da base social do adolescente, particularmente na natureza das relações que o indivíduo assume, assim como nas expectativas desse indivíduo como membro da sociedade e na influência que recebe dos diversos meios de socialização.

Sono

O Sono é uma característica bastante presente, já que a grande maioria dos adolescentes dorme tarde. E com poucas horas de sono fica difícil se manter ativo nas primeiras aulas da manhã. O tempo de sono à noite tem um papel fundamental na saúde dos adolescentes, particularmente por estarem em momento de intenso aprendizado e diferenciação (Dollman, Ridley, Olds, & Lowe, 2007). Também tem um importante papel no seu bem-estar físico e psicológico, estando relacionado a problemas comportamentais e neurocognitivos, especialmente a transtornos de aprendizagem e déficit de atenção.

Estudos têm demonstrado que os adolescentes necessitam de 9 a 9,5 horas de sono por noite. Caso contrário, eles podem apresentar maior sonolência diurna e dificuldades de atenção e de concentração, resultando em um fraco desempenho escolar – além de variações do humor, distúrbios comportamentais, depressão e predisposição a acidentes (Ciampo, 2012).

Grupos

Para Conger (1980), o grupo de companheiros tem uma influência importante para que o indivíduo possa definir sua própria identidade e, das etapas de desenvolvimento de um adolescente, o sentido de identidade é uma das mais importantes. A influência do grupo é tão intensa, que acaba por interferir e definir padrões de comportamento, relações, gostos etc. A partir do momento em que essas relações evoluem para uma amizade mais concreta e confiável, o indivíduo acaba estabelecendo laços de confidências e intimidade maiores com seus colegas do que com seus próprios familiares (Lacerda, 1998).

Em seu livro "Diga-me com quem anda", Harris (1999) confirma essa influência, mostrando que a importância de um grupo para os adolescentes é tão grande que, mesmo sem a presença dos pais, o indivíduo seguiria seu desenvolvimento até a fase adulta. Nesse caso, as relações sociais em um grupo de amigos têm mais influência na criação e formação da personalidade do adolescente do que a sua própria família.

Sexualidade

A iniciação sexual está mais recente, mas o sexo continua a ser um marcador de "maturidade". Para Herculano (2005), é na adolescência que a preferência sexual entre homens e mulheres se manifesta. Segundo a neurocientista, cerca de 90 a 98% dos adolescentes apresentam interesse sexual.

De acordo com Vitiello (1994), a atividade sexual na adolescência começa entre os 15 e 16 anos, ou seja, ainda em idade escolar. Ainda segundo o autor, os professores não recebem apoio ou orientação para abordar esse assunto, limitando-se a falar somente sobre a biologia da reprodução.

No Brasil, a disciplina de Educação Sexual não é obrigatória nas escolas, sendo o tema tratado basicamente nas aulas de Biologia, o que limita o assunto aos aspectos fisiológicos da reprodução. A socióloga

Jacqueline Pitanguy (2008) alerta que a educação sexual não pode se limitar apenas aos aspectos biológicos, devendo se estender para a cidadania e os direitos humanos.

Drogas

Heradstveit, Skogen, Hetland, & Hysing (2017) destacam que a adolescência é um momento em que se torna comum fazer experiências com álcool e drogas ilícitas, e que a maior parte dos adolescentes que fazem uso de álcool e drogas não terão problemas com essas substâncias e nem problemas relacionados à escola. Porém, aqueles que apresentam distúrbios na utilização dessas substâncias desenvolverão problemas escolares e em um futuro trabalho. Os pesquisadores investigaram a associação entre uso de álcool e drogas com notas baixas (GPA) e baixa frequência escolar. De acordo com a pesquisa, mesmo após controladas as variáveis – sexo, idade, nível socioeconômico e problemas de saúde mental –, todas as associações entre o uso de álcool e drogas ilícitas e baixos resultados relacionados a problemas escolares se mantiveram estatisticamente significantes. Os resultados apontam que o uso de álcool e drogas **é um fator importante,** que, independentemente dos problemas de saúde mental, provoca problemas na atividade escolar.

A maconha é a droga de maior consumo entre os adolescentes e seu uso regular pode afetar o amadurecimento neuronal. Estudos demonstram que o uso de maconha em adolescentes contribui para o aumento de anormalidades cognitivas, doenças psicóticas, transtornos de humor e futuros usos ilícitos de substâncias (Tapert, Schweinsburg, & Brown, 2008). Segundo o autor, estudos mostraram que adolescentes apresentam déficits neurocognitivos relacionados ao consumo de maconha por pelo menos seis semanas após a descontinuação, particularmente na aprendizagem, memória e memória de trabalho.

Uma pesquisa desenvolvida por D'Orazio et al (2003) em uma escola em Goiás, relaciona a prevalência no uso de drogas nos alunos adolescentes e o desempenho escolar. O estudo investigou se os alunos do ensino médio tiveram alguma reprovação e se tiveram contato com alguma droga. A tabela abaixo mostra a associação nítida entre o uso de droga e a reprovação escolar, confirmando que o consumo de drogas apresenta uma forte relação com o histórico de reprovações escolares.

Período	Usou Drogas		Não Usou Drogas	
	Reprovou	Não Reprovou	Reprovou	Não Reprovou
Matutino	17,2% (*n*=64)	14,2% (*n*=53)	13,2% (*n*=49)	26,6% (*n*=99)
Noturno	15,3% (*n*=57)	5,1% (*n*=19)	4% (*n*=15)	4% (*n*=15)
Total	32,6% (*n*=121)	19,4% (*n*=72)	17,2% (*n*=64)	30,7% (*n*=114)

*Os dados numéricos apresentados na tabela indicam o percentual dos estudantes seguido do número absoluto, entre parênteses.

Nota. Fonte: D'Orazio *et al.* (2003), p. 311

Horta, Horta, Costa, Prado, Oliveira-Campos, & Malta, (2014) trazem uma visão mais ampla da prevalência do uso de drogas ilícitas no país. A região com maior índice é a Centro-Oeste, com 9,3%; seguida do Sul, com 8,8% e Sudeste, 8,5%. As regiões Norte e Nordeste apresentam índices mais baixos, com 5,4% e 5,0% respectivamente.

Uma nova realidade: o uso dos celulares

A atratividade dos celulares pode ser um grande fator de distração e desinteresse nas aulas. O uso benéfico de celulares em aula é nítido e não está em discussão nesse momento. Utilizar o aparelho para pesquisas, consultas de dúvidas em dicionários, discussões e, principalmente, no compartilhamento de conteúdos e informações é, sem dúvida, de extrema valia; porém, o que se observa é a utilização do aparelho para acesso a rede sociais, vídeos e outras atividades não inerentes à sala de aula, tirando a atenção e comprometendo os resultados acadêmicos.

O mundo virtual nos trouxe inúmeras vantagens e possibilidades de comunicação, principalmente após o desenvolvimento de aplicativos de redes sociais. Quem não tem reencontrado ou retomado relações com antigos amigos de rua, escola etc.? Porém, há também os aspectos negativos desse intenso contato, como a FOMO, ou Síndrome de Angústia por Estar Perdendo Algo (*fear of missing out*). Essa síndrome foi descrita pela primeira vez por Dan Herman (2000), e anos mais tarde por Andrew Przybylski, Murayama, DeHaan, Gladwell (2013) e Patrick McGinnis (2004), autor da nomenclatura, como o medo de que outras pessoas tenham boas experiências que você não tem.

Relvas (2019) ressalta que uma das maiores fobias atuais é a *nomofobia*, termo originado na Inglaterra a partir da expressão *no-mobile* (sem celular). A autora chama a atenção para o fato de que indivíduos com esse transtorno ansioso de *nomofobia* sentem-se desprotegidos e isolados quando não estão com seus celulares. Eles também podem desenvolver sensações de insegurança ou rejeição quando não se sentem correspondidos por chamadas ou mensagens.

A necessidade de estar sempre conectado para estar presente e atuante nas redes sociais está também presente durante as aulas, desviando a atenção e, consequentemente, dificultando o processo de aprendizagem.

Uma pesquisa realizada pela Fundação Getúlio Vargas (FGV) de São Paulo e que foi publicada na revista inglesa *Computers & Education* mostra que os estudantes têm apresentado um prejuízo acadêmico por diversas razões associadas ao uso do celular. Uma delas é porque não se darem conta do tempo que permanecem utilizando o aparelho. Segundo a pesquisa, os estudantes subestimam o tempo de uso: passam, em média, 230 minutos (4 horas) no celular, 48,5% de tempo a mais do que eles pensavam ser o tempo de uso (Felisoni & Godoi, 2018).

Na França, apesar de já existir uma lei de 2010 (http://www.education.gouv.fr/cid133479/interdiction-telephone-portable-dans-les--ecoles-les-colleges.html) que proíbe o uso de celulares durante as aulas, neste ano de 2018 entrou em vigor uma lei que proíbe o uso de celulares, tablets e qualquer outro dispositivo que tenha conexão com a internet em todas as escolas. A medida vale para os segmentos correspondentes ao Fundamental I e II no Brasil, ou seja, crianças de 6 a 15 anos. No caso do Liceu – nosso Ensino Médio –, a lei permite que haja a proibição, mas não há a obrigação da proibição. E em casos de alunos de inclusão, a lei permite uma maior flexibilização do uso. Essa lei visa, também, proteger os estudantes de sites pornográficos e violentos e do *cyberbulling*.

Nos Estados Unidos, um exemplo é a determinação da Suprema Corte do Estado de Nova Iorque, impedindo que os alunos entrem com seus celulares nas escolas públicas. Tal medida teve a aprovação do Departamento de Instrução do Estado.

No Brasil, observa-se a existência de Leis Estaduais que proíbem o uso de celulares em sala de aula ou, no caso de algumas mais rígidas, em qualquer ambiente onde haja atividade educacional. O Estado de São Paulo foi o primeiro do país a aprovar uma lei proibindo o uso do aparelho nas escolas estaduais (Lei Estadual 12.730/2007). De qualquer forma, o uso é constante e a gerência fica muito mais por conta do professor do que propriamente de uma regra ou cobrança da escola.

Uma afirmação comum em todas essas leis é a de que o uso do telefone pode diminuir a atenção dos alunos durante as aulas, ser um mecanismo de fraudes durante as avaliações e provocar problemas entre professores e alunos e alunos entre si, influenciando o rendimento escolar. Outro fator já citado é o *cyberbulling* com fotos ou filmes não autorizados e expostos em redes sociais.

Reflexões acerca do Ensino Médio e da inclusão

O crescente movimento de inclusão – baseado na composição de salas de aula inclusivas, numa escola para todos, em que jovens estudantes com deficiência partilham o espaço do ensino e da aprendizagem com os não-deficientes – é um processo contínuo, que se baseia em documentos internacionais, como a Declaração de Salamanca (UNESCO, 1994), e nacionais, como o documento da Política Nacional de Educação Especial na Perspectiva da Educação Inclusiva (Brasil, 2008).

A inclusão de pessoas com dificuldades específicas em instituições de ensino é o resultado de um processo histórico que ganha grande relevância no cenário da educação global na atualidade. É importante entender sua relação com a história da educação especial. O ideal da escola inclusiva, proposto por Semeghini (1988), argumenta que os alunos com necessidades educacionais especiais podem ser desenvolvidos junto com os demais alunos. Para isso, a escola tem que se adaptar às características e necessidades específicas de seus alunos, proporcionando as condições para o desenvolvimento de seu potencial individual a fim de obter sucesso acadêmico para todos, o que é um dos desafios fundamentais da inclusão.

Para Mantoan (2014), a inclusão envolve reconhecer e aceitar as diferenças entre os estudantes em processos educacionais para todos. Mas, no Ensino Médio, a proposta de inclusão parece ter desafios adicionais.

Uma característica que difere o Ensino Médio dos segmentos anteriores é a entrada de mais disciplinas diferentes ou desmembradas. Por exemplo, Ciências torna-se Biologia, Física e Química. Além disso, muitas matérias vão sendo desmembradas como Matemática I e Matemática II, Biologia I e Biologia II. Basicamente os Vestibulares são os responsáveis pelos conteúdos e metodologias.

Para muitas famílias, a escolha da escola é feita a partir dos resultados de aprovação nos exames de entrada nas universidades obtidos anteriormente. Para o jovem, fica a preocupação e a pressão para a escolha da formação profissional.

Outro ponto é que as aulas são expositivas, com maior quantidade de conteúdo. Paralelamente, há menos tempo de exercícios realizados em sala de aula, o que aumenta a carga de tarefas a serem realizadas em casa.

Os professores também apresentam peculiaridades nesta fase. Eles são horistas, em geral com cargas pequenas em cada turma (2 a 3 tempos semanais) distribuídas ao longo da semana, dificultando um contato maior com o aluno no dia a dia e, consequentemente, com o seu processo de aprendizagem. A formação universitária desses professores tem poucas disciplinas pedagógicas e pouca, – ou nenhuma – instrução para os transtornos de aprendizagem ou deficiências sensoriais.

Grande parte dos professores tem sua formação pedagógica adquirida muito mais na prática em sala de aula do que na sua formação pedagógica. Em geral, a atividade docente se inicia durante a sua formação acadêmica em cursos pré-vestibulares, sem que haja uma preocupação ou conhecimento de métodos de aprendizagem. Basicamente, as estratégias de ensino são expositivas e extremamente conteudistas, com a resolução de exercícios específicos dos exames de seleção. Não há uma preocupação com as diferenças entre os alunos, e muito menos com aqueles que necessitam de atenção especial.

Propostas de adaptações escolares no Ensino Médio

Na estrutura escolar

Tempo e distribuição das aulas

Tempos de aula não devem ter mais de 50 minutos. O ideal é utilizar esse tempo alternando as exposições com diferentes atividades, como apresentações de slides, vídeos ou a realização de um exercício ou leitura de um texto. Mora argumenta que a educação pode ser transformada para tornar a aprendizagem mais eficaz reduzindo, por exemplo, o tempo das aulas para menos de 50 minutos para que os alunos sejam capazes de manter a atenção (Mora, 2013). Por esta razão, tempos duplos (ou duas aulas seguidas do mesmo professor) significam obviamente o dobro do tempo, exigindo muito mais da atenção do aluno, e devem ser evitados. Abaixo está uma proposta de redistribuição de um turno de ensino médio.

Biologia	Biologia
Biologia	Geografia
Geografia	Física
Geografia	Geografia
Física	Biologia
Física	Física

Quantidade de Alunos

Com uma quantidade menor de alunos é mais fácil para o professor manter a atenção e acompanhar de perto as atividades que estão sendo desenvolvidas.

De acordo com a Organização para a Cooperação e Desenvolvimento Econômico (OCDE, 2018), o Brasil tem nas suas escola públicas uma média de 37 alunos por sala de aula no primeiro ano de Ensino Médio e, na relação professor/aluno, são 22 estudantes para um professor. Esses dois dados têm influência direta sobre a quantidade de trabalho dos professores e a qualidade do ensino. O estudo não determina uma quantidade certa de alunos em uma sala de aula, porém, confirma que, o processo de aprendizagem é beneficiado em sala menores porque elas permitem que o professor se concentre melhor nas necessidades individuais dos estudantes.

Em seu livro *Visible Learning*, John Hattie (2008) mostra que o tamanho da turma não importa. A pesquisa demostrou que, apesar de parecer óbvio que uma diminuição no número de alunos de uma turma melhora a qualidade do ensino, turmas muito pequenas também apresentam problemas como a diminuição na diversidade de opiniões (Gladwell 2014) e um aumento na possibilidade de problemas de relação entre os estudantes. Para impedir essas situações é necessário que o professor diversifique suas estratégias pedagógicas de forma a melhorar a atenção que cada aluno receberá.

No Brasil, em 2007, a Comissão de Educação e Cultura aprovou um substitutivo aos projetos de lei 597/07, estabelecendo o limite máximo de 25 alunos por professor durante os cinco primeiros anos do Ensino Fundamental, e de 35 alunos nos últimos quatro anos do Ensino Fundamental e no Ensino Médio.

Na sala de aula

Posicionamento em sala

Muitos alunos tendem a procurar os lugares mais ao fundo ou encostados na parede. Dessa forma, se posicionam mais distante do professor, evitando uma maior exposição; ou se colocam apoiados na parede, sendo mais fácil tentar dormir. No caso de alunos com déficit atencional, esta é uma postura típica. Em dezembro de 2018, a Lei nº 8192 foi promulgada. Ela obriga as escolas públicas e privadas, no âmbito do Estado do Rio de Janeiro, a disponibilizarem cadeiras em locais determinados aos portadores de transtorno de Déficit de Atenção e Hiperatividade – TDAH (Lei 8192/ do Rio de Janeiro). Essa lei vem ao encontro de muitas orientações e práticas para que esses estudantes possam se posicionar mais próximo ao professor, auxiliando na atenção.

Por outro lado, deve-se atentar para alunos com comportamento disruptivos. Estes alunos não devem ser colocados na frente, pois ficam em evidência, o que pode aumentar a quantidade de comportamentos inadequados (Soares, 2018).

No caso de alunos com algum tipo de deficiência visual, é melhor que se posicionem mais próximos ao professor, de forma a ter uma melhor audição e proximidade para o uso de recursos táteis quando necessários. É de extrema relevância a conscientização dos demais alunos sobre a importância da manutenção de um ambiente menos barulhento para favorecer uma boa audição para os deficientes visuais.

Só tecnologia em sala de aula?

Perrenoud (2000) afirma que a escola deve oferecer ao aluno a oportunidade de acesso às tecnologias a fim de cumprir o seu papel social. Para que a aplicação das tecnologias da informação e da comunicação (TIC's) possam ser eficazes para a educação é necessário que o professor reveja sua prática pedagógica, para que o uso dessas tecnologias consiga superar as limitações e aumentar as potencialidades que possuem (Fischdick e Oliveira 2013).

A utilização de vídeos também é sempre um recurso válido, que desperta mais interesse, mas é indicado que sejam mais curtos ou com uma dinâmica que evite a desatenção. Fischdick e Oliveira (2013) demonstraram que o uso de vídeo como recurso didático auxilia na construção e na compreensão dos conceitos, contribuindo, assim, para uma aprendizagem mais significativa.

O uso de tecnologias – não só pelos adolescentes, mas por todas as pessoas – é uma realidade indiscutível, assim como suas aplicações nos processos de aprendizagem. As transparências foram substituídas por projeções de slides, os videocassetes por sites de vídeos e, em alguns casos, os quadros negros por lousas digitais. Porém, algumas práticas que talvez sejam consideradas antigas mantêm sua eficiência no processo de aprendizagem.

É extremamente importante que o aluno copie os conteúdos escritos no quadro. Atualmente, muitos alunos têm feito fotos do quadro para estudar posteriormente. Ao copiar, há o estímulo para a memória visual do que está sendo apresentado, sendo mais fácil estudar posteriormente. James e Engelhardt (2012) descobriram que quando as crianças escreviam as palavras à mão apresentavam uma ativação de áreas do cérebro correspondentes as de adultos quando leem ou escrevem. Berninger (2017) sugere que, quando se escreve à mão, a mente fica mais envolvida no processo, ajudando na atenção ao que está sendo escrito.

Worthington e Levasseur (2015) mostram que o uso de computadores e recursos audiovisuais que os professores produzem nem sempre são garantia de um melhor aprendizado, e que algumas das antigas estratégias podem superar certas tecnologias. Demonstraram também que o fornecimento de apresentações tipo slides prontos aos alunos não teve qualquer influência na assiduidade do grupo, além do que, o grupo que apenas recebeu o material, sem copiar, apresentou resultados inferiores aos daquele que havia copiado.

A prática de fichamento desenvolve, igualmente, mais organização e uma visão geral dos conteúdos, auxiliando na memorização e na compreensão do conteúdo. Além de ser uma técnica de estudo, é também uma estratégia de pesquisa. Lankshear e Knobel (2008) ressaltam que uma das vantagens do arquivamento é que as fichas podem ser colocadas sobre a mesa, tornando mais fácil o manuseio e a pesquisa.

Livros do tipo volume único, assim como as apostilas, costumam ter uma maior objetividade, facilitando a leitura de alunos com dificuldades.

Basicamente, as diferenças entre os livros de um único volume e aqueles divididos em 3 volumes correspondentes às três séries do ensino médio são: os assuntos são apresentados de forma mais direta, resumida, com definições e conceitos bem explicitados e, uma menor quantidade de textos de apoio. O nível de aprofundamento também é diferente, apesar deste fator também variar de acordo com os autores dos livros.

Desenho universal para aprendizagem

Segundo Vaz, Souza Paulino, Bazon, Kiill, Orlando, Reis e Mello (2012), para o processo de aprendizagem, é essencial o uso e o desenvolvimento de ferramentas e recursos para auxiliar na aquisição de conceitos. Dentro da ideia de que o aprendizado engloba aspectos visuais, auditivos e cinestésicos, a alternância e o desenvolvimento de práticas que estimulem esses três meios se tornam muito importantes. O desenvolvimento de materiais pedagógicos que contemplem esses três estímulos se torna fundamental para a aprendizagem.

Na sala de aula, os materiais didáticos podem favorecer ou não a aquisição de conhecimento e, em alguns casos específicos como, por exemplo, a deficiência visual, esses materiais exigem um ajuste ao seu quadro perceptivo. A especificidade de alguns casos exige uma adequação ou adaptação maior para esses materiais, porém, um recurso bastante eficiente é o desenvolvimento de materiais que atendam a todas as diferenças e que possibilitem que os objetivos sejam atingidos igualmente por todos os alunos.

Nesse sentido, o desenvolvimento dos materiais pedagógicos deve, sempre que possível, seguir os conceitos do desenho ou *design* universal. O *design* universal foi definido pelo *Center for Universal Design* (1997) como "o *design* de produtos e ambientes a serem utilizados por todas as pessoas, na medida do possível, sem a necessidade de adaptação ou *design* especializado". Os projetos arquitetônicos a serem desenvolvidos neste princípio devem compreender sete princípios: uso equitativo, flexibilidade no uso, uso simples e intuitivo, informações perceptíveis, tolerância a erros, baixo esforço físico e tamanho e espaço para abordagem e uso.

O conceito geral de desenho universal foi, então, trazido para a Educação. Segundo Meyer & O'Neill (2000), o uso do desenho universal fornece uma maneira de estabelecer melhores condições para a aprendizagem de todos os alunos. O objetivo não é padronizar a educação, mas disponibilizar oportunidades para que cada um, de acordo com suas características, desenvolva ao máximo suas expectativas.

Referências

Barbosa, C. (2001). *A rede pública de Ensino Médio em Ilhéus:* análise de um trajeto histórico, décadas de 1940/1980. Ilhéu.

Berninger, V. W., Richards, T. L., & Abbott, R. D. (2017). Brain and Behavioral Assessment of Executive Functions for Self-Regulating Levels of Language in Reading Brain. *Journal of nature and science, 3*(11).

Brasil. (1996). *Diretrizes e Bases da Educação Nacional* – LDBEN. Ministério da Educação. LEI N° 9.394.

Brasil. (2001). *Plano Nacional de Educação.*

Brasil. (1988). *Constituição Federal.* Promulgada em 5 de outubro de 1988. Disponível em <http://www.planalto.gov.br/ccivil_03/constituicao/constituição.htm>.

BRASIL. (2017). Base Nacional Comum Curricular (BNCC). *Educação é a base.* Brasília, MEC/CONSED/UNDIME, 2017.

BRASIL. (2007). *Projeto de lei 597/07*

BRASIL. (2018). *Lei 8192/18* | Lei n° 8192 de 04 de dezembro de 2018. do Rio de janeiro

Burton, H. (2003). Visual cortex activity in early and late blind people. *Journal of Neuroscience, 23*(10), 4005-4011.

Cardinall, S. M. M., & FERREIRA, A. C. (2010). A aprendizagem da célula pelos estudantes cegos utilizando modelos tridimensionais: um desafio ético. *Revista Benjamin Constant, Rio de Janeiro, 46*(46), 5-12.

Ciampo, L. A. del. (2012). O sono na adolescência. *Adolesc. Saude.* 9(2), p. 60-66. https://emais.estadao.com.br/noticias/comportamento,educacao-e--o-melhor-contraceptivo-brasil-tem-piores-indices-de-educacao-sexual--na-america-latina,10000099685

Coleman, J. C. (1992). Current views of the adolescent process. In J. C. Coleman. (Ed.). *The school years:* current issues in the socialization of young people (p. 1-23). London: Routledge.

CONAE. (2014). *Conferência Nacional de Educação: documento – referência / elaborado pelo Fórum Nacional de Educação.* Brasília: Ministério da Educação, Secretaria Executiva Adjunta.

CONGER, J. *Adolescência Geração Sob Pressão*. São Paulo: Harper e Row do Brasil, 1980.

D'Orazio, W. P. S., de Carvalho, S. A., de Lima, T. H., Borges, A. A. T., Picoli, M. C., de Lima Marques, A. C., ... & Alves, M. A. S. B. (2013). Uso de drogas e desempenho escolar entre jovens e adolescentes do ensino médio de uma escola pública de Pires do Rio–GO. *Holos, 5*, 305-314.

Di Marzo, V., Bifulco, M., & De Petrocellis, L. (2004). The endocannabinoid system and its therapeutic exploitation. *Nature reviews Drug discovery, 3*(9), 771.

Dollman, J., Ridley, K., Olds, T., & Lowe, E. (2007). Trends in the duration of school-day sleep among 10-to 15-year-old South Australians between 1985 and 2004. *Acta Paediatrica, 96*(7), 1011-1014.

Felisoni, D. D., & Godoi, A. S. (2018). Cell phone usage and academic performance: An experiment. *Computers & Education, 117*, 175-187.

Fischdick, A., & Oliveira, J. M. P. (213). Um estudo sobre a contribuição do uso de vídeo/filmes no ensino de ciências. Os desafios da escola pública paranaense na perspectiva do professor. *Cadernos PDE*.

Fierro, A. (1995). Relações sociais na adolescência. In C. Coll, J. Palacios, & A. Marchesi. *Desenvolvimento psicológico e educação: psicologia evolutiva*. Porto Alegre, RS: Artes médicas.

Gladwell, M. (2013). *David and Goliath: Underdogs, misfits, and the art of battling giants*. Hachette UK.

Hattie, J. (2008). *Visible learning: A synthesis of over 800 meta-analyses relating to achievement*. Routledge.

Harris, J. (1999). *Diga-me com quem anda*. Rio de Janeiro, RJ: Editora Objetiva.

Herculano-Houzel, S. (2013). *O cérebro adolescente: a neurociência da transformação da criança em adulto*. Rio de Janeiro, RJ: Editora Vieira e Lent.

Herman, D. (2000). Introducing short-term brands: A new branding tool for a new consumer reality. *Journal of Brand Management*, 7(5), 330-340.

Herman, D. (2011). *The Fear of Missing Out*: Recuperado de: http://www.danherman.com/The-Fear-of-Missing-Out-(FOMO)-by-Dan- Herman.html Acesso em 3 de março de 2017.

Heradstveit, O., Skogen, J. C., Hetland, J., & Hysing, M. (2017). Alcohol and illicit drug use are important factors for school-related problems among adolescents. *Frontiers in psychology*, 8, 1023.

Horta, R. L., Horta, B. L., Costa, A. W. N. D., Prado, R. R. D., Oliveira-Campos, M., & Malta, D. C. (2014). Lifetime use of illicit drugs and associated factors among Brazilian schoolchildren, National Adolescent School-based Health Survey (PeNSE 2012). *Revista Brasileira de Epidemiologia, 17*, 31-45.

James, K. H., & Engelhardt, L. (2012). The effects of handwriting experience on functional brain development in pre-literate children. *Trends in neuroscience and education, 1*(1), 32-42.

Kuenzer, A. Z. (2011). O ensino médio no Plano Nacional de Educação 2011-2020: superando a década perdida? *Educação & Sociedade, 31*(112), 851-873.

Lacerda, C. A. O. P., & Lacerda, M. P. (1998). *Adolescência: problema, mito ou desafio?* (2a ed.) Rio de Janeiro, RJ: Vozes.

Lankshear, C. & Knobel, M. (2008). *Pesquisa pedagógica:* do projeto à implantação. Porto Alegre, RS: Artmed, 2008.

Mantoan, M. T. E. (n.d.). *Todas as crianças são bem-vindas à escola.* 2014. Disponível em: http://www.pro-inclusao.org.br/textos.html#topo

McGinnis, P. (2004). Social theory at HBS: McGinnis' two FOs. *The Harbus, 10*(5).

Meyer, A. & O'neill, L. (2000). Beyond access: Universal design for learning. *Exceptional Parent*, 30(3), p. 59-61.

Mora, F. (2013). *Neuroeducación: solo se puede aprender aquello que se ama.* Madrid: Alianza Editorial.

NC STATE UNIVERSITY. (1997). *The Center for Universal Design.* Recuperado de: https://projects.ncsu.edu/design/cud/about_ud/udprinciplestext.htm

OECD (2018), *Effective Teacher Policies:* Insights from PISA, PISA, OECD Publishing, Paris.

OMS – ORGANIZAÇÃO MUNDIAL DA SAÚDE. (*n. d.*) *Administração da OMS.* Disponível em: http://www.who.int/governance/en/index.html

Perrenoud, P. (2000). *Dez novas competências para ensinar.* Porto Alegre, RS: Artmed.

Pitanguy, J. (2008). Gênero, violência e saúde. In A. Aguiar. Saúde, corpo e sociedade. *Ciencia* & Saúde Coletiva, 2008. 13. 10.1590/S1413-81232008000700030.

Przybylski, A. K., Murayama, K., DeHaan, C. R., & Gladwell, V. (2013). Motivational, emotional, and behavioral correlates of fear of missing out. *Computers in Human Behavior, 29*(4), 1841-1848.

Relvas, M. (2018). *Cérebro: contextos, nuances e possibilidades.* Rio de Janeiro, RJ: Wak.

Rulian R. dos S. (2010). Breve Histórico do Ensino Médio o Brasil. Seminário Cultura e Política na Primeira República: Campanha Civilista na Bahia – UESC.

Rubino, T., Zamberletti, E., & Parolaro, D. (2012). Adolescent exposure to cannabis as a risk factor for psychiatric disorders. *Journal of psychopharmacology, 26*(1), 177-188.

Sacks, O. (1996). *Um Antropólogo em Marte.* São Paulo, SP: Cia das Letras.

Sacks, O. (2002). *Vendo vozes: uma viagem ao mundo dos surdos.* São Paulo, SP: Companhia das Letras.

Santos, R. R. (2010). Breve histórico do Ensino Médio no Brasil. *Seminário Cultura e Política na Primeira República: Campanha Civilista na Bahia.*

Semeghini, I. (1998). A escola inclusiva investe nas potencialidades do aluno: tópicos para a reflexão com a comunidade. In R. C. R. C. Baumel, & I. SEMENGHINI *Integrar/incluir: desafio para a escola atual.* São Paulo, SP: FEUSP.

Soares, A. M. (2018). *Por Que Vou Ao Psicopedagogo?* Belo Horizonte, MG: Artesã Editora.

Tanner, J. M. (1962). *Growth at Adolescence with a General Considerationonthe Effects of Hereditary and Environmental Factors Upon Growth and Maturation from Birth to Maturity.* Blackwell.

Tapert, S. F., Schweinsburg, A. D., & Brown, S. A. (2008). The influence of marijuana use on neurocognitive functioning in adolescents. *Current drug abuse reviews, 1*(1), 99-111.

UNESCO. (1994). Declaração de Salamanca. Linha de ação sobre necessidades educativas especiais. *Brasília: Corde.*

Vaz, J. M. C., de Souza Paulino, A. L., Bazon, F. V. M., Kiill, K. B., Orlando, T. C., dos Reis, M. X., & Mello, C. (2012). Material didático para ensino de biologia: possibilidades de inclusão. *Revista brasileira de pesquisa em educação em ciências, 12*(3), 81-104.

Vitiello, N. (1994). *Reprodução e sexualidade.* São Paulo, SP: Ceich.

Worthington, D. L., & Levasseur, D. G. (2015). To provide or not to provide course PowerPoint slides? The impact of instructor-provided slides upon student attendance and performance. *Computers & Education, 85*, 14-22.

Volkow, N. D., Swanson, J. M., Evins, A. E., DeLisi, L. E., Meier, M. H., Gonzalez, R., ... & Baler, R. (2016). Effects of cannabis use on human behavior, including cognition, motivation, and psychosis: a review. *JAMA psychiatry, 73*(3), 292-297.

PARTE 3

Formação docente e processos de capacitação profissional

CAPÍTULO 33

Curso on-line sobre a dislexia: direções na formação de professores

Ângela Vieira Pinheiro
Tatiana Corrêa Linhares
Eni de Faria Sena
Josiane Ludovico

A dislexia do desenvolvimento, comumente chamada dislexia, é uma condição neurobiológica crônica e persistente ao longo da vida, que afeta a aprendizagem da leitura e da escrita. Caracteriza-se pela presença de défices em funções cognitivas específicas não provenientes de incapacidades intelectuais, motivacionais, educacionais e familiares, tampouco de problemas sensoriais, emocionais e socioeconômicos (APA, 2014). Desta forma, a dislexia deve ser identificada e manejada nos primeiros anos de escolaridade sob pena de gerar sérias dificuldades de leitura e de escrita, além de comprometer outros aspectos da vida da criança.

O domínio fraco ou insuficiente da leitura pode impor ao indivíduo limites a sua capacidade geral de aprendizagem e a sua realização de atividades cotidianas simples (como a leitura e a escrita de documentos, de e-mails e de instruções). Tais limitações, frequentemente, impactam negativamente a autoestima do disléxico e seu convívio com os pares, com a família e com o contexto social, o que, a longo prazo, pode repercutir no seu sucesso profissional e na sua realização pessoal.

Assim, torna-se fundamental que a escola e os professores sejam capazes de identificar e saber o que fazer diante de uma criança disléxica. O fracasso vivenciado por essa criança não está relacionado somente a ela, mas também à sua família, a todo o sistema educacional, incluindo os professores e a sociedade.

Estudos apresentados em seminário que abordou a relação entre delinquência e problemas de aprendizado de leitura (https://www.dyslexia-international.org/lectures-and-webinars-2) mostram que, dentre o alto percentual de analfabetos na prisão, um número desproporcional apresenta dislexia. Nessa direção, o relatório da Fundação KPMG, de 2006, analisou os custos a longo prazo e no geral para a sociedade, quando o analfabetismo decorrente da dislexia é ignorado. São eles, desemprego e problemas de saúde mental, bem como os gastos incorridos devido a comportamento antissocial, como abuso de drogas, gravidez precoce e a criminalidade. Pritchard e Butler (2011) encontraram que, em amostra de alunos excluídos da escola, 63% tinham condenações criminais aos 24 anos de idade (com um risco significativo de envolvimento em crimes violentos) e uma taxa de suicídio equivalente a 19 vezes a taxa nacional da Inglaterra para a idade dos participantes.

Os achados mostram que as consequências e custos sociais do fracasso na aprendizagem da leitura, independentemente do país, além de não serem triviais, poderiam ser amenizados por meio de políticas educacionais voltadas para a preparação das escolas e dos professores para lidar adequadamente com a dificuldade de aprendizagem das crianças, o que nos remete à formação de professores e às modalidades dessa formação, incluindo o ensino a distância.

Em paralelo, de acordo com o caráter constitucional indissociável da educação universitária brasileira, a extensão figura ao lado do ensino e da pesquisa, estabelecendo diálogo entre o meio acadêmico e a sociedade. Ademais, a oferta de atividades de extensão está em congruência com o avanço das políticas de educação a distância das universidades (Corradi, 2015, Ferreira & Loguercio, 2017, Paschoalino, Boaventura, Machado, & Corradi, 2015).

Nesse contexto, apresentamos aqui os resultados da primeira oferta (dentre quatro ofertas) do curso a distância Dislexia: Causas e Consequências" (DCC), que, por sua vez, é um dos produtos do projeto de pesquisa e de extensão "Integração entre o saber acadêmico e a educação básica: novas perspectivas para o alfabetizador" (Pinheiro, 2014), desenvolvido no Departamento de Psicologia, da Universidade Federal de Minas Gerais (UFMG). O caráter extensionista desse projeto tem contribuído com a função social de ampliação do acesso da população à educação e aos instrumentos de qualificação/formação profissional dentro da universidade. No caso do DCC, o curso disponibiliza conhecimentos sobre a leitura e seus distúrbios, com base nos fundamentos da ciência da educação, das neurociências e da psicolinguística.

Essa oferta encontrou uma grande demanda por parte do público alvo, expressa por mais de dez mil pré-inscrições, após a publicação do edital de seleção. Além desse elevado número de interessados, foram enviados muitos e-mails indagando a respeito de próximas ofertas do curso. Assim, com o presente trabalho, esperamos atingir dois objetivos: a) fazer uma análise dos resultados dessa primeira oferta curso, com vistas a aprimorá-lo e b) averiguar a forma mais eficaz de atendermos à demanda gerada pelo DCC desde a sua supracitada primeira oferta. A nossa expectativa é a de que os nossos achados nos orientem sobre como e onde aprimorar o DCC e sobre a maneira mais eficaz de seleção do público para as próximas ofertas do curso.

Método

O estudo consiste na descrição da experiência da referida primeira oferta do DCC e na comparação entre duas turmas distintas, selecionadas da amostra geral dessa oferta. Iniciaremos pela apresentação do panorama geral do curso e a seguir passaremos à análise das turmas tomadas aqui como foco.

Panorama geral da oferta 2016 do DCC

A chamada para o curso se deu por edital aberto a todas as regiões do Brasil, publicado em março de 2016 pelo Centro de Apoio à Educação a Distância (CAED/UFMG). Foram ofertadas 320 vagas, distribuídas entre três perfis de cursistas: 150 para estudantes de Pedagogia; 150 para professores da Educação Básica e 20 para profissionais atuando na Educação Básica, sendo que cada perfil preencheu 47%, 47% e 6% do total das vagas, respectivamente.

O procedimento de instalação do curso seguiu as seguintes etapas: a) pré-inscrição; b) seleção das inscrições válidas, conforme os critérios estabelecidos pelo edital; c) seleção dos candidatos de acordo com o número de vagas ofertadas; e d) matrícula dos candidatos selecionados.

A primeira etapa atraiu 10.060 candidatos, número que, já na segunda etapa caiu para 4.000, uma vez que muitos não puderam efetivar as suas inscrições por não satisfazerem às exigências do edital, resultando assim na eliminação de 9.660. A seguir, 500 candidatos elegíveis (incluindo os da lista de espera) foram selecionados via sorteio. Finalmente, na quarta etapa, desses 500 candidatos, apenas 347 acessaram o curso no período de 72 horas e foram matriculados no DCC. Estes foram distribuídos em nove turmas. Cada uma dessas turmas foi acompanhada por um tutor.

Essa primeira oferta do DCC contou ainda com uma segunda amostra: um grupo de 28 profissionais da Secretaria Municipal de Educação (SMED), de Sapiranga, uma cidade situada na zona metropolitana de Porto Alegre, no do Rio Grande do Sul, com 79.946 habitantes. Essa amostra, selecionada por conveniência como controle, formou uma única turma, que, por sua vez, foi conduzida por um único tutor.

A amostra total dos alunos matriculados no curso constituiu-se, pois, de dois grupos distintos de cursistas selecionados de formas também distintas. O primeiro, chamado de "Amostra Aleatória" (N=347), é de caráter heterogêneo, uma vez que foi formado por homens e mulheres de diferentes regiões do Brasil, selecionadas aleatoriamente via edital e distribuídos de acordo os três perfis previamente estipulados, sendo os dois últimos formados por profissionais de diferentes redes de ensino. O segundo grupo, chamado de "Amostra de Conveniência" (N=28), é de caráter homogêneo, uma vez que foi formado apenas por mulheres provenientes de uma única rede de ensino da educação básica, em uma única cidade do Brasil e selecionadas por conveniência.

Quanto à amostra de tutores, tanto os nove que acompanharam as turmas selecionadas de forma aleatória (77,77% do sexo feminino e com diferentes formações), quanto a tutora da turma de conveniência receberam formação para atuação em Ambiente Virtual de Aprendizagem (AVA) pelo CAED/UFMG e sobre o conteúdo específico do DCC, pela equipe do projeto.

Ao final do curso, da amostra total de alunos que o iniciaram (N=375, sendo 347 da amostra aleatória e 28 da amostra conveniência) 135 (38,90%) abandonaram o curso em diferentes momentos a partir do período de ambientação. Dentre os 212 alunos ativos, 62% foram aprovados, sendo que a proporção de aprovação foi 58% para o perfil 1, 66% para o perfil 2 e 82% para o perfil 3.

Com base nesses dados, focalizaremos aqui a comparação do desempenho de uma das turmas da Amostra Aleatória com o desempenho da turma da Amostra de Conveniência, (doravante referidas como

Turma A, e Turma B, respectivamente). A primeira é composta por um grupo heterogêneo (com integrantes com diferentes perfis e originários de diferentes regiões e cidades no Brasil), e a segunda, por um grupo com características opostas às do primeiro grupo: as cursistas e a tutora provieram de uma única cidade (Sapiranga), e da mesma rede de ensino.

Amostra

Foi constituída pela tutora (doutora em educação e currículo. Pós-doutoranda em Psicologia/ Cognição e Linguagem). e cursistas Turma A e pela tutora (fonoaudióloga e psicopedagoga institucional e clínica). Especialista em dificuldade de aprendizagem, e em tecnologias de informação e de comunicação). e cursistas da Turma B. A escolha da Turma A se deu por duas razões: a) pelo seu número de alunos ativos no início do curso (28), que foi o mesmo da Turma B; e b) pelo papel de liderança e de suporte técnico-pedagógico da tutora desta turma (que equivaleu ao papel da tutora da Turma B), que favoreceu a execução de uma tutoria de qualidade ao longo do curso. Os detalhes sobre os cursistas das duas turmas são apresentados na Tabela 1 (em Resultados).

Instrumentos

Os instrumentos utilizados consistiram no próprio curso Dislexia: Causas e Consequências (DCC), implantado no AVA–MOODLE, e de um Questionário Identificação para Professores (QI).

O DCC é formado por cinco partes, disponibilizadas em abas específicas: "Entrada" (apresentação do curso, dos tutores, da organização e cronograma do curso e dos fóruns de comunicação); "Ambientação" (apresentação do AVA–MOODLE; atividades de apresentação e interação entre cursistas e tutores) e três abas com as unidades do curso propriamente dito: "Unidade 1" – Dislexia: definição, causas e consequências; "Unidade 2" – Aprendizagem e desenvolvimento da leitura e "Unidade 3" – Por que a leitura é tão difícil para os disléxicos?.

O curso tem carga horária de 60 horas, ministradas de 9 a 10 semanas e exige uma dedicação média de cinco a seis horas semanais. O seu conteúdo é de caráter interdisciplinar e baseado em conhecimento atualizado sobre a dislexia produzido pelo corpo de disciplinas conhecido como Ciência da Leitura (Snowling & Hulme, 2007).

Em seu decorrer, o aluno realiza atividades de fixação da aprendizagem, que não são pontuadas, e atividades avaliativas, estas pontuadas. A avaliação de cada unidade termina com um questionário fechado chamado "Teste da Unidade", contendo questões de diferentes formatos que abrangem todo o conteúdo da Unidade. As atividades fechadas são acompanhadas de *feedback* imediato e as abertas são avaliadas pelos tutores com base em critérios objetivos de correção pré-estabelecidos e em exemplos de boas respostas. Na oferta em pauta, a devolução aos alunos era feita pelos tutores tanto de forma individual quanto em grupo por meio do fórum de discussão.

O segundo instrumento, o QI, disponibilizado na plataforma, é composto por questões sobre as características sociodemográficas do cursista, apresentadas na Tabela 1.

Procedimentos

A primeira semana do curso iniciou-se com o preenchimento do QI, seguido da leitura das informações apresentadas na aba Entrada e pela interação com o ambiente virtual. As semanas subsequentes foram distribuídas em igual quantidade para as três unidades do curso. Durante esse período, após a leitura dos materiais recomendados, os alunos realizavam atividades de fixação e avaliativas, ambas disponibilizadas em pontos estratégicos de cada unidade. Em conjunto, as atividades avaliativas possibilitam a obtenção da certificação, emitida pelo CAED/UFMG, mediante o alcance de no mínimo 70% de aproveitamento.

Resultados

Os dados dos cursistas das Turmas A e B são apresentados na Tabela 1. O desempenho da Turma B foi superior ao da Turma A em quase todos os aspectos analisados (Tabela 2). Nessa turma a porcentagem de alunos inscritos que nunca acessaram o curso foi menor (12,5% contra 20%), assim como a de evasão do curso (15,6% contra 28,6%). Em ambas as turmas as evasões ocorreram nas Unidades 1 e 2, sendo a maior proporção de desistência na Unidade 1. Igualmente, a proporção de cursistas aprovados em cada turma foi maior para a Turma B (95,7% contra 88,9%), na qual houve predomínio do conceito A (72,7%), seguido de conceito B (22,7%) e de conceito C (4,6%). Já na Turma A, o conceito B (56,2%) foi obtido pela maioria, seguido do conceito C (37,5%) e este pelo conceito A (1,66%). Apesar do melhor desempenho da Turma B em relação ao da Turma A, o índice de reprovação em ambas as turmas (4,4% contra 11,11%) pode ser considerado baixo.

Tabela 1 – Distribuição dos cursistas da Turma A (N = 35) e Turma B (N = 32) por perfil sociodemográfico e por categorias conforme o edital de seleção.

Categoria	Característica	Turma A	Turma B
Perfil Sociodemográfico	Sexo feminino (%)	100	100
	Amplitude de idade (em anos)	27 a 50	28 a 53
	Região de origem no Brasil	5 regiões	Sul
Categorias do Edital (Formação/ Ocupação)	Estudantes de Pedagogia (%)	22,9	0
	Professoras da educação básica (%)	68,6	64,3
	Profissionais atuantes na educação básica (%)	8,6	35,7

Nota. Fonte: dados das autoras, 2016.

Ainda sobre o desempenho geral das duas turmas, um último dado que reforça o melhor desempenho da Turma B em relação à Turma A e a maior porcentagem de alunas que realizaram as atividades do curso em cada unidade e para o total das unidades do DCC, sendo a média de alunas que realizou o conjunto de atividades 23,55 e 19,38 para as Turmas B e A, respectivamente.

Tabela 2 – Detalhamento do número e da proporção de inscrições, evasão e aprovação dos cursistas ativos das Turmas A e B, durante o início, meio e final do curso.

Fase	Critério	Turma A		Turma B	
		N	%	N	%
Início	Alunos inscritos no início do curso	35	100	32	100
	Alunos que nunca acessaram o ambiente do curso	7	20	4	12,5
	Alunos ativos no início do curso	28	80	28	87,5

Fase	Critério	Turma A			Turma B	
		N	%		N	%
Final	Ativos ao final do curso	18	64,3		23	82,1
	Aprovação	16	57,1		22	78,6
	Reprovação	2	7,1		1	3,6

Nota. O cálculo da evasão, dos ativos ao final do curso, da aprovação e da reprovação tomou como base o número de alunos ativos no início do curso (28 para as duas turmas).
Fonte: dados das autoras, 2016.

Análise geral das tarefas avaliativas

Uma vez que a análise de atividades implica em muitas variáveis, tais como o tipo de atividade, número de itens e o conteúdo testado, nos concentraremos, neste artigo, na comparação das atividades abertas com as fechadas. As primeiras são, em princípio, consideradas mais difíceis por demandarem que a informação (resposta) seja inteira ou parcialmente elaborada pelo aluno. As atividades fechadas, por outro lado, por exigirem apenas a identificação da resposta correta, são tidas como mais fáceis, além de mais objetivas. Os resultados encontrados, melhor desempenho nas atividades abertas do que nas fechadas não confirmaram as expectativas. Os questionários de múltipla escolha ao final das Unidades 1 e 2 (teste de cada unidade), por exemplo, representaram um desafio maior do que as atividades abertas para ambas as turmas.

Discussão

Os primeiros resultados da experiência de ensino a distância, na modalidade "extensão", aqui relatada, confirmam que essa modalidade de ensino pode ampliar o acesso ao conhecimento a diferentes públicos, uma vez que o DCC atendeu 375 educadores, oriundos de diversas regiões do Brasil, distribuídos em três perfis. No entanto, destaca-se que apenas 40% dos interessados em realizar o curso conseguiram efetuar suas inscrições on-line. Além disso, muitos outros tentaram se inscrever via formulário impresso, enviado pelo correio para o endereço de trabalho da coordenadora do curso, negligenciando desta forma as especificações do edital publicado pelo CAED/UFMG em que estava explícito que a inscrição para o curso seria feita apenas por meio de acesso plataforma desse órgão.

O baixo índice de sucesso no ingresso on-line ao DCC revela que, embora o ensino a distância possa, por um lado, favorecer o atendimento de grandes contingentes de alunos, por outro, observa-se uma diversidade de condições de acesso em função das dificuldades no uso da tecnologia da informação. A esse respeito, o último censo da Associação Brasileira de Educação a Distância (ABED, 2016) mostra que, apesar do incremento de acesso a recursos, como AVAs, chats, e-mails, ainda há uma dificuldade de utilização desses recursos, especialmente, a partir de dispositivos móveis, como celulares e tablets.

Essa é uma questão complexa, cuja ocorrência está relacionada a fatores socioeconômicos e a ausência de políticas públicas e de investimentos em educação em geral e, particularmente, na formação do professor no Brasil. Mesmo assim, uma possível estratégia para diminuir, no futuro, o insucesso em inscrições on-line pode ser a utilização de atividade síncrona, como a disponibilização de um vídeo com o passo a passo do procedimento de inscrição on-line.

No que se refere ao desempenho no DCC das duas turmas analisadas, o menor índice de reprovação e evasão registrados na Turma B, em comparação com Turma A, pode ser explicado pelo vínculo profissional e físico entre as integrantes da amostra de conveniência, a maioria formada pelas professoras da prefeitura de Sapiranga. A proximidade profissional, fortalecida por proximidade de espaço geográfico observada (a tutora e cursistas residiam na mesma localidade ou em cidades próximas), pode ter favorecido uma maior interação do que normalmente se encontra em um curso a distância entre tutor e cursistas e cursistas entre si. Essa possibilidade, somada ao empenho da tutora, fez com que se registrasse maior aprovação nessa turma (possivelmente em consequência da assiduidade na realização das atividades ao longo do curso), além de apenas nove desistências e a continuidade de 23 alunas, que permaneceram ativas até o encerramento do curso.

A evasão é um fenômeno amplo e multifatorial, visto tanto nos cursos presenciais, quanto nos cursos a distância. Refere-se ao desligamento do estudante do curso ou da instituição de ensino na qual está matriculado (Almeida, Abbad, Meneses, & Zerbini, 2013). Em EaD, é considerada por grande parte das instituições como um dos maiores obstáculos enfrentados e, na maioria dos cursos, a evasão se concentra na faixa de 25% (ABED, 2016/2017). Assim, enquanto o índice da Turma

B (17,86%) está abaixo do que normalmente se registra, mais uma vez indicando o diferencial dessa turma, o mesmo índice para a Turma A (35,71) está consideravelmente superior à faixa 25% supracitada, o que pode ter decorrido devido a heterogeneidade desse grupo, apesar do empenho da tutora em motivar os alunos a permanecerem no curso. Dentre os fatores que levaram a evasão, especialmente na Turma A, além da indisponibilidade de tempo para a dedicação ao curso (o principal motivo para a evasão nas diferentes modalidades de EaD pesquisadas), a evasão se deu como resultado da dificuldade de acesso a computadores e da qualidade da conexão com a internet (situação que impediu muitos interessados de se inscrever). Ademais, outro fator que frequentemente leva à evasão, que não se aplica à Turma A em particular, porém, a todos alunos EaD, é a forma como o aluno se organiza e se autodisciplina. O desenvolvimento de hábitos adequados de estudos exige postura apropriada e disciplina intelectual. Se essa tarefa é difícil para muitos alunos em contexto presencial, será ainda muito mais difícil no ensino a distância.

Todos os fatores citados (indisponibilidade de tempo, limitações de acesso à internet e autodisciplina) têm o aluno como referência. No entanto, pode ser que uma forma profícua de lidar com a evasão, ou até mesmo preveni-la, seja uma mudança de foco dos fatores relacionados ao aluno para os relacionados ao planejamento dos cursos, seus desenhos, formas de instrução e de acompanhamento dos alunos. Nessa direção encontramos, as conclusões da ABED a partir da análise do senso EaD Brasil 2016 (ABED, 2017). Para essa associação, é necessário que haja investimento na qualidade e na variedade dos conteúdos dos cursos, assim como nos instrumentos de apresentação desses conteúdos e na maneira de distribuí-los ao longo dos cursos. A ABED chama ainda atenção para interação entre aluno e professor (ou tutor), que precisa ser muito maior nesses cursos do que nos presenciais, em que podem existir outros incentivos para a adesão do aluno ao curso. Esse último ponto reforça a explicação dada acima de que o menor índice de evasão, seguido de melhor desempenho da Turma B em relação à turma A, pode ter ocorrido em função da qualidade da interação entre tutora e alunos. Ainda com relação à tutoria, mas de maneira geral, o fato de a desistência do DCC ter decrescido da Unidade 1 para a 2 e desaparecido na Unidade 3, nas duas turmas, pode ser tomado como um alerta para a necessidade de acompanhamento redobrado, com vistas à identificação rápida e acurada das dificuldades dos cursistas, logo nas primeiras unidades do curso, uma vez que, pelo menos no curso em pauta, foi nesse período que ocorreram as evasões. Isso faz sentido, pois, uma vez vencidas as primeiras dificuldades o aluno ganha confiança e aumenta a sua motivação. Assim, a conclusão do curso em si pode se tornar reforçadora.

Considerando agora as peculiaridades do desenho instrucional do DCC, um dado que sobressaiu foi a superioridade das atividades pontuadas de formato aberto sobre as de formato fechado. Embora um estudo detalhado do conjunto de atividades do curso fuja ao escopo deste trabalho, a análise da correção das atividades abertas sugeriu que os resultados encontrados nessa atividade possam ter sido mais um artefato do que um resultado confiável.

Apesar dos critérios e modelos oferecidos às tutoras, a correção de atividades abertas é sempre sujeita ao julgamento do avaliador e a erros de correção devido à subjetividade inerente aos próprios critérios. Além disso, esse tipo de atividade exige do avaliador tempo e conhecimento específico sobre o assunto, o que demanda que os tutores sejam formados quanto ao conteúdo do curso, como foi feito. Mesmo assim, a impressão que ficou sobre a atuação dos dez tutores na oferta do DCC, aqui discutida, é que as atividades abertas foram corrigidas de maneira condescendente por receio de prejudicar o aluno. Essa observação, somada ao fato de que o custo em termos financeiros e de tempo na formação de tutores, uma população, que por natureza é flutuante, nos leva a crer que um curso com questões abertas, especialmente para os ofertados em grande escala, possa não ser viável.

A implicação dessa discussão para o aprimoramento do DCC foi a de transformá-lo em curso autoinstrucional, composto apenas por atividades fechadas. Isso, porém, não significou abandono da versão anterior, com avaliações com questões abertas em função da utilidade desse formato para pequenos grupos, incluindo para a formação de tutores. Esse processo, além envolver a transformação das questões abertas em fechadas, exigiu um aumento do número exercícios de fixação de aprendizagem ao longo de cada unidade, assim como a introdução de recursos para impedir que o aluno saltasse essas atividades (ou mesmo parte delas), indo diretamente para as atividades avaliativas. Adicionalmente, a resposta do cursista às questões das avaliações, independentemente de seus propósitos (fixação ou avaliação da aprendizagem), passou a ser acompanhada de *feedback* imediato. Se o retorno rápido ao aluno é essencial para a aprendizagem em condições convencionais, no ensino a distância, esse recurso é imprescindível, como aponta Fontes (2016) ao considerar a EaD como uma modalidade de ensino baseada na comunicação dialógica, de caráter bidirecional.

Essa nova versão do curso foi testada no primeiro semestre de 2017, como disciplina, ministrada a alunos de graduação de Psicologia e de Pedagogia. Os bons resultados dessa experiência levaram à adoção desse formato tanto para as disciplinas quanto para as ofertas subsequentes do DCC, como curso de extensão. Ressalta-se, no entanto, que um curso autoinstrucional não prescinde do acompanhamento de tutores. Igualmente, duas outras características do *e-learning*, já presente na versão original do DCC foram mantidas: a) respeito ao ritmo de aprendizagem de cada aluno; e b) o estímulo ao compartilhamento de experiência via fóruns de discussão. Apesar dos prazos determinados para a realização das atividades, ao final de cada unidade é oferecido uma oportunidade extra para "acerto do passo" àqueles que não conseguem terminar as atividades dentro do tempo estabelecido.

Finalmente, considerando uma decisão relacionada ao planejamento de cursos de extensão em geral, no que se refere ao índice de aprovação nesses cursos, o CAED, diferentemente dos cursos presenciais da UFMG, não estabelece o ponto de corte de 60%, adotado para todas as disciplinas. Sendo assim, na oferta discutida neste artigo, a aprovação foi concedida mediante a obtenção de no mínimo 70% de desempenho nas atividades avaliativas. Uma vez que o DCC é ministrado como curso de extensão e como disciplina, nas ofertas de extensão subsequentes, passou-se a adotar o mesmo índice da UFMG, igualando assim o critério de aprovação para as duas modalidades do curso.

Conclusão

Retomando agora aos objetivos do presente trabalho, a análise aqui apresentada permite concluir que a primeira oferta do DCC atingiu seus objetivos. Além dos indicadores de sucesso apresentados, o relato das tutoras das duas turmas analisadas, ao coincidir com o dos tutores das outras nove turmas e também com o relato de muitos alunos participantes dessa primeira oferta, mostrou que o curso foi uma experiência marcada por compartilhamento de saberes e de possibilidade de aprendizagem que, de fato, alterou o conhecimento dos cursistas sobre a dislexia, suas causas e consequências.

Com relação às lições aprendidas nessa primeira experiência, podemos depreender a partir das características da Turma B, que o seu melhor desempenho (em relação à turma A) se deu por duas razões: a) pela interação estabelecida entre tutora e alunos e entre os próprios alunos, proporcionando, assim, aprendizagem por meio dos pares e b) pelo fato dessa turma ter funcionado como um curso livre corporativo (com menos de 360 horas). Como já citado, tanto as professoras (cursistas), quanto a tutora dessa turma, pertenciam a uma instituição pública de administração direta (prefeitura) e a sua viabilidade se deu por meio da relação da tutora com a secretária de educação. Essa constatação direcionou a escolha dos professores para as ofertas subsequentes do DCC, feitas via contato com suas corporações. Participaram da segunda oferta professores em formação inicial recrutados na Faculdade de Educação (FaE/UFMG) e dos polos dos cursos de licenciatura da Universidade Aberta do Brasil (UAB), no âmbito do estado de Minas Gerais, a partir de cooperação estabelecida entre os dirigentes de cada instituição com a coordenação do DCC. Igualmente, para a terceira e a quarta ofertas do DCC, foi assegurado que os públicos participantes tivessem apoio de suas instituições. A esse respeito, merece destaque, a cooperação formalizada entre a Escola de Formação e Desenvolvimento Profissional de Educadores da Secretaria de Estado de Educação de Minas Gerais com a coordenação do DCC.

Merece destaque ainda a natureza híbrida "pesquisa e extensão" da segunda e da quarta oferta do curso. Juntas compõem o projeto "Validação do curso a distância Dislexia: Causas e Consequências por professores do ensino fundamental em formação inicial e continuada (Pinheiro, 2017) e se contrastam com a primeira oferta do curso, que devido ao seu caráter exploratório, ofereceu apenas indicativos gerais sobre a qualidade do DCC. Salientamos que a primeira avaliação formal do curso (Linhares, Bonotto, Leão, & Pinheiro, 2018, em preparação) foi realizada por meio do estudo conduzido na segunda oferta do DCC, por ser esse estudo de cunho experimental. O aumento significativo na aprendizagem pelo grupo experimental, em relação ao grupo controle, oferece a primeira evidência de que o DCC possa ser uma forma confiável de transmitir aos professores conhecimentos sobre a dislexia. Além disso, do ponto de vista qualitativo, a proposta didático-pedagógico do curso, os recursos de multimídia utilizados, a organização do material e a clareza da linguagem foram considerados facilitadores da aprendizagem por alguns dos participantes. Ainda sobre a aprendizagem, muitos relataram terem tido uma experiência significativa e enriquecedora que os levou a entender o que é a dislexia, a refletir sobre essa condição e mesmo a compartilhar no trabalho os novos conhecimentos. Houve ainda expressão de satisfação com a equipe do DCC e com o curso como um todo.

Recomendações para melhoria da qualidade do curso e ações para atendimento eficiente da demanda

Recorrendo mais uma vez às recomendações da ABED sobre o foco na qualidade dos cursos, o DCC, além de ter sido e de estar sendo submetido a testes de validação, a cada uma de suas edições, a partir de sua primeira oferta, tem se aprimorado. Inovações têm sido introduzidas: a) em sua estrutura (a adoção do formato autoinstrucional); b) na forma de seleção dos públicos (com crescente envolvimento de corporações); e c) na atualização, na diversificação e na forma de apresentação de seus conteúdos por meio da criação de novos materiais, com destaque para o manual/guia (Pinheiro & Scliar-Cabral, 2017) e para o *e-book* (Pinheiro & Scliar-Cabral, 2018). O guia, disponibilizado em pdf e de forma impressa, apresenta o conteúdo textual do DCC e orienta o usuário sobre como acessar as informações disponibilizadas no MOODLE. Já o *e-book* é uma forma rápida de acesso *off-line* dos materiais do DCC (grande parte da multimídia e todos os exercícios de fixação apresentados no MOODLE e os textos apresentados no manual).

Paralelamente aos testes de validade do DCC e aos aprimoramentos descritos, grande investimento tem sido feito na formação dos tutores que são estimulados a criar estratégias, cada vez mais sofisticadas de interação com diferentes públicos.

Finalmente, a forma de seleção dos candidatos, refinada da segunda à quarta oferta do DCC, somada às lições aprendidas com essas ofertas (especialmente com a primeira descrita nesse manuscrito) e às ideias de utilização das novas formas de apresentação deste curso, parecem oferecer a resposta ao segundo objetivo deste trabalho: a identificação da maneira mais eficaz de seleção do público para as futuras ofertas do curso. Assim, a seleção será feita via contato com corporações, tais como os dirigentes dos polos cursos de licenciatura da UAB e das Secretarias de Educação, para a formação inicial e a continuada, respectivamente.

Indo mais adiante e pensando em formas de evitar a evasão ao DCC, uma vez definido previamente o público de cada oferta ao início de cada uma, criaram-se estratégias para o envolvimento dos responsáveis imediatos pelos cursos de licenciatura (para a formação inicial) e direção das escolas (na formação continuada). Com efeito, tem sido enfatizado que o aluno/professor que se beneficiar do curso poderá oferecer retorno para a sua instituição se tornando um multiplicador dos conhecimentos adquiridos, garantindo a sustentabilidade da iniciativa. Com esse novo passo, avançamos na criação de um modelo de formação de professores por meio de um curso de extensão. Ou seja, trabalhando com corporações para facilitar a adesão dos professores ao curso e para garantir que as aprendizagens construídas sejam mantidas e colocadas em prática.

Quanto à possibilidade de uso dos novos materiais do DCC, é importante esclarecer e enfatizar que todos os interessados no curso, independentemente de serem estudantes ou profissionais de uma corporação contemplada pela oferta do curso, poderão ter acesso gratuito a todo o seu conteúdo através do guia e do *e-book*, uma vez que esses dois materiais estão disponíveis no *site* DislexiaBrasil.

Assim, em breve, como afirma Pinheiro (2018) em nota publicada aos usuários do site, o público interessado em capacitar-se e em obter certificação estudaria os conteúdos do guia e do e-*book*. Depois, se submeteria a avaliações realizadas pelo CAED/UFMG, sem que tenha necessariamente que cursar formalmente o DCC. Em outras palavras, a utilização de recursos móveis associados ou não ao MOODLE, junto com a possibilidade de acesso ao MOODLE apenas para obtenção de certificação, além de ampliar o público atendido pelo DCC, responderá à recomendação da ABED de buscar de inovação pedagógica e qualidade de ensino a distância.

Uma vez encontrado o caminho para as ofertas do DCC, a Seção 2 (Identificação da dislexia) e a Seção 3 (Ensino da leitura para crianças disléxicas) passarão pelo mesmo processo de adaptação, expansão e restruturação da Seção 1 (que gerou o DCC), seguida de suas transposições para o AVA–MOODLE e de estudos de validação. O conjunto de módulos resultante terá grande potencial de se tornar um curso de especialização a distância. Esperamos, assim, completar o ciclo de formação do professor sobre a dislexia, suas causas e consequências, sua identificação e intervenção, disponibilizando, dessa forma, mais um instrumento, cuja utilização criteriosa poderá ser um precioso meio para a inclusão na escola e na sociedade de todas as crianças com dificuldades de aprendizagem da leitura e com dislexia. Restará ainda o compromisso por parte da coordenação do DislexiaBrasil, de manter o DCC e seus futuros desdobramentos atualizados e de criar para cada módulo novas versões para diferentes públicos, como para professores de escolas rurais e de áreas de nível socioeconômico baixo, além de materiais para pais.

Em consonância com Araújo e Nogueira (2016), o que relatamos aqui compreende o aspecto da avaliação de programas/projetos que envolvem cursos na modalidade a distância, considerando o processo de adaptação de conteúdo, desenho instrucional e a proposta pedagógica desses cursos. No caso do DCC, esforços nessa direção são imprescindíveis, uma vez que em ambos a procura pelo curso a cada uma de suas ofertas e os resultados positivos de seus índices de qualidade têm mostrado que o curso, além de responder a uma necessidade real dos professores da Educação Básica, apresenta potencial para diminuir a defasagem entre formação de professores no Brasil e o estado da arte em Ciência Cognitiva da Leitura.

Referências

Almeida, O. C. D. S., Abbad, G., Meneses, P. P. M., & Zerbini, T. (2013). Evasão em cursos a distância: fatores influenciadores. *Revista Brasileira de Orientação Profissional*, *14*(1), 19-33.

APA – American Psychiatric Association (2014). *DSM-5: manual diagnóstico e estatístico de transtornos mentais.* (5a ed.). Porto Alegre, RS: Artmed.

Araújo, A. C., Nogueira, V. L. R. R. C. T. (2016). A pesquisa em Educação a Distância: um olhar sobre as abordagens teórico-metodológicas das pesquisas em EaD apresentadas na ANPEd/2011-2013. In I. de S. V. Neves, W. J. B. Corradi, L. F. C. Carmem (Orgs.). J. C. S. Banco (Coord.). *EaD: diálogos, compartilhamentos, práticas e saberes.* (p. 36-46). Barbacena, MG: Editora UEMG. 2016.

ABED – Associação brasileira de educação a distância. (2017). *Censoead.br: relatório analítico da aprendizagem a distância no Brasil.* Curitiba, PR: InterSaberes.

Corradi, W. J. B. Conhecendo as ações de Educação a Distância da UFMG. In *Anais do Congresso Nacional Universidade, EAD e Software Livre* (Vol. 1, No. 6).

Dyslexia international. (2012). *Illiteracy and the prison population (webinar)* Recuperado de: https://www.dyslexia-international.org/lectures-and-webinars-2

Ferreira, M., & Loguércio, R. Q. (2017). Enunciados em Propostas de Ensino-Pesquisa-Extensão em Cursos de Física a Distância: para além dos conteúdos, os discursos. *Ensaio Pesquisa em Educação em Ciências, 19,* 1-33.

Fontes, P. R. R. C. T. (2016). Competências do tutor e andragogia: conceito, princípios e aplicabilidade. In I. DE S. V. Neves, W. J. B. Corradi, & L. F. DE C. Carmem (Orgs.). J. C. S. Banco, (Coord.) *EaD: diálogos, compartilhamentos, práticas e saberes.* Barbacena, MG: Editora UEMG.

Linhares, T. D. C., Bonotto, R. C. S., Leão, S. E. S. A, & Pinheiro, A. M. V. (em preparação). *Avaliação da efetividade do curso on-line Dislexia: Causas e Consequências (DCC) por estudantes de graduação e professores do ensino fundamental em formação inicial.*

Paschoalino, J. Boaventura, J. M., Machado, M., & Corradi, W. J. B. Aproxime-se: Programa de Extensão Universitária em EaD. *Ead em foco: Revista Científica em Educação a Distância,* 5(1).

Pinheiro, A. M. V. (2014). *Integração entre o saber acadêmico e a educação básica: novas perspectivas para o alfabetizador.* (Projeto de pesquisa e de extensão, contemplado pelo edital PROEXT2014: MEC/SESu aprovado pelo Coep [2.144.088] e pelo Siex [402049]), Universidade Federal de Minas Gerais (UFMG), MG, Brasil.

Pinheiro, A. M. V. (2017). *Validação do curso a distância Dislexia: Causas e Consequências por professores do ensino fundamental em formação inicial e continuada.* (Projeto de pesquisa e de extensão aprovado pelo Coep [2278.018] e pelo Siex [402962]), Universidade Federal de Minas Gerais (UFMG), MG, Brasil.

Pinheiro, A. M. V. (2018). *Nota aos usuários do DislexiaBrasil.* Publicada na abertura do site (www.dislexiabrasil.com.br).

Pinheiro, A. M. V., & Scliar-Cabral, L. (2017). *Dislexia: causas e consequências.* Belo Horizonte: Editora UFMG (Guia para acompanhar a versão MOODLE do DCC).

Pinheiro, A. M. V., & Scliar-Cabral, L. (2018). *Dislexia: causas e consequências.* Belo Horizonte, MG: Editora UFMG.

Pritchard, C., & Butler, A. (2000). A follow-up study of criminality, murder and the cost of crime in cohorts of'Excluded-From-SchooP and'Looked-After-Children'adolescents in England. *International Journal of Adolescent Medicine and Health*, *12*(2-3), 223-244.

Snowling, M. J., & Hulme, C. (2007). *The Science of Reading: a handbook*. Oxford: Blackwell Publishing, 19, p. 362-378.

CAPÍTULO 34

Formação docente: alfabetizadoras para/da/na EJA[1]

Jalmiris Regina Oliveira Reis Simão

Dados da Pesquisa Nacional por Amostra de Domicílios (PNAD-2015) revelaram 12,9 milhões de analfabetos. Isto é, 8% da população brasileira que não sabem ler e escrever, mesmo vivendo e atuando em uma sociedade letrada. Em maio de 2018, o Instituto Brasileiro de Geografia e Estatística (IBGE) divulgou que há 11,5 milhões de pessoas analfabetas em nosso país, a partir dos dados da pesquisa realizada em 2017. Assim, 7% da população brasileira não sabe ler e escrever. A taxa é inferior à meta de 6,5% do Plano Nacional de Educação (PNE) de 2015. Aparentemente, estes dados podem levar a falsa impressão de que houve redução da taxa de analfabetismo. No entanto, foram utilizadas metodologias diferentes nas pesquisas, interferindo nos resultados apurados em cada uma das ações, conforme esclarece o *site* do IBGE.

Ao pensar nesse universo de jovens, adultos e idosos e em sua especificidade, surgem questões quanto ao motivo de, atualmente, ainda existir um número tão grande de pessoas que não domina os processos de escrita e de leitura. Este número tão significativo causa grande incômodo

[1] Este texto é parte de minha monografia de conclusão do curso de pós-graduação em Práticas de Alfabetização e Letramento (UFSJ-2018): "Analfabetismo e Formação de Professoras Alfabetizadoras para/da EJA".

à sociedade e aos educadores/as, tendo em vista as inúmeras propagandas que circulam nos meios de comunicação sobre programas e projetos para "erradicar" o analfabetismo.

No *site* do Ministério da Educação (MEC) há informações sobre Programa Brasil Alfabetizado (http://portal.mec.gov.br/programa-brasil-alfabetizado), que o governo desenvolve desde 2003, visando a mudança deste cenário. O ciclo atual do programa, iniciado em 2015, aponta que apenas 167.971 brasileiros estão sendo alfabetizados. Quais as causas do não cumprimento do direito de educação ao longo da vida, o qual é definido em nossa Constituição Federal (CF)?

Esta questão e outras em seu desdobramento instigam a investigar ações do governo, pesquisas acadêmicas e iniciativas dos sistemas de educação em formação de professoras alfabetizadoras[2] para a modalidade Educação de Jovens e Adultos (EJA), que faz parte da educação básica.

Tendo em vista que a escolarização na EJA se inicia em classes de alfabetização e que o primeiro contato dos sujeitos, ao retornarem à escola que os excluiu, é com uma professora alfabetizadora, a pesquisa que deu origem a este texto investigou a formação docente para/na EJA, na história recente. Foi atestado que existem pesquisas que demonstram que tal formação para atuar na EJA não atende às especificidades dos sujeitos da modalidade. São vários os aspectos que desenham este quadro e não só a questão da formação docente, sendo esta, no entanto, fator de suma importância, parte da resposta para tão grande desafio de reduzir o número de analfabetos em nosso país.

A alfabetização de pessoas adultas se difere da alfabetização das crianças. A população adulta e idosa é composta por sujeitos com percursos de vida diferenciados e mais longos. São pessoas detentoras de conhecimentos acumulados e os ciclos da vida pelos quais já passaram devem ser valorizados pela escola. Nesta perspectiva, há determinados conhecimentos requeridos às professoras alfabetizadoras para atuar junto a este público peculiar, que além de sua especificidade geral, tem demandas e alvos individuais também diferenciados.

Na pesquisa se fez necessário agregar o entendimento de Soares (1998) sobre os conceitos de alfabetizar e letrar. A autora esclarece que

[2] Utilizo a expressão "professora alfabetizadora" na forma feminina ao longo do texto, tendo em vista o número quase que total de mulheres que exercem esta função.

> alfabetizar e *letrar* são duas ações distintas, mas não inseparáveis, ao contrário: o ideal seria alfabetizar letrando, ou seja: ensinar a ler e escrever no contexto das práticas sociais da leitura e da escrita, de modo que o indivíduo se tornasse, ao mesmo tempo, alfabetizado e letrado (Soares, 1998, p. 47).

Estes conceitos podem auxiliar a compreensão de como as professoras alfabetizadoras *vêm* conduzindo suas práticas e como efetivam seus *saberesfazeres,* pois uma proposta de trabalho condizente com os sujeitos da EJA deve contemplar questões concretas e que possibilitem aos sujeitos sua atuação numa realidade concreta.

A alfabetização se dá pela aquisição do sistema convencional de escrita e no que tange ao letramento, este se dá pelo desenvolvimento de habilidades de utilizar o sistema em práticas sociais. Assim, a autora citada traz o entendimento que a alfabetização se se efetiva em práticas sociais, isto é, através de atividades de letramento. A relevância que se deve dar aos usos e as funções sociais da escrita pode ser uma das razões do insucesso quanto a alfabetização, tendo em vista que os sujeitos adultos que se dirigem à escola circulam e atuam numa sociedade letrada.

Paulo Freire, em suas ações nos anos de 1960, apontou aspectos que delineavam uma alfabetização conscientizadora, muito além de apenas decodificar e codificar símbolos do nosso sistema de escrita. Ele aponta a educação como uma ação política, que possibilita a reflexão e postura crítica ante a realidade social onde atuam os sujeitos. Freire foi defensor da Pedagogia Progressista, que se opõe ao ensino tecnicista e autoritário, mas procura formar cidadãos autônomos, conscientes, participativos na vida da sociedade.

O direito constitucional de educação de qualidade ao longo da vida não deve ser simplesmente desconsiderado, pois "não se pode privar parte da população dos conteúdos e bens simbólicos acumulados historicamente e que são transmitidos pelos processos escolares" (Haddad, 2007, p.15). Não se pode desconsiderar que o processo de aquisição da leitura e da escrita é direito primordial para todo cidadão.

O direito à educação ao longo da vida

A educação é reconhecidamente uma das necessidades sociais básicas do ser humano. A EJA é a modalidade educacional da Educação

Básica destinada àqueles e àquelas que não tiveram oportunidade de se escolarizar na infância e/ou adolescência. A EJA é possibilidade de efetivação de um direito constitucionalmente estabelecido, que é a educação ao longo da vida. Assim, a modalidade educacional é um *lócus* profícuo de produção de conhecimento, mas que se mostra carente de atenção por órgãos governamentais e de pesquisas acadêmicas para efetivação de uma educação de qualidade destinada a um público que é detentor de uma dívida social. Mesmo com este direito estabelecido, o oposto se reflete hoje no número alarmante de pessoas analfabetas no Brasil, segundo o IBGE, em pesquisa de 2015, são quase 13 milhões de pessoas acima de 15 anos que não dominam os processos de escrita e leitura.

É importante o entendimento da diferenciação dos conceitos da modalidade EJA e do ensino noturno. Estes não são sinônimos. A EJA é caracterizada pelas especificidades do seu público e não pelo seu horário de funcionamento. Ao longo da nossa história, as escolas noturnas atraíam trabalhadores que buscavam se alfabetizar, com o intento de melhoria de suas condições de vida. Devido a inúmeras questões sociais, estas escolas tiveram número de estudantes sempre flutuante. A EJA tem por objetivo acolher os sujeitos que não tiveram oportunidade de escolarizar na idade chamada "própria", considerando suas especificidades e necessidades, com horários e tempos flexíveis e propostas pedagógicas que sejam significativas para estes ciclos de vida.

Com Arroyo (2005) amplia-se o conceito do que seja a modalidade EJA. É possível compreender seu papel com a situação de exclusão que caracteriza o seu público, sendo necessário banir a ideia da compensação do "tempo perdido". O autor reitera a visão de uma EJA que responda aos anseios de pessoas com sonhos e histórias diferenciadas, detentoras de um direito constitucionalmente estabelecido.

Aliando-se ao conceito de Arroyo, temos a visão humanista de Paulo Freire que nos leva a identificar rostos reais de educandos/as e educadores/as, reconhecendo a subjetividade que integra esta formação, bem como, reconhecendo que a educação é uma ação política, portanto reflexiva.

Recortes do percurso histórico da modalidade

A EJA, com uma história essencialmente de luta por direitos, tem um percurso longo. Uma história tão densa quanto tensa, que revela efetivações parciais. Deve ser vista como política pública de Estado e compreendida como possibilidade de cumprimento de um direito constitucional de aprender por toda a vida.

A partir da Constituição Federal (CF) de 1988, ficou garantido que o Ensino Fundamental deveria também ser gratuito para as pessoas que não tiveram acesso à escola na infância ou adolescência ou que dela foram excluídos precocemente. Ficou ali especificado que a educação é um "direito público subjetivo", o que para Fávero (2009)

> significa o poder de ação que as pessoas possuem de proteger ou defender um bem considerado inalienável e ao mesmo tempo legalmente reconhecido, do qual decorre a faculdade dessas pessoas de exigirem a defesa ou proteção do direito de parte do sujeito responsável, no caso o Estado (Fávero, 2009, p. 9).

Logo depois da Constituição Federal estabelecer o direito à educação ao longo da vida, no governo Collor, em 1990, foi extinta a Fundação Educar, órgão federal que substituiu o Movimento Brasileiro de Alfabetização (MOBRAL)[3]. A partir desta ação muitas das políticas para os jovens, adultos e idosos deixaram de ser efetivadas. Atualmente, organizações da sociedade civil e alguns estados e municípios têm oferecido programas, mas sem responder completamente à demanda.

Promulgada em 1996, a nova Lei das Diretrizes e Bases da Educação Nacional no. 9394 (LDBEN) pela primeira vez apresenta a (EJA) como modalidade da Educação Básica, nas etapas do Ensino Fundamental e Médio. Vale pensar neste reconhecimento como um direito a ser assegurado e não um ato de benevolência dos poderes públicos. A partir da lei houve a ampliação da oferta de vagas para atender às necessidades e disponibilidade deste público. No entanto, a Emenda Constitucional 14/96 suprimiu as matrículas do Ensino Supletivo da base de cálculo para

[3] Instituído durante o regime militar, em 1964, surgiu com a ambiciosa meta de alfabetizar 11,4 milhões de adultos até 1971, objetivando a eliminação total do analfabetismo no país, até 1975. Apontou substituir o método de alfabetização de adultos criado por Paulo Freire, mas utilizava o conceito freireano de "palavra geradora", sem retirá-las do cotidiano dos educandos, mas definidas a partir de estudo das necessidades humanas básicas por uma equipe técnica, definidas pelas normas padrão cultas da língua. Fonte:http://www.fgv.br/CPDOC/BUSCA/dicionarios/verbete-tematico/movimento-brasileiro-de-alfabetizacao-mobral. Disponível em 28/08/2018.

a distribuição das verbas do Fundo de Manutenção e Desenvolvimento do Ensino Fundamental e de Valorização do Magistério[4] (FUNDEF), mantendo apenas a sua oferta gratuita, não havendo investimento direcionado para possibilidade de efetivação da educação destinada aos sujeitos jovens, adultos e idosos. Assim, foi reduzido o número de classes de adultos nas redes de ensino, transformando muitas daquelas classes de EJA em Ensino Regular Noturno.

O artigo 206[5] da CF e o artigo 4º da LDBEN/96[6] definiram princípios para a educação e para a EJA, trazendo a esperança e a possibilidade de se construir estratégias para atendimento das demandas de cada faixa etária com equidade. No entanto, a não concretização de tais ordenanças frustraram as expectativas, pois há ainda hoje desigualdades no atendimento das diversas faixas etárias, o que pode ser uma das causas da não permanência dos sujeitos na escola.

Na V CONFINTEA – Conferência Internacional de Educação de Adultos, realizada em julho de 1997, foi redigida a Declaração de Hamburgo, um documento que trouxe novas perspectivas para pensar a EJA, indicando possibilidades de efetivação de um direito, ao pontuar ações serem implementadas.

No final da década de 90 foi criado o Programa Nacional de Alfabetização e Cidadania (PNAC), com o objetivo de, em cinco anos, diminuir o número de analfabetos em 70%. No entanto, o programa "promissor" durou apenas um ano.

Um marco legislativo de suma importância no que tange à EJA é o Parecer 11/2000, do Conselho Nacional de Educação. O documento traz importantes indicadores sobre a função e sentido da EJA. Diz o relator que a

[4] O FUNDEF foi implantado, nacionalmente, em 1º de janeiro de 1998, quando passou a vigorar a nova sistemática de redistribuição dos recursos destinados ao Ensino Fundamental. (mecsrv04.mec.gov.br/sef/fundef/funf.shtm – acesso em 10/08/2018.

[5] Art. 206.O ensino será ministrado com base nos seguintes princípios: (...) I – igualdade de condições para o acesso e permanência na escola;

[6] Art. 4º. O dever do Estado com educação escolar pública: (...) I – ensino fundamental, obrigatório e gratuito, inclusive para os que a ele não tiveram acesso na idade própria; Seção V – Da Educação de Jovens e Adultos.

> tarefa de propiciar a todos a atualização de conhecimentos por toda a vida é a função permanente da EJA. Mais do que uma função, ela é o próprio sentido da EJA. Ela tem como base o caráter incompleto do ser humano cujo potencial de desenvolvimento e de adequação pode se atualizar em quadros escolares ou não escolares. Mais do que nunca, ela é um apelo para a educação permanente e criação de uma sociedade educada para o universalismo, a solidariedade, a igualdade e a diversidade (CNE, 2000, p.11).

Tendo em vista o Parecer citado acima, em 05 de julho de 2000, o Conselho Nacional da Educação (CNE)/Câmara de Educação Básica (CEB) Nº 1 estabeleceu as Diretrizes Curriculares Nacionais para a Educação e Jovens e Adultos (DCN). E em 2002 foram estabelecidas as Orientações Curriculares para o primeiro e segundo segmento (Brasil, 2002), favorecendo reflexões e fortalecendo a concepção de um ensino respondendo às demandas dos sujeitos que não tiveram acesso à uma instituição de ensino na idade chamada própria ou que nela permaneceram por pouco tempo.

Identifica-se um movimento em torno da EJA, segundo Arroyo, (2005, p. 161) ainda com "um significativo descompasso entre as garantias constitucionais e o atendimento à demanda pela educação pública de jovens e adultos". A redução da idade mínima para realização dos exames supletivos, que eram formas de certificação, é um exemplo deste descompasso, externando a relação entre a suplência e a aceleração dos estudos, numa clara concepção compensatória. Outras prioridades governamentais sobrepujaram o direito estabelecido (Simão, 2014).

Em 2003, foi lançado o Programa Brasil Alfabetizado, que nasceu com traços das campanhas de alfabetização do passado, com o objetivo de não apenas alfabetizar jovens, adultos e idosos mais também promover a inclusão social de pessoas analfabetas.

Em 15 de junho de 2010, mais um passo pretendendo a efetivação da EJA veio com a Resolução Nº 3 do Conselho Nacional de Educação/ Câmara de Educação Básica, que instituiu as Diretrizes Operacionais para a Educação de Jovens e Adultos nos aspectos relativos à duração dos cursos e idade mínima para ingresso nos cursos de EJA. A resolução também estabeleceu a idade mínima e a certificação nos exames de EJA. Um aspecto inovador foi a regulamentação da modalidade desenvolvida por meio da Educação a Distância.

Sujeitos da EJA e suas demandas educacionais

Os sujeitos da EJA são pessoas com ricas e variadas vivências, a quem foi negado o direito à educação na infância e/ou adolescência. As razões são as mais diversas para esta negação: a oferta irregular de vagas, as inadequações do sistema de ensino, as condições socioeconômicas desfavoráveis exigindo a saída da escola para intentar condições melhores para a própria subsistência e de suas famílias (Simão, 2014). São pessoas, em sua maioria, que trazem a concepção de estar na escola para "recuperar o tempo perdido" ou afirmam "não ter tempo a perder", atestando as profundas convicções da exclusão e do não direito.

Nosso sistema educacional possui um processo excludente, pois a escola atua como

> reprodutora de um arbitrário cultural, social e simbólico, de padrões culturais dominantes e legitimados que conjugados, favoreciam um segmento social e negavam ao outro, oriundo das classes populares, o reconhecimento de seus saberes e produções culturais (Paula & Oliveira 2011, p. 470)

Esta concepção de exclusão aderida ao pensamento dos sujeitos que retornam à escola encontram uma instituição com a qual não se identificam, que apenas reproduz a escola das crianças e dos adolescentes, reforçando as marcas da exclusão.

Nos aspectos pedagógicos, para Oliveira (2009), a infantilização é um dos grandes problemas da EJA. São posturas que anulam o que é significativo para os educandos da modalidade, fruto dos processos reais de sua vida social. Se estes educandos forem enclausurados em práticas infantis fica reforçada a ideia de estarem num lugar que não lhes é legítimo. Assim, se faz

> necessário desenvolver novos modos de compreensão revertendo-se a tendência dominante de entendimento do currículo. [...] O reconhecimento de múltiplas alternativas curriculares efetivas construídas cotidianamente pelos sujeitos das práticas pedagógicas e já em curso em muitas escolas/classes do Brasil inteiro é um passo fundamental. (Oliveira, 2009, p. 104).

As Diretrizes Curriculares Nacionais para a Formação de Professores da Educação Básica (BRASIL, 2013) reiteram a necessidade de considerar as especificidades dos educandos em cada faixa etária, confirmando que os jovens, adultos e idosos carecem de propostas curriculares que lhes sejam significativas e que atendam às suas demandas, visto que circulam e atuam numa sociedade letrada e têm diferentes modos de lidar com o conhecimento.

Com o direito a educação ao longo da vida, estabelecido constitucionalmente, Arroyo (2005) entende que estes são sujeitos de direitos, pessoas privadas dos bens simbólicos que a escolarização deveria garantir.

> A juventude e a vida adulta devem ser vistas como um tempo de direitos humanos e também a EJA como um campo específico de educação. Porém, a visão reducionista com que, por décadas, foram olhados os alunos da EJA precisará ser superada diante do protagonismo social e cultural destes tempos de vida (Arroyo, 2005, p. 47).

Os educandos da EJA, em sua maioria, são trabalhadores com subempregos ou mesmo desempregados. Algumas estudantes são donas de casa, outros são jovens sem a experiência do primeiro emprego e outros ainda mais jovens, com histórico de insucesso no ensino regular, nos turnos diurnos. São, em grande maioria, negros e marcados pela condição de classe.

> Indivíduos que trazem para a escola uma experiência de vida mais longa e mais complexa que a das crianças e adolescentes. Carregam consigo uma gama de saberes construídos nessa experiência e têm uma forma peculiar de lidar com o conhecimento. Demonstram, em relação às crianças, diferentes habilidades, dificuldades e abstraídos outros instrumentos mentais de censura e julgamento, que fazem a alguns aceitar estar "encerrados" em suas carteiras escolares e nos locais que lhes são permitidos/autorizados na escola (Simão, 2014, p.72, 73).

Mesmo numa sociedade múltipla e diversa, é um grupo com um perfil homogêneo. A partir destas considerações, torna-se possível enxergar a EJA como uma possibilidade de atender a diversidade e especificidade de seu público, sempre considerando suas semelhanças e diferenças, desvinculando-a da concepção de desigualdade, da educação supletiva e compensatória.

Os dados e fatos históricos apontados até aqui refletem parte dos percalços e percursos da educação de idosos, adultos e jovens e como foram tratados aqueles e aquelas que não tiveram a oportunidade de estar na escola ou se lá estiveram, não permaneceram.

Formação docente para EJA

A docência é uma atividade complexa, que requer vários saberes, exigindo conhecimentos didáticos diversos e muito específicos. Nesta perspectiva, é possível a superação da enganosa concepção de um ofício moral ou simplesmente vocacional, como também a incoerente ideia de que todos podem lecionar. Elevada sua importância para alcançar uma educação de qualidade, a formação docente tem sido tema de várias pesquisas acadêmicas.

A nossa LDBEN nº 9394/96 estabelece que a formação dos profissionais da educação deve "atender aos objetivos dos diferentes níveis e modalidades de ensino e às características de cada fase de desenvolvimento do educando" (Art. 62). Com o delineamento do perfil dos sujeitos jovens, adultos e idosos anteriormente fica ratificada a necessidade de formação específica para atendimento dos sujeitos da EJA.

O artigo 62 da LDBEN/96 afirma que "A formação de docentes para atuar na educação básica far-se-á em nível superior". O documento da chamada "Década da Educação" iniciada em 1997, define que somente professores/as com graduação específica poderiam atuar na Educação Básica. É contraditório que mesmo diante da legislação, as campanhas de alfabetização promovidas pelo governo, convoquem pessoas para ensinar a ler e escrever, baseados apenas na voluntariedade e por saberem ler e escrever. Não é por dominar determinado conhecimento que alguém está apto a exercer o ofício de mestre. É uma grande contradição posta, tendo em vista que ser professor ou professora requer competências próprias e conhecimentos complexos. A modalidade Normal ou Magistério de Ensino Médio é a única exceção aceita na legislação educacional, neste período de transição, para atuação do docente na Educação Infantil e nos anos iniciais do Ensino Fundamental, sem a licenciatura universitária.

A formação de educadores/as da/para a EJA tem sido abordada em estudos e pesquisas coordenadas por Soares L. O autor ressalta a especificidade dos estudantes, deixando clara a necessidade de uma formação também específica. Em estudos de 2008 e 2011, o autor fez levantamentos sobre a formação acadêmica inicial, continuada, especializações e atividades de extensão. Segundo ele, a formação está entre questões a serem sublinhadas para efetivação de uma proposta de trabalho condizente com a EJA. Assim, registra aspectos de suma importância para esta efetivação, iniciando pelo reconhecimento da

> diversidade de sujeitos educandos com características peculiares; a preocupação com a existência de uma infraestrutura que acolha a realidade desse público; a elaboração de propostas curriculares que vá ao encontro das necessidades, das exigências e dos interesses desses sujeitos, incluindo a flexibilidade dos tempos e espaços; a disponibilidade de recursos didáticos que atendam e desenvolvam as potencialidades desses sujeitos; as iniciativas de formação inicial e continuada de educadores; políticas compensatórias de alimentação e transporte que favoreçam a permanência dos educandos (Soares, 2011, pp. 307- 308).

Esta é uma forma ampla de pensar mais profundamente no direito à educação de qualidade na EJA e de pensar nas classes de alfabetização, pois é momento do reencontro ou encontro inicial com a escola da qual estes sujeitos foram excluídos.

As salas de aula de alfabetização da EJA são *espaçostempo* de ricas e diversas trocas. Seus educandos são detentores de conhecimentos prévios diferenciados dos das crianças e que, por sua especificidade, requerem abordagens também diferenciadas. Mesmo com iniciativas pontuais de formação em serviço na/para EJA há, segundo Pedroso (2015), uma

> inexistência de parâmetros oficiais que possam delinear o perfil necessário a esse profissional. Isso pode ser associado ao fato de não termos ainda uma definição muito clara da própria EJA, pois, como citado, trata-se de uma área em processo de amadurecimento e, portanto, com muitas interrogações (Pedroso, 2015, p.101).

Mesmo sem esta definição clara da própria modalidade, há iniciativas do governo, mesmo que discretas, como publicita o *site* da CONFITEA Brasil (http://confinteabrasilmais6.mec.gov.br/images/documentos/legislacao_vigente_EJA.pdf) numa lista de legislações sobre o tema:

a) Resolução/FNDE/CD/nº48 de 28 de novembro de 2008 – cursos de formação continuada na Modalidade de Educação de Jovens e Adultos no formato de cursos de extensão, aperfeiçoamento e especialização;

b) Resolução FNDE/CD nº 51, de 15 de dezembro de 2008 – produção de material pedagógico-formativo e de apoio didático de EJA, à formação de educadores, coordenadores e gestores da
c) Resolução/FNDE/CD/ nº 44 de 16 de outubro de 2008 – fomento à leitura;
d) Resolução/FNDE/CD/nº 50 de 04 de dezembro de 2008 – formação de educadores para atuar em Alfabetização de jovens e adultos, no âmbito do Programa Brasil Alfabetizado.

Um parâmetro para a docência, indispensável para Freire (1996, p. 76) de maneira ampla é: "como professor preciso me mover com clareza na minha prática. Preciso conhecer as diferentes dimensões que caracterizam a essência da prática, o que me pode tornar mais seguro no meu próprio desempenho".

Na "profissão docente, a definição dos saberes profissionais é um tema que está longe de ser consensual, não apenas tendo em vista os diferentes níveis de ensino e as respectivas exigências" (Diniz-Pereira & Coelho, 2017, p. 60), mas também no que concerne às classes de alfabetização de adultos.

Segundo Oliveira (2009), a inadequação das propostas pedagógicas, tendenciosamente compensatórias nos currículos da EJA, é um dos grandes problemas, pois são propostas que fragmentam o conhecimento e organizam o currículo numa perspectiva cientificista, excessivamente tecnicista e disciplinarista. Tais propostas dificultam os diálogos entre as experiências vividas, os saberes anteriormente tecidos pelos educandos e os conteúdos escolares. Esse tipo de entendimento congela e negligência toda riqueza dos processos reais da vida social e, portanto, escolar o que demanda uma nova maneira de compreender o currículo. Assim,

> a infantilização das formas de abordagem dos conteúdos, que em inúmeros casos seguem as propostas desenvolvidas para crianças do ensino regular, desconsidera os modos de estar no mundo destes jovens e adultos que retornam à escola. Tais propostas mesmo diante de estudos e questionamentos atuais, em sua maioria, estão fundamentadas em modelos idealizados para o público infantil com objetivos da escolarização, que desconsidera experiências, interesses dos sujeitos, utilizando, inclusive uma linguagem também infantilizada (Simão, 2014, p. 70).

Oliveira e Coutinho (2013, p. 11) contribuem com a reflexão sobre quais conhecimentos são "selecionados para habitar as escolas" e a "efetiva necessidade" destes para sujeitos que requerem ações diferenciadas de "pensar os conteúdos escolares e suas formas de organização de modo bastante diferenciado daquele que vem predominando historicamente" e hegemonicamente.

É amplamente identificada a insuficiência de cursos de formação inicial para a EJA e principalmente para a professora alfabetizadora. Soares (2008) afirma que quanto a formação continuada

> assistimos à iniciativa de alguns governos municipais e estaduais no sentido de promover ações de "capacitação" do corpo docente através da formação continuada de professores e do incentivo à produção de material didático voltado para o público jovem e adulto (Soares, 2008, p. 85).

No entanto, estas iniciativas não são suficientes, pois muitos docentes assumem classes de alfabetização de EJA em suas redes de ensino, muito mais para atender a uma necessidade pessoal e da própria rede, levando apenas sua experiência do ensino regular para a modalidade.

Toda preparação das alfabetizadoras no Magistério de Ensino Médio e de graduação nas universidades é para o trabalho com a infância. Favorecer e criar possibilidades para que uma pessoa se aproprie do sistema alfabético não é algo simples, e na EJA há que se agregar o reconhecimento dos tempos de vida e experiências dos educandos da modalidade.

É totalmente incoerente a ideia que qualquer um pode alfabetizar por saber ler e escrever, como também é falsa a ideia que qualquer educador pode alfabetizar adultos. As práticas e metodologias devem atender às demandas dos sujeitos de maneira a responder seus anseios.

Algumas mudanças ocorreram na forma de encarar a necessidade de formação de professores para a EJA. Soares (2008) afirma que

> a formação dos educadores tem se inserido na problemática mais ampla da instituição da EJA como um campo pedagógico específico que, desse modo, requer a profissionalização de seus agentes (Soares, 2008, p. 85).

Diante da inequívoca falta de formação disponível para docentes da/na EJA, há que se ressaltar práticas de sucesso que têm mantido alguns educandos na escola. Seria o caso de reconhecer tais práticas, que em verdade se tornam processos de formação exitosas, deixando visível o que é realizado naqueles cotidianos.

Formação docente na prática

Alves (2008, p. 15) nos ajuda a pensar na valorização do que é produzido nos cotidianos escolares e afirma que há modos de "fazer e criar conhecimento no cotidiano" e que são "modos diferentes e variados de *fazer/pensar,* nos quais se misturam agir, dizer, criar e lembrar", chamado por ela de "*prática/teoria/prática*". Segundo a autora são formas de "questionar os caminhos já sabidos e a indicar a possibilidade de traçar novos caminhos". Isto é, partir das práticas pedagógicas de sucesso para a teorização destas e posteriormente retornar à prática, num movimento contínuo. De maneira geral, há um número considerável de trabalhos sobre a EJA, mas na perspectiva epistemológica há pouca consolidação. Pesquisas sobre a construção cognitiva dos sujeitos, bem como, dos mecanismos que usam no processo de aprendizagem e sobre os *saberesfazeres* ali efetivados se fazem necessários.

Os docentes são detentores de "saberes específicos que são mobilizados, utilizados e produzidos por eles no âmbito de suas tarefas cotidianas" (Tardiff, 2002, p. 228). A partir desta premissa os saberes a partir da prática, produzidos no cotidiano escolar contribuem para a formação das professoras alfabetizadoras em meio a potencialidades e fragilidades. Ainda segundo Tardif (2002, p. 228) há que se "considerar os professores como sujeitos que possuem, utilizam e produzem saberes específicos ao seu ofício, ao seu trabalho". Nóvoa (1992, p. 26) chama a atenção para "a troca de experiências e a partilha de saberes" entre profissionais, que também se dá nas salas de aula e nas escolas. Afirma o autor que, neste contexto, há uma consolidação dos "espaços de formação mútua, nos quais cada professor é chamado a desempenhar o papel de formador e de formando".

O professor é o sujeito que

> assume sua prática a partir de significados que ele mesmo lhe dá, um sujeito que possui conhecimentos e um saber-fazer provenientes de sua própria atividade e a partir dos quais ele a estrutura e orienta (Tardiff, 2002, p. 230).

Soares (2011) afirma que "o educador do aluno jovem e adulto deve refletir crítica e sistematicamente acerca de suas ações educativas" (p.63) e Tardif (2002) propõe que os professores, enquanto sujeitos do conhecimento não sejam considerados apenas como "técnicos que aplicam conhecimentos produzidos por outros" ou como "agentes sociais cuja atividade é determinada exclusivamente por forças e mecanismos sociológicos", reproduzindo saberes.

Considerações finais

A formação inicial de professoras alfabetizadoras para atuar na EJA, carece de nova formatação e estruturação para atender as demandas da modalidade. O saber emergente da experiência pedagógica das professoras tem contribuído para as suas ações, mas há uma urgência de profissionalizar os docentes da EJA. Para Soares (2011), desenvolver políticas públicas de formação é o que pode contribuir para reduzir as práticas limitadoras que não atendem às especificidades dos sujeitos da modalidade. Há o saber produzido no cotidiano das classes de EJA que deve ser considerado e investigado. Assim, a somatória de forças da sociedade e do governo é imprescindível para a legitimação de uma EJA que seja obra de seus sujeitos, impregnada de uma concepção emancipatória.

Referências

Alves, N. (2008). Decifrando o pergaminho – os cotidianos das escolas nas lógicas das redes cotidianas. In N. Alves, & I. Oliveira (Org.). *Pesquisa nos/dos/com os cotidianos das escolas: sobre redes de saberes.* (3a ed.) Petrópolis, RJ: DP et Alii, 2008.

Arroyo, M. G. (2005). Educação de jovens-adultos: um campo de direitos e de responsabilidade pública. In L. Soares (Coord.). *Diálogos na Educação de Jovens e Adultos.* Belo Horizonte, MG: Autêntica.

Brasil. (1996). Lei nº 9.394, 1996. Lei de Diretrizes e Bases da Educação Nacional. *Diário Oficial [da] República Federativa do Brasil*, Brasília, DF.

Brasil. (2000). Conselho Nacional de Educação. Câmara de Educação Básica. Resolução CNE/CEB Nº 1, 2000. *Diretrizes Curriculares Nacionais para a Educação e Jovens e Adultos.* Brasília, DF.

Brasil. (2013). Ministério da Educação. Câmara de Educação Básica. *Diretrizes Curriculares Nacionais para a Formação de Professores da Educação Básica.* Brasília, DF.

Diniz-Pereira, J. E., & Coelho, A. M. S. (2017). Olhar o magistério" no próprio espelho": O conceito de profissionalidade e as possibilidades de se repensar o sentido da profissão docente1. *Revista Portuguesa de Educação, 30*(1), 7-34.

Fávero, O. (2009). Educação de Jovens e Adultos: passado de histórias; presente de promessas. In J. Rivero & O. Fávero. *Educação de jovens e adultos na América Latina: direito e desafio de todos*, 55-92.

Freire, P. (1996). *Pedagogia da Autonomia: saberes necessários à prática educativa.* (25a ed.). São Paulo, SP: Paz e Terra.

Haddad, S. (2007). Por uma nova cultura de Educação de Jovens e Adultos, um balanço de experiências de poder local. *Novos caminhos em Educação de Jovens e Adultos* – EJA. São Paulo, SP: Global, 2007.

Nóvoa, A. (1992). Formação de professores e profissão docente. In A. Nóvoa, (Org.). *Os professores e a sua formação.* Lisboa: Dom Quixote, 1992.

Oliveira, I. B. de, & Coutinho, M. C. D. G. C. (2013). Evasão na EJA–histórias de abandono? Usos e táticas de praticantes na autogestão da vida. *Education Policy Analysis Archives/Archivos Analíticos de Políticas Educativas, 21*, 1-17.

Oliveira, I. B. de. (2009). Organização curricular e práticas pedagógicas na EJA: algumas reflexões. In I. B. de Oliveira, & J. Paiva. *Educação de Jovens e Adultos.* (p. 96-107). Petrópolis, RJ: DP et Alii.

Paula, C. R., & Oliveira, M. C. (2011). *Educação de jovens e adultos: a educação ao longo da vida.* Curitiba, PR: Ibpex.

Pedroso, A. P. F. (2015). *Trajetórias Formativas de Educadores da EJA: fios e desafio.* (Tese de Doutorado em Educação) Faculdade de Educação. Universidade Federal de Minas Gerais, MG, Brasil.

Simão, J. R. O. R. (2014). *Não emudecer o gesto nos/dos/com os cotidianos*

da Educação de Jovens e Adultos: corporeidade e dança nos currículos pensados praticados (Dissertação Mestrado em Educação). Faculdade de Formação de Professores. Universidade Estadual do Rio de Janeiro, RJ, Brasil.

Soares, L. J. G. (2011). As especificidades na formação do educador de jovens e adultos: um estudo sobre propostas de EJA. *Educação em Revista, Belo Horizonte, 27*(2), 303-322.

Soares, L. (2008). O educador de jovens e adultos e sua formação. *Educação em Revista, 47*, 83-100.

Soares, M. (1998). A escolarização da literatura infantil. In A. A. M. Evangelista, H. M. B. Brandão, & M. Z. V. Machado. (Org.). *A escolarização da leitura literária.* Belo Horizonte, MG: Autêntica.

Tardif, M. (2002). *Saberes docentes e formação profissional.* Petrópolis, RJ: Vozes.

CAPÍTULO 35

Formação Docente no Brasil: o problema escolar e de aprendizagem

Roberta Rossi Oliveira Palermo

Se partirmos do pressuposto que a escola reflete a sociedade, a escola que atualmente se apresenta passa a compor a manutenção da alienação que se instala nessa sociedade, afinal, não forma, apenas entrega conteúdos – em pacotes, que se espera serem aplicáveis automaticamente na vida cotidiana e se não os forem – esses conteúdos, informações e conhecimentos, automaticamente não serão validados e reconhecidos como relevantes para discussão e apreensão por parte dos estudantes, bem como por parte de muitos professores.

Das relações que se estabelecem entre educação, trabalho e consciência política, a escola atualmente reflete uma função mais utilitarista da educação.

> A propriedade privada tornou-nos tão estúpidos e unilaterais que um objeto só é nosso quando o temos, quando existe para nós como capital ou quando é imediatamente possuído, comido, bebido, vestido, habitado, em resumo, utilizado por nós. Se bem que a propriedade privada concebe, por sua vez, todas essas efetivações imediatas da posse apenas como meios de subsistência, e a vida, à qual elas servem de meios, é a vida da propriedade privada, o trabalho e a capitalização. (Marx, 1991, p. 171)

Quanto ao profissional *professor*, sua *formação* ou *deformação* é revelada no seu fazer, na sua prática. A prática pela prática não desencadeia o processo reflexivo, muito menos possibilita a autorreflexão, então, se esvazia. No entanto, aparece como uma possibilidade de análise desse trabalho docente, com base nas conjecturas relacionadas à perspectiva da *formação* no trabalho.

Uma vez que a singularidade do *professor* encontra-se na forma como desenvolve à docência, a ferramenta tecnológica, ou seja, o ambiente virtual de aprendizagem e/ou outras tecnologias da informação e comunicação utilizadas na EaD, tornam-se condição primordial para o exercício de sua atuação, com vistas a sua *mediação* – sendo "ponte" entre o conhecimento ou objeto de conhecimento, facilitando a construção ou elaboração ou reelaboração – pelo aluno de seus conhecimentos, bem como a *mediatização* do processo de ensino e aprendizagem – que é a utilização dos meios tecnológicos que podem potencializar a *mediação* da aprendizagem, ou seja, o *professor* a partir da seleção de quais meios tecnológicos serão mais adequados para o desenvolvimento de sua proposta de aula, com vistas à apreensão de conhecimentos pelo aluno.

Vale lembrar que o uso que se pode fazer dessa ferramenta tecnológica irá revelar o contexto no qual o *professor* está inserido, irá revelar também o modelo de educação da instituição na qual se desenvolvem os cursos que ora ministra e que darão contornos a sua docência, limitando-a ou não e caracterizando, assim, a sua atuação como *professor.*

Se partirmos da afirmação que *a não reflexão no trabalho é uma condição para alienação*, torna-se compreensível o discurso de vários *professores* que declaram ter várias turmas com um número excessivo de alunos, onde a mediação e a *mediatização* na sua prática, no seu fazer são desconsideradas; contudo, muitos *professores*, legitimam a atuação como simplesmente uma nova forma de ministrar aula, mas também não sabem explicar essa nova forma, quando muito, definem como uma mera transposição didática.

Ao considerarmos a mera *transposição didática*, há como pressuposto, no mínimo: a prática efetiva da *mediação* da aprendizagem, afinal um professor na modalidade de educação presencial, *teoricamente*, não poderia exercer o ofício de professor se não desenvolvesse essa competência.

Formação implica em autoformação e formação continuada também têm a mesma implicação. A formação do professor está diretamente relacionada com três perspectivas: a) técnica, que instrumentaliza o professor para a atuação e desenvolvimento do currículo instituído; b) cultura profissional, que envolve os valores da instituição na qual está inserido este professor; e c) cultural, ou seja, a formação ampla.

A *formação* que é possível encontrar para o *professor* em muitas instituições é mais caracterizada como uma *deformação* da profissão docente, onde a autorreflexão e a autocrítica não existem.

O problema escolar e de aprendizagem

Compreender com clareza o processo de aprendizagem dos estudantes, e poder identificar e caracterizar o que de fato se configura como problema de aprendizagem, é uma condição basilar para atuação do *professor.*

> A falta dessa precisão técnica e teórica tem feito com que os problemas de aprendizagem sejam confundidos com dificuldades normais do processo de desenvolvimento da criança com padrões culturais e linguísticos diferentes dos valorizados pela escola, com questões isoladas que, por si só, pouco significam. As reais dificuldades deixam de ser apontadas por não serem detectadas, ou por estarem escamoteadas em atividades que impedem o raciocínio profundo e consequentemente a manifestação dos problemas existentes. (Matos, 2008 , p. 185-186)

Muitas das dificuldades apresentadas pelos estudantes são decorrentes das lacunas acumuladas ao longo do tempo e dos anos de aprendizagem escolar. E considerar os conhecimentos compartimentados e limitados a determinada série/ano, tem sido um verdadeiro equívoco e seus desdobramentos têm trazido enormes consequências, bem como verdadeiras sequelas àquele que aprende.

> É dramático constatar que o número de alunos com reais problemas de aprendizagem é bem maior do que se poderia esperar. Justamente por não terem tido suas dificuldades iniciais prontamente atendidas, desenvolveram vínculos negativos com o objeto do conhecimento e passaram efetivamente, a ter problemas para aprender. (Matos, 2008, p. 186)

Embora, tenhamos um currículo que encaixa, na maioria das vezes, os conhecimentos e saberes estritamente vinculados a determinada série/ano, não é possível ignorar as dificuldades apresentadas por um número significativo de alunos que advém das séries/anos anteriores.

> Com respeito aos caminhos encontrados pelos profissionais da escola para tentar resolver os problemas dos alunos, observou-se que, na maioria das vezes, prendem-se a exercícios repetitivos e sem sentido, que de pouco ou nada contribuírem para uma mudança de desempenho, ainda acabam inibindo ou prejudicando a aprendizagem. (Matos, 2008, p. 186)

Repetição é uma técnica para potencializar a aprendizagem – por alguns questionada, entretanto não é garantia da aprendizagem.

Para aquele que apresenta dificuldades de aprendizagem, em determinado momento ou etapa, é preciso mais, é preciso refazer o vínculo com o conhecimento e isso envolve afetividade. É preciso ainda percorrer com esse estudante o caminho de entendimento que foi estabelecido com o objeto de conhecimento, para então identificar a intervenção possível e necessária para ressignificar o processo de aprendizagem.

Esse trabalho diz respeito a aquele que ensina – o professor ou a professora!

Simplesmente encaminhar estudantes indiscriminadamente a serviços de saúde, torna-se a ratificação da "suposta" dificuldade de aprendizagem e mais, uma sentença, um rótulo, um lugar que será ocupado por alguém que "tem problema" para aprender. Afinal, uma hipótese diagnóstica identificada indiscriminadamente por muitos professores torna-se para outros profissionais apenas a busca pela confirmação.

A mais deprimente e arrasadora constatação é verificar que esses estudantes, são "tradados" apenas e exclusivamente pela perspectiva biológica, além de carregarem a culpa por não terem um organismo perfeito, em pleno funcionamento de suas potencialidades.

> Quando os alunos são encaminhados para os serviços públicos de atendimento, a situação não é menos dramática. A precariedade desses serviços e a inadequação de muitos de seus profissionais fazem com que os problemas de aprendizagem passem despercebidos, ou seja, sejam tratados por uma linha medicamentosa de tratamento, como se as causas orgânicas fossem as únicas existentes. Um agravante, em razão de um dado cultural fortemente arraigado entre nós, é o fato de o médico deter sempre a última palavra. A falta de uma política de integração por parte dos serviços de administração pública desfavorece a aproximação entre os profissionais da escola e os postos de atendimento,

> revertendo-se tal situação em prejuízo para os alunos com problemas de aprendizagem. (Matos, 2008, p. 186)

É preciso revisitar os conhecimentos e saberes que são esperados desse profissional – o professor! É preciso que o próprio professor faça uma profunda reflexão acerca do seu fazer, das suas responsabilidades com os processos de aprendizagem de seus estudantes.

> É importante que esse movimento seja captado e inserido numa proposta de trabalho direcionada para o investimento na competência profissional dos professores, capacitando-os não só para perceber as dificuldades decorrentes do processo educativo, mas para intervir a partir da escolha consciente de uma teoria de ensino-aprendizagem, a fim de que possam, também conscientemente, selecionar as estratégias de ensino que julgarem mais adequadas. (Matos, 2008, p. 187)

A realidade encontrada nas escolas mostra que a concepção construtivista é a mais frequentemente citada no discurso dos professores como uma alternativa epistemológica para a prática pedagógica. Entretanto como a conhecem apenas superficialmente - os professores, sentem dificuldade para incorporá-la na prática, fazendo-o de maneira equivocada, com simplificações grosseiras de alguns de seus conceitos fundamentais.

Ainda que a concepção construtivista, por si só, não responda a todas as possibilidades de "erros" dos estudantes, nem a todas as questões relacionadas aos problemas de aprendizagem, torna-se uma possibilidade ampliada de compreensão da construção do conhecimento daquele que aprende.

Os professores necessitam compreender que nenhuma teoria, concepção ou corrente pedagógica, tomada isoladamente, pode dar conta do processo educativo. O trabalho em educação envolve uma multiplicidade de fatores, nos quais várias ciências têm importantes colaborações a prestar.

Quando se olha para o aprendizado escolar como um problema, parece que esse, o problema, é algo insolúvel e aceito como determinante do processo educacional.

Mas o problema de aprendizado escolar, pode e deve ser entendido como uma parte do processo de aprendizagem, e não como a síntese do processo de aprendizagem.

Vejamos, por exemplo, se uma criança, um jovem ou um adulto tem determinado problema em relação à escrita, à matemática ou quaisquer outros conteúdos, é preciso compreender e identificar rapidamente onde está o problema e não o generalizar como um estudante "problema".

Essa identificação do problema diz respeito a atuação do professor(a), afinal quem ensina é ele(a), portanto cabe a esse profissional a explicitação do problema de aprendizagem e não a apresentação do estudante "problema".

Um problema de aprendizagem escolar pode entre outras variáveis estar relacionado com a própria apresentação do conteúdo a ser aprendido, ou seja, o que se chama comumente de didática do professor.

Afinal, é muito comum encontrar estudantes que dizem aprender rapidamente com determinado professor e ter muitas dificuldades com outro professor.

Pode-se também considerar, inicialmente, outras variáveis, como por exemplo, questões relacionadas a audição, visão, que impactam o processo de aprendizado. Portanto, falar em problema de aprendizado não se pode sintetizar e justificar única e exclusivamente o estudante, mas, sobretudo, identificar exatamente onde está o problema de aprendizagem.

Se o problema de aprendizado é a na matemática, o que especificamente é? Não se pode aceitar generalizações em problemas de aprendizado.

Um estudante deve ser considerado fundamentalmente em suas potencialidades e não somente em suas dificuldades.

Embora, muitas variáveis possam ser detectadas no processo de aprendizagem como justificativas, é preciso compreender e ampliar esse olhar, especialmente por parte do professor e da família, pois o não aprender ou as dificuldades que se identificam nesse processo, podem ser indicadores de outros problemas.

> Entendido, então, como *sintoma*, o problema de aprendizado escolar (Paim, 1986) cumpre uma função positiva, pois se torna a denúncia de um quadro momentâneo de comportamento. Estaria constituído pelo significado que o aprendizado escolar possui naquela situação específica do sujeito, incluindo, na sua manifestação, a linguagem do corpo. Por exemplo, uma criança pode encontrar como única maneira possível de aproximar-se afetivamente de seus pais, desenvolver um problema com o aprender escolar. E como salienta *Langer*, na obra de *Paulus* (1975), o sintoma é uma ocorrência isolada que se refere a um todo circunstancial. (Pitombo, 2001, p. 18)

Como definir a importância da educação?

Dewey (1936) coloca a educação como condição essencial para a vida social, para a efetiva participação de seus membros. Destaca a comunicação como real possibilidade da transmissão da educação. A comunicação é a concreta experiência, ou seja, a participação da pessoa na sociedade. Na medida em que as sociedades se tornam mais complexas em estrutura e recursos, aumenta a necessidade do ensino e aprendizado formais ou intencionais, contudo, existe um perigo identificado por Dewey (1936), o conhecimento abstrato, sem sentido – quando a educação para atender a complexidade da sociedade, acaba por não encontrar relações das experiências no interior da escola e as de outras associações, com os conteúdos apresentados.

Quando Dewey (1936) coloca a educação como condição essencial para a vida social, está condicionando a educação como função social, e destaca a identificação de três funções deste meio especial: "...simplificar e coordenar os fatores da mentalidade que se pretenda desenvolver; purificar e idealizar os costumes sociais existentes; criar um meio mais vasto e melhor equilibrado do que aquele pelo qual os imaturos, abandonados a si mesmos, seriam provavelmente influenciados. " (Dewey, 1936, p. 44)

Assim a escola deve propiciar o compartilhamento dos saberes, dos valores, das regras, do ideário de cidadão que a sociedade deseja, o que ele definiu como sociedade perfeita.

Para Dewey (1936), que é um pragmático, a educação deve possibilitar significado nos conteúdos transmitidos às crianças, assim farão sentido à incorporação desses conteúdos, no desenvolvimento desses indivíduos.

Dewey (1936) parte do princípio que as crianças ou *as pessoas não adultas* não estão harmonizadas com as sociedades onde nasceram, assim têm a educação como direção, ou seja, como possibilidade de serem orientadas – *as pessoas não adultas* a melhor forma de participarem da sociedade na qual estão inseridas. Considera ainda, que na medida em que o professor identifica as potencialidades na criança pode direcioná-la da melhor forma possível, justificando a educação como direção.

Segundo Freitas (2007), em seu artigo intitulado *A (nova) política de formação de professores: a prioridade postergada*, vários são os erros e interpretações acerca da formação docente. Os avanços cedem lugar aos vários equívocos que são insistentemente reapresentados com novas redações e nova roupagem, tomando corpo no dia a dia dos docentes brasileiros, são esses avanços e retrocessos ou erros de interpretação que pretendemos abordar de maneira reflexiva neste texto. Tomaremos como referência as pesquisas realizadas por:

Barreto (2010) - *Trabalho docente e modelos de formação*: velhos e novos embates e representações, que discute a nova geração de alunos em contrapartida a outro "jeito" de escola que também se apropria da cultura de forma diferente – como se dá essas relações? Destaca a necessidade de desacelerar o tempo na escola, do distanciamento e a aproximação com o aluno – qual o limite? Quais as variáveis que estão impactando a relação de aproximação? O tempo e sua fragmentação, um exemplo, o próprio tempo destinado às aulas, no ensino fundamental II e no ensino médio aulas de 50 minutos. Há diálogo na escola? Questiona a estrutura e as condições de trabalho que impactam necessariamente os processos de adaptação do professor em relação à estrutura que é imposta. Considera ainda a necessidade de ressignificar a relação ensino-aprendizagem e o reconhecimento da autoridade moral pelo professor e pelo aluno.

Gatti (2008) - *Análise das políticas para formação continuada no Brasil, na última década*, constata a ausência de professores formadores nos cursos de formação, existindo assim a ausência de conhecimento de "dentro" da profissão, destaca como espaço vital de trabalho – o conhecimento de "dentro da profissão, afinal não se trata de transformar o conhecimento em prática (tecnicismo), mas, sobretudo considerar o trabalho na escola na sala de aula numa relação voltada para o conhecimento. A prática por si só não basta, é necessário alinhamento teórico, por meio do conhecimento. É a única forma de compreender a complexidade, a riqueza do ensino. Traz também à perspectiva de superação do individualismo na profissão e a necessidade da inserção docente de forma gradativa.

Lessard (2009) - *O trabalho docente, a análise da atividade e o papel dos sujeitos*, vai criticar um pouco o modelo de formação de professores com base em "competências". E a importância da formação geral? Competência = ação. Não é possível reduzir a formação com base somente em ações. O trabalho docente é analisado por Lessard (2009) a partir da nova sociologia da educação – a formação é coconstruída = coletivo. Os "fazeres ordinários da profissão" = cotidiano, o básico, afinal o trabalho de ensinar é emocional. É destacado também que não há o exercício da participação política nas pesquisas realizadas. Ler bons autores não garante a participação e coerência da atuação. Assim Lessard (2009) conclui indicando a necessidade de reconhecimento da dimensão política na atuação do professor, pois na e pela ação se desenvolverá a profissão.

Roldão (2007) - *Função docente: natureza e construção do conhecimento profissional*, destaca que a qualidade do ensino só pode mudar pela autonomia do professor e esta somente é possível olhando para a formação do professor. Indica que a percepção social, a formação política e sociológica leva a autonomia com base em muita teoria. Roldão (2007) destaca a tríade conhecimento, professor e aluno – ensino é fazer aprender.

Dias (2009) - *Sentidos da prática nas políticas de currículo para a formação de professores*, fala que não são tão simples a proposta curricular e a respectiva implementação, há mais instâncias para se pensar quando se fala do currículo de formação de professores. Busca analisar como é que o sentido da prática aparece nas políticas de formação de professores. Afinal a análise do documento não pode ser feita por ele mesmo, é necessário considerar o contexto de influência – externo à escola (política proposta), o contexto da prática – interno à escola (política em uso) e o contexto da produção do texto (política de fato). As políticas são intervenções textuais. Ao se analisar uma política pública, há de se considerar a atuação dos professores, dos atores sociais. Destaca ainda a importância da política de estado pela possibilidade de influência das classes sociais – perspectiva marxista. Considera ainda que exista um antagonismo entre o saber teórico e o saber prático, impactando este último – saber prático na perspectiva de seu esvaziamento, visto que uma formação considerada apenas pelo saber da prática reafirma a suposta dicotomia teoria e prática e, sendo assim, a perspectiva política também se esvazia, sem a possibilidade de reflexão com apoio dos saberes teóricos. Há, então, a expulsão da teoria e apenas a valorização da prática, porém a prática podendo ser compreendida de forma subjetiva, regional ou local, daí o próprio esvaziamento da prática.

Silva (2010) - *A natureza dos saberes teóricos e a natureza dos saberes práticos consubstanciam dois currículos para a formação de professores*, as duas naturezas são de ordem teórica e prática do conhecimento para formação do professor.

Tardif (2005) - *Difusão da pesquisa educacional entre profissionais do ensino e círculos acadêmicos* destaca o não compartilhamento das produções acadêmicas, desenvolvidas nas universidades e centros de pesquisa com os professores que se encontram na atuação profissional – na escola.

Ampliando um pouco mais esta discussão, é preciso incluir a educação inclusiva como uma questão amplamente discutida em nossa sociedade atualmente, mas com pouca efetividade prática. Afinal, a escola é o *lócus* central de discussão da educação inclusiva – os professores justificam que não se encontram preparados para receber alunos com deficiência, e, de fato, após as discussões realizadas até aqui, é perceptível que não estão preparados, pois um número significativo de professores não consegue tratar dificuldades de aprendizagem relacionadas aos processos de ensino-aprendizagem. Como esperar que terão condições de receber alunos com deficiências?!

A formação de professores é tão precária no Brasil, que em um número significativo de cursos de Pedagogia, os futuros professores têm apenas 60 horas (um semestre) para a disciplina de Educação Inclusiva na totalidade de carga-horária disponível para sua formação.

Considerando ainda o fato de que muitos professores e mesmo os que se encontram em formação, idealizam a escola e o aluno. É realmente assustadora a realidade que se apresenta.

Ainda que muitos *profissionais* da educação se dediquem a manter o paradoxo da escola, como um meio de construção e desenvolvimento do indivíduo, não participando da sociedade onde está inserida, torna-se impossível não reconhecer o homem como um ser social.

A interação humana pressupõe percepções, e esta se efetiva na convivência cotidiana, por exemplo, na escola. As relações construídas no ambiente escolar refletem estas percepções.

Uma questão importante que se destaca é relação professor-aluno. Quais são as percepções de um aluno em relação ao seu professor e vice-versa? Qual o significado de um tom de voz mais alto ou mais baixo?

A *forma* de falar com o outro, revelam percepções dos dois sujeitos e constroem ou destroem relações.

Afinal o processo de desenvolvimento do indivíduo não considera apenas o cognitivo – os conteúdos. Aprendizagem pressupõe integração de saberes e estes não se dão exclusivamente no campo cognitivo.

As formações aligeiradas dos futuros profissionais da educação – pedagogos colocam em risco gerações de indivíduos que acessam a escola, esperando por uma educação que todos têm direito e que busca a tal... qualidade.

Pensar a qualidade já não é tarefa fácil, pois ao buscar compreender o que significa qualidade nos deparamos na maioria das vezes com critérios muito distintos dos quais acreditamos ser importantes no processo educativo, um exemplo, a mensuração dos resultados da educação no país pelos famosos índices... IDEB entre outros.

Isto posto envolve revisitar as formações docentes e a respectiva atuação profissional, que impõe considerar que muitas formações acontecem em serviço, visto que os conteúdos tratados ao longo da formação do pedagogo são exclusivamente de cunho teórico ou prático, sem a necessária reflexão que impõe o exercício da profissão.

A teoria e a prática não são excludentes, mas complementares na perspectiva de refletir, abstrair ideias, compreender crenças e princípios que perpassam o cotidiano e muitas vezes não são percebidas de forma crítica pelos sujeitos envolvidos na respectiva sociedade em que estão envolvidos.

Conclusão

Adorno (1995) no texto "Tabus acerca do magistério" inserido no livro: Educação e Emancipação, considera que educação política pressupõe conscientização. Assim, é possível identificar na formação desse profissional – professor na perspectiva de uma pseudoformação, que para Adorno (1995), se coloca como uma tendência contraditória, ou melhor, questão de sobrevivência, destituindo o homem de sua individualidade. Afinal formação implica: a) formação moral (valores e política); b) formação intelectual (técnica e cultura); e c) formação física (expressões corporais).

Como não há a conscientização por parte dessa classe de profissionais, denominados *professores*, pois o trabalho realizado não expressa seus valores, suas realizações, tornam-se assim apêndices do aparato, da instituição educacional. Não é possível separar (descolar) a emancipação individual da emancipação social e, por conseguinte as relações humanas acabam sendo relações de coisificação.

> Os homens não conseguem reconhecer a si mesmo na sociedade, nem esta tampouco neles, porque encontram-se alienados entre si e frente ao todo (...) A falsa consciência tem, ao mesmo tempo, razão: a vida interior e a exterior estão desgarradas entre si. Somente em virtude da determinação da diferença, não mediante conceitos ampliados, se expressa adequadamente sua relação. A

verdade do todo descansa na unilateralidade, não em uma síntese pluralista (Adorno, 1986, p.38-39).

As relações estabelecidas entre educação, trabalho e consciência política com base no conceito de esclarecimento definido por Adorno (1995) que entre outros termos considera que vivemos numa época de esclarecimento, visto a contradição social na qual estamos todos inseridos e que impõe considerar uma organização social heterônoma – "*nenhuma pessoa pode existir na sociedade atual realmente conforme suas próprias determinações...*" (p. 181) apoia a conclusão que em relação aos professores, há alienação de sua atuação profissional.

> No sentido mais amplo do progresso do pensamento, o esclarecimento tem perseguido sempre o objetivo de livrar os homens do medo e de investi-los na posição de senhores. [...] O programa do esclarecimento era o desencantamento do mundo. Sua meta era dissolver os mitos e substituir a imaginação pelo saber. (Horkheimer & Adorno, 1985, p. 19).

A política educacional pressupõe o entendimento que a mesma deveria revelar a participação do povo, da nação e que atendesse tanto os direitos de cada pessoa como a perspectiva coletiva – a todos.

Por fim, mas não finalizado... um artigo inacabado... mas com uma proposta premente de se discutir efetivamente a formação docente no Brasil, que deverá ser inserida em um projeto educacional de nação e não de partidos políticos. A educação no Brasil revela historicamente e indiscutivelmente uma educação partidária e potencialmente excludente!

> Edson foi inserido com sucesso na escola particular, que se mobilizou para recebê-lo. Entretanto, o pai de um outro aluno recusou-se a aceitar a ideia de que seu filho estudaria com um colega com deficiência. Este pai mobilizou os outros pais e convenceu-os a retirar os seus filhos da escola caso Edson permanecesse nela. A turma de Edson foi fechada e ele foi obrigado a deixar a escola. (Profissional – Edson tem sete anos e déficit auditivo e visual). Na idade escolar, Ronaldo foi estudar numa escola regular, onde só permaneceu um ano, pois a professora disse que ele não tinha condições de estudar e que tirava a concentração das outras crianças. Ele tem muita vontade de estudar, mas as escolas não o aceitam. (mãe de Ronaldo, que tem deficiência intelectual). Sempre que

tentava uma creche para Gustavo a resposta era a mesma: "Não aceitamos porque ele é deficiente". A mãe dele sempre explicava que ele só tinha paralisia nas pernas e que era capaz de aprender como qualquer outra criança. Mesmo assim, não conseguiu vaga em nenhuma creche. Hoje Gustavo fica em casa com as tias e a avó. Ele assiste TV o dia todo. (mãe/tia de Gustavo, que tem três anos). Francisca estudava na escola regular. Eu cheguei lá e uma mãe disse: – Olha, é a mãe da "doidinha!". Eu então tirei minha filha daquela escola. Quando fui falar com a diretora, tive que ouvir: – Eu não vou perder alunos por causa da sua filha... Como esta não era a primeira vez que esse tipo de situação acontecia, eu decidi que não quero mais minha filha na escola regular. Agora ela está estudando na escolinha do centro de reabilitação da cidade (Mãe de Francisca, que tem 8 anos e deficiência física) (Fávero, Ferreira, Ireland, & Barreiros, 2009, p. 44-46).

Referências

Adorno, T. W. (1995). Educação – para quê? A educação contra a barbárie; Educação e emancipação. In T. W. Adorno. *Educação e emancipação.* São Paulo, SP: Paz e Terra.

Barreto, E. de Sá. (2010). Trabalho docente e formação: velhos e novos embates e representações. *Cadernos de pesquisa.* São Paulo, SP: FCCHAGAS, 40(140), p. 427-443.

Dewey, J. (1936). *Democracia e Educação.* São Paulo, SP: Cia. Editora Nacional.

Dias, R. E., & Lopes, A. C. (2009). Nas políticas de currículo para a formação de professores. *Currículo sem fronteiras, 9*(2), 79-99.

Fávero, O., Ferreira, W., Ireland, T. & Barreiros, D. (2009). Tornar a educação inclusiva. Brasília, DF: UNESCO.

de Freitas, H. C. L. (2007). A (nova) política de formação de professores: a prioridade postergada. *Educação & Sociedade, 28*(100), 1203-1230.

Gatti, B. A. (2008). Análise das políticas públicas para formação continuada no Brasil, na última década. *Revista Brasileira de educação, 13*(37), 57-70.

Horkheimer, M., Adorno, T. W. (1985). O conceito de esclarecimento. In T. W. Adorno. *Dialética do esclarecimento.* Rio de Janeiro, RJ: Jorge Zahar.

Lessard, C. (2009). O trabalho docente, a análise da atividade e o papel dos sujeitos. Sísifo, (9), 119-128.

Matos, M. A. de S. (2008). *Cidadania diversidade e educação inclusiva: um diálogo entre a teoria e a prática na rede municipal de Manaus.* (Tese de Doutorado). Faculdade de Educação. Programa de Pós-graduação em Educação. UFRGS – Universidade Federal do Rio Grande do Sul., Porto Alegre, RS, Brasil.

Marx, K. (1991). *Manuscritos econômicos-filosóficos e outros textos escolhidos.* (5a ed., Coleção Os Pensadores). São Paulo, SP: Nova Cultural.

Pitombo, E.. (2001). *O problema de aprendizado escolar: a fratura de um processo. A contribuição da linguagem corporal na aquisição da linguagem escrita: estudo de caso de uma criança com problema de aprendizado escolar.* (Dissertação de Mestrado em Psicologia). Universidade São Marcos, São Paulo, SP, Brasil.

Roldão, M. do C. (2007). Função docente: natureza e construção do conhecimento profissional. *Revista brasileira de educação, 12*(34), 95.

Silva, M. A. (2010). A natureza de saberes teóricos e a natureza de saberes práticos consubstanciam dois currículos para a formação de professores. *Actas do IX Colóquio sobre questões curriculares/V Colóquio Luso-Brasileiro.* Braga/Porto-Pt: Um.Minho e Um.

Tardif, M., & Zourhlal, A. (2005). Difusão da pesquisa educacional entre profissionais do ensino e círculos acadêmicos. *Cadernos de pesquisa, 35*(125), 13-35.

POSFÁCIO

Caminhos da Aprendizagem e Inclusão: entretecendo múltiplos saberes– Volume II

A obra *Aprendizagem e Inclusão: entretecendo múltiplos saberes*, em seu seu segundo livro, vem ao encontro da necessidade de revisar continuamente o conhecimento científico sobre teorias e experiências bem sucedidas, que contribuem para a área da Educação, fazendo interface com diversas Ciências Multidisciplinares, visando a formação de professores, a elaboração de métodos de ensino e de tecnologias ativas, que emergem no aprendizado e inclusão de crianças e adultos, como também, no contato de famílias com o ambiente escolar.

Escrever este posfácio foi uma tarefa prazerosa, de muitos agrados que a leitura me proporcionou. O encanto dos capítulos contidos nesta obra está na capacidade de cada um deles favorecer a reflexão, e assim, tornar o educador melhor no exercício da sua profissão, e, por essência, na sua condição humana. Os temas organizados foram valorizados substancialmente por professores, pesquisadores e clínicos, com *expertises* acadêmicas, de cunho nacional e internacional, abordando aspectos do desenvolvimento humano, com clara repercussão social familiar, escolar e comunitária.

Discute-se a aprendizagem com a coexistência de vínculos afetivos que motivam o esforço mental, atrelados às diversidades e conquistas alcançadas. Nessa relação, os educadores são os mediadores do processo educacional, aqueles que possibilitam uma experiência exitosa. A aprendizagem da criança, tanto típica quanto atípica, em tarefas complexas, como na leitura, produz mudanças em diversas instâncias neurológicas e funcionais, tais como, a memória de trabalho e a linguagem, dentre outras funções corticais. Cada vez mais têm sido utilizadas tecnologias digitais no contexto social, educativo e cultural, exigindo desse formato de aprendizagem mudanças e ajustes decorrentes do novo perfil aprendiz.

É disso que trata este livro acadêmico! Repleto de informações, posições reflexivas, conceitos científicos inovadores, constatações e impressões, destacadas por cada autor, na condução das ideias contemporâneas sobre o aprender e o saber, voltados ao ensino de boa qualidade, com recursos valiosos no cuidado pedagógico prestado ao educando.

Leitura recomendada a todos os educadores, pesquisadores, gestores, estudantes da educação e áreas correlatas, interessados em nutrir o conhecimento sobre o aprendiz. E, finalmente, evidencia um trabalho sério, bem construído, que articula Educação e Saúde, com competência científica e compromisso social.

Maria de Lourdes Merighi Tabaquim
Pós-Doutora em Ciências Médicas
Professora da Universidade de São Paulo (FOB-USP)

Os autores

Organizadores

Ângela Mathylde Soares

Professora, Pedagoga, Psicopedagoga, Psicanalista, Escritora, CEO da Clínica Aprendizagem e Companhia-Saúde integral e Instituto Profa. Ângela Mathylde, Coordenadora da Faculdade Plus na região sudeste. Conselheira Nacional da Associação Brasileira de Psicopedagogia (ABPp), Presidente do Congresso Internacional Brain Connection Brasil, Diretora do Grupo de Investigação Clinica em Saúde e Educação da União Europeia/G3TES. Membro da Associação Mineira de Psicanálise (AMAP). Vice-diretora acadêmica integrante do projeto de pesquisa intitulado O uso do jogo digital MentalPlus® para avaliação e reabilitação da função cognitiva: análise de conteúdo, consistência interna, validade convergente e validade clínica como teste diagnóstico e instrumento de reabilitação, registrado na Plataforma Brasil sob CAAE: 49463315.5.1001.0068, e no National Institute Health (NIH) sob o identificador NCT02551952, com a coordenação da Prof.a. Dra. Lívia Stocco Sanches Valentin. Ph.D/USP. Psicopedagoga Clínica Pela Escuela de Psicopedagogia de Buenos Aires - sob a supervisão de Alicia Fernandes. Mediadora do PEI 1, 2 e Básico The International Center For The Enhancement Of Learning Potential Hadassah-Wizo-Canada Research Institute-Prof. Reuven Feuerstein. Mestre e Doutora em Estudos Psicanalíticos pela Escola de Psicanálise Clínica/RJ, filiada a UK Psychoanalytical Society (London). Doutora Honoris Causa D.h.c, Emil Brunner Word University - EBWU. Doutora em Teoria e Prática Clínica Psicanalítica e Psicopatologia pela Erich Fromm World University (Miami, Florida - USA). Doutora Honoris Causa em Ciências da Educação e Psicanálise - Emill Brunner University. Notório saber em Ciências da Educação e Comenda Dr. Italu Colares pela EBWU -USA. Escritora dos livros Mania de Fantasiar 1 e 2, Porque vou ao Psicopedagogo?, Programa Psico- pedagógico de Atendimento e Intervenção Multidisciplinar -Foco Escolar-Clinico-Jurídico-Familiar-Neurociências-Hospitalar-Gerontologia, Como organizar seu consultório e fidelizar clientes em Psicopedagogia, Avaliando e intervindo nos transtornos de Aprendizagem, Psicoeducação para Pais, Aprendendo a fazer o PDI - Programa de Desenvolvimento Individual, -Tem um Esquisito dentro de minha sala de aula. Organizadora dos livros Caminhos da Aprendizagem e Inclusão: Entretecendo Múltiplos Saberes Vols. 1, 2. Capítulos de livros, revistas, jornais, artigos e textos científicos. Graduação em Pedagogia (FAFI-BH/). Graduação em Ciências da Religião (FATEFI). Graduação em Biologia (FAVENI) Formação em Psicanálise (GREP e SBP). Mediadora do PEI - Programa Enriquecimento Instrumental - Nível 1, 2 e Básico, Screnner de Processamento Visual, Screnner da Panlexia Plus, Aplicadora do método Biofeedback e Neurobiofeedback. Consultora Clínica e Educacional em várias instituições nacionais e internacionais. Screnner do Método PROLOF. Escritora de livros didáticos e infantis. Ganhadora do Prêmio Profissional de Expressão 2009. Ganhadora do Prêmio Profissional de destaque 2010, 2011, 2012, 2013, 2014, 2015. Reconhecimento Europeu PROFI CONCEPT - Professora Honorária. Prêmio Special Triputy - Projeto Erasmus Plus - União Europeia - 2016-2017-2018

Jalmiris Regina Oliveira Reis Simão

Mestre em Educação (FFP/UERJ-2014)- Processos formativos e desigualdades sociais. Graduação em Pedagogia, Especialista em Administração Escolar e Supervisão Pedagógica, licenciatura em Didática, Psicologia da Educação, História da Educação, anos iniciais e demais disciplinas pedagógicas. Especialista em Alfabetização e Letramento (UFSJ). Pós-graduanda em Psicopedagogia Clínica e Institucional.Integrante do Grupo de Pesquisa Redes de Conhecimentos e Práticas Emancipatórias no Cotidiano Escolar (PROPED/

UERJ). Coordenação de Projeto Social/Cultural Forma Cor Ação (PBH). Prêmio Paulo Freire (SME-PBH) e Escolas Solidárias. Prêmio Mazzaropi - Direção do Projeto Revelarte (SCDC/MinC - 2014) Prêmio Special Triputy -Projeto Erasmus Plus - União Europeia (2016-2017-2018). Organizadora e escritora de livros educacionais. Autora de artigos de revistas. Palestrante nacional e internacional. Regência, coordenação e gestão escolar. Coordenadora da Comissão Científica do Congresso Internacional Brain Conection (2016, 2017-2018- 2019), participante da Comissão Organizadora.

Luís Miguel Neves

Doutorando em Educação Especialidade: Liderança Educacional. Mestre em Psicologia Educacional. Mestre em Gestão de Recursos Humanos.Licenciado em Psicologia Clínica. Mediador de Conflitos. Psicólogo Clínico e da Saúde. Psicólogo Educacional.Juiz Social no Tribunal de Família e Menores de Faro – Instância Central de Faro. Formador (Certificado pelo Conselho Científico Pedagógico da Formação Contínua).Presidente da Associação de Psicologia do Algarve / Diretor Técnico da Omnes Pro Uno – Associação de Solidariedade Social do Algarve. Coordenador em Portugal do Projeto Europeu ERASMUS + " Caminhando para uma escola inclusiva na Europa".

Autores

Adeliane Rodrigues dos Santos

Terapeuta ocupacional da Clínica Aprendizagem e Companhia. Terapeuta Ocupacional e Preceptora do Pronto Atendimento da residência em Saúde do Idoso e Contextos Hospitalares. HRTN-UFMG FUNDEP.Bacharel em Terapia Ocupacional pela Faculdade de Ciências Médicas de Minas Gerais 2008. Aperfeiçoamento em Envelhecimento e Saúde da Pessoa Idosa – Fiocruz junho 2015. Carga horária 360h. Qualificação em Confecção e Manutenção de Órteses, Próteses e Meios de Locomoção: Confecção e Manutenção de Próteses de Membros Inferiores, Órteses Suropodálicas e Adequação Postural em Cadeira de Rodas, ministrado pela SORRI BAURU no período de 23 de março a 15 de maio de 2015, com carga horária de 120 horas.

Adriana Marques de Oliveira

Fonoaudióloga. Mestra. Doutora em Educação e Pós-Doutoranda pela Universidade Estadual Paulista "Júlio de Mesquita Filho" - FFC/ UNESP - Marília-SP. Especialista em Linguagem e em Fonoaudiologia Educacional pelo Conselho Federal de Fonoaudiologia. Membro do grupo de pesquisa do CNPq "Linguagem, Aprendizagem e Escolaridade" da Faculdade de Filosofia e Ciências da Universidade Estadual Paulista – FFC/UNESP-Marília.

Aldo Caldarelli

Pesquisador e vídeo-progetista na Universita degli Studi di Macerata (UNIMC), em Macerata – Itália.

Alexandra Beatriz Portes de Cerqueira

Fonoaudióloga. Mestre em Distúrbios da Comunicação Humana e Doutoranda em Educação pela Universidade Estadual Paulista "Júlio, de Mesquita Filho" – UNESP. Participante do Grupo de Pesquisa do CNPq "Linguagem, Aprendizagem, Escolaridade". Membro do Laboratório de Investigação dos Desvios da Aprendizagem – LIDA.

Ana Luiza Pereira Gomes Pinto Navas

Graduação em Distúrbios da Comunicação Humana pela Universidade Federal de São Paulo (1988), Mestrado e Doutorado em Psicolinguistica - University of Connecticut (1993, 1998). Pós-doutorado em Linguistica, IEL, UNICAMP. Professora adjunto, e Diretora do Curso de Fonoaudiologia da Faculdade de Ciências Médicas da Santa Casa de São Paulo (2008- presente). Orientadora do Mestrado Profissional em Saúde da Comunicação Humana. Membro do Conselho Científico da Associação Brasileira de Déficit de Atenção (ABDA). Editora Chefe, Revista CoDAS (2015-presente). Temas de interesse: Linguagem escrita, memória, atenção, transtornos de aprendizagem, dislexia.

Andreia Luana de Jesus Martins

Pedagoga - Graduada pela UNESA; Especialista em Neurociência Pedagógica - Pós-Graduada pela AVM – Universidade Cândido Mendes. Pós-Graduanda em Psicopedagogia pela AVM-Universidade Cândido Mendes. Extensão em Autismo; Transtornos de

Aprendizagem e Neurodesenvolvimento Infantil. Experiência Profissional como Professora da Educação Especial e Inclusiva (Educação Infantil e Ensino Fundamental) e como Coordenadora de Inclusão – LBV/RJ. Atualmente, é Coordenadora do Programa Potencializando Habilidades no Centro Educacional José de Paiva Netto (CEJPN), voltado para a inclusão de alunos com Necessidades Educacionais Especiais.

Ângela Maria Vieira Pinheiro

Graduada em Psicologia (Pontifícia Universidade Católica de Minas Gerais). Mestre em Psicologia Educacional (University of Glasgow/ Escócia). Doutorado em Psicologia Cognitiva (University of Dundee/ Escócia). Pós-doutorado em Educação (Universidade de Educação de Ludwigsburg/Alemanha). Professora Titular da Universidade Federal de Minas Gerais. Coordenadora da plataforma DislexiaBrasil. Em 2014, presidiu o World Dyslexia Forum II, realizado na UFMG. É consultora e Membro de Honra do corpo de diretores da Dyslexia and Literacy International. Atua na área de Processos Cognitivos Básicos com ênfase em: 1) desenvolvimento da leitura e da escrita; 2) construção de medidas de reconhecimento de palavras e de compreensão leitora; e 3) dislexia do desenvolvimento.

Antonio Eugenio Cunha

Doutor e mestre em educação, psicopedagogo, pedagogo, jornalista, palestrante educacional, especialista em educação especial inclusiva, professor do ensino superior e da educação básica. Escreve para jornais e revistas da grande imprensa e para periódico especializados. Autor dos livros: "Afeto e aprendizagem", "Autismo e inclusão", "Afetividade na prática pedagógica", "Práticas pedagógicas para inclusão e diversidade", "Autismo na escola: um jeito diferente de aprender, um jeito diferente de ensinar" e "Educação na família e na escola".

Bianca dos Santos

Fonoaudióloga. Mestre em Distúrbios da Comunicação Humana – PPG – Fonoaudiologia – UNESP/Marília – SP (Bolsista CAPES). Doutoranda em Educação – PPG Educação – UNESP/Marília – SP (Bolsista CAPES). Membro do Laboratório de Investigação dos Desvios da Aprendizagem (LIDA – UNESP/Marília-SP). Membro do Grupo de Pesquisa do CNPq "Linguagem, Aprendizagem, Escolaridade".

Carla Gruber Gikovate

Médica, neurologista formada pela Universidade Estadual do Rio de Janeiro, UERJ. Mestre em psicologia pela Pontifícia Universidade Católica, PUC-Rio. Especialista em Educação Inclusiva, UGF. Professora da Faculdade de Medicina de Petrópolis.

Carolina Nogueira Sathler Figueiredo

Fonoaudióloga, formada pela UFRJ; Mestranda em saúde materno infantil no IPPMG; Fonoaudióloga do projeto ELO: escrita, leitura e oralidade. Fonoaudióloga da equipe DAI fonoaudiologia.

Cássia Ravena Mulin de Assis Medel

Pedagoga, Psicopedagoga e Escritora. Pós-Graduada em Supervisão Escolar, Orientação Educacional e Psicopedagogia. Atuou como gestora, orientadora pedagógica, orientadora educacional e professora em todos os segmentos de ensino. Atuou também como professora de cursos de pós-graduação em Gestão Escolar e Psicopedagogia. É palestrante e consultora educacional. Atua como Psicopedagoga em consultório particular.

Catia Giaconi

Professora Catedrática do Dipartimento di Scienze dell' Educacione e della Formazione na Universita degli Studi di Macerata (UNIMC) em Macerata – Itália.

Chrystiane Corrêa Siqueira

Artista visual, com graduação comunicação social e cursos em EAV, Parque Lage – João Magalhães, Núcleo de Estudos – João Wesley e Chang Processo Criativo – Charles Watson, Atelie Novo Mundo, RJ, EAV, Parque Lage- Davi Cury – Vivência de Desenvolvimento e autocrítica com Link em Filosofia, Sociologia e Antropologia, Protect me fromwhat i want / Proteja-me do que desejo -Daniela Labra MAC Niterói. Exposições em ScentofWoman, Miami, USA; International Arte Expo New York, Jacob K. Javits, Convention Center, New York,

USA; Bienal Internacional de Arte Contemporânea (Le Carrouseldu Louvre), Paris, França; JM CastellanoCervilla – Granada, Espanha, Art&Design Gallery- Confluences in Brazilian Contemporary Art- Miami, USA; entre outros.

Cintia Alves Salgado Azoni

Fonoaudióloga pela Universidade de São Paulo - USP/Bauru, Mestrado, Doutorado e Pós-Doutorado em Ciências Médicas pela Faculdade de Ciências Médicas, UNICAMP. Docente do Curso de Graduação em Fonoaudiologia da Universidade Federal do Rio Grande do Norte-UFRN. Professor Permanente do Programa de Pós Graduação em Fonoaudiologia e do Programa em Psicologia da UFRN. Psicomotricista pelo ISPE-GAE/FMABC, com título reconhecido pela Université Dété, Paris. Membro da Sociedade Brasileira de Fonoaudiologia (SBFa) e atual Vice coordenadora do Comitê de Linguagem Infantil da SBFa, Membro da diretoria da Associação Brasileira de Neurologia, Psiquiatria infantil e Profissões afins (ABENEPI) e atual Presidente do capítulo norteriograndense da ABENEPI. Vice-líder do LAPEN - Laboratório de Extensão e Pesquisa em Neuropsicologia, CNPq, UFRN. Coordenadora do Laboratório LEIA - Linguagem Escrita, interdisciplinaridade e Aprendizagem, UFRN.

Claudio Lúcio Mendes

Tem doutorado em Educação pela UFRGS (2004), sendo professor do Departamento de Educação da UFLA. Tem trabalhado com tecnologias digitais, problematizando temas sobre jogos eletrônicos e gamificação, EAD, sites educativos, tecnologias móveis, neurociências e educação, orientando dissertações sobre essas temáticas. É coordenador do Grupo de Pesquisa e Desenvolvimento em Tecnologia para a Inovação Pedagógica (GETIP), organizando e desenvolvendo o projeto guarda-chuva Hefesto: educação, tecnologia e inovação, com desdobramentos na pesquisa, no ensino e na extensão. Também é responsável pelo Laboratório de Práticas Pedagógicas Inovadoras (LPPI), ligado ao Departamento de Educação. É professor do Mestrado Profissional em Educação da UFLA, participando da linha Práticas e Inovações Pedagógicas. Atualmente, pesquisa e orienta trabalhos sobre educação, neurociências e tecnologias para inovação dos processos de ensino e aprendizagem. No ensino e na extensão vem desenvolvendo atividades relacionadas à educação e neurociências, sempre se pautando em tecnologias digitais para inovação.

Cleuza Meireles Dias Souza

Graduada em Psicologia Pela FUMEC, Pós graduada em psicopedagogia pela FEAD, Pós graduanda em Neuropsicologia pela FUMEC. Palestrante na área de Educação e Escritora. Já atuou como coordenadora do núcleo de psicologia na Clínica Aprendizagem e Cia. Atualmente atua na área Clinica.

Dayse Serra

Doutorado em Psicologia pela PUC-Rio (2008), Mestrado em Educação pela Universidade do Estado do Rio de Janeiro (2004), Especialização em Psicopedagogia Diferencial pela PUC-Rio (1997), Especialização em Orientação Educacional pela FAHUPE (1993) e graduação em Pedagogia pela UFRJ (1990). Atualmente é professora adjunta na Universidade Federal Fluminense (UFF) na área de Educação Especial e Inclusiva e Psicologia I e II. Atua principalmente nos seguintes temas: autismo, inclusão, aprendizagem, família, Psicopedagogia e desenvolvimento humano.

Donalda Maria da Silva Beata

Mestre e Licenciada Psicologia, Especializada/Pós-Graduada nas áreas: Necessidades Educativas Especiais; Domínio Cognitivo-Motor; Domínio Emocional e Personalidade; Psicoterapia Cognitivo-Comportamental; Avaliação do Desenho Infantil. Psicóloga no Hospital de Loulé; Clínica do Carmo, Loulé; Clínica Internacional de Olhão; Clínica Algarve-Faro; Clínica Internacional de Vilamoura; Centro Terapêutico "Miúdos e ETC", Faro; Jardim-Escola "Oficina Divertida, Faro; "Em Nome das Letras", Faro. Licenciada em Educação do 1º Ciclo do Ensino Básico e Especialista em Supervisão Educativa, com 36 anos de docência, junto de crianças/jovens com Necessidades Educativas Especiais e Alfabetização de Adultos. Coordenadora dos Serviços Especializados de Apoio à Aprendizagem e à Inclusão; Coordenadora da Equipa de Ensino Bilingue de Alunos Surdos;

Coordenadora da Equipa Multidisciplinar de Apoio à Educação Inclusiva; Formadora do Ministério da Educação: Programa Nacional de Ensino do Português; Formadora na Associação de Munícipes do Algarve (AMAL); Formadora do Centro de Formação "Ria Formosa"; Palestrante no Programa Erasmus + K2: Parlamento Europeu (Polónia); Loches (França); Sicília (Itália); Congresso de Dislexia, Coimbra (Portugal); Intervir junto de Crianças/Jovens com THDA, Lisboa (Portugal); Conferencista no Brain Connection (Portugal, 2017/Brasil, 2018); Colaboradora com a Universidade do Algarve: Estudo da Dislexia e THDA. Delegada Associação de Doentes de Alzheimer e Parkinson, em Faro.

Douglas de Araújo Vilhena

Doutorando no PPG em Psicologia: Cognição e Comportamento (Linha: Neuropsicologia do Desenvolvimento) da Universidade Federal de Minas Gerais (UFMG), com parte na Faculdade de Psicologia e Ciências da Educação da Universidade do Porto (Portugal). Mestre pelo PPG em Psicologia do Desenvolvimento Humano (Linha: Cognição e Linguagem) da UFMG. Graduado em Psicologia pela UFMG com parte realizada na University of Leeds (Reino Unido). Técnico em Química pelo CEFET-MG. Coordenador do Laboratório de Pesquisa Aplicada à Neurovisão (LAPAN), revisor do site DislexiaBrasil e colaborador da Dyslexia and Literacy International. Presidente do Congresso Brasileiro de Neurovisão. Administrador Chefe do II World Dyslexia Forum. Membro da European Literacy Network (ELN-COST).

Eni de Faria Sena

Pós-Doutoranda do Programa de Pós-Graduação em Psicologia Cognição e Comportamento, Departamento de Psicologia, FAFICH/UFMG. Doutora em Educação e Currículo pela Pontifícia Universidade Católica de São Paulo. Subcoordenadora e tutora do curso em EaD - Dislexia: causas e consequências. Experiência como professora e gestora da Educação Básica e Ensino Superior. Temas frequentes na contextualização da produção científica: Políticas Educacionais e Curriculares, Formação de professores, Dificuldades específicas de aprendizagem (dislexia), ensino superior.

Evelin Catherine Schmid do Amaral

Fonoaudióloga; Mestre em Linguística, PUC-RJ. Especialista em Educação Especial Inclusiva, UGF. Fonoaudióloga do Projeto Elo: escrita, leitura e oralidade. Fonoaudióloga da Equipe Lexus: Linguagem, desenvolvimento e aprendizagem.

Fátima Alves

Fonoaudióloga, Psicomotricista, Sócio-terapeuta Ramain-Thiers, Mestre em Ensino de Ciências da Saúde e do Ambiente, Docente de Graduação e Pós-graduação de algumas faculdades, coordenadora do curso de Pós-graduação em Psicomotricidade da AVM, Conselheira e Ex-presidente da ABP, Autora e Co-Autora de livros da WAK Editora, Conferencista em eventos Nacionais e Internacionais de Educação, Autora, coordenadora, tutora e professora do curso: Para Entender a Síndrome de Down da Ofbox Educação Profissional.

Fernanda e Souza de Mesquita

Fonoaudióloga. Mestre em Psicologia pelo Programa de Pós graduação em Psicologia da UFRJ. Fonoaudióloga do projeto ELO: escrita, leitura e oralidade UFRJ. Fonoaudióloga da Equipe Lexus: Linguagem, desenvolvimento e aprendizagem.

Fernando César Capovilla

Psicólogo. Mestre em Psicologia da Aprendizagem e do Desenvolvimento. Ph.D. em Psicologia Experimental pela Temple University of Philadelphia , com medalha de Outstanding Achievement Award pela Pennsylvania Psychological Association. Livre Docente em Neuropsicologia Clínica pela USP , com tese em Lexicografia e Lexicologia de Libras. Professor Titular (MS-6) do Instituto de Psicologia da USP (IPUSP), e orientador de dissertações e teses de Mestrado e de Doutorado. Chefe do Laboratório de Neuropsicolinguística Cognitiva Experimental (Lance), do Laboratório de Tecnologia e Reabilitação Cognitiva, e do Centro de Atendimento Clínico em Distúrbios de Comunicação e Linguagem do IPUSP. Coordenador nacional de inclusão e alfabetização da Capes. Consultor científico de CNPq, Capes, Fapesp, Faperj, Inep e NIMHCD. Coordenador do Programa de Avaliação Nacional do Desenvolvimento do Escolar Surdo Brasileiro

(Pandesb) financiado por CNPq, Capes, e Inep. Coordenador do Sistema de Avaliação de Escolas de Surdos na Prova Brasil em Libras, no Observatório da Educação (consórcio Capes-Inep). Autor de mais de 60 livros e de 400 trabalhos científicos. publicados, e coautor de 200 sistemas especialistas de multimídia para diagnóstico, comunicação e reabilitação cognitiva em distúrbios neuromotores , neurolinguísticos (e neurossensoriais (s. Membro da Comissão Internacional de Especialistas em Alfabetização da Câmara dos Deputados. Membro fundador da Sociedade Brasileira de Neuropsicologia (SBNp). Diretor Científico da Associação Brasileira de Dislexia (ABD). Research Fellow do NIMHCD. Autor laureado pela Câmara Brasileira do Livro, e pela Associação Brasileira de Editoras Universitárias: Prêmio ABEU 2018: Melhor Livro de Ciências Humanas. Eleito pelo Instituto Nanocell como um dos dois cientistas mais influentes do Brasil em Neurociências, Categoria Professor. Educador laureado pela European Commission Erasmus+, Prêmio Special Tribute International, Categoria Best Practices in Education, Brazil-Europe. Consultor de Secretarias de Educação em alfabetização e inclusão escolar. Livros: Dicionário da Língua de Sinais do Brasil: A Libras em suas mãos (3 vols., 1° lugar em Ciências Humanas, Prêmio ABEU 2018); Cartilha de Libras em Medicina e Saúde; Maravilhamento (livro e CD-Rom); Quebrando o código do Português brasileiro: Como avaliar (de)cifrabilidade de qualquer palavra (livro e CD-Rom, 2a. ed.); Os novos caminhos da alfabetização infantil (3a. ed.); Enciclopédia da Língua de Sinais Brasileira: O mundo do surdo em Libras; Alfabetização fônica: Construindo competência de leitura e escrita (4a. ed.); Dicionário enciclopédico ilustrado trilíngue da Libras (2 vols., 6a.ed., 2° lug, Prêmio Jabuti), entre outros.

Flávia H. Santos

Flávia Heloísa Santos. Professora Assistente junto à University College Dublin, Irlanda. Orientadora da Escuela Internacional de Doctorado de la Universidad de Murcia, Espanha. Orientadora do Programa de Pós-Graduação da Universidade Estadual Paulista (UNESP, campus de Bauru). Doutora em Ciências (Psicobiologia) pela Universidade Federal de São Paulo (UNIFESP) com período de intercâmbio acadêmico na University of Durham, Inglaterra; Especialista em Psicologia da Infância pelo Departamento de Pediatria da UNIFESP.

Giseli Donadon Germano

Fonoaudióloga. Docente do Departamento de Educação Especial e do Programas de Pós-Graduação em Fonoaudiologia da Faculdade de Filosofia e Ciências - FFC/UNESP - Marília-SP. Pesquisadora colaboradora do Laboratório de Investigação dos Desvios da Aprendizagem (LIDA) do Departamento de Fonoaudiologia – FFC/ UNESP - Marília-SP.

Iuri Victor Capelatto

Psicólogo e psicoterapeuta de crianças, adolescentes e adultos; graduação em Psicologia pela PUC-Campinas; Mestre em Ciências Médicas pelo departamento de neurologia da FCM-Unicamp; professor convidado do curso de extensão de especialização em Neuropsicologia Aplicada à Neurologia Infantil-Unicamp e do curso Reabilitação em Neurologia Infantil-Unicamp; professor convidado dos cursos de pós-graduação em psicopedagogia e neuropsicopedagogia da FAJ em Jaguariúna, Piracicaba, Mogi Guaçu e da faculdade Max-Plank em Indaiatuba; coautor da obra " A Equação da Afetividade – como lidar com a raiva de crianças e adolescentes" Ed. Papirus, 2012, junto com o Ivan Capelatto; autor de diversos capítulos de livros; membro da ABENEPI (Associação Brasileira de Neurologia, Psiquiatria Infantil e Profissões Afins); palestrante em diversos congressos, escolas e eventos.

Jane Correa

Psicóloga. Mestre em Psicologia Cognitiva, ISOP/FGV. Doutora em Psicologia, Universidade de Oxford. Estágio pós-doutoral no Instituto de Educação da Universidade de Londres. Professora Titular do Instituto de Psicologia da Universidade Federal do Rio de Janeiro.

Jessika Santiago Da Rocha

Fonoaudióloga formada pela Universidade Federal do Rio Grande do Norte (UFRN). Mestre em Fonoaudiologia pelo Programa Associado de Pós-Graduação em Fonoaudiologia UFPB/UFRN. Membro pesquisadora do Laboratório LEIA (Laboratório de Linguagem, Escrita, Interdisciplinaridade e Aprendizagem) da UFRN.

Jõao Luiz Traverso Gonçalves

Mestre em Organização Humana do Espaço- UFMG. Especialista em Metodologia do Ensino Superior- FAFI-BH. Bacharel em Comunicação Social (habilitações em Jornalismo, Relações Públicas, Publicidade e Propaganda, Cinema, Teatro, Telerradiodifusão e Editoração)- UFMG. Bacharel em Administração- UNA. Licenciado em Geografia- UFMG. Advogado- bacharel pela FDMC, jornalista e professor universitário aposentado (graduação e pós-graduação). Ex-Juiz Classista do Trabalho (23a Vara do Trabalho de Belo Horizonte). Publicista.

Josiane Gonçalves Ferreira Ludovico

Fonoaudióloga (Instituto Brasileiro de Medicina de Reabilitação - IBMR/RJ), especialista em Dificuldade de Aprendizagem: Habilitação e Reabilitação UERJ - RJ (2004), Psicopedagoga Clínica e Institucional FACCAT- RS (2011), Especialista em Psicopedagogia e TICS - UFRGS - RS (2016). Atuação: Fonoaudiologia e psicopedagogia clínica e institucional nas áreas da saúde e escola. Participação do Grupo de Estudo em Transtorno de Leitura e Escrita - Sônia Moojen (2013/2014). Tutora do curso online "Dislexia: causas e consequência" (DCC) por 2 ofertas – 2016 (professores de Sapiranga – Rio Grande do Sul) e 2017 (estudantes de Pedagogia e professores em formação inicial de instituição públicas de Minas Gerais), Co-autora e tutora do curso online "Espaço de Interatividade sobre o Autismo" (EIA). Atualmente atua como Fonoaudióloga da Rede Municipal de Sapiranga/RS e com atendimentos clínicos em consultório em fonoaudiologia e psicopedagogia.

Leandro Fernandes Malloy-Diniz

Psicólogo (FAFICH/UFMG). Mestre em Psicologia FAFICH-UFMG. Doutor em FAMACOLOGIA MOLECULAR (ICB) da UFMG. A Professor Adjunto do Departamento de Saúde Mental da Faculdade de Medicina (FM) da UFMG e orientador permanente dos Programas de Pós-Graduação em Saúde da Criança e de Medicina Molecular na FM-UFMG.É orientador colaborador do PPG em Ciências dos Esportes da EEFTO-UFMG. Foi presidente da Sociedade Brasileira de Neuropsicologia nos biênios 2012-2013 e 2013-2015. É membro fundador e atual presidente da Associação Brasileira de Impulsividade e Patologia Dual. É membro da International Neuropsychological Society na qual integra o Consulting Board of Editors do Journal of the International Neuropsychological Society. É Editor Associado das revistas Frontiers in Psychopatology e Revista Brasileira de Psiquiatria. É Editor de Área da Revista Clinical Neuropsychiatry. É Editor da Coleção de Livros "Neuropsicologia na Prática Clínica.

Liciane Faria Traverso Gonçalves

Doutora em Ciências Jurídicas e Sociais - Universidad Del Museo Social Argentino- UMSA e Universidade Federal de Campina Grande- UFCG. Mestre em Direito Empresarial- Faculdade de Direito Milton Campos- FDMC. Especialista em Direito Ambiental- Pontifícia Universidade Católica de Minas Gerais- PUC Minas. Licenciada na Língua Inglesa- Faculdade de Letras- FALE da Universidade Federal de Minas Gerais- UFMG. Advogada. Professora Universitária desde agosto de 2002, em cursos de graduação e pós-graduação; Professora de Inglês nos Ensinos Fundamental e Médio. Membro da Associação de Professores de Direito Ambiental do Brasil- APRODAB. Membro da Comissão de Direito Ambiental da OAB/MG. Membro da Comissão de Assuntos Carcerários da OAB/MG.Membro do Colegiado do Curso de Direito da Universidade Salgado de Oliveira- UNIVERSO-BH. Premiada com Menção Honrosa pela Faculdade de Direito da Fundação Getúlio Vargas de São Paulo com o trabalho Visita Técnica ao Sistema Prisional. Autora do livro "Mobilidade urbana e qualidade de vida no Estado Democrático de Direito" e organizadora e coautora de dois artigos do livro "Não aguento mais! Análises jurídicas e transdisciplinares do autoextermínio". Também autora de diversos artigos jurídicos em outras publicações.

Lívia Stocco Sanches Valentin

Pós-doutorado em CIRURGIA pela Faculdade de Medicina da Universidade de São Paulo (FMUSP) em 2015. Doutora pelo Programa de Pós-Graduação da Faculdade de Medicina da Universidade de São Paulo, (FMUSP) em ANESTESIOLOGIA em 2012. Doutora em NEUROPSICOLOGIA pela Universidade de São Paulo- USP. Teaching Assistant at Harvard Medical School - Principles and Practice of Clinical Research (Department of Continuing Education, Boston- MA; since

2012 at 2016). Site Director-FMUSP at Harvard School (Department of Continuing Education, Boston- MA; since 2014 at 2016); Pesquisadora Responsável no Grupo de Pesquisa em Disfunção Cognitiva Pós-Operatória da Faculdade de Medicina da Universidade de São Paulo-FMUSP em parceira com a Duke University; Durham- NC. Pesquisadora Responsável: Efeitos da Eletroestimulação Transcraniana por Corrente Contínua (ETCC) na Reabilitação de Pacientes com Disfunção Cognitiva no Pós-Operatório de Cirurgia Cardíaca, pesquisa em andamento. Pesquisadora Responsável pelo projeto de pesquisa para validação do jogo digital MentalPlus® para avaliação e reabilitação cognitiva em pacientes clínicos e cirúrgicos, pesquisa multicêntrica em 12 universidades internacionais- em andamento; Pesquisadora Executante no Grupo de Pesquisa da Universidade Federal de São Paulo-UNIFESP na área da Neuropsicologia: Projeto de Pesquisa: Efeitos da Estimulação Transcraniana por Corrente Contínua (ETCC) na Cognição e no Controle da Dor em Atletas de Alto Rendimento. Pesquisadora Integrante no Projeto de Pesquisa da Faculdade de Medicina da Universidade de São Paulo- FMUSP na pesquisa: Funcionamento cognitivo e funcional Pós Parada Cardíaca. Foi membro do Grupo de Pesquisa Avançada em Medicina do Sono do Instituto Central do Hospital das Clínicas da Faculdade de Medicina da Universidade de São Paulo- ICHC-FMUSP (grupo extinto); Diretora de Pesquisa da Associação Brasileira de Neuropsicologia- ABRANEP. Professora Diretora do Centro de Estudo e Pesquisa Clínica Saúde- CEPCS; Especialista em Neuropsicologia pelo Centro de Estudos Psico-Cirúrgicos da Divisão de Psicologia do Instituto Central do Hospital das Clínicas da Faculdade de Medicina da Universidade de São Paulo-FMUSP com título outorgado pelo Conselho Federal de Psicologia-CFP. Psicomotricista pelo Instituto Superior de Psicomotricidade e Educação- ISPE-GAE Brazil-France. Graduada em Filosofia (2000); Psicologia; (2002), Pedagogia (2005) e Medicina pela Universidade de São Paulo-USP.

Lucas Emanuel Ramos Pereira

Graduado em Fonoaudiologia pelo Centro Universitário Metodista Izabela Hendrix (2014), Aprimoramento em Neuroaprendizagem (2014) e Mestrado em Educação na Universidade Federal de Ouro

Preto (2018), investigando a conexão entre a Neurociências Cognitivas, Tecnologias e Educação. Atuação na área clínica e por meio de consultoria educacional na rede pública e privada de Minas Gerais, com palestras e treinamentos em Fonoaudiologia Educacional e Neuropsicologia. De igual forma, é autor de trabalhos sobre os Estilos de Aprendizagem, Estilos Perceptivos e suas conexões com as Tecnologias.

Luciana Cordeiro Felipetto

Fonoaudióloga. Acupunturista.Pós graduação em Fonoaudiologia com Enfoque Hospitalar.Pós graduação em Acupuntura. Pós graduanda em Transtorno do Espectro Autista.Coordenadora do Setor de Fonoaudiologia da Clínica e Instituto Aprendizagem e Companhia – Saúde Integral e da Clínica CMSA em Belo Horizonte/MG.Pesquisadora no Grupo de Investigação Clínica em Saúde e Educação da União Europeia/IG3TES.Professora e idealizadora do curso TPAC - Transtorno do Processamento Auditivo Central da POD- Portal Educacional cursos à distância. Membro da comissão editorial do Livro Caminhos da Aprendizagem e Inclusão: Entretecendo Múltiplos Saberes, editora Artesã - Casa do Psicólogo. Palestrante na Área de Educação. Comissão Científica e Palestrante do Congresso Internacional Brain Connection.Premiada com a Certificação : "Pessoa de expressão por boas práticas em Educação" em set 2017 no Congresso Internacional Brain Connection.

Luciana Mendes Pereira Simão

Fonoaudióloga da UFRJ, atuando no Instituto de Puericultura Martagão Gesteira (IPPMG) e da clínica Lexus. Especialista em Linguagem e Fonoaudiologia Educacional pelo Conselho Federal de Fonoaudiologia. Doutora e mestre em Linguística pela UFRJ (2015/2008), especialista em Reabilitação Aplicada a Neurologia Infantil pela UNICAMP (2005); pós-graduada em Educação Especial Inclusiva pela UGF (2009).

Luciana Mendonça Alves

Fonoaudióloga. Pós-doutora em Linguística pelo Laboratoire Parole et Langage – França; doutora e mestre em Estudos Linguísticos pela Universidade Federal de Minas Gerais – UFMG; especialista em Voz,

Linguagem e Fonoaudiologia Educacional pelo Conselho Federal de Fonoaudiologia; Professora Adjunto do Departamento de Fonoaudiologia da Faculdade de Medicina da UFMG. Colaboradora do Laboratório de Estudos dos Transtornos da Aprendizagem (LETRA) do HC – UFMG.

Luiza Elena Leite Ribeiro Do Valle

Graduação em Psicologia e Mestrado em Psicologia Escolar Educacional pela PUC Campinas. Doutorado em Ciências pelo IPST/USP/SP. Especialização em Psicologia Clínica e Psicopedagogia (CRP-04). Psicóloga do Sono pela ABS e ABP. MBA Executivo em Gestão de Pessoas pela AVM, Brasília. Extensão em Competências Gerenciais pela FGV. International Coach pela Lambent do Brasil. Professora de cursos de pós-graduação em Psicopedagogia (PUC/MG) e de curso de graduação em Neuropsicologia (PUC/MG). Pesquisador CNPq (USP). Membro ad hoc do Conselho Editorial da Revista Psicopedagogia (ABPp) e Educação em Revista da UNESP/Marília. Autora/organizadora de livros, artigos científicos em revistas e Congressos Internacionais no Brasil sobre Educação, Saúde e Organizações do Trabalho.

Maíra Anelli Martins

Fonoaudióloga graduada pela Universidade Estadual Paulista "Júlio de Mesquita Filho" - UNESP/FFC-Marília-SP. Mestre e Doutora em Educação pela Universidade Estadual Paulista "Júlio de Mesquita Filho" - UNESP/FFC-Marília-SP. Especialista em Fonoaudiologia Educacional pelo Conselho Federal de Fonoaudiologia (CFFa). Membro do Grupo de Pesquisa do CNPq "Linguagem, Aprendizagem, Escolaridade". Bolsista de Pós-Doutorado do ConselhoNacional de Desenvolvimento Científico e Tecnológico – CNPq.

Márcia Reis Guimarães

Graduada em Medicina pela Universidade Federal de Minas Gerais (UFMG), Especialista em Oftalmologia pela Faculdade de Ciências Médicas, Mestre em Biologia Molecular pela Universidade de Paris-V, Doutora em Oftalmologia - área de Neuroftalmologia e Qualidade da Visão - pela UFMG. Fellowship em Patologia Ocular pelo Moorfields Eye Hospital de Londres, e da Armed Forces Institute of Pathology - Walter Reed Military Hospital de Washington. Ex-diretora da Sociedade Brasileira de Cirurgia Refrativa. Diretora Clínica, Chefe do Departamento de Neurovisão/DARV, e do Departamento de Distúrbios de Aprendizagem Relacionados a Visão do Hospital de Olhos de Minas Gerais. Diretoria Científica da Fundação Hospital de Olhos e do Laboratório de Pesquisa Aplicada à Neurovisão.

Maria Inez Ocanã de Luca

Psicóloga pela Universidade Metodista de São Paulo;Especialização em Neuropsicologia pela Faculdade de Medicina do ABC;Especialista em Aprendizagem - Foco em Saúde pela Faculdade de Medicina do ABC; Mestre em Psicologia da Saúde pela Universidade Metodista de São Paulo; Diretora de Cursos e Eventos na Associação Brasileira de Dislexia – ABD; Professora; convidada em Cursos sobre Dislexia e Transtornos de Aprendizagem ; Membro do CEDA - Centro Especializado em Distúrbios de Aprendizagem.

Maria Irene de Matos Maluf

Especialista em Psicopedagogia, Educação Especial e Neuroaprendizagem; Membro do Conselho Vitalicio e da Diretoria Executiva da Associação Brasileira de Psicopedagogia Nacional ABPp; Editora da revista Psicopedagogia (2003 a 2016); Sócio Honorária da Associação Portuguesa de Psicopedagogos; Coordenadora dos cursos de Especialização em Neuroaprendizagem, Cognição,Psicomotricidade, Psicopedagogia do Grupo SaberCultura / FTP/ FIP (desde 2008); Perita Judicial.

Marta Pires Relvas

A Professora Marta Relvas é Bióloga, Dra e Ms em Psicanálise, Neuroanatomista, Neurofisiologista, Psicopedagoga e Especialista em Bioética. Tem certificado Reggio Emília Study Abroad Program na Itália e Title in Education Neurosciences and childhood and adolescence learning of Erasmus+ University – Europe – Portugal. É Membro Efetiva da Sociedade Brasileira de Neurociência e Comportamento, e da Associação Brasileira de Psicopedagogia RJ. Autora de livros e DVDs sobre Neurociência e Educação pela Editora WAK e Editora Qualconsoante de Portugal. Professora Universitária da AVM Educacional / UCAM, UNESA – RJ, Universidade de João Pessoa –

UNIPE, e Professora Pesquisadora convidada no curso de Pós-graduação de Neurociência do IPUB/ UFRJ. Coordenadora do Programa de Pós-graduação de Neurociência Pedagógica na UCAM / AVM Educacional. Palestrante no Brasil e no exterior.

Miriam Damazio

Pedagoga. Mestre e doutora pelo Instituto de Psicologia da Universidade de São Paulo (IPUSP). Pesquisadora do Laboratório de Neuropsicolinguística Cognitiva, do Instituto de Psicologia da Universidade de São Paulo (Lance – USP).Especialista em desenvolvimento infantil e educação escolar.Coautora do livro "Teste de vocabulário auditivo e teste de vocabulário expressivo" (Capovilla, Negrão & Damazio, 2011).

Monique Herrera Cardoso

Fonoaudióloga. Graduação pela Universidade Estadual Paulista "Júlio de Mesquita Filho" - FFC/UNESP-Marília-SP. Mestre em Fonoaudiologia e Doutora em Educação pela FFC/UNESP-Marília-SP. Autora, junto com a Profa Dra Simone Capellini, do livro "Compreendendo os Transtornos Específicos de Aprendizagem – Compreendendo a Disgrafia". Professora do curso de fonoaudiologia das Faculdades Metropolitanas Unidas - FMU- São Paulo.

Nathália Ribeiro de Brito

Fonoaudióloga da FCMSCSP, Mestranda do Programa de Mestrado Profissional em Saúde da Comunicação Humana, FCMSCSP.

Neusa Kern Hickel

Psicóloga (PUCRS, 1971), Psicopedagoga (EPSIBA, 1998), Psicodramatista em Psicopedagogia (EPSIBA, 2000), Mestre e Doutora em Psicologia Social e Institucional (UFRGS 2001; 2015). Aposentada da docência regular (SEC/RGS; UNIRITTER); das funções de Assessora Técnica - em Educação (SMED/POA) e em Saúde (SMS/POA). Docente convidada em Educação e Saúde (UFRGS, UNIFRA, URI/RS, UNOCHAPECÓ/SC, CESF/RS, UNISC/RS, CNEC/RS), coordena grupos de estudos e didático-terapêuticos em Psicopedagogia. Publicações e pesquisas em Psicopedagogia e Psicologia Social, traduções de obras de Alicia Fernandez (1998, 2001, 2012).

Noemi Del Bianco

Pedagoga. Doutoranda no Programa de Pós-Graduação em Ciências Humanas da Universita degli Studi di Macerata (UNIMC), em Macerata – Itália.

Paula Canalonga Calçada Pereira

Especializanda em Neuropsicologia com Ênfase em Neuropsicologia Escolar na PUC-RS na cidade de Porto Alegre – Rio Grande do Sul. Término previsto para 13 de setembro de 2019. Pós Graduada em Psicopedagogia Clínica e Institucional, pela Universidade Franciscana (UFN) na cidade de Santa Maria- RS. Pós Graduada em Psicopedagogia Institucional, pela Universidade Anhembi Morumbi, cidade de São Paulo e Graduada em Pedagogia, pela Universidade Anhembi Morumbi, cidade de São Paulo.

Renata Mousinho

Fonoaudióloga. Doutora e Mestre em Linguística, Universidade Federal do Rio de Janeiro (UFRJ). Pós-doutorado em Psicologia, UFRJ. Especializada em Psicomotricidade, ISRP-Paris. Especializada em Educação Inclusiva, UGF. Professora Associada da Graduação em Fonoaudiologia da Faculdade de Medicina, Universidade Federal do Rio de Janeiro. Coordenadora do Projeto ELO: escrita, leitura e oralidade.

Ricardo Franco de Lima

Psicólogo pela Universidade São Francisco (USF-Itatiba). Especialização em neuropsicologia (Conselho Federal de Psicologia). Aprimoramento em psicologia clínica em neurologia infantil (Faculdade de Ciências Médicas, Universidade Estadual de Campinas, FCM-UNICAMP). Mestrado e doutorado em Ciências Médicas (FCM-UNICAMP). Ex-presidente (Gestão 2016-2019) do Centro de Investigação da Atenção e Aprendizagem (CIAPRE). Presidente do Capítulo Paulista e membro da diretoria da Associação Brasileira de Neurologia e Psiquiatria Infantil e profissões afins (ABENEPI) (Gestão 2017-2019). Pesquisador do Laboratório de Dificuldades, Distúrbios da Aprendizagem e Transtornos da Atenção (DISAPRE-UNICAMP). Docente dos cursos de Psicologia da Universidade São Francisco (USF) e do Centro Universitário Salesiano de São Paulo (UNISAL).

Ricardo Queiroz Guimarães

Graduado em Medicina pela Faculdade de Medicina da UFMG, tendo sido monitor de Cirurgia durante três anos. Especialização, residência Médica e Doutorado em Oftalmologia pela UFMG. Fellowship em Córnea e Doenças Externas pela Hospices Civils de Strasbourg, Moorfields Eye Hospital, Hotel Dieu de Paris e Georgetown University. Fundador, presidente e diretor técnico do Hospital de Olhos Dr. Ricardo Guimarães e da Fundação Hospital de Olhos. Cônsul Honorário do Canadá. Diretor do Laboratório de Pesquisas Aplicadas a Neurovisão (LAPAN/UFMG). Presidente do Comitê de Saúde da Americam Chamber of Commerce. Professor convidado da UFMG, diretor da Associação Comercial de Minas e editor Médico da Revista Ocular Surgery News Latin America. Lidera a gestão da Faculdade da Saúde e Ecologia Humana (FASEH).

Roberta Rossi Oliveira Palermo

Doutora e Mestre em Educação pela Pontifícia Universidade Católica de São Paulo. Especialista em Psicopedagogia Clínica e Institucional pelo Instituto Sedes Sapientiae, bem como especialista em Docência no Ensino Superior e Docência no Cenário do Ensino para a Compreensão. Pedagoga pela Pontifícia Universidade Católica de São Paulo. Experiência de mais de 24 anos na área de Educação. Autora de livros e artigos diversos nas áreas de Educação e Psicopedagogia. Congressista Nacional e Internacional. Consultora de Organismos Internacionais, Revistas e Professora Universitária nas modalidades presencial e a distância, além de atuar na Pós-graduação da especialização na Psicopedagogia Clínica e Institucional. Membro Titular e Conselheira Nacional da ABPp – Associação Brasileira de Psicopedagogia.

Rosana Mendes Ribeiro

Graduada em Fonoaudiologia, pós-graduada em Neuroeducação, membro da equipe do laboratório de Investigação dos Desvios de Aprendizagem (LIDA), UNESP (Marília). Integrante do GI3TES-Laboratório de Investigação Européia Multidisciplinar de Saúde e Educação. Diretora do NÚCLEO APRENDE, professora dos cursos de extensão, aprimoramento e pós-graduação do CEFAC, palestrante da sala do educador SENAC/SP. AUTORA DO PROTOCOLO CRA - Classificação para

Reenquadramento de Aprendizagem e dos MANUAIS de Modelos de Avaliativas Adaptadas do ensino Fundamental I, Ensino Fundamental II e Ensino Médio. VENCEDORA DO 12º PRÊMIO MÁRIO COVAS 2016/2017, pela Secretaria Estadual de Educação do estado de SP, juntamente com a Diretoria DE Ensino Centro-Oeste/SP.

Roseline Ardiles

Roseline Nascimento de Ardiles. Doutoranda em Psicologia Escolar e do Desenvolvimento Humano do Instituto de Psicologia da Universidade de São Paulo (IPUSP), com bolsa de Doutorado Sanduiche - CAPES no Cognitive Neuroscience Research Group, Portugal. Mestre na área de Psicologia, Desenvolvimento Humano e Educação na Faculdade de Educação da Universidade Estadual de Campinas (UNICAMP). Especialista em Psicopedagogia Clínica e Institucional (UNASP) e Graduada em Pedagogia pela Universidade Federal de Pernambuco (UFPE).

Sergio Eduardo Cabo Pereira da Silva

Biólogo, Mestre em Geociências Ambientais, Universidade Federal Fluminense (UFF); DEA em Biodiversidade e Evolução, MNHN Paris e Paris VII; Professor EBTT do Colégio Pedro II, Coordenador do Projeto Área Verde CPII, Professor da Escola Parque Gávea/RJ.

Simone Aparecida Capellini

Fonoaudióloga. Livre Docente em Linguagem Escrita – FFC/UNESP-Marília-SP. Docente do Departamento de Fonoaudiologia e dos Programas de Pós-Graduação em Educação e em Fonoaudiologia da Faculdade de Filosofia e Ciências - FFC/UNESP - Marília-SP. Coordenadora do Laboratório de Investigação dos Desvios da Aprendizagem (LIDA) do Departamento de Fonoaudiologia – FFC/UNESP - Marília-SP. Bolsista de Produtividade em Pesquisa do Conselho Nacional de Desenvolvimento Científico e Tecnológico – CNPq.

Sônia das Dores Rodrigues

Pedagoga pela Universidade Estadual de Campinas (UNICAMP). Especialização em Psicopedagogia (PUC-Campinas). Especialização em Psicomotricidade (ISPE-GAE/FMABC). Mestrado e doutorado em Ciências Médicas (FCM-UNICAMP). Membro do Laboratório de

Pesquisa em Distúrbios, Dificuldades de Aprendizagem e Transtorno da Atenção (DISAPRE-UNICAMP). Membro dos grupos de pesquisa CNPq "Neurodesenvolvimento, aprendizagem e escolaridade" e "Anormalidades cerebrovasculares na infância". Membro da Diretoria da ABENEPI(gestão 2015-2017, 2027-2019). Presidente do Centro de Investigação da Atenção e Aprendizagem (CIAPRE).

Stella Amaral Varizo

Graduada em Fonoaudiologia pela Universidade Federal do Rio de Janeiro (UFRJ). Doutoranda e Mestre em Psicologia pelo Programa de Pós-graduação em Psicologia da Universidade Federal do Rio de Janeiro (UFRJ). Fonoaudióloga do projeto de pesquisa ELO: escrita, leitura e oralidade/UFRJ. Fonoaudióloga da equipe DAI: Desenvolvimento - Aprendizagem - Inclusão.

Sylvia Maria Ciasca

Psicóloga pela Pontifícia Universidade Católica de Campinas (PUC-Campinas). Mestrado em neurociências e comportamento (USP) e doutorado em neurociências (FCM-UNICAMP). Livre-docência em neurologia infantil (FCM-UNICAMP). Professora-associada III do departamento de neurologia (FCM-UNICAMP). Membro da Academia Ibero-americana de Neurologia Pediátrica (AINP), Associação Brasileira de Neurologia, Psiquiatria Infantil e Profissões Afins (ABENEPI), Academia Brasileira de Neurologia. Ex-presidente da ABENEPI (biênio 2009-2011). Ex-vice-presidente da ABENEPI (biênio 2013-2015). Coordenadora do Laboratório de Distúrbios de Aprendizagem e Transtornos de Atenção (DISAPRE-UNICAMP). Coordenadora dos cursos de especialização em Neuropsicologia e Fisioterapia aplicadas à Neurologia infantil (FCM-UNICAMP). Coordenadora dos cursos de aprimoramento em Psicologia e Psicopedagogia aplicadas à Neurologia infantil (FCM-UNICAMP).

Tatiana de Deus Corrêa Linhares

Mestre em Psicologia do Desenvolvimento Humano pela Universidade Federal de Minas Gerais (2018), graduada em Psicologia (UFMG, 2005), com especialização em Psicomotricidade (FINOM, 2008) e em Saúde Pública - ênfase Saúde da Mulher e do Recém-Nascido

(Residência Multiprofissional em Saúde/ Ministério da Saúde, 2011). Possui formação complementar no Desenvolvimento Infantil, Linguagem e Cognição, Docência do Ensino Superior e Educação à Distância (EAD). Sub-coordenou pesquisas relacionadas a dislexia, formação de professores e aprendizagem online. Também atua como Professora Universitária, Orientadora de Trabalhos Acadêmicos e Conteudista de materiais didáticos e cursos online. Temas de interesse: interface saúde e educação; processos de aprendizagem; neurociências; desenvolvimento humano; promoção do desenvolvimento infantil; transtornos do neurodesenvolvimento e identificação precoce; formação de professores; EAD.

Thaís Contiero Chiaramonte

Fonoaudióloga. Mestra em Fonoaudiologia e Doutoranda em Educação pela Universidade Estadual Paulista "Júlio de Mesquita Filho" – FFC/ UNESP – Marília- SP. Membro do Laboratório de Investigação dos Desvios da Aprendizagem (LIDA) do Departamento de Fonoaudiologia – FFC/UNESP. Membro do Grupo de Pesquisa do CNPq "Linguagem, Aprendizagem, Escolaridade" da Faculdade de Filosofia e Ciências da Universidade Estadual Paulista – FFC/UNESP.

Vera Lucia Orlandi Cunha

Fonoaudióloga, graduada pela Pontifícia Universidade Católica de Campinas, SP. Mestre, Doutora e Pós-doutora em Educação pela Universidade Estadual Paulista Júlio de Mesquita Filho. Especialista em Fonoaudiologia Educacional e em Motricidade Orofacial pelo Conselho Federal de Fonoaudiologia. Formação em Psicopedagogia Clínica e Institucional. Estágio de Doutorado no Departamento de Psicologia Educacional da Universidade de Salamanca, Espanha. Pesquisadora/doutora do Laboratório de Investigação dos Desvios da Aprendizagem - LIDA do Departamento de Fonoaudiologia da Faculdade de Filosofia e Ciências da Universidade Estadual Paulista Júlio de Mesquita Filho, campus de Marília e do CNPq. Membro do grupo de pesquisa do CNPq "Linguagem, Aprendizagem e Escolaridade".

Caminhos da Aprendizagem e Inclusão: Entretecendo Múltiplos Saberes

Volume 1

ISBN: 9788588009905

Sinopse:

Caminhos da Aprendizagem e Inclusão: Entretecendo Múltiplos Saberes é uma obra elaborada a muitas mãos e que reflete claramente o pensamento que ao se tratar de pessoas nenhum profissional é suficiente e a multiplicidade de perspectivas se faz necessária. A interface saúde, educação e neurociências, tendo em vista sua complexidade, requer realmente muitos olhares sobre o mesmo cérebro. Assim, trançando diversos itinerários compartilhamos conhecimentos, a partir das esferas de atuação de cada autor e autora, somados ao desejo, expresso nas entrelinhas de cada capítulo, de avançar na qualidade e na eficácia da formação ampla de crianças, jovens, adultos e idosos, entendendo que nenhum conhecimento finda em si mesmo, mas externa a riqueza das possibilidades para alcançá-lo.

Este livro foi composto com tipografia Bembo
e impresso em papel Offset 75g. na Gráfica Del Rey.